中华人民共和国

交通法规汇编

（2010）

中华人民共和国交通运输部　编

人民交通出版社

图书在版编目（CIP）数据

交通法规汇编. 2010 / 中华人民共和国交通运输部编. —北京：人民交通出版社，2011. 5

ISBN 978-7-114-09064-6

Ⅰ. ①交… Ⅱ. ①中… Ⅲ. ①交通法－汇编－中国－2010 Ⅳ. ①D922. 149

中国版本图书馆 CIP 数据核字（2011）第 075956 号

书　　名：**中华人民共和国交通法规汇编（2010）**
著 作 者：中华人民共和国交通运输部
责任编辑：钱悦良
出版发行：人民交通出版社
地　　址：（100011）北京市朝阳区安定门外外馆斜街 3 号
网　　址：http://www. ccpress. com. cn
销售电话：（010）59757969，59757973
总 经 销：人民交通出版社发行部
经　　销：各地新华书店
印　　刷：北京市密东印刷有限公司
开　　本：850×1168　1/32
印　　张：38. 75
字　　数：1032 千
版　　次：2011 年 5 月第 1 版
印　　次：2011 年 5 月第 1 次印刷
书　　号：ISBN 978-7-114-09064-6
印　　数：0001－1000 册
定　　价：80. 00 元
（如有印刷、装订质量问题的图书由本社负责调换）

探索改革之路

展示战区风貌

刊名题字　聂荣臻元帅

○主管单位　北京军区
○主办单位　北京军区军事学术研究工作委员会

○编辑出版:《华北军事》杂志社
○刊期:双月刊(每双月 20 日出版)
○印刷:北京凌奇印刷有限责任公司(北京二二〇七工厂)
○发行范围:军内发行
○国内统一刊号:CN11-3640/E

○社　　长　范颖非
○主　　编　倪欣平
○编辑(见习)　胡立瑞
○地址:北京市八大处甲 1 号101 信箱
○邮政编码:100144
○电话:(0201)396026
(0201)396049

如有质量问题,请寄北京 846 信箱技质处调换

北京军区军事学术研究工作委员会主办

HUABEIJUNSHI

第 6 期

2010

编 辑 说 明

一、本汇编是国家出版的交通运输专业性法律、法规、规章汇编正式版本。

二、本卷汇编收集了2010年公布的交通运输和与交通运输相关的法律、法规、规章、规范性文件，共82件。

三、本卷汇编收集的内容包括：2010年交通运输部公布的规章和相关规范性文件；交通运输部与有关部委联合公布的规范性文件；部分地方交通运输法规；部分与交通运输有关的法律、行政法规、规章；2010年废止的交通运输规章、规范性文件目录及现行有效的交通运输规章、规范性文件目录。

四、本卷汇编的内容按下列顺序编制：规划、公路建设养护管理、水运工程、运输管理、港口生产作业、海事救捞、应急管理、人事劳动、财务审计、行风建设、节能减排、法制建设、邮政管理、综合、其他、部分地方交通法规规章、附则。

目　录

规　划

公路建设养护管理

水运工程

运输管理

港口生产作业

海 事 救 捞

应 急 管 理

人事劳动

财务审计

综　合

其　他

部分地方交通法规规章

附　　则

规　　划

交通运输部　住房和城乡建设部关于做好城市客运统计工作的通知

交规划发〔2010〕53 号　2010.1.14

各省、自治区、直辖市交通运输厅(委),各省、自治区住房和城乡建设厅、直辖市建委(建设交通委),新疆生产建设兵团交通局、建设局:

国务院批准的交通运输部、住房和城乡建设部"三定"规定,将原建设部负责指导城市客运的职责划给交通运输部。经交通运输部与住房和城乡建设部协商,全国城市客运统计自 2009 年起由交通运输部负责。经国家统计局同意,2009 年城市客运统计暂沿用原建设部《城市(县城)和村镇建设统计报表制度》(2007 年)中的相关报表及规定(具体内容见附件),有效期延长一年。为实现城市客运统计工作平稳过渡,现将做好城市客运统计工作的有关事项通知如下:

一、全国城市客运统计工作由交通运输部负责,住房和城乡建设部配合有关工作。

二、省级交通运输与住房和城乡建设主管部门根据机构改革、城市客运管理职责履行情况明确城市客运统计工作负责部门。城市客运管理职责已由交通运输主管部门履行的,由交通运输主管部门负责收集数据;仍由住房和城乡建设主管部门履行的,由住房和城乡建设主管部门负责收集数据。数据原则上交由省级交通运输主管部门报送交通运输部。

省级以下城市客运统计职责及数据报送渠道,由省级交通运输与住房和城乡建设主管部门协商确定。

三、各级交通运输主管部门、住房和城乡建设主管部门共享城市客运统计数据。

四、城市客运统计软件仍沿用原建设部的统计软件,软件下载网址:http://www.catsic.com/jttj/。省级交通运输主管部门于次年3月31日前,以电子版和纸质报表形式向交通运输部报送数据。联系人:蒋琢、杨新征,交通运输部综合规划司统计处,联系电话:010-65293080、65293186,数据接收邮箱:zhangzihan@catsic.com、zhangni@catsic.com。

各级交通运输主管部门、住房和城乡建设主管部门要高度重视城市客运统计工作,通力协作,密切配合,精心组织实施,确保城市客运统计工作顺利完成。

附件:城市(县城)和村镇建设统计报表制度(城市客运部分)

附件

城市（县城）和村镇建设统计报表制度

（城市客运部分）

中华人民共和国建设部制定

2007 年 11 月

目　　录

一、报表目录

表号	表名	报表期别	填报范围	报送日期
市(县)基9-1表	城市(县城)公共交通基层表	年报	设市城市及县城	次年3月31日前
市(县)基9-2表	城市(县城)公共汽电车基层表	年报	设市城市及县城	次年3月31日前
市(县)基9-3表	城市(县城)轨道交通基层表	年报	设市城市及县城	次年3月31日前
市(县)基9-4表	城市(县城)出租汽车基层表	年报	设市城市及县城	次年3月31日前
市(县)基9-5表	城市(县城)客运轮渡基层表	年报	设市城市及县城	次年3月31日前
市(县)综9-1表	城市(县城)公共汽电车综合表	年报	设市城市及县城	次年3月31日前
市(县)综9-2表	城市(县城)轨道交通综合表	年报	设市城市及县城	次年3月31日前
市(县)综9-3表	城市(县城)出租汽车、客运轮渡综合表	年报	设市城市及县城	次年3月31日前

二、报表表式及填报说明

城市(县城)公共交通基层表

表　　号:市(县)基9-1表
制表机关:建　设　部
批准机关:国家统计局
批准文号:国统制〔2007〕93号
有效期至:2009年11月6日

填报单位:

20　年

指标名称	计量单位	代码	上年	本年	增减
甲	乙	丙	1	2	3
公共汽电车运营线路网长度	公里	1501			
轨道交通运营线路网长度	公里	1502			
公交专用车道条数	条	X1501			
公交专用车道长度	公里	1503			

单位负责人:　统计负责人:　填表人:　报出日期: 20　年　月　日

填表说明:本表由公共交通管理部门填报。

本表逻辑审核关系:

1. 各项保留整数。

市（县）基 9-1 表指标解释及填报说明

城市公共交通

指城市中供公众乘用的、经济方便的各种交通方式的总称，包括公共汽车、电车、轨道交通（地铁、轻轨、有轨电车、索道、缆车）、出租汽车、公共轮渡等客运交通设施。

其中：公共汽电车指在城市中按照规定的线路、站点和时间运营，供公众乘坐的客运车辆。

轨道交通指城市公共交通系统中大运量的城市地铁、轻轨等城市轨道公共客运系统。

运营线路网长度

指公共交通线路所通过的运营线路净长度。计算公式：

运营线路网长度 = 运营线路总长度 − Σ重复的线路长度

运营线路总长度

指全部运营线路长度之和。计算公式：

$$运营线路长度 = \sum 各条运营线路长度 = \sum\left[\frac{1}{2}(上行起点至终点里程 + 下行起点至终点里程 + 上下行终点掉头里程)\right]$$

单向行驶的环行线路长度等于起点至终点里程与终点下客站至起点里程之和的一半。不包括折返、试车、联络线等非运营线路。

公交专用车道

指为了调整公共交通车辆与其他社会车辆的路权使用分配关系，提高公共交通车辆运营速度和道路资源利用率，而科学、合理设置的公共交通优先车道、专用车道（路）、路口专用线（道）、专用街道、单向优先专用线（道）等。计算方法：

以公交车专用道路起止点计算条数及长度：

1. 单向道计算公式：

$$公交专用车道长度 = \frac{1}{2}车道长度$$

2. 双向道计算公式：

$$公交专用车道长度 = \frac{上行起点至终点长度 + 下行起点至终点长度}{2}$$

本表说明：

1. 注意如果有公共交通，运营线路网必须填写，不能为空。

城市(县城)公共汽电车基层表

表　　号:市(县)基9-2表
制表机关:建　设　部
批准机关:国家统计局
批准文号:国统制[2007]93号
有效期至:2009年11月6日

填报单位:

20　　年

指标名称	计量单位	代码	上年	本年	增减	指标名称	计量单位	代码	上年	本年	增减
甲	乙	丙	1	2	3	甲	乙	丙	1	2	3
运营车辆	—	—	—	—	—	6.18米以上	辆	X1606			
运营车数	辆	1601				7.双层	辆	X1607			
标准运营车数	标台	1602				运营车数按燃料分:	—	—	—	—	—
运营车数按车长分:	—	—	—	—	—	1.汽油车	辆	1603			
1.7米以下	辆	X1601				2.柴油车	辆	1604			
2.7至10米	辆	X1602				3.天然气车	辆	1605			
3.10至13米	辆	X1603				4.液化石油气车	辆	1606			
4.13至16米	辆	X1604				5.无轨电车	辆	1607			
5.16至18米	辆	X1605				6.其他	辆	1608			

续上表

指标名称	计量单位	代码	上年	本年	增减	指标名称	计量单位	代码	上年	本年	增减
甲	乙	丙	1	2	3	甲	乙	丙	1	2	3
运营车数按是否使用空调分:	—	—	—	—	—	其中:月票换算客运量	万人次	X1612			
1. 空调车	辆	X1608				其中:使用IC卡	万人次	X1613			
2. 非空调车	辆	X1609				运营里程	千公里	X1614			
本年更新运营车数	辆	1609	—		—	行车能耗	—	—	—	—	—
运营线路	—	—	—	—	—	汽油消耗总量	吨	1611			
运营线路条数	条	X1610				乙醇汽油消耗总量	吨	1612			
运营线路总长度	公里	X1611				柴油消耗总量	吨	1613			
服务	—	—	—	—	—	天然气消耗总量	万立方米	1614			
客运总量	万人次	1610				液化石油气消耗总量	万吨	1615			
						电耗总量	万千瓦时	1616			

单位负责人: 统计负责人: 填表人: 报出日期: 20 年 月 日

填表说明:本表由公共汽、电车运营单位或客运管理部门填报。

本表逻辑审核关系:

1. 1601 = X1601 + X1602 + X1603 + X1604 + X1605 + X1606 + X1607;
2. 1601 = 1603 + 1604 + 1605 + 1606 + 1607 + 1608;
3. 1601 = X1608 + X1609;
4. 1602 = 0.7 × X1601 + 1 × X1602 + 1.3 × X1603 + 1.7 × X1604 + 2 × 1605 + 2.5 × X1606 + 1.9 × X1607
5. 1610 ≥ X1612;1610 ≥ X1613;
6. X1611 ≥ 1501;
7. 各项保留整数。

市(县)基 9-2 表指标解释及填报说明

运营车数

指城市用于公共交通运营业务的全部车辆数。新购、新制和调入的运营车辆,自投入之日起开始计算;调出、报废和调作他用的运营车辆,自上级主管机关批准之日起不再计入。可按不同车长、不同燃料和是否使用空调分别统计。

本年更新运营车数

指报废或淘汰运营车辆后,重新购置的运营车辆数,新增加的车辆数不计算在内。

标准运营车数

指不同类型的运营车辆按统一的标准当量折算合成的运营车数。计算公式:

标准运营车数 = $\sum$(每类型车辆数 × 相应换算系数)

各类型车辆换算系数标准:

类别	车长范围(米)	换算系数	类别	车长范围(米)	换算系数	类别	车长范围(米)	换算系数
1	>5~7	0.7	4	>13~16	1.7	7	双层	1.9
2	>7~10	1.0	5	>16~18	2.0			
3	>10~13	1.3	6	>18	2.5			

注:每类车长的上限值均含在本级中。

运营线路条数

指为运营车辆设置的固定运营线路条数。包括干线、支线、专线和高峰时间行驶的固定线路。不包括临时行驶和联营线路。

运营线路总长度

指全部运营线路长度之和。计算公式:

运营线路长度 = $\sum$各条运营线路长度

$= \sum\left[\frac{1}{2}\right.$(上行起点至终点里程 + 下行起点

至终点里程 + 上下行终点掉头里程）]

单向行驶的环行线路长度等于起点至终点里程与终点下客站至起点里程之和的一半。不包括折返、试车、联络线等非运营线路。

客运总量

指报告期公共交通运送乘客的总人次，包括付费乘客和不付费乘客人次。

付费客运量计算方法：

1. 普通乘客依据售出普通客票张数计算人次，单程客票每张计算 1 人次，往返客票每张计算 2 人次；

2. 无人售票运营车辆，以实收金额折算乘客人次；

3. 用 IC 卡付费的运营车辆，乘坐只需刷卡一次的，实际乘客人次按实际刷卡次数计，乘坐需上下车各刷卡一次的，实际乘客人次按实际刷卡次数除以 2 计；

4. 团体包车按实际载客人数计算，单程运送每人计算 1 人次，往返运送每人计算 2 人次，如实际载客人数不易计算时，亦可按车辆客位数计算；旅游客票不论到达几个旅游点，一张客票只计算 1 人次，购往返票的按 2 人次计算；

5. 纸质月（季）票乘客人次等于月（季）票张数乘以每张月（季）票月（季）乘车次数。每张月（季）票月（季）乘车次数由近期客流调查资料确定。无客流调查资料的城市月票乘车次数大中城市按 120 人次计算，小城市按 90 人次计算，季票乘车次数分别按 360 和 270 人次计算。

不付费客运量计算方法：各地根据实际情况抽样调查确定。

运营里程

指运营车辆为运营而出车行驶的全部里程。包括载客里程和空驶里程。

载客里程指运营车辆规定载运乘客行驶的里程。包括运营车辆为运送乘客在线路行驶的里程和包车载客里程。

空驶里程指运营车辆为运营而规定不载运乘客的空车行驶里程。包括从车场至线路出、回场里程、中途故障和其他原因空驶到起点、终点或车场的里程、包车回程的空驶里程。

行车能耗总量

指运营车辆行车消耗的各种燃料和电能的数量。按汽油、乙醇汽油、柴油、天然气、液化石油气和电能分别统计。

本表说明：

1. 注意如果有公共交通，运营线路网必须填写，不能为空。

城市(县城)轨道交通基层表

表　　号:市(县)基9-3表
制表机关:建　　设　　部
批准机关:国　家　统　计　局
批准文号:国统制[2007]93号
有效期至:2009年11月6日

填报单位:

20　　年

指标名称	计量单位	代码	上年	本年	增减
甲	乙	丙	1	2	3
运营车辆	—	—	—	—	—
运营车数	辆	1701			
合计中:地铁	辆	1702			
轻轨	辆	1703			
有轨电车	辆	1704			
磁悬浮	辆	1705			
本年更新运营车数	辆	1706	—	—	—
标准运营车数	标台	1707			
运营线路	—	—	—	—	—
运营线路条数	条	X1701			
合计中:地铁	条	X1702			

续上表

指标名称	计量单位	代码	上年	本年	增减
甲	乙	丙	1	2	3
轻轨	条	X1703			
有轨电车	条	X1704			
磁悬浮	条	X1705			
运营线路总长度	公里	1708			
合计中:地铁	公里	1709			
轻轨	公里	1710			
有轨电车	公里	1711			
磁悬浮	公里	1712			
车站数	个	X1706			
其中:换乘站数	个	X1707			
服务	—	—	—	—	—
客运总量	万人次	1713			
行车能耗	—	—	—	—	—
行车电耗总量	万千瓦时	1714			

单位负责人: 统计负责人: 填表人: 报出日期: 20 年 月 日

填表说明:本表由轨道交通运营单位填报。

本表逻辑审核关系:

1. 1701 = 1702 + 1703 + 1704 + 1705;
2. X1701 = X1702 + X1703 + X1704 + X1705;
3. 1708 = 1709 + 1710 + 1711 + 1712;
4. X1706 > X1707;1708 ≥ 1502;
5. 各项保留整数。

市(县)基 9-3 表指标解释及填报说明

运营车数

指城市用于轨道交通运营业务的全部车辆数。以企业(单位)固定资产台账中已投入运营的车辆数为准;新购、新制和调入的运营车辆,自投入之日起开始计算;调出、报废和调作他用的运营车辆,自上级主管机关批准之日起不再计入。地铁和轻轨在统计时一自然节统计为一辆,不要按一编组列统计。

本年更新运营车数

指轨道交通企业(单位)报废或淘汰运营车辆后,重新购置的运营车辆数,新增加的车辆数不计算在内。

标准运营车数

指不同类型的运营车辆按统一的标准当量折算合成的运营车数。计算公式:

标准运营车数 = $\sum$(每类型车辆数 × 相应换算系数)

各类型车辆换算系数标准:

类别	车长范围(米)	换算系数	类别	车长范围(米)	换算系数	类别	车长范围(米)	换算系数
1	>5 ~ 7	0.7	3	>10 ~ 13	1.3	5	>16 ~ 18	2.0
2	>7 ~ 10	1.0	4	>13 ~ 16	1.7	6	>18	2.5

注:每类车长的上限值均含在本级中。

运营线路条数

指为运营列车设置的固定线路总条数。按规划设计为同一条线路但分期建成的线路,统计时仍按一条线路计算。

运营线路总长度

指全部运营线路的长度之和。包括地面、地下、高架等线路,不包括折返、试车、联络线等非运营线路。计算公式:

运营线路长度 = $\sum$各条运营线路长度

$$= \Sigma\left[\frac{1}{2}(\text{上行起点至终点里程} + \text{下行起点至终点里程} + \text{上下行终点掉头里程})\right]$$

单向行驶的环行线路长度等于起点至终点里程与终点下客站至起点里程之和的一半。不包括折返、试车、联络线等非运营线路。

车站数

指运营线路上供乘客候车和上、下车的场所个数。包括地面、地下、高架车站。如同一个车站被多条线路共用，按一个车站统计。

其中：换乘站数指运营线路上，乘客能从同一站台或通过专用通道从一条轨道交通线路转乘其他轨道交通线路的车站数。

在车站数的统计中，同站台换乘站计为一站；非同站台换乘站，按累计计算；

客运总量

指报告期轨道交通企业运送乘客的总人次，包括付费乘客和不付费乘客人次。

付费客运量计算方法：

1. 普通乘客依据售出普通客票张数计算人次，单程客票每张计算 1 人次，往返客票每张计算 2 人次；如实际载客人数不易计算时，亦可按车辆客位数计算；

2. 无人售票的运营车辆，以实收金额折算乘客人次；

3. 用 IC 卡付费的运营车辆，乘坐只需刷卡一次的，实际乘客人次按实际刷卡次数计，乘坐需上下车各刷卡一次的，实际乘客人次按实际刷卡次数除以 2 计；

4. 纸质月（季）票乘客人次等与月（季）票张数乘以每张月（季）票月（季）乘车次数。每张月（季）票月（季）乘车次数由近期客流调查资料确定。无客流调查资料的城市月票乘车次数大中城市按 120 人次计算，小城市按 90 人次计算。季票乘车次数分别按

360 和 270 人次计算。

不付费客运量计算方法:各地根据实际情况抽样调查确定。

行车电耗总量(牵引电耗)

指运营车辆行车消耗的电能数量。

本表说明:

1.行车电耗只统计用于轨道交通运营车辆运营所消耗的电量,不含企业(单位)其他方面消耗的电量。

城市(县城)出租汽车基层表

表　　号:市(县)基9-4表
制表机关:建　设　部
批准机关:国家统计局
批准文号:国统制〔2007〕93号
有效期至:2009年11月6日

填报单位:

20　　年

指标名称	计量单位	代码	上年	本年	增减
甲	乙	丙	1	2	3
运营车辆	—	—	—	—	—
运营车数	辆	1801			
本年更新运营车数	辆	1802	—		—
服务	—	—	—	—	—
客运总量	万人次	1803			
每车日平均载客车次	车次/车日	X1801			
运营里程	万公里	X1802			
行车能耗	—	—	—	—	—
汽油消耗总量	吨	1804			
乙醇汽油消耗总量	吨	1805			
柴油消耗量	吨	1806			
天然气消耗总量	万立方米	1807			
液化石油气消耗总量	万吨	1808			

单位负责人:　　统计负责人:　　填表人:　　报出日期:20　　年　　月　　日

填表说明:本表由客运管理部门填报。

本表逻辑审核关系:

1. 各项保留整数。

市(县)基 9-4 表指标解释及填报说明

运营车数

指已经领取出租汽车专用牌照的运营车辆,包括技术完好的、在修的、长期行驶的以及拟报废尚未经上级机关批准的车辆。

出租汽车一般应符合以下要求:

1. 车辆技术性能、设施完好,车容整洁;

2. 出租汽车应当装置由客运管理机构批准的、并经技术监督部门鉴定合格的计价器;

3. 出租小客车应当装置经公安机关鉴定合格的防劫安全设施;

4. 出租汽车应当固定装置统一的顶灯和显示空车待租的明显标志。

本年更新运营车数

指出租汽车企业(单位或个人)报废或淘汰运营车辆后,重新购置的运营车辆数,新增加的车辆数不计算在内。

每车日平均载客车次

指每辆运营出租车每天的平均载客车次。

客运总量

指报告期全部出租车运送乘客的总人次。计算公式:

客运总量 = 运营车数 × 每车日平均载客车次 ×329 天(年平均运营天数) ×2(每车次 2 人)

329 天为运营有效天数,年 365 天减 36 天(维修、检测、因故等原因 3 天/月 ×12 月)

运营里程

指运营车辆为运营而出车行驶的全部里程。计算公式:

运营里程 = 当班里程表读数之差值 - 修理试车里程 - 公务里程

各地也可采用抽样调查的方法取得该数据。

城市(县城)客运轮渡基层表

表　　号：市(县)基9-5表
制表机关：建设部
批准机关：国家统计局
批准文号：国统制〔2007〕93号
有效期至：2009年11月6日

填报单位：

20　年

指标名称	计量单位	代码	上年	本年	增减
甲	乙	丙	1	2	3
运营船只	—	—	—	—	—
运营船数	辆	1901			
本年更新运营车船数	辆	1902	—		—
运营航线	—	—	—	—	—
运营航线条数	条	X1901			
运营航线总长度	公里	X1902			
服务	—	—	—	—	—
客运总量	万人次	1903			
船舶燃料消耗	—	—	—	—	—
柴油消耗量	吨	1904			
汽油消耗量	吨	1905			

单位负责人：　统计负责人：　填表人：　报出日期：20　年　月　日

填表说明：本表由客运管理部门填报。

本表逻辑审核关系：

1. 各项保留整数。

市(县)基9-5表指标解释及填报说明

运营船数

指用于城市客渡运营业务的全部船舶数。不含旅游客轮(长途旅游;市内供游人游览江、河、湖泊的船只)。

运营航线条数

指为运营船舶设置的固定航线的总条数,包括对江航线和顺江航线。

运营航线总长度

指全部运营航线长度之和。测定运营航线的长度,应按实际航程的曲线长度计算。水位变化大的对江客渡航线长度,可通过实测计算出一个平均长度,作为常数值使用。

客运总量

指报告期客运轮渡企业(单位)运送乘客的总人次,包括付费乘客和不付费的乘客人次。

船舶燃油消耗总量

指航行船舶在运营时间内实际消耗的燃料(柴油)总量,包括航行、停泊、作业及其他消耗的燃料量。按不同燃料分别统计。

城市(县城)公共汽电车综合表

表　　号:市(县)基9-1表
制表机关:建　设　部
批准机关:国家统计局
批准文号:国统制[2007]93号
有效期至:2009年11月6日

综合机关名称

20　　年

地区名称	运营车数(辆)					标准运营车数(标台)	运营线路网长度(公里)	公交专用车道长度(公里)	客运总量(万人次)	汽油消耗量(吨)	乙醇汽油消耗量(吨)	柴油消耗量(吨)	天然气消耗量(万立方米)	液化石油气消耗量(万吨)	电消耗量(万千瓦时)
	合计	公共汽车			无轨电车										
			天然气燃料车	液化石油气燃料车											
甲	1601	1602	1603	1604	1605	1606	1607	1608	1609	1610	1611	1612	1613	1614	1615
合计															
1. 按地区分列															
北京															
天津															
河北															
|															
新疆															
2. 按城市(县)分列															

单位负责人：　　统计负责人：　　填表人：　　报出日期：20　年　月　日

本表逻辑审核关系：

1. 1601 = 1602 + 1605；1602 ≥ 1603 + 1604；1607 > 1608；
2. 各项取整数。

城市(县城)轨道交通综合表

表　　号:市(县)基9-2表
制表机关:建　设　部
批准机关:国　家　统　计　局
批准文号:国统制[2007]93号
有效期至:2009年11月6日

综合机关名称

20　年

地区名称	运营车数(辆)				标准运营车数(标台)	运营线路网长度(公里)	运营线路长度(公里)				客运总量(万人次)	消耗量(万千瓦时)
		地铁	轻轨	有轨电车				地铁	轻轨	有轨电车		
甲	1701	1702	1703	1704	1705	1706	1707	1708	1709	1710	1711	1712
合计												
1. 按地区分列												
北京												
天津												
河北												
⋮												
新疆												
2. 按城市(县)分列												

单位负责人:　　统计负责人:　　填表人:　　报出日期:20　年　月　日

本表逻辑审核关系:

1. 各项取整数。

城市(县城)出租汽车、客运轮渡综合表

表　　号:市(县)综9-3表
制表机关:建　设　部
批准机关:国　家　统　计　局
批准文号:国统制[2007]93号
有效期至:2009年11月6日

综合机关名称

20　年

地区名称	出租汽车							客运轮渡			
	运营车数(辆)	客运总量(万人次)	汽油消耗量(吨)	乙醇汽油消耗量(吨)	柴油消耗量(吨)	天然气消耗量(万立方米)	液化石油气消耗量(万吨)	运营船数(艘)	客运总量(万人次)	汽油消耗量(吨)	柴油消耗量(吨)
甲	1801	1802	1803	1804	1805	1806	1807	1808	1809	1810	1811
合计											
1.按地区分列											
北京											
天津											
河北											
|											
新疆											
2.按城市(县)分列											

单位负责人:　　统计负责人:　　填表人:　　报出日期: 20　年　月　日

本表逻辑审核关系:

1.各项取整数。

公路网规划编制办法

交规划发〔2010〕112号　2010.3.1

第一条　为规范公路网规划编制，加强公路网规划工作管理，提高规划的科学性，根据《中华人民共和国公路法》等相关法规，制定本办法。

第二条　本办法适用于各类公路网规划的编制。

第三条　公路网规划是公路建设前期工作的重要环节，是公路合理布局、协调发展的重要手段，是编制公路建设五年规划的依据，是确定公路建设项目的基础。公路网规划期限一般为10～20年。

第四条　编制公路网规划必须贯彻国家的方针和政策，严格执行国家颁布的有关法规、制度，以及相关技术规范、标准；满足经济社会发展要求，与生产力布局、国土规划和城镇体系规划相适应，与其他运输方式相衔接；注重经济和社会效益，集约利用土地，保护环境，实现可持续发展。

第五条　公路网规划的主要内容包括：评价公路网现状，研究未来经济社会和交通发展需求，明确公路发展目标，确定路网规模、布局和技术标准，提出公路网建设总体安排以及保障规划实施的政策与措施。

第六条　公路网规划按公路行政等级划分，可分为国道规划、省道规划、县道规划、乡道规划，以及专用公路规划；按区域范围划分，可分为各级行政区域的公路网规划和特定区域的公路网规划。

第七条　国道规划由国务院交通运输主管部门会同国务院有关部门并商国道沿线省、自治区、直辖市人民政府编制，报国务院批准。

省道规划由省、自治区、直辖市人民政府交通运输主管部门会同同级有关部门并商省道沿线下一级人民政府编制，报省、自治区、直辖市人民政府批准，并报国务院交通运输主管部门备案。

县道规划由县级人民政府交通运输主管部门会同同级有关部门编制，经本级人民政府审定后，报上一级人民政府批准。

乡道规划由县级人民政府交通运输主管部门协助乡、民族乡、镇人民政府编制，报县级人民政府批准。县道、乡道规划应当报批准机关的上一级人民政府交通运输主管部门备案。

专用公路规划由专用公路的主管单位编制，经其上级主管部门审定后，报县级以上人民政府交通运输主管部门审核。专用公路规划应与其他公路规划相协调。

按行政区域编制的公路网规划，由该行政区域交通运输主管部门编制，规划编就后，报该行政区域人民政府批准，并报上一级交通运输主管部门备案。跨行政区域的公路网规划可由上一级交通运输主管部门组织相关行政区域的交通运输主管部门编制。按行政区域编制的公路网规划应服从上一级公路网规划。

第八条 交通运输主管部门可根据经济社会和交通发展的新形势及规划实施情况，适时组织规划调整。当出现重大调整时，须履行相关审批程序。

第九条 编制公路网规划要广泛征询公众、相关部门和相邻行政区交通运输主管部门的意见。

第十条 公路网规划的环境影响评价按国家相关规定执行。

第十一条 公路网规划研究及报告编制工作应由具有相应咨询资质的单位承担，其中承担国道和省道规划的研究单位应具备甲级咨询资质。

第十二条 本办法由交通运输部负责解释。

第十三条 本办法自印发之日起施行。1990 年 4 月原交通部颁布的《公路网规划编制办法》(交计字〔90〕225 号)同时废止。

附件

公路网规划报告格式及内容要求

一、公路网规划报告格式

1. 规划报告一般按 A4 规格装订，相关图表视情况也可采用 A3 规格，封面为深蓝色。

2. 规划报告封面需标明报告名称、规划期限、编制单位和编制时间。报告名称为规划名称加上“报告”，如“××省××公路网规划报告”；规划期限采用阿拉伯数字，中间以“—”连接，外面加上括号，如“（2010—2020 年）”；编制单位为编制报告的研究单位；编制时间反映到年月。

3. 规划报告设扉页，包括规划编制单位名称，单位负责人、技术负责人和项目负责人等签章，以及参加编制的人员姓名和职称，附工程咨询资格证复印件，并加盖公章。

二、公路网规划报告内容要求

公路网规划研究应根据规划的实际情况，突出特点，注重创新。本附件的报告内容要求是按一般情况下公路网规划设计的，具体可根据公路网规划的性质和特点做适当增减。

第 1 章 概 述

1.1 规划背景

阐述公路网规划的目的和意义，说明开展规划工作的依据。对于公路网规划修编，需说明修编的必要性。

1.2 规划范围和期限

说明规划区域范围、规划对象以及规划期限。

1.3 规划思路

说明规划编制的技术路线和方法。

1.4　规划过程

简述规划编制工作的调查和研究过程，以及征询意见、与相关部门协调等情况。

1.5　规划结论

简要说明规划原则、目标、方案和实施安排等方面的主要结论。

第2章　经济社会及交通发展现状

2.1　地理位置及自然条件

概述规划区域的地理位置、行政区划和自然条件。

2.2　经济社会发展概况

分析规划区域人口、产业、城镇、资源等经济社会发展状况，重点把握与交通运输密切相关的区域特征。

2.3　交通运输发展现状

分析规划区域内各种运输方式（公路、铁路、水运、民航、管道）的运输线路、枢纽等重要基础设施基本情况，研究综合运输体系的构成和发展特点。

2.4　公路网现状及综合评价

分析现状公路网规模、结构、布局、技术水平和交通运行状况，评价公路网的适应性，分析现状公路网存在的主要问题。

第3章　经济社会和交通发展需求

3.1　经济社会发展需求

分析经济社会未来发展趋势，预测主要经济社会指标（人口、地区生产总值等），阐述城市总体规划、城镇体系规划、产业布局、资源开发等因素对交通运输的要求。

3.2　综合运输发展需求

根据规划区域的实际情况，研究各种运输方式的比较优势，分析综合运输未来发展趋势和相关规划对公路发展的要求。

3.3 公路交通需求

分析公路运输量、汽车保有量发展特点和趋势，结合经济社会和综合运输发展趋势，预测未来公路运输量、汽车保有量的发展水平。

分析现状公路网交通量发展水平、分布特点和发展规律，把握公路交通流向、流量分布特征，预测未来公路网交通量。

第4章 规划目标

4.1 指导思想和规划原则

根据经济社会和交通发展的总体要求，提出规划的指导思想和原则。

4.2 规划目标

根据经济社会和综合运输发展趋势，结合当前公路网现状和发展条件，提出公路网规划目标。

第5章 布局方案

5.1 路网规模研究

综合考虑区位条件、经济发展水平、综合运输条件、人口分布和主要节点分布等因素，采用定量和定性方法，论证路网规模。

5.2 布局研究思路

说明布局的研究思路和方法。

5.3 影响因素分析

分析主体功能区、城镇、产业布局、资源开发、国家安全等经济社会需求，以及环境、土地等限制因素对规划布局的影响。

分析交通运输需求对规划布局的影响，以及对公路通道路线配置的要求。

5.4 布局方案研究

根据规划目标，综合考虑相关影响因素，在现有公路网基础上，通过定性和定量分析，拟定公路网规划备选方案，阐述备选路线方案的理由和依据。

结合必要的实地踏勘，研究备选方案的路线走向，分析工程可行性，测算路线里程和重大工程的规模，匡算工程投资和土地占用情况，分析路线方案对环境的影响，以及工程建设中存在的重大技术难点。

从规划目标的实现程度，对经济、社会、交通运输、环境和土地等方面的影响，以及路网技术经济指标等方面，对备选方案进行比选优化，确定布局方案。

5.5 布局方案

说明布局方案的路网规模和路线方案。路线方案包括规划路线的名称、起讫点、主要控制点、里程、技术标准和主要功能作用。根据需要，说明布局方案在城市过境、与其他路网衔接、重要附属设施和重大工程等方面的情况。

第6章 实施安排

6.1 用地规模和资金需求

说明规划路网的已建、在建和待建情况，匡算用地规模和建设资金需求。

6.2 近期建设重点

根据经济社会、交通运输发展需求和投资能力，提出分阶段建设任务和近期建设重点项目。

第7章 综合评价

7.1 路网技术评价

从路网规模、密度、技术等级、节点连通情况、路网覆盖程度、主要节点间通达时间、运行速度、交通拥挤度等方面，评价路网服务能力和质量的改善情况。

评价规划路网与其他路网、运输枢纽衔接情况,以及与其他运输方式协调情况。

7.2　直接经济效益分析

分析规划实施后在节约运输时间、降低运输成本、减少交通事故损失和节约燃油消耗等方面的效益。

7.3　经济社会影响评价

从资源开发、产业布局、城镇发展,以及人民生活水平提高、就业、扶贫、教育、国家安全等方面,评价对经济和社会的影响。

7.4　环境影响分析

分析规划的实施对环境的影响,提出预防或减缓不良环境影响的对策。

7.5　土地利用影响分析

分析规划与土地利用总体规划的协调性,提出减少耕地占用和节约集约用地的措施。

第8章　政策措施建议

提出保障规划顺利实施的政策措施建议。

主要插图和表格

主要插图包括:

1.行政区划图

反映规划区域地理位置、行政区划和主要城镇分布。

2.交通基础设施现状图

标示与规划路网相关的各种运输方式(公路、铁路、水运、民航、管道)的现状路线走向、技术等级、枢纽站场分布等情况。

3.相关交通基础设施规划图

与本规划相关的其他交通基础设施规划图。

4. 相关经济社会发展现状和规划图

相关城镇体系、产业、资源等现状和规划图。

5. 交通出行分布示意图

6. 规划路网布局方案图

反映规划路网布局方案的路线走向，标明路线名称、起讫点、主要控制点和技术等级。

7. 规划路网实施安排图

反映各特征年规划路网的已建、在建和待建路段情况。

主要表格包括：

1. 主要经济社会指标现状表

反映规划区域和各分区的主要经济社会指标（人口、地区生产总值等）的历年数据和年平均增长速度。

2. 路网现状表

反映现状路网的主要公路名称、路段起讫点、里程、技术标准、路面状况和交通拥挤度等。

3. 主要经济社会指标预测表

反映规划区域和各分区的主要经济社会指标（人口、地区生产总值等）的预测值和未来增长速度。

4. 历年公路运输量和汽车保有量现状和预测表

反映规划区域公路客运量、旅客周转量、货运量、货物周转量以及汽车保有量历年数据、预测值和未来增长速度。

5. 公路交通出行 OD 表

6. 主要公路交通量现状和预测表

反映主要公路分路段现状交通量和未来交通量预测值。

7. 规划路线方案表

反映规划路线名称、起讫点、主要控制点、规划技术标准、里程和主要功能作用等。

8. 近期重点建设项目或建设项目实施表

附录

公路网规划研究主要技术方法

本附录总结了公路网规划研究常用的技术方法,供规划人员参考。规划人员应根据规划区域特点和路网特性,合理选用技术方法,也可选用本附录以外的其他技术方法,鼓励创新。

1　预测的主要技术方法

1.1　预测的一般方法

1. 回归预测法

利用回归分析研究预测对象(因变量)与相关因素(自变量)之间的相互关系,根据自变量的未来发展水平,推断因变量未来发展水平。其回归模型和变量根据实际情况合理选取。

2. 时间序列法

根据历史统计数据,以时间为自变量建立模型,预测因变量未来发展的水平。常用模型有多项式模型、指数曲线、生长曲线等。

3. 弹性系数法

弹性系数一般用预测对象和影响因素发展速度比值来计算。弹性系数法的主要步骤为:分析预测对象与影响因素的历史弹性系数,总结发展规律,预测未来弹性系数,再预测影响因素未来发展速度,推算出预测对象的未来发展速度,预测未来发展水平。弹性系数计算模型如下:

$$E = \Delta Y / \Delta X$$

式中:E ——弹性系数;

ΔY ——因变量(如运输量或交通量)的变化率;

ΔX ——自变量(如人口、GDP 等经济社会指标)的变化率。

4. 强度指标法

强度指标法是根据现状强度指标,乘以自变量预测值得到因变量的预测值的一种方法。强度指标是因变量与自变量的比值。

在现状与预测年度状况相差较大时，应考虑对强度指标进行修正，常用的强度指标有人均系数、单位 GDP 系数、单位面积系数等。计算模型如下：

$$Y = k \cdot X$$

式中：Y——因变量预测值；

X——自变量预测值；

k——强度指标。

1.2 交通量预测方法

1.2.1 四阶段预测法

交通量四阶段预测法是以现状交通分布（现状交通出行 OD 矩阵）为基础，通过交通生成、交通分布、交通方式分担和交通分配四个阶段预测公路交通量。

1. 交通生成预测

交通生成预测是根据经济社会和交通发展现状和趋势，预测规划区域及各交通分区的交通需求总量。前述的一般预测技术都适用于交通生成预测。

2. 交通分布预测

交通分布预测是根据各交通分区发生和吸引量，推算各分区间交通出行分布的过程。交通分布预测的方法可以分为两类，一是现在状态法，二是综合模式法。

(1) 现在状态法

现在状态法是由现状 OD 表推算将来交通出行分布的一种方法。现在状态法主要有均衡增长率法、平均增长率法、底特律法（Detroit Method）和弗雷特法（Fratar Method）等几种模型形式，其中弗雷特法应用较为广泛。弗雷特法的计算模型如下：

$$Q_{ij} = Q_{oij} \cdot G_j \cdot F_i \cdot \frac{L_i + L_j}{2}$$

$$G_j = \frac{Q_{aj}}{Q_{oaj}} \qquad F_i = \frac{Q_{pi}}{Q_{opi}}$$

$$L_i = \frac{Q_{opi}}{\sum_{j=1}^{n}(Q_{oij} \cdot G_j)} \qquad L_j = \frac{Q_{oaj}}{\sum_{i=1}^{n}(Q_{oij} \cdot F_i)}$$

式中：Q_{ij} ——未来某预测特征年 i 区到 j 区的交通分布量；

Q_{oij} ——基年 i 区到 j 区的交通分布量；

G_j —— j 区交通吸引量增长倍数；

F_i —— i 区交通发生量增长倍数；

Q_{aj} ——特征年 j 区交通吸引量；

Q_{oaj} ——基年 j 区交通吸引量；

Q_{pi} ——特征年 i 区交通发生量；

Q_{opi} ——基年 i 区交通发生量；

L_i —— i 区对于所有 j 区的位置系数；

L_j —— j 区对于所有 i 区的位置系数。

（2）综合模式法

综合模式法是利用区域经济活动质量和交通出行阻抗情况，预测将来交通出行分布的一种方法。综合模式法主要的模型形式是基本重力模型及其变形。重力模型基本形式如下：

$$Q_{ij} = k \cdot \frac{P_i^{\alpha} \cdot A_j^{\beta}}{D_{ij}^{\gamma}}$$

式中：Q_{ij} —— i 区到 j 区的交通分布量；

P_i —— i 区经济活动质量（一般可以采用经济社会指标，也可以采用 i 区交通发生量）；

A_j —— j 区经济活动质量（一般可以采用经济社会指标，也可以采用 j 区交通吸引量）；

D_{ij} —— i 区到 j 区的出行阻抗（常以距离、时间或费用来度量）；

k,α,β,γ ——回归参数。

3. 交通方式分担预测

交通方式分担是预测各种运输方式的分担量。常用方法为运输方式分担率法。计算模型如下：

$$P_{ijk}=\frac{\exp(-M_k)}{\sum_{t=1}^{n}\exp(-M_t)}$$

式中：P_{ijk} ——i 区到 j 区之间第 k 种运输方式的分担率；

M_k 、M_t ——第 k、t 种运输方式的广义费用，包括时间代价、运行费用等；

n——区域间可供选择的运输方式类型数量。

4. 交通分配预测

交通分配是将未来交通出行分布量（OD 矩阵）分配到路网中，得到路段交通量的过程。交通分配常用的方法包括全有全无法、考虑容量限制的最短路径迭代分配法、多路径概率分配法和均衡分配法等。

（1）全有全无法

全有全无法是根据路线阻抗，寻求 i 区到 j 区的最短路径，将分布交通量 Q_{ij} 一次分配到最短路径上的预测方法。全有全无法仅适用于各路线阻抗相差较大或单个路线的情况。

（2）考虑容量限制的最短路径迭代分配法

考虑容量限制的最短路径迭代分配法的思路是将分布交通量 Q_{ij} 分割成若干份，按照全有全无法进行多次交通量的路线分配，所不同的是每次分配，要根据上一次的分配结果，结合路段通行能力重新计算路线阻抗，寻求新的最短路径。

（3）多路径概率分配法

多路径概率分配法的分配步骤与考虑容量限制的最短路径迭代分配法完全一样，所不同的是每一次分配时，需要根据路线阻抗，寻求 i 区到 j 区包括最短路径与次短路径在内的若干路径，然后按照一定概率把分割后的分布交通量分配到这些路线上。每条路线的分配概率可由下式确定：

$$P_k=\frac{\exp(-\theta\cdot t_k)}{\sum_{i=1}^{m}\exp(-\theta\cdot t_i)}$$

式中：P_k ——第 k 条路径的交通量分配概率；

θ——分配参数；

t_i、t_k——第 i、k 条路径的路线阻抗；

m——可供选择的路径数。

在进行路线未来特征年阻抗计算时，应考虑路段通行能力或容量的变化。

(4)均衡分配法

均衡分配法包括用户最优均衡法和系统最优均衡法。用户最优均衡法为假设通过交通量分配，使得使用的路线路阻相等，且都小于未被使用路线的路阻。系统最优均衡法为假设通过交通分配，使得路网上所有车辆的总出行阻抗最小。在这两个假设的基础上构建数学模型，求解分配结果。

1.2.2 趋势预测法

趋势预测法是在基于公路路段交通量预测未来公路交通量的方法。主要步骤如下：

(1)分析公路通道交通量发展规律和特点，预测通道未来趋势交通量。

(2)分析运输方式的交通分担情况，以及通道内的运输方式构成的变化，预测公路与其他运输方式间的交通转移率，得出未来公路承担的交通量。一般采用分担模型预测。

(3)根据通道内公路路线构成，预测不同公路路线交通量的分担比例，得出通道内不同公路路段的预测交通量。

1.2.3 运量推算法

运量推算法是根据交通节点(运输枢纽、站场等)公路集疏运量和汽车载运系数推算公路承担的交通量。主要步骤如下：

(1)分析交通节点的运输量发展状况，预测未来运输量。

(2)分析交通节点的公路集疏运比例，预测公路集疏运量。

(3)通过汽车载运系数，将公路集疏运量转换为汽车交通量。

(4)根据通道内公路路线构成，预测不同公路路线交通量的分担比例，得出通道内不同公路路段的预测交通量。

2 规划目标研究技术方法

2.1　研究思路

1. 分析经济社会和交通发展需求，以及公路网现状及存在问题，研究对公路网发展的要求。

2. 根据公路网发展的价值取向和功能定位，初拟规划目标。

3. 分析实现规划目标对经济、社会、交通运输、环境和土地等方面产生的正负效益，以及目标成本。

4. 调整并最终确定规划目标。

2.2　研究方法

主要研究方法有因果分析法、层次分析法和相关树法等。

1. 因果分析法

因果分析法是运用因果分析图来整理和分析规划目标的影响因素及因素间关系，并分析规划目标的方法。主要步骤为：

(1)分析影响规划目标的各种因素类别、性质和发展规律及对规划目标的影响程度。

(2)按影响因素的类别、性质和重要程度，绘制因果分析图。

(3)根据因果分析图确定影响规划目标的主要因素。

(4)提出规划目标。

2. 层次分析法

层次分析法是将多目标进行层次划分，确定隶属关系，并分析各层次目标的重要程度和次序，理顺目标体系的一种方法。主要步骤为：

(1)划分目标层次，即分为总目标、分目标和子目标。

(2)按目标的隶属关系分析不同层次目标的相关关系。

(3)分析相同层次目标的重要程度，并按重要性排列。

(4)提出规划目标。

3. 相关树法

总目标的实现依赖子目标的实现，相关树法即是把这种关系通过树状结构表现出来，判断目标层次划分和各目标的重要程度，从而确定规划目标的一种方法。主要步骤为：

(1)根据目标因果、从属关系，绘制目标关系树。

(2)分析目标的相对重要性以及对上级目标的影响。

(3)预估目标产生的效果,确定规划目标体系。

2.3 路网规模研究

1.连通度法

根据区域内路网节点数量以及路网期望连通度,计算路网发展规模,计算模型如下:

$$L = C \cdot \xi \cdot \sqrt{N \cdot A}$$

式中:L——路网规模(公里);

C——路网连通度;

N——区域内节点数量(个);

A——区域面积(平方公里);

ξ——路网变形系数,各节点间实际路线里程与直线里程之比。

当 C 接近 1 时,路网布局为树状,节点多为二路连通;当 C 为 2 时,路网布局为方格网状,节点多为四路连通;当 C 大于 3 时,路网布局为三角网状,节点多为六路连通。

2.类比法

研究类似地区路网与人口、经济发展水平、地域面积的相关关系,建立模型,再根据规划区域的人口和经济发展水平,推算路网规模。常用方法为相关分析法、国土系数法。

相关分析法模型如下:

$$L = f(I, P, A)$$

式中:L——路网规模(公里);

I——人均经济指标(万元/人);

P——总人口(万人);

A——区域面积(平方公里)。

国土系数法模型如下:

$$L = \alpha \cdot I \cdot \sqrt{P \cdot A}$$

式中:L——路网规模(公里);

α——国土系数;

I——人均经济指标(万元/人);

A——区域面积(平方公里);

P——总人口(万人)。

3. 效率曲线法

分析公路网节点间路段重要度,按路段重要度大小进行排序,累计路段里程和重要度,形成累计里程与累计重要度的关系曲线,寻找曲线上累计重要度增加趋缓的拐点所对应的路网规模。

$$\sum Z = f(\sum L)$$

式中:$\sum Z$——路段累计重要度;

$\sum L$——路段累计里程(公里)。

4. 增长曲线法

常用的增长曲线有 Gompertz 曲线和 Logist 曲线等。

Gompertz 曲线(S 曲线):

$$L = k \cdot a^{b^t}$$

Logist 曲线:

$$L = \frac{1}{k + a \cdot b^t}$$

式中:L——路网规模(公里);

t——时间(年);

k、α、b——常数。

5. 公路行驶量分析法

公路行驶量分析法是根据公路行驶量和公路通行能力、服务水平确定公路网发展规模的一种方法。计算方法如下:

$$L = \frac{Q}{S \cdot C}$$

式中:L——公路网规模(公里);

Q——公路网承担的行驶量(车公里/日);

S——服务水平系数,即饱和度;

C——通行能力(辆/日)。

其中:

$$Q = \left(\frac{\beta_P \cdot W_P}{r_P} + \frac{\beta_F \cdot W_F}{r_F}\right) \times \frac{1}{365}$$

W_P、W_F——公路客、货周转量(人公里/年、吨公里/年);

β_P、β_F——公路网承担的客、货运输量比重(%);

r_P、r_F——客货载运系数,即客、货车平均实际运载量(人/辆,吨/辆)。

3 布局研究技术方法

3.1 主要技术指标

1. 节点重要度

节点重要度是判断路网节点重要程度的指标,可选取人口、地区生产总值、工业产值、运输量、商品零售总额等指标进行定量化分析,计算模型如下:

$$Z = \sum_{i=1}^{n}\left(a_i \cdot \frac{R_i}{\overline{R}_i}\right)$$

式中:Z——节点的重要度;

a_i——第 i 项指标的权重,可通过专家法或主成分分析法确定;

R_i——本节点的第 i 项指标值;

$\overline{R}_i$——规划区域所有节点的第 i 项指标平均值;

n——选取的指标数。

2. 路段重要度

路段重要度计算常用以下三种方法:

(1)预测路网未来交通量,判断路段重要度。

(2)选取路段沿线地区的人口、地区生产总值、客货运输量、社会消费品零售总额、路段交通量等多种指标,确定各种指标权重,计算路段重要度。

(3)分析节点重要度和节点间重要度的吸引量,形成节点重要度吸引量矩阵,然后采用交通分配的方法,将节点重要度分配到路网上,得到节点间的路段重要度。

3.2 技术方法

1. 基于交通量四阶段预测的布局方法

本方法核心内容是采用交通量四阶段预测法预测区域路网交通量，以此作为路网布局设计的主要依据。主要步骤为：

(1) 建立初始路网

根据规划目标、现状路网、未来交通分布、路网节点分布等，提出初始路网。

(2) 预测交通需求

采用“四阶段”交通量预测方法，预测初始路网路段交通量。

(3) 优化调整初始路网

根据路段交通量的预测结果，分析初始路网存在的主要问题，评估路段重要程度，进一步优化调整初始路网。

(4) 形成路网布局

重复步骤(2)、(3)，直到形成满足规划目标要求的优化路网。

2. 总量控制法

总量控制法是以路网规模总量为约束条件，根据路段重要度，求解最优路网的方法。其主要步骤为：

(1) 确定公路网的合理规模

预测规划期末路网的合理规模。

(2) 建立初始网络

根据规划目标、现状路网、路网节点分布等，建立初步网络。

(3) 计算路段重要度

选取经济社会和运输等指标计算节点重要度，通过节点重要度、路段交通量等指标，计算路段重要度。

(4) 逐层展开布局

根据路网节点层次划分情况，确定公路网层次。根据路段重要度逐层求解各层次路网路段重要度的最优树，形成最优树路网。

(5) 形成路网布局

以最优树路网为基础，以公路网合理规模为约束，按路段重要度进一步增加路段，形成符合规划目标要求的路网布局。

3. 交通区位法

交通区位法是从经济地理出发，研究规划区域的交通区位线，即交通现象在地理上的高发地带的原理线，并转化为公路布局方案的方法。其主要步骤为：

（1）分析交通区位线

根据城市、市场、原材料产地、能源产地和军事基地的分布以及自然地理条件等因素，从政治、经济、军事等角度出发，分析区域内和对外交通区位线，以合理形态构建连接交通节点的交通区位线网络。

（2）研究交通运输线，形成基础网络

根据交通区位线网络，结合交通节点情况、地理约束条件等因素，确定交通运输线走向。根据产业社会背景及交通吸引特征，研究交通线的运输方式配置，确定公路路线。

（3）补充完善基础网络，形成布局方案

以基础网络为基础，根据规划目标补充部分路线，形成路网布局方案。

4. 节点布局法

节点布局法是通过分析路网节点和选择节点间路线形成规划路网的布局方法。其主要步骤为：

（1）确定路网节点

根据路网功能定位和规划目标，确定路网连接的节点。

（2）划分节点层次

根据规划区域的城市、运输枢纽、客货集散地、重要军事要地、旅游景点和口岸等情况，分析节点重要度，划分节点层次。节点层次划分可采用重要度法、动态聚类法、模糊聚类法等方法。

（3）研究节点间连接路线

研究不同层次节点间连接采用的基本形态，分析路线重要度，确定节点间的连接路线。节点间连线的选择可采用排序法、最优树法、逐层展开法等。

（4）形成路网布局

根据规划目标，调整确定路网布局方案。

5. 动态规划法

动态规划法是通过建立优化模型，优化求解，形成布局方案的方法。其主要步骤如下：

（1）建立优化模型

建立以优化目标函数（如运输时间最小、运输成本最小、重要度最大等）和约束条件（路网规模、土地、环境和资金等）构成的优化模型。

（2）研究可能方案

根据规划目标，研究多种可能方案。

（3）模型求解，形成布局方案

将各种方案输入模型，选择适当的优化算法，求解优化模型，获得实现优化目标的路网布局方案。

4　综合评价

4.1　技术指标

1. 路网密度

路网密度是单位面积拥有的公路网里程，以反映一个区域的公路网发展水平，计算模型为：

$$\gamma = L/A$$

式中：γ——路网密度（公里/平方公里）；

L——路网规模（公里）；

A——区域面积（平方公里）。

除面积密度外，也可以采用人口、地区生产总值、运输量、车辆等作为单位指标进行计算，从不同角度反映路网发展水平。

可通过车道里程计算车道数密度。

2. 路网连通度

路网连通度反映了路网节点的连通强度，计算模型为：

$$C = L/\xi \cdot \sqrt{N \cdot A}$$

式中：C——路网连通度；

L——路网规模(公里);

N——区域内节点数量(个);

A——区域面积(平方公里);

ξ——路网变形系数。

3. 路网迂回率

迂回率是路网节点间最短公路里程和直线距离的比值,路网迂回率是路网所有节点间迂回率的平均值。计算模型为:

$$Y_{ij} = \frac{S_{ij}}{d_{ij}}$$

式中:Y_{ij}——迂回率;

S_{ij}——第 i 节点与第 j 节点间的最短公路里程(公里);

d_{ij}——第 i 节点与第 j 节点间的直线距离(公里)。

4. 路网节点连接率

路网节点连接率是指路网连通的节点占全部节点的比例。计算模型为:

$$r = N_c/N$$

式中:r——路网节点连通率(%);

N_c——路网连通的节点数量(个);

N——全部节点数量(个)。

5. 路网覆盖率

路网覆盖率是指路网覆盖的地域面积、人口和经济等指标占总量的比例。计算模型为:

$$r_c = A_c/A$$

式中:r_c——路网覆盖率(%);

A_c——路网覆盖的地域面积(平方公里)(或采用人口、经济等指标);

A——规划区域的总面积(平方公里)(或采用人口、经济等指标)。

6. 路网平均车速

路网平均车速反映了路网交通运行状况。计算模型为:

$$V=\sum(V_i \cdot L_i \cdot Q_i)/\sum(L_i \cdot Q_i)$$

式中：V ——公路网的平均车速（公里/小时）；

V_i ——公路网中第 i 路段平均车速（公里/小时）；

L_i ——公路网中第 i 路段长度（公里）；

Q_i ——公路网中第 i 路段交通量（辆/日）。

7.路网平均拥挤度

拥挤度是路段交通量与设计通行能力的比值，路网平均拥挤度为路段拥挤度的加权平均值。计算模型为：

$$S=\sum(Q_i/C_i \cdot L_i)/\sum(L_i)$$

式中：S ——公路网平均拥挤度；

Q_i ——公路网中第 i 路段交通量（辆/日）；

C_i ——公路网中第 i 路段设计通行能力（辆/日）；

L_i ——公路网中第 i 路段长度（公里）。

8.公路网拥挤里程占比

公路网拥挤里程占比为公路网拥挤路段里程占总里程的比例，可根据拥挤度类别分级计算。计算模型为：

$$P_s=\sum L_{si}/L$$

式中：P_s ——公路网拥挤里程占比（%）；

L_{si} ——公路网中第 i 个拥挤路段里程（公里）；

L——公路网总里程（公里）。

4.2　效益指标

直接经济效益的计算方法采用“有无”对比法，即以规划实施后路网的交通状况与规划未实施路网的交通状况进行对比计算。

1.减少运行时间

减少运行时间效益是指规划路网实施后，路网条件改善所减少的路网车辆运行时间。计算公式为：

$$\Delta T=[\sum_{i=1}^{m}(Q_i \cdot L_i/V_i)-\sum_{j=1}^{n}(Q_j \cdot L_j/V_j)]\times 365$$

式中：ΔT ——规划实施后路网运行车辆节约总时间（小时/年）；

Q_i ——现状路网情况下，第 i 路段未来交通量（辆/日）；

L_i ——现状路网情况下,第 i 路段里程(公里);

V_i ——现状路网情况下,第 i 路段未来平均车速(公里/小时);

m ——现状路网的路段总数;

Q_j ——规划路网情况下,第 j 路段未来交通量(辆/日);

L_j ——规划路网情况下,第 j 路段里程(公里);

V_j ——规划路网情况下,第 j 路段未来平均车速(公里/小时);

n ——规划路网的路段总数。

2. 减少运输成本

减少运输成本效益是指规划路网实施后,路网条件改善所减少的路网车辆运输成本。计算公式为:

$$B = [\sum_{i=1}^{m}(Q_i \cdot C_i \cdot L_i) - \sum_{j=1}^{n}(Q_j \cdot C_j \cdot L_j)] \times 365 \times 10^{-4}$$

式中:B ——规划实施后减少的运输成本效益(万元/年);

Q_i ——现状路网情况下,第 i 路段未来交通量(辆/日);

C_i ——现状路网情况下,第 i 路段未来车辆单位营运成本(元/车公里);

L_i ——现状路网情况下,第 i 路段里程(公里);

m ——现状路网的路段总数;

Q_j ——规划路网情况下,第 j 路段未来交通量(辆/日);

C_j ——规划路网情况下,第 j 路段未来车辆单位营运成本(元/车公里);

L_j ——规划路网情况下,第 j 路段里程(公里);

n ——规划路网的路段总数。

3. 减少交通事故损失

减少交通事故损失效益是指规划路网实施后,路网条件改善所减少的路网交通事故损失效益。计算公式为:

$$B_t = [\sum_{i=1}^{m}(Q_i \cdot C_{ti} \cdot r_{ti} \cdot L_i) - \sum_{j=1}^{n}(Q_j \cdot C_{tj} \cdot r_{tj} \cdot L_j)] \times 365 \times 10^{-4}$$

式中：B_t——规划实施后减少的交通事故损失效益（万元/年）；

Q_i——现状路网情况下，第 i 路段未来交通量（辆/日）；

C_{ti}——现状路网情况下，第 i 路段未来单位事故经济损失费（元/次）；

r_{ti}——现状路网情况下，第 i 路段未来平均事故率（次/亿车公里）；

L_i——现状路网情况下，第 i 路段里程（公里）；

m——现状路网的路段总数；

Q_j——规划路网情况下，第 j 路段未来交通量（辆/日）；

C_{tj}——规划路网情况下，第 j 路段未来单位事故经济损失费（元/次）；

r_{tj}——规划路网情况下，第 j 路段未来平均事故率（次/亿车公里）；

L_j——规划路网情况下，第 j 路段里程（公里）；

n——规划路网的路段总数。

4. 节约燃油消耗

节约燃油消耗效益是指规划路网实施后，路网条件改善所节约的车辆运行燃油消耗效益。计算公式为：

$$B_o = [\sum_{i=1}^{m}(Q_i \cdot C_{oi} \cdot L_i) - \sum_{j=1}^{n}(Q_j \cdot C_{oj} \cdot L_j)] \times 365$$

式中：B_o——规划实施后节约的车辆燃油消耗（升/年）；

Q_i——现状路网情况下，第 i 路段未来交通量（辆/日）；

C_{oi}——现状路网情况下，第 i 路段未来车辆平均燃油消耗（升/车公里）；

L_i——现状路网情况下，第 i 路段里程（公里）；

m——现状路网的路段总数；

Q_j——规划路网情况下，第 j 路段未来交通量（辆/日）；

C_{oj}——规划路网情况下，第 j 路段未来车辆平均燃油消耗（升/车公里）；

L_j——规划路网情况下，第 j 路段里程（公里）；

n——规划路网的路段总数。

4.3 主要方法

1. 综合比较法

综合比较法是通过确定评估的指标体系，然后确定各指标的权重和评分值，加权平均计算出各种方案重要度，以此判断最佳方案的方法。主要步骤如下：

（1）选定评估指标体系

分析影响因素，构建评估指标体系。

（2）对各方案的指标进行评分

通过定性和定量分析，判断各指标的值，采用统一的评分标准（如五分制、百分制等），计算各指标的评分。

（3）确定指标的权重

根据指标的重要性确定指标的权重。

（4）计算综合评分

根据指标权重和评分，通过加权平均计算综合评分。

（5）比选确定方案

根据综合评分进行排序，评选出最佳方案。

评分的计算模型为：

$$D = \sum_{i=1}^{n} (k_i \cdot P_i)$$

式中：D——方案综合评分；

k_i——第 i 项指标权重；

P_i——第 i 项指标评分；

n——评估指标总数。

2. 层次分析法

层次分析法是通过计量数学的方法，消除不同量纲的影响，定量计算不同方案的优劣程度，其主要步骤为：

（1）明确层次结构

根据指标体系，建立指标层次结构模型。

（2）建立判断矩阵

逐层逐项对不同方案的优劣程度进行两两比较,建立判断矩阵。

(3)进行层次排序

根据判断矩阵,逐层分析排列各方案优劣顺序,汇总得出各方案优劣顺序。

公路建设养护管理

公路工程竣(交)工验收办法实施细则

交公路发〔2010〕65号　2010.1.27

第一章　总　　则

第一条　为进一步规范和完善公路工程竣(交)工验收工作,根据《公路工程竣(交)工验收办法》(交通部令2004年第3号),制定本细则。

第二条　公路工程验收分为交工验收和竣工验收两个阶段。

交工验收阶段,其主要工作是:检查施工合同的执行情况,评价工程质量,对各参建单位工作进行初步评价。

竣工验收阶段,其主要工作是:对工程质量、参建单位和建设项目进行综合评价,并对工程建设项目作出整体性综合评价。

第三条　公路工程竣(交)工验收的依据是:

(一)批准的项目建议书、工程可行性研究报告。

(二)批准的工程初步设计、施工图设计及设计变更文件。

(三)施工许可。

(四)招标文件及合同文本。

(五)行政主管部门的有关批复、批示文件。

(六)公路工程技术标准、规范、规程及国家有关部门的相关规定。

第二章　交 工 验 收

第四条　公路工程交工验收工作一般按合同段进行,并应具备以下条件：

（一）合同约定的各项内容已全部完成。各方就合同变更的内容达成书面一致意见。

（二）施工单位按《公路工程质量检验评定标准》及相关规定对工程质量自检合格。

（三）监理单位对工程质量评定合格。

（四）质量监督机构按“公路工程质量鉴定办法”（见附件1）对工程质量进行检测，并出具检测意见。检测意见中需整改的问题已经处理完毕。

（五）竣工文件按公路工程档案管理的有关要求，完成“公路工程项目文件归档范围”（见附件2）第三、四、五部分（不含缺陷责任期资料）内容的收集、整理及归档工作。

（六）施工单位、监理单位完成本合同段的工作总结报告。

第五条 交工验收程序：

（一）施工单位完成合同约定的全部工程内容，且经施工自检和监理检验评定均合格后，提出合同段交工验收申请报监理单位审查。交工验收申请应附自检评定资料和施工总结报告。

（二）监理单位根据工程实际情况、抽检资料以及对合同段工程质量评定结果，对施工单位交工验收申请及其所附资料进行审查并签署意见。监理单位审查同意后，应同时向项目法人提交独立抽检资料、质量评定资料和监理工作报告。

（三）项目法人对施工单位的交工验收申请、监理单位的质量评定资料进行核查，必要时可委托有相应资质的检测机构进行重点抽查检测，认为合同段满足交工验收条件时应及时组织交工验收。

（四）对若干合同段完工时间相近的，项目法人可合并组织交工验收。对分段通车的项目，项目法人可按合同约定分段组织交工验收。

（五）通过交工验收的合同段，项目法人应及时颁发“公路工程交工验收证书”（见附件3）。

（六）各合同段全部验收合格后，项目法人应及时完成“公路工程交工验收报告”（见附件4）。

第六条 交工验收的主要工作内容：

（一）检查合同执行情况。

（二）检查施工自检报告、施工总结报告及施工资料。

（三）检查监理单位独立抽检资料、监理工作报告及质量评定资料。

（四）检查工程实体，审查有关资料，包括主要产品的质量抽（检）测报告。

（五）核查工程完工数量是否与批准的设计文件相符，是否与工程计量数量一致。

（六）对合同是否全面执行、工程质量是否合格做出结论。

（七）按合同段分别对设计、监理、施工等单位进行初步评价（评价表见附件6表6-2～6-4）。

第七条 各合同段的设计、施工、监理等单位参加交工验收工作，由项目法人负责组织。路基工程作为单独合同段进行交工验收时，应邀请路面施工单位参加。拟交付使用的工程，应邀请运营、养护管理等相关单位参加。交通运输主管部门、公路管理机构、质量监督机构视情况参加交工验收。

第八条 合同段工程质量评分采用所含各单位工程质量评分的加权平均值。即：

$$\text{合同段工程质量评分值}=\frac{\sum(\text{单位工程质量评分值}\times\text{该单位工程投资额})}{\sum\text{单位工程投资额}}$$

工程各合同段交工验收结束后，由项目法人对整个工程项目进行工程质量评定，工程质量评分采用各合同段工程质量评分的加权平均值。即：

$$\text{工程项目质量评分值}=\frac{\sum(\text{合同段工程质量评分值}\times\text{该合同段投资额})}{\sum\text{合同段投资额}}$$

投资额原则使用结算价，当结算价暂时未确定时，可使用招标合同价，但在评分计算时应统一。

第九条 交工验收工程质量等级评定分为合格和不合格，工程质量评分值大于等于75分的为合格，小于75分的为不合格。

第十条 交工验收不合格的工程应返工整改，直至合格。

交工验收提出的工程质量缺陷等遗留问题，由项目法人责成施工单位限期完成整改。

第十一条 对通过交工验收工程，应及时安排养护管理。

第三章 竣工验收

第十二条 按照公路工程管理权限，各级交通运输主管部门应于年初制定年度竣工验收计划，并按计划组织竣工验收工作。列入竣工验收计划的项目，项目法人应提前完成竣工验收前的准备工作。

第十三条 公路工程竣工验收应具备以下条件：

（一）通车试运营2年以上。

（二）交工验收提出的工程质量缺陷等遗留问题已全部处理完毕，并经项目法人验收合格。

（三）工程决算编制完成，竣工决算已经审计，并经交通运输主管部门或其授权单位认定。

（四）竣工文件已完成“公路工程项目文件归档范围”的全部内容。

（五）档案、环保等单项验收合格，土地使用手续已办理。

（六）各参建单位完成工作总结报告。

（七）质量监督机构对工程质量检测鉴定合格，并形成工程质量鉴定报告。

第十四条 竣工验收准备工作程序：

（一）公路工程符合竣工验收条件后，项目法人应按照公路工程管理权限及时向相关交通运输主管部门提出验收申请，其主要内容包括：

1. 交工验收报告。

2. 项目执行报告、设计工作报告、施工总结报告和监理工作报告。

3. 项目基本建设程序的有关批复文件。

4. 档案、环保等单项验收意见。

5. 土地使用证或建设用地批复文件。

6. 竣工决算的核备意见、审计报告及认定意见。

（二）相关交通运输主管部门对验收申请进行审查，必要时可组织现场核查。审查同意后报负责竣工验收的交通运输主管部门。

（三）以上文件齐全且符合条件的项目，由负责竣工验收的交通运输主管部门通知所属的质量监督机构开展质量鉴定工作。

（四）质量监督机构按要求完成质量鉴定工作，出具工程质量鉴定报告，并审核交工验收对设计、施工、监理初步评价结果，报送交通运输主管部门。

（五）工程质量鉴定等级为合格及以上的项目，负责竣工验收的交通运输主管部门及时组织竣工验收。

第十五条 竣工验收主要工作内容：

（一）成立竣工验收委员会。

（二）听取公路工程项目执行报告、设计工作报告、施工总结报告、监理工作报告及接管养护单位项目使用情况报告。（见附件5“公路工程参建单位工作总结报告”）

（三）听取公路工程质量监督报告及工程质量鉴定报告。

（四）竣工验收委员会成立专业检查组检查工程实体质量，审阅有关资料，形成书面检查意见。

（五）对项目法人建设管理工作进行综合评价。审定交工验收对设计单位、施工单位、监理单位的初步评价。（见附件6“公路工程参建单位工作综合评价表”）

（六）对工程质量进行评分，确定工程质量等级，并综合评价建设项目。（见附件7“公路工程竣工验收评价表”）

（七）形成并通过《公路工程竣工验收鉴定书》。（见附件8）

（八）负责竣工验收的交通运输主管部门印发《公路工程竣工验收鉴定书》。

（九）质量监督机构依据竣工验收结论，对各参建单位签发“公路工程参建单位工作综合评价等级证书”。（见附件9）

第十六条 竣工验收委员会由交通运输主管部门、公路管理机构、质量监督机构、造价管理机构等单位代表组成。国防公路应邀请军队代表参加。大中型项目及技术复杂工程，应邀请有关专家参加。

项目法人、设计、施工、监理、接管养护等单位代表参加竣工验收工作，但不作为竣工验收委员会成员。

第十七条 参加竣工验收工作各方的主要职责是：

竣工验收委员会负责对工程实体质量及建设情况进行全面检查。对工程质量进行评分，对各参建单位及建设项目进行综合评价，确定工程质量和建设项目等级，形成工程竣工验收鉴定书。

项目法人负责提交项目执行报告及验收工作所需资料，协助竣工验收委员会开展工作。

设计单位负责提交设计工作报告，配合竣工验收检查工作。

施工单位负责提交施工总结报告，提供各种资料，配合竣工验收检查工作。

监理单位负责提交监理工作报告，提供工程监理资料，配合竣工验收检查工作。

接管养护单位负责提交项目使用情况报告，配合竣工验收检查工作。

公路建设项目设计、施工、监理、接管养护等有多家单位的，项目法人应组织汇总设计工作报告、施工总结报告、监理工作报告、项目使用情况报告。竣工验收时选派代表向竣工验收委员会汇报。

第十八条 竣工验收工程质量评分采取加权平均法计算，其中交工验收工程质量得分权值为0.2，质量监督机构工程质量鉴定得分权值为0.6，竣工验收委员会对工程质量的评分权值为0.2。

对于交工验收和竣工验收合并进行的小型项目，质量监督机构工程质量鉴定得分权值为0.6，监理单位对工程质量评定得分权值为0.1，竣工验收委员会对工程质量的评分权值为0.3。

工程质量评分大于等于90分为优良，小于90分且大于等于75分为合格，小于75分为不合格。

第十九条 对建设项目出现以下特别严重问题的合同段，整改合格后，合同段工程质量不得评为优良，质量鉴定得分按照整改前的鉴定得分，超出75分的按75分，不足75分的按原得分；建设项目竣工验收工程质量等级和综合评定等级直接确定为合格。

（一）路基工程的大段落路基沉陷、大面积高边坡失稳。

（二）路面工程车辙深度大于10mm的路段累计长度超过该合同段车道总长度的5%。

（三）特大桥梁主要受力结构需要或进行过加固、补强。

（四）隧道工程渗漏水经处治效果不明显，衬砌出现影响结构安全裂缝，衬砌厚度合格率小于90%或有小于设计厚度二分之一的部位，空洞累计长度超过隧道长度的3%或单个空洞面积大于$3m^2$。

（五）重大质量事故或严重质量缺陷，造成历史性缺陷的工程。

第二十条 对建设项目出现以下严重问题的合同段，整改合格后，合同段工程质量不得评为优良，质量鉴定得分按75分计算；并视对建设项目的影响，由竣工验收委员会决定建设项目工程质量是否评为优良。

（一）路基工程的重要支挡工程严重变形。

（二）路面工程出现修补、唧浆、推移、网裂等病害路段累计长度超过路线的3%或累计面积大于总面积的1.5%；竣工验收复测路面弯沉合格率小于90%。

（三）大桥、中桥主要受力结构需要或进行过加固、补强。

第二十一条 竣工验收委员会对项目法人及设计、施工、监理单位工作进行综合评价。评定得分大于等于90分且工程质量等级优良的为好，小于 90 分且大于等于 75 分为中，小于 75 分为差。

第二十二条 竣工验收建设项目综合评分采取加权平均法计算，其中竣工验收工程质量得分权值为 0.7，参建单位工作评价得分权值为 0.3（项目法人占 0.15，设计、施工、监理各占 0.05）。

评定得分大于等于 90 分且工程质量等级优良的为优良，小于 90 分且大于等于 75 分为合格，小于 75 分为不合格。

第二十三条 发生过重大及以上生产安全事故的建设项目综合评定等级不得评为优良。

第二十四条 根据《国务院关于促进节约用地的通知》（国发〔2008〕3 号）要求，竣工验收时需要核验建设项目依法用地和履行土地出让合同、划拨等情况。

第四章　附　　则

第二十五条 各合同段交工验收工作所需的费用由施工单位承担。整个建设项目竣（交）工验收期间质量监督机构进行工程质量检测所需的费用由项目法人承担。

质量监督机构可委托有相应资质的检测机构承担竣（交）工验收的检测工作。

第二十六条 本细则自 2010 年 5 月 1 日起施行。《关于贯彻执行公路工程竣交工验收办法有关事宜的通知》（交公路发〔2004〕446 号）同时废止。

附件 1

公路工程质量鉴定办法

一、质量鉴定要求

（一）基本要求

1. 公路工程质量鉴定由该建设项目的质量监督机构或竣工验收单位指定的质量监督机构负责组织。

2. 公路工程质量鉴定工作包括工程实体检测、外观检查和内业资料审查。

3. 公路工程质量鉴定依据质量监督机构在交工验收前和竣工验收前的工程质量检测资料，同时可结合监督过程中的检查资料进行评定（必要时工程质量检测工作可委托有相应资质的检测机构承担）。

（二）单位工程和分部工程的划分

1. 单位工程

每个合同段范围内的路基工程、路面工程、交通安全设施、机电工程、房屋建筑工程分别作为一个单位工程；特大桥、大桥、中桥、隧道以每座作为一个单位工程（特大桥、大桥、特长隧道、长隧道分为多个合同段施工时，以每个合同段作为一个单位工程）；互通式立体交叉的路基、路面、交通安全设施按合同段纳入相应单位工程，桥梁工程按特大桥、大桥、中桥分别作为一个单位工程。

2. 分部工程

每个合同段的路基土石方、排水、小桥、涵洞、支挡、路面面层、标志、标线、防护栏等分别作为一个分部工程；桥梁上部、下部、桥面系分别作为一个分部工程；隧道衬砌、总体、路面分别作为一个分部工程；机电工程监控、通信、收费系统分别作为一个分部工程；房屋建筑工程按其专业工程质量检验评定标准评定。

（三）鉴定方法

1. 分部工程质量鉴定方法

工程实体检测以本办法规定的抽查项目及频率为基础，按抽查项目的合格率加权平均乘 100 作为分部工程实测得分；外观检查发现的缺陷，在分部工程实测得分的基础上采用扣分制，扣分累计不得超过 15 分。

$$分部工程实测得分 = \frac{\Sigma〔抽查项目合格率 \times 权值〕}{\Sigma 权值} \times 100$$

$$分部工程得分 = 分部工程实测得分 - 外观扣分$$

2. 单位工程、合同段、建设项目工程质量鉴定方法

根据分部工程得分采用加权平均值计算单位工程得分，再逐级加权计算合同段工程质量得分。内业资料审查发现的问题，在合同段工程质量得分的基础上采用扣分制，扣分累计不得超过 5 分；合同段工程质量得分减去内业资料扣分为该合同段工程质量鉴定得分。采用加权平均值计算建设项目工程质量鉴定得分。

$$单位工程得分 = \frac{\Sigma〔分部工程得分 \times 权值〕}{\Sigma 权值}$$

$$合同段工程质量得分 = \frac{\Sigma〔单位工程得分 \times 单位工程投资额〕}{\Sigma 单位工程投资额} - 内业资料扣分$$

$$\begin{matrix}建设项目工程\\质量鉴定得分\end{matrix} = \frac{\Sigma〔合同段工程质量鉴定得分 \times 合同段工程投资额〕}{\Sigma 合同段工程投资额}$$

公式中的投资额原则使用结算价，当结算价暂时无法确定时，可使用招标合同价。但无论采用结算价还是招标合同价，计算时各单位工程或合同段均应统一。

（四）工程质量等级鉴定

1. 总体要求

路基整体稳定；路面无严重缺陷；桥梁、隧道等构造物结构安全稳定，混凝土强度、桩基检测、预应力构件的张拉应力、桥梁承载力等均符合设计要求；工程质量经施工自检和监理评定均合格，并经项目法人确认。不满足上述要求的工程质量鉴定不予通过。

2. 工程质量等级划分

工程质量等级应按分部工程、单位工程、合同段、建设项目逐级进行评定,分部工程质量等级分为合格、不合格两个等级;单位工程、合同段、建设项目工程质量等级分为优良、合格、不合格三个等级。

分部工程得分大于或等于 75 分,则分部工程质量为合格,否则为不合格。

单位工程所含各分部工程均合格,且单位工程得分大于或等于 90 分,质量等级为优良;所含各分部工程均合格且得分大于或等于 75 分,小于 90 分,质量等级为合格;否则为不合格。

合同段(建设项目)所含单位工程(合同段)均合格,且工程质量鉴定得分大于或等于 90 分,工程质量鉴定等级为优良;所含单位工程均合格,且得分大于或等于 75 分、小于 90 分,工程质量鉴定等级为合格;否则为不合格。

不合格分部工程经整修、加固、补强或返工后可重新进行鉴定,直至合格。

二、工程实体检测

(一)抽查频率

1. 路基工程压实度、边坡每公里抽查不少于一处,每个合同段路基压实度检查点数不少于 10 个。路基弯沉检测,高速、一级公路以每半幅每公里为评定单元,其他等级公路以每公里为评定单元。

2. 排水工程的断面尺寸每公里抽查 2 ~ 3 处,铺砌厚度按合同段抽查不少于 3 处。

3. 小桥抽查不少于总数的 20% 且每种类型抽查不少于 1 座。

4. 涵洞抽查不少于总数的 10% 且每种类型抽查不少于 1 道。

5. 支挡工程抽查不少于总数的 10% 且每种类型抽查不少于 1 处。

6. 路面工程的弯沉、平整度检测,高速、一级公路以每半幅每公里为评定单元,其他等级公路以每公里为评定单元。其他抽查项目每公里不少于1处。

7. 特大桥、大桥逐座检查；中桥抽查不少于总数的30%且每种桥型抽查不少于1座。

桥梁下部工程抽查不少于墩台总数的20%且不少于5个，墩台数量少于5个时全部检测。每种结构型式抽查不少于1个。

桥梁上部工程抽查不少于总孔数的20%且不少于5个，孔数少于5个时全部检测。每种结构型式抽查不少于1个。

8. 隧道逐座检查。

9. 交通安全设施中防护栏、标线每公里抽查不少于1处；标志抽查不少于总数的10%。

10. 机电工程各类设施抽查不少于10%，每类设施少于3个时全部检测。

11. 房屋建筑工程逐处检查。

（二）抽查项目

公路工程质量鉴定抽查项目

单位工程	分部工程类别	抽查项目	权值	备　注	权值
路基工程	路基土石方	压实度	3	每处每车道不少于1点。	3
		弯沉	3	每评定单元检测不少于40点，各车道交替检测。	
		边坡	1	每处两侧各测不少于两个坡面。	
	排水工程	断面尺寸	1	每处抽不少于两个断面。	1
		铺砌厚度	3	每处开挖检查不少于1个断面。	
	小桥	混凝土强度	3	每座用回弹仪或超声波测上、下部结构各不少于10个测区。	2
		主要结构尺寸	1	每座抽10～20个。	

续上表

单位工程	分部工程类别	抽查项目	权值	备　注	权值
路基工程	涵　洞	混凝土强度	3	每处用回弹仪或超声波测不少于10个测区。	1
		结构尺寸	2	每道5~10个。	
	支挡工程	混凝土强度	3	每处用回弹仪或超声波测不少于10个测区。	2
		断面尺寸	3	每处开挖检查不少于1个断面。	
路面工程	路面面层	沥青路面压实度	3	每处不少于1点。	1
		沥青路面弯沉 *	3	每评定单元检测不少于40点,各车道交替检测。	
		沥青路面车辙 *	1	允许偏差:≤10mm；每处每车道至少测1个断面。	
		沥青路面渗水系数	2	每处不少于1点。	
		混凝土路面强度	3	每处不少于1点。	
		混凝土路面相邻板高差 *	1	每处测膨胀缝位置相邻板高差不少于3点。	
		平整度 *	2	高速、一级公路连续检测。	
		抗滑 *	2	高速、一级公路检测摩擦系数、构造深度。	
		厚度	3	每处不少于1点。	
		横坡	1	每处1~2个断面。	

续上表

单位工程	分部工程类别	抽查项目	权值	备注	权值
桥梁(不含小桥)	下部	墩台混凝土强度	3	每墩台用回弹仪或超声波测不少于2个测区,测区总数不少于10个。	2
		主要结构尺寸	1	每个墩台测不少于2点。	
		钢筋保护层厚度	1	每墩台测2~4处。	
		墩台垂直度	1	每个墩台测两个方向。	
	上部	混凝土强度	3	抽查主要承重构件,每孔用回弹仪或超声波测不少于10个测区。	3
		主要结构尺寸	2	每座桥测10~20点。	
		钢筋保护层厚度	1	每孔测2~4处。	
	桥面系	桥面铺装平整度 *	1	每联100m以上时用连续式平整度仪分车道检测;不足100m时每联用3米直尺测3处,每处3尺,最大间隙 h:高速、一级公路允许偏差3mm,其他公路允许偏差5mm。	2
		横坡	1	每100m测不少于3个断面。	
		桥面抗滑 *	2	每200m测不少于3处。	
隧道工程	衬砌	衬砌强度	3	用回弹仪或超声波每座中、短隧道测不少于10个测区,特长、长隧道测不少于20个测区。	3
		衬砌厚度	3	用高频地质雷达连续检测拱顶、拱腰三条线或钻孔检查。	
		大面平整度	1	衬砌平整度实测每座中、短隧道测5~10处,长隧道测10~20处,特长隧道测20处以上。	

续上表

单位工程	分部工程类别	抽查项目	权值	备注	权值
隧道工程	衬砌	宽度	1	每座中、短隧道测5~10点，长隧道测10~20点，特长隧道测不少于20点。	1
		净空	2	每座中、短隧道测5~10点，长隧道测10~20点，特长隧道测不少于20点。	
	隧道路面	面层		按照路面要求。	2
交通安全设施	标志	立柱竖直度	1	每柱测两个方向。	1
		标志板净空	2	取不利点。	
		标志板厚度	1	每块测不少于2点。	
		标志面反光膜等级及逆射光系数	2	每块测不少于2点。	
	标线	反光标线逆反射系数	2	每处测不少于5点。	1
		标线厚度	2	每处测不少于5点。	
	防护栏	波形梁板基底金属厚度	2	每处不少于5点。	2
		波形梁钢护栏立柱壁厚	2	每处不少于5点。	
		波形梁钢护栏立柱埋入深度	2	每处不少于1根。	
		波形梁钢护栏横梁中心高度	1	每处不少于5点。	
		混凝土护栏强度	2	用回弹仪或超声波每处不少于2个测区，测区总数不少于10个。	
		混凝土护栏断面尺寸	2	每处不少于5点。	

续上表

单位工程	分部工程类别	抽查项目	权值	备　注	权值
机电工程	监控系统	闭路电视监视系统传输通道指标	1	测点数不少于3个，少于3个时全部检测。	1
		可变标志显示屏平均亮度	1	测点数不少于3个，少于3个时全部检测。	
		计算机网健康测试	1	测点数不少于3个，少于3个时全部检测。	
		接地电阻、绝缘电阻	1	测点数不少于3个，少于3个时全部检测。	
	通信系统	光纤接头损耗平均值	1	测点数不少于3个，少于3个时全部检测。	1
		光纤数字传输误码指标	1	测点数不少于3个，少于3个时全部检测。	
		数字程控交换接通率	1	测点数不少于3个，少于3个时全部检测。	
	收费系统	车道设备各车种处理流程	1	测点数不少于3个，少于3个时全部检测。	1
		接地电阻、绝缘电阻	1	测点数不少于3个，少于3个时全部检测。	
房屋建筑工程	（按其专业工程质量检验评定标准评定）				

注：表中“支挡工程”指挡土墙、抗滑桩、铺砌式坡面防护、喷锚等防护工程。

（三）抽查要求

1. 本办法规定的抽查项目均应在合同段交工验收前完成检

测。竣工验收前,应对带“ * ”的抽查项目进行复测,复测结果和其他抽查项目在交工验收时的检测结果,作为竣工验收质量评定的依据。沥青路面弯沉、平整度、抗滑等复测指标的质量评定标准根据相关规范及当地实际情况确定。

2. 本办法未列出的检查项目、竣工验收复测项目以及技术复杂的悬索桥、斜拉桥等工程,质量监督机构均可根据工程实际情况增加检测、复测项目。

3. 本办法未明确规定抽查项目的规定值或允许偏差的,按照《公路工程质量检验评定标准》执行。

4. 对弯沉、路面厚度、平整度、摩擦系数、隧道衬砌砼强度及厚度等抽查项目优先采用自动化检测(或无损检测)设备进行检测,也可采用常规方法进行检测。采用无测试规程的自动化检测(或无损检测)结果有争议时,由交通运输主管部门组织有关专家确定。

5. 竣工验收前复测的沥青路面弯沉值评定方法:采用数理统计方法评定,以每评定单元计算实测弯沉代表值,可采用3倍标准差方法对特异数据进行一次性舍弃;若计算实测弯沉代表值满足设计要求该评定单元为合格,否则为不合格;以合同段内合格的评定单元数与总的评定单元数比值为该合同段内竣工验收复测路面弯沉合格率。对于大于3倍标准差的舍弃点及不合格单元要加强观察。

三、外观检查

(一)基本要求

1. 由该项目工程质量鉴定的质量监督机构或其委托的有资质的检测单位负责在交工验收前和竣工验收前对工程外观进行全面检查。

2. 工程外观存在严重缺陷、安全隐患或已降低服务水平的建设项目不予验收,经整修达到设计要求后方可组织验收。

3. 项目交工验收前应对桥梁、隧道、重点支挡工程、高边坡等涉及安全运营的重要工程部位进行详细检查。

（二）检查内容及扣分标准

公路工程质量鉴定外观检查

单位工程	分部工程类别	检查内容及扣分标准	备 注
路基工程	路基土石方	1. 路基边坡坡面平顺、稳定，曲线圆滑，不得亏坡，不符合要求时，单向累计长度每50米扣1～2分。 2. 路基沉陷、开裂，每处扣2～5分。	按每公里累计扣分的平均值扣分
	排水工程	1. 排水沟内侧及沟底应平顺，无阻水现象，外侧无脱空，不符合要求时，每处扣1～2分。 2. 砌体坚实、勾缝牢固，不符合要求时，每5米扣1分。	按每公里累计扣分的平均值扣分
	小桥	1. 混凝土表面粗糙，模板接缝处不平顺，有漏浆现象，扣1～3分。 2. 梁板及接缝渗、漏水，每处缝扣1分。 3. 混凝土表面蜂窝麻面面积不得超过该部位面积的0.5%，不符合要求时，每超过0.5%扣3分。 4. 桥梁的内外轮廓线条应顺滑清晰，栏杆、护栏应牢固、直顺、美观，不符合要求时扣1～3分。 5. 桥头路面平顺，无跳车现象，不符合要求时扣2～4分。 6. 桥下施工弃料应清理干净，不符合要求时扣1～3分。	按每座累计扣分的平均值扣分
	涵洞	1. 涵洞进出口不顺适，洞身不直顺，帽石、八字墙、一字墙不平直，存在翘曲现象，洞内有杂物、淤泥、阻水现象时，每种病害扣1～3分。 2. 台身、涵底铺砌、拱圈、盖板有裂缝时，每道裂缝扣1～3分。 3. 涵洞处路面平顺，无跳车现象，不符合要求时扣2～4分。	按每道累计扣分的平均值扣分

续上表

单位工程	分部工程类别	检查内容及扣分标准	备　注
路基工程	支挡工程	1. 砌体表面平整,砌缝完好、无开裂现象,勾缝平顺、无脱落现象,不符合要求时扣1~3分。 2. 沉降缝垂直、整齐,上下贯通,不符合要求时,扣1~3分。 3. 泄水孔坡度向外,无阻塞现象,不符合要求时,扣1~3分。 4. 混凝土表面的蜂窝麻面不得超过该部位面积的0.5%,不符合要求时,每超过0.5%扣3分。 5. 墙身裂缝,局部破损,每处扣3分。	按每处累计扣分值的平均值扣分
	面层	水泥混凝土路面: 1. 混凝土板的断裂块数,高速公路和一级公路不得超过0.2%;其他公路不得超过0.4%,每超过0.1%扣2分。 2. 混凝土板表面的脱皮、印痕、裂纹、石子外露和缺边掉角等病害现象,高速公路和一级公路不得超过受检面积的0.2%;其他公路不得超过0.3%,不符合要求时,每超过0.1%扣2分。对于连续配筋的混凝土路面和钢筋混凝土路面,因干缩、温缩产生的裂缝,可不扣分。 3. 路面侧石应直顺、曲线圆滑,越位20mm以上者,每处扣1~2分。 4. 接缝填筑应饱满密实,不污染路面。不符合要求时,累计长度每100米扣2分。 5. 胀缝有明显缺陷时,每条扣1~2分。 沥青混凝土面层、沥青碎石面层: 1. 面层有修补现象,每处扣1~3分。	按每公里累计扣分的平均值扣分

续上表

单位工程	分部工程类别	检查内容及扣分标准	备　注
路基工程	面层	2. 表面应平整密实，不应有泛油、松散、裂缝和明显离析等现象，对于高速公路和一级公路，有上述缺陷的面积（凡属单条的裂缝，则按其实际长度乘以0.2米宽度，折算成面积）之和不得超过受检面积的0.03%，其他公路不得超过0.05%。不符合要求时每超过0.03%或0.05%扣2分；半刚性基层的反射裂缝可不计作施工缺陷，但应及时进行灌缝处理。 3. 搭接处应紧密、平顺，烫缝不应枯焦。不符合要求时，累计每10米长扣1分。 4. 面层与路缘石及其他构筑物应密贴接顺，不得有积水或漏水现象，不符合要求时，每处扣1～2分。 沥青表面处治： 1. 表面应平整密实，不应有松散、油包、波浪、泛油、封面料明显散失等现象，有上述缺陷的面积之和不得超过受检面积的0.2%，不符合要求时每超过0.2%扣2分。 2. 无明显碾压轮迹。不符合要求时，每处扣1分。 3. 面层与路缘石及其他构筑物应密贴接顺，不得有积水现象。不符合要求时，每处扣1～2分。	按每公里累计扣分的平均值扣分
桥梁工程（不含小桥）	下部工程、上部工程及桥面系	基本要求： 1. 混凝土表面平滑，模板接缝处平顺，无漏浆现象，不符合要求时扣1～3分。 2. 混凝土表面蜂窝麻面面积不得超过该部位面积的0.5%，不符合要求时，每超过0.5%扣3分。 3. 混凝土表面出现非受力裂缝，减1～3分；结构出现受力裂缝宽度超过设计规定或设计未规定时，超过0.15mm，每条扣2～3分，项目法人应对其是否影响结构承载力组织分析论证。	基本要求同时适用于下部结构、上部结构和桥面系

续上表

单位工程	分部工程类别	检查内容及扣分标准	备　注
桥梁工程(不含小桥)	下部工程、上部工程及桥面系	4. 混凝土结构有空洞或钢筋外露,每处扣2~5分,并应进行处理。 5. 施工临时预埋件、设施及建筑垃圾、杂物等未清除处理时扣1~2分。 下部结构要求: 1. 支座位置应准确,不得有偏歪、不均匀受力、脱空及非正常变形现象,不符合要求时每个扣1分。 2. 锥、护坡按路基工程的支挡工程标准检查扣分,若沉陷,每处扣1~3分,并进行处理。 上部结构要求: 1. 预制构件安装应平整,不符合要求时每处扣1分。 2. 悬臂浇筑的各梁段之间应接缝平顺,色泽一致,无明显错台,不符合要求时每处扣2~5分。 3. 主体钢结构外露部分的涂装和钢缆的防护防蚀层必须保护完好,不符合要求时扣1~2分,并应及时处理。 4. 拱桥主拱圈线形圆滑无局部凹凸,不符合要求时扣2~5分,拱圈无裂缝,不符合要求时扣2~5分,并对其是否影响结构承载力进行分析论证。 5. 梁板及接缝梁间湿接缝渗、漏水,每处缝扣1分。 桥面系要求: 1. 桥梁的内外轮廓线应顺滑清晰,不符合要求时,扣1~3分。 2. 栏杆、护栏应牢固、直顺、美观,不符合要求时,扣1~2分。	基本要求同时适用于下部结构、上部结构和桥面系

续上表

单位工程	分部工程类别	检查内容及扣分标准	备注
桥梁工程(不含小桥)	下部工程、上部工程及桥面系	3. 桥面铺装沥青混凝土表面应平整密实,不应有泛油、松散、裂缝、明显离析等现象,有上述缺陷的面积(凡属单条的裂缝,则按其实际长度乘以0.2米宽度,折算成面积)之和不得超过受检面积的0.03%,不符合要求时每超过0.03%扣1分。 4. 伸缩缝无阻塞、变形、开裂现象,不符合要求时减1~3分;桥头有跳车现象,每处扣2~4分。 5. 泄水管安装不阻水,桥面无低凹,排水良好,不符合要求时扣3~5分。	基本要求同时适用于下部结构、上部结构和桥面系
隧道工程	衬砌	1. 混凝土衬砌表面密实,任一延米的隧道面积中,蜂窝麻面和气泡面积不超过0.5%,不符合要求时,每超过0.5%扣0.5~1分;蜂窝麻面深度超过5mm时不论面积大小,每处扣1分。 2. 施工缝平顺无错台,不符合要求时每处扣1~2分。 3. 隧道衬砌混凝土表面出现裂缝,每条裂缝扣0.5~2分;出现受力裂缝时,钢筋混凝土结构裂缝宽度大于0.2mm的或混凝土结构裂缝宽度大于0.4mm的,每条扣2~5分,项目法人应对其是否影响结构安全组织分析论证。	
	总体	1. 洞内没有渗漏水现象,不符合要求时,高速公路、一级公路扣5~10分,其他公路隧道扣1~5分。冻融地区存在渗漏现象时扣分取高限。 2. 洞内排水系统应畅通、无阻塞,不符合要求时扣2~5分,并应查明原因进行处理。 3. 隧道洞门按支挡工程的要求检查扣分。	
	隧道路面	按路面工程的扣分标准检查扣分。	

续上表

单位工程	分部工程类别	检查内容及扣分标准	备　注
交通安全设施	标志	1. 金属构件镀锌面不得有划痕、擦伤等损伤，不符合要求时，每一构件扣2分。 2. 标志板面不得有划痕、较大气泡和颜色不均匀等表面缺陷，不符合要求时，每块板扣2分。	标志按每块累计扣分的平均值扣分
	标线	1. 标线施工污染路面应及时清理，每处污染面积不超过10cm^2，不符合要求时，每处减1分。 2. 标线线形应流畅，与道路线形相协调，曲线圆滑，不允许出现折线，不符合要求时，每处扣2分。 3. 反光标线玻璃珠应撒布均匀，附着牢固，反光均匀，不符合要求时，每处扣2分。 4. 标线表面不应出现网状裂缝、断裂裂缝、起泡现象，不符合要求时，每处扣1分。	按每公里累计扣分的平均值扣分
	防护栏	1. 波形梁线形顺适，色泽一致，不符合要求时，每处扣1~2分。 2. 立柱顶部应无明显塌边、变形、开裂等现象，不符合要求时，每处扣2分。 3. 混凝土护栏预制块不得有断裂现象，不符合要求时每处扣1分；掉边、掉角长度每处不得超过2cm，否则每块混凝土构件扣1分；混凝土表面蜂窝、麻面、裂缝、脱皮等缺陷面积不超过该构件面积的0.5%，不符合要求时，每超过0.5%扣2分。	按每公里累计扣分的平均值扣分
机电工程	监控、通信、收费系统	1. 各系统基本功能齐全、运行稳定，满足设计和管理要求，每一个系统不符合要求时扣2~4分。 2. 机电设施布置安装合理，方便操作、维护；各设备表面光泽一致，保护措施得当，无明显划伤、剥落、锈蚀、积水现象；部件排列整齐、有序，牢固可靠，标识正确、清楚；不符合要求时每处扣0.5~1分。	按每系统累计扣分
房屋建筑工程		（按其专业工程质量检验评定标准扣分）	

四、内业资料审查

内业资料主要审查以下质量保证资料：

1. 所用原材料、半成品和成品质量检验结果。

2. 材料配比、拌和加工控制检验和试验数据。

3. 地基处理、隐蔽工程施工记录和大桥、隧道施工监控资料。

4. 各项质量控制指标的试验记录和质量检验汇总图表。

5. 施工过程中遇到的非正常情况记录及其对工程质量影响分析。

6. 施工过程中如发生质量事故，经处理补救后，达到设计要求的认可证明文件。

7. 中间交工验收资料。

8. 施工过程各方指出较大质量问题、交工验收遗留问题及试运营期出现的质量问题处理情况资料。

分部工程、单位工程、合同段工程和建设项目质量鉴定表分别见表 1-1 至表 1-4。

内业资料要求及扣分标准如下：

1. 质量保证资料及最基本的数据、资料齐全后方可组织鉴定。

2. 资料应真实、可靠，应有施工过程中的原始记录、原始资料（原件），不应有涂改现象，有欠缺时扣 2 ~ 4 分。

3. 资料应齐全、完整，有欠缺时扣 1 ~ 3 分。

4. 资料应系统、客观，反映出检查项目、频率、质量指标满足有关标准、规范要求，有欠缺时扣 1 ~ 3 分。

5. 资料记录应字迹清晰、内容详细、计算准确，整理应分类编排、装订整齐，有欠缺时扣 1 ~ 2 分。

6. 基本数据（原材料、标准试验、工艺试验等）、检验评定数据有严重不真实或伪造现象的，在合同段扣 5 分。

五、工程质量检测意见、项目检测报告、质量鉴定报告内容

质量监督机构的检测意见、项目检测报告、质量鉴定报告应在对检测结果分析的基础上提出。

工程质量检测意见主要包括：检测工作是否完成，指出工程质

分部工程质量鉴定表

表 1-1

合 同 段：　　　　分部工程名称：　　　　所属建设项目：

工 程 部 位：　　　　施 工 单 位：　　　　监 理 单 位：

（桩号、墩台号、孔号）

	项次	抽查项目	规定值或允许偏差	实测值或实测偏差值										质量评定		
				1	2	3	4	5	6	7	8	9	10	合格率（%）	权值	加权得分
实测项目																
	合　计															
实测得分				外观扣分						分部工程得分					质量等级	

鉴定负责人：　　　　检测：　　　　记录：　　　　复核：　　　　年　　月　　日

单位工程质量鉴定表

表1-2

单位工程名称：　　　　　　　　所属建设项目：

路 线 名 称：　　　　　　　　工程地点、桩号：

施 工 单 位：　　　　　　　　监 理 单 位：

合同段	分部工程				备注
	工程名称	质量评定			
		实得分数	权值	加权得分	
	合计				
单位工程得分				质量等级	

鉴定负责人：　　　　计算：　　　　复核：　　　　年　　月　　日

合同段工程质量鉴定表

表 1-3

合同段名称：　　　　　　　　　　　所属建设项目：

施 工 单 位：　　　　　　　　　　　监 理 单 位：

单位工程名称	实得分	投资额	实得分×投资额	质量等级	备注
合　　　　计					
合同段实测得分			内业资料扣分		
合同段鉴定得分			质量等级		

鉴定负责人：　　　　　计算：　　　　　复核：　　　　　年　　月　　日

建设项目质量鉴定表 表1-4

项目名称： 路线名称：

起讫桩号： 完工日期：

合同段	实得分	投资额	实得分×投资额	质量等级	备注
合计					
鉴定得分			质量等级		

鉴定负责人： 计算： 复核： 年 月 日

量存在的缺陷，交工验收前需完善的问题，主要意见。

项目检测报告主要包括：检测结果及工程质量的基本评价，工程质量存在的主要问题和缺陷，工程质量是否具备试运营条件。

质量鉴定报告主要包括：鉴定工作依据，抽查项目检测数据、外观检查、内业资料审查及复测部分指标情况，交工验收提出的质量问题、质量监督机构指出的问题及试运营期间出现的质量缺陷等的处理情况，鉴定评分及质量等级。

附件 2

公路工程项目文件归档范围

第一部分 综合文件

一、竣(交)工验收文件

(一)竣工验收文件(附件 6、7、8 相关内容及竣工验收委员会各专业检查组意见)。

(二)交工验收文件(附件 3、4 相关内容)。

(三)工程单项验收文件(环保、档案等)。

(四)各参建单位总结报告。

(五)接管养护单位项目使用情况报告。

二、建设依据及上级有关指示

(一)项目建议书及批准文件。

(二)工程可行性研究报告及批准文件。

(三)水土保持批准文件。

(四)环境影响评价及批准文件。

(五)文物调查、保护等文件。

(六)初步设计文件及批准文件。

(七)施工图设计文件及批准文件。

(八)设计变更文件及批准文件。

(九)设计中重大技术问题往来文件、会议纪要。

(十)施工许可批准文件。

(十一)上级单位有关指示。

三、征地拆迁资料

(一)征地拆迁合同协议。

(二)征地批文。

(三)征用土地数量一览表。
(四)占地图及土地使用证。
(五)拆迁数量一览表。
四、工程管理文件
(一)招标文件。
(二)投标文件、评标报告。
(三)合同书、协议书。
(四)技术文件及补充文件。
(五)建设单位往来文件。
(六)工程质量责任登记表。
(七)其他文件及资料。

第二部分 决算和审计文件

一、支付报表
二、财务决算文件
三、工程决算文件
四、项目审计文件
五、其他文件

第三部分 监理资料

一、监理管理文件
二、工程质量控制文件
(一)质量控制措施、规定及往来文件。
(二)监理独立抽检资料(注:编排顺序参照第四部分)。
(三)交工验收工程质量评定资料。
三、工程进度计划管理文件
四、工程合同管理文件
五、其他文件

六、其他资料

监理日志，会议记录、纪要，工程照片，音像资料。

监理机构及人员情况，各级监理人员的工作范围、责任划分、工作制度。

第四部分　施工资料

一、竣工图表

（一）变更设计一览表。

（二）变更图纸。

（三）工程竣工图。

二、工程管理文件

施工组织机构及人员，岗位责任划分，施工组织设计，技术交底文件，会议纪要等。

三、施工质量控制文件

（一）工程质量管理文件。

1. 工程质量往来文件（质量保证体系，专项技术方案等）。

2. 工程质量自检报告及工程质量检验评定资料。

3. 工程质量事故及处理情况报告、补救后达到要求的认可证明文件。

4. 桥梁荷载试验报告。

5. 桥梁基础检验汇总资料。

6. 施工中遇到的非正常情况记录、处理方案、施工工艺、质量检测记录及观察记录、对工程质量影响分析。

7. 交工验收施工单位的自检评定资料。

（二）材料及标准试验。

1. 原材料、外购成品、半成品抽检试验报告及资料。

2. 外购材料（产品）出厂合格证书、检验报告及质量鉴定报告。

3. 各种标准试验、配合比设计报告。

(三)施工工序资料。

1. 路基工程。

(1)路基土石方工程。

i. 地表处理资料。

ii. 不良地质处理方案、施工资料、检测资料。

iii. 分层压实资料。

iv. 路基检测、验收资料。

v. 分段资料汇总。

(2)防护工程。

i. 基坑放样、开挖处理、试验检测资料。

ii. 各工序施工记录、检测、试验资料。

iii. 成品检测资料。

iv. 砂浆(混凝土)强度试验资料。

(3)小桥工程

i. 基坑放样、开挖处理、试验检测资料。

ii. 基础施工检查、试验资料,桩基检测资料。

iii. 各分项施工工序检查、成品检测资料。

iv. 砂浆强度、混凝土强度、台背回填压实度等试验报告及汇总表。

(4)排水工程。

i. 基坑放样、开挖处理、试验检测资料。

ii. 各施工工序检查、成品检测资料。

iii. 砂浆、混凝土强度试验资料。

(5)涵洞工程。

i. 基坑放样、开挖处理、试验检测资料。

ii. 各施工工序检查、成品检测资料。

iii. 砂浆强度、混凝土强度、台背回填压实度等试验报告及汇总表。

2. 路面工程。

(1)施工工序检查资料。

(2)材料配合比抽检(油石比、马歇尔试验等)资料。

(3)压实度、弯沉、强度等试验检测报告及汇总资料。

3. 桥梁工程。

(1)基坑放样、开挖处理、试验检测资料。

(2)基础施工检查、试验资料,桩基检测资料。

(3)墩台、现浇构件、预制构件、预应力等施工工序检查、成品检测资料。

(4)各工序施工、检测记录。

(5)砂浆强度、混凝土强度、台背回填压实度等试验报告及汇总表。

(6)引道工程施工检测、试验资料。

4. 隧道工程。

(1)洞身开挖施工、检查资料。

(2)衬砌施工、检验资料。

(3)隧道路面工程施工、检查资料。

(4)照明、通风、消防设施施工、检查资料。

(5)洞口施工检查资料。

(6)各种附属设施检验施工资料。

(7)各环节工序检查、验收资料。

(8)隧道衬砌厚度、混凝土(砂浆)强度试验检测资料。

5. 交通安全设施。

(1)各种标志牌制作安装检查记录。

(2)标线检查资料、施工记录。

(3)防撞护栏、隔离栅及附属设施施工、检查资料。

(4)照明系统施工、检测资料。

(5)各中间环节检测资料。

(6)成品检测资料。

6. 房屋建筑工程。

按建筑部门有关法规、资料编制办法管理、汇总。

7. 机电工程。

8. 绿化工程。

(四)缺陷责任期资料。

四、施工安全及文明施工文件

(一)安全生产的有关文件。

安全组织机构及人员、岗位责任、安全保证体系、施工专项技术方案、技术交底文件等。

(二)安全事故的调查处理文件。

(三)文明施工的有关文件。

五、进度控制文件

(一)进度计划(文件、图表)、批准文件。

(二)进度执行情况(文件、图表)。

(三)有关进度的往来文件。

六、计量支付文件

七、合同管理文件

八、施工原始记录

(一)施工日志。

(二)天气、温度及自然灾害记录。

(三)测量原始记录。

(四)各工序施工原始记录(未汇入施工质量控制文件的部分)。

(五)会议记录、纪要。

(六)施工照片、音像资料。

(七)其他原始记录。

第五部分 科研、新技术资料

一、科研资料

二、新技术应用资料

(批准的所有科研、新技术资料均要整理归档)。

附件3

公路工程交工验收证书

交工验收时间：　　　　　　　　　　　　合同段交工验收证书第　　号

<table>
<tr><td colspan="3">工程名称：</td><td colspan="2">合同段名称及编号：</td></tr>
<tr><td colspan="3">项目法人：</td><td colspan="2">设计单位：</td></tr>
<tr><td colspan="3">施工单位：</td><td colspan="2">监理单位：</td></tr>
<tr><td colspan="5">本合同段主要工程量：</td></tr>
<tr><td>本合同段价款</td><td>原合同</td><td></td><td>实际</td><td></td></tr>
<tr><td>本合同段工期</td><td>原合同</td><td></td><td>实际</td><td></td></tr>
<tr><td colspan="5">对工程质量、合同执行情况的评价、遗留问题、缺陷的处理意见及有关决定(内容较多时,可用附件)</td></tr>
</table>

<table>
<tr><td>（施工单位的意见）

施工单位法人代表或授权人（签字）　　单位盖章
年　月　日</td></tr>
<tr><td>（合同段监理单位对有关问题的意见）

合同段监理单位法人代表或授权人（签字）　　单位盖章
年　月　日</td></tr>
<tr><td>（设计单位的意见）

设计单位法人代表或授权人（签字）　　单位盖章
年　月　日</td></tr>
<tr><td>（项目法人的意见）

项目法人代表或授权人（签字）　　单位盖章
年　月　日</td></tr>
</table>

（注：表中内容较多时，可用附件。）

附件 4

公路工程交工验收报告

一	工程名称	
二	工程地点及主要控制点	
三	建设依据	
四	技术标准与主要指标	
五	建设规模及性质	
六	开工日期	年　　月　　日
	完工日期	年　　月　　日
七	批准概算	
八	工程建设主要内容	
九	实际征用土地数(亩)	
十	建设项目工程质量交工验收结论	
十一	存在问题处理措施	
十二	附件	1. 公路工程交工验收合同段工程质量评分一览表 2. 公路工程交工验收证书(见附件 3)

公路工程交工验收合同段工程质量评分一览表

项目名称：

施工合同段号	实得分	监理合同段号	设计合同段号	备注
工程项目质量评分				

计算：　　　　复核：　　　　　　　　　　　　　年　　月　　日

附件5

公路工程参建单位工作总结报告

第一部分　公路工程项目执行报告

一、概况

（一）建设依据。

（二）建设规模及主要技术指标。

（三）工程进度。

（四）项目投资及来源。

（五）主要工程数量。

（六）主要参建单位，包括设计、施工、监理等单位一览表。

二、建设管理情况

（一）前期工作。

1. 设计单位招标。

2. 施工单位招标。

3. 监理单位招标。

（二）征地拆迁。

（三）项目管理。

1. 项目管理机构设置及职能。

2. 质量控制措施与效果（包括发生重大及以上质量事故及处理情况）。

3. 安全生产（包括发生重大及以上生产安全事故及处理情况）。

4. 进度管理。

5. 工程变更。

6. 工程造价控制(包括工程决算、工程款支付)。

7. 廉政建设(包括措施建设和执行,有无人员违法、违纪,以及因不廉政被处分或被起诉)。

8. 其他情况。

三、交工验收及相关问题

(一)各合同段交工验收、存在主要问题及处理情况。

(二)交工验收、工程质量鉴定提出的及缺陷责任期、试运营期间出现的质量问题处理结果。

(三)档案、环保等单项验收及竣工决算审计。

四、科研和新技术应用

五、对各参与单位的总体评价

(一)对设计单位的评价。

(二)对施工单位的评价。

(三)对监理单位的评价。

六、对工程质量的总体评价

七、项目管理体会

注:对建设规模、标准、工程数量、造价等有较大变更或变更较多的,应增加附表与批复情况对比,并说明理由。

第二部分　公路工程设计工作报告

一、概况

(一)任务来源及依据。

(二)沿线自然地理概况。

(三)主要技术指标的运用情况。

二、设计要点

(一)路线设计。

(二)路基路面及防护工程设计。

(三)桥梁、涵洞、通道设计。

(四)隧道设计。

（五）立体交叉工程设计。

（六）环保、景观等工程设计。

（七）交通工程及沿线设施设计。

（八）房建等其他工程设计。

三、施工期间设计服务情况

四、设计变更情况

（一）重大设计变更理由。

（二）设计中存在问题的变更。

（三）设计变更一览表（与原设计工程量和造价比较）。

五、设计体会

第三部分　公路工程施工总结报告

一、工程概况

合同段工程起止时间、主要工程内容。

二、机构组成

主要人员、设备投入情况、管理机构设置。

三、质量管理情况

质量控制措施；施工中工程质量自检情况及工程质量问题的处理情况；对完工质量的评价。

四、施工进度控制

五、施工安全与文明施工情况

六、环境保护与节约用地措施

七、施工中新技术、新材料、新工艺的应用情况

八、工程款支付情况

承认工程款全部支付到位，一切劳务、机械、材料等债务纠纷与建设单位无关。

九、施工体会

第四部分　公路工程监理工作报告

一、监理工作概况

合同段监理组织形式、管理结构、人员投入情况。

二、工程质量管理

质量管理措施；施工过程中质量检查情况汇总；质量问题和事故处理情况总结；工程质量评定情况。

三、计量支付、工程进度和合同管理情况

四、设计变更情况

五、交工验收中存在问题及处理情况

六、监理工作体会

第五部分　公路工程质量监督报告

一、质量监督概况

二、质量保证体系监督检查

(一)建设单位质量管理。

(二)施工单位自检体系。

(三)监理单位抽检体系。

(四)动态管理。

三、监理工作监督检查

四、施工过程质量监督(工程实体质量、质量行为、存在问题处理结果及对工程质量的意见)

五、交工验收前工程质量检测

六、对设计单位、施工单位、监理单位的评价

七、对建设单位管理情况的评价

八、监督工作体会

第六部分　接管养护单位使用情况报告

一、试运营期间养护管理基本情况

二、运营交通量、收费、运营安全状况

三、项目总体使用情况(设施使用性能、功能满足情况)

四、修复完善和养护状况(包括维修费用)

五、存在的问题及建议

附件 6

公路工程参建单位工作综合评价表

公路工程建设管理工作综合评价表　　　　表 6-1

工程名称：　　　　　　　项目法人：

序号	项目	评定方法	应得分	实得分
一	建设程序	应依法办理的项目建议书、可行性研究、初步设计、施工图设计、施工许可等批复情况，每缺一项扣 2 分。	10	
二	执行法规	未按规定招标选择设计、施工、监理单位，一个方面有问题扣 2 分，未按规定申请质量监督扣 2 分，未落实质量与安全责任扣 2 分，未按批准规模、标准组织建设扣 2 分，其他方面未执行有关法规的，每一项扣 2 分。	10	
三	履行合同	拖欠应支付款时，按合同约定每欠一个单位一期计量工程款扣 1 分，其他方面视情节轻重酌情扣分。	10	
四	工程进度	按合同工期每拖延一个月扣 2 分，随意提前工期每三个月扣 2 分。	10	
五	投资控制	每超概算（或批准的调整概算）1% 扣 1 分。	10	
六	安全环保	每发生一起发生重大安全事故扣 5 分，每发生一起较大安全事故扣 3 分，每发生一起一般安全事故扣 1 分。环境保护出现问题的扣 1 ~ 5 分。	10	
七	廉政建设	措施不健全扣 2 分，有廉政问题的扣 5 分，有被起诉的扣 10 分。	10	
八	工程质量	以工程质量鉴定得分乘以 30%，作为本项得分。	30	
合　　计			100	
评定等级				

注：竣工验收委员会根据项目执行报告和有关资料对一至七项进行综合评价，最终实得分以竣工验收委会委员得分的平均值计。

公路工程设计工作综合评价表 表6-2

工程名称：

设计段编号： 设计单位：

序号	项目	评 定 方 法	应得分	实得分
一	设计方案	总体方案是否经济合理，存在不足扣2～10分。 不符合有关标准、规范，每处问题扣2～5分。 设计深度不足，设计变更较多的扣2～5分。	20	
二	设计文件	未按编制办法编制扣2～10分。 错、漏严重的扣10分，一般扣2～5分。 因设计失误造成质量安全事故，较大事故扣30分，一般事故每起扣2～10分。 因设计原因造成环境问题的扣2～10分。 设计变更造成工程费用的变化，每增加合同价的1%扣2分。	30	
三	设计服务	未按合同协议派驻设计代表每缺1人或1人不称职扣1～5分。 服务不及时扣2～5分。	20	
四	工程质量	以所设计的各施工合同段工程质量鉴定得分按合同段投资额加权平均后，乘以30%，作为本项得分。	30	
		合 计	100	
质量监督机构审查意见				
竣工验收委员会审定意见			评定等级：	

注：交工验收时，项目法人按照本表内容（工程质量除外）对设计单位进行初步评价，不定等级；竣工验收时，项目法人填写完善表格，经质量监督机构审查后提交验收委员会审定。

公路工程监理工作综合评价表 表6-3

工程名称：

监理段编号： 监理单位：

序号	项目	评定方法	应得分	实得分
一	人员机构	监理工程师未按要求持证上岗，每1人扣1分。 监理工程师未按合同进场，每1人扣1分，其他人员未按合同进场，每1人扣0.5分。 监理工程师自行更换，每1人扣1分。 监理工程师被清退，每1人扣2分。 内部管理制度不健全、工作责任不明确，或落实不到位扣3～5分。 试验仪器、交通工具、办公设备未按合同要求配备扣1～3分。	10	
二	质量控制	独立抽检频率达不到合同要求的扣1～5分，工地巡查、重要工序旁站不足扣2～5分，资料签认不规范扣1～3分，发生重大质量事故扣5分，每发生一起较大质量事故扣3分。	10	
三	进度控制	每发生一起一般质量事故扣1分。扣完为止。拖延工期每月扣1分。	5	
四	投资控制	根据计量支付和设计变更工作情况酌情扣分。	5	
五	安全生产	发生重大安全事故扣5分，每发生一起较大安全事故扣3分，每发生一起一般安全事故扣1分。	5	
六	环境保护	出现环境保护问题的扣1～5分。	5	
七	监理资料	不符合竣工验收要求时扣1～5分。	5	
八	廉政建设	措施不健全扣2分，因不廉政被清退或处分每人次扣5分，有被起诉的，每人次扣5分。	5	
九	工程质量	以所监理的各施工合同段工程质量鉴定得分按合同段投资额加权平均后，乘以50%，作为本项得分。	50	
合计			100	
质量监督机构审查意见				
竣工验收委员会审定意见			评定等级：	

注：交工验收时，项目法人按照本表内容（工程质量除外）对监理单位进行初步评价，不定等级；竣工验收时，项目法人填写完善表格，经质量监督机构审查后提交验收委员会审定。

公路工程施工管理综合评价表　　表6-4

工程名称：

合同段编号：　　施工单位：

序号	项目	评 定 方 法	应得分	实得分
一	工期进度	每拖延一个月扣2分。 生产组织不均衡扣1分。	10	
二	履行合同	项目经理、总工程师每更换1人次或1人不称职扣2分，专业工程师每更换1人次扣1分，主要机械不足或性能不良扣1分，进场不及时或未经许可撤离，扣0.5分，试验室达不到要求扣2~5分，有拖欠分包人工程款和劳务人员工资的，扣2~5分。	15	
三	竣工文件	竣工图与竣工工程不符每处扣1分；施工原始记录、自检资料不齐全扣2~4分；资料的真实可信度有问题扣2~4分。	5	
四	安全生产	发生重大安全事故扣10分，每发生一起较大安全事故扣5分，每发生一起一般安全事故扣2分。	10	
五	文明施工	规章制度不健全扣1~2分，文明工地建设差扣2~3分．出现破坏环境和乱占土地等问题的，扣3~5分。	5	
六	廉政建设	措施不健全扣1分，因不廉政被清退或处分每人次扣2分，有被起诉的，每人次扣5分。	5	
七	工程质量	竣工验收时本合同段工程质量鉴定得分乘以50%，作为本项得分。	50	
合 计			100	
质量监督机构审查意见				
竣工验收委员会审定意见			评定等级：	

注：交工验收时项目法人按照本表内容（工程质量除外）对施工单位进行初步评价，不定等级；竣工验收时，项目法人填写完善表格，经质量监督机构审查后提交验收委员会审定。

附件 7

公路工程竣工验收评价表

公路工程竣工验收委员会工程质量评分表　　表 7-1

项目名称:

序号	项　目	评 定 内 容	分值	实得分
一	主体工程质量	路基边线直顺度、路基沉陷、亏坡、松石、涵洞及排水系统完善状况，支挡工程外观和稳定情况。 路面平整度、裂缝、脱皮、石子外露、沉陷、车辙、桥头（台背）跳车现象，泛油、碾压痕迹等。 桥面平整度、栏杆扶手、灯柱、伸缩缝、混凝土外观状况。 隧道渗漏、松石、排水、通风、照明以及衬砌外观状况。 交通安全设施及交叉工程的外观及使用效果等。	70	
二	沿线服务设施	房屋及机电系统等功能和外观；其他设施，如加油站、食宿服务等设施的使用效果及外观。	10	
三	环境保护工程	绿化工程、隔音消声屏等，是否符合设计要求。施工现场清理及还耕情况。与自然环境、景观的协调情况。	10	
四	竣工图表	内容齐全，书写打印清晰、装订整齐，符合相关要求。	10	
合计			100	

注：1. 缺二、三项时，应得分仍按 100 分计。例如：缺项目二时，实得分应除以 0.9；项目二、三均缺时，实得分应除以 0.8，依次类推。

2. 主体工程评定内容缺项时，其应得分仍按 70 分计。

3. 工程质量评分以各委员打分的平均值计。

公路工程竣工验收工程质量评分表

表 7-2

项目名称：

名　　称	实得分	权值	加权得分	备注
交工验收工程质量				
质量监督机构工程质量鉴定				
竣工验收委员会工程质量				
合　　计		1.0		
加权平均分			质量等级	

公路工程竣工验收建设项目综合评价表 表 7-3

项目名称：

名　　称	实得分	权值	加权得分	备注
竣工验收工程质量		0.7		
项目建设管理工作综合评价		0.15		
项目设计工作综合评价		0.05		
项目监理工作综合评价		0.05		
项目施工管理综合评价		0.05		
合　　计		1.0		
加权平均分			建设项目综合评价等级	

公路工程合同段工程质量鉴定评分一览表　　表 7-4

项目名称：

施工合同段号	工程质量		监理合同段号	设计合同段号	备注
	评分	等级			
工程项目质量评分：			工程项目质量等级：		

注：由项目法人填写质量监督机构对施工各合同段的质量鉴定评分和等级，提交竣工验收委员会。

公路工程参建单位工作综合评价一览表 表 7-5

项目名称：

工作内容	合同段号	参建单位名称	竣工验收		备注
			得分	等级	
建设管理					
设计					
施工					
监理					

注：由项目法人填写经质量监督机构审定的设计、施工、监理单位工作综合评分和等级，提交竣工验收委员会。

附件8

公路工程竣工验收鉴定书

（项目名称）

（组织竣工验收机关盖章）

年　　月

公路工程竣工验收鉴定书

一	工程名称	
二	工程地点及 主要控制点	
三	建设依据	
四	技术标准与 主要指标	1. 公路等级： 2. 设计行车速度： 3. 桥涵设计荷载： 4. 设计洪水频率： 5. 路基宽度： 6. 最大纵坡： 7. 最小平曲线半径： ……
五	建设规模 及性质	
六	开工日期	年　月　日
	完工日期	年　月　日
七	原批准概算	
	调整概算	
	竣工决算	竣工决算：　　　　其中 建筑安装工程投资： 设备及工具器具购置费用： 其他基本建设费：

八	工程建设 主要内容	1. 2. 3. ……
九	主要材料 实际消耗	
十	实际征用土 地数(亩)	
十一	建设项目工程 质量鉴定结论 及质量评价	(交工验收基本情况) (竣工验收前,质量监督机构鉴定情况) (竣工验收鉴定结论及质量评价)
十二	对建设、设计、施工、 监理单位的综合评价	对建设单位综合评价: 对设计单位综合评价: 对施工单位综合评价: 对监理单位综合评价:
十三	建设项目综合 评价及等级	(竣工验收委员会评价意见) 经竣工验收委员会综合评定和审议,对参建单位及建设项目综合评分如下: 建设管理综合评分: 分 设计工作综合评分: 分 监理工作综合评分: 分 施工管理综合评分: 分 建设项目综合评分: 分 该工程建设项目综合评价等级为 。
十四	有关问题的 决定和建议	

附表:1. 公路工程竣工验收委员会名单

2. 公路工程交接单位代表签名表

公路工程竣工验收委员会名单

	姓名	所 在 单 位	职务或职称	签名
主任委员				
副主任委员				
委员				

公路工程交接单位代表签名表

	姓名	所 在 单 位	职务或职称	签名
主管部门				
监督单位				
公路管理单位				
项目法人				
设计单位				
监理单位				
施工单位				
接养单位				

附件 9

公路工程参建单位工作综合评价等级证书

工程名称：
单位名称：
承担工程的内容：
竣工验收结论： 项目质量监督机构负责人(签字)　　　　盖章(项目质量监督机构) 年　　月　　日

注:1. 项目参建单位包括项目法人、设计单位、施工单位、监理单位。

2. 竣工验收结论根据《公路工程竣工验收鉴定书》,填写参建单位承担任务的工程质量评定得分、等级和工作综合评价得分、等级。

关于在初步设计阶段实行公路桥梁和隧道工程安全风险评估制度的通知

交公路发〔2010〕175号　2010.4.8

各省、自治区、直辖市交通运输厅(委):

为加强公路桥梁和隧道工程安全管理,增强安全风险意识,优化工程建设方案,提高工程建设和运营安全性,经研究,决定在初步设计阶段对公路桥梁和隧道工程方案实行安全风险评估制度。现将《公路桥梁和隧道工程设计安全风险评估指南(试行)》(以下简称《指南》)印发给你们,请参照执行,有关要求通知如下:

一、重要意义与适用范围

(一)公路桥梁和隧道工程安全,与地质、水文等自然条件,工程设计、施工组织方案,建设管理经验及交通、通航等使用环境有关,安全风险在设计、建设、运营等各阶段、各环节都不同程度存在。初步设计阶段是确定工程建设方案的阶段,是工程安全管控的重要环节。在初步设计阶段对公路桥梁和隧道工程方案实行安全风险评估制度,增加安全风险评估工作环节,是强化安全风险意识,保证工程建设方案安全,降低事故概率,减少经济损失的新措施。

(二)部审批初步设计的国家重点公路工程项目,尤其是建设条件复杂、技术难度大的桥梁和隧道工程,在初步设计阶段,应按本通知要求,对工程方案进行安全风险评估;其他公路工程项目,可参照执行。

二、评估范围

公路桥梁和隧道工程安全风险评估的范围,各地可根据项目工程建设条件、技术复杂程度、施工管理要求、运行使用环境等因素，结合当地工程建设经验确定。建设条件相似、技术方案相同的桥梁或隧道工程，可一并进行安全风险评估。其主要范围如下：

（一）桥梁工程。

1. 多跨或跨径大于等于 40 米的石拱桥，跨径大于等于 250 米的钢筋混凝土拱桥，跨径大于等于 350 米的钢箱拱桥，钢桁架、钢管凝土拱桥；

2. 跨径大于等于 200 米的梁式桥，跨径大于 400 米的斜拉桥，跨径大于 1000 米的悬索桥；

3. 墩高或桥高大于 100 米的桥梁；

4. 桥址处地震烈度大于 7 度且跨径大于 150 米的桥梁；

5. 其他建设环境复杂、施工技术要求特殊的桥梁。

（二）隧道工程。

1. 穿越高地应力区、区域地质构造、煤系地层、采空区、水体等地质条件、水文地质复杂的隧道；

2. 偏压、大断面、变化断面等结构受力复杂的隧道；

3. 长度大于 3000 米或通风、照明、救援等要求特殊的隧道；

4. 其他建设环境复杂、施工技术要求特殊的隧道。

三、评估内容

（一）桥梁工程。

1. 建设条件，包括工程地质、水文地质及勘察分析深度及方法可靠性，气象变化、突发船撞车等不利施工环境等；

2. 结构方案，包括结构受力复杂程度、结构设计技术成熟度等；

3. 施工，包括施工方案、主要施工技术和设备等；

4. 运营管理，包括交通量，可能发生的船撞，车撞等。

（二）隧道工程。

1. 建设条件，包括工程地质、水文地质及特殊地下环境调查、分析深度及方法可靠性等；

2. 结构方案，包括结构受力复杂程度等；

3. 施工，包括施工方案、主要施工技术和设备等；

4. 运营管理,包括通风、救援等。

四、评估方法与步骤

(一)通过对类似结构工程的安全风险发生情况的调查,以及专家的现场或书面调查,在研究分析设计、施工、运营阶段可能发生安全风险诱因的基础上,确定关键风险源及次要风险险源。

(二)采用定性与定量相结合的方法,对风险源的风险发生概率及损失进行分析和评估,确定其发生的可能性及严重程度。

(三)根据已确定的风险发生概率等级和风险损失等级,按照《指南》中风险等级确定的相关要求,确定安全风险等级。

(四)针对不同的安全风险等级,研究提出相应的应对措施。

具体的评估方法、内容等,按照《指南》执行。

五、实施要求

(一)初步设计阶段公路桥梁和隧道工程安全风险评估作为设计内容,由承担初步设计任务的设计单位负责,并组织专门人员开展评估工作,按要求提交风险评估报告。设计单位也可委托其他具有公路行业设计甲级资质的单位承担风险评估工作。

(二)项目法人(业主)应组织有关专家对评估报告进行评审。根据评审结论,由设计单位对初步设计方案进行修改和完善;当评估结论为极高风险时,应对初步设计方案重新论证。

(三)省级交通运输主管部门在组织初步设计文件预审时,应同时对安全风险评估报告进行评审。在批复预审意见中,应包括对安全风险评估报告的评审意见。

(四)设计单位应根据批复的预审意见,进一步完善初步设计文件。

(五)省级交通运输主管部门在报部审批初步设计文件时,应同时附安全风险评估报告及预审意见采纳情况说明。代部咨询审查单位在对初步设计文件审查时,应同时对安全风险评估报告进行审查,并提出咨询审查意见。

(六)鉴于此项工作是提高工程建设运营安全的一项新措施,各地均无成熟经验和做法,部将专门组织设计、咨询、审查、项目业主等单位的人员开展培训工作，请各地组织有关人员参加。

（七）初步设计阶段公路桥梁和隧道工程安全风险评估制度及《公路桥梁和隧道工程设计安全风险评估指南（试行）》，自2010年9月1日起施行。

各省级交通运输主管部门及项目建设、设计等单位要高度重视，加强领导，结合本地区和工程建设实际，认真做好公路桥梁和隧道工程设计安全风险评估工作，并将评估工作中发现的问题和建议及时函告部公路局，以便对《指南》进行修订和完善。

附件：公路桥梁和隧道工程设计安全风险评估指南（试行）

附件

公路桥梁和隧道工程设计安全风险评估指南

（试行）

目　　录

1 总 则

1.0.1 为指导公路桥梁和隧道工程设计安全风险评估工作，提高工程建设和运营安全性，编制本指南。

1.0.2 本指南适用于公路工程初步设计及施工图设计阶段桥梁和隧道工程安全风险评估。

1.0.3 工程安全风险评估，应按照以下步骤进行：确定工程风险源，估测风险源风险发生概率和风险损失，确定风险源风险等级，采取相应的风险控制措施。

1.0.4 公路桥梁和隧道工程设计安全风险等级分为Ⅰ级（低度风险）、Ⅱ级（中度风险）、Ⅲ级（高度风险）、Ⅳ级（极高风险）。Ⅰ、Ⅱ、Ⅲ、Ⅳ级分别以绿、黄、橙、红示出。安全风险等级要求见表1。

安全风险等级要求 表1

风险等级	要 求
Ⅰ	风险水平可以接受，当前应对措施有效，不必采取额外技术、管理方面的预防措施
Ⅱ	风险水平有条件接受，工程有进一步实施预防措施以提升安全性的必要
Ⅲ	风险水平有条件接受，必须实施削减风险的应对措施，并需要准备应急计划
Ⅳ	风险水平不可接受，必须采取有效应对措施将风险等级降低到Ⅲ级及以下水平；如果应对措施的代价超出项目法人（业主）的承受能力，则更换方案或放弃项目执行

1.0.5 公路桥梁和隧道工程设计安全风险评估工作，除符合本指南要求外，尚应符合国家、行业和地方相关法律法规及标准规范的规定。

2 术 语

2.0.1 风险 Risk

事故发生的可能性及其损失的组合。

2.0.2 损失 Loss

工程建设中任何潜在的或外在的负面影响或不利后果，包括人员伤亡、经济损失、工期延误、环境影响或其他损失等。

2.0.3 风险事件 Hazard

可能造成工程建设中人员伤亡、经济损失、工期延误、环境影响或耐久性降低等不利事件。

2.0.4 风险源 Risk source

可能导致风险事件发生的因素。

2.0.5 评估对象 Assessment object

需要进行安全风险评估的工程项目。

2.0.6 风险辨识 Risk identification

调查工程建设中潜在的风险类型、事故可能发生的地点、时间及原因，并进行系统筛选、分类。

2.0.7 风险估测 Risk estimation

在风险辨识的基础上，通过对收集的资料进行分析，运用定性或定量的方法，估计和预测风险发生的概率和损失程度。

2.0.8 风险分析 Risk analysis

包括风险辨识和风险估测，即认识安全风险发生的本质，采用定性或定量的方法表示安全风险分析的过程。

2.0.9 风险评价 Risk evaluation

根据制定的工程安全风险分级划分和接受准则，对工程进行安全风险等级确定、危害性评定和安全风险排序。

2.0.10 风险控制 Risk control

为降低工程风险损失所采取的处置对策、技术方案或措施等。

2.0.11 风险评估 Risk assessment

包括风险辨识、风险估测、风险评价和风险控制，对工程中存在的各种安全风险及其影响程度进行综合分析。

2.0.12 风险管理 Risk management

包括风险辨识、风险估测、风险评价和风险控制等全过程管理。

2.0.13 风险接受准则 Risk acceptance criteria

参与工程建设的各方对不同等级安全风险的可接受的水平，可采用定性或定量的分级描述。

2.0.14 风险指标体系 Risk index system

体现风险源与风险事件分类及层次关系的树状或层状结构。

2.0.15 风险登记 Risk register

对识别的风险事件及其风险源进行登记，并对相应的风险源及风险事件处理结果进行记录。

2.0.16 风险监控 Risk monitoring

风险管理过程中，对风险进行的全程动态监控。

2.0.17 初始风险 Initial risk

工程建设各阶段未采取风险控制措施前就已存在的风险。

2.0.18 残留风险 Residual risk

对初始风险采取处理措施后自留或转移到下一阶段的风险。

3 安全风险等级确定

公路桥梁和隧道工程设计安全风险等级，应结合风险发生概率等级和风险损失等级确定。

3.1 风险发生概率等级与判断标准

工程安全风险发生概率等级分为1、2、3、4、5级。各等级判断标准见表3-1。

风险发生概率等级判断标准　　表 3-1

等　级	定量判断标准(概率区间)	定性判断标准
1	$P_f < 0.0003$	几乎不可能发生
2	$0.0003 \leq P_f < 0.003$	很少发生
3	$0.003 \leq P_f < 0.03$	偶然发生
4	$0.03 \leq P_f < 0.3$	可能发生
5	$P_f \geq 0.3$	频繁发生

注:1. P_f 为概率值,当概率值难以取得时,可用年发生频率代替。

2. 风险发生概率等级应优先采用定量判断标准确定。当无法进行定量计算时,可采用定性判断标准确定。

3.2 风险损失等级与判断标准

3.2.1 风险损失等级分为1、2、3、4、5 级。应按人员伤亡等级、经济损失等级及环境影响等级等因素确定。当多种损失同时产生时,应采用就高原则确定风险损失等级。

3.2.2 人员伤亡等级的判断标准见表 3-2。

人员伤亡等级判断标准　　表 3-2

等　级	判 断 标 准
1	重伤人数 5 人以下
2	3 人以下死亡(含失踪)或 5 人以上 10 人以下重伤
3	3 人以上 10 人以下人员死亡(含失踪)或 10 人以上 50 人以下重伤
4	10 人以上 30 人以上人员死亡(含失踪)或 50 人以上 100 人以下重伤
5	30 人以上人员死亡(含失踪)或 100 人以上重伤

注:1. 参考国务院《生产安全事故报告和调查处理条例》和《企业职工伤亡事故分类标准》(GB 6441—86)。

2. "以上"包含本数,"以下"不包含本数,下同。

3.2.3 经济损失等级的判断标准见表 3-3。

经济损失等级判断标准　　表 3-3

等　级	判 断 标 准
1	经济损失 500 万元以下
2	经济损失 500 万以上 1000 万元以下
3	经济损失 1000 万以上 5000 万元以下
4	经济损失 5000 万以上 10000 万元以下
5	经济损失 10000 万以上

注:1. 参考国务院《生产安全事故报告和调查处理条例》。

2. 对总造价较低的工程,如石拱桥等,可采用相对经济损失进行判定。

3.2.4 环境影响等级的判断标准见表3-4。

环境影响等级判断标准　　表3-4

等级	判断标准
1	涉及范围很小，无群体性影响，需紧急转移安置人数50人以下
2	涉及范围较小，一般群体性影响，需紧急转移安置人数50人以上100人以下
3	涉及范围大，区域正常经济、社会活动受影响，需紧急转移安置人数100人以上500人以下
4	涉及范围很大，区域生态功能部分丧失，需紧急转移安置人数500人以上1000人以下
5	涉及范围非常大，区域内周边生态功能严重丧失，需紧急转移安置人数1000人以上，正常的经济、社会活动受到严重影响

注：参考《建设项目环境保护管理条例》和《中华人民共和国环境影响评价法》。

3.3 风险等级的确定

根据安全风险发生概率等级和损失等级，按表3-5确定风险等级。

风险等级表　　表3-5

风险损失	风险发生概率				
	1	2	3	4	5
1	I	I	II	II	III
2	I	II	II	III	III
3	II	II	III	III	IV
4	II	III	III	IV	IV
5	III	III	IV	IV	IV

注：参考国际隧道协会Guidelines for Tunnelling Risk Management。

4 评估方法

公路桥梁和隧道工程设计安全风险评估，首先是通过对类似结构工程的安全风险发生情况的调查，以及专家的现场或书面调查，在研究分析设计、施工、运营阶段可能发生安全风险诱因的基础上，确定关键风险源及将要风险源，并分类完成安全风险列表（见附录 A）；二是采用定性与定量相结合的方法，对风险源的风险发生概率及损失进行分析和评估，确定其发生的可能性及严重程度（见附录 B、附录 C）；三是根据已确定的风险发生概率等级和风险损失等级，按照风险等级确定的相关要求，确定安全风险等级；四是针对不同的安全风险等级，研究提出相应的应对措施。

4.1 风险源的评估方法

4.1.1 评估小组首先进行风险源辨识工作。步骤是先进行现场查看，收集工程基础资料。所收集的资料应包括：

（1）类似工程事故资料。

（2）拟建桥梁和隧道设计文件。

（3）工程区域内水文、地质、自然环境等资料。

（4）工程规划、可行性研究和工程地质勘察报告等资料。

（5）工程区域内的建（构）筑物（含管线、民防设施、铁路、公路等）资料。

（6）其他与评估对象相关的资料。

4.1.2 评估小组对所收集的资料进行分析、归纳，按照附录 A 表 A-1 的格式，填写完成风险源普查表。

4.1.3 根据桥梁和隧道工程建设条件、设计方案、施工技术、运营管理划分评估单元，并将风险源普查结果按照评估单元划分归类，分析当前桥梁和隧道工程中是否存在该风险源。当存在时，则给出依据，明确存在的方式及产生的影响，并按照附录 A 表 A-2 的格式，填写完成检查表。

4.1.4 检查表完成后，通过相关人员咨询、评估小组讨论、专家咨询的方式，判断该风险源重要程度，并记录判断依据。按照附录 A 表 A-3 的格式，填写完成风险源列表。

所咨询的相关人员宜选择：

(1)建设单位、设计单位有关人员。

(2)当地具有丰富桥梁工程建设经验的工程技术人员。

(3)具有同类工程丰富建设经验的国内外桥梁工程专家。

所咨询的专家宜选择：

(1)直接参与工程的建设单位、设计单位专家。

(2)了解该工程建设情况的国内外桥梁工程资深专家。

(3)评估小组内的桥梁工程专家。

4.1.5 施工图设计阶段应在初步设计阶段确定的风险源基础上，根据工程实际情况增减有关风险源。

4.2 风险源发生概率的评估方法

4.2.1 风险源发生概率可采取专家调查法、概率分析法、层次分析法、事故树法、模糊综合评价法等方法进行确定。根据工程不同阶段的特点，可选择1种方法或者多种方法相结合确定风险源发生概率。

4.2.2 初步设计阶段安全风险评估，风险源发生概率一般采用专家调查法确定。专家调查法具体内容见附录B。

4.2.3 施工图设计阶段安全风险评估，风险源发生概率一般采用概率分析法、专家调查法等方法确定。各方法具体内容见附录C。

4.3 风险损失的评估方法

4.3.1 初步设计阶段和施工图设计阶段安全风险评估，风险损失一般采用专家调查法确定，也可采用层次分析法、事故树法、模糊综合评价法等方法确定。各方法具体内容见附录B、附录C。

4.4 风险等级的评估方法

根据风险发生概率和风险损失的估测值，按照风险评价矩阵方法，查表确定风险等级。

具体确定方法是：

(1)风险值=风险发生概率×风险损失。“×”表示风险发生概率和风险损失的级别的组合。

(2)由风险发生概率和风险损失的级别，查表3-5确定风险等级，并参照表1，得到风险水平及与其相对应的要求。

5　安全风险评估程序与要求

5.1　评估程序

5.1.1　承担安全风险评估工作的单位组建评估小组。

5.1.2　评估小组根据工程所处阶段及特点，开展风险评估。评估过程中，评估小组应与设计人员进行有关安全风险评估情况的沟通。对III级(高度)和IV级(极高)风险，应报告项目法人(业主)。项目法人(业主)应及时组织对III级(高度)和IV级(极高)风险进行审查。

5.1.3　根据项目规模及复杂程度，评估小组应在1～2个月内提交安全风险评估报告。

5.1.4　项目法人(业主)应对安全风险评估报告进行评审。设计单位应根据评审结果和评估报告提出的风险应对措施，修改完善设计方案。

5.1.5　安全风险评估报告同设计文件一并报送行政主管部门审批。

5.2　评估小组及评估人员要求

5.2.1　安全风险评估工作由承担设计任务的设计单位负责。设计单位应组织专门的人员建立评估小组，承担安全风险评估工作。

5.2.2　风险评估小组应由经验丰富的桥梁、隧道、地质、评估等专业人员组成，一般5～7人为宜。

5.2.3 评估小组负责人，应当具有20年以上设计（施工）经验，并在类似工程项目中担任过设计（施工）负责人，教授级高级工程师技术职称。

5.2.4 评估小组成员应具有7年以上设计（施工）经验，工程师以上技术职称。

5.3 评估报告内容及格式

5.3.1 评估报告包含如下内容：

(1)编制依据。

(2)工程概况。

(3)安全风险评估流程与评估方法。

(4)安全风险评估内容。

(5)安全风险评估结论。

5.3.2 编制依据应包含如下内容：

(1)相应的国家和行业标准、规范及规定。

(2)工程基础性资料。

(3)上阶段的审查意见与评估结果（如有）。

5.3.3 安全风险评估内容应包括如下内容：

(1)风险源的确定。

(2)风险源发生概率和风险损失的确定。

(3)风险等级的确定。

(4)控制措施的确定。

5.3.4 安全风险评估结论。

评估报告最后为安全风险评估结论，包括如下内容：

(1)各风险源发生概率和风险损失的汇总。

(2)项目中III级和IV级风险存在的部位、方式等情况。

(3)分析评估结果的科学性、可行性、合理性及存在问题。

5.3.5 评估报告格式见附录D。

6 安全风险应对与管理

6.1 一般规定

6.1.1 根据安全风险评估报告结论，应制定具有针对性的应对措施，以预防、降低或消除安全隐患。

6.1.2 安全风险管理应在保障安全、保护环境和控制成本的前提下，采取合理的控制对策把安全风险控制在可接受的水平。

6.2 安全风险应对

6.2.1 应根据评估的风险等级，提出风险应对策略，制定风险对策表，风险对策表应包括设计、施工、残留风险等内容。对 III 级风险，应由设计单位制定应急预案。

6.2.2 本阶段无法判断的风险，需在评估报告中明确，并提出下阶段工作的建议和措施。

6.3 风险管理

6.3.1 风险评估小组应根据工程环境的变化及工程进展情况，定期反馈评估结果，并与相关单位及时沟通。

6.3.2 评估小组应根据评估目标，全面考察与评价各阶段风险控制对策执行的效果，跟踪记录各阶段风险在采取应对措施后的变化情况。

6.3.3 评估小组应建立风险登记档案，跟踪风险的变化，并根据风险控制措施的落实情况进行动态评估。

6.3.4 对于需要进行监控的风险源，设计单位应制定详细的监控计划、监控技术标准和风险预警方案。

6.3.5 项目管理人员和有关人员应进行安全风险培训。

7 桥梁工程初步设计阶段安全风险评估

7.1 一般规定

7.1.1 公路桥梁初步设计阶段安全风险评估，应对设计文件中同深度比选的多个设计方案同时进行安全风险评估。根据评估结果，视风险等级对初步设计方案进行修改完善。若风险等级极高时，应对初步设计方案重新论证。

7.1.2 安全风险评估应结合初步设计阶段工程特点，针对工程的建设条件、结构方案、施工技术以及运营等方面的风险，开展相应的安全风险评估工作。

7.1.3 对新技术、新材料、新设备的应用风险，应综合考虑创新与风险可承受能力之间的平衡。

7.1.4 依据安全风险评估结果，按照技术可行性及经济合理性的原则，提出相应的风险控制措施。

7.1.5 设计单位应根据安全风险评估提出的风险控制措施，及时对设计文件进行修改完善。

7.1.6 初步设计阶段安全风险评估报告，应作为下一阶段安全风险评估的重要依据和基础。

7.2 评估流程

7.2.1 初步设计阶段安全风险评估流程见图7-1。

7.3 风险源

7.3.1 初步设计阶段安全风险评估应充分了解可行性研究阶段成果，结合本阶段的勘察和设计资料，从建设条件、结构方案、施工技术、运营管理四个方面进行评估。

在选定初步设计阶段风险源时，需确认推测的风险源是否存在不确定性，并推测该不确定性带来的各种可能的事故。初步设

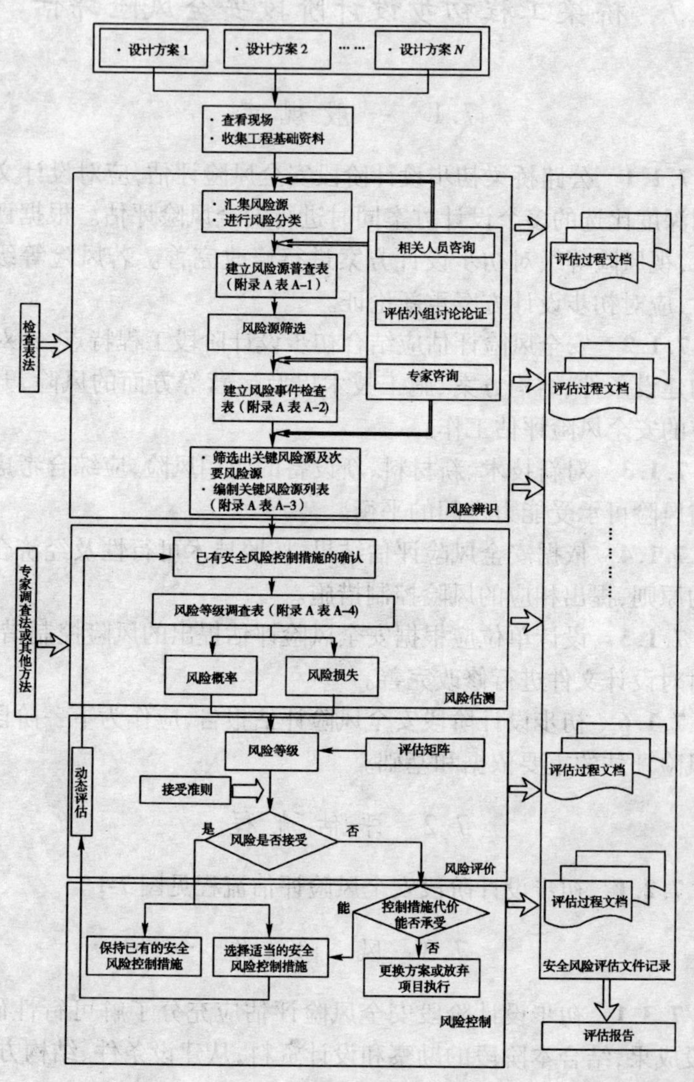

图 7-1　初步设计阶段安全风险评估流程图

计阶段风险源见表 7-1。

初步设计阶段风险源表 表 7-1

序号	类　型	风　险　源
1	建设条件	地质
2		水文
3		气象
4		运输通行
5		周边环境
6		……
7	结构方案	设计理论
8		设计方案
9		新技术、新材料
10		……
11	施工技术	施工方案
12		新技术、新材料、新设备的应用
13		……
14	运营管理	水文
15		气象
16		车船撞击
17		实际车辆荷载与设计差异
18		……

7.3.2 桥梁建设条件风险是指由于地形地貌、地质、水文、气象、运输通行、周边环境等因素(风险源)所导致的风险。

7.3.3 桥梁结构方案风险是指由于结构设计理论、设计方案以及采用新技术、新材料等因素(风险源)所导致的风险。

7.3.4 施工技术风险是指由于施工方案的选择、施工工艺的安全性以及采用新材料、新技术、新设备等因素(风险源)所导致的风险。

7.3.5 运营管理风险是指由于水文、气象、车船撞、车辆实际荷载与设计差异程度等因素所导致的风险。

7.4 风险事件与风险源辨识

7.4.1 初步设计阶段,风险源与施工期间安全风险事件检查表见表 7-2(根据具体工程可作适当增减)。

桥梁工程施工期间风险事件与风险源检查表 表 7-2

风险源 \ 风险事件			基础沉降	支架倒塌	构件损伤	结构倒塌	……
建设条件	地质	岩性及风化程度	★	★	★	★	
		构造带	★	★	★	★	
		地下水	★	★	★	★	
		高边坡		★	★	★	
		岩溶	★	★	★	★	
		泥石流			★	★	
		液化土			★	★	
		煤层及矿藏采空区	★	★	★	★	
		冻土	★	★	★	★	
		软土	★	★	★	★	
		膨胀土	★	★			
		盐渍土			★	★	
		……					
	水文	冰凌			★	★	
		风暴潮			★	★	
		洪水			★	★	
		……					
	气象	风			★	★	
		雷电			★	★	
		冻雨			★	★	
		……					
	运输通行	船撞			★	★	
		车撞			★		
		……					
	周边环境	管线、民防设施，铁路、公路等线位交叉			★	★	
		……					

续上表

风险源 \ 风险事件		基础沉降	支架倒塌	构件损伤	结构倒塌	……
结构方案	设计理论			★	★	
	设计方案			★	★	
	新技术、新材料			★	★	
	……					
施工技术	施工方法			★	★	
	施工设备					
	新工艺			★	★	
	……					

注："★"表示该风险源对风险事件有影响，以下表同。

7.4.2 初步设计阶段，风险源与运营期间安全风险事件检查表见表7-3（根据具体工程可作适当增减）。

桥梁工程运营期间风险事件与风险源检查表 表7-3

风险源 \ 风险事件			基础沉降	抖振、颤振、涡振	行车安全	构件损伤	结构倒塌	……
运营管理	运营条件	岩性及风化程度	★			★	★	
		构造带	★			★	★	
		地下水	★			★	★	
		高边坡				★	★	
		岩溶	★			★	★	
		液化土				★	★	
		泥石流				★	★	
		煤层及矿藏采空区	★			★	★	
		冻土	★			★	★	
		软土	★			★	★	
		膨胀土	★					
		盐渍土				★	★	
		……						

续上表

风险源 \ 风险事件			基础沉降	抖振、颤振、涡振	行车安全	构件损伤	结构倒塌	……
运营管理	水文	河槽摆动	★			★	★	
		冰凌				★	★	
		风暴潮				★	★	
		洪水				★	★	
		……						
	气象	雷电				★		
		风		★	★	★	★	
		冻雨			★	★		
		……						
	运输通行	船撞				★	★	
		车撞				★		
		……						
	运营管理	实际车辆荷载与设计差异				★	★	
		交通量				★	★	
		……						

7.5 风险控制

初步设计阶段应考虑各种风险控制措施的成本和效益，选择合适的风险控制措施，提出风险控制的具体实施方案。应对措施建议应具体详实，具有可操作性。按照针对性和重要性的不同，措施和建议可分为应采纳和宜采纳两种类型。

7.5.1 建设条件风险控制

(1)地形地貌、地质、水文、气象、运输通行。

应对专题研究报告进行评估，必要时，可要求建设管理单位补充相关专题研究。

(2)周边环境

①初步设计阶段应根据工程所处地理环境编制相应的施工方案。

②初步设计阶段应充分考虑周边环境对施工的影响,并将影响结果进行优化处理。

7.5.2 结构方案风险控制

应对设计理论、设计方案、新技术、新材料等相关材料进行评估,并应对设计方案的技术难度进行评价。必要时,可要求建设管理单位补充相关研究内容。

7.5.3 初步设计阶段可能引起的施工技术风险的控制

(1)施工方案

①应对不同桥型的不同施工工法进行适应性评价,选择风险最小的施工工法。

②制定应对突发事件的应急预案。

(2)新技术、新材料、新设备的应用

项目建设单位应组织开展必要的专题研究。

7.5.4 初步设计阶段可能引起的运营风险的控制

对实际车辆荷载与设计差异所造成的风险,应要求设计单位深化设计方案,提高结构抵抗实际车辆荷载与设计差异影响的能力。

对车辆、船舶撞击桥梁并可能造成破坏的内容,应按要求开展研究并给出合理的设计和管理措施。

地质、水文、气象、运输通行方面所引起的运营风险,其风险控制措施可参照7.5.1。

8 桥梁工程施工图设计阶段安全风险评估

8.1 一 般 规 定

8.1.1 公路桥梁施工图设计阶段安全风险评估,应结合初步设计审查意见对初步设计阶段的安全风险评估进行细化，重点是对上一阶段的残留风险，以及对施工方案、施工工法、结构方案可能存在的安全风险进行有效评估，并提出相应的安全应对措施。当风险产生的后果可能为突发性事件（倾覆、压溃、倒塌等）时，施工图设计阶段应明确施工方案、施工工艺、注意事项、监控要求等，并进行有效的风险管理。

8.1.2 当初步设计阶段风险评估为 III 级（高度）风险或者设计方案变更时，应重点进行评估，给出降低风险的应对措施和相应的风险监控方案。

8.1.3 施工图设计阶段，依据风险评估结果，评估小组应按照技术可行性及经济合理性的原则，提出降低风险的应对措施。

8.1.4 设计单位应根据安全评估提出的风险控制措施，及时对设计文件进行修改完善。

8.1.5 施工图设计阶段安全风险评估报告，应作为施工阶段评估的重要依据和基础。

8.2 评估流程

施工图设计阶段安全风险评估流程见图8-1。

8.3 风险评估

8.3.1 施工图设计阶段，评估方法以定量方法为主，可综合采用概率分析、专家调查等方法。

8.3.2 施工图设计阶段，桥梁方案进行重大修改或者风险水平较高时，应进行重点评估。

8.3.3 对 III 级（高度）风险，设计单位应重点关注，制定应急预案，并在施工阶段加强风险监控。

8.3.4 对 IV 级（极高）残留风险，应向项目法人（业主）报告。

8.3.5 评估报告应分别给出不同典型安全事件的概率等级、损失等级和风险等级评估结果；并对风险事件和风险源按重要性进行排序，确定风险措施实施的重点，优化成本。

8.3.6 施工图设计阶段的安全风险控制措施主要包括构造设计的合理性、建设条件、施工方案以及结构风险等方面的重要风险控制预案。

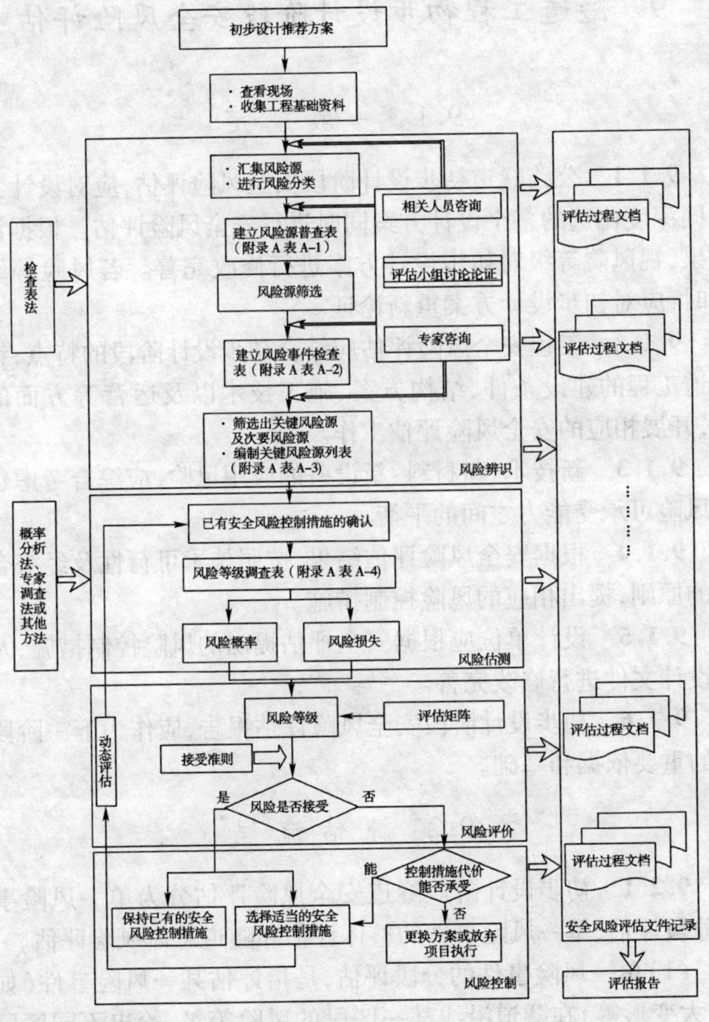

图 8-1 施工图设计阶段安全风险评估流程图

8.3.7 施工图设计阶段安全风险评估内容和成果应满足施工图设计阶段安全风险控制的基本要求。

9 隧道工程初步设计阶段安全风险评估

9.1 一般规定

9.1.1 公路隧道初步设计阶段安全风险评估,应对设计文件中同深度比选的多个设计方案同时进行安全风险评估。根据评估结果,视风险等级对初步设计方案进行修改完善。若风险等级极高时,应对初步设计方案重新论证。

9.1.2 工程安全风险评估应结合初步设计阶段的特点,针对隧道工程的建设条件、结构方案、施工技术以及运营等方面的风险,开展相应的安全风险评估工作。

9.1.3 新技术、新材料、新设备的应用风险,应综合考虑创新与风险可承受能力之间的平衡。

9.1.4 根据安全风险评估结果,按照技术可行性及经济合理性的原则,提出相应的风险控制措施。

9.1.5 设计单位应根据安全评估提出的风险控制措施,及时对设计文件进行修改完善。

9.1.6 初步设计阶段安全风险评估报告,应作为下一阶段评估的重要依据和基础。

9.2 评估流程

9.2.1 初步设计阶段隧道安全风险评估分为单一风险事件的分段评估、单一风险事件的整体评估和隧道总体风险评估。

(1)单一风险事件的分段评估,是指评估某一风险事件(如塌方、大变形等)在隧道沿线某一区段的风险等级,给出不同区段的风险等级。

(2)单一风险事件的整体评估,是指根据单一风险事件的分段评估结果,评估隧道某一风险事件的风险等级。

(3)隧道总体风险评估,是指根据隧道单一风险事件的评估结果,评估隧道多个风险事件情况下的综合风险等级。

9.2.2 风险评估的流程见图9-1。

9.2.3 多个设计方案的安全评估按照9.2.2的风险评估流

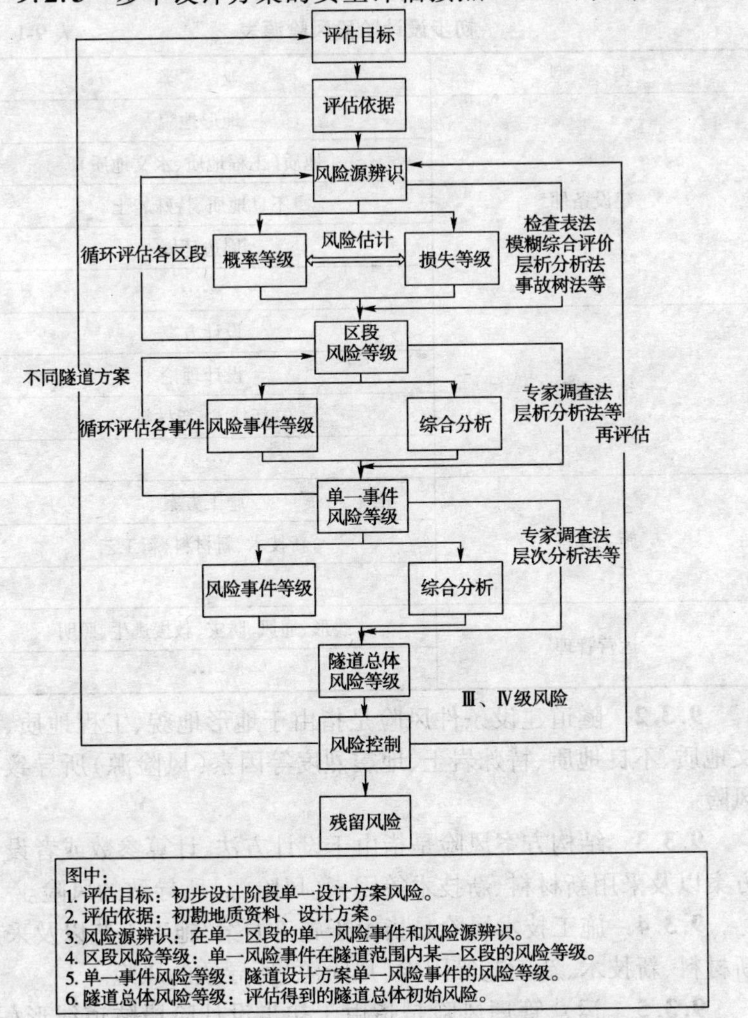

图9-1 隧道工程初步设计阶段安全风险评估流程图

程进行多次评估即可，比较方案的再评估根据实际需要进行。

9.3 风 险 源

9.3.1 风险源分为四个大类，包括隧道建设条件、结构方案、施工技术以及运营管理，见表9-1。

初步设计阶段风险源表 表9-1

类 型	亚 类
建设条件	地形地貌
	地质（工程地质、水文地质）
	不良地质、特殊岩土
	周边环境
	……
结构方案	设计方案
	设计理论
	新技术、新材料
	……
施工技术	施工方案
	新技术、新材料、新工艺
	……
运营管理	线形、通风、防灾、救援逃生、照明
	……

9.3.2 隧道建设条件风险是指由于地形地貌、工程地质、水文地质、不良地质、特殊岩土、地震烈度等因素（风险源）所导致的风险。

9.3.3 结构方案风险是指由于设计方法、计算参数或者设计方案以及采用新材料、新技术等因素（风险源）所导致的风险。

9.3.4 施工技术风险是指由于施工方案、施工工艺以及采用新材料、新技术、新工艺等因素（风险源）所导致的风险。

9.3.5 运营管理风险是指由于初步设计阶段隧道线形（平

面线形、纵坡、横断面)、通风方案、救援能力、监控方案等因素(风险源)所导致的风险。

9.4 风险事件与风险源辨识

9.4.1 初步设计阶段,钻爆法隧道安全风险事件及风险源,见表9-2(根据具体工程可作适当增减)。

9.4.2 初步设计阶段掘进机法和盾构法隧道安全风险事件及风险源参见表9-3(根据具体工程可作适当增减)。

9.4.3 初步设计阶段沉管法隧道安全风险事件及风险源参见表9-4(根据具体工程可作适当增减)。

9.5 评估方法

9.5.1 单一风险事件的区段评估方法有层次分析法、事故树法、模糊综合评价法、概率分析法,参见附录C。

(1)检查表法可用于风险事件风险源辨识。

(2)层次分析法可用于风险源重要性排序,不能进行风险源辨识。

(3)事故树法可用于风险源辨识,并确定风险事件发生的概率。

(4)模糊综合评价法可进行风险源辨识,确定风险事件的风险等级。

(5)概率分析法可确定事件发生的概率。

9.5.2 单一风险事件的整体评估方法有专家调查法、层次分析法、模糊综合评价法,参见附录B、附录C。

依据单一风险事件的区段评估结果,采用层次分析法或者专家调查法确定每一区段的风险事件的权重,然后确定风险事件的概率等级和损失等级,采用风险矩阵确定风险等级,宜结合专家调查法或者模糊综合评价法的结果,综合分析确定风险事件的风险等级。也可以把区段风险等级的最高等级作为单一风险事件的风险等级。

钻爆法隧道安全风险事件与风险检查表 表 9-2

风险源		风险事件	洞口失稳	塌方	瓦斯	突泥（水、石）	大变形	岩爆	结构风险	交通事故	火灾	……
建设条件	地形地貌	地表植被、水系	★	★		★				★		
		偏压	★	★								
		……										
	地质	岩性及风化程度	★	★		★	★	★				
		构造（单斜、向斜、背斜、断层）	★	★	★	★	★	★				
		地下水	★	★		★	★					
		……										
	不良地质	滑坡	★	★			★					
		岩堆	★	★			★					
		顺层	★	★			★					
		岩溶				★						
		煤层及矿藏采空区		★	★	★						
		挤压性地层					★					
		……										

续上表

风险源			风险事件	洞口失稳	塌方	瓦斯	突泥（水、石）	大变形	岩爆	结构风险	交通事故	火灾	……
建设条件	特殊岩土		冻土					★					
			软土					★					
			膨胀岩（土）					★					
			黄土					★					
			……										
	周边环境		道路、村庄、河流（湖泊）	★	★		★	★					
结构方案	设计方案	设计情况	常规设计	★	★	★	★	★	★	★			
			特殊设计	★	★	★	★	★	★	★			
			监控量测设计	★	★	★	★	★	★				
		隧道特征	断面大小	★	★	★	★	★	★				
			埋深		★	★	★	★		★			
			长度	★	★	★	★	★	★		★	★	
		辅助坑道	类型			★	★						
			断面大小			★	★					★	
			埋深			★	★		★				
			位置			★	★						
	设计理论		设计方法							★			
			计算参数							★			
	新技术、新材料									★			
	……												

续上表

风险源			洞口失稳	塌方	瓦斯	突泥（水、石）	大变形	岩爆	结构风险	交通事故	火灾	……
施工技术	施工方案	施工工法	★	★	★	★	★	★				
		施工工艺	★	★	★	★	★	★				
		施工参数	★	★	★	★	★	★				
		施工辅助措施	★	★	★	★	★	★				
	新工艺		★	★								
	……											
运营管理	线形	平面线形								★		
		纵坡								★		
	通风方案									★	★	
	防灾救援方案									★	★	
	监控方案									★	★	
	照明方案									★		
	交通量									★	★	
	……											

注：“★”表示该风险源对风险事件有影响，以下表同。

掘进机法和盾构法隧道安全风险事件与风险源检查表 表 9-3

风险源 \ 风险事件			设备风险	进出洞风险	掘进风险	结构风险	交通事故	火灾	……
建设条件	地形地貌	地表植被、水系		★			★		
		洞口地形		★					
		……							
	地质	岩性及风化程度	★	★	★				
		构造(单斜、向斜、背斜、断层)	★	★	★				
		地下水	★	★	★				
		……							
	不良地质	顺层	★		★				
		岩溶	★		★				
		煤层及矿藏采空区	★		★				
		挤压性地层	★		★				
		……							
	特殊岩土	膨胀岩(土)	★		★				
		冻土	★		★				
		软土	★		★				
		黄土	★		★				
		……							

续上表

风险源＼风险事件				设备风险	进出洞风险	掘进风险	结构风险	交通事故	火灾	……
建设条件	周边环境		建(构)筑物	★	★	★				
			下穿江、河	★	★	★				
			……							
结构方案	设计方案	设计情况	常规设计	★	★	★	★			
			特殊设计	★	★	★	★			
			监控量测设计	★	★	★				
			设备选型	★	★	★				
			……							
		隧道特征	断面大小	★	★	★				
			长度			★		★	★	
			埋深			★				
			……							
		辅助坑道								
	设计理论		设计方法				★			
			计算参数				★			
			……							
	新技术、新材料						★			

续上表

风险源 \ 风险事件		设备风险	进出洞风险	掘进风险	结构风险	交通事故	火灾	……
施工技术	施工工法		★	★				
	施工工艺		★	★				
	施工参数	★	★	★				
	施工辅助措施		★	★				
	新工艺			★				
	……							
线形	平面线形					★		
	纵坡					★		
运营管理	通风方案						★	
	防灾救援					★	★	
	监控方案					★	★	
	照明方案					★		
	交通量					★	★	
	……							

注:进出洞风险为盾构法风险。

沉管法隧道安全风险事件与风险源检查表

表 9-4

风险源		风险事件	管段沉降	管段渗漏水	结构	交通事故	火灾	……
建设条件	地质	地质条件	★	★	★			
		河海床变迁	★	★	★			
		……						
	周边环境	周边水系、环保要求	★					
		……						
结构方案	沉降控制	监测和信息反馈设计	★	★				
		减小对原状地基土体的扰动	★					
		……						
	混凝土管段的预制	管段防水		★	★			
		……						
	管段运输与就位	起浮和抗浮问题	★		★			
		管段沉放设计	★	★	★			
		管段自防水		★	★			
		施工缝防水		★				
		管段接头防水		★	★			
		监测和信息反馈设计	★	★				
		……						

续上表

风险源＼风险事件			管段沉降	管段渗漏水	结构	交通事故	火灾	……
结构方案	设计理论	设计方法			★			
		计算参数			★			
		……						
	新技术、新材料				★			
施工技术	施工工艺		★	★				
	施工参数		★	★				
	辅助施工措施		★	★				
	新工艺		★	★				
	……							
运营管理	纵坡					★		
	通风方案						★	
	防灾救援方案					★	★	
	监控方案					★	★	
	照明方案					★		
	交通量					★	★	
	……							

专家调查法、模糊综合评价法也可以直接评估得到单一风险事件的风险等级。

9.5.3 隧道总体风险评估方法有专家调查法、层次分析法，参见附录B、附录C。

依据单一风险事件的风险等级，采用层次分析法或者专家调查法确定每一个风险事件的权重，确定隧道方案的概率等级和损失等级，采用风险矩阵确定风险等级，宜结合专家调查法或者模糊综合评价法的结果，综合分析确定隧道方案的风险等级。

专家调查法、模糊综合评价法也可以直接评估得到隧道方案的风险等级。

9.6 风险评估

初步设计阶段应结合初步设计原则，综合考虑建设条件和设计方案确定安全风险（典型风险事件）等级，给出相应的风险控制或风险监控方案，主要工作包括：

（1）根据建设条件和初步设计方案，分段评估不同典型风险事件的初始风险，形成不同典型风险事件隧道纵向风险等级分布图。

（2）根据不同典型风险事件分段评估结果，确定单一风险事件的风险等级和隧道总体风险等级。

（3）结合初步设计阶段设计原则和不同典型风险事件的初始风险，制定风险控制措施。

（4）对III级（高度）、IV级（极高）安全风险进行再评估，并确定残留风险。

（5）对IV级（极高）残留风险，必须采取风险控制措施降低风险或对方案重新论证。

（6）对III级（高度）残留风险，设计单位应制定风险监控方案，加强监控，并在施工图阶段跟踪或者再评估。

（7）对II级（中度）残留风险，设计单位应跟踪监控风险。

9.7 风险控制

9.7.1 初步设计阶段的安全风险控制措施主要包括设计方案的合理性、建设条件、施工方案以及结构风险等方面的重要风险控制对策。

9.7.2 风险控制对策、处置措施建议如下：

(1)确定设计方案的安全审查内容和程序。

(2)审核工程地质、水文地质勘察资料及周边环境资料。

(3)审核与隧道结构工程相关的设计。

(4)审核相应的施工方案、辅助工法和特殊条款。

(5)审核监控系统的配置原则,建立并完善全线工程监控网。

(6)编写相关表格,对可能存在的风险事件进行分析评价,提出应对措施,对残余风险进行评价、控制,并进行有效跟踪。

9.7.3 针对钻爆法隧道主要风险事件的风险对策建议如下：

(1)应对国内外类似工程进行调研。

(2)进行详细地质勘察,对沿线区域地形、地貌、地质情况、不良地质、特殊岩土的分布情况进行深入调查与分析,提供翔实可靠的地质资料。

9.7.4 针对掘进机法主要风险事件的风险对策可参考盾构法、矿山法或新奥法隧道的相关风险对策。

9.7.5 针对盾构法隧道主要风险事件的风险对策建议如下：

(1)进行详细地质勘察,对沿线区域地形、地貌、地质情况,不良地质、特殊岩土的分布情况进行深入调查与分析,提供翔实可靠的地质资料。

(2)基于地勘资料,开展方案适应性研究。

9.7.6 针对沉管法隧道主要风险事件的风险对策建议如下：

(1)进行详细地质勘察,对沿线区域地形、地貌、地质情况,不良地质、特殊岩土的分布情况进行深入调查与分析,提供翔实可靠的地质资料。

(2)基于地勘资料,开展方案适应性研究。

9.7.7 初步设计阶段可能引起的运营期安全风险事件的风险对策建议如下：

根据评估结果，要求设计单位优化完善隧道平面线形及纵坡，完善通风、救援、逃生方案，对于长大隧道开展防灾救援方案的细化研究，细化监控方案，对隧道车流量实时监控。

10 隧道工程施工图设计阶段安全风险评估

10.1 一般规定

10.1.1 公路隧道施工图设计阶段安全风险评估，应结合初步设计审查意见对初步设计安全风险评估进行细化，重点对施工工法、施工方案以及结构方案可能存在的安全风险进行有效评估，并提出相应的安全应对措施。当钻爆法隧道安全风险产生的后果可能为突发性事件（塌方、瓦斯、突水、涌泥、大变形等）时，施工图设计阶段应明确详细的施工方案、施工工艺、注意事项、监控要求等，并进行有效的风险管理。

10.1.2 当初步设计阶段风险评估为 III 级（高度）风险或者设计方案变更时，应重点进行评估，给出降低风险的应对措施和相应的风险监控方案。

10.1.3 施工图设计阶段，依据风险评估结果，评估小组应按照技术可行性及经济合理性的原则，提出降低风险的应对措施。

10.1.4 设计单位应根据安全评估提出的风险控制措施，及时对设计文件进行修改完善。

10.1.5 施工图设计阶段安全风险评估报告，应作为下一阶段评估的重要依据和基础。

10.2 评估流程

隧道工程施工图阶段安全风险评估流程见图 10-1。

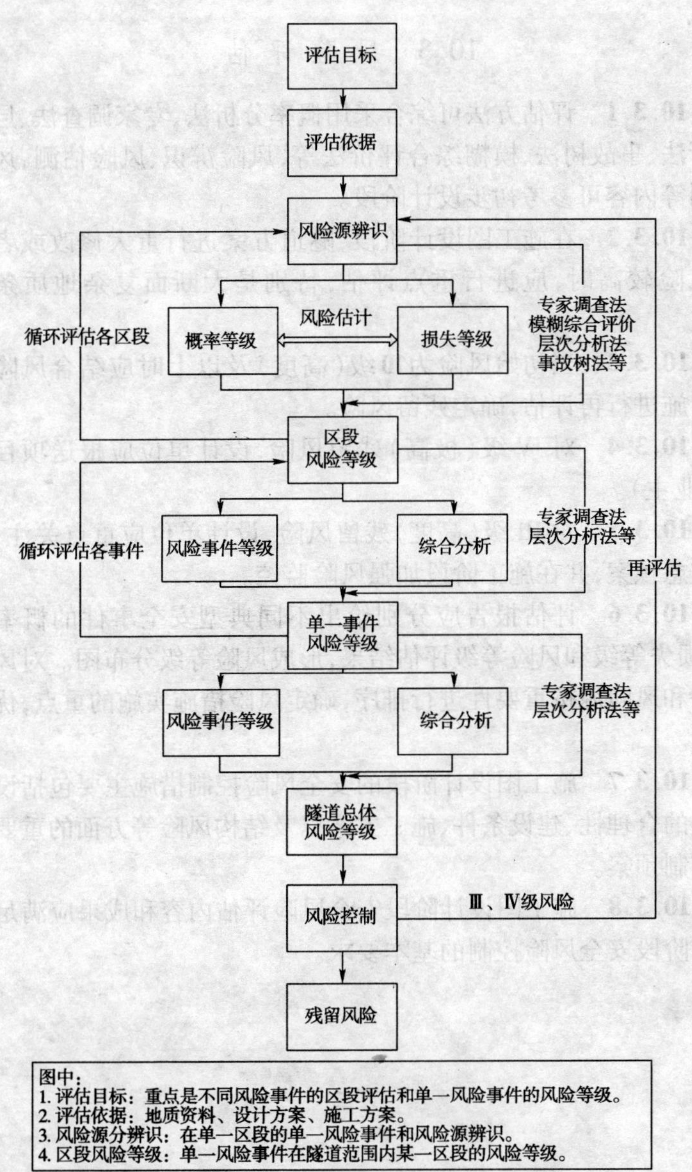

图 10-1　隧道工程施工图设计阶段安全风险评估流程图

10.3 风险评估

10.3.1 评估方法可综合采用概率分析法、专家调查法、层次分析法、事故树法、模糊综合评价法等，风险辨识、风险估测、风险控制等内容可参考初步设计阶段。

10.3.2 在施工图设计阶段，隧道方案进行重大修改或者残留风险较高时，应进行重点评估，特别是大断面复杂地质条件隧道。

10.3.3 当初始风险为Ⅲ级（高度）及以上时应结合风险控制措施进行再评估，确定残留风险。

10.3.4 对 IV 级（极高）残留风险，设计单位应报送项目法人（业主）。

10.3.5 对 III 级（高度）残留风险，设计单位应重点关注，制定应急预案，并在施工阶段加强风险监控。

10.3.6 评估报告应分别给出不同典型安全事件的概率等级、损失等级和风险等级评估结果，形成风险等级分布图。对风险事件和风险源按重要性进行排序，确定风险措施实施的重点，优化成本。

10.3.7 施工图设计阶段的安全风险控制措施主要包括设计方案的合理性、建设条件、施工方案以及结构风险等方面的重要风险控制预案。

10.3.8 施工图设计阶段安全风险评估内容和成果应满足施工图阶段安全风险控制的基本要求。

附录A　表　格

风险源普查表　　表A-1

项目名称

<table>
<tr><td rowspan="2">序号</td><td colspan="2" rowspan="2">典型风险</td><td colspan="3">风险源所处阶段</td><td rowspan="2">描述</td></tr>
<tr><td>设计阶段</td><td>施工阶段</td><td>运营阶段</td></tr>
<tr><td rowspan="4">1</td><td rowspan="4">风险1</td><td>风险源1-1：</td><td></td><td></td><td></td><td></td></tr>
<tr><td>风险源1-2：</td><td></td><td></td><td></td><td></td></tr>
<tr><td>……</td><td></td><td></td><td></td><td></td></tr>
<tr><td>风险源1-m：</td><td></td><td></td><td></td><td></td></tr>
<tr><td rowspan="4">2</td><td rowspan="4">风险2</td><td>风险源2-1</td><td></td><td></td><td></td><td></td></tr>
<tr><td>风险源2-2</td><td></td><td></td><td></td><td></td></tr>
<tr><td>……</td><td></td><td></td><td></td><td></td></tr>
<tr><td>风险源2-m</td><td></td><td></td><td></td><td></td></tr>
<tr><td>…</td><td>……</td><td>……</td><td></td><td></td><td></td><td></td></tr>
<tr><td rowspan="4">N</td><td rowspan="4">风险n</td><td>风险源n-1</td><td></td><td></td><td></td><td></td></tr>
<tr><td>风险源n-2</td><td></td><td></td><td></td><td></td></tr>
<tr><td>……</td><td></td><td></td><td></td><td></td></tr>
<tr><td>风险源n-m</td><td></td><td></td><td></td><td></td></tr>
<tr><td colspan="3">填表人：</td><td colspan="4">填表日期：</td></tr>
</table>

注：“典型风险”栏为同类桥梁和隧道工程所存在风险源的归纳总结；“描述”栏为每项风险源可能存在的方式、产生的影响及已有典型事故教训和成功经验的简要说明。

检　查　表　　　　表 A-2

序号	检查项目		是否存在该风险源	存在方式	产生的影响
1	风险 1	风险源 1-1			
		风险源 1-2			
		……			
		风险源 1-m			
2	风险 2	风险源 2-1			
		风险源 2-2			
		……			
		风险源 2-m			
……	……	……			
N	风险 n	风险源 n-1			
		风险源 n-2			
		……			
		风险源 n-m			
填表人:				填表日期:	

风 险 源 列 表　　　　表 A-3

序号	典型风险		次要风险源	主要风险源	判断依据
1	风险 1	风险源 1-1			
		风险源 1-2			
		……			
		风险源 1-m			
2	风险 2	风险源 2-1			
		风险源 2-2			
		……			
		风险源 2-m			
……	……	……			
N	风险 n	风险源 n-1			
		风险源 n-2			
		……			
		风险源 n-m			
填表人:				填表日期:	

表 A-4

风险等级调查表

典型风险	风险源	当前状态	假定采取的(基于“正常施工”和“正常运营”)缓解风险措施	风险发生概率级别	风险损失级别			评定概率和损失级别的理由	建议进一步采取的措施
					人员伤亡	经济损失	环境影响		
风险 1	风险源 1-1								
	风险源 1-2								
	……								
	风险源 1-m								
风险 2	风险源 2-1								
	风险源 2-2								
	……								
	风险源 2-m								
……	……								
风险 n	风险源 n-1								
	风险源 n-2								
	……								
	风险源 n-m								

注:1. 专家可根据具体工程实际情况,增减主要风险源,评估小组应视情研究是否将其补入风险源列表。

2. 风险等级调查表的编制应保证结构完整、风险源完备、信息简练准确。

3. “典型风险”栏、“风险源”栏、“当前状态”栏、“假定采取的(基于“正常施工”和“正常运营”)缓解风险措施”栏由风险评估小组在专家调查前完整制定。

4. “当前状态”栏应填写与对应风险源相关的建设条件和设计方案信息,例如某座处于设计阶段的桥梁,评估其钢桥面疲劳破坏风险,“当前状态”栏应根据设计、专题研究、试验资料,填入工程设计方案中与该风险源有关的荷载参数、构造细节、桥梁建设条件等,该信息宜具体、详尽,涉及设计方案中对该风险有影响的详细技术缺陷。

5. “假定采取的(基于“正常施工”和“正常运营”)缓解风险措施”栏应填写与对应风险源相关的施工技术和运营管理信息,例如某座设计阶段桥梁的钢桥面疲劳破坏风险,此处可填写:精密工厂加工、工地焊接减少应力集中、治理超载、加强巡检。该信息宜概括而简练,不涉及精密工程加工、工地焊接、治理和巡检细节。

6. “风险发生概率级别”栏、“风险损失级别”栏、“评定概率和损失级别的理由”栏、“建议进一步采取的措施”栏由专家填写完成。

7. 当专家已判定并填写某一风险源的“风险发生概率级别”栏、“风险损失级别”栏相关内容时,则必须填写“评定概率和损失级别的理由”栏和“建议进一步采取的措施”栏。

附录B 专家调查法

专家调查法的一般步骤为：

(1)编制专家调查表

专家调查表的编制从结构上应包括六部分：标题、说明语、风险发生概率等级与判断标准、风险损失等级与判断标准、风险等级调查表、项目基础资料。

说明语为本次专家调查的解释性内容，应包括目的、指导提示性语言、相关要求等。

风险发生概率等级与判断标准、风险损失等级与判断标准可参见3.1节、3.2节。

风险等级调查表可参见附录A表A-4的格式。

参与填写风险等级调查表的专家宜选择：

①了解该工程建设情况的国内外桥梁工程资深专家，不宜选择直接参与工程的项目法人(业主)单位、设计单位、咨询单位、施工单位、监理单位、养护管理单位的专家。

②评估小组内部具有丰富风险评估经验的专家。

项目基础资料应简要提供与工程方案相关的信息。

(2)选择专家

采用专家调查法时，专家人数应有合理的规模。专家的人数取决于项目的特点、规模、复杂程度和风险的性质而定，一般不宜少于10人。

专家的选择，宜做到评估小组内专家和行业内专家协调平衡。

(3)风险等级调查表填写

风险等级调查表的填写可通过现场会议、寄发调查表等方式完成。

专家填写风险等级调查表时，可从风险等级调查表中"典型风险”栏、“风险源”栏、“当前状态”栏、“假定采取的（基于“正常施工”和“正常运营”）缓解风险措施”栏及专家调查表的“项目基础资料”部分获取有关基本信息，也可由评估小组直接介绍相关信息。

当专家意见比较分散时，应再次征询意见，待专家重新考虑后再次提出自己判定风险发生概率和风险损失等级的理由，调整等级判定结果。

（4）整理、统计调查表

在风险等级调查表集中回收完成后，应对调查表进行逐份检查，剔除不合格的调查表，然后将合格调查表统一编号，以便于调查数据的统计。

对某一项风险的发生概率和相应风险损失，应统计所有合格表格对该项的判定值，按照加权平均的方式进行计算。当权值不易判定时，可按权值为 1 处理。

附录C　风险发生概率和风险损失量化方法

(1)概率分析法

该方法用于风险分析及风险估测,概率分析方法包括蒙特卡洛等多种方法。

此类方法是根据有限的实际统计资料,利用概率论和数理统计方法求解风险发生概率,以此来衡量风险水平高低的计算方法,一般步骤为:

①确定评估对象的数学模型。

②收集随机变量(如风荷载、车辆荷载、地震荷载等)的试验、观测资料,进行统计分析,得出各随机变量的统计量(均值、标准差和分布类型)。

③计算风险概率。

该方法能准确、有效地对风险进行定量评估,但需要建立评估目标的数学模型,并确定各参数变量的概率分布规律,比较复杂,需要计算机编程辅助分析。

(2)层次分析法

该方法用于风险辨识及风险概率、损失的估测。

层次分析法是按照一定的规律把决策过程层次化、数量化,是一种对多方案或多目标进行决策的方法,一般步骤为:

①构造因素和子因素的判断矩阵。

②构造两两比较判断矩阵,从层次结构的第二层开始,对于从属于(或影响到)上一层某个因素的同层诸因素,用成对比较法和比较尺度构造成对比较矩阵,直至最下层。

③针对某一标准,计算各风险因素的权重,对于每一个成对比较矩阵,计算最大特征根及对应特征向量,特征向量即为该比较矩

阵中各因素权重值。

④计算当前一层风险相对总目标的排序权重。

⑤进行一致性检验。

该方法可以有效地对影响评估目标的风险因素进行定量分析，并比较各因素之间权重大小，因此，该方法可对已知风险源进行定量分析。

(3)事故树法

该方法用于风险辨识及风险概率、损失的估测。

事故树分析法起源于故障树分析法，不仅能分析出事故的直接原因，而且能深入地揭示出事故的潜在原因，用它描述事故的因果关系直观明了，思路清晰，逻辑性强，既可定性分析，又可定量分析。该方法可确定每一个层次的发生概率和风险源、风险事件的重要性排序，一般步骤为：

①调查分析风险事件。要求在过去类似工程案例的基础上，分析可能发生的所有风险事件。

②确定顶上事件。所谓顶上事件，就是所要分析的对象事件。顶上事件可以为单一风险事件，也可以为总体风险。

③调查与事件有关的所有原因事件和各种风险因素。

④画出事故树。根据上述资料，从顶上事件起进行演绎分析，一级一级地找出所有直接原因事件，直到所要分析的深度，按照其逻辑关系，画出事故树。

⑤定性分析。根据事故树结构进行简化，求出最小割集和最小径集，确定各基本事件的结构重要度排序。

⑥计算顶上事件发生概率。首先根据所调查的情况和资料，确定所有原因事件的发生概率，并标在事故树上。根据这些基本数据，求出顶上事件(事故)发生概率。

该方法能对各种风险进行辨识和估测，不仅能分析出事故的直接原因，而且能深入地揭示出事故的潜在原因。用它描述事故的因果关系直观、明了，思路清晰，逻辑性强，可完成风险的定性、定量分析。

(4)模糊综合评估法

用于风险的概率和损失估测。

模糊综合评估法是采用模糊理论和最大隶属度原则对多因素系统进行评价的一种方法,一般步骤为:

①对评估项目进行综合分析,建立风险事件的评价指标体系。

②建立风险事件等级评估矩阵。

③确定各风险因素的权重。

④进行单因素或者多因素综合评估,得到风险评估矩阵。

⑤利用最大隶属度原则,确定风险等级。

该方法可以通过计算得出目标风险的量化指标,但计算较复杂,难度较大。

附录 D　评估报告格式

(1)封面

封面示例见图 D-1。

(2)扉页一

① 扉页一应署明:安全风险评估报告编制单位名称(加盖公章)。

② 评估小组负责人,并应亲笔签名。

③ 扉页一示例见图 D-2。

(3)扉页三

评估小组人员名单和职称。

(4)概述

(5)目录

(6)正文

(7)附件

评估项目名称（二号宋体）

××阶段（二号黑体）

安全风险评估报告

（一号黑体加粗）

评估报告完成日期（三号宋体加粗）

图 D-1 评估报告封面示例

注："××阶段"应根据评估阶段填写为：初步设计阶段、施工图设计阶段。

评估项目名称（三号宋体）

××阶段（三号宋体）

安全风险评估报告（二号宋体加粗）

编制单位：（四号宋体加粗）

评估小组负责人：（四号宋体加粗）

日期：（四号宋体加粗）

图 D-2 扉页一示例

注：编制单位应加盖公章。评估小组负责人应亲笔签名。

关于严格执行标准进一步加强高速公路建设项目管理工作的通知

交公路发〔2010〕215号　2010.4.28

各省、自治区、直辖市、新疆生产建设兵团交通运输厅(局、委),天津市市政公路管理局:

近期,由于高速公路投资规模的扩大和建设速度的加快,部分地区和项目出现监管薄弱,不严格执行有关法规和技术标准,从业单位忽视工程质量和安全的问题。为保证高速公路工程质量和安全,推动公路交通事业又好又快发展,现就严格执行标准,进一步加强高速公路建设项目管理工作的有关要求重申如下:

一、加强高速公路建设项目监督管理,确保项目顺利实施

(一)加强政府监督管理。各级交通运输主管部门及其所属的相关监督机构应严格履行监管职责。一是在高速公路审批、审查、验收等环节严格把关,认真监督项目建设程序的履行;二是加大对工程质量、安全、建设规模和工期的管控力度;三是对高速公路各从业单位贯彻落实国家法律、法规、规章、强制性标准、合同约定的有关技术规范及规程的情况,开展全方位的监督检查,严肃处理和纠正违法、违规行为。

(二)加强项目法人准入管理。高速公路的项目法人组织机构和组成人员应满足资格标准及项目建设管理需要,特别是社会投资项目的法人。各级交通运输主管部门应严格审核项目法人资格和建设能力,并将项目法人管理能力与项目建设的适应性纳入动态监管范围,对不适应建设管理需要、屡次发生质量、安全事故的项目或工程实施严重不力、工程管理混乱的项目法人,应责令其停工整改,整改不力的可依法予以更换。

（三）加强在建项目管理。各级交通运输主管部门应采取严格措施加强高速公路在建项目过程管理，一是对发现不符合公路工程技术标准、设计要求、工程质量低劣或通车后可能存在行车安全隐患的在建项目，应立即责令彻底整改；二是要把好即将完工项目交付使用前的验收关口，对降低标准、存在质量、安全隐患等问题的“带病”项目，不得允许向社会开放交通试运营，更不得进行竣工验收；三是对已查明存在问题未经整改即允许通车的交通运输主管部门有关工作人员要依法、依规严肃处理。

二、严格执行公路建设各项制度和技术标准

（一）严格控制初步设计质量。初步设计文件应符合国家法律、法规、规章、强制性标准、各类技术规范及规程的要求，达到规定的设计深度。负责审查的各级交通运输主管部门对地质勘察深度不够、工程方案比选深度不足、设计质量低下、不符合公路工程强制性标准的设计文件不予通过审查，一律退回重新编制。严格控制概算规模，初步设计概算应按照规定的工程定额、取费标准、工资单价和材料设备价格编制，不得虚高冒估，不得通过降低结构安全系数、缩短桥梁和隧道长度或其他途径缩减投资规模。

（二）严格控制设计变更。各级交通运输主管部门和负责建设管理的项目法人应加强设计变更管理。所以设计变更都应按照《公路工程设计变更管理办法》（交通部令 2005 年第 5 号）的规定报批或办理，不得为了降低成本而牺牲质量和安全进行设计变更。未经许可，任何单位和个人不得擅自修改已经批准的路线走向、路基宽度、设计标准和工程规模。

（三）严格执行公路工程技术标准。公路建设项目和从业单位应严格执行公路工程强制性标准，认真落实合同约定的各类技术规范及规程要求。对于直接涉及质量、安全、环保、节地和公众利益的公路工程强制性标准和技术指标，任何单位和个人不得降低、舍弃、更改或随意选取。对技术标准中科灵活运用的非强制性指标，应在确保行车安全的基础上经过综合论证后确定。

三、落实从业单位责任

（一）落实项目法人建设管理责任。公路建设项目法人对项目负全面的建设管理责任。项目法人应按照有关法规和强制性标准以及合同约定的质量、安全标准，依法依规组织建设，认真履行应尽的职责和义务，加强设计、施工、监理等单位履约管理和工程实施中的动态控制，严格执行批准的项目总工期和签订的施工合同工期，坚决杜绝人为压缩合理工期或损害工程质量、安全的行为。

（二）落实勘察设计单位责任。勘察设计单位应认真执行合同约定的有关技术规范及规程，确保设计深度和质量，提交的设计文件须符合国家法规和强制性标准的要求。设计人员应当遵守职业道德和设计原则，积极杜绝任何可能影响工程质量、安全或违反强制性标准的行为。对违反国家法律、法规、强制性技术标准或设计失误、设计质量低下造成损失的，由负责项目监管的交通运输主管部门追究相关设计单位和设计人员的责任，并记入公路建设市场不良行为记录。

（三）落实施工单位责任。施工单位应严格施工管理，认真落实个人岗位责任，认真执行施工过程自检、互检、交接检制度，发现问题立即自行整改。对工程实体出现质量问题的，由负责项目监管的交通运输主管部门追究有关施工单位和人员的责任，并记入公路建设市场不良行为记录。要严格控制外购材料质量，对存在质量问题而进入工地的材料和设备，按照“谁提供、谁负责”和“谁经手、谁负责”的原则追究相关责任。

（四）落实监理单位责任。监理单位和现场监理人员应严格遵守监理规程，认真履行监理职责，细化和落实旁站、巡视、平行试验等现场管理责任，加强检查频度，坚决杜绝任何可能影响工程质量、安全或违反强制性标准的行为。对不符合设计要求、技术标准，降低合同约定质量、安全要求的工程签署合格允许进入下一道工序的，由负责项目监管的交通运输主管部门追究签字监理人员责任，同时追究监理单位的管理责任，处理结果记入公路建设市场不良行为记录。

公路建设有关法律、法规、规章、强制性标准是保证公路工程质量、安全和顺利实施的基石。各级交通运输主管部门应加强督导和管理，在提高从业单位对公路建设各项制度执行力的同时，要首先遵守和严格执行。近期，要按照本通知要求，结合工程建设领域突出问题治理工作，对本行政区域内所有在建的高速公路建设项目开展为期两个月的排查工作，重点检查项目法人建设管理能力，执行公路工程法律、法规、规章、强制性标准，从业单位责任落实等情况，对发现的问题要立即整改，并将排查结果报部。

关于加快公路建设市场信用体系建设的通知

交公路发〔2010〕380号　2010.8.9

各省、自治区、直辖市、新疆生产建设兵团交通运输厅（委、局），天津市市政公路管理局：

2006年以来，为推进我国公路建设市场信用体系建设，部先后印发了《关于建立公路建设市场信用体系的指导意见》、《公路建设市场信用信息管理办法》和《公路施工企业信用评价规则》（以下简称两个文件），全国公路建设市场信用信息管理系统（以下简称部级平台）也于2010年6月正式上网运行。两个文件的实施和部级平台的运行，为全面推进公路施工企业信用评价奠定了基础。为进一步加快公路建设市场信用体系建设，现将有关事项通知如下：

一、高度重视，加强领导

加快公路建设市场信用体系建设，有利于加强公路建设市场管理，规范公路建设从业单位和从业人员行为，维护统一开放、竞争有序的市场秩序，促进公路建设又好又快发展。各省级交通运输主管部门应高度重视，加强领导，按照部统一部署和有关法规、文件要求，加快本省公路建设市场信用体系建设，把信用管理作为市场监管的重要手段，努力营造诚实守信的市场环境。

二、结合实际，制定细则

各省级交通运输主管部门应结合本省公路建设市场实际，制定两个文件的实施办法或细则，2010年10月31日前报部备案。实施办法或细则应严格按照两个文件确定的原则、方法，在已有框架内对有关规定进行细化和补充，并结合本省情况，明确工作机制和工作主体，明确工作步骤、环节、责任人员以及信用评价结果应用等内容。

三、加强培训，强化理解

两个文件是建立全国统一信用信息管理制度和开展施工企业信用评价的重要法规，各省要认真组织学习培训，领会精神。部将于近期组织宣贯培训，解读宣讲有关政策，讲解和演示部级平台，以使各省更好地理解和执行。各省要通过宣贯培训，统一思想，提高认识，尽快按照法规要求开展相关工作；通过培训，要深入理解法规，掌握相应工作程序，熟悉部级平台使用。

四、做好信息录入与更新，加快省级平台建设

各省级交通运输主管部门要按照《公路建设市场信用信息管理办法》和《关于运行全国公路建设市场信用信息管理系统的通知》要求，做好部级平台的项目信息录入与信息更新维护，以及企业信息动态审核工作；加快建立与部级平台界面统一、数据标准统一的省级公路建设市场信用信息管理系统（以下简称省级平台），以便发布项目和企业信息，自动报送有关数据信息。中央直属企业信息的更新维护和动态监管工作由其注册所在地和项目所在地省级交通运输主管部门负责，各省（区、市）不得拒绝受理、拖延办理或疏于监管。

五、严格执行规定，积极推进评价工作

负责信用评价的专门机构、各项目建设管理单位等信用评价主体，应建立信用台账管理制度，以及与公路建设管理部门、公路行业社团组织、司法机关等机构的信息共享机制。各省级交通运输主管部门应加强监督检查，确保信用评价基础信息的完整、准确。同时，按照两个文件的规定，开展省级综合评价，并将部负责全国综合评价的施工企业的省级综合评价结果报送至部级平台。信用评价工作应坚持公平、公正、公开的原则，予以扣分的失信行为必须以认定机构的正式文件作为依据。省级综合评价完成后，应将评价依据和结果告知被评价企业，并在省级平台公示，接受企业申诉和社会监督。公示时间不少于10个工作日。

六、加强组织协调，完善保障措施

各省级交通运输主管部门应完善工作保障措施，确保信用体系建设各项工作顺利开展。一是明确专门机构和人员负责有关工作；二是落实信息系统建设与维护等必需的工作经费；三是明确一名日常工作联系人，2010 年 8 月 10 日前将其职务、联系方式等信息按照附表格式报部。

公路建设市场信用体系建设是有效实施市场监管的重要途径，也是一项复杂的系统工程。各省（区、市）交通运输主管部门应高度重视、科学筹划、精心组织，确保各项工作顺利开展。部将结合公路建设市场督查、专项治理工作检查、信用体系建设专项督查等，督促各省（区、市）工作，促进我国公路建设市场健康发展。

附件：公路建设市场信用信息管理工作机构联系表

附件

公路建设市场信用信息管理工作机构联系表

单位名称(公章):

管理工作机构名称	地址	邮编	联系人	办公电话	手机	电子邮箱

公路建设项目文件材料立卷归档管理办法

交办发〔2010〕382号 2010.8.9

第一章 总 则

第一条 为规范公路建设项目文件材料立卷归档工作，保证项目档案质量，更好地为公路建设事业服务，根据《科学技术档案工作条例》、《科学技术档案案卷构成的一般要求》（GB/T 11822—2008）、《国家重大建设项目文件归档要求与档案整理规范》（DA/T 28—2002）、《公路建设监督管理办法》、《交通档案管理办法》等有关规定，制定本办法。

第二条 本办法适用于新建、改建和扩建公路建设项目文件材料立卷归档管理工作。

第三条 本办法所称公路建设项目文件材料，是指自项目立项审批（核准）至竣工验收全过程产生的，反映项目质量、进度、费用和安全管理基本情况，对建成后工程管理、维护、改建和扩建具有保存、查考利用价值的各种形式和载体的历史记录。

本办法所称公路建设项目档案，是指按照项目档案组卷要求，经系统整理并归档的公路建设项目文件材料。

第二章 公路建设项目文件材料立卷归档工作组织与职责

第四条 各级交通运输主管部门根据统一领导、分级负责的原则，依法对所辖区域内公路建设项目文件材料立卷归档工作进行管理,同时接受公路建设项目所在地上级及同级档案行政管理部门的监督和指导。

第五条 公路建设项目档案工作实行项目法人负责制。项目法人单位负责做好本单位形成的公路建设项目文件材料的收集、整理和归档工作,承担各参建单位项目文件材料收集归档工作的组织、协调和监督、指导等管理职责;将项目文件材料立卷归档工作纳入工程建设管理程序、纳入招投标制,与工程建设同步收集、同步整理、同步归档,保证项目文件材料收集、立卷、归档的及时、准确、完整、系统和安全。

第六条 项目竣工文件材料立卷归档工作应纳入工程合同管理,纳入监理工作内容,按照"谁形成谁负责"的原则,由文件材料的形成单位或部门负责,不得委托他人。

项目监理单位应负责对施工单位竣工文件材料形成、收集和整理归档工作进行监督、检查,在交工验收前向项目法人单位提交项目档案质量审核意见。

第七条 各参建单位应配备具有相关工程专业知识、能够适应项目文件材料立卷归档工作需要的专职档案管理人员,并保持其稳定性;明确本单位有关岗位和人员项目文件材料收集归档的职责和要求;按规定做好项目文件材料的立卷归档和移交工作。

第三章 公路建设项目文件材料的收集

第八条 公路建设项目文件材料具体收集范围按照交通运输部《关于印发公路工程竣交工验收办法实施细则的通知》(交公路发〔2010〕65 号)中附件 2《公路工程项目文件归档范围》的规定执行。

已经实行计算机辅助项目管理的,电子文件须与纸质文件同步归档;在与设计单位签订合同时,应对电子版设计文件归档提出明确要求;如无条件形成电子文件的,对利用率高的竣工文件,可采取图像扫描或缩微方式,进行档案复制。

第九条 公路建设项目各阶段文件收集归档责任分工按照本办法附件1《公路建设项目文件材料收集归档单位》执行。

第十条 各有关单位应按照收集归档责任分工，建立健全项目文件材料收集归档制度和预立卷制度，按照公路建设项目建设程序的不同阶段文件材料产生的自然过程，分别做好预立卷工作。

第十一条 收集归档的项目文件材料应为原件。其中，项目立项审批等文件，原件保存在项目主管单位的，项目法人可将复印件归档保存；供货商提供的原材料及产品质量保证文件为复印件的，须在复印件上加盖销售单位印章并注明原件存放处后归档保存；热敏纸传真件，需复印保存。复印件应清晰。

第十二条 收集归档的项目文件材料应能全面、准确地反映工程建设的实际过程。勘察及测量基础资料、施工记录须是现场原始记录，如需清稿，须将原始记录与清稿后的记录文件一并归档保存；表单填写内容规范，产生及使用部位标注清楚，相关签署手续完备，且为相关责任人亲笔签名。

第十三条 项目文件材料应书写工整，字迹、线条清晰，修改规范；纸张优良，规格基本统一，小于A4纸规格的出厂证明、材质合格证等应粘贴在A4纸上；书写材料应符合耐久性要求。

第十四条 数码照片应刻录在不可擦写光盘上保存，同时还须冲印出6英寸纸质照片与说明一并整理归档；照片档案的整理应符合国家档案局《照片档案管理规范》(GB/T 11821—2002)要求。

第十五条 电子文件及纸质文件数字化的形成和保存应符合国家档案局《电子文件归档与管理规范》(GB/T 18994—2002)、《CAD电子文件光盘存储、归档与档案管理要求》(GB/T 17678.1—1999)和《纸质档案数字化技术规范》(DA/T 31—2005)的要求。

第十六条 竣工图编制要求：

(一)竣工图由施工单位负责编制。编制完成的竣工图应由编制单位逐张加盖竣工图章并签署，经监理审核签字认可；如项目法人指定由设计单位编制或施工单位委托设计单位编制的，应明确施工单位和监理单位的审核及签字认可责任。

（二）竣工图应能全面、准确、清晰地反映项目竣工时的实际情况。竣工图编制说明应能充分体现已完工项目的建设过程和完工时的实际情况，包括主要建设内容、完成工程量、执行的规范标准、主要施工方案、采用的新技术新工艺新材料、特殊问题的处理、施工图的版本、变更情况以及修改完善情况、完工时间等。

（三）一般性变更及符合杠改或划改要求的，可在原施工图上修改，要注明修改依据，并加盖竣工图章作为竣工图；凡结构、工艺、平面布置等重大变更及图面变更面积超过10%的，须重新绘制竣工图；重新绘制竣工图的图签如能全面反映施工和监理单位签署情况的，可不另加盖竣工图章。重绘竣工图纸在原施工图号前加“竣”字。

（四）同一构筑物、建筑物重复使用的标准图、通用图可不编入竣工图中，但应在图纸目录中列出图号，指明该图所在位置并在编制说明中注明；不同构筑物、建筑物应分别编制。

第四章　公路建设项目文件材料的整理

第十七条　公路建设项目文件材料归档移交前，由文件材料形成单位，在项目文件材料预立卷的基础上，按照文件材料的自然形成过程并保持其内在有机联系，进行系统化整理组卷，要做到分类科学，便于保管和利用。合同段未完成项目档案整理的，项目法人单位不得组织交工验收。

（一）立项审批阶段文件材料根据审批事项内在联系分别整理组卷。

（二）勘察设计阶段文件材料按照设计的不同阶段和专业分别整理组卷。

（三）招投标及合同文件材料按照招投标工作程序和合同内容分别整理组卷。

（四）工程准备阶段文件材料按照审批事项及相关手续办理

过程分别整理组卷。

(五)工程管理文件材料按照问题结合时间分别整理组卷。

(六)变更文件以合同段为单位,按照变更文件编号依次汇总整理组卷,并编制设计变更与修改后的竣工图档号对照一览表(见附件2《设计变更文件与竣工图档号对照一览表》)。

(七)计量支付报表与附件、计划进度报表按照合同段结合时间分别整理组卷。

(八)施工日志按照合同段结合时间集中整理组卷。

(九)施工文件材料:

1. 原材料质量保证文件、配合比设计文件属单位(分部、分项)工程专用的,按单位(分部、分项)工程,分别集中整理组卷。除此之外,可以合同段为单位分别集中整理组卷。

2. 施工原始文件,包括就工序施工质量控制问题印发的整改指令性文件及相关整改报告等,均应按照分项(分部、单位)工程,结合施工工序,归入相应部分分别整理组卷。

3. 竣工图按照专业、图号分别整理组卷。

(十)监理文件:

1. 监理管理文件以监理合同段为单位,按照依据性文件、合同管理文件、工程质量控制文件、安全管理文件、计划进度控制文件、费用控制文件等分别整理组卷。

2. 平行试验及独立抽检的文件材料按照单位工程分别整理组卷。

3. 旁站监理记录按施工合同段整理组卷。

4. 监理日志按照监理机构和形成时间整理组卷。

(十一)工程试运行及竣工验收工作文件材料按照检测观测记录及报告、缺陷整改情况、各专项验收和竣工验收工作内容分别整理组卷。

第十八条 卷内文件材料系统化排列:

(一)立项审批文件按照批复、请示、相关审查及专家评审文件材料的顺序依次排列。

（二）设计审批文件按照批复、请示、相关审查及专家评审文件材料的顺序依次排列。

（三）工程准备阶段文件材料按照审批及相关手续办理程序依次进行排列。

（四）项目法人及监理就质量控制、计划进度控制、费用控制及安全管理等问题普发的文件材料，按照文件材料所反映问题的有机联系，结合重要程度依次进行排列。

（五）施工文件材料：

1. 原材料质量保证文件按照原材料类别依次进行排列。

2. 变更文件按照变更文件的文号顺序依次进行排列。

3. 各单位、分部、分项工程质量评定表及汇总文件按照汇总及各单位、分部、分项工程评定工作程序依次进行排列。

4. 按照分项（分部、单位）工程分别整理组卷的文件材料，依照分项（分部、单位）工程施工进程，结合施工工序顺序依次进行排列。

5. 合同段交工验收文件按照交工验收证书、交工验收报告、质量监督机构出具的交工验收质量检测意见、各项工程总结依次进行排列。

6. 竣工图按照专业结合图号依次进行排列。

7. 设备安装及调试文件按照依据性、设备开箱验收、设备安装及调试、设备运行维护、随机文件等顺序依次进行排列。

（六）监理文件：

1. 监理管理文件按照文件材料所反映问题的有机联系，结合重要程度依次进行排列。

2. 旁站监理记录和平行试验及独立抽检文件材料按照单位、分部、分项工程依次进行排列。

3. 监理日志按照监理机构和日志形成时间依次进行排列。

（七）计量支付文件与附件及计划进度报表以合同段为单位，按时间依次进行排列。

（八）试运行及竣工验收工作文件材料按照检测观测记录、车辆通行情况、缺陷整改落实情况及各专项验收和竣工验收工作程序依次进行排列。

第十九条 经系统化排列的卷内文件材料,双面书写的文件材料,在其正面右下角、背面左下角,单面书写的文件材料,在其正面右下角,用阿拉伯数字逐页编写页号。已装订成册的文件材料,如自成一卷的,不需重新编写页号,如与其他文件材料组成一卷的,该册文件材料排列在其他文件材料之后,并将其作为一份文件编写册号,不需重新编写页号。

第二十条 案卷由案卷卷盒、内封面、卷内目录、卷内文件材料及备考表(封底)组成,其格式均应符合《科学技术档案案卷构成的一般要求》(GB/T 11822—2008)。

第二十一条 卷盒正面及卷脊可只填写案卷的档号和立卷单位。(卷盒内装有若干卷案卷的,卷盒正面及卷脊应填写盒内案卷的起止档号。)

第二十二条 内封面由下列内容构成:案卷题名、立卷单位、起止日期、保管期限、密级及档号。

案卷题名应能准确反映本案卷的基本内容,包括公路建设项目名称、起讫里程、分项(分部、单位)工程名称及文件材料名称。

立卷单位指案卷的组卷单位或部门。

起止日期指本案卷内文件形成的最早和最晚的时间——年、月、日(年度应填写四位数字)。

保管期限填写划定的保管期限。保管期限分为永久、30 年、10 年三种。应根据项目的实际情况、项目文件材料的特性及利用价值,分别确定案卷的保管期限。

密级根据国家及交通运输部有关保密规定确定并填写。

第二十三条 卷内目录由下列项目组成:

(一)序号,按照文件排列顺序,用阿拉伯数字从 1 起依次标注。

(二)文件编号,填写文件材料的原始编号或图号。

(三)责任者,填写文件材料的形成单位或主要形成单位。属原材料报验和工序报验文件，责任者应填写施工单位和监理单位。

（四）文件题名，填写卷内文件材料标题的全称，没有标题或标题不能说明文件材料内容的，应自拟标题，并加〔〕符号。案卷内每份独立成件及单独办理报验和批准手续形成的文件材料，均应逐件填写文件标题。

（五）日期，填写文件材料形成最终日期。

（六）页次，填写每份文件材料首页上标注的页号，最后一份文件标注起止页号；属已装订成册的文件材料，在卷内文件目录页次栏中填写册数，并在备注栏中注明累计总页数。

（七）备注，填写需注明的情况。

卷内目录需纸质目录及电子目录各一份。

第二十四条 备考表中须注明本案卷组卷情况及本案卷包含文件份数；说明复印件归档原因和原件存放地；立卷人指案卷组卷人员，检查人应为部门或项目技术负责人及监理。

第二十五条 公路建设项目档案除蓝图及成册文件材料外，按照三孔一线方式进行装订。装订前，应去除塑胶、塑封、塑膜、胶圈等易老化腐蚀纸张的封面或装订材料。

不装订的图纸及成册文件材料，每份需加盖档号章。档号章内容包括该份文件材料所在案卷的档号和本案卷中所在页次（档号章式样见附件3《档号章式样》）。

第二十六条 案卷系统化排列及编号：

案卷的编制单位应按工程进展的自然过程，对已经整理好的案卷进行系统化排列，并用铅笔在封面及卷脊编写案卷流水号。其中，施工单位应对本合同段形成的案卷，按照其自然形成过程，依照路线进行方向，结合单位工程排列顺序依次进行排列。监理单位按照监理工作程序，以合同段为单位，对形成的案卷进行系统化排列。

第二十七条 案卷目录的编制：

经系统化排列和编号的案卷须编制案卷目录一式二份（含电子版），其格式应符合《科学技术档案案卷构成的一般要求》（GB/

T 11822—2008）。

第五章　公路建设项目档案的移交与汇总整理

第二十八条　公路建设项目各承包单位应在合同段交工验收前，将已经系统化整理的项目档案连同案卷目录（含电子版目录）和案卷编制说明，经项目法人单位和监理检查合格后，移交项目法人单位，并按规定办理移交手续。

案卷编制说明内容包括本合同段项目建设内容、档案整理执行的标准、项目档案整理情况及案卷数量、竣工图编制质量及其他需要说明的问题。

移交项目档案套数由项目法人单位根据实际需要确定，并在合同中明确。

第二十九条　项目法人单位负责对接收的全部项目档案进行系统化整理和排列。案卷排列顺序按照立项审批、设计、工程准备、施工、交工、竣工等不同阶段依次进行汇总整理和排列。其中施工阶段案卷按照项目法人单位、施工单位及监理单位形成的案卷分别进行汇总、整理和排列；施工单位和监理单位形成的案卷，依路线进行方向，以合同段为单位依次进行汇总整理和排列。

招投标、合同及计量支付、计划进度报表类档案可单独整理和编目。

第三十条　档号的编制：

档号由项目法人单位或档案接收单位编制。档号应简单、清晰。

第三十一条　案卷总目录的编制：

项目法人单位负责对经系统化整理和排列的所有案卷汇总编制案卷总目录（含电子版）及项目档案整理情况说明。说明内容包括项目立项审批及初步设计审批情况、建设规模及主要建设内容、项目档案整理执行的标准、项目档案整理情况及案卷数量、项目档案运用计算机管理情况及其他需要说明的情况。

第三十二条 项目法人单位应在项目通过竣工验收3个月内,按照有关规定向有关单位办理项目档案移交手续。

第六章 附 则

第三十三条 本办法由交通运输部负责解释。

第三十四条 高速公路大修项目文件材料立卷归档工作可参照本办法。

第三十五条 本办法自印发之日起实行。2001年6月13日交通部办公厅印发的《公路工程竣工文件材料立卷归档管理办法》(交办发〔2001〕390号)同时废止。

附件1

公路建设项目文件材料收集归档单位

序号	归档文件材料	归档单位
	立 项 审 批	
1	项目建议书及审批文件	项目法人
2	可行性研究报告及审批(核准)文件	项目法人
3	可行性研究报告的评估及行业主管部门对可行性研究报告的审查意见	项目法人
4	专家对可行性研究报告的评审文件	项目法人
5	环境影响评价报告书及批复	项目法人
6	项目用地预审意见	项目法人
7	水土保持方案及审批文件	项目法人
8	文物调查、保护、矿产资源调查等文件	项目法人
9	其他文件材料	项目法人
	设 计 审 批	
1	初步设计及审批文件、专家审查意见及审查会议纪要	项目法人
2	施工图设计文件及审批文件	项目法人
3	工程勘测、设计基础资料	项目法人
	工 程 准 备	
1	建设用地选址意见及红线图	项目法人
2	建设用地申请及批复	项目法人
3	占地图及土地使用证	项目法人
4	征地拆迁批文、合同、协议、征用土地数量一览表、拆迁数量一览表	项目法人
5	供电、供水、通讯、排水等协议	项目法人
6	施工许可批准文件	项目法人
7	质量监督申请书及质量监督通知书	项目法人
8	建设前原始地形、地貌状况图、照片	项目法人

续上表

序号	归档文件材料	归档单位
	施 工 文 件	
1	工程管理文件	
1.1	项目法人就工程质量、安全、进度、费用控制管理文件	
	普发性	项目法人
	针对性	有关单位
1.2	质量监督机构印发的质量监督相关文件	项目法人
1.3	监理单位就工程质量、安全、进度、费用控制与项目法人的来往文件	监理单位
1.4	监理单位就工程质量、安全、进度、费用控制与施工单位的来往文件	施工单位
1.5	施工单位就工程质量、安全、进度、费用控制与项目法人的来往文件	施工单位
1.6	项目法人组织召开的工地例会、专题会议纪要	
	例会性	项目法人
	专题性	有关单位
1.7	监理组织召开的工地例会及专题会议纪要	
	例会性	监理单位
	专题性	有关单位
1.8	计划进度报表	项目法人
2	施工准备文件	
2.1	合同段开工申请及批准文件(含施工组织设计方案)	施工单位
2.2	技术交底、图纸会审纪要	施工单位
2.3	开工前的交接桩记录、控制点的复测、施工控制点的加密工程定位(水准点、基准点、导线点)测量、复核记录	施工单位
3	施工质量控制文件	
3.1	工程及设计变更	施工单位
3.2	施工日志、大事记	施工单位

续上表

序号	归档文件材料	归档单位
3.3	永久性水准点坐标图、建筑物坐标高程测量记录	施工单位
3.4	沉降、位移观测记录、桥梁荷载试验报告、桥梁基础检验汇总资料	施工单位
3.5	各项标准及工艺试验资料	施工单位
3.6	工地试验室管理文件	施工单位
3.7	原材料(产品)质量保证文件	
3.7.1	各种原材料、半成品、成品、混凝土预制件合格证及抽检、试验记录	施工单位
3.7.2	产品、设备说明书、合格证及检验报告、质量鉴定报告	施工单位
3.8	单位、分部、分项工程质量评定文件	施工单位
3.9	施工原始文件	
3.9.1	单位、分部、分项工程开工批准文件	施工单位
3.9.2	各工序施工记录、试验、检测及报检文件	施工单位
3.9.3	隐蔽工程验收记录	施工单位
3.9.4	混凝土配合比设计报告、配料单	施工单位
3.9.5	砂浆强度、混凝土强度、焊接、压实度、弯沉等试验检测报告及汇总表	施工单位
3.9.6	预应力张拉、压浆检查记录	施工单位
3.9.7	桩基检测报告	施工单位
3.9.8	机电、监控设备安装调试及性能考核记录	施工单位
3.9.9	桥隧工程风险评估报告、专项施工技术方案	施工单位
3.9.10	事故情况及调查处理报告、补救后达到要求的认可证明文件	施工单位
3.9.11	施工中遇到非正常情况记录、处理方案及观察记录，对工程质量影响分析	施工单位
4	竣工图	施工单位
5	监理文件	

续上表

序号	归档文件材料	归档单位
5.1	监理大纲、规划、细则及批复、监理日志、备忘录	监理单位
5.2	旁站监理记录、平行试验及独立抽检文件材料	监理单位
6	科研	
6.1	课题报告、任务书及批准文件	项目法人
6.2	研究方案	项目法人
6.3	试验记录、分析计算数据	项目法人
6.4	专家评审及技术鉴定报告	项目法人
7	经批准的新技术应用资料	项目法人
8	声像资料	
8.1	重大活动、重大事故处理	有关单位
8.2	隐蔽工程、关键工序、桥梁隧道等结构物重点部分施工	有关单位
9	其他	有关单位
	交、竣工验收	
1	交、竣工验收文件	项目法人
2	建设、设计、施工、监督单位工作报告	项目法人
3	质量监督机构出具的竣工验收质量检测意见	项目法人
4	质量监督机构出具的交工验收质量鉴定报告	项目法人
5	质量监督机构质量监督报告	项目法人
6	试运行记录、检测、观测记录及成果报告、缺陷整改文件材料	项目法人
7	单项验收文件	项目法人
8	接管养单位项目使用情况报告	项目法人
9	其他	项目法人

续上表

序号	归档文件材料	归档单位
	工程招投标及合同文件	
1	招标文件	项目法人
2	投标文件	项目法人
3	评标文件	项目法人
4	中标通知书	项目法人
5	工程合同	项目法人
	资 金 管 理	
1	支付报表	项目法人
2	决算及决算审计	项目法人
	其　　他	项目法人

附件2

设计变更文件与竣工图档号对照一览表

序号	变更内容	变更依据文件文号	所在案卷号	对应竣工图号	所在案卷号

附件3

档号章式样

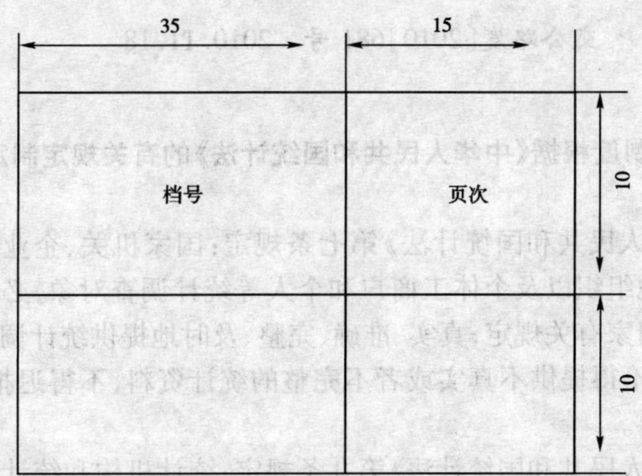

单位统一为毫米。

公路养护统计报表制度

交公路发〔2010〕681号　2010.11.18

本报表制度根据《中华人民共和国统计法》的有关规定制定

《中华人民共和国统计法》第七条规定：国家机关、企业事业单位和其他组织以及个体工商户和个人等统计调查对象，必须依照本法和国家有关规定，真实、准确、完整、及时地提供统计调查所需的资料，不得提供不真实或者不完整的统计资料，不得迟报、拒报统计资料。

《中华人民共和国统计法》第九条规定：统计机构和统计人员对在统计工作中知悉的国家秘密、商业秘密和个人信息，应当予以保密。

《中华人民共和国统计法》第二十五条规定：统计调查中获得的能够识别或者推断单个统计调查对象身份的资料，任何单位和个人不得对外提供、泄露，不得用于统计以外的目的。

目　录

（十二）公路养护情况统计表—普通公路养护工程
（交公路 30-3 表）
（十三）公路养护情况统计表—路网结构改造工程
（交公路 30-4 表）
（十四）公路管养机构及职工统计表—干线公路管养单位
（交公路 31-1 表）
（十五）公路管养机构及职工统计表—农村公路管养单位
（交公路 31-2 表）
（十六）公路应急储备物资及机具统计表
（交公路 36 表）

一、总　说　明

（一）为准确和全面了解全国公路基本情况，满足各级政府及交通管理部门制定行业政策和发展规划的需要，加强公路行业管理和公众出行信息服务工作，根据《中华人民共和国统计法》、《中华人民共和国公路法》有关规定，特制定本统计报表制度。

（二）本报表制度由各省（自治区、直辖市）、新疆生产建设兵团公路管理机构组织填报。

（三）报部统计资料须标明单位负责人、统计负责人、填表人、联系电话、报送日期，并加盖单位公章。上报时还须附带按照交换格式生成的数据磁盘，磁盘数据必须与书面数据保持一致，部公路局将以磁盘数据作为数据源进行全国汇总，以书面数据作为存档依据。

（四）本报表制度中的所有报表均为年报，年报调查截止日期为统计年度的 12 月 31 日，报部截止日期为次年的 1 月 31 日。

（五）本报表制度中的统计范围、统计指标除本制度中有特殊规定以外，均按交通运输部《公路主要统计指标及计算方法规定》（交规划发〔2002〕6 号）、《公路工程技术标准》（JTG B01—2003）、《公路技术状况评定标准》（JTG H20—2007）执行。

（六）严格按照本报表制度中规定的计量单位、数值精度填报，“里程”类数据保留三位小数；“延米”类数据保留两位小数。

（七）为便于工作联系，在报送时，应同时填报各单位的单位代码表及相关人员联系方式表。

（八）有关单位和统计人员必须按照《中华人民共和国统计法》及《中华人民共和国统计法实施细则》的要求，如实填报和审核各项统计数字。

（九）各单位应在本制度中交公路 21、22、24、26 表数据的基础上，上报全国公路、桥梁、隧道的汇总数据，并应与《交通运输综合统计报表制度》中交行统 1-1、1-2、2-1、2-2、3 表有关数据保持一致。

（十）本报表制度由交通运输部公路局负责解释。

二、报表目录

表号	表名	报告期别	填报范围	报送单位	报送日期及方式	页码
交公路 21 表	公路路线基本情况明细表（国道、省道、县道）	年报	国、省、县道	各省（自治区、直辖市）、新疆生产建设兵团公路管理机构	1 月 31 日 报表、磁盘	3
交公路 22 表	公路路线基本情况汇总表（乡道、专用公路、村道）	年报	乡、专用公路及村道		1 月 31 日报表、磁盘	6
交公路 23 表	高速公路服务区及出入口明细表	年报	高速公路		1 月 31 日报表、磁盘	8
交公路 24 表	公路桥梁明细表（国道、省道、县道）	年报	国、省、县道桥梁		1 月 31 日报表、磁盘	10
交公路 26 表	公路隧道明细表（国道、省道、县道）	年报	国、省、县道隧道		1 月 31 日报表、磁盘	14
交公路 27 表	公路灾毁损失、抢通情况统计表	年报	国、省干线和列养的县、乡、村道及专用公路		1 月 31 日报表、磁盘	16
交公路 28 表	公路绿化情况统计表	年报			1 月 31 日报表、磁盘	18
交公路 29-1 表	公路技术状况明细表（国道、省道）	年报	国、省道		1 月 31 日报表、磁盘	20

续上表

表号	表名	报告期别	填报范围	报送单位	报送日期及方式	页码
交公路 29-2 表	公路技术状况统计表(县道、乡道、专用公路、村道)	年报	县、乡、村道及专用公路	各省(自治区、直辖市)、新疆生产建设兵团公路管理机构	1 月 31 日 报表、磁盘	22
交公路 30-1 表	公路养护情况统计表(养护里程)	年报	国、省、县、乡、村道及专用公路		1 月 31 日 报表、磁盘	24
交公路 30-2 表	公路养护情况统计表(高速公路养护工程)	年报	高速公路		1 月 31 日 报表、磁盘	26
交公路 30-3 表	公路养护情况统计表(普通公路养护工程)	年报	除高速公路外的普通公路		1 月 31 日 报表、磁盘	27
交公路 30-4 表	公路养护情况统计表(路网结构改造工程)	年报	国、省、县、乡、村道及专用公路		1 月 31 日 报表、磁盘	29
交公路 31-1 表	公路管理机构及职工统计表(干线公路管养单位)	年报	干线公路管养单位		1 月 31 日 报表、磁盘	31
交公路 31-2 表	公路管理机构及职工统计表(农村公路管养单位)	年报	农村公路管养单位		1 月 31 日 报表、磁盘	32
交公路 36 表	公路应急储备物资及机具统计表	年报	省级政区		1 月 31 日 报表、磁盘	34

三、调 查 表 式

（一）公路路线基本情况明细表—国道、省道、县道

表　　号：交公路 21 表
制表机关：交通运输部
批准机关：国家统计局
批准文号：国统制〔2010〕146 号
有效期至：2010 年 11 月

填报单位：　　　　　　201　年

路线编号	所在行政区划代码	路线名称	路段起止名称		路段起止桩号		里程	路段基本属性									
			起点名称	止点名称	起点桩号	止点桩号		技术等级		是否一幅高速	车道分类		面层类型		路基宽度	路面宽度	设计时速
								代码	等级		代码	分类	代码	类型			
甲	乙	丙	丁	戊	1	2	3	4	5	6	7	8	9	10	11	12	13

续上表

修建改建		断链类型	是否城管路段	是否断头路段	是否收费路段	重复路段			养护管理情况			地貌		涵洞数量	管养单位名称	备注
修建年度	改建年度					路线编号	起点桩号	终点桩号	养护里程	可绿化		代码	汉字			
										里程	已绿化里程					
14	15	16	17	18	19	20	21	22	23	24	25	26	27	28	29	30

单位负责人：　　统计负责人：　　填表人：　　联系电话：　　报出日期:201　年　月　日

交公路21表指标解释及填报说明

一、本表目的:反映全国国道、省道、县道公路明细信息,基本满足部行业管理和对社会发布出行信息的需要。

二、填表范围:所有行政等级为国道、省道、县道的公路。

三、填报说明:

1. 本表按公路所属行政等级从高到低、路线编号从小到大、路线起点桩号从小到大顺序填报。

2. 本表应按公路的技术等级、路面类型、行车道数、设计时速、路面宽度、地貌、是否为重复路段、是否为城管路段、是否为断头路段、是否为断链等主要指标以及大中城市出口等特征点分段进行填报。

3. 路线名称、路线编号:国家高速公路按《国家高速公路网命名和编号规则》(JTG A03—2007)的相关命名、编号规则填报。其余公路的路线编号和路线标准名称应按照按《公路路线标识规则和国道编号》(GB/T 917—2009)、《关于做好全国路线命名、编号及里程桩标识等工作的通知》(公普办字〔2002〕002号)及相关规定填报。如:G1路线名称为"京哈高速";G2路线名称为"京沪高速"。"路线编号"只填写一位字母码(G、S、X)加相应的编号。

4. 所在行政区划代码填写到县级。

5. 路段的起点、止点名称应填写县级行政区划名称加小地名,如"某县某地"。

6. 路段的起点、止点桩号,高速公路按照《关于印发国家高速公路网里程桩号传递方案的通知》(交公路发〔2008〕157号)填报,国道路段按照《关于下发全国国道桩号传递实施方案的通知》(交公路发〔2002〕340号)规定范围填报;其他公路的按照本省路网的桩号从小到大填报。

7. 国道、省道、县道的里程及相关统计数据应与交行统1表保持一致。

8. 技术等级填写，10：高速、11：一级、12：二级、13：三级、14：四级、30：等外。

9. 车道分类填写，1：单车道、2：双车道、4：四车道、6：六车道、8：八车道、9：其他（混合车道）。

10. 面层类型填写，11：沥青混凝土、12：水泥混凝土、21：沥青贯入式、22：沥青碎石、23：沥青表面处治、31：砂石路面、32：石质路面、33：渣石路面、34：砖铺路面、35：混凝土预制块、36：无路面。代码首位1为有铺装路面，首位2为简易铺装路面，首位3为未铺装路面。

11. 修建年度填写该路段作为新建数纳入统计的年度，改建年度填写该路段最近一次作为改建数纳入统计的年度，均填写4位数字。

12. 断链类型填写，断链类型包括对长链、短链和断链的描述，断链是路网改造过程中出现的与原桩号系统不一致的临时现象，应结合路网调整适时进行桩号调整，在省级范围内尽可能消灭断链。正常路段的断链类型填0；路线中的长链（桩号重叠部分），在公路电子地图上要有对应的分段，断链类型填2；路线中的短链（本路段与前一路段相连，但桩号不连续），在公路电子地图上要对应分段，断链类型填4；路段与前一路段不相连，断链类型填5；断头路段的断链类型填6。国道在省级政区的结束位置，不必设置长短链，按实际桩号填写。

13. 是否一幅高速、是否城管路段、是否断头路段、是否收费路段均按实际情况填写"是"或"否"。

14. 重复路段填写，"重复路线编号"填写该路段所重复主线的路线编号，多条路线重复填写重复路线中等级最高的路线编号。重复路段桩号填写被重复主线的起终点桩号，被重复主线起点桩号小于终点桩号表示顺桩重复，被重复主线起点桩号大于终点桩号表示逆桩重复。

15. 养护里程的分类合计数据应与交行统 1-2 表相一致，可绿化里程、已绿化里程的分类合计数据应与交公路 28 表相一致。

16. 地貌填写，1：山岭、2：重丘、3：微丘、4：平原。

17. 管养单位名称，填写县级公路管养单位的名称。

18. 分离式路段填写，分离式路面的上行路段数据按照正常路线编号填报；下行路段数据按照单独路线编号填报，路线编号中的 G、S 分别用 H、T 替代，其他填报要求与上行相同。

19. 本表内相关统计数据应与交行统 1-1 和 1-2 表保持一致。

（二）公路路线基本情况汇总表—乡道、专用公路、村道

表　　号：交公路22表
制表机关：交通运输部
批准机关：国家统计局
批准文号：国统制〔2010〕146号
有效期至：2012年11月

填报单位：　　　　　　　201　年　　　　　　　计量单位：公里

路线编号	所在行政区划代码	路线名称	总计	等级公路											等外公路
				合计	高速公路				一级	二级		三级	四级		
					小计	四车道	六车道	公车道及以上			一幅高速				
甲	乙	丙	1	2	3	4	5	6	7	8	9	10	11		12

续上表

有铺装路面(高级)			简易铺装路面	未铺装路面	重复里程	可绿化里程		养护里程
小计	沥青混凝土	水泥混凝土					已绿化里程	
13	14	15	16	17	18	19	20	21

单位负责人：　　　统计负责人：　　　填表人：　　　联系电话：　　　报出日期:201　年　月　日

交公路22表指标解释及填报说明

一、本表目的：反映各地乡道、村道和专用公路情况。

二、填表范围：所有纳入统计年报的行政等级为乡道、村道和专用公路的公路。

三、填报说明：

1. 本表可填报乡道、村道和专用公路的汇总数据，有条件的省份也可以填报路线明细数据。若填报汇总数据，路线编号栏中路线编号填写"Y"、"C"、"Z"（分别代表乡道、村道、专用公路），不要填汉字。

2. 本表内相关统计数据应与交行统1-1和1-2表保持一致。

(三)高速公路服务区及出入口明细表

表　　号:交公路 23 表
制表机关:交通运输部
批准机关:国家统计局
批准文号:国统制〔2010〕146 号
有效期至:2012 年 11 月

填报单位:　　　　201　年

路线编号	路线名称	类型	桩号	位置	服务区			出入口连接信息					备注
					服务区名称	管理、经营单位名称	服务内容	出入口编号	出入口名称	连接路线编号	连接路线桩号	出口连接旅游景点	
1	2	3	4	5	6	7	8	9	10	11	12	13	14

单位负责人:　　统计负责人:　　填表人:　　联系电话:　　报出日期:201　年　月　日

交公路 23 表指标解释及填报说明

一、本表目的：反映全国高速公路服务区及出入口的基本情况，基本满足部行业管理和对社会发布出行信息的需要。

二、填报范围：所有已建成通车的高速公路的服务区和出入口。

三、填报说明：

1. 本表按公路所属路线行政等级从高到低、路线编号从小到大顺序填报，路线编号及路线名称同交公路 21 表。

2. 类型填写"服务区"、"出口"、"入口"或"出入口"，并对应填写表中后续的相关栏。

3. 位置填写"上行"、"下行"或"双向"。桩号从小到大方向为上行。

4. 管理、经营单位：指高速公路服务区的管理养护单位或经营企业名称，是具有独立法人资格的管理经营单位。

5. 服务内容：填写住宿、加油、汽车修理或餐饮等，也可选择多项。

6. 出入口编号：国家高速公路出入口编号按《国家高速公路网命名和编号规则》和《国家高速公路网相关标志更换工作实施技术指南》的规则填报。

7. 连接路线编号、桩号：该出入口连接的另一路线的编号及连接点桩号。如出口连接到连接线，则应填该连接线所连接到另一路线的编号及连接点桩号。

(四)公路桥梁明细表—国道、省道、县道

表　　号:交公路 24 表

制表机关:交通运输部

批准机关:国家统计局

批准文号:国统制〔2010〕146 号

有效期至:2012 年 11 月

填报单位:　　　　　　201　年

桥梁名称	桥梁代码	桥梁中心桩号	所属路线情况			桥长				桥宽		桥梁分类				主桥上部构造			
			路线编号	路线名称	技术等级	桥梁全长(米)	跨径总长(米)	单孔最大跨径(米)	跨径组合(孔×米)	桥梁全宽(米)	桥面净宽(米)	按跨径分类		按使用年限分类		结构类型		材料	
												代码	类型	代码	类型	代码	类型	代码	名称
1	2	3	4	5	6	7	8	9	10	11	12	13	14	15	16	17	18	19	20

续上表

桥墩类型		设计荷载等级		抗震等级		跨越地物			通航等级	墩台防撞设施类型	是否互通立交	建设情况					
代码	类型	代码	等级	代码	等级	代码	类型	名称				建设单位	设计单位	施工单位	监理年度	修建年度	建成通车日期
21	22	23	24	25	26	27	28	29	30	31	32	33	34	35	36	37	38

续上表

养护管理情况					技术状况评定情况			最近一次改造情况					当前主要病害			交通管制措施		备注
管养单位		监管单位名称	收费性质		评定等级		评定日期	改造年度	完工日期	改造部位	工程性质	是否部补助项目	代码	部门	病害	代码	措施	
单位性质代码	名称		代码	性质	代码	等级												
39	40	41	42	43	44	45	46	47	48	49	50	51	52	53	54	55	56	57

单位负责人：　　统计负责人：　　填表人：　　联系电话：　　报出日期:201　年　月　日

交公路24表指标解释及填报说明

一、本表目的:反映公路桥梁的基本情况。

二、填报范围:本行政区域内国道、省道、县道上的所有桥梁,以及乡道、村道、专用公路上的特大桥、大桥和危桥。重复路段上的桥梁仅按最高行政等级路线填报。

三、填报说明:

1. 本表按桥梁所属公路路线行政等级从高到低、路线编号及桩号从小到大顺序填报。上下行分离式桥梁按照两座桥梁分别填报。表中合计数应与交行统2-1、2-2表中的相关指标栏内的合计数据相一致。

2. 桥梁代码:桥梁代码是桥梁识别的不可重复标志,按"路线编号+县级政区代码+L+四位数字编号"组成。由于路线编号不等长,桥梁代码可采用不等长代码。

3. 所属路线情况:填写桥梁所在路线情况,与交公路21表对应项目一致。

4. 桥梁全长:按照《公路工程技术标准》(JTG B01—2003)规定,有桥台的桥梁应为两岸桥台侧墙或八字墙尾端间的距离;无桥台的桥梁应为桥面系长度。

5. 跨径总长:按照《公路工程技术标准》(JTG B01—2003)规定,梁式桥、板式桥的多孔跨径总长为多孔标准跨径的总长;拱式桥为两岸桥台内起拱线间的距离;其他形式桥梁为桥面系车道长度。

6. 单孔最大跨径:填写主桥单孔最大跨径。

7. 跨径组合:填写格式为孔数×单跨长度的组合,按照沿路线前进方向(桩号从小到大),先边跨后主跨再边跨的顺序填写。如:路线前进起点的边跨共3跨,跨径均为80米,主跨为4跨连续梁,跨径均为120米,尾跨为2跨,跨径均为60米,该桥的跨径组合应填报为3×80+4×120+2×60。

8.桥梁全宽:桥梁两侧外沿之间的宽度。

9.桥面净宽:为行车道宽度,包括加(减)速车道、爬坡车道、紧急停车带、慢车道、错车道等,不包括中央分隔带、人行道、护栏等宽度。

10.按跨径分类:按照《公路工程技术标准》(JTG B01—2003)的规定分类填写1:特大桥;2:大桥;3:中桥;4:小桥。

11.按使用年限分类:根据桥梁的使用年限和建筑材料进行分类,分别填写1:永久性;2:半永久性;3:临时性。永久性桥梁是指上、下部结构均用耐久性材料(如钢筋混凝土、混凝土、石料、钢)建造的供长期使用的桥梁;半永久性桥梁是指下部结构采用耐久性材料(如石料、混凝土)、上部结构采用木材建造的桥梁;临时性桥梁是指上、下部结构均用非耐久性材料(如木材)建造的或供短期使用的桥梁。

12.桥梁上部结构类型:填写桥梁主跨的上部结构形式代码和名称。11:空心板梁、12:整体现浇板、13:T梁、14:I形梁、15:II形梁、16:箱形梁、17:桁架梁、21:连续T梁、22:连续箱梁、30:悬臂梁桥、41:板拱、42:肋拱、43:双曲拱、44:箱形拱、45:桁架拱、46:刚架拱、47:系杆拱、51:门式刚构、52:斜腿刚构、53:T形刚构、54:连续刚构、61:悬索桥、62:自锚悬索桥、70:斜拉桥、90:其他桥。

13.桥梁上部结构材料:填写桥梁主跨的上部结构材料代码和名称。11:混凝土、12:钢筋混凝土、13:钢管混凝土、14:钢混组合、15:预应力钢筋混凝土、16:石、17:其他圬工材料、18:钢、19:木、90:其他材料。

14.桥墩类型:填写桥墩类型代码及名称。10:无、11:重力式墩、12:单柱墩、13:双柱式墩、14:多柱墩、15:桁架式墩、16:构架式墩、17:排架墩、18:双壁墩、19:X形墩、20:Y形墩 21:V形墩 22:H形墩 90:其他。

15.设计荷载等级:填写桥梁修建时或加固改建后的荷载等

级,1:公路Ⅰ级;2:公路Ⅱ级;3:汽车-超20级;4:汽车-20级;5:汽车-15级;6:汽车-13级;7:汽车-10级;9:低于汽车-10级。

16. 抗震等级:填写设计抗震烈度等级,1:<0.05或6度以下;2:0.05或6度;3:0.10、0.15或7度;4:0.20、0.30或8度;5:≥0.40或9度及以上。

17. 跨越地物:跨越地物的名称填写桥梁所跨自然或人工固定物体的具体名称。1:河流(包括运河、湖泊、干河槽);2:跨海;3:沟壑;4:管道(大型输送管道);5:道路(包括非机动车道);6:铁路;7:水渠;8:旱地;9:其他。其中所跨地物为河流的,应填写具体河流的名称。跨越地物为河流的,必须填写该河流的标准名称,特别是全国知名的河流,如黄河、长江、松花江、珠江等。对地图上有所标注的其他河流,也要按照地图标注的名称填写其名称;跨越地物为其他类型的,也要尽量将地物名称填写清楚。

18. 通航等级:根据《内河通航标准》(GBJ 139—90)对所跨河流分类填写:不通航、一级、二级、三级、四级、五级、六级、七级。

19. 墩台防撞设施类型:根据墩台防撞设施的类型填写:软防护;硬防护;无防护。软防护是指采取以航标等引导设施为主的防撞措施;硬防护是指采取以防撞墩等设施为主的防撞措施;无防护是指没有采取任何防撞措施。

20. 是否为互通立交:根据实际情况填写是或否。

21. 修建年度、建成通车日期:修建年度填写该桥梁作为新建数纳入统计的年度,填写4位数字。按所填年度统计应与交行统2表对应统计数据相一致。建成通车日期填写8位数字格式YYYYMMDD。

22. 管养单位性质填写,1:公路交通部门养护管理;2:公路交通部门与其他部门共同养护管理;9:其他部门养护管理。

23. 收费性质:1:非收费、2:政府还贷、3:经营性。如桥梁单独进行收费的,应填写该桥梁的收费性质;如桥梁未单独收费,填写桥梁所在线路的收费性质。

24. 技术状况评定情况:按照《公路桥涵养护规范》(JTG

H11—2004)填写桥梁技术状况评定等级及评定日期,填写1:一类、2:二类、3:三类、4:四类、5:五类,技术等级评定工作应按照《公路桥梁养护管理工作制度》(交公路发〔2007〕336号)规定程序进行。

25. 最近一次改造时间:填写最近一次改造的年度、完工时间。

26. 改造部位:按照改造部位的不同,分别填写:'桥面系'(包括桥面铺装、伸缩缝、人行道、栏杆、桥头搭板等)、'支座'、'上部承重结构'(包括梁、拱、缆索、吊杆、加劲梁等上部受力构件)、'桥墩、桥台'(包括墩帽、盖梁、横系梁、承台等)、'基础'、'其他'(包括调治构造物、翼墙、锥坡、照明设施、标志标线、护栏、其他附属设施等)。

27. 工程性质:按照改造工程分类填写,中修、大修、改建、重建。

28. 当前主要病害:四五类桥梁需要填写桥梁主要病害,按照主要病害的位置,填写1:桥面系;2:支座;3:上部承重结构;4;桥墩、桥台;5:基础;9:其他。病害栏应填写对桥梁病害的描述。

29. 交通管制措施:填写四五类桥梁交通管制情况,1:正常使用;2:限制交通;3:封闭交通;4:废弃。其中正常使用是指无人看守,且无强制限行措施的桥梁,包括虽设置了限载、限速标志但不能保证相关车辆限制通过的桥梁;限制交通是指已采取了隔离墩、门架等强制性措施,能够限制重车通行的桥梁;封闭交通是指已采取了强制性措施封闭交通,待改造后继续使用的桥梁;废弃是指已废弃不用的桥梁,这些桥梁一般已经存在替代桥梁,该桥仅作为文物或没有必要拆除的桥梁。

（五）公路隧道明细表—国道、省道、县道

表　　号：交公路 26 表
制表机关：交通运输部
批准机关：国家统计局
批准文号：国统制〔2010〕146 号
有效期至：2012 年 11 月

填报单位：　　　　　　201　年

隧道名称	隧道代码	路线编号	路线名称	隧道中心桩号	隧道长度（延米）	隧道净宽（米）	隧道净高（米）	隧道按长度分类		是否水下隧道	建设情况							管养单位名称	备注
								代码	分类		修建年度	改建年度	建设单位名称	设计单位名称	施工单位名称	监理单位名称	建成通车时间		
1	2	3	4	5	6	7	8	9	10	11	12	13	14	15	16	17	18	19	20

单位负责人：　　　统计负责人：　　　填表人：　　　联系电话：　　　报出日期：201　年　月　日

交公路 26 表指标解释及填报说明

一、本表目的:反映隧道的基本情况。

二、填报范围:本行政区域内国道、省道、县道上的所有隧道,以及乡道、村道、专用公路上的特长隧道和长隧道。重复路段上的隧道仅按最高行政等级路线填报。

三、填报说明:

1. 表中合计数应与交行统 3 表中的相关指标相一致。

2. 路线编号、路线名称:填写隧道所在路线情况,与交公路 21 表对应项目一致。

3. 修建年度填写该隧道作为新建数纳入统计的年度,改建年度填写最近一次作为改建数纳入统计的年度,均填写 4 位数字。

4. 隧道代码:隧道代码是隧道识别的不可重复标志,按“路线编号 + 县级政区代码 + U + 四位数字编号”组成。由于路线编号不等长,隧道代码可采用不等长代码。

5. 表中建设单位、设计单位、施工单位、监理单位应当填写完全。

6. 建成通车日期填写 8 位数字格式 YYYYMMDD。对于较早修建、无法查找准确建成通车日期隧道,应当根据相关历史资料,推断其建成日期,并以 4 位数整年份表示。对于建成通车后经过大中修改造再次通车的,应当仍然按照最初建成的日期填写。对于改造重建的隧道,应当填写重建后通车的日期。

7. 管养单位名称:填写县级公路管养单位的名称。

（六）公路灾毁损失和抢通情况统计表

表　　号：交公路 27 表
制表机关：交通运输部
批准机关：国家统计局
批准文号：国统制〔2010〕146 号
有效期至：2012 年 11 月

填报单位：　　　　　　　　201　年

<table>
<tr><th colspan="3" rowspan="2">项目</th><th rowspan="2">计量单位</th><th rowspan="2">序号</th><th colspan="4">灾毁数量</th><th colspan="4">其中：水毁数量</th><th colspan="2">涉及金额（万元）</th><th colspan="2">其中：水毁涉及金额（万元）</th></tr>
<tr><th colspan="2">合计</th><th colspan="2">其中：国省干线</th><th colspan="2">合计</th><th colspan="2">其中：国省干线</th><th>合计</th><th>其中：国省干线</th><th>合计</th><th>其中：国省干线</th></tr>
<tr><td>甲</td><td colspan="2">乙</td><td>丙</td><td>丁</td><td>1</td><td>2</td><td>3</td><td>4</td><td>5</td><td>6</td><td>7</td><td>8</td><td>9</td><td>10</td><td>11</td><td>12</td></tr>
<tr><td rowspan="6">损失情况</td><td colspan="2">路基</td><td>立方米/公里</td><td>1</td><td></td><td></td><td></td><td></td><td></td><td></td><td></td><td></td><td></td><td></td><td></td><td></td></tr>
<tr><td rowspan="3">路面</td><td>沥青路面</td><td>平方米/公里</td><td>2</td><td></td><td></td><td></td><td></td><td></td><td></td><td></td><td></td><td></td><td></td><td></td><td></td></tr>
<tr><td>水泥路面</td><td>平方米/公里</td><td>3</td><td></td><td></td><td></td><td></td><td></td><td></td><td></td><td></td><td></td><td></td><td></td><td></td></tr>
<tr><td>砂石路面</td><td>平方米/公里</td><td>4</td><td></td><td></td><td></td><td></td><td></td><td></td><td></td><td></td><td></td><td></td><td></td><td></td></tr>
<tr><td colspan="2">桥梁</td><td>延米/座</td><td>5</td><td></td><td></td><td></td><td></td><td></td><td></td><td></td><td></td><td></td><td></td><td></td><td></td></tr>
<tr><td></td><td>其中：桥梁中断</td><td>延米/座</td><td>6</td><td></td><td></td><td></td><td></td><td></td><td></td><td></td><td></td><td></td><td></td><td></td><td></td></tr>
</table>

续上表

项目		计量单位	序号	灾毁数量				其中:水毁数量				涉及金额(万元)		其中:水毁涉及金额(万元)	
				合计		其中:国省干线		合计		其中:国省干线		合计	其中:国省干线	合计	其中:国省干线
甲	乙	丙	丁	1	2	3	4	5	6	7	8	9	10	11	12
损失情况	涵洞	道	7		-		-		-		-				
	防护工程 护坡	立方米/处	8												
	防护工程 驳岸、挡墙	立方米/处	9												
	坍塌方	立方米/处	10												
	公路中断	处/条	11									-	-	-	-
	其他灾毁损失	万元	12	-	-	-	-	-	-	-	-				
	损失合计	万元	13	-	-	-	-	-	-	-	-				
抢通情况	已抢通公路	处/条	14									-	-	-	-
	已投入机械	台班	15		-		-		-		-	-	-	-	-
	已投入资金	万元	16	-	-	-	-	-	-	-	-				

单位负责人：　　统计负责人：　　填表人：　　联系电话：　　报出日期:201　年　月　日

交公路27表指标解释及填报说明

一、本表目的:反映公路及公路构造物等的灾毁损失及公路抢通情况。

二、填报范围:本行政区域内所有国、省、县、乡、村公路及专用公路。

三、填报说明:

1. 本表所称灾毁情况包含因水毁、气象、地震、地质等各类灾害造成的公路损毁情况。

2. 灾毁损失数量及水毁损失数量是指当年灾毁发生的累计数量。

3. 灾毁损失涉及金额及水毁损失涉及金额系指被毁构造物的现值,不包括修复时提高标准以及临时修的便桥、便道费用。

4. 灾毁数量及水毁数量均分为两栏,分别按照各损毁项单位中"/"前后的计量单位填写。

5. 已投入抢通资金系指自然灾害发生后,为使公路恢复通行而投入的资金。不包括灾后恢复重建费用。

四、逻辑关系

3列≤1列

4列≤2列

7列≤5列

8列≤6列

11列≤9列

12列≤10列

9列13行(灾毁损失合计)=9列1行+2行+3行+4行+5行+7行+8行+9行+10行+12行

10列13行(国省干线灾毁损失合计)=10列1行+2行+3

行 +4 行 +5 行 +7 行 +8 行 +9 行 +10 行 +12 行

11 列 13 行(水毁损失合计) =11 列 1 行 +2 行 +3 行 +4 行 +5 行 +7 行 +8 行 +9 行 +10 行 +12 行

12 列 13 行(国省干线水毁损失合计) =12 列 1 行 +2 行 +3 行 +4 行 +5 行 +7 行 +8 行 +9 行 +10 行 +12 行

（七）公路绿化情况统计表

表　　号：交公路28表
制表机关：交通运输部
批准机关：国家统计局
批准文号：国统制〔2010〕146号
有效期至：2012年11月

填报单位：　　　　201　年

项目	序号	公路总里程（公里）	可绿化里程（公里）	已绿化（公里）	绿化率（%）	当年绿化资金投入（万元）
甲	乙	1	2	3	4	5
总计	1					
1. 国道	2					
其中：国家高速公路	3					
2. 省道	4					
3. 县道	5					
4. 乡道	6					
5. 专用公路	7					
6. 村道	8					

单位负责人：　　统计负责人：　　填表人：　　联系电话：　　报出日期：201　年　月　日

交公路28表指标解释及填报说明

一、本表目的：反映已绿化情况及当年公路绿化资金投入情况。

二、填表范围：本行政区域内所有国、省、县、乡、村公路及专用公路。

三、填报说明：

1. 可绿化里程是指在公路用地范围内，能栽植和自然生长乔木、花灌木或草坪的路段。

2. 已绿化里程是指截止至本年底按设计标准栽植及成活率和保存率分别达到标准要求，生长正常的路段。

3. 公路两侧一侧可绿化，另一侧不宜绿化的，计为可绿化里程。公路两侧一侧已绿化，另一侧由于不宜绿化而未进行绿化的，计为已绿化里程。

四、逻辑关系

4列（绿化率）=3列/2列×100%

3列≤2列

（八）公路技术状况明细表—国道、省道

表　　号：交公路 29-1 表
制表机关：交通运输部
批准机关：国家统计局
批准文号：国统制〔2010〕146 号
有效期至：2012 年 11 月

填报单位：　　201　年

路线编号	路线名称	起点桩号	终点桩号	前进方向	评定里程（公里）	评定结果					评级里程(公里)					优良路率（%）
						MQI	PQI	SCI	BCI	TCI	优等路	良等路	中等路	次等路	差等路	
1	2	3	4	5	6	7	8	9	10	11	12	13	14	15	16	17
合计	-	-	-	上下行												
				上行												
				下行												

续上表

路线编号	路线名称	起点桩号	终点桩号	前进方向	评定里程（公里）	评定结果					评级里程(公里)					优良路率（%）
						MQI	PQI	SCI	BCI	TCI	优等路	良等路	中等路	次等路	差等路	
1	2	3	4	5	6	7	8	9	10	11	12	13	14	15	16	17

单位负责人：　　　　统计负责人：　　　　填表人：　　　　联系电话：　　　　报出日期:201　年　月　日

交公路 29-1 表指标解释及填报说明

一、本表目的：反映国道、省道技术状况评价情况。

二、填报范围：各地公路管养部门、高速公路公司、经营企业等养护的国道、省道。

三、填报说明：

1. 交公路 30-1 表填报“国道、省道”技术状况情况。

2. 表中指标说明及评定方法，详见《公路技术状况评定标准》（JTG H20—2007）。

3. 高速公路及一级公路：按照上下行、上行、下行分别填报；二级及二级以下公路：不分上下行，数据填在上下行栏中。

四、逻辑关系

6 列（评定里程）= 12 列 + 13 列 + 14 列 + 15 列 + 16 列

17 列（优良路率）=（12 列 + 13 列）/6 列 × 100%

(九)公路技术状况统计表—县道、乡道、专用公路、村道

表　　号:交公路 29-2 表

制表机关:交通运输部

批准机关:国家统计局

批准文号:国统制〔2010〕146 号

有效期至:2012 年 11 月

填报单位:　　　　201　年

项目		序号	实际评定里程(公里)						优良路率(%)	评定结果
			合计	优等路	良等路	中等路	次等路	差等路		
甲		乙	2	3	4	5	6	7	8	9
MQI	总计	1								
	县道	4								
	乡道	5								
	专用公路	6								
	村道	7								
路面(PQI)	总计	8								
	县道	11								
	乡道	12								
	专用公路	13								
	村道	14								

续上表

项目		序号	实际评定里程(公里)						优良路率（%）	评定结果
			合计	优等路	良等路	中等路	次等路	差等路		
甲		乙	2	3	4	5	6	7	8	9
路基（SCI）	总计	15								
	县道	18								
	乡道	19								
	专用公路	20								
	村道	21								
桥隧构造物（BCI）	总计	22								
	县道	25								
	乡道	26								
	专用公路	27								
	村道	28								
沿线设施（TCI）	总计	29								
	县道	32								
	乡道	33								
	专用公路	34								
	村道	35								

单位负责人：　　统计负责人：　　填表人：　　联系电话：　　报出日期:201　年　月　日

交公路 29-2 指标解释及填报说明

一、本表目的：反映各地县道、乡道、村道和专用公路技术状况评价情况。

二、填报范围：各地公路部门及其他公路管养部门养护的县道、乡道、村道和专用公路。

三、填报说明：

1. 交公路 30-2 表填报“县道、乡道、村道和专用公路”技术状况情况。

2. 表中指标说明及评定方法，详见《公路技术状况评定标准》（JTG H20—2007）。

3. 评定结果：指相应管理等级路线对应指标按里程的加权平均值。

四、逻辑关系

1 列≥2 列

2 列（实际评定里程）=3 列 +4 列 +5 列 +6 列 +7 列

（十）公路养护情况统计表—养护里程

表　　号：交公路 30-1 表
制表机关：交通运输部
批准机关：国家统计局
批准文号：国统制〔2010〕146 号
有效期至：2012 年 11 月
计量单位：公里

填报单位：　　　　201　年

项目	序号	公路总里程	列养里程	养护里程						断头路里程
				合计	按资金来源分			按养护时间分		
					燃油税	通行费	其他	经常性	季节性	
甲	乙	1	2	3	4	5	6	7	8	9
总计	1									
1. 国道	2									
其中：国家高速公路	3									
2. 省道	4									
3. 县道	5									
4. 乡道	6									
5. 专用公路	7									
6. 村道	8									

单位负责人：　　统计负责人：　　填表人：　　联系电话：　　报出日期：201　年　月　日

交公路30-1表指标解释及填报说明

一、本表目的:反映各地公路管理、养护情况。

二、填报范围:各地公路部门及其他公路管养部门,包括县乡公路管理处、高速公路公司、经营企业等所管养的公路里程。

三、填报说明:

1.列养里程:指经常性、季节性养护的公路里程。

2.燃油税养护里程:用燃油税养护的公路里程。

3.通行费养护里程:用通行费养护的公路里程。

4.其他养护里程:除燃油税和通行费养护里程以外的养护里程。包括民工建勤养护里程及地方财政养护的公路里程等。

5.本表公路总里程、养护里程数据应与交行统1-2表保持一致。

四、逻辑关系

1行(总计)=2行+4行+5行+6行+7行+8行

3行≤2行

3列(养护里程)=4列+5列+6列=7列+8列

(十一)公路养护情况统计表—高速公路养护工程

表　　号:交公路 30-2 表
制表机关:交通运输部
批准机关:国家统计局
批准文号:国统制〔2010〕146 号
有效期至:2012 年 11 月

填报单位:　　　　201　年

路线编号	路线名称	里程(公里)	本年投资合计(万元)	小修保养		中修工程		大修工程		改建工程	
				本年完成里程(公里)	本年投资(万元)	本年完成里程(公里)	本年投资(万元)	本年完成里程(公里)	本年投资(万元)	本年完成里程(公里)	本年投资(万元)
甲	乙	1	2	3	4	5	6	7	8	9	10
合计											

单位负责人:　　统计负责人:　　填表人:　　联系电话:　　报出日期:201　年　月　日

（十二）公路养护情况统计表—普通公路养护工程

表　　号：交公路 30-3 表
制表机关：交通运输部
批准机关：国家统计局
批准文号：国统制〔2010〕146 号
有效期至：2012 年 11 月

填报单位：　　　　201　年

项目	序号	本年投资合计		小修保养		中修工程			大修工程			改建工程		
						本年完成里程（万元）	本年投资		本年完成里程（万元）	本年投资		本年完成里程（万元）	本年投资	
		（万元）	燃油税（万元）	（万元）	燃油税（万元）		（万元）	燃油税（万元）		（万元）	燃油税（万元）		（万元）	燃油税（万元）
甲	乙	1	2	3	4	5	6	7	8	9	10	11	12	13
总　计	1													
1. 国道	2													
2. 省道	3													
3. 县道	4													
4. 乡道	5													
5. 专用公路	6													
6. 村道	7													

单位负责人：　　统计负责人：　　填表人：　　联系电话：　　报出日期：201　年　月　日

交公路 30-2 表、30-3 表指标解释及填报说明

一、本表目的：反映本年公路养护工程的完成和各项工程的资金投入情况。

二、填报范围：本行政区域内所有国、省、县、乡、村公路及专用公路。

三、填报说明：

1. 高速公路填报交公路 30-2 表，除高速公路之外的普通公路填报交公路 30-3 表。

2. 交公路 30-2 表应按路线政等级从高到低、路线编号从小到大的顺序填报，一条路线填报一行，其里程数为该路线在本省（区、市）辖区内的实际通车里程。高速公路的小修保养、中修工程、大修工程、改建工程应按照车道里程折算成高速公路的全幅里程。折算方法为实际养护里程 × 实际养护车道数/全幅车道数。如某段高速公路为六车道 10 公里，其中半幅有两个车道共 8 公里进行了中修工程，则填报时中修工程的公里数应为 8 ×2/6 =2. 67 公里。

3. 小修保养：对公路及沿线设施进行经常性维护保养和修补轻微损坏部分的作业。

4. 中修工程：对公路及沿线设施的一般损坏进行修理加固，更换或局部改善，以恢复公路原有技术状况的工程。

5. 大修工程：对公路及沿线设施的较大损坏进行周期性的综合修理，以全面恢复到原技术标准的工程。

6. 改建工程：对公路及沿线设施进行改造，以局部或全面提高技术等级的工程项目。具体定量指标参照《公路养护工程管理办法》（交公路发〔2001〕327 号）。

7. 本年投资中的燃油税金额应与本辖区燃油税用于公路养护

的决算数保持一致。

四、逻辑关系

（一）交公路 31-2 表

1 列（里程合计）=3 列 +5 列 +7 列 +9 列

2 列（本年投资合计）=4 列 +6 列 +8 列 +10 列

（二）交公路 31-3 表

1 行（总计）=2 行 +3 行 +4 行 +5 行 +6 行 +7 行

1 列（本年投资合计）=3 列 +6 列 +9 列 +12 列

2 列（本年投资合计燃油税）=4 列 +7 列 +10 列 +13 列

（十三）公路养护情况统计表—路网结构改造工程

表　　号：交公路 30-4 表
制表机关：交通运输部
批准机关：国家统计局
批准文号：国统制〔2010〕146 号
有效期至：2012 年 11 月

填报单位：　　　　201　年

项目	序号	本年投资合计		危桥改造工程								安保工程				灾害防治工程			
				本年投资		危桥加固		危桥改建		危桥重建		本年投资		工程量		本年投资		工程量	
		（万元）	部补助	（万元）	部补助	座数	延米	座数	延米	座数	延米	（万元）	部补助	处	公里	（万元）	部补助	处	公里
甲	乙	1	2	3	4	5	6	7	8	9	10	11	12	13	14	15	16	17	18
总计	1																		
1. 国道	2																		
2. 省道	3																		
3. 县道	4																		
4. 乡道	5																		
5. 专用公路	6																		
6. 村道	7																		

单位负责人：　　统计负责人：　　填表人：　　联系电话：　　报出日期：201　年　月　日

交公路 30-4 表指标解释及填报说明

一、本表目的:反映本年公路路网结构改造工程的完成情况及各项工程资金投入情况。

二、填报范围:本行政区域内所有国、省、县、乡、村公路及专用公路。

三、填报说明:

1. 本表所填路网结构改造工程包括:危桥改造工程、安保工程和灾害防治工程。

2. 本表所填数据为路网结构改造专项工程,纳入其他大中修工程的路网结构改造工程,在交公路 30-3 中填报,本表与交公路 30-3 表不得重复填报。

3. 危桥改造工程包括:加固、改建和重建。

四、逻辑关系

1 行(总计) =2 行 +3 行 +4 行 +5 行 +6 行 +7 行

1 列(总投资) =3 列 +11 列 +15 列

2 列(部补助) =4 列 +12 列 +16 列

（十四）公路管养机构及职工统计表—干线公路管养单位

表　　号：交公路31-1表
制表机关：交通运输部
批准机关：国家统计局
批准文号：国统制〔2010〕146号
有效期至：2012年11月

填报单位：　　　　　　　　201　年

行政区划名称	行政区划代码	养护工区（站、道班）	养护企业	收费公路经营企业	公路职工（人）									
					合计	公路管理机构				道班				
						小计	管理人员	工程技术人员	工勤人员	小计	固定职工	合同制职工	临时用工	其他
甲	乙	1	2	3	4	5	6	7	8	9	10	11	12	13
合计														

单位负责人：　　统计负责人：　　填表人：　　联系电话：　　报出日期：201　年　月　日

(十五)公路管养机构及职工统计表—农村公路管养单位

表　　号:交公路 31-2 表
制表机关:交通运输部
批准机关:国家统计局
批准文号:国统制〔2010〕146 号
有效期至:2012 年 11 月

填报单位:　　　　　　　　201　年

行政区划名称	行政区划代码	养护工区(站、道班)	养护企业	收费公路经营企业	公路职工(人)									
					合计	交通主管部门下设机构				道班				
						小计	管理人员	工程技术人员	工勤人员	小计	固定职工	合同制职工	临时用工	其他
甲	乙	1	2	3	4	5	6	7	8	9	10	11	12	13
合计														

单位负责人:　　　统计负责人:　　　填表人:　　　联系电话:　　　报出日期:201　年　月　日

交公路31-1表、31-2表指标解释及填报说明

一、本表目的:反映公路管理机构及养护工区(站、道班)人员情况,以及公路经营企业数量。

二、填报范围:各地公路管理机构、交通主管部门下设的负责地方公路养护的机构及公路经营企业。

三、填报说明:

1. 国省干线公路管养机构及职工情况填报交公路35-1表,农村公路管养机构及职工情况填报交公路35-2表。

2. 行政区划名称要求填写到地、市级,如:济南市,代码填370100。

3. 养护工区(站、道班)填写交通主管部门、公路管理机构或地方政府负责管理的数量。

4. 养护企业填写养护运行机制改革后,按照《公司法》等相关法律成立的,具有独立法人资格的养护企业数量。

5. 收费公路经营企业是指经营性收费公路企业的个数。包括:外商独资、中外合资、转让经营权和企业利用国内外贷款修建的公路,收费票据是税务票据。

6. "公路管理机构"是指省、地市级、县级公路局(处、段),即负责养护和管理国道、省道及部分重要县乡公路的管理机构;"交通主管部门下设机构"是指地市级、县级交通局下设的,负责地方公路养护的管理机构,地市级、县级交通局不设地方公路养护管理机构的,栏目不填。

7. 省交通厅,地市、县交通局机关的人员不纳入统计范围。

8. 管理人员是指公路管理机构(部门)中的行政管理人员和技术管理人员;工程技术管理人员包含于技术管理人员中,是指具有公路专业的技术职称的人员。

9. 养护企业、收费公路经营企业中的人员不纳入公路职工统计。

四、逻辑关系

4 列(公路职工合计) =5 列 +9 列

5 列(机构人员小计) =6 列 +8 列

7 列≤6 列

9 列(道班小计) =10 列 +11 列 +12 列 +13 列

（十六）公路应急储备物资及机具统计表

表　　号：交公路 36 表
制表机关：交通运输部
批准机关：国家统计局
批准文号：国统制〔2010〕146 号
有效期至：2012 年 11 月

填报单位：　　　　　　201　年

行政区划名称	行政区划代码	储备物资			应急保障机具					
		战备钢梁（组）	编织袋（万只）	融雪剂（吨）	平板车（辆）	挖掘机（台）	推土机（台）	装载机（台）	抽水机（台）	发电机组（套）
甲	乙	1	2	3	4	5	6	7	8	9
合计										

单位负责人：　　统计负责人：　　填表人：　　联系电话：　　报出日期：201　年　月　日

交公路36表指标解释及填报说明

一、本表目的:反映公路部门储备的公路应急物资及机具的情况。

二、填报范围:各地公路部门及其他公路管养部门(县乡公路管理处、高速公路公司、经营企业等)的公路应急储备物资及机具拥有量。

三、填报说明:

1. 第一行填报合计。

2. 行政区划名称要求填写到地、市级,如:济南市,代码填370100。

收费公路统计报表制度

交公路发〔2010〕681号　2010.11.18

本报表制度根据《中华人民共和国统计法》的有关规定制定

《中华人民共和国统计法》第七条规定：国家机关、企业事业单位和其他组织以及敷衍工商户和个人等统计调查对象，必须依照本法和国家有关规定，真实、准确、完整、及时地提供统计调查所需的资料，不得提供不真实或者不完整的统计资料，不得迟报、拒报统计资料。

《中华人民共和国统计法》第九条规定：统计机构和统计人员对在统计工作中知悉的国家秘密、商业秘密和个人信息，应当予以保密。

《中华人民共和国统计法》第二十五条规定：统计调查中获得的能够识别或者推断单个统计调查对象身份的资料，任何单位和个人不得对外提供、泄露，不得用于统计以外的目的。

目　　录

一、总　说　明

（一）为准确了解全国收费公路基本情况，加强收费公路行业管理，做好公众出行信息服务工作，特制定本统计报表制度。

（二）本报表制度的调查范围为全国收费公路的有关情况（含“统贷统还”、“年票制”、“燃油附加费”等征收车辆通行费的情况）。各省、自治区、直辖市交通运输厅（局、委）须按照本报表制度规定的计算方法、统计口径、范围、填报目录和报送渠道，认真组织实施，按时报送。

（三）对于跨省级行政区域经营收费公路的收费公路公司，应将涉及里程、收费站的相关数据报路段所在地省级交通主管部门；汇总类型的相关数据，如还贷余额、各项支出费用等报公司注册地所在省级交通主管部门。

（四）收费公路统计报表均为年报，年报统计期为 1 月 1 日至 12 月 31 日，报部截止时间为次年的 2 月 28 日。

（五）本报表的统计范围、统计指标、数据格式等必须严格按照本制度中的规定执行。

（六）报部年报需采用 HTM 格式的 Excel 表格，通过交通运输部专网进行网上申报。数据通过审核后，还需将标明单位负责人、统计负责人、填表人、联系电话、报送日期，并加盖单位公章的纸质报表报部存档。该纸质报表必须与网上申报的数据保持一致。

（七）本报表制度由交通运输部公路局负责解释。

二、报表目录

表号	表名	报告期别	填报范围	报送单位	报送日期及方式	页码
交公路32表	收费公路明细表	年报	全部收费公路	各省(区、市)交通运输厅(局、委)	2月28日报表及电子文档	3
交公路33表	收费公路基本情况汇总表	年报	全部收费公路	各省(区、市)交通运输厅(局、委)	2月28日报表及电子文档	7
交公路34表	收费公路收费标准情况统计表	年报	全部收费公路	各省(区、市)交通运输厅(局、委)	2月28日报表及电子文档	12
交公路37-1表	收费公路沿线设施明细表——收费站	年报	全部收费公路	各省(区、市)交通运输厅(局、委)	2月28日报表及电子文档	14
交公路37-2表	收费公路沿线设施明细表——监控设施	年报	全部收费公路	各省(区、市)交通运输厅(局、委)	2月28日报表及电子文档	16
交公路37-3表	收费公路沿线设施明细表——气象检测器	年报	全部收费公路	各省(区、市)交通运输厅(局、委)	2月28日报表及电子文档	18

三、调 查 方 式

(一)收费公路明细表

表　　号:交公路 32 表
制表机关:交通运输部
批准机关:国家统计局
批准文号:国统制[2010]146 号
有效期至:2012 年 11 月

填表单位:

路线名称	路线编码	收费路段				收费公路技术等级	车道数	收费公路性质	收费类型	管理或经营单位名称	管理或经营单位性质代码	有资产所占比例(%)	批准文号	批准收费时间		收费里程(公里)	收费标准代码	收费及管理人员数(人)	投资总额(万元)	贷款金额(万元)	还贷余额(万元)	政策减免		年收费额(万元)		年还贷额(万元)	养护经费之处(万元)	其它费用支出(万元)	备注
		起点		止点										起始	结束							绿色通道减免(万元)	其他减免(万元)		ETC年收费额(万元)				
		桩号	名称	桩号	名称																								
1	2	3	4	5	6	7	8	9	10	11	12	13	14	15	16	17	18	19	20	21	22	23	24	25	26	27	28	29	30

单位负责人:　　统计负责人:　　填表人:　　联系电话:　　报出日期:201 年　月　日

交公路 32 表指标解释及填报说明

一、报表目的：反映本行政区域内本年度的收费公路明细情况。

二、统计范围：本行政区内无论以何种方式建成的收费公路，包括桥梁和隧道，以及利用“统贷统还”、“年票制”、“燃油附加费”等情况征收车辆通行费的收费公路。省级交通主管部门不负责行业管理的收费公路除外。

三、填报说明

1. 本统计表按收费公路所属路线行政等级从高到低、路线编号从小到大顺序填报。

2. 路线名称、路线编号（列 1、列 2），按《国家高速公路网命名和编号规则》（JTG A03—2007）、《公路路线标识规则和国道编号》（GB/T 917—2009）等相关规定填报，单元格内数据不能为空。

3. 路段起点、止点桩号（列 4、列 6），收费公路按表中属性分段填写，路段起止点桩号分别填写该分段的起点和止点的桩号。桩号为数字类型，单位为公里，保留三位小数。如：325.367。

4. 路段起点、止点名称（列 3、列 5），填写收费路段起止点的县级行政区划名称加小地名，如“某县某地”。

5. 收费公路技术等级（列 7），只能填写“高速”、“一级”、“二级”三种情况，不能组合填写，不同技术等级需分段填写。

6. 车道数（列 8），填写收费公路的车道数，不同车道数需分段填写。

7. 收费公路性质（列 9），政府还贷性收费公路填写“还贷”，经营性收费公路填写“经营”，单元格数据不能为空。还贷性收费公路是指县级以上地方人民政府交通主管部门利用贷款或者向企业、个人有偿集资建设的公路（使用财政票据）；经营性收费公路是指国内外经济组织投资建设或者依照公路法的规定受让政府还贷公路收费权的公路（使用税务票据）。

8. 收费类型（列10），填写收费路段的收费类型，只能填写“路线”、“桥梁”或“隧道”，单元格不能为空。收费路段为路桥、路隧的混合收费时，应填写“路线”；收费路段为桥梁、隧道独立收费路段时，填写“桥梁”或“隧道”。

9. 管理或经营单位名称（列11），填写经营或管理该收费公路的具体单位，单元格不能为空。

10. 管理或经营单位性质代码（列12），填写该管理经营单位的性质代码，单元格不能为空。代码及相关规定如下：

性质代码	收费公路性质	解释	示例
11	政府还贷性收费公路	省级交通运输主管部门及直属单位（含条条管理的分局、段）	××省高管局（公路局）××管理（收费）处××省交通运输厅××公路管理处
12		地（市）级交通运输主管部门及直属单位	××省××市级交通运输局（公路局、处）××管理（收费）处（所）
13		县级交通运输主管部门及直属单位	××省××县交通运输局（公路局）××管理（收费）处（所）
21	经营性收费公路	国有资产全资企业	××省高速公路（经营）公司 ××省××市公路（经营）公司
22		国有资产控股（参股）企业	××高速公路股份公司 ××省××公路经营公司（市交通局参股）
23		其他企业	××公司（私营、外资企业，无国有资产）

11. 国有资产所占比例（列13），填写国有资产占该收费公路总资产的百分比。其中政府还贷公路应填写100，收费经营公路根据实际情况填写。交通运输部或国家财政投资部分，不论该资

产由谁管理，均计为国有资产。

12. 批准收费文号（列 14），填写批准收费单位的批准收费文号。

13. 批准收费时间（列 15、16），填写批准收费的起始日期和结束日期，按照“yyyymmdd”的八位数字填写。如果收费结束日期没有明确的批准文件，保留空白即可；如果批准收费日期为暂定×年，按实际暂定收费期限填写。以上两种情况，均应在备注栏中进行说明。

14. 收费里程（列 17），填写该收费路段的实际里程（单位：公里），同一批准文号的收费公路由于属性数据不一致需要分段填写的，各段填写各自的收费里程，各段收费里程之和应等于批准的收费里程。

15. 收费标准编号（列 18），填写该收费路段的适用收费标准编号，应与交公路 34 表中的收费标准编号相对应。

16. 收费及管理人员数（列 19）、投资总额（列 20）、贷款金额（列 21）、还贷余额（列 22）、政策减免（列 23、列 24）、年收费额（列 25）、ETC 年收费额（列 26）、年还贷额（列 27）、养护经费支出（列 28）、其他费用支出（列 29），为反映收费路线的数据，若一条收费公路分为多个路段填写，可将数据填在某一路段上。（为便于统计，数据合并填写时应满足各段的收费公路技术等级、收费公路性质、收费类型相一致）。

17. 资金费用均以人民币万元为计量单位，以外币为计量单位的，应折算成人民币，不保留小数。

18. 绿色通道减免（列 23）是指国家指定的绿色通道及本省自定的绿色通道上针对鲜活农产品运输车辆所减免的费用；其他减免（列 24）是指除绿色通道外的其他政策减免费用。

19. 其他费用支出（列 29）是指除还贷和养护经费支出以外的其他所有支出，包括人员及事业费用、各种基金、税收等。

四、“统贷统还”、“年票制”、“燃油附加费”形式征收通行费的填报说明

1. 关于“统贷统还”的填报说明

在“统贷统还”的情况下，有些公路是贷款修建的，但没有设立收费站，或所有建设公路的贷款均统一办理，不能详细地将还贷余额列入每条收费公路。填报时，可将所有贷款金额、还贷余额一并填报于某一路线的还贷性收费公路中，并在备注栏中说明该收费公路贷款金额、还贷余额含多少统贷统还的贷款及余额，其他公路（“统贷统还”方式建设）的还贷余额则可为空白；涉及收费公路的其他数据必须填报。

2. 关于“年票制”形式的填报说明

在“年票制”情况下，收费站所在公路不一定是收费公路，收费公路上也不一定设立收费站。填报时，可以参照“统贷统还”的办法填报。

3. 关于“燃油附加费”形式的填报说明

全国只有海南省以该方式征收车辆通行费，填报原则基本与“年票制”的填报原则相同（投资、贷款填入某一路线，备注中进行简单说明），只是需将燃油附加费用于还贷部分填入某一路线，并在备注中说明。

五、表内逻辑关系

26 列≤25 列。

(二)收费公路基本情况汇总表

表　　号:交公路33表
制表机关:交通运输部
批准机关:国家统计局
批准文号:国统制[2010]146号
有效期至:2012年11月

填表单位:　　　　　　　　201 年

项目	序号	收费里程	主线收费站数		匝道收费站数		入口车道数		出口车道数		收费及管理人员	投资总额	贷款金额	还贷余额	政策减免		年收费额		年还贷款	养护经费支出	其他经费支出	备注
			单向	双向	单向	双向	总数	ETC	总数	ETC					绿色通道减免	其他减免		ETC年收费额				
		公里	个	个	个	个	条	条	条	条	人	万元	万元	万元	万元	万元	万元	万元	万元	万元	万元	
甲	乙	1	2	3	4	5	6	7	8	9	10	11	12	13	14	15	16	17	18	19	20	21
(一)按经营性质分	1																					
还贷性	2																					
高速	3																					
一级	4																					
二级	5																					
桥梁	6																					
隧道	7																					
经营性	8																					
高速	9																					
一级	10																					

续上表

项目	序号	收费里程	主线收费站数		匝道收费站数		入口车道数		出口车道数		收费及管理人员	投资总额	贷款金额	还贷余额	政策减免		年收费额		年还贷款	养护经费支出	其他经费支出	备注
			单向	双向	单向	双向	总数	ETC	总数	ETC					绿色通道减免	其他减免		ETC年收费额				
		公里	个	个	个	个	条	条	条	条	人	万元	万元	万元	万元	万元	万元	万元	万元	万元	万元	
二级	11																					
桥梁	12																					
隧道	13																					
(二)按技术等级分	14																					
高速	15																					
一级	16																					
二级	17																					
桥梁	18																					
隧道	19																					
(三)按行政等级分	20																					
国道	21																					
还贷性	22																					
高速	23																					
一级	24																					
二级	25																					
桥梁	26																					
隧道	27																					
经营性	28																					
高速	29																					

续上表

项目	序号	收费里程	主线收费站数		匝道收费站数		入口车道数		出口车道数		收费及管理人员	投资总额	贷款金额	还贷余额	政策减免		年收费额		年还贷款	养护经费支出	其他经费支出	备注
			单向	双向	单向	双向	总数	ETC	总数	ETC					绿色通道减免	其他减免		ETC年收费额				
		公里	个	个	个	个	条	条	条	条	人	万元	万元	万元	万元	万元	万元	万元	万元	万元	万元	
一级	30																					
二级	31																					
桥梁	32																					
隧道	33																					
省道	34																					
还贷性	35																					
高速	36																					
一级	37																					
二级	38																					
桥梁	39																					
隧道	40																					
经营性	41																					
高速	42																					
一级	43																					
二级	44																					
桥梁	45																					
隧道	46																					
县道	47																					
还贷性	48																					

续上表

项目	序号	收费里程	主线收费站数		匝道收费站数		入口车道数		出口车道数		收费及管理人员	投资总额	贷款金额	还贷余额	政策减免		年收费额		年还贷款	养护经费支出	其他经费支出	备注
			单向	双向	单向	双向	总数	ETC	总数	ETC					绿色通道减免	其他减免		ETC年收费额				
		公里	个	个	个	个	条	条	条	条	人	万元	万元	万元	万元	万元	万元	万元	万元	万元	万元	
高速	49																					
一级	50																					
二级	51																					
桥梁	52																					
隧道	53																					
经营性	54																					
高速	55																					
一级	56																					
二级	57																					
桥梁	58																					
隧道	59																					
乡道	60																					
还贷性	61																					
局速	62																					
一级	63																					
二级	64																					
桥梁	65																					
隧道	66																					
经营性	67																					

续上表

项目	序号	收费里程	主线收费站数		匝道收费站数		入口车道数		出口车道数		收费及管理人员	投资总额	贷款金额	还贷余额	政策减免		年收费额		年还贷款	养护经费支出	其他经费支出	备注
			单向	双向	单向	双向	总数	ETC	总数	ETC					绿色通道减免	其他减免		ETC年收费额				
		公里	个	个	个	个	条	条	条	条	人	万元	万元	万元	万元	万元	万元	万元	万元	万元	万元	
高速	68																					
一级	60																					
二级	70																					
桥梁	71																					
隧道	72																					
专用公路	73																					
还贷性	74																					
高速	75																					
一级	76																					
二级	77																					
桥梁	78																					
隧道	79																					
经营性	80																					
高速	81																					
一级	82																					
二级	83																					
桥梁	84																					
隧道	85																					

交公路33表指标解释及填报说明

一、报表目的:反映本行政区域内本年度的收费公路明细表(交公路32表)的汇总情况。

二、统计范围:本行政区内无论以何种方式建成的收费公路(含桥梁和隧道,以及"统贷统还"、"年票制"、"燃油附加费"等情况征收车辆通行费的收费公路)均应纳入统计范围。但是,省级交通主管部门不负责行业管理的收费站除外,如:水利部门、城建部门等管理的收费站。

三、填报说明

1. 本表为交公路32表的汇总,汇总数应与明细的合计数相对应。

2. 交公路32表收费公路汇总在高速、一级、二级行中,单独收费的桥梁、隧道应分别汇总在桥梁、隧道行中。

3. 还贷余额应反映本行政区内所有含国有资产的收费公路的还贷余额,如收费还贷公路、国有资产全资、控股、参股企业经营的收费经营公路的还贷余额。

4. 交公路33表为固定行数报表,表中序号对应的行内容是固定的。如果填报时省略没有内容的行,填报内容对应的原有序号不能改变。如:还贷性高速一行的序号为3,若没有一、二级收费公路,省略序号为4、5的两行,后续桥梁一行的序号必须仍然为6。

5. 表内逻辑关系:

17列≤16列

1行=14行=20行;1行=2行+8行

2行=3行+4行+5行+6行+7行;8行=9行+10行+11行+12行+13行

14行=15行+16行+17行+18行+19行

20行=21行+34行+47行+60行+73行

（三）收费公路收费标准情况统计表

表　　号：交公路 34 表
制表机关：交通运输部
批准机关：国家统计局
批准文号：国统制[2010]146 号
有效期至：2012 年 11 月

填表单位：　　　　201 年

收费标准编号	车型划分分类编号	车型划分标准	计费单位	金额（元）
1	2	3	4	5

单位负责人：　　统计负责人：　　填表人：　　联系电话：　　报出日期：201 年　月　日

交公路 34 表指标解释及填报说明

一、报表目的:反映本行政区域内收费公路的收费标准情况。

二、统计范围:本行政区内无论何种方式建成的收费公路(含桥梁和隧道,以及“统贷统还”、“年票制”等情况征收车辆通行费的收费公路,不含“燃油附加费”形式征收车辆通行费的收费公路)均应纳入统计范围。省级交通运输主管部门不负责行业管理的收费站除外,如:水利部门、城建部门等管理的收费站。

三、填报说明

1. 收费标准编号(列 1),对本行政区划内所有收费标准,按照 1、2、3…的顺序进行收费标准编号。此处填写的收费标准编号,在交公路 32 表中的收费标准编号列引用。

2. 车型划分编号(列 2),一套收费标准包含若干不同车型,对每一收费标准按照 1、2、3…的顺序进行车型划分编号。同一收费标准不同车型划分的各行,填写相同的收费标准编号。

3. 车型划分标准(列 3),填写车型划分标准的文字说明。

4. 计费单位(列 4),填写车型划分标准的计费单位,如:“元/公里”。

5. 金额(列 5),填写收费金额,单位为“元”。

（四）收费公路沿线设施明细表—收费站

表　　号：交公路 37-1 表
制表机关：交通运输部
批准机关：国家统计局
批准文号：国统制[2010]146 号
有效期至：2012 年 11 月

填表单位：　　　　　　　　　　201 年

路线编号	收费站桩号	收费站编码	收费站名称	收费站简称	所在线路技术等级	收费站收费性质	收费站类型	收费站位置类型	收费方向	入口车道数		出口车道数		备注
											入口 ETC 车道数		出口 ETC 车道数	
1	2	3	4	5	6	7	8	9	10	11	12	13	14	15

单位负责人：　　统计负责人：　　填表人：　　联系电话：　　报出日期：201 年　月　日

交公路37-1表指标解释及填报说明

一、报表目的:反映本行政区域内公路收费站的基本情况。

二、统计范围:本行政区内公路收费站以及桥梁、隧道收费站。

三、填报说明

1. 路线编号(列1),按《国家高速公路网命名和编号规则》(JTG A03—2007)、《公路路线标识规则和国道编号》(GB/T 917—2009)等相关规定填报,单元格内数据不能为空。

2. 收费站桩号(列2),填写收费站所在路线的桩号。桩号为数字类型,单位为公里,保留三位小数。如:325.367。

3. 收费站编码(列3)是识别收费站的不可重复标志,按"路线编号+县级政区代码+S+四位数字编号"组成。由于路线编号不等长,收费站编码可采用不等长编码。

4. 收费站名称、收费站简称(列4、列5),分别填写收费站的全称和简称。如:名称填写"国道109张庄收费站",简称填写"张庄"。

5. 所在路线技术等级(列6),填写收费站所在路线的技术等级,若收费站设在匝道,填写主线技术等级。所在路线技术等级只能填写"高速"、"一级"、"二级"三种情况。

6. 收费站收费性质(列7),填写与所在收费公路相一致的内容,政府还贷性收费公路填写"还贷",经营性收费公路填写"经营",单元格数据不能为空。

7. 收费站类型(列8)填写收费站的收费类型,只能填写"公路"、"桥梁"或"隧道",单元格不能为空。收费站为路桥、路隧的混合收费站时,应填写"公路";收费站为桥梁、隧道独立收费站时,分别填写"桥梁"、"隧道"。

8. 收费站位置类型(列9)由收费站在收费公路上的位置确

定,分主线收费站、匝道收费站两种情况,只能对应填写“主线站”或“匝道站”两种形式。

9. 收费方向(列 10)是指收费站是否在该收费公路上全幅设置。如果收费站全幅设置,计为双向;如果收费站半幅设置,计为单向。

10. 入口车道数(列 11),匝道收费站入口车道数是指可供车辆通过收费站驶入高速公路的车道数量,主线收费站入口车道数是指收费站上行方向(桩号从小到大方向)的车道数量。

11. 入口 ETC 车道数(列 12)是指入口车道数中电子不停车收费专用车道的数量。

12. 出口车道数(列 13),匝道收费站出口车道数是指可供车辆通过收费站驶出高速公路的车道数量,主线收费站出口车道数是指收费站下行方向(桩号从大到小方向)的车道数量。

13. 出口 ETC 车道数(列 14)是指出口车道数中电子不停车收费专用车道的数量。

四、表内逻辑关系

12 列≤11 列、14 列≤13 列

（五）收费公路沿线设施明细表—监控设施

表　　号：交公路37-2表
制表机关：交通运输部
批准机关：国家统计局
批准文号：国统制［2010］146号
有效期至：2012年11月

填表单位：　　　　　　　　　　201 年

路线编号	位置桩号	监控设施编码	监控设施名称	设备类型代码	设备类型	设备位置	管理单位	设备状态	备注
1	2	3	4	5	6	7	8	9	10

单位负责人：　　统计负责人：　　填表人：　　联系电话：　　报出日期：201 年　月　日

交公路37-2表指标解释及填报说明

一、报表目的:反映本行政区域内收费公路监控设施的基本情况。

二、统计范围:本行政区内收费公路监控设施。

三、填报说明

1. 路线编号(列1),按《国家高速公路网命名和编号规则》(JTG A03—2007)、《公路路线标识规则和国道编号》(CB/T 917—2009)等相关规定填报,单元格内数据不能为空。

2. 位置桩号(列2),填写监控设施所在路线的桩号,桩号为数字类型,单位为公里,保留三位小数。如:325.367。

3. 监控设施编码(列3)是识别监控设施的不可重复标志,按"路线编号+县级政区代码+K+四位数字编号"组成。由于路线编号不等长,监控设施编码可采用不等长编码。

4. 设备类型(列5、列6)填写设备的分类代码和类型,分别对应填写11:线圈车辆检测器、12:微波车辆检测器、13:视频车辆检测器、14:超声波车辆检测器、15:其他车辆检测器、21:路段摄像机、22:收费广场摄像机、23:隧道内摄像机、31:门架式可变情报板、32:悬臂式可变情报板、33:立柱式可变限情报板(含可变限速标志)、34:服务区信息屏。

5. 设备位置(列7),填写监控设备在公路上布设的位置,可填写:"上行"、"下行"或"双向"。

6. 管理单位(列8),填写监控设备的管理单位。

7. 设备状态(列9),填写设备的实际运行情况,可填写"运行良好"、"经常性故障"、或"废弃"。

（六）收费公路沿线设施明细表—气象检测器

表　　号：交公路 37-3 表
制表机关：交通运输部
批准机关：国家统计局
批准文号：国统制[2010]146 号
有效期至：2012 年 11 月

填表单位：　　　　　　　　201 年

路线编号	位置桩号	气象检测器编码	所在位置描述	有无下列传感器（有/无）										供电方式	数据传输方式	数据采集间隔（分）	设置位置	备注
				天气现象	温度	湿度	风	气压	降水	能见度	路面状态	地温	辐射					
1	2	3	4	5	6	7	8	9	10	11	12	13	14	15	16	17	18	19

单位负责人：　　统计负责人：　　填表人：　　联系电话：　　　　报出日期：201 年　　月　　日

交公路 37-3 表指标解释及填报说明

一、报表目的：反映本行政区域内由公路部门建设的气象检测器的基本情况。

二、统计范围：本行政区内由公路部门建设的气象检测器。气象检测器用于观测公路沿线天气和路面气象要素，气象检测器必须具备传感器、数据采集单元和数据传输单元三部分。视观测需要，气象检测器可以配置若干传感器。

三、填报说明

1. 路线编号（列 1），按《国家高速公路网命名和编号规则》（JTG A 03—2007）、《公路路线标识规则和国道编号》（GB/T 917—2009）等相关规定填报，单元格内数据不能为空。

2. 位置桩号（列 2），填写公路气象检测器所在路线的桩号，桩号为数字类型，单位为公里，保留三位小数。如：325.367。

3. 气象检测器编码（列 3）是公路气象检测器的不可重复标志，按"路线编号 + 县级政区代码 + Q + 四位数字编号"组成。由于路线编号不等长，气象检测器编码可采用不等长编码。

4. 所在位置描述（列 4），填写该气象检测器所在位置的地名及设置位置的其他说明，如地形、地貌、有无遮挡、方位朝向等特征。

5. 传感器设置情况（列 5 ~ 列 14），填写气象检测器是否配置各类传感器，选择填写"是"或"否"，若不填写则视为"否"：如果天气现象传感器也具备能见度检测功能，将 11 列（能见度）填写"是"。

6. 供电方式（列 15），填写气象检测器的供电方式，选择填写"太阳能"、"普通电网"或"其他"。

7. 数据传输方式（列 16），填写气象检测器的数据传输方式，选择填写“有线”或“无线”。

8. 数据采集间隔(列 17),填写气象检测器的数据采集时间间隔,若多项数据采集间隔不同,填写最小数据采集间隔,单位为分钟。

9. 设置位置(列 18),填写公路气象检测器相对于公路的设置位置,选择填写“上行”或“下行”。

水 运 工 程

水运工程工法管理办法(试行)

交水发〔2010〕245号　2010.5.24

第一章　总　则

第一条　为了推进我国水运工程工法开发和推广应用工作，鼓励水运工程技术创新，提高水运工程施工企业的技术水平、管理水平和竞争力，加速创新成果的转化，特制定本办法。

第二条　本办法所称的水运工程工法是以水运建设工程为对象，施工工艺为核心，运用系统工程原理，把先进技术和科学管理结合起来，经过一定工程实践形成的综合配套的施工方法。

第三条　本办法适用于我国水运工程工法的申报、评审和成果管理。

第四条　交通运输部水运局负责水运工程工法的管理工作，委托中国水运建设行业协会具体承担水运工程工法的评审工作。

第五条　水运工程工法原则上每年评审一次。

第二章　水运工程工法的分类

第六条　水运工程工法分为港口工程、航道工程、通航建筑物工程、船厂水工建筑物工程、水上交通管制工程和维护类6个类别。

第七条　水运工程工法分为一级工法和二级工法。

一级工法：水运工程施工企业经过工程实践形成的工法，其关键技术达到国内领先及以上水平，有显著的经济效益和社会效益。

二级工法:水运工程施工企业经过工程实践形成的工法,其关键技术达到国内先进水平,有较好的经济效益和社会效益。

二级工法经改进、提高、完善后,可申报一级工法。

第三章 申报条件

第八条 申报水运工程工法必须符合国家水运工程建设的方针、政策及国家和行业的规定、标准、规范。必须具有先进性、科学性和实用性,保证工程质量和安全,提高施工效率,降低工程成本,节约资源,保护环境等特点。

第九条 水运工程工法的关键性技术属于水运工程建设行业先进水平;工法中采用的新技术、新工艺、新材料和新设备,在执行水运工程建设行业标准规范的基础上要有所创新。

第十条 申报水运工程工法,要经过两个(含)以上项目应用,被企业评定为水运工程企业工法,得到建设单位的认可,工程质量和安全保证可靠,具有较高的经济效益和社会效益。

第四章 申报要求

第十一条 水运工程工法由企业自愿申报。

第十二条 两个(含)以上单位共同完成的项目,可以联合申报,联合申报单位一般不超过3个,同时要明确主要完成单位。

第十三条 申报水运工程工法的单位应于每年3月底之前按附件的要求将申报材料报送中国水运建设行业协会。

第十四条 申报材料包括:

(一)水运工程工法申报表;

(二)水运工程工法编写具体内容材料;

(三)批准为企业级工法的证明材料;

(四)关键技术鉴定证明材料;

(五)申报项目的施工录像资料(5分钟);

（六）其他证明材料。

第十五条 水运工程工法编写内容要齐全完整，主要内容包括前言、工法特点、适用范围、工艺原理、施工工艺流程及操作要点、材料与设备、质量控制、安全措施、环保措施、节能降耗、效益分析和应用实例等。

第十六条 水运工程工法编写过程中涉及技术秘密的内容，在编写时可予以回避或者注明专利号。编写的工法应层次分明，数据可靠，用词用句准确、规范，附图清晰。其深度应满足指导项目施工与管理的需要。

第十七条 工法编写内容材料应采用 A4 纸打印，装订成册并备有电子文档，证明材料必须清晰、齐全。

第五章 评审工作

第十八条 水运工程工法的评审应严格遵循国家工程建设的方针、政策。评审专家须从水运工程技术与标准专家库中选取；评审专家应坚持科学、公正、公平的原则，严格按照评审标准开展工作。评审专家应对所提出的评审意见负责，保证工法评审的严肃性和科学性，同时要注意工法技术的保密。

第十九条 评审程序：

（一）中国水运建设行业协会负责申报材料的接收和汇总，进行符合性初审，经交通运输部水运局核定后将符合要求的材料提交评审专家组。

（二）中国水运建设行业协会从专家库中选取专家，组成当年的水运工程工法评审专家组。评审专家组设主任委员一名，副主任委员一名，委员若干名（一般不少于 5 人）。

（三）水运工程工法的评审实行主、副审制。每项工法评审采取主审一人，副主审一人。每项工法在评审会召开前由主、副审详细审阅材料，并由主、副审提出基本评审意见，评审意见应明确该工法的等级。

（四）评审时，评审专家组全体成员观看水运工程工法施工录像，听取主、副审对工法的基本评审意见，并进行充分讨论，最后采取无记名投票方式确定，有效票数在三分之二（含）以上同意方可通过。

（五）评审专家组根据投票结果提出评审意见，评审专家组主任委员在评审意见上签字。

（六）中国水运建设行业协会根据评审专家组评审意见，提出专家评审报告，并以书面形式报送交通运输部水运局。

（七）交通运输部水运局对中国水运建设行业协会提交的专家评审报告进行审查，并将审查结果（包括工法完成单位及个人）在交通运输部网站上公示10个工作日。

第二十条 经公示无不同意见，由交通运输部予以公布，并对获得水运工程工法的单位和个人颁发证书。中国水运建设行业协会负责证书制作和颁发的具体工作。

第二十一条 两个（含）以上单位同期申报的同类项目，可以同时参加评审。评审通过后，由评审专家组根据工程完成时间、专利获取时间和科技创新水平等来确定申报单位排名，并征求申报单位意见。

第六章 成果管理

第二十二条 水运工程工法所有权单位，可根据国家相关法律、法规的规定申请专利和奖励。

第二十三条 批准的水运工程工法作为施工企业申报资质的必要条件，有效期限为5年。

第二十四条 已批准的水运工程工法参加其他与工法评选有关的活动时须经交通运输部审核同意。

第二十五条 中国水运建设行业协会协助有关部门对水运工程工法进行宣传、推广，不定期组织水运工程工法的技术交流活动，促进企业的科技创新，提高行业工程建设技术水平。

第二十六条 为便于管理和推广应用水运工程工法，委托中国水运建设行业协会建立水运工程工法数据库，编辑出版水运工程工法汇编。

第二十七条 已批准的水运工程工法，如发现有剽窃作假等重大问题，经查实后，撤消其水运工程工法评审结果，收回证书，3年内不再受理其单位申报水运工程工法。同时由交通运输部水运局进行通报，并作为水运工程建设市场不良行为予以记录。

第七章 附 则

第二十八条 本办法由交通运输部水运局负责解释。

第二十九条 本办法自印发之日起施行。

附件

水运工程工法编写与申报指南

为指导水运施工企业编写水运工程工法，规范水运工程工法的编制内容和申报材料，制定本指南。

一、水运工程工法的申报原则

1. 水运工程工法必须是经过工程实践并证明是属于技术先进、效益显著、经济适用、符合节能环保要求的施工方法。未经工程实践检验的科研成果，不属工法的范畴。

2. 水运工程工法编写应主要针对某个单项工程，也可以针对工程项目中的一个分部工程，但必须具有完整的施工工艺。

3. 水运工程工法应按照《水运工程工法管理办法》第十五条规定的内容和顺序进行编写。

4. 已批准的水运工程工法超过有效期，但工法内容仍具先进性并符合水运工程工法的申报条件，可重新申报水运工程工法。

5. 水运工程工法申报前，对完成单位和主要完成人的排序有争议，且争议尚未解决的工法不予受理。

二、水运工程工法的选题分类

1. 通过总结工程实践经验，形成有实用价值、带有规律性新的先进施工工艺技术，其技术水平应达到国内先进及以上水平。

2. 通过应用新技术、新工艺、新材料、新设备而形成的新的施工方法。

3. 对现有类似的水运工程建设有所创新、有所发展而形成的新的施工方法。

三、水运工程工法编写内容

水运工程工法的编写内容分为前言、工法特点、适用范围、工艺原理、施工工艺流程及操作要点、材料与设备、质量控制、安全措施、环保措施、节能降耗、效益分析和应用实例等11项。

1. 前言。概括工法的形成原因和形成过程。其形成过程要求说明研究开发单位、关键技术鉴定结果、工法应用及有关获奖情况。

2. 工法特点。说明工法在使用功能或施工方法上的特点，与传统的施工方法比较，在工期、质量、安全、造价等方面的先进性和新颖性。

3. 适用范围。适宜采用该工法的工程对象或工程部位，某些工法还应规定最佳的技术经济条件。

4. 工艺原理。阐述工法工艺核心部分（关键技术）应用的基本原理，并着重说明关键技术的理论基础。

5. 施工工艺流程及操作要点。

(1)工艺流程和操作要点是工法的重要内容。应该按照工艺发生的顺序或者事物发展的客观规律来编制工艺流程，并在操作要点中分别加以描述，对于使用文字不容易表达清楚的内容要附必要的图表。

(2)工艺流程要重点讲清基本工艺过程，并讲清工序间的衔接和相互之间的关系以及关键所在。工艺流程最好采用流程图来描述。对于构件、材料或机具使用上的差异而引起的流程变化应当予以说明。

6. 材料与设备。说明工法所使用的主要材料名称、规格、主要技术指标以及主要施工机具、仪器、仪表等的名称、型号、性能、能耗及数量。对新型材料还应提供相应的检验检测方法。

7. 质量控制。说明工法必须遵照执行的国家、行业（地方）标准、规范名称和检验方法，并指出工法在现行标准、规范中未规定的质量要求以及达到工程质量目标所采取的技术措施和管理方法。

8. 安全措施。说明工法实施过程中，根据国家、行业（地方）有关安全的法规所采取的安全措施和安全预警事项。

9. 环保措施。指出工法实施过程中，遵照执行的国家和行业（地方）有关环境保护法规中所要求的环保指标以及必要的环保监测、环保措施和在文明施工中应注意的事项。

10. 节能降耗。指出工法实施过程中，遵照执行的国家和行业

(地方)有关节能法规中所要求的节能指标,所采取的节能措施。

11. 效益分析。从工程实际效果(消耗的物料、工时、造价等)以及文明施工中,综合分析应用本工法所产生的经济、环保、节能和社会效益(可与国内外类似施工方法的主要技术指标进行分析对比)。

12. 应用实例。说明应用工法的工程项目名称、地点、结构形式、开竣工日期、实物工作量、应用效果及存在的问题等,并能证明该工法的先进性和实用性。一项成熟的工法,应至少有2个工程实例。

工法中属保密的专利技术或诀窍技术,编写时可说明其代号和作简要描述。

编写的水运工程工法要层次分明,数据要可靠,用词用句应准确、规范,附图要清晰。其深度应满足指导项目施工与管理的需要。

四、文本要求

1. 水运工程工法文本格式采用国家工程建设标准的格式进行编排。

(1)工法的叙述层次按照章、节、条、款、项五个层次依次排列。“章”是工法的主要单元,“章”的编号后是“章”的题目,“章”的题目是工法所含12部分的题目。“条”是工法的基本单元。编号示例说明如下:

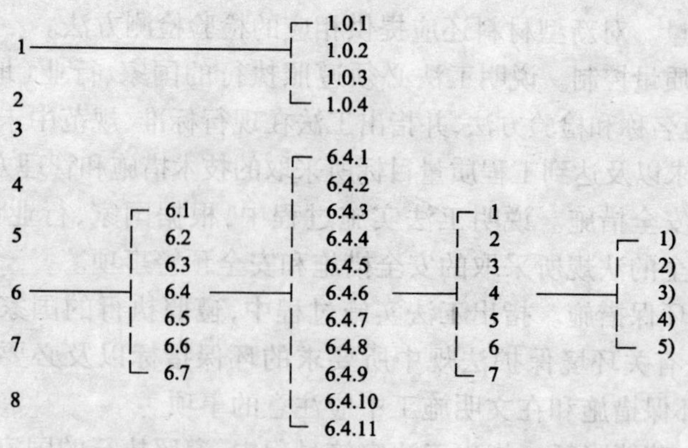

(2)工法中的表格、插图应有名称,图、表的使用要与文字描述相互呼应,图、表的编号以条文的编号为基础。如一个条文中有多个图或表时,可以在条号后加图、表的顺序号,例如图 1.1.1-1,图 1.1.1-2…。插图要符合制图标准。

(3)工法中的公式编号与图、表的编号方法一致,以条为基础,公式要居中。

2. 工法内容中的计量单位要采用国家标准计量单位,统一用符号表示。

3. 文稿统一使用 A4 纸打印,稿面整洁,图字清晰。

五、水运工程工法申报材料

1. 申报水运工程工法应提交以下资料:

(1)水运工程工法申报表;

(2)水运工程工法具体内容材料;

(3)企业级工法批准文件(或证明);

(4)关键技术鉴定证明材料复印件;

(5)工程应用证明,应由使用该工法的建设单位提供;

(6)经济效益证明,应由申报单位财务部门提供;

(7)关键技术专利证明及科技成果奖励证明复印件;

(8)科技查新报告复印件,当关键技术属于填补空白时提供;

(9)反映应用工法施工的工程录像片(重点是反映工法工艺操作程序)。

2. 水运工程工法申报材料必须齐全且打印装订成册。

六、水运工程工法申报时间

水运工程工法每年评审一次。

申报时间:年初发布申报水运工程工法的通知,申报截止日期为 3 月 31 日。

附表:水运工程工法申报表

水运工程工法申报表

（　　　年度）

工法名称＿＿＿＿＿＿＿＿＿＿＿＿＿＿＿＿

申报单位＿＿＿＿＿＿（公章）＿＿＿＿＿＿

申报时间＿＿＿＿＿＿＿＿＿＿＿＿＿＿＿＿

申报资料目录

一、水运工程工法申报表

二、水运工程工法具体内容材料

三、企业级工法批准文件(或证明)

四、关键技术鉴定证明材料复印件

五、工程应用证明(由使用该工法的建设单位提供)

六、经济效益证明(由申报单位财务部门提供)

七、关键技术获专利证书和科技成果的奖励证明复印件

八、科技查新报告复印件(当关键技术属于填补空白时提供)

九、反映应用工法施工的工程录像片(重点反映工法工艺操作程序)

填 写 说 明

1. 封面“申报单位”栏:应填写工法编写的主要完成单位。

2. “主要完成单位”栏:应与“主要完成单位意见”栏中的签章一致。

3. “通讯地址”及“联系人”:指申报单位的地址和联系人。

4. “主要完成人”栏:最多填写 7 人。

5. “工法应用工程名称及时间”栏:最少填写 2 项工程。

6. 表中内容填写不下时,可自行加页。

工法名称				
主要完成单位	1.			
	2.			
	3.			
通讯地址			邮编	
联系人			电话	
主要完成人员	姓名	职务	职称	工作单位
工法应用的工程名称及时间	1.			
	2.			
	3.			
工法关键技术名称、组织鉴定的单位和时间				
工法关键技术获成果奖励的情况				

工法内容简述：

关键技术及保密点(有专利权的,请注明专利号):
技术水平和技术难度(包括与国内、外同类技术水平比较):

工法成熟、可靠性说明（工程应用少于 2 项时）：
经济效益和社会效益（包括节能和环保效益）：

<table>
<tr><td rowspan="3">工
法
完
成
单
位
意
见</td><td>主要完成单位(公章)
年　月　日</td></tr>
<tr><td>参与完成单位(公章)
年　月　日</td></tr>
<tr><td>参与完成单位(公章)
年　月　日</td></tr>
</table>

建设单位应用工法应用意见(第一个应用实例)   建设单位(公章) 年　月　日

建设单位应用工法应用意见(第二个应用实例)

建设单位(公章)

年　月　日

专家评审意见	评审专家组主任委员： 年 月 日
交通运输部审定意见	（公章） 年 月 日

关于加快推进交通电子口岸建设的指导意见

交水发〔2010〕670号　2010.11.15

各省、自治区、直辖市、计划单列市交通运输厅（局、委），天津、上海市交通运输和港口管理局，长江、珠江航务管理局：

按照国家加快电子口岸建设的总体部署，近年来，我部高度重视交通电子口岸建设工作，加强了交通电子口岸相关规章、标准的制定和信息系统的开发，取得了明显成效，一批信息系统得到开发应用，系统互联和信息共享逐步推进，在行业监管、口岸建设中发挥了重要作用。但是，与交通运输和外贸发展的要求相比，交通电子口岸建设总体进展不快，区域发展不平衡。为贯彻落实国务院《物流业调整和振兴规划》，加快推进交通电子口岸建设，促进交通运输业又好又快发展，现提出如下意见：

一、充分认识加快推进交通电子口岸建设的重要意义

交通电子口岸是国家电子口岸的重要组成部分，是运输工具、旅客、货物等核心信息管理、服务和监管的一个基础信息平台和重要的数据交换平台。加强交通电子口岸建设，整合行业信息资源，为口岸通关、运输市场监管和宏观决策提供支撑，是加快转变交通运输发展方式、提升行业信息化水平的重要举措，有利于增强港口的国际竞争力，促进贸易和物流的便利化，对于推进综合运输体系和现代物流发展具有重要意义。

二、交通电子口岸建设的指导思想、主要目标

交通电子口岸建设的指导思想是：按照国家电子口岸建设的总体要求，以信息服务为宗旨，以市场需求为导向，以改善通关环境和加强行业监管为重点，借鉴国内外相关领域电子口岸建设经验和技术，完善交通电子口岸相关法规、技术标准和制度，加大资金投入，遵循"共建共管、共享共用"的原则，交通运输主管部门牵头组织建设交通电子口岸，加强道路运输、港口、航运、航道、海事和船检等部门之间的信息资源整合，在互联互通的基础上实现信息共享。地方交通电子口岸要纳入地方电子口岸建设，并在其中发挥重要作用。

交通电子口岸建设的主要目标是：用5年左右的时间，建成具有标准性、实用性、可靠性的交通电子口岸信息平台和交通运输数据交换平台，在大通关、大物流建设中发挥重要的支撑作用。争取重点信息资源整合项目建设取得显著成效；交通电子商务开发取得重大进展；道路运输、港口、航运、航道、海事和船检等部门之间信息共享程度明显提高；信息平台运作的相关管理规章和技术标准逐步完善；服务海运、陆运和多式联运的区域物流公共信息服务平台初步形成；逐步实现涉及监管和服务的数据一次输入、多次使用、分类服务。

三、交通电子口岸建设的主要任务

（一）建设统一的交通电子口岸信息平台。鼓励各港口所在地的港口或水路交通运输管理部门按照我部《海上国际集装箱运输电子数据交换管理办法》（交水发〔1997〕233号）等相关规定，组织建设港口（港航）EDI中心；具备条件的地方，以港口（港航）EDI中心为基础，与海事、海关、质检、边检等口岸查验部门和单位的信息系统连接和互联互通，实现出入境旅客信息、货物信息、交通运输工具信息和出入境监管信息的共享，逐步发展成为地方电子口岸信息平台的重要支撑。各省、自治区、直辖市交通运输主管部门逐步整合辖区内各水路口岸、公路口岸信息资源，加快建设统一的交通电子口岸信息平台，逐步发展成为交通电子口岸分中心。我部在分中心的基础上，逐步建立交通电子口岸数据中心。

（二）开发一批重点应用项目和示范项目。以需求为导向，港口（港航）EDI中心要抓紧开发一批重点应用项目，尽快形成交通电子口岸的基本框架。具体包括：港航集装箱数据交换；建立网上订舱服务；提供船期实时查询；实现危险品网上申报；加快推进车

(船)、货物的电子联检;整合仓储、堆场、车队信息资源,为货主提供“一条龙”集疏运服务。新建业务系统和管理信息系统,原则上要充分利用交通电子口岸信息平台,采用统一的信息标准和规范。开展信息化项目示范应用,重点开发港区联动、多式联运信息系统等业务协同、覆盖面广、惠及全社会的综合性、区域性项目,促进沿海港口与内陆无水港的衔接,推进落实启运港退税政策。依托交通电子口岸建设,主要港口要逐步建成港口公共物流信息平台,逐步建成长江三角洲、长江干线港口、航运信息交换系统。

(三)完善交通电子口岸法规、标准体系。制定和完善交通电子口岸建设有关规章和信息技术标准与规范,研究制定《交通电子口岸数据交换管理办法》,明确数据交换内容、交换流程以及安全保密责任。加快制修订危险品货物通知、集装箱装卸报告等电子报文,电子数据交换从国际集装箱逐步扩大到散货、件杂货、液货危险品等领域,完善水路、公路运输电子数据交换和电子报文标准体系。各有关单位在信息化建设中,应严格采用国家和行业信息标准。抓紧建立部门间信息共享机制,制定业务协同、信息共享和网络安全的执行标准,建立部与地方交通电子口岸信息平台统一标准实施框架。

(四)建立网络与信息安全保障制度。高度重视安全防护,建立数据备份,保证系统稳定可靠运行。加强对信息平台安全保障工作的指导与管理,逐步完善安全管理机制。加强安全认证体系建设,逐步实现统一认证,并与国家电子口岸安全认证体系相融合。

四、加快交通电子口岸建设的主要措施

(一)加强组织领导。各级交通运输主管部门要高度重视,成立交通电子口岸建设领导小组,道路运输、港口、航运、航道、海事等管理部门作为成员单位参加,邀请当地信息化主管部门参加,协调推进交通电子口岸建设,研究和协调解决交通电子口岸建设中的重大问题,积极参与当地人民政府主导的地方电子口岸建设。

(二)加快建设力度。交通运输主管部门牵头组织建设交通电子口岸信息平台，增加资金投入，加大信息系统的开发和应用力度。我部将研究提出交通电子口岸的总体架构，建立和完善信息共享机制。港口（港航）EDI 中心按照有关规定适当收取信息服务费用，以维持长期的高效运转，更好地提供信息查询和信息增值服务。鼓励港口（港航）EDI 中心、交通运输企业、物流企业参与各地交通电子口岸建设，加大电子商务项目的开发应用。

（三）加强沟通合作。交通运输主管部门要认真贯彻我部与国家质检总局共同签署的《关于加强进出口监管提高口岸工作效率合作备忘录》精神，加强与质检部门等口岸部门和相关单位的沟通与联系，建立信息共享机制和信息交换平台，共同推进电子口岸相关政策、标准建设，提高口岸进出效率。充分利用信息化技术手段，建立执法联动机制，对港口、场站的进出境船舶（车辆）、集装箱、货物，积极推行电子闸口放行的管理模式。

（四）加强经验交流。各地要紧密结合口岸实际，由易到难，以点带面，搞好试点、测试和示范工作，积极稳妥推进交通电子口岸建设。要加强经验、技术交流，学习借鉴成熟、先进的交通电子口岸建设模式和技术，互相促进，实现区域间协调发展、共同发展。

关于加强枯水期内河航道通航保障工作的通知

交水发〔2010〕712号　2010.11.25

各有关省、自治区、直辖市交通运输厅(委),上海市交通运输和港口管理局,长江、珠江航务管理局,长江口航道管理局,广东、广西海事局:

今年入秋以来,我国南方局部地区少雨,部分省航道水位低于设计最低通航水位,湘江、赣江航道陆续出现滞航现象,给水运行业及沿江经济发展造成了一定影响。随着今后10月下旬长江三峡工程首次试验性蓄水至175米,来水、来沙和边界条件将发生变化,给三峡库尾、库区支流航道及中下游航道、浅滩演变带来新情况、新问题。当前,各地已进入枯水季节,航道水位仍将持续走低,2010~2011年度枯水期航道通航保通形势严峻。为积极应对面临的严峻局面,切实做好枯水期通航保障工作,现将有关事宜通知如下:

一、各地交通运输主管部门、港航管理部门要高度重视,加强领导,认真分析可能影响通航安全和航道畅通的各种不利因素,进一步明确任务、落实责任,做到早谋划、早部署、早落实。要加强应急能力建设,进一步完善相关应急预案,落实各项措施。进一步加大现场工作力度,加强与水利、水电等部门的沟通,做好舆论宣传,加强信息通报。通过采取切实有效的措施,确保航道畅通、船舶航行安全和重点物资运输,特别是要确保广州亚运会、元旦、春运和2011年“两会”期间等重点时段的干线航道和界河航道的安全、畅通。出现重大情况,要及时向我部报告。

二、航道管理机构等部门要加强协调,全力做好航道维护、应急抢通和滞留船舶的疏通工作。加大对航道重点浅段的监控，密切注意水情变化，做好水情和航道演变分析，及时发布航道通告，及早安排、调派疏浚力量对重点浅滩进行值守。船闸运行管理机构要进一步优化船闸运行调度。海事管理机构要加强通航安全现场监督管理，督促船舶运输企业和船长加强配载管理，严禁“超吃水”船舶航行，及时处置各类险情。

珠江航务管理局要加强指导协调，广西壮族自治区交通运输主管部门要严格审查广西长洲枢纽停航检修方案，并与广东省交通运输主管部门、广西海事局、广东海事局和港航管理部门进一步加大协调工作力度，完善管理措施，加强舆论宣传和引导，做好广西长洲枢纽船闸停航检修期间的通航保障工作。

三、船舶运输企业、港口企业要密切注意有关航道通告、航行通（警）告，严格按照航道管理机构发布的航道水深控制船舶装载量，加强内部安全管理，杜绝船舶超载、抢航等行为。

四、长江航务管理局要认真组织研究分析三峡水库175米蓄水带来的影响，组织协调长江三峡通航局、航道局、海事局等单位，密切关注库尾、两坝间及坝下航道通航条件的变化，做好船闸调度运行和航道保通工作。要进一步加强与地方政府及相关部门的联系，及时沟通库区地质灾害防治等信息，根据实际情况，及时启动相关应急预案。沿江有关省（市）交通运输主管部门、港航管理部门和相关部门要予以积极支持、配合。

五、加强在建涉水项目施工期的通航保障工作。枯水期是涉水项目施工的黄金季节，特别是本届枯水期开工的涉水项目较多。各级航道、海事管理机构要加强施工水域的管理，监督项目业主单位、施工单位按照航道保通的相关规定，消除影响通航安全与航道畅通的不利因素，落实各项保障措施。

航道养护管理规定

交水发〔2010〕756号　2010.12.21

第一章　总　　则

第一条　为加强和规范航道养护管理工作，保障航道畅通，提高航道养护质量和服务水平，根据《中华人民共和国航道管理条例》及《中华人民共和国航道管理条例实施细则》、《中华人民共和国航标条例》、《中华人民共和国内河交通安全管理条例》等有关法规、规章和标准，制定本规定。

第二条　本规定适用于国家内河高等级航道及国际（境、界）河流航道的养护管理工作。

第三条　航道养护管理工作坚持"管养并重、突出重点、分类维护、保障畅通"的原则，实行统一领导、分级管理。

交通运输部主管全国航道养护管理工作。

省级交通运输主管部门负责本行政区域内所管辖的航道养护管理工作，具体实施工作由具有管辖权的各级航道管理机构负责。省界航道的养护管理，由涉及的省级交通运输主管部门协商确定。

交通运输部所属航道管理机构具体负责其管辖范围内的航道养护管理工作。

第四条　各级交通运输主管部门应当积极争取各级人民政府及相关部门的支持，将航道发展纳入国民经济和社会发展总体规划，通过财政预算以及其他渠道保障航道养护工作的资金需要。

交通运输主管部门建设的具有发电收益的航运枢纽，其部分发电收益应当用于航道养护。

第五条 航道养护资金应当按照国家有关财务制度的规定，实行预算管理，专款专用，不得挤占和挪用。

第六条 各级航道管理机构应当按照航道维护类别、航道条件合理配备养护管理装备与设施，建立健全管理制度和应急机制，制定航道应急预案。

第七条 各级航道管理机构应当积极采用现代化管理手段和先进养护技术，大力推广和应用新技术、新材料、新工艺、新设备，不断提高航道养护技术水平、养护质量。

第二章 维护标准与计划

第八条 航道维护范围和标准应当按照国家现行标准的规定，结合航道条件和航运需求，合理论证确定。论证过程中应当征求海事、港航等单位意见。

第九条 航道维护范围和标准由具有管辖权的航道管理机构研究提出，经省级航道管理机构审核后，报省级交通运输主管部门批准。其中，国际（境、界）河流航道维护范围和标准，由省级交通运输主管部门报交通运输部批准；西江干线航道养护范围和标准由省级交通运输主管部门会同珠江航务管理局批准。

交通运输部所属航道管理机构负责研究提出其管辖航道的维护范围和标准，报交通运输部批准。其中，长江航道局、长江三峡通航管理局根据管理范围分别编制航道维护范围和标准，经长江航务管理局审核后报交通运输部批准；长江口航道管理局负责编制辖区范围内的航道维护范围和标准，报交通运输部批准。

航道维护范围和标准需要变更的，应当经过重新论证，并按照原批准程序履行报批手续。

第十条 航道维护标准包括航道维护类别、维护尺度及航道维护水深年保证率、航标配布类别、航标维护正常率、过船建筑物年通航时间保证率等。

航道维护范围和标准应当由具有管辖权的航道管理机构向社会公布。

第十一条 航道养护工作主要包括:航道维护观测、维护性疏浚、清障、整治建筑物维修以及航运枢纽、过船建筑物、航标设施、船舶基地、码头场站、航道工作船艇等航道设施、设备的运行、监测、检查、保养维护和购置等。

航道养护工作按其性质、复杂程度、规模大小划分为日常养护作业和应急抢通工程。日常养护作业包括例行养护作业和专项养护工程。

第十二条 省级航道管理机构及交通运输部所属航道管理机构应当按照养护工作内容和资金来源编制航道养护年度计划,并做好年度计划与预算编制的衔接工作。

航道养护年度计划编制应当遵循突出重点的原则。

第十三条 航道养护年度计划包括以下主要内容:

(一)维护里程;

(二)维护标准;

(三)维护内容、工作量及质量目标;

(四)生产安全目标;

(五)维护费用;

(六)工作要求及说明等。

第十四条 省级航道养护年度计划,由具有管辖权的航道管理机构编制,经省级航道管理机构审核后,报省级交通运输主管部门批准。其中,国际(境、界)河流航道养护年度计划,由省级交通运输主管部门审核后报交通运输部批准;西江干线航道养护年度计划由省级交通运输主管部门会同珠江航务管理局批准。

交通运输部所属航道管理机构按照管辖范围编制航道养护年度计划,报交通运输部批准。其中,长江航道局、长江三峡通航管理局根据管理范围分别编制航道养护年度计划,经长江航务管理局审核后报交通运输部批准;长江口航道管理局负责编制辖区范围内的航道养护年度计划,报交通运输部批准。

航道养护年度计划中涉及维护里程、维护标准、维护内容等发生重大变化的，应当按上述两款规定的程序报批，并及时对外公布。

航道管理机构应当及时将经批准的养护年度计划向海事管理机构备案。

第十五条 对其他部门建设的通航建筑物，辖区航道管理机构应当加强行业管理，按照国家现行有关标准、规范和通航要求，督促相关单位做好通航建筑物养护年度计划的编制和实施工作。

通航建筑物养护年度计划应当报辖区航道、海事管理机构及港口管理部门备案。

第三章 实施管理

第十六条 航道养护工作应当严格执行国家有关规定、标准，保证养护质量和作业安全。

第十七条 例行养护作业由辖区航道管理机构按照批准的年度养护计划组织实施，由省级航道管理机构负责检查监督。

交通运输部所属航道管理机构负责其管辖航道例行养护作业的检查监督，例行养护作业由辖区航道管理机构根据年度养护计划组织实施。

例行养护作业的历次检查结果、日常记录以及统计资料作为年度技术考核的重要依据。

第十八条 规模较大、技术复杂需要进行设计的航道专项养护工程，应当由具有相应资质的设计单位进行设计，设计方案应当经批准后方可实施；规模较小、技术难度不大的航道专项养护工程，可以简化工作程序，由具有管辖权的航道管理机构根据年度养护计划组织实施。

省级交通运输主管部门可以根据本省航道管理实际，制定本省航道专项养护工程的管理程序。其中西江干线航道中需要设计的、规模超过200万元的专项养护工程，其设计方案由省级交通运输主管部门会同珠江航务管理局审批。

交通运输部所管辖航道专项养护工程设计方案，由交通运输部所属航道管理机构审批。其中，长江航道局、长江三峡通航管理局管辖范围内的长江干线航道专项养护设计方案，由长江航道局、三峡通航管理局等单位组织编制，报长江航务管理局审批；长江口航道管理局负责审批其管辖范围内专项养护设计方案。工程费用超过300万元的，其设计方案经长江航务管理局、长江口航道管理局审核后，报交通运输部审批。

第十九条 从事专项养护工程的作业单位应当具备相应资质或能力。

专项养护工程完工后，应当及时组织验收，验收结果作为年度技术考核的重要依据。

第二十条 航道通航状况改变或者航道实际尺度临时不能达到维护尺度时，航道管理机构应当及时发布航道通告，并将有关信息通报海事管理机构和港口管理部门。

航道管理机构应当采取措施尽快恢复航道的通航维护尺度。

第二十一条 对因自然灾害或者突发事件造成的航道及航道设施损坏和发生碍航、断航事件，辖区航道管理机构应当及时报告事发地县级以上地方人民政府和上级航道管理部门，尽快组织改善、修复；难以尽快改善、修复时，事发地县级以上地方人民政府应当组织相关部门按照应急预案组织抢修。

第二十二条 航道管理机构应当保留航道应急抢通工程的相关的影像、文字、图纸等资料。

第二十三条 航道及航道设施因台风、暴雨、洪水、干旱、冰凌等自然灾害造成损毁，需进行恢复性应急抢通工程的，可以按照有关规定申请国家应急抢通资金补助，申报程序按国家相关规定办理。

第二十四条 实施航道养护作业前，应当根据需要分别向航道、海事管理机构申请发布航道通告（通电）和航行通（警）告。

进行航道养护作业的船舶,应当按照国际公约、国内法规有关规定,设置明显的作业标志,采取必要的安全措施。养护船舶作业时,在不影响过往船舶安全通行的前提条件下,可以在执行该作业所必需的限度内确定航行路线和方向。

实施航道养护作业,任何单位或者个人不得非法阻扰、干涉或者索取费用。

第二十五条 实施养护作业前,航道管理机构应当提前将作业方案向当地海事管理机构通报。需要临时采取水上交通管制的,养护作业单位应当向海事管理机构提出申请,海事管理机构应当做好现场监督管理工作。

第二十六条 过船建筑物停航检修前,应当按规定申请发布航道通告(通电)、航行通(警)告。其中连续停航超过24小时的,其检修方案应当经辖区航道管理机构同意,报省级航道管理机构备案。连续停航超过48小时的,其检修方案应当经省级航道管理机构同意,报省级交通运输主管部门备案。连续停航超过72小时的,其检修方案应当经省级交通运输主管部门同意,报交通运输部备案。

长江干线、西江干线、京杭运河和国际(界、境)河流航道过船建筑物停航检修连续超过24小时的,其检修方案应当报经交通运输部同意。

第二十七条 各级航道管理机构应当按国家及交通运输部有关规定,认真做好航道养护的统计和上报工作。

第二十八条 有关航道养护的年度计划、技术文件、考核验收文件、统计报表等资料,应当符合档案管理的规定。

出版发行电子或纸质航道航行参考图集,必须遵守国家相关规定,报交通运输部水运局会同海事局进行技术和保密审查。审查合格后,航道管理机构应当会同海事管理机构对外公布。

第二十九条 从事航道养护工作重要技术岗位从业人员,应当按照国家有关规定取得相应的职业资格。

第四章 技术考核

第三十条 航道养护工作应当按照航道养护年度计划要求进行技术考核。技术考核工作应当遵循公平、公正、客观的原则，实行分级管理，分类考核。

技术考核应当将日常检查、定期检查结果作为重要依据。

第三十一条 技术考核包括以下主要内容：

（一）综合管理，包括国家有关法律、法规、标准的执行情况，资金管理、安全生产、统计资料、廉政建设等；

（二）航道维护与观测，包括维护计划制定与实施、航道维护尺度达标情况、航道测量、航道疏浚、航道信息发布等；

（三）航标维护，包括标志配布与设置、日常养护、灯光质量、航标失常恢复、航标台账资料及航标器材质量等；

（四）整治建筑物维护，包括整治建筑物的检查、维修、保护及相关的技术资料等；

（五）航运枢纽及船闸维护，包括运行管理规章的制定及执行，机电设备维护保养、水工建筑物的观测检查、运行调度及相关的技术资料等；

（六）船艇维护，包括工作船舶机电设备维护、船舶管理、船员管理及相关的制度、技术资料等；

（七）航道场站、基地维护，包括各项制度的建立，场站、基地等设施的运行、维护情况及资料管理。

第三十二条 技术考核工作按照辖区航道管理机构自查、省级航道管理机构检查、省级以上交通运输主管部门抽查方式进行。

技术考核检查或抽查工作按下列程序进行：

（一）听取自查情况汇报及相关用户的意见；

（二）查看现场；

（三）查阅有关档案、文件资料；

（四）按照本办法的内容进行综合考评，形成初步意见；

（五）与相关单位交换意见；

（六）形成并提交技术考核报告。

第三十三条 技术考核报告包括下列内容：

（一）基本情况：包括辖区航道基本情况、养护管理机构设置情况、年度养护计划及执行情况；

（二）分类和综合评价意见；

（三）问题与建议；

（四）《航道养护技术考核表》（见附件）。

第三十四条 技术考核等级分为优良、合格和不合格。

优良：圆满完成养护年度计划，工作质量良好；

合格：完成养护年度计划，工作质量符合要求；

不合格：未完成养护年度计划，工作质量不符合要求。

第三十五条 各省年度技术考核工作总结报告，经省级交通运输主管部门审核后，于次年2月底前报交通运输部。

交通运输部所属航道管理机构应当将年度技术考核工作报告报交通运输部。其中，长江航道局、长江三峡通航管理局管辖的长江干线航道年度技术考核工作报告由长江航务管理局抽查、审核后报交通运输部。

交通运输部每年对全国航道养护年度技术考核工作进行总结，开展抽查，并公布考核结果。

第五章 监督与奖惩

第三十六条 各级交通运输主管部门应当加强对航道养护工作监督检查。

对技术考核不合格的单位，按照管理权限由交通运输部所属航道管理机构或省级航道管理机构责令限期整改，并将整改结果报省级交通运输主管部门备案，涉及西江干线的，还应当报珠江航务管理局备案。长江干线航道，按照管辖职责，分别报长江航务管理局和长江口航道管理局备案。

第三十七条　各级交通运输主管部门或航道管理机构工作人员在航道养护管理工作中玩忽职守，滥用职权，徇私舞弊的，由其所在单位或上级主管部门给予行政处分或者经济处罚；给国家造成重大损失的，依法追究法律责任。

第三十八条　交通运输部每五年组织对全国养护工作先进单位和个人进行表彰。

对在应急抢通、技术创新等航道养护工作中作出突出贡献的单位或个人，省级以上交通运输主管部门应当及时给予表彰。

第六章　附　　则

第三十九条　本规定下列用语的含义：

（一）专项养护工程，是指为恢复或改善航道技术状况，提高航道维护装备水平，列入航道养护年度计划规模较大的养护项目。包括规模较大的航道及航道设施的监测、修复、疏浚、清障、航道养护设备、航道设施备品备件的采购以及其他资金规模较大的养护工程。

（二）应急抢通工程，是指为恢复因自然灾害或突发事件影响航道畅通而实施的工程。

（三）技术考核，是指为改进航道养护管理，运用一定的考核方法、量化指标及评价标准，对航道养护管理计划目标的实现程度、效果性和可持续性所进行定量与定性相结合的综合性考核与评价。

第四十条　国际（境、界）河流航道的养护管理活动适用本规定，但本规定与我国缔结的政府间协定不一致的，按照有关协定执行。

第四十一条　省级交通运输主管部门可参照本规定，结合本地区实际情况制定其他航道养护管理办法，并报交通运输部备案。

第四十二条　本规定由交通运输部水运局负责解释。

第四十三条　本规定自 2011 年 1 月 1 日起施行。

综合管理考核表

表 1

序号	考核项目	考核内容		标准分(100 分)	考核标准	自评分	考核分	备注
一	执行法律法规与技术规范(15 分)	1. 法规规章	认真宣传贯彻执行《中华人民共和国航道管理条例》、《中华人民共和国航标条例》、《船闸管理办法》等法规并制订实施办法	5 分	宣传贯彻执行不到位的,扣 2 分,未制定相关法规实施办法扣 1 分			
		2. 技术规范	认真贯彻执行《内河通航标准》、《内河助航标志》、《内河助航标志的主要外形尺寸》和《内河航道维护技术规范》等技术标准规范	5 分	贯彻执行不到位的,扣 2 分,出现严重不符合技术规范要求的,扣 5 分			
		3. 管理办法	认真贯彻执行《航道养护管理规定》,制定相应的管理制度	5 分	贯彻执行不到位的,扣 2 分,未制定管理制度扣 3 分			

续上表

序号	考核项目	考核内容		标准分（100分）	考核标准	自评分	考核分	备注
二	资金投入与管理（25分）	1.资金渠道	航道养护管理资金满足需要	12分	资金投入不能保障航道正常维护需要的，扣4分；不能全部用于航道养护的，扣6分			
		2.资金使用管理	建立健全财务管理制度，实行预算管理；使用资金科学合理，专款专用	5分	制度不健全扣1分，未执行预算管理扣1分，未专款专用扣2分			
		3.财经纪律	严格遵守财经纪律，无违法违纪现象的发生	8分	发生违纪事件扣1分，严重违法违纪扣8分			
三	安全生产（30分）	1.安全生产制度	认真贯彻安全生产政策、法规，建立健全安全生产管理制度	6分	贯彻执行不到位、制度不健全的，扣3分			
		2.制度落实情况	认真落实“安全第一、预防为主”的安全方针，实行安全生产责任制，责任明确，分工到位，落实到人和工作环节	9分	未实行安全生产责任制扣3分；未落实到位，每项扣3分			
		3.责任事故	全年无等级以上的安全责任事故	15分	重大责任事故扣15分，一般事故每项扣3分			

续上表

序号	考核项目	考核内容		标准分(100分)	考核标准	自评分	考核分	备注
四	廉政建设与养护质量(15分)	1. 廉政建设	建立健全反腐败领导体制和工作机制，认真落实党风廉政建设责任制	5分	未建立制度、实行责任制，每项扣1分			
		2. 养护管理	按照国家有关规定，执行招投标制、工程监理制和合同管理制	4分	未按规定执行有关制度，每项扣1分			
		3. 养护质量	养护质量符合设计和有关规范要求	6分	养护质量不合格或发生质量安全事故的扣6分			
五	规范化管理(15分)	1. 管理制度	1. 各项管理制度健全、完善	4分	制度不健全，每项扣1分			
		2. 规范化管理	2. 基层单位原始工作台账记录齐全、规范、真实	5分	不齐全扣2分、不规范扣1分、不真实扣5分			
		3. 资料档案	3. 各项统计资料齐全、准确、真实，上报及时；档案管理规范	6分	资料不齐全、上报不及时、档案管理不规范，扣1~2分			

航道维护与措施考核表

表2

序号	考核项目	考核内容		标准分（100分）	考核标准	自评分	考核分	备注
一	贯彻落实法规，建立健全规章制度（15分）	1. 法规	认真贯彻落实《中华人民共和国航道管理条例》及其《实施细则》、《内河航道维护技术规范》等法规、标准	4分	贯彻落实法规有漏项，每项扣1分			
		2. 制度	建立健全航道维护管理各项规章制度	4分	管理制度不健全，每项扣1分			
		3. 计划与实施	制定并实施年度航道维护计划	7分	未制定年度维护计划扣3分，未按计划实施扣4分			

续上表

序号	考核项目	考核内容		标准分(100分)	考核标准	自评分	考核分	备注
二	航道维护分类及标准(40分)	1. 维护类别与范围	根据航道等级和通航要求确定航道维护类别和维护范围	8分	未确定航道维护类别扣4分,未确定维护范围扣4分			
		2. 维护尺度	航道水深、宽度、弯曲半径应满足航道维护标准的要求	8分	水深、宽度、弯曲半径未达到维护标准要求的,一项扣3分			
		3. 航道维护水深年保证率	天然径流航道一类维护:Ⅰ、Ⅱ级航道达到98%以上,Ⅲ、Ⅳ级航道达到95%以上。二类维护:Ⅲ、Ⅳ级航道达到94%以上,Ⅴ~Ⅶ级航道达到88%以上;潮汐河口航道一类维护:无备淤航道达到90%以上,有备淤航道达到98%以上。二类维护:无备淤航道达到85%以上,有备淤航道达到95%以上,三类维护:无备淤航道达到80%以上,有备淤航道达到90%以上	24分	航道维护水深年保证率每低于标准一个百分点,扣8分			

续上表

序号	考核项目	考核内容		标准分（100分）	考核标准	自评分	考核分	备注
三	维护措施（30分）	1. 测量	维护测量的内容和工作量完成年度计划，其成果质量满足年度维护计划要求，长河段测量应定期更新	9分	一项未做到，扣2分			
		2. 水文观测	根据航道维护要求进行水位、流速和泥沙等水文观测	6分	一项未观测，扣1分			
		3. 工程措施	采取疏浚、清障、改槽等维护措施保证航道维护尺度	9分	采取工程措施不力的，扣4分			
		4. 信息发布	建立健全航道信息发布制度，及时、准确地发布航道信息、服务社会公众	6分	未建立制度扣3分，信息发布不准确、不及时，扣3分			

续上表

序号	考核项目	考核内容		标准分(100分)	考核标准	自评分	考核分	备注
四	资料及档案管理(15分)	1. 维护资料	航道维护工程资料完好、齐备,包括维护性疏浚、清障、改槽等	4分	资料不齐全扣2分、不规范扣1分、不真实扣4分			
		2. 养护记录	养护检查、测量、观测记录规范、齐全	5分	记录不齐全扣2分、不规范扣1分、不真实扣5分			
		3. 统计资料	建立完善的统计制度并制定能反映计划指标完成情况的统计报表,航道养护成果数据统计全面准确,及时报送,并纳入成果资料中	6分	无统计制度,扣2分,统计数件不全面扣3分,上报不及时扣1分			

航标维护考核表

表 3

序号	考核项目	考核内容		标准分(100 分)	考核标准	自评分	考核分	备注
一	贯彻落实法规，建立健全制度(5 分)	1. 落实法规	认真贯彻落实《中华人民共和国航标条例》、《内河航标管理办法》等法规	2 分	贯彻航标法规有漏项，每项扣 1 分			
		2. 各项制度	建立健全航标养护管理各项规章制度	3 分	管理制度不健全，每项扣 1 分			
二	航标维护数量和正常率(25 分)	1. 计划完成情况	河床稳定的航道，全年的航标座天数和灯天数与计划数量相差 ±3% 以内；河床变化较大的航道，全年的航标座天数和灯天数与计划数量相差 ±5% 以内	5 分	河床稳定的航道，每超过规定范围 1 个百分点扣 1 分；河床变化较大的航道，特殊情况酌情处理			
		2. 航标维护正常率	一类维护航标正常率不小于 99%；二类维护航标正常率不小于 95%；潮汐河口航道航标维护正常率不小于 99.8%	20 分	每类航道航标维护正常率每低 1 个百分点扣 5 分			

续上表

序号	考核项目	考核内容		标准分（100分）	考核标准	自评分	考核分	备注
三	航标配布、设置和调整（24分）	1. 航标配布	航标配布应符合《内河助航标志》和《内河航道维护技术规范》等规范的规定要求	6分	航标配布错误扣5分，航标配布不合理每座扣1分			
		2. 航标设置	航标设置应符合规范要求：一类维护航道航标的设置，应满足一类或二类航标配布要求，条件优良的运河航道和水网航道可按重点航标配布要求设置发光的航标。二类维护航道航标的设置，应满足二类或三类航标配布要求，运河航道和水网航道和通航条件较好的天然航道，可按重点航标配布要求设置发光或不发光的航标	6分	航标的设置不符合要求，每座扣1分，扣完为止			
		3. 航标调整	河床稳定的航道应按航标配布图设置航标，并根据水位或水深变化及时调整。通航条件变化较大的滩险航道，应根据航道变化情况和船舶安全航行要求及时调整航标位置和数量	6分	未按规定及时调整航标每座扣1分			

续上表

序号	考核项目	考核内容		标准分(100分)	考核标准	自评分	考核分	备注
三	航标配布、设置和调整(24分)	4. 航标恢复	桥区、碍航礁石和滩嘴等关键位置的航标失常时,必须立即恢复,其他航标应及时恢复	6分	未按规定及时恢复航标每座扣1分			
四	航标养护质量(20分)	1. 标位正确	航标的位置正确,结构良好,安装牢固,稳定可靠	5分	航标的位置不正确每座扣5分,其他不符合要求每座扣1分			
		2. 标志正常	航标外形尺寸符合规定,颜色鲜明,灯光明亮,灯质和视距符合要求	5分	灯光熄灭或灯质错误每座扣5分,其他不符合要求每座扣1分			
		3. 通视及信号	航标通视有效范围内无遮掩物,通行信号和水深信号揭示及时、正确	5分	不符合要求每座或每处扣1分			
		4. 航标设备	航标采用定型产品,灯器和能源应满足性能良好、质量可靠,使用维护方便、环保、节能等要求	5分	不符合要求每座或每处扣1分			

续上表

序号	考核项目	考核内容		标准分(100分)	考核标准	自评分	考核分	备注
五	航标的检查、保养与维修(18分)	1. 基本要求	应根据河流、航道特点、航标类型及材质确定航标检查、保养与维修的内容、技术要求和周期,并符合规范要求	5分	不符合要求每项扣1分			
		2. 常规检查	航标应按规范要求进行日常检查、定期检查和临时检查	5分	不符合要求每次扣1分			
		3. 保养和维修	航标实施的检查、保养和维修周期等符合规范要求	5分	不符合要求每次扣1分			
		4. 备品数量	航标备品数量应符合规范要求	3分	低于规定20%的扣1分,低于规定50%扣2分,严重不足扣3分			
六	档案及统计资料(8分)	1. 检查记录	航标检查记录准确、详细和规范	3分	记录不准确和规范,每处扣1分			
		2. 航标档案	航标档案齐全,规范	2分	航标档案不齐全,每座扣1分			
		3. 统计资料	统计资料报表、航标变更按时上报	3分	未按规定及时上报扣1分			

整治建筑物维护考核表

表4

序号	考核项目	考核内容		标准分(100分)	考核标准	自评分	考核分	备注
一	规章制度健全(10分)	1.规章制度	建立了健全的航道整治建筑物维护管理规章制度并贯彻落实	10分	未建立制度扣3分,贯彻落实不力扣3分			
二	检查要求(35分)	1.检查内容	按照《内河航道维护技术规范》要求,对建筑物尺寸、水流状况、功能、缺陷和隐患进行检查,对技术状况进行分析评价	10分	缺少一项检查内容扣2分			
		2.检查重点	各类整治建筑物按照《内河航道维护技术规范》规定内容进行检查	15分	不符合《规范》的,一项扣2分			
		3.检查周期	可检查的航道整治建筑物每年应至少检查1次,并有相应记录	10分	年检查少于1次的扣2分,无记录的扣2分			

续上表

序号	考核项目		考核内容	标准分（100分）	考核标准	自评分	考核分	备注
三	维修（40分）	1. 计划与实施	根据检查情况制定年度维修计划，并组织实施	16分	无计划扣5，计划不完善的2分，未按计划组织实施扣4分			
		2. 及时维修	技术状况评价为三、四类的整治建筑物，应及时维修	17分	因为未及时维修，而影响航道畅通和通航安全的，发现一处扣3分			
		3. 维修质量	维修工程质量符合要求	7分	不符合要求，扣7分，有缺陷扣3分			
四	资料及档案管理（15分）	1. 工程资料	整治建筑物勘测、设计、施工、竣工资料完好、齐备	3分	资料不齐全扣2分、不规范扣1分、不真实扣3分			
		2. 检查记录	检查、观测记录规范、齐全	4分	记录不齐全扣2分、不规范扣1分、不真实扣4分			
		3. 维修资料	整治建筑物维修设计、施工资料完好、齐全	3分	维修资料不齐全扣2分、不规范扣1分、不真实扣3分			
		4. 统计资料	整治建筑物统计资料齐全并按时上报	5分	资料不齐全扣3分、不规范扣1分、不真实扣5分，不按时上报扣1分			

船闸维护管理

表 5

序号	考核项目	考核内容		标准分（100 分）	考核标准	自评分	考核分	备注
一	贯彻落实《船闸管理办法》，建立健全规章制度（10 分）	1. 执行管理办法	领导重视，认真贯彻执行《船闸管理办法》，确定为航运服务的宗旨	2 分	发现未落实贯彻执行《船闸管理办法》等有关规定的，每项扣 1 分			
		2. 科学管理	科学管理，充分发挥船闸的通过能力，提供安全、及时、方便的运行条件	3 分	船闸管理无序扣 2 分；未对船舶过闸提供安全、及时、方便的运行条件每项扣 1 分			
		3. 制度与规程	建立健全各项管理规章制度和操作规程	3 分	养护制度不健全，每少一项扣 1 分，各设备操作规程不健全，每少一项扣 1 分			
		4. 过闸费征收与使用	船闸过闸费的征收和使用符合国家规定，贯彻专款专用的原则	2 分	过闸费征收和使用不符合国家规定的扣 2 分，发现不符合专款专用的每项扣 1 分			

续上表

序号	考核项目	考核内容		标准分(100分)	考核标准	自评分	考核分	备注
二	制订并组织实施船闸运行养护计划(15分)	1. 大修计划	有船闸管理单位会同相关单位编报船闸大修计划，并按计划实施	4分	船闸管理单位未会同有关单位编报船闸大修计划扣4分，有计划但未严格执行扣2分以内			
		2. 岁修计划	船闸管理单位按规定制订船闸岁修计划并组织实施	4分	未制定岁修计划的扣2~4分，有计划但有一项不完成或不按期完成扣1分			
		3. 小修保养计划	认真制订并严格实施船闸月、季度保养计划	4分	船闸养护月、季度计划，每少一次扣2分；制定养护计划不合理的，每次扣1分；单位分管领导、工技股不参加检查的，每次扣1分；月度养修工作无考核检查，每月次扣0.5分			
		4. 应急预案	制订切实可行的船闸应急保障预案	3分	没有按规定制定相关应急保障预案的每少一项扣2分；制定的应急预案不切实可行的每项扣1分			

续上表

序号	考核项目	考核内容		标准分（100分）	考核标准	自评分	考核分	备注
三	船闸运行管理(30分)	1. 通航时间保证率	通航时间保证率符合规范要求	5分	实得分＝(实际通航时间保证率－95%)×100			
		2. 过闸安排	船闸上、下游引航道外按规范要求设置待闸区，并按规定安排船舶过闸	5分	船闸上、下游引航道外未按规范要求设置待闸区扣2分，未按规定安排船舶过闸扣3分			
		3. 助航标志	船闸管理区域内的航道养护、助航标志，安全标志达到该航道的等级标准	4分	航道养护、助航标志未达该航道标准扣2分；安全标志未达该航道标准扣2分			
		4. 调度	加强船闸调度管理及时发布船闸运行调度计划和公告，做好船闸运行记录。完成船舶过闸调度作业计划，计划完成率100%	5分	未及时发布运行调度计划和公告的扣2分；船闸记录不全、缺项、字迹不清每处扣0.5分；调度作业计划每一项不完成扣1分			

续上表

序号	考核项目	考核内容		标准分(100分)	考核标准	自评分	考核分	备注
三	船闸运行管理(30分)	5. 清障	及时清理闸室、新航道、闸区等区域水上水下碍航物,保障船舶安全航行	4分	发现水上水下障碍物未及时清理的每处扣1分			
		6. 消防	按规定配备消防、救生器材和抢险工具等安全生产设施、设备	4分	未按规定配备消防、救生器材和抢险工具等安全生产设施的有一处扣0.5分			
		7. 培训	加强对船闸运行管理人员的培训考核	3分	每年培训次数不少于相关规定,每少一次扣1分,扣完为止			
四	船闸设备设施管理(30分)	1. 备品备件	各项备品备件符合规定,满足船闸运行。物料、备品备件消耗有登记、有统计;购置、进出库手续齐全,账物相符	4分	备品备件不能满足船闸运行需要的扣1~3分;登记、统计不全扣0.5分;购置、进出库手续不全的扣0.5分;账物不相符的扣0.5分			

续上表

序号	考核项目	考核内容		标准分(100分)	考核标准	自评分	考核分	备注
四	船闸设备设施管理(30分)	2. 设备完好	主要运行设备完好率100%	6分	主要设备完好率≤90%(年平均)无分，90%~100%的实得分=标准分×(实际完好率-90%)×10			
			船闸土建、水工建筑物及导航设施正常	6分	船闸土建、水工建筑物及导航设施发现一处损坏的，每处扣1分			
		3. 船闸设备故障	单级船闸运行设备故障碍航率不高于0.2%	6分	船闸设备故障碍航率≥0.2%者无分，<0.2%(的实得分=标准分×(0.2%-故障碍航率)×500;单次超过1小时的每次扣1分			
		4. 设备安全防护装置	设备设施安全防护装置齐全可靠，安全保护装置按期校验;无安全事故发生或无安全隐患。防火器材齐全有效，无火灾隐患	6分	设备安全防护装置不可靠的扣1分，安全保护装置未按期校验的扣1分。发现一处安全隐患扣1分			
		5. 其他	闸区卫生、绿化环境良好	2分	未能保持闸站区绿化环境基本整洁，每次扣2分;绿化未能进行及时修剪，有杂乱等现象，每次扣1分;闸区环境不整洁的每处扣0.5分			

续上表

序号	考核项目	考核内容		标准分（100分）	考核标准	自评分	考核分	备注
五	资料及档案管理（15分）	1. 工程资料	船闸勘测、设计、施工、竣工资料完好、齐备	3分	相关资料缺少一项的扣0.5分，资料不完整扣2分、不规范扣1分、不真实扣3			
		2. 维修资料	船闸大修、岁修设计、施工资料完好、齐全	3分	相关资料缺少一项的扣0.5分，资料不完整扣2分、不规范扣1分、不真实扣3分			
		3. 监测资料	船闸安全监测技术资料完整规范	3分	相关资料缺少一项的扣0.5分，资料不完整扣2分、不规范的扣1分、不真实扣3分			
		4. 日常台账	船闸日常运行、维护台账规范、齐全	3分	船闸日常运行、维护台账缺少一项的扣1分，记录不规范、不完整的每处扣0.5分，不真实扣3分			
		5. 统计资料	按时报道船闸各项统计资料报表	3分	相关报表未上报的扣2分，上报不及时的每次扣1分			

航运枢纽考核表

表 6

序号	考核项目	考核内容		标准分（100 分）	考核标准	自评分	考核分	备注
一	建立健全规章制度(15分)	1. 组织机构	设置管理部门、运行机构，有水文预报、机电检修、水工观测、抢险队伍，并且各机构职责、各岗位责任明确	5 分	未设置管理部门、运行机构扣 2 分；缺少水文预报、机电检修、水工观测、抢险队伍，每项扣 1 分；未明确各机构职责扣 1 分；未明确岗位责任扣 1 分			
		2. 管理制度	建立健全枢纽大坝管理的各项规章制度包括运行值班制度、水工观测规程、水工建筑物维护检修规程、水工机电设备运行检修规程、水库调度管理规程、大坝安全管理制度、防洪度汛制度及汛情灾情报告制度、现场检查工作制度、人员上岗培训制度等	5 分	缺少一项规程或制度扣 1 分			
		3. 检查考核	枢纽管理部门每季度和年度对大坝运行机构、水文预报、机电检修、水工观测等工作进行检查，每半年组织一次设备评级，发现问题，制定整改措施和整改计划；每年进行年度考核	3 分	缺少一次检查、考核扣 1 分；缺少一次设备评级扣 1 分；发现问题，无整改措施和整改计划扣 2 分			

续上表

序号	考核项目	考核内容		标准分（100分）	考核标准	自评分	考核分	备注
一	建立健全规章制度（15分）	4. 资金保证	制定年度资金使用计划，并按计划专款专用；人员工资、大坝及设备养护维修改造的费用、水文信息费用、防洪资金、应急管理等费用得到落实	2分	无年度资金使用计划扣1分；违反专款专用原则扣1分；人员工资、大坝及设备维护费用、水文信息费用、防洪资金、应急管理资金等费用缺一项不落实扣1分			
二	运行管理（30分）	1. 年度计划	制订年度大坝监测、养护计划	2分	无年度大坝监测养护计划各扣1分			
		2. 制度落实	落实值班制度，有值班、巡查记录；落实水库水位调度方案	8分	无值班、巡查记录扣3分；人为原因造成水位调度不能满足通航要求，导致不能通航的扣8分			
		3. 防汛工作	执行设计防洪标准内的洪水调度方案（包括汛限水位、调洪水位、下泄流量、闸门开启顺序等）；执行超标准洪水的防洪调度预案（包括洪水调度方案、工程措施、组织措施、物资贮备及运输方案、人员转移方案等）；泄洪闸门有可靠的备用电源；执行水文气象预报方案；执行防御局地暴雨、支沟洪水、泥石流、滑坡，以及漂浮物撞击大坝等灾害措施；执行防御水淹厂房的措施	6分	不执行设计防洪标准内的洪水调度方案扣2分；无超标准洪水的防洪调度预案扣1分；泄洪闸门无备用电源或备用电源不可靠扣2分；不执行防御局地暴雨、支沟洪水、泥石流、滑坡，以及漂浮物撞击大坝等灾害措施扣2分；不执行防御水淹厂房的措施扣2分			

续上表

序号	考核项目	考核内容		标准分（100分）	考核标准	自评分	考核分	备注
二	运行管理（30分）	4. 科学调度保障通航	执行梯级水电站水库调度方案，并保证通航条件；水量调度要保证上游最低通航水位，下泄流量要考虑到防止下游水位大起大落	6分	不执行梯级水电站水库调度方案，导致不能保证通航条件，扣3分；人为原因使下游水位大起大落，影响下游航道的通航条件，扣3分			
		5. 应急管理	制订应急预案，定期组织演习和修订	3分	无应急预案扣2分；应急预案无演习扣1分；应急预案无定期修订扣1分			
		6. 保护范围明确	坝区应划定管理和保护范围，并树立明显标志，兼做公路的坝顶，应设路标和限荷标示牌，并采取相应的安全防护措施；制定安全保卫制度，设置保卫人员，防止暴力和恶意破坏坝区设施及擅自操作各种水工机电设施	2分	没有明确管理和保护范围扣1分；管理和保护范围无安全防护措施扣1分			
		7. 记录齐全	大坝运行管理的各类记录，真实、齐全	3分	记录不完整扣2分、不规范扣1分、不真实扣3分			

续上表

序号	考核项目	考核内容		标准分(100分)	考核标准	自评分	考核分	备注
三	机电设备养护(25分)	1.落实计划	完成年度养护计划	7分	人为原因造成年度养护计划一项不完成或不按期完成,每项扣1分			
		2.设备检查及养护	完成日常大坝设施、机电设备巡查及保养;完成泄洪设施维护与保养运行工作检查;完成水文气象观测设备、报汛、通信设施维护及调试工作检查;完成汛前机电设备检修工作;泄洪设备、设施及时进行防护处理,金属结构有完善的防腐蚀措施,表面清洁无锈。出现影响安全运行的缺陷,应及时制定维修计划,并于进入主汛期之前完成	10分	日常巡查:正常运行期,大坝及设备,每月不少于一次;汛期和特殊情况,每天至少检查一次,每少一次扣1分;未完成泄洪设施维护与保养工作,扣1分;未完成水文气象观测设备、报汛、通信设施维护及调试工作,扣1分;未完成汛前机电设备检修工作,扣3分;泄洪设备、设施不及时进行防护处理,金属结构没有完善的防腐蚀措施,扣3分。出现影响安全运行的缺陷不及时制定维修计划,主汛期之前未完成整改,扣5分			
		3.缺陷处理	执行设备缺陷登记制度;大坝设施、机电设备、水文气象观测设备、报汛、通信设施出现缺陷及时消缺或制订消缺计划	5分	大坝设施、机电设备、水文气象观测设备、报汛、通信设施存在缺陷每项扣1分			
		4.设备完好	大坝主设备完好率100%	3分	水工闸门及启闭设备启闭灵活,无重大缺陷,有重大缺陷扣3分			

续上表

序号	考核项目		考核内容	标准分（100 分）	考核标准	自评分	考核分	备注
四	水工建筑物的观测检查及养护(20 分)	1. 落实观测制度	年度详查：每年汛前、汛后或枯水期（冰冻期），对大坝进行详细检查，提出年度详查报告；按规范及设计要求，大坝监测项目齐全，按时完成各项监测任务；各项监测精度达到规范要求，观测记录规范化，记录表格整齐清楚；定期对监测设施进行检查、校正，并做好记录；监测设施完好率达 95% 以上，测量仪器、仪表完好率 100%；落实水库上下游调查工作，掌握坍岸、滑坡及其他不利于水库运行的情况，并采取相应措施，有重大问题的及时报上级主管单位；大坝定期进行现场检查（表面混凝土裂缝、渗漏、冻融、坝基坝肩及边坡稳定、下游冲刷变化情况等）；坝前泥沙淤积和坝体、坝基、下游岸坡等水工建筑物冲刷情况，应定期监测，及时排淤或清淤和修复	6 分	有一个项目未按期观测一次扣 1 分；一项观测精度未达到要求扣 1 分；记录不规范扣 0.5 分；设施完好率低一个百分点扣 0.5 分；主要仪器完好率低一个百分点扣 0.5 分；坝前泥沙淤积和坝体、坝基、下游岸坡等水工建筑物冲刷情况，未定期监测，扣 1 分			

续上表

序号	考核项目	考核内容		标准分(100分)	考核标准	自评分	考核分	备注
四	水工建筑物的观测检查及养护(20分)	2. 观测结果分析评价	每次观测后,应立即检查原始数据,并进行整理。每月应对观测成果进行简要分析,建立完善监测成果档案。每年应进行观测资料整编,并进行分析,次年2月底以前提出年度整编分析报告。大坝出现异常险情状态时,及时进行观测资料系统分析,并提出监测分析报告	2分	缺少月度整理分析或档案未完善,扣1分;无年度整编扣2分;报告延期扣1分			
		3. 养护	在运行过程中,应对大坝及附属设施进行经常性的养护、维修;坝面及其他表面排水设施完整、排水通畅,清洁整齐,无积水、散落物、杂草、垃圾和乱堆杂物;过水面光滑、平整。各类止水设施完好无损,渗水、渗漏不超允许范围;坝前泥沙淤积及时排淤、清淤;坝体、坝基、下游岸坡等水工建筑物冲刷损坏及时修复	8分	坝面、坝顶路面排水不畅扣1分;坝面有散落物、杂草、垃圾和乱堆杂物,扣1分;过水面不光滑、不平整,扣1分;各类止水设施有损坏,渗水、渗漏量超过允许范围,扣1分;坝前泥沙淤积未及时排淤、清淤,扣1分;坝体、坝基、下游岸坡等水工建筑物冲刷损坏未及时修复,扣2分			

续上表

序号	考核项目	考核内容		标准分(100分)	考核标准	自评分	考核分	备注
四	水工建筑物的观测检查及养护(20分)	4. 缺陷处理	执行缺陷登记制度;大坝水工建筑物出现影响安全运行的缺陷,应及时制定维修计划,并于进入主汛期之前完成	4分	不执行设备缺陷登记制度,扣1分;大坝水工建筑物出现影响安全运行的缺陷,未及时修复或制定维修计划,扣3分			
五	资料及档案管理(10分)	1. 有完好、齐全的大坝勘测、设计、施工竣工资料		2分	大坝勘测、设计、施工竣工资料不完整每项扣1分			
		2. 每年应有完整的大坝安全监测技术资料		2分	资料不完整扣1分、不规范扣1分、不真实扣2分			
		3. 每年应有完整的大坝运行、维护、大修技术资料		2分	资料不完整扣1分、不规范扣1分、不真实扣2分			
		4. 每一项维修加固工程结束后,应有完整的维修方案、施工、竣工资料		2分	资料不完整扣1分、不规范扣1分、不真实扣2分			
		5. 技术资料,应及时归档存放,并由专人保管		2分	技术资料未归档、无专人保管各扣1分			

船艇维护考核表

表7

序号	考核项目	考核内容	标准分（100分）	考核标准	自评分	考核分	备注
一	管理制度（10分）	1. 建立健全船舶安全操作规章制度、船舶航行制度、停泊值班制度、交接班制度、设备技术保养等制度以及轮、驾人员岗位职责	4分	缺少一项制度扣1分，扣完为止			
		2. 船员持有相应等级适任资格证书	2分	无适任证书扣1~2分，扣完为止			
		3. 船舶按相关规定进行检验	2分	未按规定检验扣1~2分，扣完为止			
		4. 制定年度维修保养计划并严格实施	2分	未制定计划扣1分，未实施扣1分			
二	船体保养（15分）	1. 标志标识清晰，船容整洁	5分	标志标识不清晰、船容不整洁，酌扣1~3分			
		2. 舱内及甲板、舷墙弯角等处无污物、泥砂	3分	有污物泥砂扣1~2分			
		3. 船舶内务管理整洁有序	4分	未做到整洁有序扣1~2分			
		4. 甲板、天棚的流水管（孔）畅通	3分	流水管（孔）不畅通扣1~2分			

续上表

序号	考核项目	考核内容	标准分（100分）	考核标准	自评分	考核分	备注
三	船舶机械（25分）	1. 按时进行保养，保证主、辅机处于良好技术状况	5分	未按时保养、技术状况不良扣1~3分			
		2. 主机在常温下启动迅速、加速灵敏、运转平稳	5分	一项不合格扣1分，扣完为止			
		3. 机舱水、油、气等管路接头处无漏水、油、气现象	5分	一项不合格扣1分，扣完为止			
		4. 各种仪表使用灵敏、显示正常	5分	一项不合格扣1分，扣完为止			
		5. 各传动轴系、各种操纵设备完好有效，操舵灵便	5分	一项不合格扣1分			
四	船舶电气（20分）	1. 电器设备有可靠的绝缘和接地	5分	绝缘或接地不可靠扣1~3分			
		2. 电机装配适当，转动正常	6分	转动不良扣2~4分			
		3. 电机清洁干燥，无积水和油渍、水迹	3分	一项不合格扣1分，扣完为止			
		4. 杆座、开关、保险盒无松损，连接螺钉紧固，接触灵活、安全可靠	6分	一项不合格扣1分，扣完为止			

续上表

序号	考核项目	考核内容	标准分（100分）	考核标准	自评分	考核分	备注
五	船舶操作及安全管理（20分）	1. 航前安全提示有内容、有措施、有记录	4分	一项不合格扣1分			
		2. 船员实船操作是能否遵守规程	5分	未遵守规程，发现一次扣1分，扣完为止			
		3. 船舶安全通信设施完好，使用正常	3分	通信不正常扣2分			
		4. 船舶消防、救生设备配备齐全、设备完好、使用正常	4分	配备不齐全扣2分，设备不完好扣1分			
		5. 建立船舶消防、救生应急预案	4分	无预案扣4分，预案不完善扣2分			
六	档案与资料管理（10分）	1. 船舶技术档案资料齐全	2分	不规范、不齐全扣1分，不真实扣2分			
		2. 航行日志及轮机日志记录规范、齐全	4分	不规范扣1分，不齐全扣2分，不真实扣4分			
		3. 燃料及润滑油消耗台账记录齐全	2分	不齐全、不规范扣1分，不真实扣2分			
		4. 大、中修资料齐全	2分	不齐全、不规范扣1分，不真实扣2分			

船舶卧泊基地考核表

表 8

序号	考核项目	考核内容		标准分（100 分）	考核标准	自评分	考核分	备注
一	制度建设（15 分）	1. 制度建设	制定船坞管理办法、护船队管理办法、安全消防管理办法等规章制度	6	缺少一项制度扣 2 分，内容不全面扣 1 分			
		2. 制度落实	根据管理办法设置相应机构，责任明确，落实到位	9	未设置机构设置扣 5 分，分工不明确扣 2 ~ 3 分，落实不到位扣 3 ~ 5 分			
二	卧坞管理（30 分）	1. 卧坞平面布置	每年的卧坞平面布置安排及落实情况	10	没有卧坞平面布置安排方案扣 5 分，方案不落实扣 5 分			
		2. 入坞情况	进行船舶设备检查和船舶安全联合检查	5	未检查船舶设备情况扣 2 分，未进行船舶安全联合检查扣 1 分			
		3. 出坞情况	进行船舶设备检查，组织实施出坞破冰	5	未对船舶设备检查扣 2 分，出坞破冰的组织实施不到位扣 2 分			

续上表

序号	考核项目	考核内容		标准分(100分)	考核标准	自评分	考核分	备注
二	卧坞管理(30分)	4. 冬季管理	对卧泊基地进行监控、安全、保卫管理	5	未对卧坞进行监控扣2分,无安全措施扣1分,船坞管理不到位扣1分,未按规定对船坞检查扣1分			
		5. 夏季管理	夏季对卧泊基地及船舶进行监控、安全、保卫管理情况	5	未对卧泊基地监控扣1分,无安全措施扣1分,船坞管理不到位扣1分,未对船坞检查扣1分			
三	坞池及进坞航道等(30分)	1. 坞池	坞池水深、面积符合设计要求满足船舶卧坞要求	15	坞池水深不符合设计要求、不满足船舶卧坞要求扣8分,坞池面积不符合设计要求、不满足船舶卧坞要求扣7分			
		2. 进坞航道	进坞航道尺度符合设计要求,满足船舶航行要求	10	进坞航道尺度不符合设计要求扣10分			
		3. 附属设施	供电、供水、进坞道路、监控设备、码头及综合业务用房等功能正常	5	基地供水供电设施不齐全扣1分,进坞道路不安全通畅扣1分,监控设备不正常扣1分,码头及综合业务用房等功能不正常扣3分			

续上表

序号	考核项目	考核内容		标准分（100分）	考核标准	自评分	考核分	备注
四	安全管理（15分）	1. 安全	安全责任制建立，应急预案，安全事故处理	10	未建立安全责任制扣2分，未建立应急预案扣2分			
		2. 消防	冬、夏季消防组织及消防设备配备齐全	5	消防组织不完善扣2分，消防设备配备不齐全2分			
五	资料及档案管理（10分）	1. 工程资料	卧泊基地设计、施工、竣工资料完好、齐备	3	资料不齐全扣2分，不规范扣1分，不真实扣3分			
		2. 检查记录	检查记录真实、完整	4	记录不齐全扣2分，不规范扣1分，不真实扣4分			
		3. 维修资料	维修资料规范、齐全	3	维修资料不齐全扣2分，不规范扣1分，不真实扣3分			

公路水运工程项目信息公开暂行规定

交监察发〔2010〕764 号　2010.12.22

第一条　总　　则

为规范公路水运工程项目信息公开工作，推进治理工程建设领域突出问题长效机制建设，根据中央治理工程建设领域突出问题领导小组《推进工程建设领域项目信息公开和诚信体系建设工作指导意见》（中治工发〔2009〕9 号）和《工程建设领域项目信息公开和诚信体系建设试点工作方案》（中治工办发〔2010〕1 号）要求，结合交通运输行业实际，制定本规定。

第二条　公开内容

（一）项目审批、核准信息。项目审批信息包括项目建议书批复结果、可行性研究报告批复结果、初步设计批复结果、节能评估审查批复结果、用地批复文件结果、环境影响评价审批结果、安全评价审批结果、卫生评价审批结果、施工图设计审批结果、施工许可批复结果信息、开工备案信息。项目核准信息包括项目核准结果等内容。

（二）项目基本信息。包括项目名称、项目概况、建设时间、投资规模、项目建设单位及其主要负责人信息；设计、施工、监理单位名称及其主要负责人信息等内容。

（三）招标投标信息。主要包括招标事项、招标公告、资格预审公告、投标控制价和中标结果等内容。

（四）征地拆迁信息。主要包括征地拆迁的组织实施单位和主要负责人及其联系方式、项目用地审批意见、项目涉及征地、征地拆迁公告、补偿标准、征拆数量、资金发放情况等内容。

（五）重大设计变更信息。主要包括重大设计变更批复单位（部门）、变更时间、变更原因、变更内容、变更结果等内容。

（六）施工管理信息。主要包括项目进度计划、完成情况、项目建设单位机构设置及工作职责、主要管理制度、办事程序和时限、廉政举报方式等内容。

（七）合同履约信息。包括施工、监理单位的人员、设备按合同履约到场信息和人员变更情况；建设单位按合同支付资金信息等内容。

（八）质量安全信息。主要包括质量安全监督机构和质量安全监督负责人及其联系方式，项目质量安全监督抽查的有关情况等内容。

（九）资金管理信息。主要包括项目资金筹措及到位情况、工程款支付情况、资金概预算执行情况和工程决算等内容。

（十）交竣工验收信息。交工验收信息主要包括验收组织机构、质量检测意见、监理验收报告或监理工程质量评价意见、交工验收报告、交工验收报告的核备等内容；竣工验收信息主要包括验收组织机构、工程质量鉴定（监督）报告、有关专项验收报告、审计报告结果、竣工验收报告等内容。

第三条　公开主体

项目主管部门（单位）是项目信息的公开主体，负责项目信息准确性、完整性的审核和信息的集中发布。项目建设单位要及时向项目主管部门（单位）提供项目建设管理信息。

第四条　公开载体

项目主管部门（单位）要依托省级交通运输部门门户网站或

部属单位门户网站建立“工程建设领域项目信息公开专栏”，或依托省级交通运输部门公路、水运建设市场信用信息管理系统的“项目信息”专栏，相对集中地发布本部门(单位)负责管理的建设项目信息，向全社会公开项目信息。

第五条 公开要求

信息公开专栏要实现信息的发布、更新、查询和管理等功能，信息的采集和发布须及时、准确、完整。

第六条 适用范围

本规定适用于由国家发展改革委或交通运输部立项、并由交通运输部门或部属单位负责组织建设的公路、水运工程和支持系统建设项目。各省级交通运输主管部门可参照本规定制定具体办法，对其他工程项目的信息公开提出要求。

第七条 附则

本规定由交通运输部负责解释，自发布之日起执行。国家法律、法规对工程建设项目信息公开另有规定的，按照国家法律法规执行。

运 输 管 理

关于修改《道路危险货物运输管理规定》的决定

交通运输部令2010年第5号　2010.10.8

一、将第二条第一款修改为:“从事道路危险货物运输经营和使用自备车辆从事为本单位服务的非经营性道路危险货物运输的,应当遵守本规定。放射性物品和军事危险货物运输除外。”

二、将第三条第一款修改为:“本规定所称危险货物,是指具有爆炸、易燃、毒害、腐蚀等特性,在运输、装卸和储存过程中,容易造成人身伤亡、财产毁损和环境污染而需要特别防护的货物。危险货物以列入国家标准《危险货物品名表》(GB 12268)的为准,未列入《危险货物品名表》的,以有关法律、行政法规的规定或者国务院有关部门公布的结果为准。”

三、将第八条第(一)项修改为:“有符合下列要求的专用车辆及设备:

1. 自有专用车辆5辆以上;

2. 专用车辆技术性能符合国家标准《营运车辆综合性能要求和检验方法》(GB 18565)的要求,车辆外廓尺寸、轴荷和质量符合国家标准《道路车辆外廓尺寸、轴荷和质量限值》(GB 1589)的要求,车辆技术等级达到行业标准《营运车辆技术等级划分和评定要求》(JT/T 198)规定的一级技术等级;

3. 配备有效的通讯工具;

4. 有符合安全规定并与经营范围、规模相适应的停车场地。具有运输剧毒、爆炸和I类包装危险货物专用车辆的,还应当配备与其他设备、车辆、人员隔离的专用停车区域,并设立明显的警示标志;

5. 配备有与运输的危险货物性质相适应的安全防护、环境保护和消防设施设备；

6. 运输剧毒、爆炸、易燃危险货物的，应当具备罐式车辆或厢式车辆、专用容器，车辆应当安装行驶记录仪或定位系统；

7. 罐式专用车辆的罐体应当经质量检验部门检验合格。运输爆炸、强腐蚀性危险货物的罐式专用车辆的罐体容积不得超过20立方米，运输剧毒危险货物的罐式专用车辆的罐体容积不得超过10立方米，但符合国家有关标准的罐式集装箱除外；

8. 运输剧毒、爆炸、强腐蚀性危险货物的非罐式专用车辆，核定载质量不得超过10吨，但运输符合国家有关标准的集装箱的非罐式专用车辆除外。"

四、将第十条第（五）项修改为："拟投入车辆承诺书，内容包括专用车辆数量、类型、技术等级、通讯工具配备、总质量、核定载质量、车轴数以及车辆外廓长、宽、高等情况，罐式专用车辆的罐体容积，罐体容积与车辆载质量匹配情况，运输剧毒、爆炸、易燃危险货物的专用车辆配备行驶记录仪或者定位系统情况。若拟投入专用车辆为已购置或者现有的，应提供行驶证、车辆技术等级证书或者车辆技术检测合格证、罐式专用车辆的罐体检测合格证或者检测报告及其复印件。"

五、将第二十九条第一款修改为："不得使用罐式专用车辆或者运输有毒、腐蚀性危险货物的专用车辆运输普通货物。"

本决定自2011年1月1日起施行。

道路危险货物运输管理规定

2005年7月12日以交通运输部令2005年第9号发布，
根据2010年10月8日交通运输部《关于修改〈道路危险
货物运输管理规定〉的决定》修正

第一章　总　　则

第一条　为规范道路危险货物运输市场秩序，保障人民生命财产安全，保护环境，维护道路危险货物运输各方当事人的合法权益，根据《中华人民共和国道路运输条例》和《危险化学品安全管理条例》等有关法律、行政法规，制定本规定。

第二条　从事道路危险货物运输经营和使用自备车辆从事为本单位服务的非经营性道路危险货物运输的，应当遵守本规定。放射性物品和军事危险货物运输除外。

法律、行政法规对特定种类危险货物的道路运输另有规定的，从其规定。

第三条　本规定所称危险货物，是指具有爆炸、易燃、毒害、腐蚀等特性，在运输、装卸和储存过程中，容易造成人身伤亡、财产毁损和环境污染而需要特别防护的货物。危险货物以列入国家标准《危险货物品名表》（GB 12268）的为准，未列入《危险货物品名表》的，以有关法律、行政法规的规定或者国务院有关部门公布的结果为准。

本规定所称道路危险货物运输车辆（以下简称专用车辆），是指从事道路危险货物运输的载货汽车。

本规定所称道路危险货物运输，是指使用专用车辆，通过道路运输危险货物的作业全过程。

第四条 危险货物的分类、分项、品名和品名编号应当按照国家标准《危险货物分类和品名编号》(GB 6944)、《危险货物品名表》(GB 12268)执行。危险货物的危险程度依据国家标准《危险货物运输包装通用技术条件》(GB 12463),分为I、II、III等级。

第五条 从事道路危险货物运输应当保障安全,依法运输,诚实信用。

第六条 国家鼓励技术力量雄厚、设备和运输条件好的大型专业危险化学品生产企业从事道路危险货物运输,鼓励道路危险货物运输企业实行集约化、专业化经营,鼓励使用厢式、罐式和集装箱等专用车辆运输危险货物。

第七条 交通运输部主管全国道路危险货物运输管理工作。

县级以上地方人民政府交通主管部门负责组织领导本行政区域的道路危险货物运输管理工作。

县级以上道路运输管理机构负责具体实施道路危险货物运输管理工作。

第二章 运输许可

第八条 申请从事道路危险货物运输经营的,应当具备下列条件:

(一)有符合下列要求的专用车辆及设备:

1. 自有专用车辆5辆以上;

2. 专用车辆技术性能符合国家标准《营运车辆综合性能要求和检验方法》(GB 18565)的要求,车辆外廓尺寸、轴荷和质量符合国家标准《道路车辆外廓尺寸、轴荷和质量限值》(GB 1589)的要求,车辆技术等级达到行业标准《营运车辆技术等级划分和评定要求》(JT/T 198)规定的一级技术等级;

3. 配备有效的通讯工具;

4. 有符合安全规定并与经营范围、规模相适应的停车场地。具有运输剧毒、爆炸和I类包装危险货物专用车辆的,还应当配备

与其他设备、车辆、人员隔离的专用停车区域,并设立明显的警示标志;

5. 配备有与运输的危险货物性质相适应的安全防护、环境保护和消防设施设备;

6. 运输剧毒、爆炸、易燃危险货物的,应当具备罐式车辆或厢式车辆、专用容器,车辆应当安装行驶记录仪或定位系统;

7. 罐式专用车辆的罐体应当经质量检验部门检验合格。运输爆炸、强腐蚀性危险货物的罐式专用车辆的罐体容积不得超过 20 立方米,运输剧毒危险货物的罐式专用车辆的罐体容积不得超过 10 立方米,但符合国家有关标准的罐式集装箱除外;

8. 运输剧毒、爆炸、强腐蚀性危险货物的非罐式专用车辆,核定载质量不得超过 10 吨,但运输符合国家有关标准的集装箱的非罐式专用车辆除外。

(二)有符合下列要求的从业人员:

1. 专用车辆的驾驶人员取得相应机动车驾驶证,年龄不超过 60 周岁;

2. 从事道路危险货物运输的驾驶人员、装卸管理人员、押运人员经所在地设区的市级人民政府交通主管部门考试合格,取得相应从业资格证。

(三)有健全的安全生产管理制度,包括安全生产操作规程、安全生产责任制、安全生产监督检查制度以及从业人员、车辆、设备安全管理制度。

第九条 符合下列条件的企事业单位,可以使用自备专用车辆从事为本单位服务的非经营性道路危险货物运输:

(一)下列企事业单位之一:

1. 省级以上安全生产监督管理部门批准设立的生产、使用、储存危险化学品的企业;

2. 有特殊需求的科研、军工、通用民航等企事业单位。

(二)具备第八条规定的条件,但自有专用车辆的数量可以少于 5 辆。

第十条 申请从事道路危险货物运输经营的企业，应当向所在地设区的市级道路运输管理机构提出申请，并提交以下材料：

（一）《道路危险货物运输经营申请表》（见附件1）；

（二）拟运输的危险货物类别、项别及运营方案；

（三）企业章程文本；

（四）投资人、负责人身份证明及其复印件，经办人的身份证明及其复印件和委托书；

（五）拟投入车辆承诺书，内容包括专用车辆数量、类型、技术等级、通讯工具配备、总质量、核定载质量、车轴数以及车辆外廓长、宽、高等情况，罐式专用车辆的罐体容积，罐体容积与车辆载质量匹配情况，运输剧毒、爆炸、易燃危险货物的专用车辆配备行驶记录仪或者定位系统情况。若拟投入专用车辆为已购置或者现有的，应提供行驶证、车辆技术等级证书或者车辆技术检测合格证、罐式专用车辆的罐体检测合格证或者检测报告及其复印件；

（六）拟聘用驾驶人员、装卸管理人员、押运人员的从业资格证及其复印件，驾驶人员的驾驶证及其复印件；

（七）具备停车场地、专用停车区域和安全防护、环境保护、消防设施设备的证明材料；

（八）有关安全生产管理制度文本。

第十一条 申请从事非经营性道路危险货物运输的单位，向所在地设区的市级道路运输管理机构提出申请时，除提交第十条第（五）至第（八）项规定的材料外，还应当提交以下材料：

（一）《道路危险货物运输申请表》（见附件2）；

（二）下列形式之一的单位基本情况证明：

1. 省级以上安全生产监督管理部门颁发的《危险化学品登记证》；

2. 能证明科研、军工、通用民航等企事业单位性质或者业务范围的有关材料；

（三）特殊运输需求的说明材料；

（四）经办人的身份证明及其复印件，所在单位的工作证明或者委托书。

第十二条 设区的市级道路运输管理机构应当按照《中华人民共和国道路运输条例》和《交通行政许可实施程序规定》以及本规定规范的程序实施道路危险货物运输行政许可，并进行实地核查。

决定准予许可的，应当向被许可人出具《道路危险货物运输行政许可决定书》（见附件3），注明许可事项，许可事项为运输危险货物的类别和项别、专用车辆数量及要求、运输性质；并在10日内向道路危险货物运输经营申请人发放《道路运输经营许可证》，向非经营性道路危险货物运输申请人颁发《道路危险货物运输许可证》。

决定不予许可的，应当向申请人出具《不予交通行政许可决定书》。

第十三条 被许可人已获得其他道路运输经营许可的，设区的市级道路运输管理机构应当为其换发《道路运输经营许可证》，并在经营范围中加注新许可的事项。如果原《道路运输经营许可证》是由省级道路运输管理机构发放的，由原发证机关按照上述要求予以换发。

第十四条 被许可人应当按照限定的时间落实拟投入车辆承诺书。做出许可决定的道路运输管理机构已核实被许可人落实了拟投入车辆承诺书且专用车辆符合许可要求、罐体经质检部门检验合格后，应当为专用车辆配发《道路运输证》，并在《道路运输证》经营范围栏内注明允许运输危险货物的类别、项别。其中对从事非经营性道路危险货物运输的，应当在其《道路运输证》上加盖“非经营性危险货物运输专用章”。

第十五条 道路运输管理机构不得许可一次性、临时性的道路危险货物运输。

第十六条 被许可人应当持《道路运输经营许可证》或者《道路危险货物运输许可证》依法向工商行政管理机关办理登记

手续。

第十七条 中外合资、中外合作、外商独资形式投资道路危险货物运输的，应当同时遵守《外商投资道路运输业管理规定》。

第十八条 道路危险货物运输企业或者单位设立子公司从事道路危险货物运输的，应当向设立地设区的市级道路运输管理机构申请运输许可；设立分公司的，应当向设立地设区的市级道路运输管理机构报备。

第十九条 道路危险货物运输企业或者单位需要变更许可事项的，应当向原许可机关提出申请，按照本章有关许可的规定办理。

第二十条 道路危险货物运输企业或者单位终止危险货物运输业务的，应当在终止之日的30日前告知原许可机关，并在停业后10日内将《道路运输经营许可证》或者《道路危险货物运输许可证》以及《道路运输证》交回原发放机关。

第三章 专用车辆、设备管理

第二十一条 道路危险货物运输企业或者单位应当按照《道路货物运输及站场管理规定》中有关车辆管理的规定，维护、检测、使用和管理专用车辆，确保专用车辆技术状况良好。

第二十二条 设区的市级道路运输管理机构应当定期对专用车辆进行审验，每年审验一次。审验按照《道路货物运输及站场管理规定》进行，并增加以下审验项目：

（一）专用车辆投保危险货物承运人责任险情况；

（二）罐式专用车辆罐体质量检验情况；

（三）必需的应急处理器材和安全防护设施设备的配备情况。

第二十三条 禁止使用报废的、擅自改装的、检测不合格的、车辆技术等级达不到一级的和其他不符合国家规定的车辆从事道路危险货物运输。

除铰接列车、具有特殊装置的大型物件运输专用车辆外，严禁使用货车列车从事危险货物运输；倾卸式车辆只能运输散装硫磺、萘饼、粗蒽、煤焦沥青等危险货物。

禁止使用移动罐体（罐式集装箱除外）从事危险货物运输。

第二十四条 专用车辆应当到具备道路危险货物运输车辆维修条件的企业进行维修。

第二十五条 用于装卸危险货物的机械及工、属具的技术状况应当符合行业标准《汽车运输危险货物规则》（JT 617）规定的技术要求。

第二十六条 罐式专用车辆的罐体应符合《钢制压力容器》（GB 150）、《汽车运输液体危险货物常压容器（罐体）通用技术条件》（GB 18564）等国家标准规定的技术条件。罐式专用车辆应当在罐体检验合格的有效期内承运危险货物。

第四章 危险货物运输

第二十七条 危险货物托运人应当委托具有道路危险货物运输资质的企业承运，严格按照国家有关规定包装，并向承运人说明危险货物的品名、数量、危害、应急措施等情况。需要添加抑制剂或者稳定剂的，应当按照规定添加。托运危险化学品的还应提交与托运的危险化学品完全一致的安全技术说明书和安全标签。

第二十八条 道路危险货物运输企业或者单位应当严格按照道路运输管理机构决定的许可事项从事道路危险货物运输活动，不得转让、出租道路危险货物运输许可证件。

严禁非经营性道路危险货物运输单位从事道路危险货物运输经营活动。

第二十九条 不得使用罐式专用车辆或者运输有毒、腐蚀性危险货物的专用车辆运输普通货物。

其他专用车辆可以从事食品、生活用品、药品、医疗器具以外的普通货物运输活动，但应当对专用车辆进行消除危险处理，确保不对普通货物造成污染、损害。

危险货物不得与普通货物混装。

第三十条 专用车辆应当按照国家标准《道路运输危险货物车辆标志》(GB 13392)的要求悬挂标志。

第三十一条 专用车辆应当根据所运危险货物的性质配备必需的应急处理器材和安全防护设施设备。

第三十二条 道路危险货物运输企业或者单位不得运输法律、行政法规禁止运输的货物。

法律、行政法规规定的限运、凭证运输货物,道路危险货物运输企业或者单位应当按照有关规定办理相关运输手续。

法律、行政法规规定托运人必须办理有关手续后方可运输的危险货物,道路危险货物运输企业应当查验有关手续齐全有效后方可承运。

第三十三条 道路危险货物运输企业或者单位应当采取必要措施,防止危险货物脱落、扬撒、丢失以及燃烧、爆炸、辐射、泄漏等。

第三十四条 专用车辆驾驶人员应当随车携带《道路运输证》。

第三十五条 道路危险货物运输企业或者单位应当聘用具有相应从业资格证的驾驶人员、装卸管理人员和押运人员。

驾驶人员、装卸管理人员和押运人员上岗时应当随身携带从业资格证。

第三十六条 在道路危险货物运输过程中,除驾驶人员外,专用车辆上应当另外配备押运人员。押运人员应当对运输全过程进行监管。

第三十七条 危险货物的装卸作业,应当在装卸管理人员的现场指挥下进行。

第三十八条 严禁专用车辆违反国家有关规定和本规定超载、超限运输。

第三十九条 道路危险货物运输企业或者单位在运输危险货物时,应当遵守有关部门关于危险货物运输线路、时间、速度方面的有关规定。

第四十条 道路危险货物运输从业人员必须熟悉有关安全生产的法规、技术标准和安全生产规章制度、安全操作规程,了解所装运危险货物的性质、危害特性、包装物或者容器的使用要求和发生意外事故时的处置措施。严格按照《汽车运输危险货物规则》(JT 617)、《汽车运输、装卸危险货物作业规程》(JT 618)操作,不得违章作业。

第四十一条 道路危险货物运输企业或者单位应当对从业人员进行经常性的安全、职业道德教育和业务知识、操作规程培训。

第四十二条 道路危险货物运输企业或者单位应当加强安全生产管理,配备专职安全管理人员,制定突发事件应急预案,严格落实各项安全制度。

第四十三条 在危险货物运输过程中发生燃烧、爆炸、污染、中毒或者被盗、丢失、流散、泄漏等事故,驾驶人员、押运人员应当立即向当地公安部门和本运输企业或者单位报告,说明事故情况、危险货物品名、危害和应急措施,并在现场采取一切可能的警示措施,积极配合有关部门进行处置。运输企业或者单位应当立即启动应急预案。

第四十四条 在危险货物装卸、保管、贮存过程中,应当根据危险货物的性质和保管要求,轻装轻卸,分区存放,堆码整齐,防止混杂、撒漏、破损,不得与普通货物混合存放。

第四十五条 道路危险货物运输企业或者单位应当为危险货物投保承运人责任险。

第五章 监督检查

第四十六条 道路危险货物运输监督检查按照《道路货物运输及站场管理规定》执行。

第四十七条 道路运输管理机构工作人员在实施道路运输监督检查过程中,发现专用车辆有超载行为且具备安全卸载和储存条件的，应当要求驾驶人员或者押运人员到具备所运输危险货物储存条件的场所卸货。

第六章 法律责任

第四十八条 违反本规定，有下列情形之一的，由县级以上道路运输管理机构责令停止运输，有违法所得的，没收违法所得。运输货物属于危险化学品，违法所得5万元以上的，处违法所得1倍以上5倍以下的罚款；没有违法所得或违法所得不足5万元的，处2万元以上20万元以下的罚款。运输货物属于危险化学品以外的其他危险货物，有违法所得的，处违法所得2倍以上10倍以下的罚款；没有违法所得或者违法所得不足2万元的，处3万元以上10万元以下的罚款。构成犯罪的，依法追究刑事责任：

（一）未取得道路危险货物运输许可，擅自从事道路危险货物运输的；

（二）使用失效、伪造、变造、被注销等无效道路危险货物运输许可证件从事道路危险货物运输的；

（三）超越许可事项，从事道路危险货物运输的；

（四）非经营性道路危险货物运输单位从事道路危险货物运输经营的。

第四十九条 违反本规定，道路危险货物运输企业或者单位非法转让、出租道路危险货物运输许可证件的，由县级以上道路运输管理机构责令停止违法行为，收缴有关证件，处2000元以上1万元以下的罚款；有违法所得的，没收违法所得。

第五十条 违反本规定，道路危险货物运输企业或者单位有下列行为之一，由县级以上道路运输管理机构责令限期投保；拒不投保的，由原许可机关吊销《道路运输经营许可证》或者《道路危险货物运输许可证》，或者吊销相应的经营范围：

（一）未投保危险货物承运人责任险的；

（二）投保的危险货物承运人责任险已过期，未继续投保的。

第五十一条 违反本规定，道路危险货物运输企业或者单位未按规定维护和检测专用车辆的，由县级以上道路运输管理机构责令改正，处1000元以上5000元以下的罚款。

第五十二条 违反本规定，道路危险货物运输企业或者单位不按照规定携带《道路运输证》的，由县级以上道路运输管理机构责令改正，处警告或者20元以上200元以下的罚款。

第五十三条 违反本规定，道路危险货物运输企业或者单位、托运人有下列行为之一的，处2万元以上10万元以下的罚款；构成犯罪的，依法追究刑事责任：

（一）从事道路危险化学品运输的驾驶人员、押运人员、装卸管理人员未取得从业资格证的；

（二）托运人托运危险化学品，不向承运人说明运输的危险化学品的品名、数量、危害、应急措施等情况；或者需要添加抑制剂或稳定剂，交付托运时未添加的；

（三）运输、装卸危险化学品不符合国家有关法律、法规、规章的规定和国家标准，并未按照危险化学品的特性采取必要安全防护措施的。

第五十四条 违反本规定，道路危险货物运输企业或者单位没有采取必要措施防止货物脱落、扬撒的，由县级以上道路运输管理机构责令改正，处1000元以上3000元以下的罚款；情节严重的，由原许可机关吊销《道路运输经营许可证》或者《道路危险货物运输许可证》，或者吊销相应的经营范围。

第五十五条 违反本规定，道路危险货物运输企业或者单位已不具备开业要求的有关安全条件、存在重大运输安全隐患的，由县级以上道路运输管理机构责令限期改正；在规定时间内不能按要求改正且情节严重的，由原许可机关吊销《道路运输经营许可证》或者《道路危险货物运输许可证》，或者吊销相应的经营范围。

第五十六条 违反本规定，道路危险货物运输企业或者单位擅自改装已取得《道路运输证》的专用车辆及罐式专用车辆罐体的，由县级以上道路运输管理机构责令改正，并处5000元以上2

万元以下的罚款。

第七章　附　则

第五十七条　本规定对道路危险货物运输经营未作规定的，按照《道路货物运输及站场管理规定》执行；对非经营性道路危险货物运输未作规定的，参照《道路货物运输及站场管理规定》执行。

第五十八条　道路运输管理机构依照本规定发放的道路危险货物运输许可证件和《道路运输证》，可以收取工本费。工本费的具体收费标准由省、自治区、直辖市人民政府财政、价格主管部门会同同级交通主管部门核定。

第五十九条　本规定自 2005 年 8 月 1 日起施行。交通部 1993 年发布的《道路危险货物运输管理规定》（交运发［1993］1382 号）同时废止。

放射性物品道路运输管理规定

交通运输部令2010年第6号　2010.10.8

第一章　总　　则

第一条　为了规范放射性物品道路运输活动，保障人民生命财产安全，保护环境，根据《道路运输条例》和《放射性物品运输安全管理条例》，制定本规定。

第二条　从事放射性物品道路运输活动的，应当遵守本规定。

第三条　本规定所称放射性物品，是指含有放射性核素，并且其活度和比活度均高于国家规定的豁免值的物品。

本规定所称放射性物品道路运输专用车辆（以下简称专用车辆），是指满足特定技术条件和要求，用于放射性物品道路运输的载货汽车。

本规定所称放射性物品道路运输，是指使用专用车辆通过道路运输放射性物品的作业过程。

第四条　根据放射性物品的特性及其对人体健康和环境的潜在危害程度，将放射性物品分为一类、二类和三类。

一类放射性物品，是指Ⅰ类放射源、高水平放射性废物、乏燃料等释放到环境后对人体健康和环境产生重大辐射影响的放射性物品。

二类放射性物品，是指Ⅱ类和Ⅲ类放射源、中等水平放射性废物等释放到环境后对人体健康和环境产生一般辐射影响的放射性物品。

三类放射性物品，是指Ⅳ类和Ⅴ类放射源、低水平放射性废物、放射性药品等释放到环境后对人体健康和环境产生较小辐射影响的放射性物品。

放射性物品的具体分类和名录，按照国务院核安全监管部门会同国务院公安、卫生、海关、交通运输、铁路、民航、核工业行业主管部门制定的放射性物品具体分类和名录执行。

第五条 从事放射性物品道路运输应当保障安全，依法运输，诚实信用。

第六条 国务院交通运输主管部门主管全国放射性物品道路运输管理工作。

县级以上地方人民政府交通运输主管部门负责组织领导本行政区域放射性物品道路运输管理工作。

县级以上道路运输管理机构负责具体实施本行政区域放射性物品道路运输管理工作。

第二章 运输资质许可

第七条 申请从事放射性物品道路运输经营的，应当具备下列条件：

（一）有符合要求的专用车辆及设备。

1. 专用车辆技术要求。

（1）车辆技术性能符合国家标准《营运车辆综合性能要求和检验方法》（GB 18565）的要求，且技术等级达到行业标准《营运车辆技术等级划分和评定要求》（JT/T 198）规定的一级技术等级；

（2）车辆外廓尺寸、轴荷和质量符合国家标准《道路车辆外廓尺寸、轴荷和质量限值》（GB 1589）的要求；

（3）车辆燃料消耗量符合行业标准《营运货车燃料消耗量限值及测量方法》（JT 719）的要求。

2. 专用车辆其他要求。

（1）车辆为企业自有，且数量为 5 辆以上；

（2）核定载质量在 1 吨及以下的车辆为厢式或者封闭货车；

(3)车辆配备满足在线监控要求,且具有行驶记录仪功能的卫星定位系统。

3. 设备要求。

(1)配备有效的通讯工具;

(2)配备必要的辐射防护用品和依法经定期检定合格的监测仪器。

(二)有符合要求的从业人员。

1. 专用车辆的驾驶人员取得相应机动车驾驶证,年龄不超过60周岁;

2. 从事放射性物品道路运输的驾驶人员、装卸管理人员、押运人员经所在地设区的市级人民政府交通运输主管部门考试合格,取得注明从业资格类别为“放射性物品道路运输”的道路运输从业资格证(以下简称道路运输从业资格证);

3. 有具备辐射防护与相关安全知识的安全管理人员。

(三)有健全的安全生产管理制度。

1. 有关安全生产应急预案;

2. 从业人员、车辆、设备及停车场地安全管理制度;

3. 安全生产作业规程和辐射防护管理措施;

4. 安全生产监督检查和责任制度。

第八条 生产、销售、使用或者处置放射性物品的单位(含在放射性废物收贮过程中的从事放射性物品运输的省、自治区、直辖市城市放射性废物库营运单位),符合下列条件的,可以使用自备专用车辆从事为本单位服务的非经营性放射性物品道路运输活动:

(一)持有有关部门依法批准的生产、销售、使用、处置放射性物品的有效证明;

(二)有符合国家规定要求的放射性物品运输容器;

(三)有具备辐射防护与安全防护知识的专业技术人员;

(四)具备满足第七条规定条件的驾驶人员、专用车辆、设备和安全生产管理制度,但专用车辆的数量可以少于5辆。

第九条 国家鼓励技术力量雄厚、设备和运输条件好的生产、销售、使用或者处置放射性物品的单位按照第八条规定的条件申请从事非经营性放射性物品道路运输。

第十条 申请从事放射性物品道路运输经营的企业,应当向所在地设区的市级道路运输管理机构提出申请,并提交下列材料:

(一)《放射性物品道路运输经营申请表》,包括申请人基本信息、拟申请运输的放射性物品范围(类别或者品名)等内容;

(二)企业负责人身份证明及复印件,经办人身份证明及复印件和委托书;

(三)证明专用车辆、设备情况的材料,包括:

1. 未购置车辆的,应当提交拟投入车辆承诺书。内容包括拟购车辆数量、类型、技术等级、总质量、核定载质量、车轴数以及车辆外廓尺寸等有关情况;

2. 已购置车辆的,应当提供车辆行驶证、车辆技术等级证书或者车辆技术检测合格证及复印件等有关材料;

3. 对辐射防护用品、监测仪器等设备配置情况的说明材料。

(四)有关驾驶人员、装卸管理人员、押运人员的道路运输从业资格证及复印件,驾驶人员的驾驶证及复印件,安全管理人员的工作证明;

(五)企业经营方案及相关安全生产管理制度文本。

第十一条 申请从事非经营性放射性物品道路运输的单位,向所在地设区的市级道路运输管理机构提出申请时,除提交第十条第(三)项、第(五)项规定的材料外,还应当提交下列材料:

(一)《放射性物品道路运输申请表》,包括申请人基本信息、拟申请运输的放射性物品范围(类别或者品名)等内容;

(二)单位负责人身份证明及复印件,经办人身份证明及复印件和委托书;

(三)有关部门依法批准生产、销售、使用或者处置放射性物品的有效证明;

(四)放射性物品运输容器、监测仪器检测合格证明;

(五)对放射性物品运输需求的说明材料；

(六)有关驾驶人员的驾驶证、道路运输从业资格证及复印件；

(七)有关专业技术人员的工作证明，依法应当取得相关从业资格证件的，还应当提交有效的从业资格证件及复印件。

第十二条 设区的市级道路运输管理机构应当按照《道路运输条例》和《交通运输行政许可实施程序规定》以及本规定规范的程序实施行政许可。

决定准予许可的，应当向被许可人作出准予行政许可的书面决定，并在10日内向放射性物品道路运输经营申请人发放《道路运输经营许可证》，向非经营性放射性物品道路运输申请人颁发《放射性物品道路运输许可证》。决定不予许可的，应当书面通知申请人并说明理由。

第十三条 对申请时未购置专用车辆，但提交拟投入车辆承诺书的，被许可人应当自收到《道路运输经营许可证》或者《放射性物品道路运输许可证》之日起半年内落实拟投入车辆承诺书。做出许可决定的道路运输管理机构对被许可人落实拟投入车辆承诺书的落实情况进行核实，符合许可要求的，应当为专用车辆配发《道路运输证》。

对申请时已购置专用车辆，且按照第十条、第十一条规定提交了专用车辆有关材料的，做出许可决定的道路运输管理机构应当对专用车辆情况进行核实，符合许可要求的，应当在向被许可人颁发《道路运输经营许可证》或者《放射性物品道路运输许可证》的同时，为专用车辆配发《道路运输证》。

做出许可决定的道路运输管理机构应当在《道路运输证》有关栏目内注明允许运输放射性物品的范围(类别或者品名)。对从事非经营性放射性物品道路运输的，还应当在《道路运输证》上加盖“非经营性放射性物品道路运输专用章”。

第十四条 放射性物品道路运输企业或者单位终止放射性物品运输业务的，应当在终止之日30日前书面告知做出原许可决定的道路运输管理机构。属于经营性放射性物品道路运输业务的，做出原许可决定的道路运输管理机构应当在接到书面告知之日起10日内向将放射性道路运输企业终止放射性物品运输业务的有关情况向社会公布。

放射性物品道路运输企业或者单位应当在终止放射性物品运输业务之日起10日内将相关许可证件缴回原发证机关。

第三章　专用车辆、设备管理

第十五条　放射性物品道路运输企业或者单位应当按照有关车辆及设备管理的标准和规定，维护、检测、使用和管理专用车辆和设备，确保专用车辆和设备技术状况良好。

第十六条　设区的市级道路运输管理机构应当按照《道路货物运输及站场管理规定》的规定定期对专用车辆是否符合第七条、第八条规定的许可条件进行审验，每年审验一次。

第十七条　设区的市级道路运输管理机构应当对监测仪器定期检定合格证明和专用车辆投保危险货物承运人责任险情况进行检查。检查可以结合专用车辆定期审验的频率一并进行。

第十八条　禁止使用报废的、擅自改装的、检测不合格的或者其他不符合国家规定要求的车辆、设备从事放射性物品道路运输活动。

第十九条　禁止专用车辆用于非放射性物品运输，但集装箱运输车(包括牵引车、挂车)、甩挂运输的牵引车以及运输放射性药品的专用车辆除外。

按照本条第一款规定使用专用车辆运输非放射性物品的，不得将放射性物品与非放射性物品混装。

第四章　放射性物品运输

第二十条　道路运输放射性物品的托运人(以下简称托运

人）应当制定核与辐射事故应急方案，在放射性物品运输中采取有效的辐射防护和安全保卫措施，并对放射性物品运输中的核与辐射安全负责。

第二十一条 道路运输放射性物品的承运人（以下简称承运人）应当取得相应的放射性物品道路运输资质，并对承运事项是否符合本企业或者单位放射性物品运输资质许可的运输范围负责。

第二十二条 非经营性放射性物品道路运输单位应当按照《放射性物品运输安全管理条例》、《道路运输条例》和本规定的要求履行托运人和承运人的义务，并负相应责任。

非经营性放射性物品道路运输单位不得从事放射性物品道路运输经营活动。

第二十三条 承运人与托运人订立放射性物品道路运输合同前，应当查验、收存托运人提交的下列材料：

（一）运输说明书，包括放射性物品的品名、数量、物理化学形态、危害风险等内容；

（二）辐射监测报告，其中一类放射性物品的辐射监测报告由托运人委托有资质的辐射监测机构出具；二、三类放射性物品的辐射监测报告由托运人出具；

（三）核与辐射事故应急响应指南；

（四）装卸作业方法指南；

（五）安全防护指南。

托运人将本条第一款第（四）项、第（五）项要求的内容在运输说明书中一并作出说明的，可以不提交第（四）项、第（五）项要求的材料。

托运人提交材料不齐全的，或者托运的物品经监测不符合国家放射性物品运输安全标准的，承运人不得与托运人订立放射性物品道路运输合同。

第二十四条 一类放射性物品启运前，承运人应当向托运人查验国务院核安全主管部门关于核与辐射安全分析报告书的审批文件以及公安部门关于准予道路运输放射性物品的审批文件。

二、三类放射性物品启运前，承运人应当向托运人查验公安部门关于准予道路运输放射性物品的审批文件。

第二十五条 托运人应当按照《放射性物质安全运输规程》(GB 11806)等有关国家标准和规定，在放射性物品运输容器上设置警示标志。

第二十六条 专用车辆运输放射性物品过程中，应当悬挂符合国家标准《道路危险货物运输车辆标志》(GB 13392)要求的警示标志。

第二十七条 专用车辆不得违反国家有关规定超载、超限运输放射性物品。

第二十八条 在放射性物品道路运输过程中，除驾驶人员外，还应当在专用车辆上配备押运人员，确保放射性物品处于押运人员监管之下。运输一类放射性物品的，承运人必要时可以要求托运人随车提供技术指导。

第二十九条 驾驶人员、装卸管理人员和押运人员上岗时应当随身携带道路运输从业资格证，专用车辆驾驶人员还应当随车携带《道路运输证》。

第三十条 驾驶人员、装卸管理人员和押运人员应当按照托运人所提供的资料了解所运输的放射性物品的性质、危害特性、包装物或者容器的使用要求、装卸要求以及发生突发事件时的处置措施。

第三十一条 放射性物品运输中发生核与辐射事故的，承运人、托运人应当按照核与辐射事故应急响应指南的要求，结合本企业安全生产应急预案的有关内容，做好事故应急工作，并立即报告事故发生地的县级以上人民政府环境保护主管部门。

第三十二条 放射性物品道路运输企业或者单位应当聘用具有相应道路运输从业资格证的驾驶人员、装卸管理人员和押运人员，并定期对驾驶人员、装卸管理人员和押运人员进行运输安全生产和基本应急知识等方面的培训，确保驾驶人员、装卸管理人员和押运人员熟悉有关安全生产法规、标准以及相关操作规程等业务知识和技能。

放射性物品道路运输企业或者单位应当对驾驶人员、装卸管理人员和押运人员进行运输安全生产和基本应急知识等方面的考核;考核不合格的,不得从事相关工作。

第三十三条 放射性物品道路运输企业或者单位应当按照国家职业病防治的有关规定,对驾驶人员、装卸管理人员和押运人员进行个人剂量监测,建立个人剂量档案和职业健康监护档案。

第三十四条 放射性物品道路运输企业或者单位应当投保危险货物承运人责任险。

第三十五条 放射性物品道路运输企业或者单位不得转让、出租、出借放射性物品道路运输许可证件。

第三十六条 县级以上道路运输管理机构应当督促放射性物品道路运输企业或者单位对专用车辆、设备及安全生产制度等安全条件建立相应的自检制度,并加强监督检查。

县级以上道路运输管理机构工作人员依法对放射性物品道路运输活动进行监督检查的,应当按照劳动保护规定配备必要的安全防护设备。

第五章 法律责任

第三十七条 拒绝、阻碍道路运输管理机构依法履行放射性物品运输安全监督检查,或者在接受监督检查时弄虚作假的,由县级以上道路运输管理机构责令改正,处1万元以上2万元以下的罚款;构成违反治安管理行为的,交由公安机关依法给予治安管理处罚;构成犯罪的,依法追究刑事责任。

第三十八条 违反本规定,未取得有关放射性物品道路运输资质许可,有下列情形之一的,由县级以上道路运输管理机构责令停止运输,有违法所得的,没收违法所得,处违法所得2倍以上10倍以下的罚款;没有违法所得或者违法所得不足2万元的,处3万

元以上10万元以下的罚款。构成犯罪的,依法追究刑事责任:

(一)无资质许可擅自从事放射性物品道路运输的;

(二)使用失效、伪造、变造、被注销等无效放射性物品道路运输许可证件从事放射性物品道路运输的;

(三)超越资质许可事项,从事放射性物品道路运输的;

(四)非经营性放射性物品道路运输单位从事放射性物品道路运输经营的。

第三十九条 违反本规定,放射性物品道路运输企业或者单位未按规定维护和检测专用车辆的,由县级以上道路运输管理机构责令改正,处1000元以上5000元以下的罚款。

第四十条 违反本规定,放射性物品道路运输企业或者单位擅自改装已取得《道路运输证》的专用车辆的,由县级以上道路运输管理机构责令改正,处5000元以上2万元以下的罚款。

第四十一条 违反本规定,未随车携带《道路运输证》的,由县级以上道路运输管理机构责令改正,对放射性物品道路运输企业或者单位处警告或者20元以上200元以下的罚款。

第四十二条 放射性物品道路运输活动中,由不符合本规定第七条、第八条规定条件的人员驾驶专用车辆的,由县级以上道路运输管理机构责令改正,处200元以上2000元以下的罚款;构成犯罪的,依法追究刑事责任。

第四十三条 违反本规定,放射性物品道路运输企业或者单位有下列行为之一,由县级以上道路运输管理机构责令限期投保;拒不投保的,由原许可的设区的市级道路运输管理机构吊销《道路运输经营许可证》或者《放射性物品道路运输许可证》,或者在许可证件上注销相应的许可范围:

(一)未投保危险货物承运人责任险的;

(二)投保的危险货物承运人责任险已过期,未继续投保的。

第四十四条 违反本规定,放射性物品道路运输企业或者单位非法转让、出租放射性物品道路运输许可证件的,由县级以上道路运输管理机构责令停止违法行为,收缴有关证件,处2000元以上1万元以下的罚款;有违法所得的,没收违法所得。

第四十五条 违反本规定,放射性物品道路运输企业或者单位已不具备许可要求的有关安全条件,存在重大运输安全隐患的,由县级以上道路运输管理机构责令限期改正;在规定时间内不能按要求改正且情节严重的,由原许可机关吊销《道路运输经营许可证》或者《放射性物品道路运输许可证》,或者在许可证件上注销相应的许可范围。

第四十六条 县级以上道路运输管理机构工作人员在实施道路运输监督检查过程中,发现放射性物品道路运输企业或者单位有违规情形,且按照《放射性物品运输安全管理条例》等有关法律法规的规定,应当由公安部门、核安全监管部门或者环境保护等部门处罚情形的,应当通报有关部门依法处理。

第六章 附 则

第四十七条 军用放射性物品道路运输不适用于本规定。

第四十八条 本规定自2011年1月1日起施行。

关于发布第34批高级客车类型划分及等级评定表的通知

交运发〔2010〕194号　2010.4.17

各省、自治区、直辖市、新疆生产建设兵团交通运输厅(局、委):

根据《营运客车类型划分及等级评定规则》(交公路发〔2002〕590号)规定,现发布《高级客车类型划分及等级评定表》(第34批),请认真贯彻执行。

附件:1.高级客车类型划分及等级评定表

2.关于《高级客车类型划分及等级评定表》的说明

3.企业名称与厂家简称对照表

附件1

高级客车类型划分及等级评定表

技术参数 \ 车型 \ 厂家	东风客车 EQ6791 H3G	衡山汽制 HSZ6108 D	深圳 五洲龙 FDG6118 C3	云山汽车 BY6128A	华晨金杯 SY6521 JS1BG	广汽日野 （沈阳） SFQ6123 PSHL
评定类型及等级	中型高一级	大型高一级	大型高一级	大型高二级	小型高一级	大型高一级
车身长度（mm）	7945	10150	11480	12000	5235	12000
座位数+司机+导游 ≤	31+1+1	41+1+1	47+1+1	43(41) +1+1	8+1	51(49) +1+1
额定功率（kW） ≥	147	169	206	259	75	259
比功率（kW/t） ≥	13	12	12	13.5	19	12
最高车速（km/h） ≥	110	110	110	120	105	110
匀速车内噪声（dB(A)）≤	72	72	72	69	72	72
发动机位置	后	后	后	后	前	后
乘客门位置	前	前	前	前(前后)*	前中	前(前中)*
车内通道宽（mm） ≥	350	350	350	350	300	350
悬架类型	B	B	B	A	E	B
盘式制动器	—	—	—	装置	—	—
ABS（一类）	装置	装置	装置	装置	装置	装置
蹄片间隙自调装置	装置	装置	装置	装置	装置	装置
缓行器	—	装置	装置	装置	—	装置
底盘自动润滑系统	—	—	—	装置	—	—
旋压车轮	装置	装置	装置	装置	—	装置
无内胎子午线轮胎	装置	装置	装置	装置	—	装置
座间距（同向）（mm） ≥	720	720	720	750	670	720
座垫宽（mm） ≥	440	440	440	440	440	440
座椅深（mm） ≥	440	440	440	440	440	440
靠背高（mm） ≥	680	680	680	720	680	680
靠背角度可调	装置	装置	装置	装置	装置	装置
扶手（靠通道处）	可调	可调	可调	可调	可调	可调
座椅脚蹬	—	可调	可调	可调	—	可调
座椅横移（向通道）（mm） ≥	60	60	60	60	—	60
座椅汽车安全带	装置	装置	装置	装置	装置	装置
空气调节装置	冷暖	冷暖	冷暖	冷暖	冷暖	冷暖
卫生间（位置）	—	—	—	后	—	—
影视设备	装置	装置	装置	装置	—	装置
饮水设备或冰箱	装置	装置	装置	装置	—	装置
CAN 总线	—	—	—	装置	—	—
车桥随动转向	—	—	—	—	—	—
行驶记录仪	装置	装置	装置	装置	—	装置
发动机舱自动灭火装置	—	装置	装置	装置	—	装置
人均行李舱容积（m^3/人） ≥	0.06	0.13	0.15	0.17	—	0.15
特殊结构说明						

*注释：“（ ）”表示可选配置。

续上表

技术参数 \ 厂家 / 车型	丹东黄海 DD6129K03	丹东黄海 DD6896K12	无锡太湖 XQ6111Y1H2	依维柯 NJ6705CE1	依维柯 NJ6745CE	依维柯 NJ6605CE3
评定类型及等级	大型高二级	中型高一级	大型高一级	中型高一级	中型高一级	小型高一级
车身长度(mm)	11980	8945	10850	7010	7445	5990
座位数+司机+导游 ≤	45+1+1	37+1+1	45+1+1	19+1+1	22+1+1	16+1+1
额定功率(kW) ≥	243	177	180	92	92	92
比功率(kW/t) ≥	13.5	13	12	13	13	19
最高车速(km/h) ≥	120	110	110	110	110	105
匀速车内噪声(dB(A)) ≤	69	72	72	72	72	72
发动机位置	后	前	后	前	前	前
乘客门位置	前(前中)*	前	前	前	前	前
车内通道宽(mm) ≥	350	350	350	350	350	300
悬架类型	B	B	B	E	E	E
盘式制动器	装置	—	—	—	—	—
ABS(一类)	装置	装置	装置	装置	装置	装置
蹄片间隙自调装置	装置	装置	装置	装置	装置	装置
缓行器	装置	—	装置	—	—	—
底盘自动润滑系统	装置	—	—	—	—	—
旋压车轮	装置	装置	装置	装置	装置	—
无内胎子午线轮胎	装置	装置	装置	装置	装置	—
座间距(同向)(mm) ≥	750	720	720	720	720	670
座垫宽(mm) ≥	440	440	440	440	440	440
座椅深(mm) ≥	440	440	440	440	440	440
靠背高(mm) ≥	720	680	680	680	680	680
靠背角度可调	装置	装置	装置	装置	装置	装置
扶手(靠通道处)	可调	可调	可调	可调	可调	可调
座椅脚蹬	可调	—	可调	—	—	—
座椅横移(向通道)(mm) ≥	60	60	60	60	60	—
座椅汽车安全带	装置	装置	装置	装置	装置	装置
空气调节装置	冷暖	冷暖	冷暖	冷暖	冷暖	冷暖
卫生间(位置)	中	—	—	—	—	—
影视设备	装置	装置	装置	装置	装置	—
饮水设备或冰箱	装置	装置	装置	装置	装置	—
CAN 总线	装置	—	—	—	—	—
车桥随动转向	—	—	—	—	—	—
行驶记录仪	装置	装置	装置	装置	装置	—
发动机舱自动灭火装置	装置	—	装置	—	—	—
人均行李舱容积(m^3/人) ≥	0.17	0.045	0.13	—	—	—
特殊结构说明		天然气				

*注释:“(　)”表示可选配置。

续上表

技术参数 \ 车型 \ 厂家		江苏友谊	江淮客车	江淮客车	江淮客车	野马客车	中通客车
车型		ZGT6105 DHG	HK6129 H1	HK6129 HQ	HK6867 HQ	SQJ6110 S1D3H	LCK6859 HD1
评定类型及等级		大型高一级	大型高一级	大型高一级	中型高一级	大型高二级	中型高一级
车身长度(mm)		10460	11990	11990	8620	11490	8540
座位数+司机+导游	≤	39+1+1	53(51)+1+1	53(51)+1+1	33+1+1	41+1+1	33(31)+1+1
额定功率(kW)	≥	177	228	236	155	228	147
比功率(kW/t)	≥	12	12	12	13	13.5	13
最高车速(km/h)	≥	110	110	110	110	120	110
匀速车内噪声(dB(A))	≤	72	72	72	72	69	72
发动机位置		后	后	后	后	后	后
乘客门位置		前	前(前中)*	前(前中)*	前	前中	前(前中)*
车内通道宽(mm)	≥	350	350	350	350	350	350
悬架类型		B	B	B	B、C	B	B
盘式制动器		—	—	—	—	装置	—
ABS(一类)		装置	装置	装置	装置	装置	装置
蹄片间隙自调装置		装置	装置	装置	装置	装置	装置
缓行器		装置	装置	装置	—	装置	—
底盘自动润滑系统		—	—	—	—	装置	—
旋压车轮		装置	装置	装置	装置	装置	装置
无内胎子午线轮胎		装置	装置	装置	装置	装置	装置
座间距(同向)(mm)	≥	720	720	720	720	750	720
座垫宽(mm)	≥	440	440	440	440	440	440
座椅深(mm)	≥	440	440	440	440	440	440
靠背高(mm)	≥	680	680	680	680	720	680
靠背角度可调		装置	装置	装置	装置	装置	装置
扶手(靠通道处)		可调	可调	可调	可调	可调	可调
座椅脚蹬		可调	可调	可调	—	可调	—
座椅横移(向通道)(mm)	≥	60	60	60	60	60	60
座椅汽车安全带		装置	装置	装置	装置	装置	装置
空气调节装置		冷暖	冷暖	冷暖	冷暖	冷暖	冷暖
卫生间(位置)		—	—	—	—	中	—
影视设备		装置	装置	装置	装置	装置	装置
饮水设备或冰箱		装置	装置	装置	装置	装置	装置
CAN 总线		—	—	—	—	装置	—
车桥随动转向		—	—	—	—	—	—
行驶记录仪		装置	装置	装置	装置	装置	装置
发动机舱自动灭火装置		装置	装置	装置	—	装置	—
人均行李舱容积(m^3/人)	≥	0.13	0.15	0.075	0.045	0.17	0.09
特殊结构说明				天然气	天然气		

*注释:“( )”表示可选配置。

续上表

技术参数 \ 车型 \ 厂家		江铃改装	江铃改装	江铃改装	江铃改装	厦门金旅	厦门金旅
		JX6491 MB	JX6490 MB	JX6500 MA	JX6570 MC	XML6997 J13N	XML6998 J13N
评定类型及等级		小型高一级	小型高一级	小型高一级	小型高一级	大型高一级	大型高一级
车身长度(mm)		4963	4963	4963	5780	9945	9945
座位数+司机+导游	≤	8+1	6+1	8+1	8+1	41+1+1	41(39)+1+1
额定功率(kW)	≥	74	103	74	103	170	170
比功率(kW/t)	≥	19	19	19	19	12	12
最高车速(km/h)	≥	105	105	105	105	110	110
匀速车内噪声(dB(A))	≤	72	72	72	72	72	72
发动机位置		前	前	前	前	后	后
乘客门位置		前中	前中	前中	前中	前	前(前中)*
车内通道宽(mm)	≥	300	300	300	300	350	350
悬架类型		E	E	E	E	B	B
盘式制动器		—	—	—	—	—	—
ABS(一类)		装置	装置	装置	装置	装置	装置
蹄片间隙自调装置		装置	装置	装置	装置	装置	装置
缓行器		—	—	—	—	装置	装置
底盘自动润滑系统		—	—	—	—	—	—
旋压车轮		—	—	—	—	装置	装置
无内胎子午线轮胎		—	—	—	—	装置	装置
座间距(同向)(mm)	≥	670	670	670	670	720	720
座垫宽(mm)	≥	440	440	440	440	440	440
座椅深(mm)	≥	440	440	440	440	440	440
靠背高(mm)	≥	680	680	680	680	680	680
靠背角度可调		装置	装置	装置	装置	装置	装置
扶手(靠通道处)		可调	可调	可调	可调	可调	可调
座椅脚蹬		—	—	—	—	可调	可调
座椅横移(向通道)(mm)	≥	—	—	—	—	60	60
座椅汽车安全带		装置	装置	装置	装置	装置	装置
空气调节装置		冷暖	冷暖	冷暖	冷暖	冷暖	冷暖
卫生间(位置)		—	—	—	—	—	—
影视设备		—	—	—	—	装置	装置
饮水设备或冰箱		—	—	—	—	装置	装置
CAN 总线		—	—	—	—	—	—
车桥随动转向		—	—	—	—	—	—
行驶记录仪		—	—	—	—	装置	装置
发动机舱自动灭火装置		—	—	—	—	装置	装置
人均行李舱容积(m^3/人)	≥	—	—	—	—	0.055	0.055
特殊结构说明						天然气	天然气

*注释:“( )”表示可选配置。

续上表

技术参数 \ 车型 \ 厂家	厦门金旅 XML6127 J13N	厦门金旅 XML6117 J13N	厦门金旅 XML6113 J13N	厦门金旅 XML6858 J33	厦门金旅 XML6858 J18	厦门金旅 XML6858 J28
评定类型及等级	大型高一级	大型高一级	大型高一级	中型高二级	中型高一级	中型高一级
车身长度(mm)	11985	11385	10730	8540	8540	8540
座位数+司机+导游 ≤	53(51)+1+1	47(45)+1+1	45(43)+1+1	33+1+1	33+1+1	33+1+1
额定功率(kW) ≥	250	191	191	154	147	147
比功率(kW/t) ≥	12	12	12	14	13	13
最高车速(km/h) ≥	110	110	110	115	110	110
匀速车内噪声(dB(A)) ≤	72	72	72	70	72	72
发动机位置	后	后	后	后	后	后
乘客门位置	前(前中)*	前(前中)*	前(前中)*	前	前	前
车内通道宽(mm) ≥	350	350	350	350	350	350
悬架类型	B	B	B	B	B、C	B、C
盘式制动器	—	—	—	—	—	—
ABS(一类)	装置	装置	装置	装置	装置	装置
蹄片间隙自调装置	装置	装置	装置	装置	装置	装置
缓行器	装置	装置	装置	装置	—	—
底盘自动润滑系统	—	—	—	装置	—	—
旋压车轮	装置	装置	装置	装置	装置	装置
无内胎子午线轮胎	装置	装置	装置	装置	装置	装置
座间距(同向)(mm) ≥	720	720	720	720	720	720
座垫宽(mm) ≥	440	440	440	440	440	440
座椅深(mm) ≥	440	440	440	440	440	440
靠背高(mm) ≥	680	680	680	680	680	680
靠背角度可调	装置	装置	装置	装置	装置	装置
扶手(靠通道处)	可调	可调	可调	可调	可调	可调
座椅脚蹬	可调	可调	可调	可调	—	—
座椅横移(向通道)(mm) ≥	60	60	60	60	60	60
座椅汽车安全带	装置	装置	装置	装置	装置	装置
空气调节装置	冷暖	冷暖	冷暖	冷暖	冷暖	冷暖
卫生间(位置)	—	—	—	—	—	—
影视设备	装置	装置	装置	装置	装置	装置
饮水设备或冰箱	装置	装置	装置	装置	装置	装置
CAN 总线	—	—	—	—	—	—
车桥随动转向	—	—	—	—	—	—
行驶记录仪	装置	装置	装置	装置	装置	装置
发动机舱自动灭火	装置	装置	装置	—	—	—
人均行李舱容积(m^3/人) ≥	0.075	0.075	0.065	0.10	0.09	0.09
特殊结构说明	天然气	天然气	天然气			

*注释:“( )”表示可选配置。

续上表

技术参数 \ 车型 \ 厂家		厦门金旅 XML6908 J13N	厦门金旅 XML6897 J13N	厦门金旅 XML6897 J18	厦门金龙 XMQ6902 Y2
评定类型及等级		中型高一级	中型高一级	中型高一级	大型高一级
车身长度(mm)		8995	8995	8945	9005
座位数+司机+导游	≤	37+1+1	37+1+1	37+1+1	37(35)+1+1
额定功率(kW)	≥	170	170	162	155
比功率(kW/t)	≥	13	13	13	12
最高车速(km/h)	≥	110	110	110	110
匀速车内噪声(dB(A))	≤	72	72	72	72
发动机位置		后	后	后	后
乘客门位置		前	前	前	前(前中)*
车内通道宽(mm)	≥	350	350	350	350
悬架类型		B	B	B	B
盘式制动器		—	—	—	—
ABS(一类)		装置	装置	装置	装置
蹄片间隙自调装置		装置	装置	装置	装置
缓行器		—	—	—	装置
底盘自动润滑系统		—	—	—	—
旋压车轮		装置	装置	装置	装置
无内胎子午线轮胎		装置	装置	装置	装置
座间距(同向)(mm)	≥	720	720	720	720
座垫宽(mm)	≥	440	440	440	440
座椅深(mm)	≥	440	440	440	440
靠背高(mm)	≥	680	680	680	680
靠背角度可调		装置	装置	装置	装置
扶手(靠通道处)		可调	可调	可调	可调
座椅脚蹬		—	—	—	可调
座椅横移(向通道)(mm)	≥	60	60	60	60
座椅汽车安全带		装置	装置	装置	装置
空气调节装置		冷暖	冷暖	冷暖	冷暖
卫生间(位置)		—	—	—	—
影视设备		装置	装置	装置	装置
饮水设备或冰箱		装置	装置	装置	装置
CAN 总线		—	—	—	—
车桥随动转向		—	—	—	—
行驶记录仪		装置	装置	装置	装置
发动机舱自动灭火装置		—	—	—	装置
人均行李舱容积(m^3/人)	≥	0.045	0.045	0.09	0.055
特殊结构说明		天然气	天然气		天然气

*注释:“( )”表示可选配置。

续上表

技术参数 \ 车型 \ 厂家	厦门金龙 XMQ6998 Y1	厦门金龙 XMQ6128 Y5	厦门金龙 XMQ6802 Y1	厦门金龙 XMQ6859 Y4	厦门金龙 XMQ6898 Y2
评定类型及等级	大型高一级	大型高一级	中型高一级	中型高一级	中型高一级
车身长度(mm)	9895	12000	8045	8495	8945
座位数+司机+导游 ≤	41(39)+1+1	53(51)+1+1	31(29)+1+1	33(31)+1+1	37(35)+1+1
额定功率(kW) ≥	191	250	132	132	155
比功率(kW/t) ≥	12	12	13	13	13
最高车速(km/h) ≥	110	110	110	110	110
匀速车内噪声(dB(A)) ≤	72	72	72	72	72
发动机位置	后	后	后	后	后
乘客门位置	前(前中)*	前(前中)*	前(前中)*	前(前中)*	前(前中)*
车内通道宽(mm) ≥	350	350	350	350	350
悬架类型	B	B	B、C	B、C	B、C
盘式制动器	—	—	—	—	—
ABS(一类)	装置	装置	装置	装置	装置
蹄片间隙自调装置	装置	装置	装置	装置	装置
缓行器	装置	装置	—	—	—
底盘自动润滑系统	—	—	—	—	—
旋压车轮	装置	装置	装置	装置	装置
无内胎子午线轮胎	装置	装置	装置	装置	装置
座间距(同向)(mm) ≥	720	720	720	720	720
座垫宽(mm) ≥	440	440	440	440	440
座椅深(mm) ≥	440	440	440	440	440
靠背高(mm) ≥	680	680	680	680	680
靠背角度可调	装置	装置	装置	装置	装置
扶手(靠通道处)	可调	可调	可调	可调	可调
座椅脚蹬	可调	可调	—	—	—
座椅横移(向通道)(mm) ≥	60	60	60	60	60
座椅汽车安全带	装置	装置	装置	装置	装置
空气调节装置	冷暖	冷暖	冷暖	冷暖	冷暖
卫生间(位置)	—	—	—	—	—
影视设备	装置	装置	装置	装置	装置
饮水设备或冰箱	装置	装置	装置	装置	装置
CAN 总线	—	—	—	—	—
车桥随动转向	—	—	—	—	—
行驶记录仪	装置	装置	装置	装置	装置
发动机舱自动灭火装置	装置	装置	—	—	—
人均行李舱容积(m^3/人) ≥	0.055	0.075	0.045	0.045	0.045
特殊结构说明	天然气	天然气	天然气	天然气	天然气

*注释:“( )”表示可选配置。

续上表

技术参数 \ 车型 \ 厂家		厦门金龙	厦门金龙	厦门金龙	苏州金龙
		XMQ6759 Y3	XMQ6879 Y2	XMQ6771 Y	KLQ6125 D2
评定类型及等级		中型高一级	中型高一级	中型高一级	大型高二级
车身长度(mm)		7495	8745	7710	12000
座位数+司机+导游	≤	29+1+1	35(33)+1+1	29+1+1	53+1+1
额定功率(kW)	≥	132	155	132	243
比功率(kW/t)	≥	13	13	13	13.5
最高车速(km/h)	≥	110	110	110	120
匀速车内噪声(dB(A))	≤	72	72	72	69
发动机位置		后	后	后	后
乘客门位置		前	前(前中)*	前	前中
车内通道宽(mm)	≥	350	350	350	350
悬架类型		B、C	B、C	C	A
盘式制动器		—	—	—	装置
ABS(一类)		装置	装置	装置	装置
蹄片间隙自调装置		装置	装置	装置	装置
缓行器		—	—	—	装置
底盘自动润滑系统		—	—	—	装置
旋压车轮		装置	装置	装置	装置
无内胎子午线轮胎		装置	装置	装置	装置
座间距(同向)(mm)	≥	720	720	720	750
座垫宽(mm)	≥	440	440	440	440
座椅深(mm)	≥	440	440	440	440
靠背高(mm)	≥	680	680	680	720
靠背角度可调		装置	装置	装置	装置
扶手(靠通道处)		可调	可调	可调	可调
座椅脚蹬		—	—	—	可调
座椅横移(向通道)(mm)	≥	60	60	60	60
座椅汽车安全带		装置	装置	装置	装置
空气调节装置		冷暖	冷暖	冷暖	冷暖
卫生间(位置)		—	—	—	中
影视设备		装置	装置	装置	装置
饮水设备或冰箱		装置	装置	装置	装置
CAN 总线		—	—	—	装置
车桥随动转向		—	—	—	—
行驶记录仪		装置	装置	装置	装置
发动机舱自动灭火装置		—	—	—	装置
人均行李舱容积(m^3/人)	≥	—	0.045	0.06	0.17
特殊结构说明		天然气	天然气		低驾驶区

*注释:“( )”表示可选配置。

高级(卧铺)客车类型划分及等级评定表

技术参数＼车型＼厂家	厦门金旅	厦门金旅			
车型	XML6148 J23W	XML6148 J13W			
评定类型及等级	特大型高二级	特大型高一级			
车身长度(mm)	13695	13695			
卧铺排列形式	1+1+1	1+1+1			
卧铺数+司机+导游 ≤	42+1+1（半躺）	42+1+1（半躺）			
额定功率(kW) ≥	276	276			
比功率(kW/t) ≥	12	11			
最高车速(km/h) ≥	120	110			
匀速车内噪声(dB(A)) ≤	69	72			
发动机位置	后	后			
乘客门位置	前后	前后			
悬架类型	B	B			
盘式制动器	装置	装置			
ABS(一类)	装置	装置			
蹄片间隙自调装置	装置	装置			
缓行器	装置	装置			
动力转向	装置	装置			
底盘自动润滑系统	装置	装置			
旋压车轮	装置	装置			
无内胎子午线轮胎	装置	装置			
卧铺全长(mm) ≥	1900	1900			
卧铺宽度(mm) ≥	500	500			
铺纵向间距(mm) ≥	1950(平铺) 1600(半躺)	1950(平铺) 1550(半躺)			
铺横向间距(mm) ≥	350	350			
上铺空间高度(mm) ≥	800	800			
铺间高度(mm) ≥	850	850			
重叠脚窝内端高(mm) ≥	250	250			
下铺面距地高度(mm) ≥	250	250			
护栏高度(mm) ≥	150	150			
铺垫厚(mm) ≥	70	70			
卧铺汽车安全带	装置	装置			
空气调节装置	冷暖	冷暖			
卫生间(位置)	后	—			
影视设备	装置	装置			
饮水设备或冰箱	装置	装置			
CAN 总线	装置	—			
车桥随动转向	3 桥	3 桥			
行驶记录仪	装置	装置			
发动机舱自动灭火装置	装置	装置			
人均行李舱容积(m^3/人) ≥	0.18	0.16			
特殊结构说明	低驾驶区	低驾驶区			

* 注释:“（ ）”表示可选配置。

附件2

关于《高级客车类型划分及等级评定表》的说明

一、车辆各项技术参数及服务装备均须符合评定表中的要求，只要有一项低于相应类型及等级的标准限值，在核发《道路运输证》时就不能核定为该类型及等级。确需降级的，由地市级道路运输管理机构对该车型进行现场核查和实测，确认符合标准后，才予以降级。高级客车等级只能下降一个等级。

二、评定表中各车型的技术参数及服务装备等均以新出厂的车辆为依据，所有内容均经过现场核查或实测。对于在用营运客车，还应根据车辆的实际技术状况进行等级评定。

三、对已评定类型及等级的客车因改装（改造），引起评定表中所列技术参数及服务装备变化的，须重新核定等级。

四、评定表中划“—”的为该等级车型该项技术参数或服务装备不要求。

附件3

企业名称与厂家简称对照表

序号	申报企业名称	厂家简称
1	沈阳华晨金杯汽车有限公司	华晨金杯
2	广汽日野(沈阳)汽车有限公司	广汽日野(沈阳)
3	丹东黄海汽车有限责任公司	丹东黄海
4	南京依维柯汽车有限公司	依维柯
5	一汽客车(无锡)有限公司	无锡太湖
6	金龙联合汽车工业(苏州)有限公司	苏州金龙
7	江苏友谊汽车有限公司	江苏友谊
8	安徽江淮客车有限公司	江淮客车
9	厦门金龙联合汽车工业有限公司	厦门金龙
10	厦门金龙旅行车有限公司	厦门金旅
11	江西江铃汽车集团改装车有限公司	江铃改装
12	中通客车控股股份有限公司	中通客车
13	东风汽车有限公司东风客车公司	东风客车
14	湖南衡山汽车制造有限公司	衡山汽制
15	广东云山汽车有限公司	云山汽车
16	深圳五洲龙	深圳五洲龙
17	四川汽车工业集团公司	野马客车

中华人民共和国机动车残疾人驾驶培训教学大纲(试行)

交运发〔2010〕218号　2010.5.4

根据中国残疾人联合会、工业和信息化部、公安部、交通运输部、卫生部、国家工商行政管理总局、国家质量监督检验检疫总局联合下发的《关于切实做好残疾人驾驶汽车相关工作的通知》要求,为进一步加强机动车残疾人驾驶员素质教育工作,规范残疾人驾驶培训机构教学行为,提高培训质量,根据《中华人民共和国道路交通安全法》、《机动车驾驶员培训管理规定》、《机动车驾驶证申领和使用规定》等有关规定,制定本大纲。

机动车残疾人驾驶培训教学学时安排为86学时。每个学员的理论培训时间,每天不得超过6个学时;实际操作培训时间,要根据学员身体的实际情况灵活掌握,原则上每天不得超过4个学时。

第一阶段

阶段目标 掌握道路交通法律、法规及道路交通信号的规定；培养安全礼让、文明驾驶的驾驶道德；了解车辆基本知识、残疾人驾驶汽车的操纵辅助装置控制原理、方式和功能；了解典型道路、恶劣气象条件下的安全驾驶知识及紧急情况的应急处置知识；了解常用救护知识，掌握正确的伤员自救方法；了解常见危险物品知识；掌握基础的驾驶操作要领。

第一阶段 理论知识

<table>
<tr><th rowspan="2">教学项目</th><th rowspan="2">教学内容</th><th rowspan="2">教学目标</th><th>学时安排</th></tr>
<tr><th>24</th></tr>
<tr><td rowspan="7">1. 道路交通安全法律、法规及规章</td><td>《中华人民共和国道路交通安全法》</td><td>熟练掌握《中华人民共和国道路交通安全法》相关内容</td><td rowspan="2">4</td></tr>
<tr><td>《中华人民共和国道路交通安全法实施条例》及相关地方法规</td><td>熟练掌握《中华人民共和国道路交通安全法实施条例》及相关地方法规相关内容</td></tr>
<tr><td>《道路交通安全违法行为处理程序规定》</td><td>了解违法处理程序的有关规定</td><td rowspan="5">2</td></tr>
<tr><td>《交通事故处理程序规定》；事故现场处理办法</td><td>了解道路交通事故现场的处理方法及事故的简单处理程序</td></tr>
<tr><td>《机动车驾驶证申领和使用规定》</td><td>了解残疾人机动车驾驶证申领和使用的规定、驾驶人考试标准和要求</td></tr>
<tr><td>《机动车登记规定》</td><td>了解机动车登记有关规定</td></tr>
<tr><td>其他相关法律法规</td><td>了解刑法、民法通则、机动车交通事故责任强制保险条例的相关规定</td></tr>
</table>

续上表

教学项目	教学内容	教学目标	学时安排 24
2. 道路交通信号及其含义	交通信号灯	掌握交通信号灯的含义及规定	2
	交通标志	掌握道路交通标志的含义及规定	
	交通标线	掌握道路交通标线的含义及规定	
	交通警察手势信号	掌握交通警察手势信号的含义及规定	
3. 机动车基本知识	车辆总体构造	了解车辆基本构造、残疾人驾驶汽车的操纵辅助装置控制原理、方法和功能	2
	车辆性能及评价指标,制动性能对行车安全的影响	了解车辆性能及与安全行车的关系	
	车辆主要安全装置	熟悉车辆主要安全装置的作用,掌握残疾人驾驶汽车的操纵辅助装置的作用	
	运行材料的使用常识	了解运行材料的一般知识	
	车辆日常检查和维护	掌握车辆日常检查和维护的基本要求	
4. 安全行车、文明驾驶知识	安全操作要领	掌握残疾人驾驶汽车的安全装置操作要领	6
	驾驶人心理和生理对安全行车的影响	掌握自己的身体和心理、生理特点及对安全行车的影响	
	驾驶环境对安全行车的影响	掌握驾驶环境对安全行车影响的知识	
	文明驾驶	养成安全礼让、文明驾驶的道德意识	
	安全驾驶行为	掌握与安全行为密切相关的知识,树立交通安全意识	

续上表

教学项目	教学内容	教学目标	学时安排 24
5. 典型道路及恶劣气象条件下的安全驾驶知识	高速公路驾驶	了解高速公路的基本特点、行车方法和注意事项	4
	山区道路驾驶	了解山区道路的基本特点、行车方法和注意事项	
	通过桥梁、隧道	了解通过桥梁、隧道的行车方法和注意事项	
	夜间安全驾驶	了解夜间行车的特点、一般规律及道路的识别与判断，正确使用照明和信号装置	
	恶劣气象和复杂道路条件下的安全驾驶	了解雨天、雾天、冰雪路面、泥泞路、翻浆路、涉水、施工路段等恶劣条件的特点和驾驶方法	
6. 紧急情况的应急处置知识	行驶中出现突然情况的应急处置	了解爆胎、侧滑、转向失控和制动失灵等紧急情况的应急措施	2
	车辆发生事故时的应急处置及消防知识	了解车辆发生碰撞、倾翻、火灾、落水等紧急情况的应急措施及消防知识	
	高速公路上的紧急避险	了解高速公路行车中的紧急避险方法	
	紧急情况的处置知识	了解紧急情况的处置原则	
7. 伤员自救及常见危险物品知识	伤员救护的基本知识	了解常用救护知识，掌握正确的自救方法	2
	常见危险物品	了解常见危险物品常识	
	典型事故案例	了解典型事故的发生原因和危害，牢固树立安全驾驶意识	
	常用的伤员急救知识	了解一般急救常识和基本要求	

注：本阶段理论部分应当采用多媒体教学。

第一阶段　实际操作

教学项目	教学内容	教学目标	学时安排
			6
1. 起步前的检查与调整及驾驶姿势	上车后轮椅或拐杖的放置；调整座椅、头枕、后视镜；系、松安全带；检查操纵装置；起动发动机；检查仪表；停熄发动机；驾驶姿势	掌握上车后轮椅和拐杖的安全放置方法、正确的驾驶姿势和安全带的正确使用方法；能够严格按照规范步骤做好起步前的检查与调整	5
2. 操纵装置的规范操作方法	右下肢残疾人驾驶汽车的转向盘、制动和加速等操纵辅助装置的操作方法	熟练掌握转向盘、制动和加速迁延控制手柄或者制动和加速迁延控制踏板、照明和信号装置及其他操纵装置的正确操作方法	
	双下肢残疾人驾驶汽车的转向盘、制动和加速、照明和信号等操纵辅助装置的操作方法	熟练掌握转向盘、转向盘控制辅助手柄、制动和加速迁延控制手柄、转向信号迁延开关或者驻车制动辅助手柄、照明和信号装置及其他操纵装置的正确操作方法	
3. 综合复习及考核	综合复习	掌握本阶段理论知识及基础操作	1

注：本阶段实际操作尽量采用驾驶模拟器进行教学。

第二阶段

阶段目标　掌握车辆使用的相关知识；熟练掌握场地和场内道路驾驶的基本要领和方法，准确地控制车辆的行驶位置、速度和路线。

第二阶段　理论知识

教学项目	教学内容	教学目标	学时安排
			1
1. 阶段操作常识	本阶段操作常识	掌握本阶段的操作内容和要求	1

第二阶段　实际操作

教学项目	教学内容	教学目标	学时安排
			25
1. 起步	安全起步	掌握安全起步的方法	5
2. 变速、停车、倒车	加速、减速、停车、倒车	熟练掌握加速、减速行驶和停车、倒车的操作要领和速度与辅助操纵装置的配合	
3. 行驶位置和路线	行驶位置和行驶路线的选择	能够保持正确的行驶位置和行驶路线	
4. 场地驾驶	侧方移位、倒车进库	熟练掌握操控车辆移位、前进、倒车及判断行车轨迹的技能	6
5. 场内道路驾驶	坡道定点停车和起步	能够准确判断车辆的停车位置;正确地选择挡位,平稳起步	12
	侧方停车	掌握正确停入道路右侧车位(库)的技能	
	通过单边桥	掌握准确运用转向、正确判断车轮直线行驶轨迹、操纵车辆不平行运行的技能	
	曲线行驶	掌握操纵转向、控制车辆曲线行驶的技能	
	直角转弯	掌握在急转弯路段正确操纵转向、准确判断内外轮差的能力	
	限速通过限宽门	掌握在一定车速下正确判断车身位置的技能	
	通过连续障碍	培养通过连续障碍时,对车轮行驶轨迹和内轮差的判断能力	
	起伏路行驶	掌握平顺通过起伏路面的技能	
6. 综合驾驶及考核	综合练习	能够综合运用本阶段所学内容,在场内安全熟练地驾驶车辆	2

第 三 阶 段

阶段目标　掌握车辆通行的规则；了解行人、非机动车的动态特点及险情的预测和分析方法；熟练掌握一般道路和夜间驾驶方法，能够根据不同的交通状况安全驾驶；培养预见性的安全驾驶意识。

第三阶段　理论知识

教学项目	教学内容	教学目标	学时安排
			2
1. 保护行人和非机动车的安全	行人（尤其儿童）和非机动车的动态特点	了解行人（尤其儿童）和非机动车的动态特点，保护行人（尤其儿童）和非机动车的安全	2
2. 优先通行权与礼让	车辆通行的优先权与礼让	掌握车辆优先通行的原则，培养安全礼让的意识	
3. 险情的预测和分析	险情的预测和分析	了解各种不同交通状况下可能出现的险情	
4. 阶段操作常识	道路驾驶理论知识	掌握道路驾驶的内容和要求	

第三阶段　实际操作

教学项目	教学内容	教学目标	学时安排
			20
1. 直线行驶	直线行驶、行驶速度与安全距离	针对道路和交通状况，掌握直线行驶的方法，并保持安全跟车距离	12
2. 变更车道	变更车道	掌握变更车道的操作要领和方法	
3. 通过路口	交叉路口直行、转弯；通过复杂交叉路口、铁路道口、环岛、立交桥	能够根据道路交通状况，以安全的速度和方法通过路口	
4. 会车、超车、让超车	会车；超车；让超车	在道路上安全、规范地进行会车、超车、让超车	

续上表

教学项目	教学内容	教学目标	学时安排
			20
5. 靠边停车	靠边停车;L形倒车入位;S形倒车入位	掌握靠边停车的方法,能按要求在路边安全停车;能够选择合理的路线和速度,将车倒入预定位置	12
6. 掉头	掉头	掌握安全、规范的掉头方法	
7. 速度感知	在限定速度范围内,以较高速度驾驶	在限定的速度内,体验较高速度下驾驶车辆的感知	2
8. 预见性驾驶	常见道路和交通状况下的险情预测及处理方法	掌握通过学校、人行横道、公共汽车站、弯道及其他视线不良等交通状况下的预见性驾驶方法	2
9. 夜间驾驶	夜间驾驶与灯光的使用	掌握夜间驾驶的规律,正确变换灯光和使用信号装置,能够在夜间道路安全行车	2
10. 综合驾驶及考核	综合驾驶训练	能够综合运用本阶段所学内容,在一般道路上安全熟练地驾驶车辆	2

第四阶段

阶段目标 了解常见道路交通事故的原因及预防措施;了解车辆常见故障的处置方法;了解各种特殊道路交通环境下的安全行车方法;培养驾驶应变的能力;能够独立驾驶车辆。

第四阶段 理论知识

教学项目	教学内容	教学目标	学时安排
			2
1. 道路交通事故的预防	常见交通事故的原因及预防措施;典型案例分析	了解常见交通事故的发生原因,牢固树立安全意识,掌握预防事故的相关知识	2
2. 阶段操作常识	复杂道路驾驶知识	掌握复杂道路驾驶的内容和要求	
3. 车辆常见故障处置	常见故障的特点和处置方法	熟悉常见故障的特点和处置方法	

注:本阶段理论部分可采用多媒体教学。

第四阶段　实际操作

教学项目	教学内容	教学目标	学时安排
			6
1. 设计行驶路线	行驶路线的设计	能够按照自行设计的行驶路线,在一般道路上独立地安全驾驶	1
2. 恶劣条件下的驾驶	雨天、雾天、冰雪路面、泥泞道路、涉水等恶劣条件下的驾驶	掌握在雨天、雾天、冰雪路面、泥泞道路、涉水等恶劣条件下安全驾驶的要领和方法	4
3. 山区道路驾驶	山区道路驾驶	掌握山区道路安全驾驶的要领和方法	
4. 高速公路模拟驾驶	高速公路模拟驾驶	掌握高速公路安全驾驶的要领和方法	
5. 应急情况模拟驾驶	紧急、突发情况模拟驾驶	掌握紧急、突发情况的驾驶要领和方法	
6. 综合驾驶及考核	驾驶综合训练	能够在各种道路及交通环境下,安全独立地驾驶车辆	1

注:本阶段实际操作应当采用驾驶模拟器进行教学。

机动车残疾人驾驶培训教学日志

（试行）

学时：86 每学时为 1 小时

No.

培训机构名称：	学员姓名：	车型：

第一阶段 学时:30	阶段目标　掌握道路交通法律、法规及道路交通信号的规定；培养安全礼让、文明驾驶的驾驶道德；了解车辆基本知识、残疾人驾驶汽车的操纵辅助装置控制原理、方式和功能；了解典型道路、恶劣气象条件下的安全驾驶知识及紧急情况的应急处置知识；了解常用救护知识，掌握正确的伤员自救方法；了解常见危险物品知识；掌握基础的驾驶操作要领

	教学项目	教学目标	次数/日期	1/	2/	3/	4/	5/
理论知识 学时:24	1. 道路交通安全法律、法规和规章 2. 道路交通信号及其含义 3. 机动车基本知识 4. 安全行车、文明驾驶知识 5. 典型道路及恶劣气象条件下的安全驾驶知识 6. 紧急情况的应急处置知识 7. 伤员自救及常见危险物品知识	1. 掌握《中华人民共和国道路交通安全法》及相关法规 2. 掌握各种道路交通信号的含义及规定 3. 了解车辆基本知识、残疾人驾驶汽车的操纵辅助装置控制原理、方式和功能 4. 掌握安全行车、文明驾驶知识，树立安全意识 5. 了解典型道路、恶劣气象条件下的安全驾驶知识 6. 了解紧急情况的应急处置知识 7. 了解常用救护知识，掌握正确的伤员自救方法；了解常见危险物品知识	教学项目					
			所用学时					
			学员签字					
			教练员评价及签字					

<table>
<tr><td rowspan="2">实际操作

学时:6</td><td>教学项目</td><td>教学目标</td></tr>
<tr><td>1. 起步前的检查与调整及驾驶姿势
2. 操纵装置的规范操作方法
3. 综合复习及考核</td><td>1. 掌握上车后轮椅和拐杖的安全放置方法、正确的驾驶姿势和安全带的正确使用方法,严格按照规范步骤做好起步前的检查与调整
2. 熟练掌握残疾人驾驶汽车的转向盘及操纵辅助装置的正确操作方法
3. 掌握本阶段理论知识及基础规范操作</td></tr>
</table>

次数/日期	1/	2/	3/	4/
教学项目				
所用学时				
学员签字				
教练员评价及签字				

第一阶段考核意见:

考核人签字:

第二阶段 学时:26	**阶段目标** 掌握车辆使用的相关知识;熟练掌握场地和场内道路驾驶的基本要领和方法,准确地控制车辆的行驶位置、速度和路线。

	教学项目	教学目标	日期	
理论知识 学时:1	本阶段操作常识	掌握本阶段的操作内容和要求	教学项目	
			所用学时	
			学员签字	
			教练员评价及签字	

	教学项目	教学目标
实际操作 学时:25	1. 起步 2. 变速、停车、倒车 3. 行驶位置和路线 4. 场地驾驶 5. 场内道路驾驶 6. 综合驾驶及考核	1. 掌握安全起步的方法 2. 熟练掌握加速、减速行驶和停车、倒车的操作要领和速度与辅助操纵装置的配合 3. 能够保持正确的行驶位置和行驶路线 4. 熟练掌握操控车辆移位、前进、倒车及判断行车轨迹的技能 5. 掌握坡道定点停车和起步、侧方停车、通过单边桥、曲线行驶、直角转弯、限速通过限宽门、通过连续障碍、起伏路行驶的方法 6. 能够综合运用本阶段所学内容,在场内安全熟练地驾驶车辆

次数/日期	1/	2/	3/	4/	5/	6/	7/
教学项目							
所用学时							
学员签字							
教练员评价及签字							
次数/日期	8/	9/	10/	11/	12/	13/	14/
教学项目							
所用学时							
学员签字							
教练员评价及签字							

第二阶段考核意见:

考核人签字:

<table>
<tr><td>第三阶段
学时:22</td><td>阶段目标　掌握车辆通行的规则;了解行人、非机动车的动态特点及险情的预测和分析方法;熟练掌握一般道路和夜间驾驶方法,能够根据不同的交通状况安全驾驶;培养预见性的安全驾驶意识。</td></tr>
</table>

<table>
<tr><td rowspan="5">理论知识
学时:2</td><td>教学项目</td><td>教学目标</td><td>次数/日期</td><td>1/</td><td>2/</td></tr>
<tr><td rowspan="4">1. 保护行人和非机动车的安全
2. 优先通行权与礼让
3. 险情的预测和分析
4. 阶段操作常识</td><td rowspan="4">1. 了解行人(尤其儿童)和非机动车的动态特点,保护行人(尤其儿童)和非机动车的安全
2. 掌握车辆通行的规则,培养安全礼让的意识
3. 了解各种交通状况下可能出现的险情
4. 掌握道路驾驶的内容和要求</td><td>教学项目</td><td></td><td></td></tr>
<tr><td>所用学时</td><td></td><td></td></tr>
<tr><td>学员签字</td><td></td><td></td></tr>
<tr><td>教练员评价及签字</td><td></td><td></td></tr>
</table>

<table>
<tr><td rowspan="2">实际操作
学时:20</td><td>教学项目</td><td>教学要求</td></tr>
<tr><td>1. 直线行驶
2. 变更车道
3. 通过路口
4. 会车、超车、让超车
5. 靠边停车
6. 掉头
7. 速度感知
8. 预见性驾驶
9. 夜间驾驶
10. 综合驾驶及考核</td><td>1. 针对道路和交通状况,掌握直线行驶的方法,并保持安全跟车距离
2. 掌握变更车道的操作要领和方法
3. 能够根据道路交通状况,以安全的速度和方法通过路口
4. 在道路上安全、规范地进行会车、超车、让超车
5. 掌握靠边停车的方法,能按要求在路边安全停车;能够选择合理的路线和速度,将车倒入预定位置
6. 掌握安全、规范的掉头方法
7. 在限定的速度内,体验较高速度下驾驶车辆的感知
8. 掌握通过学校、人行横道、公共汽车站、弯道及其他视线不良等交通状况下的预见性驾驶方法
9. 掌握夜间驾驶的规律,正确变换灯光和使用信号装置,能够在夜间道路安全行车
10. 能够综合运用本阶段所学内容,在一般道路上安全熟练地驾驶车辆</td></tr>
</table>

次数/日期	1/	2/	3/	4/	5/	6/	7/
教学项目							
所用学时							
学员签字							
教练员评价及签字							

次数/日期	8/	9/	10/	11/	12/	13/	14/
教学项目							
所用学时							
学员签字							
教练员评价及签字							

第三阶段考核意见：

考核人签字：

<table>
<tr><td>第四阶段
学时:8</td><td>阶段目标　了解常见道路交通事故的原因及预防措施;了解车辆常见故障的处置方法;了解各种特殊道路交通环境下的安全行车方法;培养驾驶应变的能力;能够独立驾驶车辆。</td></tr>
</table>

<table>
<tr><td rowspan="5">理论知识
学时:2</td><td>教学项目</td><td>教学目标</td><td>次数/日期</td><td>1/</td><td>2/</td></tr>
<tr><td rowspan="4">1. 道路交通事故的预防

2. 阶段操作常识

3. 车辆常见故障处置</td><td rowspan="4">1. 了解常见交通事故的发生原因,牢固树立安全意识,掌握预防事故的相关知识

2. 掌握复杂道路驾驶的内容和要求

3. 熟悉常见故障的特点和处置方法</td><td>教学项目</td><td></td><td></td></tr>
<tr><td>所用学时</td><td></td><td></td></tr>
<tr><td>学员签字</td><td></td><td></td></tr>
<tr><td>教练员评价及签字</td><td></td><td></td></tr>
</table>

<table>
<tr><td rowspan="2">实际操作
学时:6</td><td>教学项目</td><td colspan="5">教学要求</td></tr>
<tr><td>1. 设计行驶路线
2. 恶劣条件下的驾驶
3. 山区道路驾驶
4. 高速公路模拟驾驶
5. 应急情况模拟驾驶
6. 综合驾驶及考核</td><td colspan="5">1. 能够按照自行设计的行驶路线,在一般道路上独立的安全驾驶
2. 掌握在雨天、雾天、冰雪路面、泥泞道路、涉水等恶劣条件下安全驾驶的要领和方法
3. 掌握山区道路安全驾驶的要领和方法
4. 掌握高速公路安全驾驶的要领和方法
5. 掌握紧急、突发情况的驾驶要领和方法
6. 能够在各种道路及交通环境下,安全独立地驾驶车辆</td></tr>
</table>

次数/日期	1/	2/	3/	4/	5/	6/
教学项目						
所用学时						
学员签字						
教练员评价及签字						

<table>
<tr><td>第四阶段考核意见:

考核人签字:</td></tr>
</table>

<table>
<tr><td>培训机构审核意见</td><td>(盖章)</td></tr>
</table>

关于发布第35批高级客车类型划分及等级评定表的通知

交运发〔2010〕327号　2010.7.8

各省、自治区、直辖市、新疆生产建设兵团交通运输厅(局、委):

根据《营运客车类型划分及等级评定规划》(交公路发〔2002〕590号)规定,现发布《高级客车类型划分及等级评定表》(第35批),请认真贯彻执行。

附件:1. 高级客车类型划分及等级评定表

2. 关于《高级客车类型划分及等级评定表》的说明

3. 企业名称与厂家简称对照表

附件1

高级客车类型划分及等级评定表

技术参数 \ 厂家 / 车型	北京北方 BFC6107H	北汽福田 BJ6850 U6AHB-1	华晨金杯 SY6534 MS3BH	华晨金杯 SY6504 MS1BH	上海申龙 SLK6112 F5A3	上海申龙 SLK6122 F5A3
评定类型及等级	大型高二级	中型高一级	大型高一级	中型高一级	中型高一级	小型高一级
车身长度(mm)	10490	8520	5310	4980	10800	11995
座位数+司机+导游 ≤	45(43)+1+1	33+1+1	10+1	8+1	47(43)+1+1	53(49)+1+1
额定功率(kW) ≥	180	147	102	102	199	206
比功率(kW/t) ≥	12	13	19	19	12	12
最高车速(km/h) ≥	110	110	105	105	110	110
匀速车内噪声(dB(A)) ≤	72	72	72	72	72	72
发动机位置	后	后	前	前	后	后
乘客门位置	前(前中)*	前	前中	前中	前(前中)*	前(前中)*
车内通道宽(mm) ≥	350	350	300	300	350	350
悬架类型	B	B	E	E	B	B
盘式制动器	—	—	—	—	—	—
ABS(一类)	装置	装置	装置	装置	装置	装置
蹄片间隙自调装置	装置	装置	装置	装置	装置	装置
缓行器	装置	—	—	—	装置	装置
底盘自动润滑系统	—	—	—	—	—	—
旋压车轮	装置	装置	—	—	装置	装置
无内胎子午线轮胎	装置	装置	—	—	装置	装置
座间距(同向)(mm) ≥	720	720	670	670	720	720
座垫宽(mm) ≥	440	440	440	440	440	440
座椅深(mm) ≥	440	440	440	440	440	440
靠背高(mm) ≥	680	680	680	680	680	680
靠背角度可调	装置	装置	装置	装置	装置	装置
扶手(靠通道处)	可调	可调	可调	可调	可调	可调
座椅脚蹬	可调	—	—	—	可调	可调
座椅横移(向通道)(mm) ≥	60	60	—	—	60	60
座椅汽车安全带	装置	装置	装置	装置	装置	装置
空气调节装置	冷暖	冷暖	冷暖	冷暖	冷暖	冷暖
卫生间(位置)	—	—	—	—	—	—
影视设备	装置	装置	—	—	装置	装置
饮水设备或冰箱	装置	装置	—	—	装置	装置
CAN 总线	—	—	—	—	—	—
车桥随动转向	—	—	—	—	—	—
行驶记录仪	装置	装置	—	—	装置	装置
发动机舱自动灭火装置	装置	—	—	—	装置	装置
人均行李舱容积(m^3/人) ≥	0.13	0.09	—	—	0.13	0.15
特殊结构说明						

*注释:“( )”表示可选配置。

续上表

技术参数 \ 车型 \ 厂家		依维柯 NJ6713 TRP6	依维柯 NJ6603 ERP6	依维柯 NJ6487 SDESD6	依维柯 NJ6487 SDED6	四川南骏 CNJ6831 RNB	四川南骏 CNJ6900 RNB
评定类型及等级		中型高二级	小型高二级	小型高一级	小型高一级	中型高一级	中型高一级
车身长度(mm)		7133	5990	4850	4850	8325	8995
座位数+司机+导游	≤	16+1	13+1	8+1	10+1	33+1+1	37+1+1
额定功率(kW)	≥	92	92	88	92	153	155
比功率(kW/t)	≥	14	21	19	19	13	13
最高车速(km/h)	≥	115	110	105	105	110	110
匀速车内噪声(dB(A))	≤	70	70	72	72	72	72
发动机位置		前	前	前	前	后	后
乘客门位置		前	前	前	前	前	前
车内通道宽(mm)	≥	350	300	300	300	350	350
悬架类型		D	F	E	E	B	B、C
盘式制动器		—	—	—	—	—	—
ABS(一类)		装置	装置	装置	装置	装置	装置
蹄片间隙自调装置		装置	装置	装置	装置	装置	装置
缓行器		装置	—	—	—	—	—
底盘自动润滑系统		装置	—	—	—	—	—
旋压车轮		装置	装置	—	—	装置	装置
无内胎子午线轮胎		装置	装置	—	—	装置	装置
座间距(同向)(mm)	≥	750	680	670	670	720	720
座垫宽(mm)	≥	440	440	440	440	440	440
座椅深(mm)	≥	440	440	440	440	440	440
靠背高(mm)	≥	720	720	680	680	680	680
靠背角度可调		装置	装置	装置	装置	装置	装置
扶手(靠通道处)		可调	可调	可调	可调	可调	可调
座椅脚蹬		可调	—	—	—	—	—
座椅横移(向通道)(mm)	≥	60	—	—	—	60	60
座椅汽车安全带		装置	装置	装置	装置	装置	装置
空气调节装置		冷暖	冷暖	冷暖	冷暖	冷暖	冷暖
卫生间(位置)		—	—	—	—	—	—
影视设备		装置	装置	—	—	装置	装置
饮水设备或冰箱		装置	—	—	—	装置	装置
CAN 总线		—	—	—	—	—	—
车桥随动转向		—	—	—	—	—	—
行驶记录仪		装置	—	—	—	装置	装置
发动机舱自动灭火装置		—	—	—	—	—	—
人均行李舱容积(m^3/人)	≥	—	—	—	—	0.045	0.045
特殊结构说明						天然气	天然气

续上表

技术参数 \ 车型 \ 厂家	苏州金龙	苏州金龙	苏州金龙	苏州金龙	奇瑞商用车	奇瑞商用车
车型	KLQ6145D	KLQ6125 B1C	KLQ6540C	KLQ6540 QE4	SQR6540D	SQR6540
评定类型及等级	特大型高三级	大型高一级	小型高一级	小型高一级	小型高一级	小型高一级
车身长度(mm)	13700	12000	5380	5380	5410	5410
座位数+司机+导游 ≤	61+1+1	53(51)+1+1	13+1	13+1	12+1	12+1
额定功率(kW) ≥	297	250	102	102	93	125
比功率(kW/t) ≥	13	12	19	19	19	19
最高车速(km/h) ≥	125	110	105	105	105	105
匀速车内噪声(dB(A)) ≤	66	72	72	72	72	72
发动机位置	后	后	前	前	前	前
乘客门位置	前中	前(前中)*	前中	前中	前中	前中
车内通道宽(mm) ≥	350	350	300	300	300	300
悬架类型	A	B	E	E	E	E
盘式制动器	装置	—	—	—	—	—
ABS(一类)	装置	装置	装置	装置	装置	装置
蹄片间隙自调装置	装置	装置	装置	装置	装置	装置
缓行器	装置	装置	—	—	—	—
底盘自动润滑系统	装置	—	—	—	—	—
旋压车轮	装置	装置	—	—	—	—
无内胎子午线轮胎	装置	装置	—	—	—	—
座间距(同向)(mm) ≥	770	720	670	670	670	670
座垫宽 (mm) ≥	450	440	440	440	440	440
座椅深 (mm) ≥	440	440	440	440	440	440
靠背高 (mm) ≥	720	680	680	680	680	680
靠背角度可调	装置	装置	装置	装置	装置	装置
扶手(靠通道处)	可调	可调	可调	可调	可调	可调
座椅脚蹬	可调	可调	—	—	—	—
座椅横移(向通道)(mm) ≥	60	60	—	—	—	—
座椅汽车安全带	装置	装置	装置	装置	装置	装置
空气调节装置	冷暖	冷暖	冷暖	冷暖	冷暖	冷暖
卫生间(位置)	中	—	—	—	—	—
影视设备	装置	装置	—	—	—	—
饮水设备或冰箱	装置	装置	—	—	—	—
CAN 总线	装置	—	—	—	—	—
车桥随动转向	3 桥	—	—	—	—	—
行驶记录仪	装置	装置	—	—	—	—
发动机舱自动灭火装置	装置	装置	—	—	—	—
人均行李舱容积(m^3/人) ≥	0.17	0.075	—	—	—	—
特殊结构说明	低驾驶区	天然气				

*注释:“( )”表示可选配置。

续上表

技术参数 \ 车型 \ 厂家	安徽安凯 HFF6120 YK40C	厦门金旅 XML6532 E13N	厦门金旅 XML6502 E13N	江铃全顺 JX6571 T-M4	江铃全顺 JX6571 T-H4	江铃全顺 JX6546 D-M
评定类型及等级	大型高一级	小型高一级	小型高一级	小型高一级	小型高一级	小型高一级
车身长度(mm)	12000	5280	4980	5780	5780	5418
座位数+司机+导游 ≤	57(55)+1+1	8+1	8+1	13+1	13+1	13+1
额定功率(kW) ≥	250	76	76	103	103	75
比功率(kW/t) ≥	12	19	19	19	19	19
最高车速(km/h) ≥	110	105	105	105	105	105
匀速车内噪声(dB(A)) ≤	72	72	72	72	72	72
发动机位置	后	前	前	前	前	前
乘客门位置	前(前中)*	前中	前中	前中	前中	前中
车内通道宽(mm) ≥	350	300	300	300	300	300
悬架类型	B	E	E	E	E	E
盘式制动器	—	—	—	—	—	—
ABS(一类)	装置	装置	装置	装置	装置	装置
蹄片间隙自调装置	装置	装置	装置	装置	装置	装置
缓行器	装置	—	—	—	—	—
底盘自动润滑系统	—	—	—	—	—	—
旋压车轮	装置	—	—	—	—	—
无内胎子午线轮胎	装置	—	—	—	—	—
座间距(同向)(mm) ≥	720	670	670	670	670	670
座垫宽(mm) ≥	440	440	440	440	440	440
座椅深(mm) ≥	440	440	440	440	440	440
靠背高(mm) ≥	680	680	680	680	680	680
靠背角度可调	装置	装置	装置	装置	装置	装置
扶手(靠通道处)	可调	可调	可调	可调	可调	可调
座椅脚蹬	可调	—	—	—	—	—
座椅横移(向通道)(mm) ≥	60	—	—	—	—	—
座椅汽车安全带	装置	装置	装置	装置	装置	装置
空气调节装置	冷暖	冷暖	冷暖	冷暖	冷暖	冷暖
卫生间(位置)	—	—	—	—	—	—
影视设备	装置	—	—	—	—	—
饮水设备或冰箱	装置	—	—	—	—	—
CAN 总线	—	—	—	—	—	—
车桥随动转向	—	—	—	—	—	—
行驶记录仪	装置	—	—	—	—	—
发动机舱自动灭火装置	装置	—	—	—	—	—
人均行李舱容积(m^3/人) ≥	0.075	—	—	—	—	—
特殊结构说明	低驾驶区(天然气)					

*注释:“( )”表示可选配置。

续上表

技术参数 \ 车型 \ 厂家	江铃全顺	江铃全顺	江铃全顺	江铃全顺	江铃全顺	江铃全顺
车型	JX6491 TA-M4	JX6491 TA-L4	JX6491 T-M4	JX6491 T-L4	JX6466 DA-L	JX6466 D-M
评定类型及等级	小型高一级	小型高一级	小型高一级	小型高一级	小型高一级	小型高一级
车身长度(mm)	4963	4963	4963	4963	4666	4666
座位数+司机+导游 ≤	11+1	11+1	11+1	11+1	6+1	9+1
额定功率(kW) ≥	85	85	103	103	75	75
比功率(kW/t) ≥	19	19	19	19	19	19
最高车速(km/h) ≥	105	105	105	105	105	105
匀速车内噪声(dB(A)) ≤	72	72	72	72	72	72
发动机位置	前	前	前	前	前	前
乘客门位置	前中	前中	前中	前中	前中	前中
车内通道宽(mm) ≥	300	300	300	300	300	300
悬架类型	E	E	E	E	E	E
盘式制动器	—	—	—	—	—	—
ABS(一类)	装置	装置	装置	装置	装置	装置
蹄片间隙自调装置	装置	装置	装置	装置	装置	装置
缓行器	—	—	—	—	—	—
底盘自动润滑系统	—	—	—	—	—	—
旋压车轮	—	—	—	—	—	—
无内胎子午线轮胎	—	—	—	—	—	—
座间距(同向)(mm) ≥	670	670	670	670	670	670
座垫宽(mm) ≥	440	440	440	440	440	440
座椅深(mm) ≥	440	440	440	440	440	440
靠背高(mm) ≥	680	680	680	680	680	680
靠背角度可调	装置	装置	装置	装置	装置	装置
扶手(靠通道处)	可调	可调	可调	可调	可调	可调
座椅脚蹬	—	—	—	—	—	—
座椅横移(向通道)(mm) ≥	—	—	—	—	—	—
座椅汽车安全带	装置	装置	装置	装置	装置	装置
空气调节装置	冷暖	冷暖	冷暖	冷暖	冷暖	冷暖
卫生间(位置)	—	—	—	—	—	—
影视设备	—	—	—	—	—	—
饮水设备或冰箱	—	—	—	—	—	—
CAN总线	—	—	—	—	—	—
车桥随动转向	—	—	—	—	—	—
行驶记录仪	—	—	—	—	—	—
发动机舱自动灭火装置	—	—	—	—	—	—
人均行李舱容积(m^3/人) ≥	—	—	—	—	—	—
特殊结构说明						

续上表

技术参数 \ 车型 \ 厂家		郑州宇通 ZK6147 HD9	郑州宇通 ZK6147 HC9	郑州宇通 ZK6122 HE29	郑州宇通 ZK6122 HN29	郑州宇通 ZK6122 HE19	郑州宇通 ZK6908 HF9
评定类型及等级		特大型高二级	特大型高一级	大型高二级	大型高二级	大型高一级	大型高一级
车身长度(mm)		13670	13670	11600	12000	11600	9020
座位数+司机+导游	≤	55(53)+1+1	59+1+1	45(43)+1+1	47(45)+1+1	51(49)+1+1	37(35)+1+1
额定功率(kW)	≥	276	276	243	250	213	162
比功率(kW/t)	≥	12	11	13.5	13.5	12	12
最高车速(km/h)	≥	120	110	120	120	110	110
匀速车内噪声(dB(A))	≤	69	72	69	69	72	72
发动机位置		后	后	后	后	后	后
乘客门位置		前中(前后)*	前中(前后)*	前中(前后)*	前中(前后)*	前(前中)*	前(前中)*
车内通道宽(mm)	≥	350	350	350	350	350	350
悬架类型		B	B	B	B	B	B
盘式制动器		装置	装置	装置	装置	—	—
ABS(一类)		装置	装置	装置	装置	装置	装置
蹄片间隙自调装置		装置	装置	装置	装置	装置	装置
缓行器		装置	装置	装置	装置	装置	装置
底盘自动润滑系统		装置	装置	装置	装置	—	—
旋压车轮		装置	装置	装置	装置	装置	装置
无内胎子午线轮胎		装置	装置	装置	装置	装置	装置
座间距(同向)(mm)	≥	750	720	750	750	720	720
座垫宽(mm)	≥	440	440	440	440	440	440
座椅深(mm)	≥	440	440	440	440	440	440
靠背高(mm)	≥	720	680	720	720	680	680
靠背角度可调		装置	装置	装置	装置	装置	装置
扶手(靠通道处)		可调	可调	可调	可调	可调	可调
座椅脚蹬		可调	可调	可调	可调	可调	可调
座椅横移(向通道)(mm)	≥	60	60	60	60	60	60
座椅汽车安全带		装置	装置	装置	装置	装置	装置
空气调节装置		冷暖	冷暖	冷暖	冷暖	冷暖	冷暖
卫生间(位置)		中(后)*	—	中(后)*	中(后)*	—	—
影视设备		装置	装置	装置	装置	装置	装置
饮水设备或冰箱		装置	装置	装置	装置	装置	装置
CAN 总线		装置	—	装置	装置	—	—
车桥随动转向		3 桥	3 桥	—	—	—	—
行驶记录仪		装置	装置	装置	装置	装置	装置
发动机舱自动灭火装置		装置	装置	装置	装置	装置	装置
人均行李舱容积(m^3/人)	≥	0.15	0.13	0.17	0.085	0.15	0.11
特殊结构说明					天然气		

*注释:“( )”表示可选配置。

续上表

技术参数 \ 车型 \ 厂家	郑州宇通 ZK6127 H19	郑州宇通 ZK6122 HN19	郑州宇通 ZK6998 HNA9	郑州宇通 ZK6938 HNA9	郑州宇通 ZK6908 HQA9	郑州宇通 ZK6888 HNA9
评定类型及等级	大型高一级	大型高一级	大型高一级	大型高一级	中型高一级	中型高一级
车身长度(mm)	12000	12000	9945	9320	8995	8774
座位数+司机+导游 ≤	53(51、49)+1+1	53(51、49)+1+1	43(41)+1+1	39(37)+1+1	37(35)+1+1	35(33)+1+1
额定功率(kW) ≥	228	250	177	177	176	155
比功率(kW/t) ≥	12	12	12	12	13	13
最高车速(km/h) ≥	110	110	110	110	110	110
匀速车内噪声(dB(A)) ≤	72	72	72	72	72	72
发动机位置	后	后	后	后	后	后
乘客门位置	前(前中、前后)*	前(前中、前后)*	前(前中)*	前(前中)*	前(前中)*	前(前中)*
车内通道宽(mm) ≥	350	350	350	350	350	350
悬架类型	B	B	B	B	B	B、C
盘式制动器	—	—	—	—	—	—
ABS(一类)	装置	装置	装置	装置	装置	装置
蹄片间隙自调装置	装置	装置	装置	装置	装置	装置
缓行器	装置	装置	装置	装置	—	—
底盘自动润滑系统	—	—	—	—	—	—
旋压车轮	装置	装置	装置	装置	装置	装置
无内胎子午线轮胎	装置	装置	装置	装置	装置	装置
座间距(同向)(mm) ≥	720	720	720	720	720	720
座垫宽(mm) ≥	440	440	440	440	440	440
座椅深(mm) ≥	440	440	440	440	440	440
靠背高(mm) ≥	680	680	680	680	680	680
靠背角度可调	装置	装置	装置	装置	装置	装置
扶手(靠通道处)	可调	可调	可调	可调	可调	可调
座椅脚蹬	可调	可调	可调	可调	—	—
座椅横移(向通道)(mm) ≥	60	60	60	60	60	60
座椅汽车安全带	装置	装置	装置	装置	装置	装置
空气调节装置	冷暖	冷暖	冷暖	冷暖	冷暖	冷暖
卫生间(位置)	—	—	—	—	—	—
影视设备	装置	装置	装置	装置	装置	装置
饮水设备或冰箱	装置	装置	装置	装置	装置	装置
CAN 总线	—	—	—	—	—	—
车桥随动转向	—	—	—	—	—	—
行驶记录仪	装置	装置	装置	装置	装置	装置
发动机舱自动灭火装置	装置	装置	装置	装置	—	—
人均行李舱容积(m^3/人) ≥	0.15	0.075	0.055	0.055	0.09	0.045
特殊结构说明		天然气	天然气	天然气		天然气

*注释:"( )"表示可选配置。

续上表

厂家 / 车型 / 技术参数	郑州宇通	郑州宇通	郑州宇通	洛阳中集凌宇	宁波吉江	桂林客车
	ZK6808 HNA9	ZK6858 HNA9	ZK6908 HNA9	CLY6117HA	NE6810 H01	GL6116K
评定类型及等级	中型高一级	中型高一级	中型高一级	大型高一级	中型高一级	大型高一级
车身长度(mm)	8000	8543	8995	10750	8120	10750
座位数+司机+导游 ≤	31(29) +1+1	33(31) +1+1	37(35) +1+1	45+1+1	29+1+1	45+1+1
额定功率(kW) ≥	132	155	177	180	132	180
比功率(kW/t) ≥	13	13	13	12	13	12
最高车速(km/h) ≥	110	110	110	110	110	110
匀速车内噪声(dB(A)) ≤	72	72	72	72	72	72
发动机位置	后	后	后	后	后	后
乘客门位置	前(前中)*	前(前中、前后)*	前(前中)*	前	前	前
车内通道宽(mm) ≥	350	350	350	350	350	350
悬架类型	B、C	B、C	B、C	B	B	B
盘式制动器	—	—	—	—	—	—
ABS(一类)	装置	装置	装置	装置	装置	装置
蹄片间隙自调装置	装置	装置	装置	装置	装置	装置
缓行器	—	—	—	装置	—	装置
底盘自动润滑系统	—	—	—	—	—	—
旋压车轮	装置	装置	装置	装置	装置	装置
无内胎子午线轮胎	装置	装置	装置	装置	装置	装置
座间距(同向)(mm) ≥	720	720	720	720	720	720
座垫宽 (mm) ≥	440	440	440	440	440	440
座椅深 (mm) ≥	440	440	440	440	440	440
靠背高 (mm) ≥	680	680	680	680	680	680
靠背角度可调	装置	装置	装置	装置	装置	装置
扶手(靠通道处)	可调	可调	可调	可调	可调	可调
座椅脚蹬	—	—	—	可调	—	可调
座椅横移(向通道)(mm) ≥	60	60	60	60	60	60
座椅汽车安全带	装置	装置	装置	装置	装置	装置
空气调节装置	冷暖	冷暖	冷暖	冷暖	冷暖	冷暖
卫生间(位置)	—	—	—	—	—	—
影视设备	装置	装置	装置	装置	装置	装置
饮水设备或冰箱	装置	装置	装置	装置	装置	装置
CAN 总线	—	—	—	—	—	—
车桥随动转向	—	—	—	—	—	—
行驶记录仪	装置	装置	装置	装置	装置	装置
发动机舱自动灭火装置	—	—	—	装置	—	装置
人均行李舱容积(m^3/人) ≥	0.03	0.045	0.045	0.13	0.09	0.13
特殊结构说明	天然气	天然气	天然气			

*注释:"( )"表示可选配置。

续上表

厂家 / 车型 / 技术参数		桂林客车	东风柳汽	东风柳汽	东风柳汽	东风柳汽	中通客车
车型		GL6858K	LZ6512 AQ7SN	LZ6512 AQ3SN	LZ6510 AQASN	LZ6510 AD1S	LCK6140 H2
评定类型及等级		中型高一级	小型高一级	小型高一级	小型高一级	小型高一级	特大型高二级
车身长度(mm)		8490	5115	5115	5115	5115	13700
座位数＋司机＋导游	≤	33＋1＋1	8＋1	8＋1	8＋1	8＋1	61＋2＋1＋1
额定功率(kW)	≥	162	81.58	89	121	82	280
比功率(kW/t)	≥	13	19	19	19	19	12
最高车速(km/h)	≥	110	105	105	105	105	120
匀速车内噪声(dB(A))	≤	72	72	72	72	72	69
发动机位置		后	前	前	前	前	后
乘客门位置		前	前中	前中	前中	前中	前中
车内通道宽(mm)	≥	350	300	300	300	300	350
悬架类型		B	E	E	E	E	B
盘式制动器		—	—	—	—	—	装置
ABS(一类)		装置	装置	装置	装置	装置	装置
蹄片间隙自调装置		装置	装置	装置	装置	装置	装置
缓行器		—	—	—	—	—	装置
底盘自动润滑系统		—	—	—	—	—	装置
旋压车轮		装置	—	—	—	—	装置
无内胎子午线轮胎		装置	—	—	—	—	装置
座间距(同向)(mm)	≥	720	670	670	670	670	750
座垫宽 (mm)	≥	440	440	440	440	440	440
座椅深 (mm)	≥	440	440	440	440	440	440
靠背高 (mm)	≥	680	680	680	680	680	720
靠背角度可调		装置	装置	装置	装置	装置	装置
扶手(靠通道处)		可调	可调	可调	可调	可调	可调
座椅脚蹬		—	—	—	—	—	可调
座椅横移(向通道)(mm)	≥	60	—	—	—	—	60
座椅汽车安全带		装置	装置	装置	装置	装置	装置
空气调节装置		冷暖	冷暖	冷暖	冷暖	冷暖	冷暖
卫生间(位置)		—	—	—	—	—	中
影视设备		装置	—	—	—	—	装置
饮水设备或冰箱		装置	—	—	—	—	装置
CAN 总线		—	—	—	—	—	装置
车桥随动转向		—	—	—	—	—	3 桥
行驶记录仪		装置	—	—	—	—	装置
发动机舱自动灭火装置		—	—	—	—	—	装置
人均行李舱容积(m^3/人)	≥	0.09	—	—	—	—	0.15
特殊结构说明							低驾驶区＊＊

＊＊注释：此低驾驶区车型驾驶员后方有两个座位。

续上表

厂家 / 车型 / 技术参数	中通客车 LCK6140 H1					
评定类型及等级	特大型 高一级					
车身长度(mm)	13700					
座位数+司机+导游 ≤	65+2 +1+1					
额定功率(kW) ≥	280					
比功率(kW/t) ≥	11					
最高车速(km/h) ≥	110					
匀速车内噪声(dB(A)) ≤	72					
发动机位置	后					
乘客门位置	前中					
车内通道宽(mm) ≥	350					
悬架类型	B					
盘式制动器	装置					
ABS(一类)	装置					
蹄片间隙自调装置	装置					
缓行器	装置					
底盘自动润滑系统	装置					
旋压车轮	装置					
无内胎子午线轮胎	装置					
座间距(同向)(mm) ≥	720					
座垫宽(mm) ≥	440					
座椅深(mm) ≥	440					
靠背高(mm) ≥	680					
靠背角度可调	装置					
扶手(靠通道处)	可调					
座椅脚蹬	可调					
座椅横移(向通道)(mm) ≥	60					
座椅汽车安全带	装置					
空气调节装置	冷暖					
卫生间(位置)	—					
影视设备	装置					
饮水设备或冰箱	装置					
CAN 总线	—					
车桥随动转向	3 桥					
行驶记录仪	装置					
发动机舱自动灭火装置	装置					
人均行李舱容积(m^3/人) ≥	0.13					
特殊结构说明	低驾驶区 * *					

* * 注释:此低驾驶区车型驾驶员后方有两个座位。

高级(卧铺)客车类型划分及等级评定表

技术参数 \ 车型 \ 厂家	北京北方 BFC6127 W-1	郑州宇通 ZK6147 HWQE9			
评定类型及等级	大型高二级	特大型高二级			
车身长度(mm)	12000	13670			
卧铺排列形式	1+1+1	1+1+1			
卧铺数+司机+导游 ≤	36+1+1 (半躺)	42+1+1 (半躺)			
额定功率(kW) ≥	243	276			
比功率(kW/t) ≥	13.5	12			
最高车速(km/h) ≥	120	120			
匀速车内噪声(dB(A)) ≤	69	69			
发动机位置	后	后			
乘客门位置	前中(前后)*	前中(前后)*			
悬架类型	B	A			
盘式制动器	装置	装置			
ABS(一类)	装置	装置			
蹄片间隙自调装置	装置	装置			
缓行器	装置	装置			
动力转向	装置	装置			
底盘自动润滑系统	装置	装置			
旋压车轮	装置	装置			
无内胎子午线轮胎	装置	装置			
卧铺全长(mm) ≥	1900	1900			
卧铺宽度(mm) ≥	500	500			
铺纵向间距(mm) ≥	1950(平铺) 1600(半躺)	1950(平铺) 1600(半躺)			
铺横向间距(mm) ≥	350	350			
上铺空间高度(mm) ≥	800	800			
铺间高度(mm) ≥	850	850			
重叠脚窝内端高(mm) ≥	250	250			
下铺面距地高度(mm) ≥	250	250			
护栏高度(mm) ≥	150	150			
铺垫厚(mm) ≥	70	70			
卧铺汽车安全带	装置	装置			
空气调节装置	冷暖	冷暖			
卫生间(位置)	中(后)*	中(后)*			
影视设备	装置	装置			
饮水设备或冰箱	装置	装置			
CAN 总线	装置	装置			
车桥随动转向	—	3 桥			
行驶记录仪	装置	装置			
发动机舱自动灭火装置	装置	装置			
人均行李舱容积(m^3/人) ≥	0.19	0.18			
特殊结构说明	低驾驶区	低驾驶区			

*注释:“( )”表示可选配置。

附件 2

关于《高级客车类型划分及等级评定表》的说明

一、车辆各项技术参数及服务装备均须符合评定表中的要求，只要有一项低于相应类型及等级的标准限值，在核发《道路运输证》时就不能核定为该类型及等级。确需降级的，由地市级道路运输管理机构对该车型进行现场核查和实测，确认符合标准后，才予以降级。高级客车等级只能下降一个等级。

二、评定表中各车型的技术参数及服务装备等均以新出厂的车辆为依据，所有内容均经过现场核查或实测。对于在用营运客车，还应根据车辆的实际技术状况进行等级评定。

三、对已评定类型及等级的客车因改装（改造），引起评定表中所列技术参数及服务装备变化的，须重新核定等级。

四、评定表中划“—”的为该等级车型该项技术参数或服务装备不要求。

附件3

企业名称与厂家简称对照表

序号	申报企业名称	厂家简称
1	北京北方华德尼奥普兰客车股份有限公司	北京北方
2	北汽福田汽车股份有限公司	北汽福田
3	沈阳华晨金杯汽车有限公司	华晨金杯
4	上海申龙客车有限公司	上海申龙
5	南京依维柯汽车有限公司	依维柯
6	金龙联合汽车工业(苏州)有限公司	苏州金龙
7	宁波吉江汽车制造有限责任公司	宁波吉江
8	安徽安凯汽车股份有限公司	安徽安凯
9	奇瑞商用车(安徽)有限公司	奇瑞商用车
10	厦门金龙旅行车有限公司	厦门金旅
11	江铃汽车股份有限公司	江铃全顺
12	郑州宇通客车股份有限公司	郑州宇通
13	洛阳中集凌宇汽车有限公司	洛阳中集凌宇
14	东风柳州汽车有限公司	东风柳汽
15	桂林客车工业集团有限公司	桂林客车
16	四川南骏汽车有限公司	四川南骏
17	中通客车控股股份有限公司	中通客车

关于发布第36批高级客车类型划分及等级评定表的通知

交运发〔2010〕556号　2010.10.14

各省、自治区、直辖市、新疆生产建设兵团及计划单列市交通运输厅(局、委):

根据《营运客车类型划分及等级评定规则》(交公路发〔2002〕590号)规定,现发布《高级客车类型划分及等级评定表》(第36批),请认真贯彻实施。

附件:1. 高级客车类型划分及等级评定表

2. 关于《高级客车类型划分及等级评定表》的说明

3. 企业名称与厂家简称对照表

附件1

高级客车类型划分及等级评定表

技术参数 \ 厂家 / 车型	北京北方	北京北方	北京北方	北京北方	北汽福田	北汽福田
车型	BFC6127A	BFC6127B	BFC6127A1	BFC6127B1	BJ6115 U8AJB-2	BJ6115 U8AJB-1
评定类型及等级	大型高二级	大型高二级	大型高一级	大型高一级	大型高二级	大型高一级
车身长度(mm)	12000	12000	12000	12000	10790	10790
座位数+司机+导游 ≤	49+1+1	49+1+1	53(51)+1+1	53(51)+1+1	41+1+1	45(43)+1+1
额定功率(kW) ≥	243	247	243	247	199	176
比功率(kW/t) ≥	13.5	13.5	12	12	13.5	12
最高车速(km/h) ≥	120	120	110	110	120	110
匀速车内噪声(dB(A)) ≤	69	69	72	72	69	72
发动机位置	后	后	后	后	后	后
乘客门位置	前中	前中	前(前中)*	前(前中)*	前中	前(前中)*
车内通道宽(mm) ≥	350	350	350	350	350	350
悬架类型	A	A	A	A	B	B
盘式制动器	装置	装置	—	—	装置	—
ABS(一类)	装置	装置	装置	装置	装置	装置
蹄片间隙自调装置	装置	装置	装置	装置	装置	装置
缓行器	装置	装置	装置	装置	装置	装置
底盘自动润滑系统	装置	装置	—	—	装置	—
旋压车轮	装置	装置	装置	装置	装置	装置
无内胎子午线轮胎	装置	装置	装置	装置	装置	装置
座间距(同向)(mm) ≥	750	750	720	720	750	720
座垫宽(mm) ≥	440	440	440	440	440	440
座椅深(mm) ≥	440	440	440	440	440	440
靠背高(mm) ≥	720	720	680	680	720	680
靠背角度可调	装置	装置	装置	装置	装置	装置
扶手(靠通道处)	可调	可调	可调	可调	可调	可调
座椅脚蹬	可调	可调	可调	可调	可调	可调
座椅横移(向通道)(mm) ≥	60	60	60	60	60	60
座椅汽车安全带	装置	装置	装置	装置	装置	装置
空气调节装置	冷暖	冷暖	冷暖	冷暖	冷暖	冷暖
卫生间(位置)	中	中	—	—	中	—
影视设备	装置	装置	装置	装置	装置	装置
饮水设备或冰箱	装置	装置	装置	装置	装置	装置
CAN 总线	装置	装置	—	—	装置	—
车桥随动转向	—	—	—	—	—	—
行驶记录仪	装置	装置	装置	装置	装置	装置
发动机舱自动灭火装置	装置	装置	装置	装置	装置	装置
人均行李舱容积(m^3/人) ≥	0.17	0.17	0.15	0.15	0.15	0.13
特殊结构说明						

*注释:“(　)”表示可选配置。

续上表

技术参数 \ 车型 \ 厂家	北汽福田	北汽福田	北汽福田	北汽福田	上海申龙	上海申沃
	BJ6125 U8BKB-5	BJ6120 U8LJB-3	BJ6900 U6AHB-4	BJ6850 U6AHB-3	SLK6872 F2A3	SWB6120
评定类型及等级	大型高一级	大型高一级	中型高一级	中型高一级	中型高二级	大型高一级
车身长度(mm)	12000	11980	8995	8520	8720	11990
座位数+司机+导游 ≤	53(51)+1+1	53(51)+1+1	37+1+1	33+1+1	33+1+1	51(49)+1+1
额定功率(kW) ≥	247	199	162	147	162	250
比功率(kW/t) ≥	12	12	13	13	14	12
最高车速(km/h) ≥	110	110	110	110	115	110
匀速车内噪声(dB(A)) ≤	72	72	72	72	70	72
发动机位置	后	后	后	后	后	后
乘客门位置	前(前中)*	前(前中)*	前	前	前	前(前中)*
车内通道宽(mm) ≥	350	350	350	350	350	350
悬架类型	B	B	B	B	B	B
盘式制动器	—	—	—	—	—	—
ABS(一类)	装置	装置	装置	装置	装置	装置
蹄片间隙自调装置	装置	装置	装置	装置	装置	装置
缓行器	装置	装置	—	—	装置	装置
底盘自动润滑系统	—	—	—	—	装置	—
旋压车轮	装置	装置	装置	装置	装置	装置
无内胎子午线轮胎	装置	装置	装置	装置	装置	装置
座间距(同向)(mm) ≥	720	720	720	720	750	720
座垫宽(mm) ≥	440	440	440	440	440	440
座椅深(mm) ≥	440	440	440	440	440	440
靠背高(mm) ≥	680	680	680	680	720	680
靠背角度可调	装置	装置	装置	装置	装置	装置
扶手(靠通道处)	可调	可调	可调	可调	可调	可调
座椅脚蹬	可调	可调	—	—	可调	可调
座椅横移(向通道)(mm) ≥	60	60	60	60	60	60
座椅汽车安全带	装置	装置	装置	装置	装置	装置
空气调节装置	冷暖	冷暖	冷暖	冷暖	冷暖	冷暖
卫生间(位置)	—	—	—	—	—	—
影视设备	装置	装置	装置	装置	装置	装置
饮水设备或冰箱	装置	装置	装置	装置	装置	装置
CAN 总线	—	—	—	—	—	—
车桥随动转向	—	—	—	—	—	—
行驶记录仪	装置	装置	装置	装置	装置	装置
发动机舱自动灭火装置	装置	装置	—	—	—	装置
人均行李舱容积(m^3/人) ≥	0.15	0.15	0.09	0.09	0.10	0.15
特殊结构说明						

*注释:“(　)”表示可选配置。

续上表

技术参数 \ 车型 \ 厂家		苏州金龙	苏州金龙	苏州金龙	苏州金龙	苏州金龙	苏州金龙
车型		KLQ6129 TAE41	KLQ6125QA	KLQ6119 TBE4	KLQ6119 TB	KLQ6119TA	KLQ6898 QE3
评定类型及等级		大型高一级	大型高一级	大型高一级	大型高一级	大型高一级	中型高二级
车身长度(mm)		12000	12000	10740	10740	10740	8949
座位数+司机+导游	≤	51+1+1	53(51)+1+1	45+1+1	45+1+1	45+1+1	37+1+1
额定功率(kW)	≥	221	221	177	177	177	180
比功率(kW/t)	≥	12	12	12	12	12	14
最高车速(km/h)	≥	110	110	110	110	110	115
匀速车内噪声(dB(A))	≤	72	72	72	72	72	70
发动机位置		后	后	后	后	后	后
乘客门位置		前	前(前中)*	前	前	前	前
车内通道宽(mm)	≥	350	350	350	350	350	350
悬架类型		B	B	B	B	B	B
盘式制动器		—	—	—	—	—	—
ABS(一类)		装置	装置	装置	装置	装置	装置
蹄片间隙自调装置		装置	装置	装置	装置	装置	装置
缓行器		装置	装置	装置	装置	装置	装置
底盘自动润滑系统		—	—	—	—	—	装置
旋压车轮		装置	装置	装置	装置	装置	装置
无内胎子午线轮胎		装置	装置	装置	装置	装置	装置
座间距(同向)(mm)	≥	720	720	720	720	720	750
座垫宽(mm)	≥	440	440	440	440	440	440
座椅深(mm)	≥	440	440	440	440	440	440
靠背高(mm)	≥	680	680	680	680	680	720
靠背角度可调		装置	装置	装置	装置	装置	装置
扶手(靠通道处)		可调	可调	可调	可调	可调	可调
座椅脚蹬		可调	可调	可调	可调	可调	可调
座椅横移(向通道)(mm)	≥	60	60	60	60	60	60
座椅汽车安全带		装置	装置	装置	装置	装置	装置
空气调节装置		冷暖	冷暖	冷暖	冷暖	冷暖	冷暖
卫生间(位置)		—	—	—	—	—	—
影视设备		装置	装置	装置	装置	装置	装置
饮水设备或冰箱		装置	装置	装置	装置	装置	装置
CAN 总线		—	—	—	—	—	—
车桥随动转向		—	—	—	—	—	—
行驶记录仪		装置	装置	装置	装置	装置	装置
发动机舱自动灭火装置		装置	装置	装置	装置	装置	—
人均行李舱容积(m^3/人)	≥	0.15	0.15	0.13	0.13	0.13	0.10
特殊结构说明							

*注释:“(　)”表示可选配置。

续上表

技术参数 \ 车型 \ 厂家		苏州金龙	苏州金龙	苏州金龙	苏州金龙	苏州金龙	无锡太湖
		KLQ6798 QAE4	KLQ6602Q	KLQ6540QA	KLQ6540CA	KLQ6540 QE4A	XQ6113 Y1H2
评定类型及等级		中型高一级	小型高一级	小型高一级	小型高一级	小型高一级	大型高一级
车身长度(mm)		7948	5995	5380	5380	5380	11350
座位数＋司机＋导游	≤	29＋1＋1	17＋1	8＋1	8＋1	8＋1	49＋1＋1
额定功率(kW)	≥	132	90	102	85	102	224
比功率(kW/t)	≥	13	19	19	19	19	12
最高车速(km/h)	≥	110	105	105	105	105	110
匀速车内噪声(dB(A))	≤	72	72	72	72	72	72
发动机位置		后	前	前	前	前	后
乘客门位置		前	中	前中	前中	前中	前
车内通道宽(mm)	≥	350	300	300	300	300	350
悬架类型		B、C	E	E	E	E	B
盘式制动器		—	—	—	—	—	—
ABS(一类)		装置	装置	装置	装置	装置	装置
蹄片间隙自调装置		装置	装置	装置	装置	装置	装置
缓行器		—	—	—	—	—	装置
底盘自动润滑系统		—	—	—	—	—	—
旋压车轮		装置	—	—	—	—	装置
无内胎子午线轮胎		装置	—	—	—	—	装置
座间距(同向)(mm)	≥	720	670	670	670	670	720
座垫宽(mm)	≥	440	440	440	440	440	440
座椅深(mm)	≥	440	440	440	440	440	440
靠背高(mm)	≥	680	680	680	680	680	680
靠背角度可调		装置	装置	装置	装置	装置	装置
扶手(靠通道处)		可调	可调	可调	可调	可调	可调
座椅脚蹬		—	—	—	—	—	可调
座椅横移(向通道)(mm)	≥	60	—	—	—	—	60
座椅汽车安全带		装置	装置	装置	装置	装置	装置
空气调节装置		冷暖	冷暖	冷暖	冷暖	冷暖	冷暖
卫生间(位置)		—	—	—	—	—	—
影视设备		装置	—	—	—	—	装置
饮水设备或冰箱		装置	—	—	—	—	装置
CAN 总线		—	—	—	—	—	—
车桥随动转向		—	—	—	—	—	—
行驶记录仪		装置	—	—	—	—	装置
发动机舱自动灭火装置		—	—	—	—	—	装置
人均行李舱容积(m^3/人)	≥	0.06	—	—	—	—	0.15
特殊结构说明							

续上表

技术参数 \ 车型 \ 厂家		金华青年	厦门金龙	厦门金龙	厦门金龙	厦门金龙	厦门金龙
		JNP6121F	XMQ6140Y8	XMQ6129Y7	XMQ6101Y3	XMQ6129YA	XMQ6101Y6
评定类型及等级		大型高一级	特大型高一级	大型高二级	大型高二级	大型高二级	大型高二级
车身长度(mm)		12000	13700	12000	10490	12000	10490
座位数+司机+导游	≤	57(55)+1+1	65+1+1	47+1+1	39(37)+1+1	53+1+1	39(37)+1+1
额定功率(kW)	≥	276	254	243	176	243	176
比功率(kW/t)	≥	12	11	13.5	13.5	13.5	13.5
最高车速(km/h)	≥	110	110	120	120	120	120
匀速车内噪声(dB(A))	≤	72	72	69	69	69	69
发动机位置		后	后	后	后	后	后
乘客门位置		前(前中)*	前中	前中	前(前中)*	前中	前(前中)*
车内通道宽(mm)	≥	350	350	350	350	350	350
悬架类型		A	B	B	B	B	B
盘式制动器		—	装置	装置	装置	装置	装置
ABS(一类)		装置	装置	装置	装置	装置	装置
蹄片间隙自调装置		装置	装置	装置	装置	装置	装置
缓行器		装置	装置	装置	装置	装置	装置
底盘自动润滑系统		—	装置	装置	装置	装置	装置
旋压车轮		装置	装置	装置	装置	装置	装置
无内胎子午线轮胎		装置	装置	装置	装置	装置	装置
座间距(同向)(mm)	≥	720	720	750	750	750	750
座垫宽(mm)	≥	440	440	440	440	440	440
座椅深(mm)	≥	440	440	440	440	440	440
靠背高(mm)	≥	680	680	720	720	720	720
靠背角度可调		装置	装置	装置	装置	装置	装置
扶手(靠通道处)		可调	可调	可调	可调	可调	可调
座椅脚蹬		可调	可调	可调	可调	可调	可调
座椅横移(向通道)(mm)	≥	60	60	60	60	60	60
座椅汽车安全带		装置	装置	装置	装置	装置	装置
空气调节装置		冷暖	冷暖	冷暖	冷暖	冷暖	冷暖
卫生间(位置)		—	—	中	后(中)*	中	后(中)*
影视设备		装置	装置	装置	装置	装置	装置
饮水设备或冰箱		装置	装置	装置	装置	装置	装置
CAN 总线		—	—	装置	装置	装置	装置
车桥随动转向		—	3 桥	—	—	—	—
行驶记录仪		装置	装置	装置	装置	装置	装置
发动机舱自动灭火装置		装置	装置	装置	装置	装置	装置
人均行李舱容积(m^3/人)	≥	0.15	0.13	0.17	0.15	0.17	0.15
特殊结构说明		低驾驶区	低驾驶区			低驾驶区	

*注释:“( )”表示可选配置。

续上表

技术参数 \ 车型 \ 厂家		厦门金龙 XMQ6129Y8	厦门金龙 XMQ6111Y7	厦门金龙 XMQ6101Y4	厦门金龙 XMQ6101Y5	厦门金龙 XMQ6898Y1	厦门金龙 XMQ6859Y3
评定类型及等级		大型高一级	大型高一级	大型高一级	大型高一级	中型高二级	中型高二级
车身长度(mm)		12000	11480	10490	10490	8945	8495
座位数+司机+导游	≤	57(55)+1+1	49(47)+1+1	45(43)+1+1	45(43)+1+1	37(35)+1+1	31(29)+1+1
额定功率(kW)	≥	221	199	191	169	169	147
比功率(kW/t)	≥	12	12	12	12	14	14
最高车速(km/h)	≥	110	110	110	110	115	115
匀速车内噪声(dB(A))	≤	72	72	72	72	70	70
发动机位置		后	后	后	后	后	后
乘客门位置		前(前中)*	前(前中)*	前(前中)*	前(前中)*	前(前中)*	前(前中)*
车内通道宽(mm)	≥	350	350	350	350	350	350
悬架类型		B	B	B	B	B	B
盘式制动器		—	—	—	—	—	—
ABS(一类)		装置	装置	装置	装置	装置	装置
蹄片间隙自调装置		装置	装置	装置	装置	装置	装置
缓行器		装置	装置	装置	装置	装置	装置
底盘自动润滑系统		—	—	—	—	装置	装置
旋压车轮		装置	装置	装置	装置	装置	装置
无内胎子午线轮胎		装置	装置	装置	装置	装置	装置
座间距(同向)(mm)	≥	720	720	720	720	750	750
座垫宽(mm)	≥	440	440	440	440	440	440
座椅深(mm)	≥	440	440	440	440	440	440
靠背高(mm)	≥	680	680	680	680	720	720
靠背角度可调		装置	装置	装置	装置	装置	装置
扶手(靠通道处)		可调	可调	可调	可调	可调	可调
座椅脚蹬		可调	可调	可调	可调	可调	可调
座椅横移(向通道)(mm)	≥	60	60	60	60	60	60
座椅汽车安全带		装置	装置	装置	装置	装置	装置
空气调节装置		冷暖	冷暖	冷暖	冷暖	冷暖	冷暖
卫生间(位置)		—	—	—	—	—	—
影视设备		装置	装置	装置	装置	装置	装置
饮水设备或冰箱		装置	装置	装置	装置	装置	装置
CAN 总线		—	—	—	—	—	—
车桥随动转向		—	—	—	—	—	—
行驶记录仪		装置	装置	装置	装置	装置	装置
发动机舱自动灭火装置		装置	装置	装置	装置	—	—
人均行李舱容积(m^3/人)	≥	0.15	0.15	0.13	0.13	0.10	0.10
特殊结构说明		低驾驶区					

*注释:“( )”表示可选配置。

续上表

技术参数 \ 车型 \ 厂家	厦门金龙 XMQ6859Y2	厦门金龙 XMQ6879Y1	厦门金龙 XMQ6898Y3	厦门金龙 XMQ6879Y	厦门金龙 XMQ6759Y2	厦门金旅 XML6532EC3
评定类型及等级	中型高二级	中型高一级	中型高一级	中型高一级	中型高一级	小型高一级
车身长度(mm)	8495	8745	8945	8745	7495	5280
座位数+司机+导游 ≤	31(29)+1+1	35(33)+1+1	37(35)+1+1	35(33)+1+1	29+1+1	8+1
额定功率(kW) ≥	140	147	155	140	132	72
比功率(kW/t) ≥	14	13	13	13	13	19
最高车速(km/h) ≥	115	110	110	110	110	105
匀速车内噪声(dB(A)) ≤	70	72	72	72	72	72
发动机位置	后	后	后	后	后	前
乘客门位置	前(前中)*	前(前中)*	前(前中)*	前(前中)*	前	前中
车内通道宽(mm) ≥	350	350	350	350	350	300
悬架类型	B	B、C	B、C	B、C	B、C	E
盘式制动器	—	—	—	—	—	—
ABS(一类)	装置	装置	装置	装置	装置	装置
蹄片间隙自调装置	装置	装置	装置	装置	装置	装置
缓行器	装置	—	—	—	—	—
底盘自动润滑系统	装置	—	—	—	—	—
旋压车轮	装置	装置	装置	装置	装置	—
无内胎子午线轮胎	装置	装置	装置	装置	装置	—
座间距(同向)(mm) ≥	750	720	720	720	720	670
座垫宽(mm) ≥	440	440	440	440	440	440
座椅深(mm) ≥	440	440	440	440	440	440
靠背高(mm) ≥	720	680	680	680	680	680
靠背角度可调	装置	装置	装置	装置	装置	装置
扶手(靠通道处)	可调	可调	可调	可调	可调	可调
座椅脚蹬	可调	—	—	—	—	—
座椅横移(向通道)(mm) ≥	60	60	60	60	60	—
座椅汽车安全带	装置	装置	装置	装置	装置	装置
空气调节装置	冷暖	冷暖	冷暖	冷暖	冷暖	冷暖
卫生间(位置)	—	—	—	—	—	—
影视设备	装置	装置	装置	装置	装置	—
饮水设备或冰箱	装置	装置	装置	装置	装置	—
CAN 总线	—	—	—	—	—	—
车桥随动转向	—	—	—	—	—	—
行驶记录仪	装置	装置	装置	装置	装置	—
发动机舱自动灭火装置	—	—	—	—	—	—
人均行李舱容积(m^3/人) ≥	0.10	0.09	0.09	0.09	—	—
特殊结构说明						

*注释:“(　)”表示可选配置。

续上表

技术参数 \ 车型 \ 厂家	厦门金旅 XML6532 E18	厦门金旅 XML6502 EC3	厦门金旅 XML6502 E18	中通客车 LCK6129 HD1	郑州宇通 ZK6147 HNCA	郑州宇通 ZK6146 HQE9
评定类型及等级	小型高一级	小型高一级	小型高一级	大型高一级	特大型高二级	特大型高二级
车身长度(mm)	5280	4980	4980	11990	13670	13670
座位数+司机+导游 ≤	8+1	8+1	8+1	53(51)+1+1	55(53)+1+1	59+4+1+1
额定功率(kW) ≥	102	72	102	243	280	280
比功率(kW/t) ≥	19	19	19	12	12	12
最高车速(km/h) ≥	105	105	105	110	120	120
匀速车内噪声(dB(A)) ≤	72	72	72	72	69	69
发动机位置	前	前	前	后	后	后
乘客门位置	前中	前中	前中	前(前中)*	前中(前后)*	前中
车内通道宽(mm) ≥	300	300	300	350	350	350
悬架类型	E	E	E	B	B	A
盘式制动器	—	—	—	—	装置	装置
ABS(一类)	装置	装置	装置	装置	装置	装置
蹄片间隙自调装置	装置	装置	装置	装置	装置	装置
缓行器	—	—	—	装置	装置	装置
底盘自动润滑系统	—	—	—	—	装置	装置
旋压车轮	—	—	—	装置	装置	装置
无内胎子午线轮胎	—	—	—	装置	装置	装置
座间距(同向)(mm) ≥	670	670	670	720	750	750
座垫宽(mm) ≥	440	440	440	440	440	440
座椅深(mm) ≥	440	440	440	440	440	440
靠背高(mm) ≥	680	680	680	680	720	720
靠背角度可调	装置	装置	装置	装置	装置	装置
扶手(靠通道处)	可调	可调	可调	可调	可调	可调
座椅脚蹬	—	—	—	可调	可调	可调
座椅横移(向通道)(mm) ≥	—	—	—	60	60	60
座椅汽车安全带	装置	装置	装置	装置	装置	装置
空气调节装置	冷暖	冷暖	冷暖	冷暖	冷暖	冷暖
卫生间(位置)	—	—	—	—	中(后)*	中
影视设备	—	—	—	装置	装置	装置
饮水设备或冰箱	—	—	—	装置	装置	装置
CAN 总线	—	—	—	—	装置	装置
车桥随动转向	—	—	—	—	3 桥	3 桥
行驶记录仪	—	—	—	装置	装置	装置
发动机舱自动灭火装置	—	—	—	装置	装置	装置
人均行李舱容积(m^3/人) ≥	—	—	—	0.15	0.075	0.15
特殊结构说明					天然气	低驾驶区

*注释:“( )”表示可选配置。

续上表

技术参数 \ 厂家 / 车型	郑州宇通 ZK6146HQD9	郑州宇通 ZK6126HQF9	郑州宇通 ZK6126 HQE9	郑州宇通 ZK6938 HQA9	郑州宇通 ZK6126 HQD9	郑州宇通 ZK6100 HE9
评定类型及等级	特大型高一级	大型高三级	大型高二级	大型高一级	大型高一级	大型高一级
车身长度(mm)	13670	12000	12000	9320	12000	10490
座位数+司机+导游 ≤	63+4+1+1	51+4+1+1	51+4+1+1	39(37)+1+1	57(55)+4+1+1	45(43)+1+1
额定功率(kW) ≥	280	276	259	176	259	177
比功率(kW/t) ≥	11	15	13.5	12	12	12
最高车速(km/h) ≥	110	125	120	110	110	110
匀速车内噪声(dB(A)) ≤	72	66	69	72	72	72
发动机位置	后	后	后	后	后	后
乘客门位置	前中	前中	前中(前后)*	前(前中)*	前(前中)*	前(前中)*
车内通道宽(mm) ≥	350	350	350	350	350	350
悬架类型	B	A	B	B	B	B
盘式制动器	装置	装置	装置	—	—	—
ABS(一类)	装置	装置	装置	装置	装置	装置
蹄片间隙自调装置	装置	装置	装置	装置	装置	装置
缓行器	装置	装置	装置	装置	装置	装置
底盘自动润滑系统	装置	装置	装置	—	—	—
旋压车轮	装置	装置	装置	装置	装置	装置
无内胎子午线轮胎	装置	装置	装置	装置	装置	装置
座间距(同向)(mm) ≥	720	770	750	720	720	720
座垫宽(mm) ≥	440	450	440	440	440	440
座椅深(mm) ≥	440	440	440	440	440	440
靠背高(mm) ≥	680	720	720	680	680	680
靠背角度可调	装置	装置	装置	装置	装置	装置
扶手(靠通道处)	可调	可调	可调	可调	可调	可调
座椅脚蹬	可调	可调	可调	可调	可调	可调
座椅横移(向通道)(mm) ≥	60	60	60	60	60	60
座椅汽车安全带	装置	装置	装置	装置	装置	装置
空气调节装置	冷暖	冷暖	冷暖	冷暖	冷暖	冷暖
卫生间(位置)	—	中	中(后)*	—	—	—
影视设备	装置	装置	装置	装置	装置	装置
饮水设备或冰箱	装置	装置	装置	装置	装置	装置
CAN 总线	—	装置	装置	—	—	—
车桥随动转向	3 桥	—	—	—	—	—
行驶记录仪	装置	装置	装置	装置	装置	装置
发动机舱自动灭火装置	装置	装置	装置	装置	装置	装置
人均行李舱容积(m^3/人) ≥	0.13	0.19	0.17	0.11	0.15	0.13
特殊结构说明	低驾驶区	低驾驶区	低驾驶区		低驾驶区	

*注释:“( )”表示可选配置。

续上表

技术参数 \ 车型 \ 厂家	郑州宇通 ZK6998 HQA9	郑州宇通 ZK6127 HA19	郑州宇通 ZK6120 HY19	郑州宇通 ZK6116 HA9	郑州宇通 ZK6110 H9	郑州宇通 ZK6107 HA9
评定类型及等级	大型高一级	大型高一级	大型高一级	大型高一级	大型高一级	大型高一级
车身长度(mm)	9945	12000	12000	11000	10800	10490
座位数+司机+导游 ≤	43(41)+1+1	53(51)+1+1	53(51)+1+1	47(45)+1+1	45(43)+1+1	45(43)+1+1
额定功率(kW) ≥	176	221	221	199	199	188
比功率(kW/t) ≥	12	12	12	12	12	12
最高车速(km/h) ≥	110	110	110	110	110	110
匀速车内噪声(dB(A)) ≤	72	72	72	72	72	72
发动机位置	后	后	后	后	后	后
乘客门位置	前(前中)*	前(前中)*	前(前中)*	前(前中)*	前(前中)*	前(前中)*
车内通道宽(mm) ≥	350	350	350	350	350	350
悬架类型	B	B	B	B	B	B
盘式制动器	—	—	—	—	—	—
ABS(一类)	装置	装置	装置	装置	装置	装置
蹄片间隙自调装置	装置	装置	装置	装置	装置	装置
缓行器	装置	装置	装置	装置	装置	装置
底盘自动润滑系统	—	—	—	—	—	—
旋压车轮	装置	装置	装置	装置	装置	装置
无内胎子午线轮胎	装置	装置	装置	装置	装置	装置
座间距(同向)(mm) ≥	720	720	720	720	720	720
座垫宽(mm) ≥	440	440	440	440	440	440
座椅深(mm) ≥	440	440	440	440	440	440
靠背高(mm) ≥	680	680	680	680	680	680
靠背角度可调	装置	装置	装置	装置	装置	装置
扶手(靠通道处)	可调	可调	可调	可调	可调	可调
座椅脚蹬	可调	可调	可调	可调	可调	可调
座椅横移(向通道)(mm) ≥	60	60	60	60	60	60
座椅汽车安全带	装置	装置	装置	装置	装置	装置
空气调节装置	冷暖	冷暖	冷暖	冷暖	冷暖	冷暖
卫生间(位置)	—	—	—	—	—	—
影视设备	装置	装置	装置	装置	装置	装置
饮水设备或冰箱	装置	装置	装置	装置	装置	装置
CAN 总线	—	—	—	—	—	—
车桥随动转向	—	—	—	—	—	—
行驶记录仪	装置	装置	装置	装置	装置	装置
发动机舱自动灭火装置	装置	装置	装置	装置	装置	装置
人均行李舱容积(m^3/人) ≥	0.11	0.15	0.15	0.13	0.13	0.13
特殊结构说明						

*注释:“( )”表示可选配置。

续上表

技术参数 \ 车型 \ 厂家	郑州宇通	郑州宇通	郑州宇通	郑州宇通	郑州宇通	郑州宇通
车型	ZK6107 H9	ZK6908 HQB9	ZK6888 HQB9	ZK6858 HQB9	ZK6888 HQA9	ZK6858 HQA9
评定类型及等级	大型高一级	中型高二级	中型高二级	中型高二级	中型高一级	中型高一级
车身长度(mm)	10490	8995	8774	8543	8774	8543
座位数＋司机＋导游 ≤	45(43) +1 +1	37(35) +1 +1	33(31) +1 +1	31(29) +1 +1	35(33) +1 +1	33(31) +1 +1
额定功率(kW) ≥	176	176	162	158	162	158
比功率(kW/t) ≥	12	14	14	14	13	13
最高车速(km/h) ≥	110	115	115	115	110	110
匀速车内噪声(dB(A)) ≤	72	70	70	70	72	72
发动机位置	后	后	后	后	后	后
乘客门位置	前(前中)*	前(前中)*	前(前中)*	前(前中、前后)*	前(前中)*	前(前中、前后)*
车内通道宽(mm) ≥	350	350	350	350	350	350
悬架类型	B	B	B	B	B、C	B
盘式制动器	—	—	—	—	—	—
ABS(一类)	装置	装置	装置	装置	装置	装置
蹄片间隙自调装置	装置	装置	装置	装置	装置	装置
缓行器	装置	装置	装置	装置	—	—
底盘自动润滑系统	—	装置	装置	装置	—	—
旋压车轮	装置	装置	装置	装置	装置	装置
无内胎子午线轮胎	装置	装置	装置	装置	装置	装置
座间距(同向)(mm) ≥	720	750	750	750	720	720
座垫宽(mm) ≥	440	440	440	440	440	440
座椅深(mm) ≥	440	440	440	440	440	440
靠背高(mm) ≥	680	720	720	720	680	680
靠背角度可调	装置	装置	装置	装置	装置	装置
扶手(靠通道处)	可调	可调	可调	可调	可调	可调
座椅脚蹬	可调	可调	可调	可调	—	—
座椅横移(向通道)(mm) ≥	60	60	60	60	60	60
座椅汽车安全带	装置	装置	装置	装置	装置	装置
空气调节装置	冷暖	冷暖	冷暖	冷暖	冷暖	冷暖
卫生间(位置)	—	—	—	—	—	—
影视设备	装置	装置	装置	装置	装置	装置
饮水设备或冰箱	装置	装置	装置	装置	装置	装置
CAN 总线	—	—	—	—	—	—
车桥随动转向	—	—	—	—	—	—
行驶记录仪	装置	装置	装置	装置	装置	装置
发动机舱自动灭火装置	装置	—	—	—	—	—
人均行李舱容积(m^3/人) ≥	0.13	0.10	0.10	0.10	0.09	0.09
特殊结构说明						

*注释："( )"表示可选配置。

续上表

技术参数 \ 车型 \ 厂家	郑州宇通 ZK6808 HD9	郑州宇通 ZK6779 HC9	郑州宇通 ZK6808HQA9	丹东黄海 DD6896K13	广汽日野（沈阳） SFQ6123 PSHM	东风客车 EQ6831L3G
评定类型及等级	中型高一级	中型高一级	中型高一级	中型高一级	大型高二级	中型高一级
车身长度(mm)	8000	7730	8000	8945	12000	8340
座位数+司机+导游 ≤	31(29)+1+1	21+1+1	31(29)+1+1	37+1+1	45+1+1	33+1+1
额定功率(kW) ≥	140	132	147	162	259	147
比功率(kW/t) ≥	13	13	13	13	13.5	13
最高车速(km/h) ≥	110	110	110	110	120	110
匀速车内噪声(dB(A)) ≤	72	72	72	72	69	72
发动机位置	后	后	后	后	后	后
乘客门位置	前(前中)*	前	前(前中)*	前	前中	前
车内通道宽(mm) ≥	350	350	350	350	350	350
悬架类型	B、C	B、C	B	B	B	C
盘式制动器	—	—	—	—	装置	—
ABS(一类)	装置	装置	装置	装置	装置	装置
蹄片间隙自调装置	装置	装置	装置	装置	装置	装置
缓行器	—	—	—	—	装置	—
底盘自动润滑系统	—	—	—	—	装置	—
旋压车轮	装置	装置	装置	装置	装置	装置
无内胎子午线轮胎	装置	装置	装置	装置	装置	装置
座间距(同向)(mm) ≥	720	720	720	720	750	720
座垫宽(mm) ≥	440	440	440	440	440	440
座椅深(mm) ≥	440	440	440	440	440	440
靠背高(mm) ≥	680	680	680	680	720	680
靠背角度可调	装置	装置	装置	装置	装置	装置
扶手(靠通道处)	可调	可调	可调	可调	可调	可调
座椅脚蹬	—	—	—	—	可调	—
座椅横移(向通道)(mm) ≥	60	60	60	60	60	60
座椅汽车安全带	装置	装置	装置	装置	装置	装置
空气调节装置	冷暖	冷暖	冷暖	冷暖	冷暖	冷暖
卫生间(位置)	—	—	—	—	中	—
影视设备	装置	装置	装置	装置	装置	装置
饮水设备或冰箱	装置	装置	装置	装置	装置	装置
CAN 总线	—	—	—	—	装置	—
车桥随动转向	—	—	—	—	—	—
行驶记录仪	装置	装置	装置	装置	装置	装置
发动机舱自动灭火装置	—	—	—	—	装置	—
人均行李舱容积(m^3/人) ≥	0.06	0.06	0.06	0.09	0.17	0.09
特殊结构说明						

*注释："（ ）"表示可选配置。

续上表

技术参数 \ 车型 \ 厂家	盐城中威	盐城中威	盐城中威	盐城中威	野马客车	贵州万达
	YCK6898 HP	YCK6129 HGD	YCK6118 HGN	YCK6128 HGN	SQJ6800B1 D3H	WD6800 HC2
评定类型及等级	中型高一级	大型高一级	大型高一级	大型高一级	中型高一级	中型高一级
车身长度(mm)	8960	12000	10680	12000	8045	8020
座位数+司机+导游 ≤	37+1+1	57(55)+1+1	45(43)+1+1	53(49)+1+1	29+1+1	29+1+1
额定功率(kW) ≥	180	243	199	243	132	132
比功率(kW/t) ≥	13	12	12	12	13	13
最高车速(km/h) ≥	110	110	110	110	110	110
匀速车内噪声(dB(A)) ≤	72	72	72	72	72	72
发动机位置	后	后	后	后	后	后
乘客门位置	前	前(前中)*	前(前中)*	前(前中)*	前	前
车内通道宽(mm) ≥	350	350	350	350	350	350
悬架类型	B	B	B	B	C	B、C
盘式制动器	—	—	—	—	—	—
ABS(一类)	装置	装置	装置	装置	装置	装置
蹄片间隙自调装置	装置	装置	装置	装置	装置	装置
缓行器	—	装置	装置	装置	—	—
底盘自动润滑系统	—	—	—	—	—	—
旋压车轮	装置	装置	装置	装置	装置	装置
无内胎子午线轮胎	装置	装置	装置	装置	装置	装置
座间距(同向)(mm) ≥	720	720	720	720	720	720
座垫宽(mm) ≥	440	440	440	440	440	440
座椅深(mm) ≥	440	440	440	440	440	440
靠背高(mm) ≥	680	680	680	680	680	680
靠背角度可调	装置	装置	装置	装置	装置	装置
扶手(靠通道处)	可调	可调	可调	可调	可调	可调
座椅脚蹬	—	可调	可调	可调	—	—
座椅横移(向通道)(mm) ≥	60	60	60	60	60	60
座椅汽车安全带	装置	装置	装置	装置	装置	装置
空气调节装置	冷暖	冷暖	冷暖	冷暖	冷暖	冷暖
卫生间(位置)	—	—	—	—	—	—
影视设备	装置	装置	装置	装置	装置	装置
饮水设备或冰箱	装置	装置	装置	装置	装置	装置
CAN 总线	—	—	—	—	—	—
车桥随动转向	—	—	—	—	—	—
行驶记录仪	装置	装置	装置	装置	装置	装置
发动机舱自动灭火装置	—	装置	装置	装置	—	—
人均行李舱容积(m^3/人) ≥	0.09	0.15	0.13	0.15	0.09	0.09
特殊结构说明		低驾驶区				

*注释:“( )”表示可选配置。

续上表

技术参数 \ 车型 \ 厂家		桂林客车 GL6129HC3	桂林客车 GL6129HC2	桂林客车 GL6128HK3	桂林大宇 GDW6121HK8	桂林大宇 GDW6115K8	西安西沃 XW6123CD
评定类型及等级		大型高三级	大型高三级	大型高一级	大型高一级	大型高一级	大型高一级
车身长度(mm)		12000	12000	12000	12000	11330	12000
座位数+司机+导游	≤	51+1+1	51+1+1	53(51)+1+1	53(51)+1+1	49(47)+1+1	51(47)+1+1
额定功率(kW)	≥	294.2	276	243	228	228	270
比功率(kW/t)	≥	15	15	12	12	12	12
最高车速(km/h)	≥	125	125	110	110	110	110
匀速车内噪声(dB(A))	≤	66	66	72	72	72	72
发动机位置		后	后	后	后	后	后
乘客门位置		前(前中)*	前(前中)*	前(前中)*	前(前中)*	前(前中)*	前(前中)*
车内通道宽(mm)	≥	350	350	350	350	350	350
悬架类型		A	A	B	B	B	A、B
盘式制动器		装置	装置	—	—	—	—
ABS(一类)		装置	装置	装置	装置	装置	装置
蹄片间隙自调装置		装置	装置	装置	装置	装置	装置
缓行器		装置	装置	装置	装置	装置	装置
底盘自动润滑系统		装置	装置	—	—	—	—
旋压车轮		装置	装置	装置	装置	装置	装置
无内胎子午线轮胎		装置	装置	装置	装置	装置	装置
座间距(同向)(mm)	≥	770	770	720	720	720	720
座垫宽(mm)	≥	450	450	440	440	440	440
座椅深(mm)	≥	440	440	440	440	440	440
靠背高(mm)	≥	720	720	680	680	680	680
靠背角度可调		装置	装置	装置	装置	装置	装置
扶手(靠通道处)		可调	可调	可调	可调	可调	可调
座椅脚蹬		可调	可调	可调	可调	可调	可调
座椅横移(向通道)(mm)	≥	60	60	60	60	60	60
座椅汽车安全带		装置	装置	装置	装置	装置	装置
空气调节装置		冷暖	冷暖	冷暖	冷暖	冷暖	冷暖
卫生间(位置)		中	中	—	—	—	—
影视设备		装置	装置	装置	装置	装置	装置
饮水设备或冰箱		装置	装置	装置	装置	装置	装置
CAN 总线		装置	装置	—	—	—	—
车桥随动转向		—	—	—	—	—	—
行驶记录仪		装置	装置	装置	装置	装置	装置
发动机舱自动灭火装置		装置	装置	装置	装置	装置	装置
人均行李舱容积(m^3/人)	≥	0.19	0.19	0.15	0.15	0.15	0.15
特殊结构说明		低驾驶区	低驾驶区				

*注释:“( )”表示可选配置。

高级(卧铺)客车类型划分及等级评定表

技术参数 \ 厂家 / 车型	郑州宇通 ZK6147 HNWQBA	郑州宇通 ZK6122 HNWBA	郑州宇通 ZK6122 HNWAA	郑州宇通 ZK6127 HNWAA	厦门金龙 XMQ6129P8	苏州金龙 KLQ6125 DW
评定类型及等级	特大型高二级	大型高二级	大型高一级	大型高一级	大型高一级	大型高二级
车身长度(mm)	13670	12000	12000	12000	12000	12000
卧铺排列形式	1+1+1	1+1+1	1+1+1	1+1+1	1+1+1	1+1+1
卧铺数+司机+导游 ≤	42+1+1(半躺)	36+1+1(半躺)	38(36)+1+1(半躺)	38(36,35)+1+1(半躺)	38(36)+1+1(半躺)	36+1+1(半躺)
额定功率(kW) ≥	280	243	243	243	221	247
比功率(kW/t) ≥	12	13.5	12	12	12	13.5
最高车速(km/h) ≥	120	120	110	110	110	120
匀速车内噪声(dB(A)) ≤	69	69	72	72	72	69
发动机位置	后	后	后	后	后	后
乘客门位置	前中(前后)*	前中(前后)*	前(前中、前后)*	前(前中、前后)*	前(前中)*	前中
悬架类型	A	B	B	B	B	B
盘式制动器	装置	装置	—	—	—	装置
ABS(一类)	装置	装置	装置	装置	装置	装置
蹄片间隙自调装置	装置	装置	装置	装置	装置	装置
缓行器	装置	装置	装置	装置	装置	装置
动力转向	装置	装置	装置	装置	装置	装置
底盘自动润滑系统	装置	装置	—	—	—	装置
旋压车轮	装置	装置	装置	装置	装置	装置
无内胎子午线轮胎	装置	装置	装置	装置	装置	装置
卧铺全长(mm) ≥	1900	1900	1900	1900	1900	1900
卧铺宽度(mm) ≥	500	500	500	500	500	500
铺纵向间距(mm) ≥	1950(平铺) 1600(半躺)	1950(平铺) 1600(半躺)	1950(平铺) 1550(半躺)	1950(平铺) 1550(半躺)	1950(平铺) 1550(半躺)	1950(平铺) 1600(半躺)
铺横向间距(mm) ≥	350	350	350	350	350	350
上铺空间高度(mm) ≥	800	800	800	800	800	800
铺间高度(mm) ≥	850	850	850	850	850	850
重叠脚窝内端高(mm) ≥	250	250	250	250	250	250
下铺面距地高度(mm) ≥	250	250	250	250	250	250
护栏高度(mm) ≥	150	150	150	150	150	150
铺垫厚(mm) ≥	70	70	70	70	70	70
卧铺汽车安全带	装置	装置	装置	装置	装置	装置
空气调节装置	冷暖	冷暖	冷暖	冷暖	冷暖	冷暖
卫生间(位置)	中(后)*	中(后)*	—	—	—	中
影视设备	装置	装置	装置	装置	装置	装置
饮水设备或冰箱	装置	装置	装置	装置	装置	装置
CAN 总线	装置	装置	—	—	—	装置
车桥随动转向	3 桥	—	—	—	—	—
行驶记录仪	装置	装置	装置	装置	装置	装置
发动机舱自动灭火装置	装置	装置	装置	装置	装置	装置
人均行李舱容积(m^3/人) ≥	0.09	0.095	0.085	0.085	0.17	0.19
特殊结构说明	天然气 低驾驶区	天然气 低驾驶区	天然气 低驾驶区	天然气 低驾驶区	低驾驶区	低驾驶区

*注释:“( )”表示可选配置。

续上表

技术参数 \ 车型 \ 厂家	北京北方 BFC6123W			
评定类型及等级	大型高一级			
车身长度(mm)	12000			
卧铺排列形式	1+1+1			
卧铺数+司机+导游 ≤	36(34)+1+1 (半躺)			
额定功率(kW) ≥	276			
比功率(kW/t) ≥	12			
最高车速(km/h) ≥	110			
匀速车内噪声(dB(A)) ≤	72			
发动机位置	后			
乘客门位置	前(前中、前后)*			
悬架类型	A			
盘式制动器	—			
ABS(一类)	装置			
蹄片间隙自调装置	装置			
缓行器	装置			
动力转向	装置			
底盘自动润滑系统	—			
旋压车轮	装置			
无内胎子午线轮胎	装置			
卧铺全长(mm) ≥	1900			
卧铺宽度(mm) ≥	500			
铺纵向间距(mm) ≥	1950(平铺) 1550(半躺)			
铺横向间距(mm) ≥	350			
上铺空间高度(mm) ≥	800			
铺间高度(mm) ≥	850			
重叠脚窝内端高(mm) ≥	250			
下铺面距地高度(mm) ≥	250			
护栏高度(mm) ≥	150			
铺垫厚(mm) ≥	70			
卧铺汽车安全带	装置			
空气调节装置	冷暖			
卫生间(位置)	—			
影视设备	装置			
饮水设备或冰箱	装置			
CAN 总线	—			
车桥随动转向	—			
行驶记录仪	装置			
发动机舱自动灭火装置	装置			
人均行李舱容积(m^3/人) ≥	0.17			
特殊结构说明				

*注释:“(　)”表示可选配置。

附件 2

关于《高级客车类型划分及等级评定表》的说明

一、车辆各项技术参数及服务装备均须符合评定表中的要求，只要有一项低于相应类型及等级的标准限值，在核发《道路运输证》时就不能核定为该类型及等级。确需降级的，由地市级道路运输管理机构对该车型进行现场核查和实测，确认符合标准后，才予以降级。高级客车等级只能下降一个等级。

二、评定表中各车型的技术参数及服务装备等均以新出厂的车辆为依据，所有内容均经过现场核查或实测。对于在用营运客车，还应根据车辆的实际技术状况进行等级评定。

三、对已评定类型及等级的客车因改装（改造），引起评定表中所列技术参数及服务装备变化的，须重新核定等级。

四、评定表中划“—”的为该等级车型该项技术参数或服务装备不要求。

附件3

企业名称与厂家简称对照表

序号	申报企业名称	厂家简称
1	北京北方华德尼奥普兰客车股份有限公司	北京北方
2	北汽福田汽车股份有限公司	北汽福田
3	西安西沃客车有限公司	西安西沃
4	上海申龙客车有限公司	上海申龙
5	上海申沃客车有限公司	上海申沃
6	东风汽车有限公司东风客车公司	东风客车
7	一汽客车(无锡)有限公司	无锡太湖
8	金龙联合汽车工业(苏州)有限公司	苏州金龙
9	中通客车控股股份有限公司	中通客车
10	郑州宇通客车股份有限公司	郑州宇通
11	厦门金龙联合汽车工业有限公司	厦门金龙
12	厦门金龙旅行车有限公司	厦门金旅
13	桂林客车工业集团有限公司	桂林客车
14	桂林大宇客车有限公司	桂林大宇
15	金华青年汽车制造有限公司	金华青年
16	丹东黄海汽车有限责任公司	丹东黄海
17	广汽日野(沈阳)汽车有限公司	广汽日野(沈阳)
18	贵州万达客车股份有限公司	贵州万达
19	四川汽车工业集团有限公司	野马客车
20	盐城中威客车有限公司	盐城中威

关于进一步完善鲜活农产品运输绿色通道政策的紧急通知

交公路发〔2010〕715 号　2010.11.26

各省、自治区、直辖市、新疆生产建设兵团交通运输厅(局、委)、发展改革委(物价局)、财政厅(局),天津市市政公路管理局:

为贯彻落实《国务院关于稳定消费价格总水平保障群众基本生活的通知》(国发〔2010〕40 号)和《国务院关于进一步促进蔬菜生产保障市场供应和价格基本稳定的通知》(国发〔2010〕26 号)精神,进一步完善和落实鲜活农产品运输"绿色通道"政策,降低流通成本,更好地促进鲜活农产品流通,现就有关问题紧急通知如下:

一、扩大鲜活农产品运输"绿色通道"网络。从 2010 年 12 月 1 日起,全国所有收费公路(含收费的独立桥梁、隧道)全部纳入鲜活农产品运输"绿色通道"网络范围,对整车合法装载运输鲜活农产品车辆免收车辆通行费。新纳入鲜活农产品运输"绿色通道"网络的公路收费站点,要按规定开辟"绿色通道"专用道口,设置"绿色通道"专用标识标志,引导鲜活农产品运输车辆优先快速通过。

二、增加鲜活农产品品种。按照国发〔2010〕40 号文件的要求,将马铃薯、甘薯(红薯、白薯、山药、芋头)、鲜玉米、鲜花生列入交通运输部、国家发展改革委《关于进一步完善和落实鲜活农产品运输绿色通道政策的通知》(交公路发〔2009〕784 号)确定的《鲜活农产品品种目录》(以下简称《目录》),落实免收车辆通行费等相关政策。

三、进一步细化“整车合法装载”的认定标准。在继续执行交通运输部、国家发展改革委《关于进一步完善和落实鲜活农产品运输绿色通道政策的通知》(交公路发〔2009〕784号)的基础上,考虑车辆配载的实际情况,对《目录》范围内不同鲜活农产品混装的车辆,应认定为整车合法装载鲜活农产品,按规定享受鲜活农产品运输“绿色通道”各项政策;对《目录》范围内的鲜活农产品与《目录》范围外的其他农产品混装,且混装的其他农产品不超过车辆核定载质量或车厢容积20%的车辆,比照整车装载鲜活农产品车辆执行。考虑车辆计重设备可能出现的合理误差,对超限超载幅度不超过5%的鲜活农产品运输车辆,比照合法装载车辆执行。

四、加强和规范检测工作,提高“绿色通道”通行效率。各地交通运输主管部门和相关单位要积极争取地方政府及有关部门支持,根据实际工作需要,可在重要路段的“绿色通道”收费道口配备数字辐射透视成像等检测设备,逐步建立以自动检测为主、人工查验为辅的鲜活农产品运输“绿色通道”检测体系,利用科技手段,尽可能缩短鲜活农产品运输车辆的查验时间,提高合法运输车辆的通行效率。对于交通量大、经常发生交通拥堵的收费站,应增设收费车道或加强人工疏导,维护正常通行秩序,确保“绿色通道”畅通。与此同时,各地要加大检查力度,重点打击假冒鲜活农产品运输车辆骗逃车辆通行费等违法行为,确保道路运输行业公平竞争和运输市场秩序稳定。

五、进一步健全监督工作机制。根据国务院的统一部署,完善鲜活农产品运输“绿色通道”政策,由地方各级人民政府负责组织落实。一是地方各级交通运输、价格、财政主管部门要严格执行国务院决策要求,迅速行动,在省级人民政府的统一领导下,不折不扣地落实好车辆通行费免收等优惠政策。二是建立健全政策执行监督机制,明确专人负责,定期对相关部门和单位“绿色通道”政策落实情况进行监督检查。三是公布“绿色通道”政策投诉电话,认真受理群众的举报和投诉,及时研究解决“绿色通道”政策运行中出现的各类问题,切实维护广大群众和公路经营企业的合法利益。四是及时协调解决“绿色通道”政策执行过程中的问题,重大情况要及时向省级人民政府、交通运输部、国家发展改革委和财政部反映。

道路运输行业行车事故统计报表制度

交运发〔2010〕720 号　2010.11.30

本报表制度根据《中华人民共和国统计法》的有关规定制定

《中华人民共和国统计法》第七条规定：国家机关、企业事业单位和其他组织以及个体工商户和个人等统计调查对象，必须依照本法和国家有关规定，真实、准确、完整、及时地提供统计调查所需的资料，不得提供不真实或者不完整的统计资料，不得迟报、拒报统计资料。

《中华人民共和国统计法》第九条规定：统计机构和统计人员对在统计工作中知悉的国家秘密、商业秘密和个人信息，应当予以保密。

《中华人民共和国统计法》第二十五条规定：统计调查中获得的能够识别或者推断单个统计调查对象身份的资料，任何单位和个人不得对外提供、泄露，不得用于统计以外的目的。

目　录

一、总 说 明

（一）为加强道路运输行业安全生产监督管理，做好道路运输行业行车事故统计工作，及时、准确、完整地反映道路运输行业行车事故情况，保障及时、有效开展道路运输行业行车事故应急处理和全面统计分析，特制定本统计报表制度。

（二）本报表制度的统计范围为城市公共交通企业、出租汽车企业及个体运输业户、道路运输企业及个体运输业户（以下简称运输经营者）在运输活动中所发生的行车事故（以下简称运输行业行车事故）。

（三）本报表制度由各级交通运输主管部门及道路运输管理机构组织实施，各地发生运输行业行车事故后，应按照本制度的要求及时上报。

（四）运输经营者发生运输行业行车事故后，应当迅速报告事故发生地交通运输主管部门和运输经营者所属地的交通运输主管部门。

事故发生地和运输经营者所属地交通运输主管部门接到报告后应当及时报告省级交通运输主管部门。

（五）各省级交通运输主管部门对辖区内所属运输经营者和辖区区域内所发生的一次死亡3人以上30人以下的行车事故（包括客运班线车辆、旅游及客运包车、货运车辆（含危险化学品运输车）、城市公共汽电车、出租汽车、城市轨道交通车辆）、涉及外籍人员（包括港、澳、台）死亡的行车事故、造成重大污染的危险化学品（包括剧毒、放射、爆炸品等）运输事故，应当在接到报告后12小时之内按照《道路运输行业行车事故快报》的表式报交通运输部，并及时续报事故伤亡人数变化、事故调查和处理情况。

各省级交通运输主管部门对辖区内所属运输经营者和辖区区

域内所发生的一次死亡30人以上的行车事故，应当在接到报告后2小时之内按照《道路运输行业行车事故快报》的表式报交通运输部，并及时续报事故伤亡人数变化、事故调查和处理情况。

（六）各省级交通运输主管部门对辖区内所属运输经营者所发生的一次死亡1人以上的行车事故，应当按照《道路运输行业行车事故统计表》的表式按月汇总后，于每月15日之前将上月的统计表报交通运输部。

（七）如以上事故报表存在错、漏，应及时用电话或者传真给予更正并随后报送更正的报表。

（八）上报统计表须标明单位负责人、统计负责人、填表人、联系电话、报出时间，并加盖单位公章。

（九）本制度由交通运输部道路运输司负责解释。

二、报 表 目 录

表号	表名	报告期别	填报范围	报送单位	报送日期及方式	页码
交运15表	道路运输行业行车事故快报	不定期	道路运输行业发生一次死亡3人以上的行车事故(包括客运班线车辆、旅游及客运包车、货运车辆(含危险化学品运输车)、城市公共汽电车、出租汽车、城市轨道交通车辆)、涉及外籍人员死亡的行车事故、造成重大污染的危险化学品运输事故	各省级交通运输主管部门	不定期及传真	
交运16表	道路运输行业行车事故统计表	月报	道路运输行业发生一次死亡1人以上的行车事故	各省级交通运输主管部门	月后15日前报表及传真、邮件	

三、调 查 表 式

(一)道路运输行业行车事故快报

表　　号:交运 15 表
制表机关:交通运输部
批准机关:国家统计局
批准文号:国统制〔2010〕146 号
有效期至:2012 年 11 月 30 日

填报单位:

<table>
<tr><td>事故发生时间</td><td colspan="3">年　　月　　日　　时</td><td>天气情况</td><td></td></tr>
<tr><td>事故地点</td><td colspan="3"></td><td>路　况</td><td></td></tr>
<tr><td>运行线路</td><td colspan="3"></td><td>线路类别</td><td></td></tr>
<tr><td>发生事故单位</td><td colspan="3"></td><td>资质等级</td><td></td></tr>
<tr><td>始发站(地)</td><td colspan="3"></td><td>车站等级</td><td></td></tr>
<tr><td>车牌号</td><td></td><td>车　型</td><td></td><td>营运证号</td><td></td></tr>
<tr><td>核定人(吨)数</td><td></td><td>实载人(吨)数</td><td></td><td>危险化学品品名</td><td></td></tr>
<tr><td>驾驶员姓名</td><td></td><td colspan="2">从业资格类别及证号</td><td colspan="2"></td></tr>
<tr><td colspan="6">人员伤亡情况</td></tr>
<tr><td colspan="2">死亡(人)</td><td colspan="2">失踪(人)</td><td colspan="2">受伤(人)</td></tr>
<tr><td colspan="2"></td><td colspan="2"></td><td colspan="2"></td></tr>
<tr><td>事故概况</td><td colspan="5"></td></tr>
<tr><td colspan="6">事故初步原因及责任分析:</td></tr>
</table>

单位负责人:　　统计负责人:　　填表人:　　联系电话:

报出时间:201　年　月　日　时

交运15表指标解释及填报说明

一、路况:指事故发生地点道路状况,如事故发生地点是否在普通城市道路、公交专用道,是否在高架桥、高速路、低等级公路、长下坡、急弯、险路等路段,是否有道路施工或雨雪冰冻等。

二、运行线路、线路类别、车站等级针对客运班线车辆,其他车辆可不填写上述内容。其中线路类别填报内容为省际、市际、县际、县内、旅游、包车。

三、对于轨道交通车辆事故,路况、资质等级、车站等级、车牌号、车辆型号、营运证号、从业资格类别及证号栏目可不填。

四、表中车型填报内容为大型客车、中型客车、小型客车、公共汽电车、货车、危险品运输车、出租车等。

五、涉及外籍人员(包括港、澳、台)死亡的行车事故,死亡人数中应注明外籍人员的死亡人数,并在"事故概况"栏中注明各死亡外籍人员的国籍。

六、如发生危险化学品运输事故,并初步判断会对环境造成重大污染的,应在事故概况中予以说明。

七、事故初步原因可根据情况填报超载、超速、驾驶员操作不当、疲劳驾驶、机械故障、爆胎、天气原因等事故直接原因。

(二)道路运输行业行车事故统计表

表　　号:交运 16 表
制表机关:交通运输部
批准机关:国家统计局
批准文号:国统制〔2010〕146 号

填报单位:　　201　年　月　　有效期至:2012 年 11 月 30 日

指标	序号	事故次数(次)				死伤人数(人)	
		合计	一次造成死亡 10 人以上	一次造成死亡 3 至 9 人	一次造成死亡 1 至 2 人	死亡	受伤
甲	乙	1	2	3	4	5	6
本月合计	1						
班线客车	2						
旅游及客运包车	3						
货车	4						
其中:危险化学品运输车	5						
城市公共汽电车	6						
出租汽车	7						
城市轨道交通车辆	8						

单位负责人:　　统计负责人:　　填表人:　　联系电话:

报出时间:201　年　月　日

交运 16 表指标解释及填报说明

一、按照发生事故的车辆类型，将事故起数、死伤人数分别填写在班线客车、旅游及客运包车、货车、危险化学品运输车、城市公共汽电车、出租汽车、城市轨道交通车辆的对应表格中。班线客车与其他类型车辆发生碰撞事故的，当其他类型车辆负主要责任或全责时，计入其他类型车辆事故；在班线客车负同等及以上责任或不能确定责任时，计入班线客车事故。

二、表内逻辑关系：

1 行(本月合计) =2 行 +3 行 +4 行 +6 行 +7 行 +8 行；

4 行≥5 行；

1 列(合计) =2 列 +3 列 +4 列。

道路运输统计报表制度

交运发〔2010〕721 号　2010. 11. 30

本报表制度根据《中华人民共和国统计法》的有关规定制定

《中华人民共和国统计法》第七条规定：国家机关、企业事业单位和其他组织以及个体工商户和个人等统计调查对象，必须依照本法和国家有关规定，真实、准确、完整、及时地提供统计调查所需的资料，不得提供不真实或者不完整的统计资料，不得迟报、拒报统计资料。

《中华人民共和国统计法》第九条规定：统计机构和统计人员对在统计工作中知悉的国家秘密、商业秘密和个人信息，应当予以保密。

《中华人民共和国统计法》第二十五条规定：统计调查中获得的能够识别或者推断单个统计调查对象身份的资料，任何单位和个人不得对外提供、泄露，不得用于统计以外的目的。

目　录

一、总　说　明

（一）为准确、及时、全面了解全国道路运输业发展情况，满足各级政府及交通主管部门制定行业政策和发展规划的需要，依据《中华人民共和国统计法》有关规定，特制定本统计报表制度。

（二）本报表制度的主要统计范围为全国所有从事道路运输（道路旅客运输、道路货物运输）以及道路运输相关业务（包括站场经营、机动车维修经营、汽车综合性能检测、机动车驾驶员培训、汽车租赁等）的经营业户。

（三）本报表制度由各级交通主管部门及道路运输管理机构组织实施，统计数据由各省、自治区、直辖市道路运输管理机构采用数据光盘、电子邮件或网络传输方式上报。

（四）各级统计人员必须按照《中华人民共和国统计法》及《中华人民共和国统计法实施细则》的要求，如实填报各项统计数字。

（五）各填报单位应严格按照本制度规定的计算单位填报报表。统计报表中的各项数字栏内不能出现空格，不能有任何文字。某一项数字与上面或相邻一格数字相同时，不得用“同上”、“同左”等词填写，应填出相同的数字。表中数字需保留小数的，应保留两位小数。

（六）上报统计资料须标明单位负责人、统计负责人、填表人、联系电话、报出日期，并加盖单位公章。

（七）本报表制度由交通运输部道路运输司负责解释。

二、报 表 目 录

表号	表名	报告期别	填报范围	报送单位	报送日期及方式	页码
（一）年报						
交运1表	道路运输经营业户	年报	所有从事道路旅客运输和道路货物运输的经营业户	各省、自治区、直辖市道路运输管理机构	次年1月31日，报表、邮件	11
交运2表	道路运输相关业务经营业户	年报	所有从事道路运输相关业务的经营业户			15
交运3表	道路运输从业人员	年报	道路运输业中所有从事生产、经营和管理的人员			19
交运4表	道路运输经理人	年报	所有道路运输经理人			22
交运5表	道路客货运站	年报	所有经核定并取得经营许可的客运站、货运站			24
交运6表	机动车维修业及汽车综合性能检测站	年报	所有从事机动车维修检测业务的经营业户			30
交运7表	机动车驾驶员培训	年报	所有从事机动车驾驶员培训业务的经营业户			35

续上表

表号	表名	报告期别	填报范围	报送单位	报送日期及方式	页码
交运 8 表	汽车租赁	年报	所有从事汽车租赁业务的经营业户	各省、自治区、直辖市道路运输管理机构	次年 1 月 31 日，报表、邮件	42
交运 9 表	道路客运班线	年报	所有经批准并已开通的国内道路客运线路			44
交运 10 表	农村道路客运	年报	所有从事农村道路客运的业户、车辆及客运班线			48
交运 11 表	道路危险货物运输	年报	所有从事道路危险货物运输的业户、车辆			53
交运 12 表	国际道路运输	年报	通过边境口岸由中、外双方承运者完成的国际道路客货运输量、中方国际道路运输车辆以及中方国际道路运输业户数量	黑龙江、吉林、辽宁、内蒙古、新疆、西藏、云南、广西、广东等省、自治区道路运输管理机构	次年 1 月 31 日，报表、邮件	58
交运 13 表	港澳台及外商投资道路运输业	年报	港澳台及外商投资道路运输业的独资、合资、合作企业	各省、自治区、直辖市道路运输管理机构	次年 1 月 31 日，报表、邮件	65
交运 14 表	道路运输车辆、业户及从业人员市场退出情况	年报	退出市场的从事道路运输的车辆、业户及从业人员			75

续上表

表号	表名	报告期别	填报范围	报送单位	报送日期及方式	页码
(二)定期报表						
交运1表	道路运输经营业户	半年报	所有从事道路旅客运输和道路货物运输的经营业户	各省、自治区、直辖市道路运输管理机构	6月30日，报表、邮件	11
交运2表	道路运输相关业务经营业户	半年报	所有从事道路运输相关业务的经营业户			15
交运3表	道路运输从业人员	半年报	道路运输业中所有从事生产、经营和管理的人员			19
交运4表	道路运输经理人	半年报	所有道路运输经理人			22
交运5表	道路客货运站	半年报	所有经核定并取得经营许可的客运站、货运站			24
交运6表	机动车维修业及汽车综合性能检测站	半年报	所有从事机动车维修检测业务的经营业户			30
交运7表	机动车驾驶员培训	半年报	所有从事机动车驾驶员培训业务的经营业户			35

续上表

表号	表名	报告期别	填报范围	报送单位	报送日期及方式	页码
交运 8 表	汽车租赁	半年报	所有从事汽车租赁业务的经营业户	各省、自治区、直辖市道路运输管理机构	6 月 30 日，报表、邮件	42
交运 9 表	道路客运班线	半年报	所有经批准并已开通的国内道路客运线路			44
交运 10 表	农村道路客运	半年报	所有从事农村道路客运的业户、车辆及客运班线			48
交运 11 表	道路危险货物运输	半年报	所有从事道路危险货物运输的业户、车辆			53
交运 12 表	国际道路运输	半年报	通过边境口岸由中、外双方承运者完成的国际道路客货运输量、中方国际道路运输车辆以及中方国际道路运输业户数量	黑龙江、吉林、辽宁、内蒙古、新疆、西藏、云南、广西、广东等省、自治区道路运输管理机构	6 月 30 日，报表、邮件	58
交运 13 表	港澳台及外商投资道路运输业	半年报	港澳台及外商投资道路运输业的独资、合资、合作企业	各省、自治区、直辖市道路运输管理机构	6 月 30 日，报表、邮件	65
交运 14 表	道路运输车辆、业户及从业人员市场退出情况	半年报	退出市场的从事道路运输的车辆、业户及从业人员			75

三、调 查 表 式

(一)道路运输经营业户

表　　号:交运1表

制表机关:交通运输部

批准机关:国家统计局

批准文号:国统制〔2010〕146号

有效期至:2012年11月

填报单位:　　201　年(　半年)　　计量单位:个(户)

指标名称	序号	合计	企业					个体运输户
			100辆及以上	50~99辆	10~49辆	5~9辆	5辆以下	
甲	乙	1	2	3	4	5	6	7
一、道路旅客运输经营业户数	1							
其中:班车客运	2							
旅游客运	3							
包车客运	4							
其中:国际道路旅客运输	5							
二、道路货物运输经营业户数	6							
其中:普通货运	7							
货物专用运输	8							
内:集装箱运输	9							
大型物件运输	10							
危险货物运输	11							
其中:国际道路货物运输	12							
三、道路客货运输兼营业户数	13							
其中:国际道路客货运输兼营	14							
补充资料:道路运输经营许可证在册数________张。								

单位负责人:　　统计负责人:　　填表人:　　联系电话:

报出日期:201　年　月　日

交运1表指标解释及填报说明

一、本表填报范围为持有道路运输管理机构核发的道路运输经营许可证,从事道路旅客运输和道路货物运输经营活动的经营业户。

二、指标解释

1. 道路旅客运输经营业户数:指持有道路运输管理机构核发的道路运输经营许可证,从事道路旅客运输经营活动的企业和个体运输户的数量。

道路旅客运输经营业户数根据经营范围分别按班车客运、旅游客运、包车客运、国际道路旅客运输四类统计。

2. 道路货物运输经营业户数:指持有道路运输管理机构核发的道路运输经营许可证,所有从事道路货物运输经营活动的企业和个体运输户的数量。

道路货物运输经营业户数根据经营范围分别按普通货运、货物专用运输(集装箱运输业户数单独统计)、大型物件运输、危险货物运输、国际道路货物运输五类统计。

3. 道路客货运输兼营业户数:持有道路运输管理机构核发的道路运输经营许可证,且经营许可证中核定的经营范围既包括道路旅客运输又包括道路货物运输的经营业户数。国际道路客货运输兼营业户数单独统计。

4. 道路运输经营许可证在册数:道路运输管理机构核发的有效道路运输经营许可证张数。

三、填报注意事项

1. 本表统计的每一项经营范围的业户数,是将有效经营许可证中核定的经营范围作为统计对象,只是说明经相关部门核准、具有该项经营范围的业户数量。由于存在一个经营业户从事多项目经营，即具有多项经营范围，所以存在其中项数之和大于等于总项数的现象。例：

某道路运输经营业户持有的道路运输经营许可证中核定的经营范围为“普通货运，危险货物运输，省际班车客运”，则填报本表时，“道路旅客运输经营业户数”=1；“班车客运”=1；“道路货物运输经营业户数”=1；“普通货运”=1；“危险货物运输”=1；“补充资料：道路运输经营许可证在册数”=1。

2. 按车辆拥有规模统计：指实际从事某项具体道路运输业务所拥有车辆规模的企业数量，例：某个道路旅客运输经营业户拥有200 辆车，其中班线客车 100 辆、旅游客车 80、包车 20 辆，那么对应“100 辆及以上的道路旅客运输经营业户数 = 1”；“100 辆及以上的班车客运 = 1”；“50 ~ 99 辆的旅游客运 = 1”；“10 ~ 49 辆的包车客运 = 1”。

四、表内逻辑关系

行逻辑关系：1 行≥2 行；1 行≥3 行；1 行≥4 行；1 行≥5 行；6 行≥7 行；

6 行≥8 行；6 行≥10 行；6 行≥11 行；8 行≥9 行；6 行≥12 行；13≥14 行；

补充资料：道路运输经营许可证在册数≥1 行 1 列 +6 行 1 列 −13 行 1 列。

列逻辑关系：1 列（合计）=2 列 +3 列 +4 列 +5 列 +6 列 +7 列。

五、表间逻辑关系

本表 1 行 1 列 + 本表 6 行 1 列 − 本表 13 行 1 列 + 交运 2 表 1 行≥本表补充资料：道路运输经营许可证在册数。

(二)道路运输相关业务经营业户

表　　号:交运2表
制表机关:交通运输部
批准机关:国家统计局
批准文号:国统制〔2010〕146号

填报单位:　　201　年(　半年)　　有效期至:2012年11月

指标名称	计量单位	序号	数量
甲	乙	丙	1
道路运输相关业务经营业户数	户	1	
其中:站(场)	户	2	
内:客运站	户	3	
货运站(场)	户	4	
机动车维修	户	5	
汽车综合性能检测	户	6	
机动车驾驶员培训	户	7	
汽车租赁	户	8	
其他	户	9	
内:客运代理	户(点)	10	
物流服务	户	11	
货运代办	户	12	
信息配载	户	13	

单位负责人:　　统计负责人:　　填表人:　　联系电话:

报出日期:201　年　月　日

交运2表指标解释及填报说明

一、本表填报范围为持有道路运输管理机构核发的道路运输经营许可证,或者在交通运输行业管理机构备案,或者纳入交通运输行业管理,从事道路运输相关业务(包括站(场)、机动车维修、汽车综合性能检测、机动车驾驶员培训和汽车租赁)经营活动的业户。

二、指标解释

道路运输相关业务经营业户数:持有道路运输管理机构核发的道路运输经营许可证,或者在交通运输行业管理机构备案,或者纳入交通运输行业管理,从事道路运输相关业务经营活动的业户数。

道路运输相关业务经营业户数根据经营范围按站(场)、机动车维修、汽车综合性能检测、机动车驾驶员培训、汽车租赁和其他六类分别统计。"其他"指专门从事客运代理、物流服务、货运代办、信息配载等道路运输相关业务的经营业户数。

三、填报注意事项

本表在填报时,由于存在一个经营业户从事多项目经营,即具有多项经营范围,所以存在其中项数之和大于等于总项数的现象。

四、表内逻辑关系

1行≥2行;1行≥5行;1行≥6行;1行≥7行;1行≥8行;1行≥9行;

2行≥3行;2行≥4行;9行≥10行;9行≥11行;9行≥12行;9行≥13行。

五、表间逻辑关系

本表3行1列(客运站)≤交运5表1行1列(等级客运站数量合计)+交运5表10行1列(简易站及招呼站数量合计);

本表4行1列(货运站(场))≤交运5表20行1列(货运站数量合计);

本表5行1列(机动车维修)=交运6表1行1列(业户合计);

本表6行1列(汽车综合性能检测)≤交运6表13行1列(检测站合计);

本表7行1列(机动车驾驶员培训)=交运7表1行1列(机动车驾驶员培训业户合计)。

本表8行1列(汽车租赁)=交运8表1行1列(汽车租赁业户合计)。

（三）道路运输从业人员

表　　号：交运3表
制表机关：交通运输部
批准机关：国家统计局
批准文号：国统制〔2010〕146号
有效期至：2012年11月

填报单位：　　201　年（　半年）　　计量单位：人

指标名称	序号	人数	
			持证上岗
甲	乙	1	2
道路运输从业人员合计	1		
一、道路旅客运输经营从业人员	2		
其中：客运驾驶员	3		
乘务员	4		
其中：国际道路旅客运输从业人员	5		
二、道路货物运输经营从业人员	6		
其中：道路货物运输驾驶员	7		
内：危险货物运输驾驶员	8		
危险货物运输押运员	9		
危险货物运输装卸管理员	10		
其中：国际道路货物运输从业人员	11		
三、站（场）经营从业人员	12		
其中：客运站经营从业人员	13		
货运站（场）经营从业人员	14		
四、机动车维修经营从业人员	15		
其中：技术负责人	16		
质量检验员	17		
其他维修技术人员	18		
五、汽车综合性能检测站从业人员	19		
六、机动车驾驶员培训从业人员	20		
七、汽车租赁从业人员	21		
八、其他相关业务经营从业人员	22		

单位负责人：　　统计负责人：　　填表人：　　联系电话：

报出日期：201　年　月　日

交运3表指标解释及填报说明

一、本表填报范围为道路运输业中从事生产、经营和管理的人员。

二、指标解释

1. 道路运输从业人员数：在道路运输业中从事生产、经营和管理的人员数，分别按道路旅客运输经营、道路货物运输经营、站（场）经营、机动车维修经营、汽车综合性能检测、机动车驾驶员培训、汽车租赁和其他相关业务经营从业人员八大类统计。

其中，从事道路危险货物运输的驾驶人员、押运人员和装卸管理人员指经所在地设区的市级人民政府交通主管部门考试合格并取得相应从业资格证的人员。

2. 其他维修技术人员数：从事机修、电器维修、钣金（车身修复）及涂漆（车身涂装）等维修业务的人员数。

3. 其他相关业务经营从业人员数：指具有从事客运代理、物流服务、货运代办、信息配载等道路运输相关业务的经营业户中的从业人员数。

4. 持证上岗人数：指经考试合格并取得从业资格，在道路运输业中从事生产、经营和管理的持证上岗人员数。

三、填报注意事项

当经营业户从事上述七大类中的一类或几类业务经营，其从业人数难以准确分类时，允许根据从业人员的主业进行估算，但估算的分类从业人数之和必须等于该业户总的从业人数。

四、表内逻辑关系

行逻辑关系：

1行（道路运输从业人员合计）=2行+6行+12行+15行+19行+20行+21行+22行；

2 行≥3 行;2 行≥4 行;2 行≥3 行 +4 行;2 行≥5 行;

6 行≥7 行;6 行≥9 行;6 行≥10 行;7 行≥8 行;6 行≥11 行;

12 行≥13 行;12 行≥14 行;

15 行≥16 行;15 行≥17 行;15 行≥18 行;

列逻辑关系:

1 列≥2 列;8、9、10 行中:1 列(从业人数) =2 列(持证上岗人数)。

(四)道路运输经理人

表　　号:交运 4 表
制表机关:交通运输部
批准机关:国家统计局
批准文号:国统制〔2010〕146 号
有效期至: 2012 年 11 月

填报单位:　　201　年(　半年)　　计量单位:人

指 标 名 称	序号	人数
甲	乙	1
道路运输经理人合计	1	
其中:道路旅客运输企业经理人	2	
道路货物运输企业经理人	3	
内:道路危险货物运输企业经理人	4	
道路客运站经理人	5	
道路货物运输站场经理人	6	
机动车驾驶员培训机构经理人	7	
机动车检测维修企业经理人	8	

单位负责人:　　统计负责人:　　填表人:　　联系电话:

报出日期:201　年　月　日

交运 4 表指标解释及填报说明

一、本表填报范围为道路运输经理人。根据道路运输从业人员管理规定(2006 年 11 月 23 日 交通部令 2006 年第 9 号),道路运输经理人包括道路客货运输企业、道路客货运输站(场)、机动车驾驶员培训机构、机动车维修企业的管理人员,即企业经理、副经理以及企业内部生产、经营、安全部门的经理。

二、逻辑关系

1 行≥2 行;1 行≥3 行;1 行≥4 行;1 行≥5 行;1 行≥6 行;1 行≥7 行;1 行≥8 行;

3 行≥4 行。

(五)道路客货运站

表　　号:交运5表
制表机关:交通运输部
批准机关:国家统计局
批准文号:国统制〔2010〕146号
有效期至:2012年11月

填报单位:　　201　年(　半年)

指标名称	计量单位	序号	数量
甲	乙	丙	1
一、客运站	—	—	—
(一)等级客运站数量合计	个	1	
其中:配备危险品安全检测仪的客运站	个	2	
1.一级站	个	3	
2.二级站	个	4	
其中:配备危险品安全检测仪的二级站	个	5	
3.三级站	个	6	
其中:配备危险品安全检测仪的三级站	个	7	
4.四级站	个	8	
5.五级站	个	9	
(二)简易站及招呼站数量合计	个	10	
(三)客运站本期完成投资合计	万元	11	
其中:政府投资	万元	12	
(四)客运站站务人员合计	人	13	
(五)客运站平均日发班次	班次/日	14	
其中:一级站	班次/日	15	
二级站	班次/日	16	
(六)客运站平均日旅客发送量	人次	17	
其中:一级站	人次	18	
二级站	人次	19	
二、货运站	—	—	—
(一)货运站数量合计	个	20	
一级站	个	21	
二级站	个	22	
三级站	个	23	
四级站	个	24	
(二)货运站本期完成投资合计	万元	25	
其中:政府投资	万元	26	
(三)货运站平均日换算货物吞吐量	万吨	27	
其中:一级站	万吨	28	

单位负责人:　　统计负责人:　　填表人:　　联系电话:

报出日期:201　年　月　日

交运5表指标解释及填报说明

一、本表填报范围为经道路运输管理机构核定并取得经营许可的客运站(含简易站及招呼站)、货运站。

二、指标解释

1. 客运站数量:指经交通运输管理机构核定并取得经营许可的客运站数量。本表客运站数量按站级统计,站级划分按部颁标准《汽车客运站级别划分和建设要求》(JT/T 200—2004)执行。

2. 货运站数量:指经交通运输管理机构核定并取得经营许可的货运站数量。本表货运站数量按站级统计,站级划分按部颁标准《汽车货运站(场)级别划分和建设要求》(JT/T 402—1999)执行。

3. 客(货)运站本期完成投资:指报告期内客(货)运站完成的固定资产投资额。客(货)运站的固定资产投资项目按照建设性质分为新建、扩建、改建、单纯建造生活设施、迁建、恢复、单纯购置等7类。

4. 客(货)运站政府投资:指报告期内客(货)运站完成的投资额中国家预算内资金、部专项资金及地方各级政府财政拨款。

5. 客运站站务人员:取得经营许可的客运站(包括等级站、简易站和招呼站)中从事乘务、售票、验票、广播、安全、问事、行包、小件寄存、服务等工作的人员。

6. 平均日发班次:指报告期内,本辖区内取得经营许可的客运站平均每日始发的班次数。

7. 平均日旅客发送量:指报告期内,本辖区内取得经营许可的客运站平均每日发送的旅客人数。

8. 平均日换算货物吞吐量:指报告期内,本辖区内取得经营许可的等级货运站平均每日换算货物吞吐量。

9. 换算货物吞吐量：指把各类货物吞吐量换算为普通货物吞吐量后所得的吞吐量计算值，按以下公式计算：

$$Q_h = \sum_{i=1}^{n} \lambda_i Q_i$$

式中：Q_h——货运站换算货物吞吐量，t；

λ_i——第 i 种货物吞吐量，t；

Q_i——第 i 种货物吞吐量换算系数，见表 1；

n——货物类别数。

各类货物吞吐量换算系数 表 1

类别 Q_i	换算系数 λ_i
普通货物	1.00
快速货运货物	1.30
零担货物	1.25
集装箱拼箱货	1.25
仓储	1.00
配送	+0.20
包装	+0.15~0.25
半成品加工	+0.20~0.50

三、表内逻辑关系

1 行（等级客运站数量合计）=3 行+4 行+6 行+8 行+9 行；

1 行≥2 行；2 行≥5 行+7 行；4 行≥5 行；6 行≥7 行；

11 行≥12 行；14 行≥15 行+16 行；17 行≥18 行+19 行；

20 行（货运站数量合计）=21 行+22 行+23 行+24 行；25 行≥26 行；27 行≥28 行。

四、表间逻辑关系

本表 1 行 1 列（等级客运站数量合计）+本表 10 行 1 列（简易站及招呼站数量合计）≥交运 10 表 5 行 1 列（农村客运站数量）；

本表 11 行 1 列（客运站本期完成投资合计）≥ 交运 10 表 26 行 1 列(农村客运站本期完成投资)；

本表 12 行 1 列(政府投资) ≥ 交运 10 表中 27 行 1 列(政府投资)。

(六)机动车维修业及汽车综合性能检测站

表　　号:交运6表
制表机关:交通运输部
批准机关:国家统计局
批准文号:国统制〔2010〕146号
有效期至:2012年11月

填报单位:　　201　年(　半年)

指标名称	计量单位	序号	数量
甲	乙	丙	1
一、机动车维修业	—	—	—
业户合计	户	1	
其中:汽车维修	户	2	
内:一类汽车维修	户	3	
内:危险货物运输车辆维修	户	4	
二类汽车维修	户	5	
三类汽车维修	户	6	
摩托车维修	户	7	
完成主要工作量合计	辆(台)次	8	
其中:整车修理	辆次	9	
总成修理	台次	10	
二级维护	辆次	11	
专项修理	辆次	12	
维修救援	辆次	13	
二、汽车综合性能检测站	—	—	—
检测站合计	个	14	
完成检测量合计	辆次	15	
其中:维修竣工检测	辆次	16	
等级评定检测	辆次	17	
维修质量监督检测	辆次	18	
其他检测	辆次	19	
内:排放检测	辆次	20	
质量仲裁检测	辆次	21	

单位负责人:　　统计负责人:　　填表人:　　联系电话:

报出日期:201　年　月　日

交运6表指标解释及填报说明

一、本表填报范围为持有道路运输管理机构核发的道路运输经营许可证,且许可证中核定的经营范围包括机动车维修检测;或者纳入交通运输行业管理,或者在交通运输行业管理机构备案;从事机动车维修检测业务的经营业户以及汽车综合性能检测站。

二、指标解释

1. 机动车维修业户数:指持有道路运输经营许可证,从事机动车维修业务经营活动的业户数量。

机动车维修业户数按汽车维修和摩托车维修二类分别统计,其中汽车维修包括一类汽车维修、二类汽车维修、三类汽车维修,一类汽车维修业户中的危险品运输车维修业户单独统计。

2. 完成主要工作量:指报告期内各类机动车维修业户完成的主要维修工作量。

完成主要工作量按整车修理、总成修理、二级维护、专项修理和维修救援五类分别统计。

(1)整车修理:对整车进行解体,对所有零部件进行检验、修理或更换的恢复性修理。计量单位:辆次。

(2)总成修理:为了恢复汽车某一总成的完好技术状况、工作能力和寿命而进行的恢复性修理。计量单位:台次。

(3)二级维护:除一级维护作业外,以检查、调整转向节、转向摇臂、制动蹄片、悬架等经过一定时间的使用容易磨损或变形的安全部件为主,并拆检轮胎、进行轮胎换位、检查调整发动机工作状况及排气污染控制装置等的车辆维护作业。计量单位:辆次。

(4)专项修理:从事汽车发动机、车身、电气系统、自动变速器、车身清洁维护、涂漆、轮胎动平衡及修补、四轮定位检测调整、供油系统维护及油品更换、喷油泵和喷油器维修、曲轴修磨、气缸镗磨、散热器（水箱）、空调维修、汽车装潢（篷布、座垫及内装饰）、门窗玻璃安装等的专项维修作业修理。计量单位：辆次。

（5）维修救援：指机动车维修经营者对于中途抛锚车辆所实施的各种形式（包括技术咨询、车辆配件或消耗材料供应、现场维修、将车辆拖离抛锚地点送往维修企业等）的救助作业。

3. 汽车综合性能检测站合计：按照规定的程序、方法，通过一系列技术操作行为，对在用汽车综合性能（指在用汽车动力性、安全性、燃料经济性、使用可靠性、排气污染物和噪声以及整车装备完整性与状态、防雨密封性等多种技术性能的组合）进行检测（验）评价工作并提供检测数据、报告的社会化服务机构数量。

4. 完成检测量：指报告期内各类取得经营许可的汽车综合性能检测站完成的各类检测辆次数。

（1）维修竣工检测：车辆维修竣工出厂前，为保证维修质量进行的检测作业。

（2）等级评定检测：为评价车辆技术等级，对车辆进行的检测作业。

（3）维修质量监督检测：维修行业管理部门为监督检查维修质量，对维修出厂后的车辆进行定期和不定期的抽检作业。

（4）其他检测：除维修竣工检测、等级评定检测和维修质量监督检测外的其他检测作业，包括排放检测和质量仲裁检测。

排放检测为评价车辆污染排放状况进行的检测作业。

质量仲裁检测接受技术监督部门委托，对维修质量进行评定进行的检测作业。

三、填报注意事项

由于存在一项维修工作同时涉及到几项内容，例如发动机维修既属于总成修理又属于专项修理，完成主要工作量统计时只能统计一次，因此完成主要工作量合计不一定等于整车修理、总成修理、二级维护与专项修理之和。

四、表内逻辑关系

1 行≥2 行 +7 行；2 行 =3 行 +5 行 +6 行；3 行≥4 行；

8行≥9行;8行≥10行;8行≥11行;8行≥12行;8行≥13行;

15行≥16行;15行≥17行;15行≥18行;15行≥19行;

19行≥20行;19行≥21行。

五、表间逻辑关系

本表1行1列(业户合计)=交运2表5行1列(机动车维修业户数量);

本表14行1列(检测站合计)=交运2表6行1列(汽车综合性能检测业户数量);

(七)机动车驾驶员培训

表　　号:交运7表
制表机关:交通运输部
批准机关:国家统计局
批准文号:国统制〔2010〕146号
有效期至:2012年11月

填报单位:　　201　年(　半年)

指标名称	计量单位	序号	数量
甲	乙	丙	1
一、机动车驾驶员培训业户合计	户	1	
其中:普通机动车驾驶员培训	户	2	
一级	户	3	
二级	户	4	
三级	户	5	
道路运输驾驶员从业资格培训	户	6	
道路客货运输驾驶员从业资格培训	户	7	
危险货物运输驾驶员从业资格培训	户	8	
机动车驾驶员培训教练场经营	户	9	
其中:残疾人驾驶员培训	户	10	
二、教练员人数	人	11	
其中:理论教练员	人	12	
驾驶操作教练员	人	13	
道路客货运输驾驶员从业资格培训教练员	人	14	
危险货物运输驾驶员从业资格培训教练员	人	15	
三、管理人员人数	人	16	
其中:理论教学负责人	人	17	
驾驶操作训练负责人	人	18	
教学车辆管理人员	人	19	
结业考核人员	人	20	
计算机管理人员	人	21	
四、培训人次	人次	22	

续上表

指标名称	计量单位	序号	数量
甲	乙	丙	1
其中:培训合格人次	人次	23	
内:从业资格培训人次	人次	24	
其中:残疾人驾驶员培训人次	人次	25	
内:培训合格人次	人次	26	
五、教学车辆合计	辆	27	
其中:残疾人教学车辆	辆	28	
(一)大型客车	辆	29	
(二)通用货车半挂车(牵引车)	辆	30	
(三)城市公交车	辆	31	
(四)中型客车	辆	32	
(五)大型货车	辆	33	
(六)小型汽车	辆	34	
(七)低速汽车	辆	35	
(八)摩托车	辆	36	
(九)其他车型	辆	37	
六、机动车驾驶模拟器	台	38	
其中:被动式模拟器	台	39	
七、教学场地(含租赁场地)面积	平方米	40	

单位负责人:　　统计负责人:　　填表人:　　联系电话:

报出日期:201　年　月　日

交运7表指标解释及填报说明

一、本表填报范围为持有道路运输经营许可证，且许可证中核定的经营范围包括机动车驾驶员培训；或者纳入交通运输行业管理，或在交通运输行业管理机构备案；从事机动车驾驶员培训业务经营的业户。

二、指标解释

1. 机动车驾驶员培训业户数：指持有道路运输经营许可证，且经营许可证中核定的经营范围包括机动车驾驶员培训业务，从事机动车驾驶员培训业务经营活动的业户数。

机动车驾驶员培训业户数根据经营项目分别按普通机动车驾驶员培训（分为一级、二级和三级）、道路运输驾驶员从业资格培训（分为道路客货运输驾驶员从业资格培训和危险货物运输驾驶员从业资格培训）和机动车驾驶员培训教练场经营三类分别统计。

2. 教练员人数：教练员人数，包括理论教练员、驾驶操作教练员、道路客货运输从业资格培训教练员（道路危险货物运输从业资格培训教练员单独统计）。

（1）理论教练员人数：持有教练员证和机动车驾驶证，年龄不超过60周岁，具有汽车及相关专业中专以上学历或者汽车及相关专业中级以上技术职称，具有两年以上安全驾驶经历，熟练掌握道路交通安全法规、驾驶理论、机动车构造、交通安全心理学、常用伤员急救等安全驾驶知识，了解教育学、教育心理学的基本教学知识，具备编写教案、规范讲解的授课能力的教学人员人数。

（2）驾驶操作教练员人数：持有教练员证和相应的机动车驾驶证，年龄不超过60周岁，具有汽车及相关专业中专或者高中以上学历，符合一定的安全驾驶经历和相应车型驾驶经历，熟练掌握道路交通安全法规、驾驶理论、机动车构造、交通安全心理学和应急驾驶的基本知识,熟悉车辆维护和常见故障诊断、车辆环保和节约能源的有关知识,具备驾驶要领讲解、驾驶动作示范、指导驾驶的教学能力的教学人员人数。

(3)道路客货运输驾驶员从业资格培训教练员人数:持有教练员证,从事道路客货运输驾驶员从业资格培训业务的教学人员人数。

(4)道路危险货物运输驾驶员从业资格培训教练员人数:持有教练员证,从事危险货物运输驾驶员从业资格培训业务的教学人员人数。

3. 管理人员人数:管理人员数,包括理论教学负责人、驾驶操作训练负责人、教学车辆管理人员、结业考核人员和计算机管理人员。

4. 培训人次:报告期内培训总的人次。

5. 培训合格人次:报告期内经过培训并考核通过的总的合格人次。

6. 从业资格培训人次:报告期内经过培训并考核通过并取得从业资格的总的人次。

7. 教学车辆合计:教学车辆的总辆数。教学车辆类型划分根据部《机动车驾驶员培训管理规定》(交通部令 2006 年第 2 号)执行。机动车驾驶培训教练车按车型分为大型客车、通用货车半挂车(牵引车)、城市公交车、中型客车、大型货车、小型汽车(含小型自动挡汽车)、低速汽车(含低速载货汽车、三轮汽车)、摩托车(含三轮摩托车、二轮摩托车、轻便摩托车)、其他车型(含轮式自行机械车、无轨电车、有轨电车)等九类。

8. 机动车驾驶模拟器:指机动车驾驶训练的教学设备,它利用虚拟现实仿真技术营造一个虚拟的驾驶训练环境,通过模拟器的操作部件与虚拟的环境进行交互,从而进行机动车驾驶训练。

9. 教学场地(含租赁场地)面积:教练场地(含租用的教练场)的面积,包括场地驾驶教练场的面积、场内道路驾驶教练场的面积和实际道路驾驶教练路线的面积。

三、填报注意事项

由于存在一人身兼数职的情况，为避免重复统计，教练员人数与管理人员人数统计时以人员所从事的主业为主进行统计。

四、表内逻辑关系

1 行≥2 行；1 行≥6 行；1 行≥9 行；1 行≥10 行；

2 行（普通机动车驾驶员培训业户）=3 行 +4 行 +5 行；

6 行（道路运输驾驶员从业资格培训）=7 行 +8 行；

11 行≥12 行；11 行≥13 行；11 行≥14 行；11 行≥15 行；

16 行≥17 行；16 行≥18 行；16 行≥19 行；16 行≥20 行；16 行≥21 行；

22 行≥23 行；23 行≥24 行；22 行≥25 行；25 行≥26 行；

27 行（教学车辆合计）=29 行 +30 行 +31 行 +32 行 +33 行 +34 行 +35 行 +36 行 +37 行；

27 行≥28 行；38 行≥39 行。

五、表间逻辑关系

本表 1 行 1 列（机动车驾驶员培训业户合计）= 交运 2 表 7 行 1 列（机动车驾驶员培训业户）；

交运 3 表 20 行 1 列（机动车驾驶员培训从业人员）≥本表 11 行 1 列（教练员人数）+ 本表 16 行 1 列（管理人员人数）。

(八)汽 车 租 赁

表　　号:交运 8 表
制表机关:交通运输部
批准机关:国家统计局
批准文号:国统制〔2010〕146 号
有效期至:2012 年 11 月

填报单位:　　201　年(　半年)

指标名称	计量单位	序号	数量
甲	乙	丙	1
一、汽车租赁业户合计	户	1	
其中:10 辆以下	户	2	
10 ~49 辆	户	3	
50 ~100 辆	户	4	
101 ~300 辆	户	5	
300 辆以上	户	6	
二、汽车租赁从业人员合计	人	7	
三、租赁车辆数量合计	辆	8	
其中:客车	辆	9	
内:5 座及以下的客车	辆	10	
6 ~10 座的客车	辆	11	
10 座以上的客车	辆	12	
货车	辆	13	

单位负责人:　　统计负责人:　　填表人:　　联系电话:

报出日期:201　年　月　日

交运8表指标解释及填报说明

一、本表填报范围为持有道路运输经营许可证，或者纳入交通运输行业管理，或在交通运输行业管理机构备案；从事汽车租赁业务经营的业户。

二、表内逻辑关系

行逻辑关系：1行=2行+3行+4行+5行+6行；8行=9行+13行；9行=10行+11行+12行。

三、表间逻辑关系

本表1行=交运2表8行；本表7行=交运3表21行。

(九)道路客运班线

表　　号:交运9表

制表机关:交通运输部

批准机关:国家统计局

批准文号:国统制〔2010〕146号

填报单位:　　201　年(　半年)　　有效期至:2012年11月

指标名称	计量单位	序号	合计	<200公里	≥200且<400公里	≥400且<800公里	≥800公里
甲	乙	丙	1	2	3	4	5
一、客运班线条数合计	条	1					
其中:高速公路客运班线	条	2					
(一)跨省班线	条	3					
(二)跨地(市)班线	条	4					
(三)跨县班线	条	5					
(四)县内班线	条	6					
二、客运班线平均日发班次	班次/日	7					
其中:高速公路客运班线	班次/日	8					
(一)跨省班线	班次/日	9					
(二)跨地(市)班线	班次/日	10					
(三)跨县班线	班次/日	11					
(四)县内班线	班次/日	12					

单位负责人:　　统计负责人:　　填表人:　　联系电话:

报出日期:201　年　月　日

交运9表指标解释及填报说明

一、本表填报范围为经道路运输管理机构批准并已开通的国内道路客运班线线路。

二、指标解释

1. 客运班线合计:已开通的客运班线条数、班次数。线路类型按线路长度分为“小于200公里”、“大于等于200且小于400公里”、“大于等于400且小于800公里”和“大于等于800公里”四种。

(1)高速公路客运班线:本行政区域内的营运线路中高速公路里程在200公里以上或者高速公路里程占总里程70%以上的道路客运线路。

(2)跨省班线:起讫点在不同省(自治区、直辖市)内或起讫点虽在同一省内但穿越其他省的客运线路。

(3)跨地(市)班线:起讫点在不同地(市)(自治州、盟和地级市)内或起讫点虽在同一地(市)内但穿越其他地(市)的客运线路。

(4)跨县班线:起讫点在不同县(自治县、旗和县级市)内或起讫点虽在同一县内但穿越其他县的客运线路。

(5)县内班线:整条线路均在同一县(自治县、旗和县级市)内的客运线路。

2. 平均日发班次:指报告期内本辖区内的所有班车平均每日实际开行的班次数。县内班车往返一趟计算两个班次。两天一班计1/2个班次,三天一班计1/3个班次。

三、填报要求

1. 县级道路运输管理机构仅统计县内客运班线。

2. 地(市)级道路运输管理机构统计本地(市)内跨县客运线

路,并汇总县内客运班线。

3. 省级道路运输管理机构统计跨省、跨地(市)客运线路,并汇总地(市)内客运线路。跨省客运线路的起点或终点在本省内,不论是否由在本省登记注册的道路运输经营者经营,省级道路运输管理机构都应统计该客运班线。

4. 起讫点相同,运行线路相同(含临时绕道)的,统计为一条客运线路,否则应分别统计。

5. 有客运线路一般就应有平均日发班次。

四、表内逻辑关系

1 行(客运线路条数合计) =3 行 +4 行 +5 行 +6 行;1 行≥2 行; 7 行(客运线路平均日发班次合计) =9 行 +10 行 +11 行 +12 行;7 行≥8 行;1 列(合计) =2 列 +3 列 +4 列。

五、表间逻辑关系

本表 1 行 1 列(客运班线条数合计) ≥ 交运 10 表 6 行 1 列(农村客运班线条数);

本表 7 行 1 列(客运班线平均日发班次合计)≥交运 10 表 7 行 1 列(农村客运班线平均日发班次)。

(十)农村道路客运

表　　号:交运10表
制表机关:交通运输部
批准机关:国家统计局
批准文号:国统制〔2010〕146号

填报单位:　　201　年(　半年)　　有效期至:2012年11月

指标名称	计量单位	序号	数量
甲	乙	丙	1
一、客运班车通达情况	—	—	—
乡镇总数	个	1	
其中:通班车的乡镇数	个	2	
建制村总数	个	3	
其中:通班车的建制村数	个	4	
二、农村客运站数量	个	5	
三、农村客运班线	条	6	
平均日发班次	班次/日	7	
四、农村客运车辆合计	辆	8	
	客位	9	
(一)按等级分	—	—	—
高级	辆	10	
	客位	11	
中级	辆	12	
	客位	13	
普通	辆	14	
	客位	15	
(二)按车长分	—	—	—
特大型	辆	16	
	客位	17	
大型	辆	18	
	客位	19	
中型	辆	20	
	客位	21	
小型	辆	22	
	客位	23	
五、农村旅客运输量	—	—	—
客运量	万人	24	
旅客周转量	万人公里	25	
六、农村客运站本期完成投资	万元	26	
其中:政府投资	万元	27	

单位负责人:　　统计负责人:　　填表人:　　联系电话:

报出日期:201　年　月　日

交运10表指标解释及填报说明

一、本表主要统计农村客运班车通达情况、农村客运站数量及本年完成固定资产投资情况、农村客运班线、农村客运车辆以及农村旅客运输量。

二、指标解释

1.客运班车通达情况

(1)乡镇总数:本行政区域内的乡镇总数,以民政部门统计数字为准。

(2)通班车的乡镇数:本行政区域内乡镇政府所在地已开通客运班车的乡镇数。

(3)建制村总数:本行政区域内的建制村总数,以民政部门统计数字为准。

(4)通班车的建制村数:本行政区域内距离客运班车运行起点、终点或中途停靠站点在两公里以内的建制村数。

2.农村客运站数量:是指主要为农民出行服务,在乡镇、建制村建设的从事农村客运的客运站数量,其中包括等级客运站、简易站、招呼站等。

3.农村客运班线:指县内或者毗邻县间至少有一端在乡村的客运班线。统计时,毗邻县间的客运班线由地市一级运输管理机构统计。

平均日发班次指报告期内平均每日实际开行的班次数。

4.农村客运车辆:持有道路运输证,在农村客运班线上从事道路旅客运输经营活动的客运汽车。计量单位:辆。

农村客运车辆的类型划分按以下标准执行:

特大型客车:12m < 车身长度≤13.7m;

大型客车:9m < 车身长度≤12m;

中型客车:6m < 车身长度≤9m;

小型客车:3.5m < 车身长度≤6m。

农村客运车辆的等级划分按部颁标准《营运客车类型划分及等级评定》(JT/T 325—2004)执行。本表中的特大型、大型高级车包括高三、高二、高一级;中型、小型高级车包括高二、高一级。

5. 农村旅客运输量:持有道路运输证,在农村客运班线上从事旅客运输的客运车辆完成的旅客运输量。主要统计农村客运量和农村旅客周转量。计量单位:万人、万人公里。

6. 农村客运站本期完成投资:指报告期内农村客运站完成的固定资产投资额。农村客运站的固定资产投资项目按照建设性质分为新建、扩建、改建、单纯建造生活设施、迁建、恢复、单纯购置等7类。

7. 农村客运站政府投资:指报告期内农村客运站完成的投资额中国家预算内资金、部专项资金及地方各级政府财政拨款。

三、表内逻辑关系

1行≥2行;3行≥4行;

8行(农村客运车辆数合计)=10行+12行+14行=16行+18行+20行+22行;

9行(农村客运车辆客位合计)=11行+13行+15行=17行+19行+21行+23行;

26行≥27行。

四、表间逻辑关系

本表6行1列(农村客运班线条数)≤交运9表1行1列(客运线路条数合计);

本表7行1列(农村客运班线平均日发班次)≤交运9表7行1列(客运线路平均日发班次合计);

本表5行1列(农村客运站数量合计)≤交运5表1行1列(等级客运站数量合计)+交运4表10行1列(简易站及招呼站数量合计);

本表26行1列(农村客运站本期完成投资)≤交运5表11行1列(客运站本期完成投资合计);

本表27行1列(政府投资)≤交运5表12行1列(政府投资)。

(十一)道路危险货物运输

表　号:交运 11 表
制表机关:交通运输部
批准机关:国家统计局
批准文号:国统制〔2010〕146 号

填报单位:　　201　年(　半年)　　有效期至:2012 年 11 月

指标名称	计量单位	序号	合计	经营性	非经营性
甲	乙	丙	1	2	3
一、道路危险货物运输业户数	户	1			
其中:1 类 - 运输爆炸品	户	2			
2 类 - 运输气体	户	3			
3 类 - 运输易燃液体	户	4			
4 类 - 运输易燃固体、易于自燃的物质和遇水放出易燃气体的物质	户	5			
5 类 - 运输氧化性物质和有机过氧化物	户	6			
6 类 - 运输毒性物质和感染性物质	户	7			
7 类 - 运输放射性物质	户	8			
8 类 - 运输腐蚀性物质	户	9			
9 类 - 运输杂类危险物质和物品	户	10			
其中:运输剧毒化学品	户	11			
二、道路危险货物运输车辆合计	辆	12			
	吨位	13			
其中:安装卫星定位车载终端的车辆	辆	14			
	吨位	15			
(一)按吨位分					
大型	辆	16			

续上表

指标名称	计量单位	序号	合计	经营性	非经营性
	吨位	17			
其中:重型	辆	18			
	吨位	19			
中型	辆	20			
	吨位	21			
小型	辆	22			
	吨位	23			
(二)按车型结构分					
其中:罐 车	辆	24			
	吨位	25			
厢式车	辆	26			
	吨位	27			

单位负责人: 统计负责人: 填表人: 联系电话:

报出日期:201 年 月 日

交运 11 表指标解释及填报说明

一、本表填报范围为从事道路危险货物运输的业户和从事道路危险货物运输的载货汽车。

二、指标解释

1. 道路危险货物运输业户数:指经道路运输管理机构核准从事道路危险货物运输的业户数量。

道路危险货物运输业户根据营业性质分为经营性业户和非经营性业户。其中经营性业户指持有《道路运输经营许可证》从事道路危险货物运输经营活动的业户,非经营性业户指持有《道路危险货物运输许可证》从事道路危险货物运输非经营活动的业户。根据危险货物运输的种类(参照《危险货物品名表》(GB 12268—2005))不同,危险货运输运输业户包括运输爆炸品、运输气体、运输易燃液体、运输易燃固体、易于自然的物质和遇水放出易燃气体的物质、运输氧化性物质和有机过氧化物、运输毒性物质和感染性物质、运输放射性物质、运输腐蚀性物质和运输杂类危险物质和物品 9 类。运输剧毒化学品业户是指运输具有非常剧烈毒性危害的化学品(包括人工合成的化学品及其混合物(含农药)和天然毒素)业户。

2. 道路危险货物运输车辆:持有道路运输证,从事道路危险货物运输的专用载货汽车。

危险货物运输车按标记吨位分类如下:

大型:指标记吨位 4 吨以上的危险货物运输车。

重型:指标记吨位 8 吨及以上的危险货物运输车。

中型:指标记吨位 2 吨以上,4 吨及以下的危险货物运输车。

小型:指标记吨位 2 吨及以下的危险货物运输车。

(1)罐车:指道路运输证上经营范围为危险货物运输,经道路运输管理机构核准从事道路危险货物运输的，具有罐状结构，专门用于液体、粉状及流质物质运输的车辆。

(2)厢式车：指道路运输证上经营范围为危险货物运输，经道路运输管理机构核准从事道路危险货物运输的，具有独立的封闭结构车厢或与驾驶室联成一体的整体式封闭结构车厢和防雨、防晒、防尘功能，用于运输道路危险货物的厢式汽车。

三、填报注意事项

在填报时，由于存在一个业户从事多种危险货物运输，所以，存在分项数之和大于等于总项数的现象。例如：

某危险货物运输业户运输的危险货物包括“爆炸品”、“气体”、“毒性物质和感染性物质”、“腐蚀性物质”。此时对应表中的指标数据分别为“道路危险货物运输业户数”=1，“1类－运输爆炸品”=1，“2类－运输气体”=1，“6类－运输毒性物质和感染性物质”=1，“8类－运输腐蚀性物质”=1。

四、表内逻辑关系

1行≥2行；1行≥3行；1行≥4行；1行≥5行；1行≥6行；1行≥7行；1行≥8行；1行≥9行；1行≥10行；1行≥11行；12行≥14行；

12行(道路危险货物运输车辆数)=16行+20行+22行；

13行(道路危险货物运输车辆吨位数)=17行+21行+23行；

12行≥24行；12行≥26行；12行≥28行；13行≥25行；13行≥15行；13行≥27行；16行≥18行；17行≥19行；

1列(合计)=2列+3列。

五、表间逻辑关系

本表1行2列(经营性道路危险货物运输业户数)=交运1表14行1列(危险货物运输业户数)。

(十二)国际道路运输

表　　号:交运 12 表
制表机关:交通运输部
批准机关:国家统计局
批准文号:国统制〔2010〕146 号
有效期至:2012 年 11 月

填报单位:　　　　201　年(　半年)

指标名称		序号	国际道路旅客运输								
			客运量(人次)	出境	旅客周转量(人公里)	出境	出入境辆次(辆次)	A 种许可证使用量	B 种许可证使用量	客运线路(条)	客运班次(班次)
甲		乙	1	2	3	4	5	6	7	8	9
合计		1								—	—
	中方	2									
中俄	小计	3								—	—
	中方	4									
…	小计	…								—	—
	中方	…									

续上表

指标名称		序号	国际道路旅客运输						
			客运量（吨）	出境	货物周转量（吨公里）	出境	出入境辆次（辆次）	C种许可证使用量（张）	货运线路（条）
甲		乙	10	11	12	13	14	15	16
合计		1							—
	中方	2							
中俄	小计	3							—
	中方	4							
…	小计	…							—
	中方	…							

续上表

指标名称		序号	国际道路运输车辆																									
			载客汽车																载货汽车									
			合计		按车长分								按等级分						合计		按标记吨位分							
					特大型		大型		中型		小型		高级		中级		普通				大型				中型		小型	
																							重型					
			辆	客位	辆	客位	辆	客位	辆	客位	辆	客位	辆	客位	辆	客位	辆	客位	辆	吨位	辆	吨位	辆	吨位	辆	吨位	辆	吨位
甲		乙	17	18	19	20	21	22	23	24	25	26	27	28	29	30	31	32	33	34	35	36	37	38	39	40	41	42
合计		1	—	—	—	—	—	—	—	—	—	—	—	—	—	—	—	—	—	—	—	—	—	—	—	—	—	—
	中方	2																										
中俄	小计	3	—	—	—	—	—	—	—	—	—	—	—	—	—	—	—	—	—	—	—	—	—	—	—	—	—	—
	中方	4																										
…	小计	…	—	—	—	—	—	—	—	—	—	—	—	—	—	—	—	—	—	—	—	—	—	—	—	—	—	—
	中方	…																										

单位负责人：　　　统计负责人：　　　填表人：　　　联系电话：　　　报出日期:201　年　月　日

交运12表指标解释及填报说明

一、本表填报范围为我国已开通国际道路运输的边境口岸，主要统计通过边境口岸由中、外双方承运者完成的国际道路客货运输量（含内地与香港、内地与澳门特别行政区间）、中方国际道路运输车辆以及中方国际道路运输业户数量。

二、指标解释

1.国际道路客（货）运输量

（1）客（货）运输量：指报告期内从事国际道路运输的中、外双方承运者通过我国已开通汽车运输的边境口岸，共同完成的出境和入境客（货）运量和周转量。

（2）客（货）运输量—中方：指报告期内从事国际道路运输的中方承运者通过我国已开通汽车运输的边境口岸，完成的出境和入境客（货）运量和周转量。

（3）客（货）出境运输量—合计：指报告期内从事国际道路运输的中、外双方承运者通过我国已开通汽车运输的边境口岸，共同完成的出境（指我国国境）旅客（货物）运量和周转量。

（4）客（货）出境运输量—中方：指报告期内从事国际道路运输的中方承运者通过我国已开通汽车运输的边境口岸，完成的出境（指我国国境）旅客（货物）运量和周转量。

2.出入境辆次：车辆每出境或入境一次，统计为一个辆次。

（1）出入境辆次—合计：从事国际道路运输的中、外籍车辆出入我国已开通汽车运输的边境口岸的次数。

（2）出入境辆次—中方：从事国际道路运输的中方车辆出入我国已开通汽车运输的边境口岸次数。

3.许可证使用量：A、B和C三种许可证应分别统计。没有与外方实行许可证制度的省、自治区可不填写此项。

(1)许可证使用量—合计:指口岸交通运输管理机构查验中、外双方承运者(含内地与香港澳门)使用各类许可证的数量。

(2)许可证使用量—中方:指口岸交通运输管理机构查验中方承运者使用各类许可证的数量。

4. 客(货)运线路条数—中方:中方道路运输管理机构批准核定的国际道路旅客(货物)运输线路条数。

5. 客运班次—中方:指报告期内从事国际道路运输的中方承运者通过我国已开通汽车运输的边境口岸,完成的出境和入境班次,往返一趟计算两个班次。

6. 国际道路运输车辆—中方:指持有道路运输管理机构核发的道路运输证和国际汽车运输行车许可证(或国际汽车运输特别行车许可证),从事国际道路运输的中方车辆,包括载客汽车和载货汽车。

7. 国际道路运输业户合计:指持有《道路运输经营许可证》,取得国际道路运输经营许可的中方业户数量,包括道路旅客运输企业和道路货物运输企业,并按拥有车辆数量分组。

三、填报要求

如与多个国家(或特别行政区)间开通了国际道路运输,则应分国家(或特别行政区)填报有关数据。例:新疆与哈萨克斯坦、吉尔吉斯斯坦、巴基斯坦、蒙古等国家分别开通了国际道路运输,则应分别填写中哈、中吉、中巴、中蒙等有关数据。

四、表内逻辑关系

1. 国际道路旅客运输情况

1 行(合计) =3 行 +5 行 + …;2 行(中方合计) =4 行 +6 行 + …;

1 列≥2 列;3 列≥4 列。

5 列(出入境辆次)≥6 列(A 种许可证使用量) +7 列(B 种许可证使用量)。

2. 国际道路货物运输情况

1 行(合计) =3 行 +5 行 + …;2 行(中方合计) =4 行 +6 行

+…；

10 列≥11 列；12 列≥13 列。

3. 国际道路运输车辆

2 行(中方合计)=4 行+6 行+…；

17 列(载客汽车辆数合计)=19 列+21 列+23 列+25 列=27 列+29 列+31 列

18 列(载客汽车客位数合计)=20 列+22 列+24 列+26 列=28 列+30 列+32 列；

33 列(载货汽车辆数合计)=35 列+39 列+41 列；

34 列(载货汽车吨位数合计)=36 列+40 列+42 列；

35 列≥37 列；

36 列≥38 列。

(十三)港澳台及外商投资道路运输业

表　　号:交运13表
制表机关:交通运输部
批准机关:国家统计局
批准文号:国统制[2010]146号
有效期至:2012年11月

填报单位:　　　　　　201　年(半年)

指标名称	序号	计量单位	合计	香港	澳门	台湾	日本	韩国	新加坡	美国	英国	俄罗斯	欧盟							其他
													小计	德国	意大利	荷兰	法国	西班牙	其他	
甲	乙	丙	1	2	3	4	5	6	7	8	9	10	11	12	13	14	15	16	17	18
一、投资企业数量合计	1	个																		
其中:客运	2	个																		
货运	3	个																		
站(场)	4	个																		
维修	5	个																		
驾培	6	个																		
其他	7	个																		
(一)独资企业	8	个																		
其中:货运	9	个																		
站(场)	10	个																		

续上表

指标名称	序号	计量单位	合计	香港	澳门	台湾	日本	韩国	新加坡	美国	英国	俄罗斯	欧盟							其他
													小计	德国	意大利	荷兰	法国	西班牙	其他	
甲	乙	丙	1	2	3	4	5	6	7	8	9	10	11	12	13	14	15	16	17	18
维修	11	个																		
驾培	12	个																		
其他	13	个																		
(二)合资企业	14	个																		
其中:客运	15	个																		
货运	16	个																		
站(场)	17	个																		
维修	18	个																		
驾培	19	个																		
其他	20	个																		
(三)合作企业	21	个																		
其中:客运	22	个																		
货运	23	个																		
站(场)	24	个																		
维修	25	个																		
驾培	26	个																		
其他	27	个																		

续上表

指标名称	序号	计量单位	合计	香港	澳门	台湾	日本	韩国	新加坡	美国	英国	俄罗斯	欧盟							其他
													小计	德国	意大利	荷兰	法国	西班牙	其他	
甲	乙	丙	1	2	3	4	5	6	7	8	9	10	11	12	13	14	15	16	17	18
二、合同投资额合计	28	万元																		
客运	29	万元																		
货运	30	万元																		
站(场)	31	万元																		
维修	32	万元																		
驾培	33	万元																		
其他	34	万元																		
(一)独资企业	35	万元																		
货运	36	万元																		
站(场)	37	万元																		
维修	38	万元																		
驾培	39	万元																		
其他	40	万元																		

续上表

指标名称	序号	计量单位	合计	香港	澳门	台湾	日本	韩国	新加坡	美国	英国	俄罗斯	欧盟							其他
													小计	德国	意大利	荷兰	法国	西班牙	其他	
甲	乙	丙	1	2	3	4	5	6	7	8	9	10	11	12	13	14	15	16	17	18
(二)合资企业	41	万元																		
客运	42	万元																		
货运	43	万元																		
站(场)	44	万元																		
维修	45	万元																		
驾培	46	万元																		
其他	47	万元																		
(三)合作企业	48	万元																		
客运	49	万元																		
货运	50	万元																		
站(场)	51	万元																		
维修	52	万元																		
驾培	53	万元																		
其他	54	万元																		

续上表

指标名称	序号	计量单位	合计	香港	澳门	台湾	日本	韩国	新加坡	美国	英国	俄罗斯	欧盟							其他
													小计	德国	意大利	荷兰	法国	西班牙	其他	
甲	乙	丙	1	2	3	4	5	6	7	8	9	10	11	12	13	14	15	16	17	18
三、实际投资额合计	55	万元																		
客运	56	万元																		
货运	57	万元																		
站(场)	58	万元																		
维修	59	万元																		
驾培	60	万元																		
其他	61	万元																		
(一)独资企业	62	万元																		
货运	63	万元																		
站(场)	64	万元																		
维修	65	万元																		
驾培	66	万元																		
其他	67	万元																		

续上表

指标名称	序号	计量单位	合计	香港	澳门	台湾	日本	韩国	新加坡	美国	英国	俄罗斯	欧盟							其他
													小计	德国	意大利	荷兰	法国	西班牙	其他	
甲	乙	丙	1	2	3	4	5	6	7	8	9	10	11	12	13	14	15	16	17	18
(二)合资企业	68	万元																		
客运	69	万元																		
货运	70	万元																		
站(场)	71	万元																		
维修	72	万元																		
驾培	73	万元																		
其他	74	万元																		
(三)合作企业	75	万元																		
客运	76	万元																		
货运	77	万元																		
站(场)	78	万元																		
维修	79	万元																		
驾培	80	万元																		
其他	81	万元																		

续上表

指标名称	序号	计量单位	合计	香港	澳门	台湾	日本	韩国	新加坡	美国	英国	俄罗斯	欧盟							其他
													小计	德国	意大利	荷兰	法国	西班牙	其他	
甲	乙	丙	1	2	3	4	5	6	7	8	9	10	11	12	13	14	15	16	17	18
四、投入客运车辆合计	82	辆																		
特大型	83	辆																		
大型	84	辆																		
中型	85	辆																		
小型	86	辆																		
（一）合资企业	87	辆																		
特大型	88	辆																		
大型	89	辆																		
中型	90	辆																		
小型	91	辆																		
（二）合作企业	92	辆																		
特大型	93	辆																		
大型	94	辆																		
中型	95	辆																		
小型	96	辆																		

续上表

指标名称	序号	计量单位	合计	香港	澳门	台湾	日本	韩国	新加坡	美国	英国	俄罗斯	欧盟							其他
													小计	德国	意大利	荷兰	法国	西班牙	其他	
甲	乙	丙	1	2	3	4	5	6	7	8	9	10	11	12	13	14	15	16	17	18
五、投入货运车辆合计	97	辆																		
其中:厢式货车	98	辆																		
集装箱车	99	辆																		
其中:专用货车	100	辆																		
(一)独资企业	101	辆																		
其中:厢式货车	102	辆																		
集装箱车	103	辆																		
其中:专用货车	104	辆																		
(二)合资企业	105	辆																		
其中:厢式货车	106	辆																		
集装箱车	107	辆																		
其中:专用货车	108	辆																		
(三)合作企业	109	辆																		
其中:厢式货车	110	辆																		
集装箱车	111	辆																		
其中:专用货车	112	辆																		

单位负责:　　统计负责人:　　填表人:　　联系电话:　　报出日期:201　年　月　日

交运 13 表指标解释及填报说明

一、本表填报范围为港澳台及外商投资的独资、合资、合作企业,主要统计港澳台及外商投资道路运输企业数量、合同投资额、实际投资额、投入客运车辆数和投入货运车辆数。

二、指标解释

1. 企业数量:指港澳台及外商投资道路运输企业的数量。

港澳台及外商投资道路运输企业按登记注册类型分为独资企业、合资企业和合作企业,按道路运输经营许可证中核定的经营范围分为客运、货运、站(场)、维修、驾培及其他。

2. 合同(实际)投资额:指港澳台及外商投资道路运输企业的合同(实际)投资额。填报时按登记注册类型和经营范围分别填报。

3. 投入客运车辆数:指持有道路运输证,从事道路旅客运输经营活动的载客汽车数量。填报时按企业的登记注册类型和载客汽车的车辆类型分别填报。

客运车辆分类按以下标准:

特大型客车:12m < 车身长度≤13.7m;

大型客车:9m < 车身长度≤12m;

中型客车:6m < 车身长度≤9m;

小型客车:3.5m < 车身长度≤6m。

4. 投入货运车辆数:指持有道路运输证,从事道路货物运输经营活动的载货汽车数量。主要统计厢式货车、集装箱车和专用货车的辆数。

三、填报注意事项

本表在填报时,由于存在一个港澳台(外)商投资企业具有多项经营范围,则按照经营范围分别填报相关数据。填报投资额时,如果合同中注明了各项经营范围的投资额，则按合同文件中标注的投资额分别填报，如果只有总的合同额，则填写分项的估计值，但分项的估计值之和必须等于总项。

四、表内逻辑关系

1 行（投资企业数量合计）=8 行 +14 行 +21 行；

2 行（客运）=15 行 +22 行；3 行（货运企业数量）=9 行 +16 行 +23 行；4 行（站（场））=10 行 +17 行 +24 行；5 行（维修）=11 行 +18 行 +25 行；6 行（驾培）=12 行 +19 行 +26 行；7 行（其他）=13 行 +20 行 +27 行；1 行≥2 行；1 行≥3 行；1 行≥4 行；1 行≥5 行；1 行≥6 行；1 行≥7 行；8 行≥9 行；8 行≥10 行；8 行≥11 行；8 行≥12 行；8 行≥13 行；14 行≥15 行；14 行≥16 行；14 行≥17 行；14 行≥18 行；14 行≥19 行；14 行≥20 行；21 行≥22 行；21 行≥23 行；21 行≥24 行；21 行≥25 行；21 行≥26 行；21 行≥27 行；

28 行（合同投资额合计）=35 行 +41 行 +48 行；30 行（货运）=36 行 +43 行 +50 行；31 行（站〔场〕）=37 行 +44 行 +51 行；32 行（维修）=38 行 +45 行 +52 行；33 行（驾培）=39 行 +46 行 +53 行；29 行（客运）=42 行 +49 行；34 行（其他）=40 行 +47 行 +54 行；28 行≥29 行；28 行≥30 行；28 行≥31 行；28 行≥32 行；28 行≥33 行；28 行≥34 行；35 行≥36 行；35 行≥37 行；35 行≥38 行；35 行≥39 行；35 行≥40 行；41 行≥42 行；41 行≥43 行；41≥44；41≥45；41≥46；41≥47；48≥49；48≥50；48≥51；48≥52；48≥53；48≥54；

55 行（实际投资额合计）=62 行 +68 行 +75 行；57 行（货运）=63 行 +70 行 +77 行；58 行（站〔场〕）=64 行 +71 行 +78 行；59 行（维修）=65 行 +72 行 +79 行；60 行（驾培）=66 行 +73 行 +80 行；56 行（客运）=69 行 +76 行；61 行（其他）=67 行 +74 行 +81 行；55 行≥56 行；55 行≥57 行；55 行≥58 行；55 行≥59 行；55 行≥60 行；55 行≥61 行；62 行≥63 行；62 行≥64 行；62 行≥65 行；62 行≥66 行；62 行≥67 行；68 行≥69 行；68 行≥70 行；

68 行≥71 行;68 行≥72 行;68 行≥73 行;68 行≥74 行;75 行≥76 行;75 行≥77 行;75 行≥78 行;75 行≥79 行;75 行≥80 行;75 行≥81 行;

82 行(投入客运车辆合计)=87 行+92 行;83 行(特大型)=88 行+93 行;84 行(大型)=89 行+94 行;85 行(中型)=90 行+95 行;86 行(小型)=91 行+96 行。

97 行(投入货运车辆合计)=101 行+105 行+109 行;98 行(厢式货车)=102 行+106 行+110 行;99 行(集装箱车)=103 行+107 行+111 行;100 行(专用货车)=104 行+108 行+112 行;97 行≥98 行;97 行≥99 行;97 行≥100 行;101 行≥102 行;101 行≥103 行;101 行≥104 行;105 行≥106 行;105 行≥107 行;105 行≥108 行;109 行≥110 行;109 行≥111 行;109 行≥112 行。

1 列(合计)=2 列+3 列+4 列+5 列+6 列+7 列+8 列+9 列+10 列+11 列+18 列;

11 列(欧盟小计)=12 列+13 列+14 列+15 列+16 列+17 列。

(十四)道路运输车辆、业户及从业人员市场退出情况

表　　号:交运 14 表
制表机关:交通运输部
批准机关:国家统计局
批准文号:国统制〔2010〕146 号
有效期至:2012 年 11 月

填报单位:　　201　年(　半年)

指标名称	计量单位	序号	数量
甲	乙	丙	1
一、报废车辆合计	辆	1	
(一)客运车辆	辆	2	
特大型	辆	3	
大型	辆	4	
中型	辆	5	
小型	辆	6	
(二)货运车辆	辆	7	
大型	辆	8	
中型	辆	9	
小型	辆	10	
二、检验不合格退出车辆合计	辆	11	
(一)客运车辆	辆	12	
特大型	辆	13	
大型	辆	14	
中型	辆	15	
小型	辆	16	
(二)货运车辆	辆	17	
大型	辆	18	
中型	辆	19	
小型	辆	20	

续上表

指标名称	计量单位	序号	数量
甲	乙	丙	1
三、吊销(注销)经营许可证业户数	户	21	
其中:吊销经营许可证业户数	户	22	
内:道路旅客运输	户	23	
道路货物运输	户	24	
道路运输相关业务	户	25	
内:站(场)经营	户	26	
机动车维修	户	27	
汽车综合性能检测	户	28	
机动车驾驶员培训	户	29	
其他	户	30	
四、吊销(注销)从业资格证人员数	人	31	
其中:吊销从业资格证人员数	人	32	
内:道路旅客运输	人	33	
道路货物运输	人	34	
道路运输相关业务	人	35	
内:站(场)经营	人	36	
机动车维修	人	37	
汽车综合性能检测	人	38	
机动车驾驶员培训	人	39	
其他	人	40	

单位负责人:　　统计负责人:　　填表人:　　联系电话:

报出日期:201　年　月　日

交运14表指标解释及填报说明

一、本表填报范围为经道路运输管理机构核准,退出市场的从事道路运输的车辆、业户及从业人员。

二、指标解释

1. 报废车辆数:指被道路运输管理机构收回道路运输证的报废车辆数,包括已经申请并被办理报废手续的客运车辆和货运车辆,客车的分类按部颁标准《营运客车类型划分及等级评定》(JT/T 325—2004)执行,货车按标记吨位分类。

2. 检验不合格退出车辆数:指因检验不合格被道路运输管理机构收回道路运输证的车辆数,包括检验不合格被取消道路运输证的客运车辆和货运车辆,客车的分类按部颁标准《营运客车类型划分及等级评定》(JT/T 325—2004)执行,货车按标记吨位分类。

3. 吊销(注销)经营许可证业户数:包括被道路运输管理机构吊销道路运输经营许可证的经营业户以及注销道路运输经营许可证的经营业户,按道路旅客运输、道路货物运输和道路运输相关业务3大类分别填报。

4. 吊销(注销)从业资格证人员数:包括被道路运输管理机构吊销从业资格证的从业人员以及注销从业资格证的从业人员,按道路旅客运输、道路货物运输、道路运输相关业务3大类分别填报。

三、填报注意事项

1. 吊销(注销)道路运输经营许可证的某道路运输经营业户退出市场前可能从事多项目经营,即具有多项经营范围,所以,存在其中项数之和大于总项数的现象。例:一个道路运输经营业户经营范围为"普通货运,大型物件运输,班车客运,包车客运",道路运输管理机构收回了该业户的经营许可证，填报时指标数据分别为："道路运输经营业户市场退出数"=1；"其中：道路旅客运输"=1；"其中：道路货物运输"=1。

如果道路运输管理机构只是取消了该业户从事道路旅客运输的经营许可，即许可证的经营范围中只保留道路货物运输，那么填报时指标数据为："道路旅客运输"=1。

2. 吊销（注销）道路运输经营许可证的某道路运输经营业户退出市场前可能从事上述几大类中的一类或几类经营，其取得从业资格证人员市场退出数难以准确分类，则允许根据实际情况大致估算，但估算的分类从业资格证人员数之和必须等于该业户总的取得从业资格证人员市场退出数。

四、表内逻辑关系

1 行（报废车辆合计）=2 行+7 行；2 行（客运车辆）=3 行+4 行+5 行+6 行；7 行（货运车辆）=8 行+9 行+10 行；11 行（检验不合格退出车辆数合计）=12 行+17 行；12 行（客运车辆）=13 行+14 行+15 行+16 行；17 行（货运车辆）=18 行+19 行+20 行；21 行（吊销（注销）经营许可证业户数）≥22 行；22 行≥23 行；22 行≥24 行；22 行≥25 行；25 行≥26 行；25 行≥27 行；25 行≥28 行；25 行≥29 行；25 行≥30 行；31 行（吊销（注销）从业资格人员数）≥32 行；32 行≥33 行；32 行≥34 行；32 行≥35 行；35 行≥36 行；35 行≥37 行；35 行≥38 行；35 行≥39 行；35 行≥40 行。

港口生产作业

关于做好《港口经营管理规定》实施工作的通知

交水发〔2010〕46 号　2010.1.13

各省、自治区、直辖市交通运输厅(委),天津市、上海市交通运输和港口管理局:

为进一步规范港口经营行为,维护港口经营秩序,2009 年 11 月,我部修订颁布了《港口经营管理规定》(交通运输部令 2009 年第 13 号,以下简称《规定》),《规定》自 2010 年 3 月 1 日起实施。为做好《规定》的贯彻实施工作,现将有关事项通知如下:

一、关于《港口经营许可证》式样

根据《规定》要求,经广泛征求有关单位意见,部已确定《中华人民共和国港口经营许可证》(以下简称《港口经营许可证》)式样(附件 3)。省级交通运输(港口)主管部门可以根据管理需要在副本中设置附页,载明主要设施设备、监督检查记录及其他管理内容。

省级交通运输(港口)主管部门负责统筹安排本辖区《港口经营许可证》的印制和发放工作,确保新版证书按期启用。港口行政管理部门必须严格按统一的标准格式和要求规范填写。

二、关于《港口经营许可证》核发

(一)自 2010 年 3 月 1 日起,对新申请从事港口经营业务的,各港口行政管理部门要按照《规定》要求,核发新版《港口经营许可证》,证书有效期为 3 年。

凡收到外商投资经营港口业务申请的,港口行政管理部门须填报《外商投资港口经营人登记表》(附件 2),连同申请材料复印件经省级交通(港口)主管部门向我部备案后,方可核发《港口经营许可证》。

（二）各港口行政管理部门应按照许可权限，对照《港口经营业务分类》（附件1），对港口经营人申请的业务进行审核，并将核准的业务范围在《港口经营许可证》中以打印方式列明。

（三）港口经营人应持《港口经营许可证》向工商管理部门办理登记手续，取得《企业法人营业执照》或《营业执照》后，方可从事港口经营活动。

（四）在2010年3月1日前已经取得《港口经营许可证》的，各港口行政管理部门要在2010年9月底前按照《规定》的要求，对经营人的资质条件进行审核，换发新版《港口经营许可证》；达不到条件的要限期改正，逾期达不到要求的，要收回原来已核发的《港口经营许可证》，责令其停止港口经营活动。

（五）港口设施需要试运行的，港口工程项目法人应依法办理试运行备案手续，港口行政管理部门凭试运行备案证明文件核发一次性有效期不超过12个月的《港口经营许可证》，并在证书上注明“仅适用于试运行期间”。

（六）2010年底前，各港口行政管理部门要对本地区颁发《港口经营许可证》情况进行总结，并通过省级交通运输（港口）行政管理部门报我部水运局。上报的材料包括行政许可工作总结和本地区港口经营人的完整信息。

三、关于港口经营信息管理

为促进港口经营管理信息化，提高服务能力和水平，我部将开发港口经营管理信息系统。各地港口管理部门要结合《规定》的实施，开发建设好港口经营管理信息系统，建立港口设施和港口经营人的基本信息数据库。为提高全行业港口经营管理信息系统的兼容性和信息资源的有效利用，我部将研究制定港口经营管理信息系统建设指导意见。我部已委托部水运科学研究院承担部级信息系统的开发工作。各单位可与部水运科学研究院合作，实现与我部信息系统衔接，和数据信息互通、互享。

四、加强对港口经营行为和安全生产情况的监督检查各港口行政管理部门要以《规定》颁布实施为契机，对本辖区港口经营企业进行全面清理，严肃查处违规经营港口业务的行为，各省级交通运输（港口）主管部门要对《规定》的执行情况进行一次全面检查，加强对港口行政管理的监督指导。我部水运局将派出检查组进行监督检查。

港口行政管理部门要按照《规定》第四章的要求，定期对港口经营人的经营行为和安全生产情况进行监督检查，并做好记录。省级交通运输（港口）主管部门要做好监督指导工作，并对辖区内的港口行政管理部门的监督检查工作情况进行抽查。

五、关于国际船舶港口供应市场管理

根据国务院办公厅《关于完善国际航行船舶港口供应市场管理工作的通知》（国办发〔2009〕57号）要求，各港口行政管理部门要结合本地区的实际情况，对国际航行船舶港口供应市场进行一次清理，重新核发经营资质证书；对清理中发现的问题，要联合有关部门进行查处。同时，鼓励有实力的船舶运输、船舶代理和港口企业进入船舶港口供应市场，提高船舶港口供应业务规模化、规范化经营程度。部将组织研究制定船舶港口供应市场准入资质要求和服务标准，进一步规范经营行为。

六、关于港口船舶污染物接收管理

各港口行政管理部门要加强对港口船舶污染物接收企业的管理，严格按照《规定》核发经营许可证。对已经取得经营许可但不能满足《规定》要求的，要引导企业通过整合、限期整改等方式尽快符合《规定》要求；逾期不符合要求的，要通过劝退等方式使其退出该行业。港口行政管理部门要加强对港口船舶污染物接收企业的日常监督，及时发现市场经营中的违规行为，并会同有关部门进行清理，规范市场经营秩序。

七、做好宣传贯彻工作

各港口行政管理部门要加大《港口法》和新颁布的《港口经营管理规定》等港口法规的宣贯力度，使港口经营人更加了解有关法规的主要内容和要求，做到依法经营。鼓励港口经营人加入中国港口协会,中国港口协会要配合做好实施工作,做好会员服务,及时反映会员需求,加强行业自律,维护港口经营市场公平竞争秩序。

附件:1. 港口经营业务分类

2. 外商投资港口经营人登记表

3. 中华人民共和国港口经营许可证(样本)

附件1

港口经营业务分类

一、码头及其他港口设施服务

为船舶提供码头、过驳锚地、浮筒等设施。

二、港口旅客运输服务

为旅客提供候船和上下船舶设施和服务；旅客船票销售；国际航线客船（邮轮）旅客服务。

三、货物装卸、仓储服务

在港区内提供货物装卸、仓储、物流服务；集装箱装卸、堆放、拆拼箱；车辆滚装服务；对货物及其包装进行简单加工处理。

四、港口拖轮、驳运服务

为船舶进出港、靠离码头、移泊提供顶推、拖带服务；港内驳运。

五、港口理货服务（由交通运输部核发经营许可证）

六、船舶港口服务

为船舶提供岸电；淡水供应；船员接送；国际、国内航行船舶物料、生活品供应；国内航行船舶油料供应；船舶污染物接收；围油栏供应。

国际航行船舶油料（含保税油）供应（经国家有关部门批准后，由港口行政管理部门核发经营许可证）。

七、港口设施、设备和港口机械的租赁、维修服务

附件 2

外商投资港口经营人登记表

<table>
<tr><td>公司名称</td><td colspan="3"></td></tr>
<tr><td>公司地址</td><td colspan="3"></td></tr>
<tr><td>法定代表人</td><td colspan="3"></td></tr>
<tr><td>联系人</td><td></td><td>联系电话</td><td></td></tr>
<tr><td>投资总额</td><td></td><td>注册资本</td><td></td></tr>
<tr><td colspan="2">股东名称</td><td>注册地</td><td>投资股比</td></tr>
<tr><td colspan="2"></td><td></td><td></td></tr>
<tr><td colspan="2"></td><td></td><td></td></tr>
<tr><td colspan="2"></td><td></td><td></td></tr>
<tr><td colspan="2"></td><td></td><td></td></tr>
<tr><td colspan="2"></td><td></td><td></td></tr>
<tr><td rowspan="4">码头设施</td><td>码头类别</td><td>泊位数量</td><td>吞吐能力</td></tr>
<tr><td></td><td></td><td></td></tr>
<tr><td></td><td></td><td></td></tr>
<tr><td></td><td></td><td></td></tr>
<tr><td>业务范围</td><td colspan="3"></td></tr>
<tr><td colspan="2">地级市港口行政管理部门意见：

年　　月　　日</td><td colspan="2">省级交通运输(港口)主管部门意见：

年　　月　　日</td></tr>
</table>

附录3

中华人民共和国港口经营许可证

证 书 编 号：

公 司 名 称：

法定代表人：

办 公 地 址：

经 营 地 域：

根据《中华人民共和国港口法》和交通运输部《港口经营管理规定》，经审核，准予从事下列业务：

发证机关：

有效期至：　　年　　月　　日

发证日期：　　年　　月　　日

中华人民共和国交通运输部　监制

《中华人民共和国港口经营许可证》印制及填写说明

一、印制说明

许可证正本规格为 B3 或 A4、200 克白色亚光铜版纸。省级交通运输(港口)主管部门可以根据管理需要在副本中设置附页,载明主要设施设备、监督检查记录及其他管理内容。

证书样式由人民交通出版社北京交通印务实业公司制版,各省级港口主管部门可与其联系印制(联系电话 010-64228359),也可自行印制。

二、填写要求

1. 证书编号:(　　)港经证(　　)号。第一个括号内填写“省”加“市”的简称,第二个括号内填写顺序号,字段长 4 位,各港口行政管理部门单独编写顺序号,如:(辽连)港经证(0001);

2. 公司名称和法定代表人:应与港口经营人的《企业法人营业执照》或《营业执照》载明的名称一致。

3. 经营地域:××港××港区××码头××泊位,如:大连港大窑湾港区集装箱码头第 1#、2#泊位。

4. 业务范围:按照本通知附件 1《港口经营业务分类》选择核准的具体经营业务种类。

5. 发证机关:将发证机关的全称打印并加盖印章。

关于加强引航机构管理的通知

交水发〔2010〕145号　2010.3.16

各有关省、自治区、直辖市交通运输厅(局、委)、港航管理局,长江航务管理局:

根据国务院统一部署,我国港口引航管理体制改革目前已经基本完成。在地方政府和港口行政管理部门的领导下,各港口引航机构和引航员努力工作,较好地保障了引航体制平稳过渡和港口安全生产,为区域经济和水运事业发展发挥了重要作用。

引航业是一个特殊的技术服务行业,事关港口和航运的安全生产,地位突出。引航员是实施引航业务的关键,其工作技术性强,专业特色明显,工作经验尤为重要。引航员队伍特别是经验丰富又具有管理能力的高级资深引航员,是我国水运事业的宝贵人力资源。改革开放以来,我国港口发展迅猛,引航员队伍在数量上仍存在较大的缺口,尚不能适应港口发展的需要。为进一步稳定和完善新的引航体制,加强各引航机构的队伍建设,现将有关事项通知如下:

一、加强引航机构的领导班子建设,建设作风优良、团结协作、技术精湛、科学管理的领导班子

港口行政管理部门要高度重视引航机构领导班子建设,应由政治素质高、责任心强、引航技术过硬和业务经验丰富的同志担任引航机构主要负责人。

当前,我国港口引航管理体制改革处于巩固引航体制改革成果、完善引航机构管理和提高引航服务质量的关键时期,港口生产和船舶引航任务繁重,保持引航安全形势稳定责任重大,保持引航机构领导班子稳定具有重要的现实意义。现在各引航机构的主要

负责人基本上是按照原交通部颁布的《船舶引航管理规定》有关要求，从优秀引航员中选拔出来的，他们具有丰富业务经验和良好的管理能力，应充分发挥好他们的作用，按照国家有关规定原则上可任职到60岁。

引航机构主要负责人的调整属引航机构重大变更事项，对引航安全和服务有重大影响，应事先由所在地港口行政管理部门经省级交通运输主管部门向我部报备。

二、加快培养高素质引航员，做好引航员的选拔聘用工作

要充分考虑引航员岗位的专业性和风险性，建立科学有效的引航员薪酬制度和考核奖励机制，鼓励更多的高素质人才加入引航员队伍。在当前引航员数量不足的情况下，一方面要按照部有关规定选拔培养具有航海经历的年轻引航员，另一方面要充分发挥现有在岗引航员的作用，对年龄满60岁的引航员，本人自愿且身心健康状况符合岗位要求的，可根据实际需要续聘到65岁，以缓解引航员不足的矛盾。各引航机构应采取积极措施，改善引航装备技术，提高科学调度水平，保持引航员合理的工作强度，保证必要的休息时间，为安全引航创造条件。

三、引航机构内设机构和人员配备应坚持高效、精简的原则

港口行政管理部门和引航机构要高度重视引航发展规划的制订工作，引航发展规划要根据港口发展需要列明引航员配备需求，引航员编制要与港口发展相适应。今后凡提出新增开放口岸和开放港区申请的，要对引航员编制作出统筹安排。同时，引航机构要按照精简、高效的原则配备后勤行政人员，避免机构臃肿和后勤行政人员数量过度膨胀，造成引航机构工作效率低下和引航经费的浪费。

中国引航协会应抓紧研究全国引航机构人员配备的行业规范，为各地提供科学参考依据，使各引航机构既满足港航生产需求，又精简高效、服务优质。

四、加强对引航机构收费和使用的监督管理

引航机构要按照国家有关规定收取引航费，不得擅自变更收

费项目和收费标准。引航收入应首先用于引航机构人员薪酬费用、设备购置、教育培训、运营管理以及其他改善引航服务能力的支出。引航机构要投入一定比例的资金用于低能见度等气象条件下的引航技术研究和设施设备投入,逐步提高引航技术水平和服务能力。港口行政管理部门要加强对引航收入结余部分的监督管理,原则上应用于港口公用基础设施维护支出,不得挪作他用。

为促进各港口引航机构的健康发展,从今年开始部水运局将会同中国引航协会分期分批对各引航机构进行检查,对引航机构建设(包括人员队伍和技术装备)、引航服务质量、安全管理措施以及引航规章制度执行情况等进行核查,对存在的问题及时与有关方面交换意见,提出改进建议,请各有关单位给予支持配合。

海 事 救 捞

中华人民共和国内河船舶船员适任考试和发证规则

交通运输部令2010年第1号 2010.5.27

第一章 总 则

第一条 为了提高内河船舶船员素质,保障水上人命和财产安全,保护水域环境,根据《中华人民共和国船员条例》和《中华人民共和国内河交通安全管理条例》,制定本规则。

第二条 本规则适用于内河船舶船员的适任考试和《内河船舶船员适任证书》(以下简称《适任证书》)的签发。

第三条 国务院交通运输主管部门主管全国内河船舶船员适任考试和发证工作。

国家海事管理机构在国务院交通运输主管部门的领导下,对全国内河船舶船员适任考试和发证工作进行统一管理。

各级海事管理机构按照国家海事管理机构确定的权限范围具体负责内河船舶船员适任考试和发证工作。

按照本条第三款规定具体负责内河船舶船员适任考试的海事管理机构以下简称考试机构,具体负责内河船舶船员适任发证的海事管理机构以下简称发证机构。

第四条 国家海事管理机构应当及时向社会公布考试机构和发证机构的名录及权限。

第五条 内河船舶船员适任考试和发证应当遵循公平、公正、公开、便民的原则。

考试机构和发证机构应当建立健全适任考试、发证的各项制度，并及时向社会发布相关信息，为船员参加适任考试和办理《适任证书》提供便利。

第二章 《适任证书》的签发

第六条 《适任证书》包含以下基本内容：

（一）持证人姓名、性别、出生日期；

（二）证书类别、编号；

（三）持证人职务资格、适任的航区（线）；

（四）证书签发日期和有效期截止日期；

（五）发证机构；

（六）其他需要规定的内容。

《适任证书》由国家海事管理机构统一印制。

第七条 《适任证书》按照船员任职的内河船舶的总吨位或者主推进动力装置总功率分为以下类别：

（一）一类《适任证书》：适用于在1000总吨及以上或者500千瓦及以上的内河船舶上任职的船员；

（二）二类《适任证书》：适用于在300总吨及以上至1000总吨或者150千瓦及以上至500千瓦的内河船舶上任职的船员；

（三）三类《适任证书》：适用于在300总吨以下或者150千瓦以下的内河船舶上任职的船员。

第八条 《适任证书》适用的船员职务资格分别为：

（一）一类《适任证书》：船长、大副、二副、三副；轮机长、大管轮、二管轮、三管轮；

（二）二类和三类《适任证书》：船长、驾驶员；轮机长、轮机员。

第九条 内河船舶船长和担任驾驶部职务船员的《适任证书》类别按照船舶总吨位确定，担任轮机部职务船员的《适任证书》类别按照船舶主推进动力装置总功率确定，内河船舶中拖轮的船长和担任驾驶部职务船员的《适任证书》类别按照拖轮的主推进动力装置总功率确定。

第十条 取得《适任证书》,应当具备下列条件:

(一)已经取得船员服务簿;

(二)符合国家海事管理机构规定的内河船舶船员适任岗位健康标准;

(三)经过与所申请《适任证书》类别、职务资格相对应的内河船舶船员适任培训;

(四)通过国家海事管理机构规定相应科目的内河船舶船员适任考试;

(五)具备本规则附件规定的内河船舶船员有效水上服务资历,并且任职表现和安全记录良好。

第十一条 曾经在军事船舶或者渔业船舶上担任驾驶部、轮机部职务的船员,以及曾经在海船上担任船长或者驾驶部职务并持有有效的《海船船员适任证书》的船员,具备下列条件的,可以申请相应的《适任证书》:

(一)拟申请证书类别和职务资格不高于其在军事船舶、渔业船舶或者海船上相应的证书类别和职务资格;

(二)符合国家海事管理机构规定的内河船舶船员适任岗位健康标准;

(三)在军事船舶、渔业船舶或者海船上的水上服务资历能够与本规则附件规定的水上服务资历相适应,且任职表现和安全记录良好;

(四)通过国家海事管理机构规定科目的内河船舶船员适任考试。

曾经在海船上担任轮机部职务的船员,具备本条第一款第(一)、(二)、(三)项规定条件的,可以凭有效的《海船船员适任证书》直接申请对应的《适任证书》。

第十二条 在内河危险品船、客船等特殊船舶上任职的船员,除应当具备第十条或者第十一条规定的条件外,还应当完成相应的特殊培训并取得培训合格证明。

第十三条 已经取得《适任证书》,申请延伸航区(线)的,应当通过所申请航区(线)的适任考试。

第十四条 《适任证书》的有效期不超过5年。

持证人具备下列条件的,可以在《适任证书》有效期届满前1年内向原发证机构申请《适任证书》重新签发:

(一)符合国家海事管理机构规定的内河船舶船员适任岗位健康标准;

(二)在《适任证书》有效期内,持证人在内河船舶上任职不少于1年零6个月,且符合下列情形之一:

1. 任职与《适任证书》所载类别、职务资格相对应;

2. 任职与《适任证书》所载类别相同,但比《适任证书》所载职务资格低一级;

3. 任职与《适任证书》所载职务资格相对应,但在低一类别《适任证书》所对应的船舶上任职。

(三)任职表现和安全记录良好。

持证人在《适任证书》有效期届满后1年内向发证机构申请《适任证书》重新签发的,除应当符合本条第二款第(一)、(二)、(三)项规定的条件外,还应当通过国家海事管理机构规定的同类别同职务资格的内河船舶船员实际操作考试。

第十五条 《适任证书》损坏、遗失需补发的,持证人应当向原发证机构申请。

《适任证书》被依法扣留期间,持证人不得申请补发《适任证书》。

第十六条 初次申请《适任证书》的,可以向任何有相应类别《适任证书》发证权限的发证机构提出申请;已经取得《适任证书》,申请改变《适任证书》所载类别、职务资格的,应当向原发证机构提出申请。

按照本条第一款提出申请的,应当提交下列材料:

(一)内河船舶船员适任证书申请表;

(二)申请人身份证明;

(三)船员服务簿;

（四）最近1年内的县级以上医疗机构出具的符合内河船舶船员适任岗位健康标准的体检证明；

（五）符合发证机构要求规格、数量的照片；

（六）内河船舶船员适任培训证明；

（七）内河船舶船员适任考试成绩证明。

按照第十一条规定申请《适任证书》的，可以向任何有相应类别《适任证书》发证权限的发证机构提交本条第二款第（一）、（二）、（三）、（四）、（五）、（七）项规定的材料，以及其在军事船舶、渔业船舶或者海船上的服务资历、任职表现和安全记录证明。

申请适任航区（线）扩大或者延伸的，应当向负责相应航区（线）发证工作的发证机构提交本条第二款第（一）、（二）、（七）项规定的材料。

第十七条 申请《适任证书》重新签发的，应当向原发证机构提交第十六条第二款第（一）、（二）、（三）、（四）、（五）项规定的材料；需要通过内河船舶船员实际操作考试的，还应当提交相应的考试成绩证明。

申请《适任证书》补发的，应当向原发证机构提交下列材料：

（一）内河船舶船员适任证书申请表；

（二）申请人身份证明；

（三）在发行范围覆盖原《适任证书》适用航区（线）范围的报纸上所登载的《适任证书》遗失声明（《适任证书》遗失申请补发时适用）；

（四）原《适任证书》原件（《适任证书》损坏申请补发时适用）。

第十八条 持证人任职不得高于《适任证书》所记载的类别和职务资格，也不得超出《适任证书》所记载的航区（线）。

第三章 适任考试

第十九条 内河船舶船员的适任考试分为理论考试和实际操

作考试。

理论考试应当以理论知识为主要考试内容，重点对内河船舶船员专业知识的掌握和理解程度进行书面测试。实际操作考试应当通过对相应船舶、模拟器或者其他设备的操作等方式，对内河船舶船员专业知识综合运用、操作及应急等能力进行技能测评。

第二十条 适任考试大纲、考试科目和考场规则由国家海事管理机构确定并公布。

第二十一条 申请适任考试者应当向有相应适任考试权限的考试机构提交下列材料：

（一）适任考试报名表：主要包括考生基本情况、报考《适任证书》类别、职务资格、航区（线）等内容；

（二）申请人身份证明；

（三）船员服务簿；

（四）符合考试机构要求规格、数量的照片。

第二十二条 考试机构应当于适任考试开始5日前向申请人发放准考证，并告知申请人适任考试的时间、地点以及查询考试成绩的途径等事项。

第二十三条 适任考试不合格者，可以自初次适任考试准考证签发之日起2年内申请补考。逾期不能通过全部理论考试和实际操作考试的，所有理论考试和实际操作考试成绩失效。

第二十四条 考试机构应当在理论考试或者实际操作考试结束后30日内公布相应考试成绩。适任考试成绩自理论考试和实际操作考试相应科目均合格后1年内有效。

第四章 法律责任

第二十五条 伪造、变造、买卖《适任证书》的，由海事管理机构对《适任证书》予以没收，处2万元以上10万元以下的罚款，有违法所得的，还应当没收违法所得。

第二十六条 隐瞒有关情况或者提供虚假材料申请《适任证

书》的,发证机构不予受理或者不予签发《适任证书》,并给予警告;申请人在1年内不得再次申请与前次申请类别、职务资格相同的《适任证书》。

第二十七条 以欺骗、贿赂等不正当手段取得《适任证书》的,由发证机构或者其上级海事管理机构吊销《适任证书》,并处2000元以上2万元以下罚款。

第二十八条 因违反本规则或者其他水上交通安全法规的规定,被海事管理机构吊销《适任证书》的,自被吊销之日起2年内,不得申请《适任证书》;但因内河船舶发生交通事故后逃逸,被海事管理机构吊销《适任证书》的,自被吊销之日起5年内,不得申请《适任证书》。

第二十九条 考试机构、发证机构有下列情形之一的,由国家海事管理机构责令改正;情节严重的,限制或者取消其开展适任考试、发证工作的资格:

(一)违反行政许可法规规定的程序开展适任考试、发证工作的;

(二)超越权限开展适任考试或者签发《适任证书》的;

(三)对不具备条件的申请人签发《适任证书》的。

第五章 附 则

第三十条 本规则下列用语的含义:

(一)"内河船舶",是指符合内河船舶建造规范,仅在内河通航水域航行的各类船舶,但不包括军事船舶、渔业船舶和体育运动船舶;

(二)"任职表现和安全记录良好",是指自申请之日起向前计算5年内未发生负有直接责任的大事故及以上等级事故;

(三)"驾驶部职务",是指大副、二副、三副、驾驶员;

(四)"轮机部职务",是指轮机长、大管轮、二管轮、三管轮、轮机员。

第三十一条　教学内容满足内河船舶船员适任考试大纲要求的全日制中等职业及以上的教育机构，经国家海事管理机构认可后，其船舶驾驶类和轮机类专业毕业考试可以替代相应的内河船舶船员理论考试。

本条第一款规定的教育机构的船舶驾驶类和轮机类毕业生如果符合船员适任岗位健康标准，且具备本规则附件所规定相应的船舶水上服务资历，持有船员服务簿，并通过实际操作考试的，可以直接申请相应的内河船舶三副、驾驶员或者三管轮、轮机员职务资格的《适任证书》。

第三十二条　本规则自 2011 年 1 月 1 日起施行。2005 年 3 月 21 日由原交通部颁布的《中华人民共和国内河船舶船员适任考试发证规则》（交通部令〔2005〕年第 1 号）同时废止。

附件：内河船舶船员水上服务资历要求

附件

内河船舶船员水上服务资历要求

驾驶部职务

职务/类别	船长	大副	二副	三副	驾驶员	驾驶类毕业生申请初级职务证书
一类	持有一类大副或者二类船长《适任证书》，并实际担任其职务不少于24个月。	持有一类二副《适任证书》，并实际担任其职务不少于12个月，或者持有二类驾驶员《适任证书》，并实际担任其职务不少于36个月。	持有一类三副《适任证书》，并实际担任其职务不少于12个月，或者持有二类驾驶员《适任证书》，并实际担任其职务不少于24个月。	在1000总吨及以上内河船舶或500千瓦及以上内河拖轮上的水上服务资历不少于24个月，或者持有二类驾驶员《适任证书》，并实际担任其职务不少于12个月。	—	在1000总吨及以上内河船舶或500千瓦及以上内河拖轮上的水上服务资历不少于6个月。
二类	持有二类驾驶员《适任证书》，并实际担任其职务不少于36个月，或者持有三类船长《适任证书》，并实际担任其职务不少于48个月。	—	—	—	在300总吨及以上内河船舶或150千瓦及以上内河拖轮上的水上服务资历不少于12个月，或者持有三类驾驶员《适任证书》，并实际担任其职务不少于6个月。	在300总吨及以上内河船舶或150千瓦及以上内河拖轮上的水上服务资历不少于6个月。

续上表

职务 类别	船长	大副	二副	三副	驾驶员	驾驶类毕业生申请初级职务证书
三类	持有三类驾驶员《适任证书》，并实际担任其职务不少于12个月。	—	—	—	在任意内河船舶上的水上服务资历不少于6个月。	在任意内河船舶上的水上服务资历不少于6个月。

轮机部职务

职务 类别	轮机长	大管轮	二管轮	三管轮	轮机员	轮机类毕业生申请初级职务证书
一类	持有一类大管轮或者二类轮机长《适任证书》，并实际担任其职务不少于24个月。	持有一类二管轮《适任证书》，并实际担任其职务不少于12个月，或者持有二类轮机员《适任证书》，并实际担任其职务不少于36个月。	持有一类三管轮《适任证书》，并实际担任其职务不少于12个月，或者持有二类轮机员《适任证书》，并实际担任其职务不少于24个月。	在500千瓦及以上内河船舶上的水上服务资历不少于24个月，或者持有二类轮机员《适任证书》，并实际担任其职务不少于12个月。	—	在500千瓦及以上内河船舶上的水上服务资历不少于6个月。

续上表

职务 类别	轮机长	大管轮	二管轮	三管轮	轮机员	轮机类毕业生申请初级职务证书
二类	持有二类轮机员《适任证书》，并实际担任其职务不少于36个月，或者持有三类轮机长《适任证书》，并实际担任其职务不少于48个月。	—	—	—	在150千瓦及以上内河船舶上的水上服务资历不少于12个月，或者持有三类轮机员《适任证书》，并实际担任其职务不少于6个月。	在150千瓦及以上内河船舶上的水上服务资历不少于6个月。
三类	持有三类轮机员《适任证书》，并实际担任其职务不少于12个月。	—	—	—	在任意内河船舶上的水上服务资历不少于6个月。	在任意内河船舶上的水上服务资历不少于6个月。

备注：1. 内河船舶船员水上服务资历，包括内河船舶船员在内河船舶上实际任职时间和参加适任培训、特殊培训的时间，但参加适任培训和特殊培训的时间计算最多不超过3个月。

2. 内河船舶船员安全记录不良者，其水上服务资历从其负有大事故及以上等级直接责任事故发生之日起算。

中华人民共和国船舶油污损害民事责任保险实施办法

交通运输部令2010年第3号　2010.7.9

第一章　总　　则

第一条　为完善船舶污染事故损害赔偿机制，建立船舶油污损害民事责任保险制度，根据《中华人民共和国海洋环境保护法》、《中华人民共和国海商法》、《中华人民共和国防治船舶污染海洋环境管理条例》等法律、行政法规和我国缔结或者参加的有关国际条约，制定本办法。

第二条　在中华人民共和国管辖海域内航行的载运油类物质的船舶和1000总吨以上载运非油类物质的船舶，其所有人应当按照本办法的规定投保船舶油污损害民事责任保险或者取得相应的财务担保。

承担船舶油污损害民事责任保险的商业性保险机构和互助性保险机构，应当遵守本办法。

第三条　国务院交通运输主管部门负责统一管理全国船舶油污损害民事责任保险工作。

国家海事管理机构负责组织实施全国船舶油污损害民事责任保险工作。

沿海各级海事管理机构依照各自职责负责具体实施船舶油污损害民事责任保险工作。

第二章　船舶油污损害民事责任保险及额度

第四条　在中华人民共和国管辖海域内航行的船舶应当按照

以下规定投保油污损害民事责任保险或者取得其他财务保证：

（一）载运散装持久性油类物质的船舶，投保油污损害民事责任保险，其保险标的应当包括持久性油类物质造成的污染损害；

（二）1000 总吨以上载运非持久性油类物质的船舶，投保油污损害民事责任保险，其保险标的应当包括非持久性油类物质造成的污染损害和燃油造成的污染损害；

（三）1000 总吨以上载运非油类物质的船舶，投保油污损害民事责任保险，其保险标的应当包括燃油造成的污染损害；

（四）1000 总吨以下载运非持久性油类物质的船舶，投保油污损害民事责任保险，其保险标的应当包括非持久性油类物质造成的污染损害。

第五条 在中华人民共和国管辖海域内航行的载运散装持久性油类物质的船舶，投保油污损害民事责任保险或者取得其他财务保证，应当不低于以下额度：

（一）5000 总吨以下的船舶为 451 万特别提款权；

（二）5000 总吨以上的船舶，除前项所规定的数额外，每增加一吨，增加 631 特别提款权，但是，此总额度在任何情况下不超过 8977 万特别提款权。

第六条 在中华人民共和国管辖海域内航行的载运非持久性油类物质的船舶，以及 1000 总吨以上载运非油类物质的船舶，投保油污损害民事责任保险或者取得其他财务保证，应当不低于以下额度：

（一）20 总吨以上、21 总吨以下的船舶，为 27500 特别提款权；

（二）21 总吨以上、300 总吨以下的船舶，除第（一）项所规定的数额外，每增加一吨，增加 500 特别提款权；

（三）300 总吨至 500 总吨的船舶，为 167000 特别提款权；

（四）501 总吨至 30000 总吨的船舶，除第（三）项所规定的数额外，每增加一吨，增加 167 特别提款权；

（五）30001 总吨至 70000 总吨的船舶，除第（四）项所规定的数额外，每增加一吨，增加 125 特别提款权；

（六）70001 总吨以上的船舶，除第（五）项所规定的数额外，每增加一吨，增加 83 特别提款权。

第七条 从事中华人民共和国港口之间货物运输或者沿海作业的船舶，投保油污损害民事责任保险或者取得其他财务保证，其额度按照第六条所规定额度的 50% 计算。

第三章 船舶油污损害民事责任保险机构

第八条 中国籍船舶应当向经国家海事管理机构确定并公布的保险机构投保船舶油污损害民事责任保险，或者取得经国家海事管理机构确定并公布的保险机构以及境内银行等金融机构所出具的保函、信用证等其他财务保证。

第九条 承担中国籍船舶油污损害民事责任保险的互助性保险机构应当符合以下要求：

（一）在我国境内注册或者在我国境内设有代表机构或者代理机构；

（二）上一年度净基金超过 1 亿美元或每吨净基金超过 3 美元；

（三）保险条款符合我国法律、行政法规、规章以及我国批准或者加入的国际条约的有关规定。

第十条 承担中国籍船舶油污损害民事责任保险的商业性保险机构应当符合以下要求：

（一）应当依法经国务院保险监督管理机构批准设立、取得经营保险业务许可证，并已向工商行政管理机关办理登记，取得营业执照；

（二）上一年度净资产超过 7 亿元人民币；

（三）上一年度偿付能力超过 100%；

（四）保险条款符合我国法律、行政法规、规章以及我国批准或者加入的国际条约的有关规定。

第十一条 从事中国籍船舶油污损害民事责任保险的保险机构应在每年10月15日前向国家海事管理机构提交以下材料：

（一）注册证明、营业执照、经营保险业务许可证以及其他合法开业证明等证明材料，境外互助性保险机构还应当提交在我国境内设立代表机构或者代理机构的证明材料；境外互助性保险机构所提供的营业执照、注册登记证明以及其他合法开业证明为复印件的，应当经其所在国家或者地区依法设立的公证机构公证并经中国驻该国使、领馆认证；

（二）上一年度的经注册会计师审计的资产负债表、损益表；

（三）上一年度船舶油污损害民事责任保险的偿付能力（仅针对商业性保险机构）；

（四）上一年度承保船舶油污损害民事责任保险的总吨位；

（五）上一年度承保的中国籍船舶名单；

（六）上一年度所承保中国籍船舶的理赔情况；

（七）船舶油污损害民事责任保险合同样本；

（八）船舶油污损害民事责任保险业务的负责人、联系人以及联络方式；境外互助性保险机构还应当提交其在中华人民共和国境内代表机构或者代理机构的负责人、联系人以及联络方式；

（九）需要说明的其他背景材料。

第十二条 国家海事管理机构应当及时对保险机构提交的材料进行核实，在征求国务院保险监督管理机构意见后，对符合本办法规定的保险机构予以确定，并于每年11月30日前向社会公布。

第四章 船舶油污损害民事责任保险证书

第十三条 中国籍船舶投保船舶油污损害民事责任保险或者取得其他财务保证之后，应当按以下规定向船籍港所在地的直属海事管理机构申请办理相应船舶油污损害民事责任保险证书：

（一）载运持久性油类物质的船舶，应当办理《油污损害民事责任保险或其他财务保证证书》；

(二)1000 总吨以上的载运非持久性油类物质的船舶,应当办理《燃油污染损害民事责任保险或其他财务保证证书》和《非持久性油类污染损害民事责任保险或其他财务保证证书》;

(三)1000 总吨以下的载运非持久性油类的船舶,应当办理《非持久性油类污染损害民事责任保险或其他财务保证证书》;

(四)1000 总吨以上的载运非油类物质的船舶,应当办理《燃油污染损害民事责任保险或其他财务保证证书》。

第十四条 中国籍船舶申请办理船舶油污损害民事责任保险证书,应向海事管理机构提交以下材料:

(一)申请书;

(二)有效的船舶油污损害民事责任保险单证或者其他财务保证证明;

(三)船舶国籍证书。

第十五条 海事管理机构应当对申请材料进行审核,对符合本办法规定的,在受理之日起 7 个工作日内,向船舶签发相应的船舶油污损害民事责任保险证书。

船舶油污损害民事责任保险证书的有效期不得超过船舶油污损害民事责任保险合同或者其他财务保证证明的期限。

第十六条 船舶油污损害民事责任保险证书不得伪造、涂改,并应当随船携带,以备海事管理机构查验。

船舶油污损害民事责任保险证书遗失的,应当书面说明理由,附具有关证明文件,向原发证机关申请补发。

第十七条 在我国管辖海域内航行的外国籍船舶应当符合以下规定:

(一)适用《1992 年国际油污损害民事责任公约》的,应当持有缔约国主管机关或其授权机构签发的《油污损害民事责任保险或其他财务保证证书》。

(二)适用《2001 年国际燃油污染损害民事责任公约》的,应当持有缔约国主管机关或其授权机构签发的《燃油污染损害民事责任保险或其他财务保证证书》。

（三）1000 总吨以下载运非持久性油类物质的船舶，应当持有有效的非持久性油类污染民事责任保险单证或其他财务保证证明。

第十八条 海事管理机构应当加强对船舶油污损害民事责任保险证书、保险单证或其他财务保证证明的查验。

第五章 法律责任

第十九条 有下列情形之一的，由海事管理机构责令改正，并处 1 万元以上 5 万元以下的罚款；拒不改正的，责令停航、禁止进出港或者过境停留，并处 5 万元以上 25 万元以下的罚款：

（一）在我国管辖海域内航行的船舶，其所有人未按照规定投保船舶油污损害民事责任保险或者取得其他财务保证的；

（二）船舶所有人投保油污损害民事责任保险或者取得其他财务保证的额度低于本办法规定的。

下列情形视为船舶未按照规定投保船舶油污损害民事责任保险或者取得其他财务保证：

（一）未取得相应的船舶油污损害民事责任保险证书；

（二）伪造、涂改船舶油污损害民事责任保险证书；

（三）所持有的船舶油污损害民事责任保险证书超过有效期；

（四）所持有的船舶油污损害民事责任保险证书与船舶实际情况不相符。

船舶伪造、涂改船舶油污损害民事责任保险证书的，海事管理机构还应当对已签发的船舶油污损害民事责任保险证书予以撤销。

第二十条 从事船舶油污损害民事责任保险的保险机构有下列情形之一的，自发现之年次年起 3 年内海事管理机构对其不得予以确定和公布：

（一）在生效的法院判决、仲裁裁决书或仲裁调解书规定的履行期间届满后拒不执行，未向所承保船舶赔付；

（二）向海事管理机构提交虚假材料。

第二十一条　海事管理人员滥用职权、徇私舞弊、玩忽职守、严重失职的，由所在单位或者上级机关给予行政处分；构成犯罪的，依法追究刑事责任。

第六章　附　　则

第二十二条　本办法所称的“以上”包括本数，所称的“以下”不包括本数。

第二十三条　本法中下列用语的含义是：

“油类”是指任何类型的油及其炼制品。

“持久性油类”是指任何持久性烃类矿物油，例如原油、燃油、重柴油和润滑油等。

“非持久性油类”是指持久性油类以外的任何油类。

第二十四条　本办法自2010年10月1日起实施。

在中华人民共和国海域内航行的1200总吨以下载运散装持久性油类物质的船舶，其油污损害民事责任保险制度自本办法生效1年后实行。

中华人民共和国船舶识别号管理规定

交通运输部令 2010 年第 4 号　2010.7.20

第一条　为便于船舶识别，加强船舶管理，维护水上交通安全，保护水域环境，制定本规定。

第二条　依照或者拟依照《中华人民共和国船舶登记条例》在中国登记的船舶，应当按照本规定取得船舶识别号。

本规定所称船舶识别号，是指用于永久识别船舶的唯一编码。

船舶识别号由英文字母 CN 和 11 位阿拉伯数字组成。CN 代表中国，11 位阿拉伯数字的前四位表示船舶安放龙骨的年份，第 5 至 10 位是随机编号，第 11 位是校验码。

第三条　中华人民共和国海事局是船舶识别号主管机关，负责船舶识别号的授予和统一管理。

中华人民共和国海事局以下简称中国海事局。

经中国海事局授权开展船舶登记业务的海事管理机构负责船舶识别号的申请受理和材料审查工作。

各级海事管理机构具体负责船舶识别号的监督管理工作。

第四条　每一艘船舶只能申请并使用一个船舶识别号，船舶识别号一经取得不再改变。

船舶发生灭失、拆解、卖往境外或者转为军事、渔业、体育运动船舶等情况时，船舶识别号予以封存，不再授予其他船舶。

第五条　本规定生效前，已经在中国登记的船舶由中国海事局统一分配船舶识别号，发放船舶识别电子标签。

其他船舶按照以下规定申请船舶识别号：

（一）境内建造的新建船舶，船舶建造人应当在安放龙骨或者处于相似建造阶段后 10 个工作日内向船舶建造地的船舶登记机关申请；

（二）境外建造并拟在中国登记的新建船舶，船舶定造人应当在安放龙骨或者处于相似建造阶段后10个工作日内向拟申请登记地的船舶登记机关申请；

（三）从境外购买、以光船条件从境外租进或者船舶由其他用途转为《中华人民共和国船舶登记条例》适用的船舶，船舶所有人或者光船承租人应当在申请初次检验或者相应检验手续前向拟申请船舶登记地的船舶登记机关申请。

第六条 申请船舶识别号应当提交以下材料：

（一）船舶识别号申请表；

（二）申请人身份证明文件；委托他人申请的，需提交授权委托书及被委托人身份证明文件；

（三）船舶所有权取得证明文件或者船舶建造合同、光船租赁合同；

（四）属新建船舶的，需提交经批准的船舶设计资料；其他船舶提交船舶基本技术资料。

申请人应当如实填写和提交申请材料，并对申请材料的真实性负责。

第七条 受理船舶识别号申请的海事管理机构应当对材料进行审查，并在3个工作日内填写审查意见报中国海事局。

中国海事局结合审查意见对申请进行复审，对符合规定的在2个工作日内授予船舶识别号，并发放船舶标识电子标签。

船舶标识电子标签应当随船携带，并粘贴在船舶驾驶台或者其他显著位置。

第八条 新建船舶的识别号应当永久性标记在机器处所主推进动力装置尾轴附近的船体内侧。没有主推进动力装置的，标记在船舶检验机构指定的位置。

船舶识别号的标记位置应当适宜安放与查验。

第九条 新建船舶的钢质船舶，应当采用凸出钢质字符焊接的方式永久性标记船舶识别号；非钢质船舶采用船舶检验机构认可并能够永久保持的方式标记。

永久性标记的船舶识别号应当清晰可辨。

第十条 船舶识别号在船体上的永久性标记采用宋体，船长20米及以上的船舶，船舶识别号字符高度为10厘米，船长20米以下的船舶字符高度为5厘米。

第十一条 船舶检验机构应当对船舶识别号在船体上标记的情况进行检验，并将标记位置、方式、字符等情况记录在船舶检验报告中。

第十二条 海事管理机构、船舶检验机构应当将船舶识别号记载在所核发的船舶登记证书、船舶最低安全配员证书和船舶检验证书等相关证书以及管理档案中。

海事管理机构在日常监督管理查验前款所述相应证书时，应当查验船舶识别号的记载情况。

第十三条 申请人以欺骗或者其他不正当手段取得船舶识别号的，海事管理机构应当报中国海事局撤销其船舶识别号，并处5000元以上3万元以下的罚款。

第十四条 未按本规定取得船舶识别号或者未将船舶识别号在船体上永久标记或者粘贴的，由海事管理机构责令改正，并可处3000元以上3万元以下的罚款。

第十五条 本规定自2011年1月1日起施行。

中华人民共和国船舶及其有关作业活动污染海洋环境防治管理规定

交通运输部令2010年第7号　2010.10.8

第一章　总　　则

第一条　为了防治船舶及其有关作业活动污染海洋环境，根据《中华人民共和国海洋环境保护法》、《中华人民共和国防治船舶污染海洋环境管理条例》和中华人民共和国缔结或者加入的国际条约，制定本规定。

第二条　防治船舶及其有关作业活动污染中华人民共和国管辖海域适用本规定。

本规定所称有关作业活动，是指船舶装卸、过驳、清舱、洗舱、油料供受、修造、打捞、拆解、污染危害性货物装箱、充罐、污染清除以及其他水上水下船舶施工作业等活动。

第三条　国务院交通运输主管部门主管全国船舶及其有关作业活动污染海洋环境的防治工作。

国家海事管理机构负责监督管理全国船舶及其有关作业活动污染海洋环境的防治工作。

各级海事管理机构根据职责权限，具体负责监督管理本辖区船舶及其有关作业活动污染海洋环境的防治工作。

第二章　一般规定

第四条　船舶的结构、设备、器材应当符合国家有关防治船舶污染海洋环境的船舶检验规范以及中华人民共和国缔结或者加入的国际条约的要求，并按照国家规定取得相应的合格证书。

第五条 船舶应当依照法律、行政法规、国务院交通运输主管部门的规定以及中华人民共和国缔结或者加入的国际条约的要求，取得并随船携带相应的防治船舶污染海洋环境的证书、文书。

海事管理机构应当向社会公布本条第一款规定的证书、文书目录，并及时更新。

第六条 中国籍船舶持有的防治船舶污染海洋环境的证书、文书由国家海事管理机构或者其认可的机构签发；外国籍船舶持有的防治船舶污染海洋环境的证书、文书应当符合中华人民共和国缔结或者加入的国际条约的要求。

第七条 船员应当具有相应的防治船舶污染海洋环境的专业知识和技能，并按照有关法律、行政法规、规章的规定参加相应的培训、考试，持有有效的适任证书或者相应的培训合格证明。

从事有关作业活动的单位应当组织本单位作业人员进行操作技能、设备使用、作业程序、安全防护和应急反应等专业培训，确保作业人员具备相关安全和防治污染的专业知识和技能。

第八条 港口、码头、装卸站和从事船舶修造作业的单位应当按照国家有关标准配备相应的污染监视设施和污染物接收设施。

港口、码头、装卸站以及从事船舶修造、打捞、拆解等有关作业活动的其他单位应当按照国家有关标准配备相应的防治污染设备和器材。

第九条 船舶从事下列作业活动，应当按照《中华人民共和国海事行政许可条件规定》的规定，取得海事管理机构的许可，并遵守相关操作规程，落实安全和防治污染措施：

（一）在沿海港口进行舷外拷铲、油漆作业或者使用焚烧炉的；

（二）在港区水域内洗舱、清舱、驱气以及排放压载水的；

（三）冲洗沾有污染物、有毒有害物质的甲板的；

（四）进行船舶水上拆解、打捞、修造和其他水上、水下船舶施工作业的。

第十条 海事管理机构在依法审批3万载重吨以上油轮的货舱清舱、1万吨以上散装液体污染危害性货物过驳以及沉船打捞、油轮拆解等存在较大污染风险的作业活动时,可以要求申请人进行作业方案可行性研究。

第十一条 任何单位和个人发现船舶及其有关作业活动造成或者可能造成海洋环境污染的,应当立即就近向海事管理机构报告。

第三章 船舶污染物的排放与接收

第十二条 在中华人民共和国管辖海域航行、停泊、作业的船舶排放船舶垃圾、生活污水、含油污水、含有毒有害物质污水、废气等污染物以及压载水,应当符合法律、行政法规、有关标准以及中华人民共和国缔结或者加入的国际条约的规定。

第十三条 船舶不得向依法划定的海洋自然保护区、海洋特别保护区、海滨风景名胜区、重要渔业水域以及其他需要特别保护的海域排放污染物。

依法设立本条第一款规定的需要特别保护的海域的,应当在适当的区域配套设置船舶污染物接收设施和应急设备器材。

第十四条 船舶应当将不符合第十二条规定排放要求以及依法禁止向海域排放的污染物,排入具备相应接收能力的港口接收设施或者委托具备相应接收能力的船舶污染物接收单位接收。

船舶委托船舶污染物接收单位进行污染物接收作业的,其船舶经营人应当在作业前明确指定所委托的船舶污染物接收单位。

第十五条 船舶污染物接收单位进行船舶垃圾、残油、含油污水、含有毒有害物质污水接收作业,应当具有与其作业风险相适应的预防和清除污染的能力,并经海事管理机构批准。

第十六条 船舶污染物接收作业单位应当落实安全与防污染管理制度。进行污染物接收作业的,应当遵守国家有关标准、规程，并采取有效的防污染措施，防止污染物溢漏。

第十七条 船舶污染物接收单位应当在污染物接收作业完毕后，向船舶出具污染物接收单证，如实填写所接收的污染物种类和数量，并由船长签字确认。船舶污染物接收单证上应当注明作业单位名称，作业双方船名，作业开始和结束的时间、地点，以及污染物种类、数量等内容。

船舶应当携带相应的记录簿和船舶污染物接收单证到海事管理机构办理船舶污染物接收证明，并将船舶污染物接收证明保存在相应的记录簿中。

第十八条 国际航行船舶在驶离国内港口前应当将船上污染物清理干净，并在办理出口岸手续时向海事管理机构出示有效的污染物接收证明。

第十九条 船舶进行涉及污染物处置的作业，应当在相应的记录簿内规范填写、如实记录，真实反映船舶运行过程中产生的污染物数量、处置过程和去向。按照法律、行政法规、国务院交通运输主管部门的规定以及中华人民共和国缔结或者加入的国际条约的要求，不需要配备记录簿的，应当将有关情况在作业当日的航海日志或者轮机日志中如实记载。

船舶应当将使用完毕的船舶垃圾记录簿在船舶上保留 2 年；将使用完毕的含油污水、含有毒有害物质污水记录簿在船舶上保留 3 年。

第二十条 船舶污染物接收单位应当将接收的污染物交由具有国家规定资质的污染物处理单位进行处理，并每月将船舶污染物的接收和处理情况报海事管理机构备案。

第二十一条 接收处理含有有毒有害物质或者其他危险成分的船舶污染物的，应当符合国家有关危险废物的管理规定。来自疫区船舶产生的污染物，应当经有关检疫部门检疫处理后方可进行接收和处理。

第二十二条 船舶应当配备有盖、不渗漏、不外溢的垃圾储存容器，或者对垃圾实行袋装。

船舶应当对垃圾进行分类收集和存放，对含有有毒有害物质或者其他危险成分的垃圾应当单独存放。

船舶将含有有毒有害物质或者其他危险成分的垃圾排入港口接收设施或者委托船舶污染物接收单位接收的，应当向对方说明此类垃圾所含物质的名称、性质和数量等情况。

第二十三条 船舶应当按照国家有关规定以及中华人民共和国缔结或者加入的国际条约的要求，设置与生活污水产生量相适应的处理装置或者储存容器。

第四章 船舶载运污染危害性货物及其有关作业

第二十四条 本规定所称污染危害性货物，是指直接或者间接进入水体，会损害水体质量和环境质量，从而产生损害生物资源、危害人体健康等有害影响的货物。

国家海事管理机构应当向社会公布污染危害性货物的名录，并根据需要及时更新。

第二十五条 船舶载运污染危害性货物进出港口，承运人或者代理人应当在进出港 24 小时前（航程不足 24 小时的，在驶离上一港口时）向海事管理机构办理船舶适载申报手续；货物所有人或者代理人应当在船舶适载申报之前向海事管理机构办理货物适运申报手续。

货物适运申报和船舶适载申报经海事管理机构审核同意后，船舶方可进出港口、过境停留或者进行装卸作业。

第二十六条 交付运输的污染危害性货物的特性、包装以及针对货物采取的风险防范和应急措施等应当符合国家有关标准、规定以及中华人民共和国缔结或者加入的国际条约的要求；需要经国家有关主管部门依法批准后方可载运的，还需要取得有关主管部门的批准。

船舶适载的条件按照《中华人民共和国海事行政许可条件规定》关于船舶载运危险货物的适载条件执行。

第二十七条 货物所有人或者代理人办理货物适运申报手续的,应当向海事管理机构提交下列材料:

(一)货物适运申报单,包括货物所有人或者代理人有关情况以及货物名称、种类、特性等基本信息;

(二)由代理人办理货物适运申报手续的,应当提供货物所有人出具的有效授权证明;

(三)相应的污染危害性货物安全技术说明书,安全作业注意事项、防范和应急措施等有关材料;

(四)需要经国家有关主管部门依法批准后方可载运的污染危害性货物,应当持有有效的批准文件;

(五)交付运输下列污染危害性货物的,还应当提交下列材料:

1. 载运包装污染危害性货物的,应当提供包装和中型散装容器检验合格证明或者压力容器检验合格证明;

2. 使用可移动罐柜装载污染危害性货物的,应当提供罐柜检验合格证明;

3. 载运放射性污染危害性货物的,应当提交放射性剂量证明;

4. 货物中添加抑止剂或者稳定剂的,应当提交抑止剂或者稳定剂的名称、数量、温度、有效期以及超过有效期时应当采取的措施;

5. 载运限量污染危害性货物的,应当提交限量危险货物证明;

6. 载运污染危害性不明货物的,应当提交符合第三十一条规定的污染危害性评估报告。

第二十八条 承运人或者代理人办理船舶适载申报手续的,应当向海事管理机构提交下列材料:

(一)船舶载运污染危害性货物申报单,包括承运人或者代理人有关情况以及货物名称、种类、特性等基本信息;

(二)海事管理机构批准的货物适运证明;

(三)由代理人办理船舶适载申报手续的,应当提供承运人出具的有效授权证明;

（四）防止油污证书、船舶适载证书、船舶油污损害民事责任保险或者其他财务保证证书；

（五）载运污染危害性货物的船舶在运输途中发生过意外情况的，还应当在船舶载运污染危害性货物申报单内扼要说明所发生意外情况的原因、已采取的控制措施和目前状况等有关情况，并于抵港后送交详细报告；

（六）列明实际装载情况的清单、舱单或者积载图；

（七）拟进行装卸作业的港口、码头、装卸站。

定船舶、定航线、定货种的船舶可以办理不超过一个月期限的船舶定期适载申报手续。办理船舶定期适载申报手续的，除应当提交本条第一款规定的材料外，还应当提交能够证明固定船舶在固定航线上运输固定污染危害性货物的有关材料。

第二十九条 海事管理机构收到货物适运申报、船舶适载申报后，应当根据第二十六条规定的条件在24小时内作出批准或者不批准的决定；办理船舶定期适载申报的，应当在7日内作出批准或者不批准的决定。

第三十条 货物所有人或者代理人交付船舶载运污染危害性货物，应当采取有效的防治污染措施，确保货物的包装与标志的规格、比例、色度、持久性等符合国家有关安全与防治污染的要求，并在运输单证上如实注明该货物的技术名称、数量、类别、性质、预防和应急措施等内容。

第三十一条 货物所有人或者代理人交付船舶载运污染危害性不明的货物，应当由国家海事管理机构认定的评估机构进行污染危害性评估，明确货物的污染危害性质和船舶载运技术条件，并经海事管理机构确认后方可交付船舶运输。

国家海事管理机构应当根据下列标准认定并定期公布本条第一款规定的评估机构名单：

（一）有固定的办公场所，并配备必要的检测、鉴定等设施、设备；

（二）具有与污染危害性货物评估相适应技术能力的专业

人员;

(三)有符合污染危害性货物评估要求的管理制度。

第三十二条 曾经载运污染危害性货物的空容器和运输组件,应当彻底清洗并消除危害,取得由具有国家规定资质的检测机构出具的清洁证明后,方可按照普通货物交付船舶运输。在未彻底清洗并消除危害之前,应当按照原所装货物的要求进行运输。

第三十三条 海事管理机构认为交付船舶载运的货物应当按照污染危害性货物申报而未申报的,或者申报的内容不符合实际情况的,经海事管理机构负责人批准,可以采取开箱等方式查验。

海事管理机构在实施开箱查验时,货物所有人或者代理人应当到场,并负责搬移货物,开拆和重封货物的包装。海事管理机构认为必要时,可以径行开验、复验或者提取货样。有关单位和个人应当配合。

第三十四条 船舶不符合污染危害性货物适载要求的,不得载运污染危害性货物,码头、装卸站不得为其进行装卸作业。

发现船舶及其有关作业活动可能对海洋环境造成污染危害的,码头、装卸站、船舶应当立即采取相应的应急措施,并向海事管理机构报告。

第三十五条 从事污染危害性货物装卸作业的码头、装卸站,应当符合安全装卸和污染物处理的相关标准,并向海事管理机构提交安全装卸和污染物处理能力情况的有关材料。海事管理机构应当将具有相应安全装卸和污染物处理能力的码头、装卸站向社会公布。

载运污染危害性货物的船舶应当在海事管理机构公布的具有相应安全装卸和污染物处理能力的码头、装卸站进行装卸作业。

第三十六条 船舶进行散装液体污染危害性货物过驳作业的,应当符合国家海上交通安全和防治船舶海洋污染环境的管理规定和技术规范,选择缓流、避风、水深、底质等条件较好的水域,远离人口密集区、船舶通航密集区、航道、重要的民用目标或者设施、军用水域,制定安全和防治污染的措施和应急计划并保证有效实施。

第三十七条 进行散装液体污染危害性货物过驳作业的船舶,其承运人、货物所有人或者代理人应当向海事管理机构提交下列申请材料:

(一)船舶作业申请书,内容包括作业船舶资料、联系人、联系方式、作业时间、作业地点、过驳种类和数量等基本情况;

(二)船舶作业方案、拟采取的监护和防治污染措施;

(三)船舶作业应急预案;

(四)对船舶作业水域通航安全和污染风险的分析报告;

(五)与具有相应资质的污染清除作业单位签订的污染清除作业协议。

以过驳方式进行油料供受作业的,应当提交本条第一款第(一)、(二)、(三)、(五)项规定的材料。

海事管理机构应当自受理申请之日起2日内根据第三十六条规定的条件作出批准或者不予批准的决定。2日内无法作出决定的,经海事管理机构负责人批准,可以延长5日。

第三十八条 从事船舶油料供受作业的单位应当向海事管理机构备案,并提交下列备案材料:

(一)工商营业执照;

(二)安全与防治污染制度文件、应急预案、应急设备物资清单、输油软管耐压检测证明以及作业人员参加培训情况;

(三)通过船舶进行油料供受作业的,还应当提交船舶相关证书、船上油污应急计划、作业船舶油污责任保险凭证以及船员适任证书;

(四)燃油质量承诺书;从事成品油供受作业的单位应当同时提交有关部门依法批准的成品油批发或者零售经营的证书。

第三十九条 进行船舶油料供受作业的,作业双方应当采取满足安全和防治污染要求的供受油作业管理措施,同时应当遵守下列规定:

(一)作业前,应当做到:

1. 检查管路、阀门，做好准备工作，堵好甲板排水孔，关好有关通海阀；

2. 检查油类作业的有关设备，使其处于良好状态；

3. 对可能发生溢漏的地方，设置集油容器；

4. 供受油双方以受方为主商定联系信号，双方均应切实执行。

（二）作业中，要有足够人员值班，当班人员要坚守岗位，严格执行操作规程，掌握作业进度，防止跑油、漏油；

（三）停止作业时，必须有效关闭有关阀门；

（四）收解输油软管时，必须事先用盲板将软管有效封闭，或者采取其他有效措施，防止软管存油倒流入海。

海事管理机构应当对船舶油料供受作业进行监督检查，发现不符合安全和防治污染要求的，应当予以制止。

第四十条 船舶燃油供给单位应当如实填写燃油供受单证，并向船舶提供燃油供受单证和燃油样品。燃油供受单证应当包括受油船船名，船舶识别号或国际海事组织编号，作业时间、地点，燃油供应商的名称、地址和联系方式以及燃油种类、数量、密度和含硫量等内容。船舶和燃油供给单位应当将燃油供受单证保存3年，将燃油样品妥善保存1年。

燃油供给单位应当确保所供燃油的质量符合相关标准要求，并将所供燃油送交取得国家规定资质的燃油检测单位检测。燃油质量的检测报告应当留存在作业船舶上备查。

第四十一条 船舶从事300吨及以上的油类或者比重小于1且不溶、微溶于水的散装有毒液体物质的装卸、过驳作业，应当布设围油栏。

布设围油栏方案应当在作业前报海事管理机构备案。因受自然条件或者其他原因限制，不适合布设围油栏的，可以采用其他防治污染替代措施，但应当将拟采取的替代措施和理由在作业前报海事管理机构同意。

第四十二条 载运污染危害性货物的船舶进出港口和通过桥区、交通管制区、通航密集区以及航行条件受限制的区域，或者载运剧毒、爆炸、放射性货物的船舶进出港口，应当遵守海事管理机构的特别规定，并采取必要的安全和防治污染保障措施。

第四十三条 船舶载运散发有毒有害气体或者粉尘物质等货物的，应当采取密闭或者其他防护措施。对有封闭作业要求的污染危害性货物，在运输和作业过程中应当采取措施回收有毒有害气体。

第五章 船舶拆解、打捞、修造和其他水上水下船舶施工作业

第四十四条 进行船舶修造、水上拆解作业的，应当在海事管理机构确定并公布的地点进行。

禁止采取冲滩方式进行船舶拆解作业。

第四十五条 进行船舶拆解、打捞、修造和其他水上水下船舶施工作业的，应当遵守相关操作规程，并采取必要的安全和防治污染措施。

第四十六条 在进行船舶拆解和船舶油舱修理作业前，作业单位应当将船舶上的残余物和废弃物进行有效处置，将燃油舱、货油舱中的存油驳出，进行洗舱、清舱、测爆等工作，并按照规定取得船舶污染物接收证明和有效的测爆证书。

船舶燃油舱、货油舱中的存油需要通过过驳方式交付储存的，应当交由船舶污染物接收单位或者依法获得船舶油料供受作业资质的单位储存，并按照第三十七条的规定经过海事管理机构的批准。

第四十七条 在船坞内进行船舶修造作业的，修造船厂应当将坞内污染物清理完毕，确认不会造成水域污染后，方可沉起浮船坞或者开启坞门。

第四十八条 船舶拆解、打捞、修造或者其他水上水下船舶施工作业结束后，应当及时清除污染物，并将作业全过程产生的污染物的清除处理情况一并向海事管理机构报告，海事管理机构可以

视情况进行现场核实。

第六章 法律责任

第四十九条 海事管理机构发现船舶、有关作业单位存在违反本规定行为的,应当责令改正;拒不改正的,海事管理机构可以责令停止作业、强制卸载,禁止船舶进出港口、靠泊、过境停留,或者责令停航、改航、离境、驶向指定地点。

第五十条 违反本规定,船舶的结构不符合国家有关防治船舶污染海洋环境的船舶检验规范或者有关国际条约要求的,由海事管理机构处10万元以上30万元以下的罚款。

第五十一条 违反本规定,船舶、港口、码头和装卸站未配备防治污染设施、设备、器材,有下列情形之一的,由海事管理机构予以警告,或者处2万元以上10万元以下的罚款:

(一)配备的防治污染设施、设备、器材数量不能满足法律、行政法规、规章、有关标准以及我国缔结或者参加的国际条约要求的;

(二)配备的防治污染设施、设备、器材技术性能不能满足法律、行政法规、规章、有关标准以及我国缔结或者参加的国际条约要求的。

第五十二条 违反本规定,船舶未持有防治船舶污染海洋环境的证书、文书的,由海事管理机构予以警告,或者处2万元以下的罚款。

第五十三条 违反本规定,船舶向海域排放本规定禁止排放的污染物的,由海事管理机构处3万元以上20万元以下的罚款。

第五十四条 违反本规定,船舶排放或者处置污染物,有下列情形之一的,由海事管理机构处2万元以上10万元以下的罚款:

(一)超过标准向海域排放污染物的;

(二)未按照规定在船上留存船舶污染物排放或者处置记录的;

（三）船舶污染物处置记录与船舶运行过程中产生的污染物数量不符合的。

第五十五条 违反本规定，船舶污染物接收单位未经海事管理机构批准，擅自进行船舶垃圾、残油、含油污水、含有毒有害物质污水接收作业的，由海事管理机构处1万元以上5万元以下的罚款；造成海洋环境污染的，处5万元以上25万元以下的罚款。

第五十六条 违反本规定，船舶、船舶污染物接收单位接收处理污染物，有下列第（一）项情形的，由海事管理机构予以警告，或者处2万元以下的罚款；有下列第（二）项、第（三）项情形的，由海事管理机构处2万元以下的罚款：

（一）船舶未如实记录污染物处置情况的；

（二）船舶未按照规定办理污染物接收证明的；

（三）船舶污染物接收单位未按照规定将船舶污染物的接收和处理情况报海事管理机构备案的。

第五十七条 违反本规定，未经海事管理机构批准，船舶载运污染危害性货物进出港口、过境停留、进行装卸的，由海事管理机构对其承运人、货物所有人或者代理人处1万元以上5万元以下的罚款；未经海事管理机构批准，船舶进行散装液体污染危害性货物过驳作业的，由海事管理机构对船舶处1万元以上5万元以下的罚款。

第五十八条 违反本规定，有下列第（一）项情形的，由海事管理机构予以警告，或者处2万元以上10万元以下的罚款；有下列第（二）项、第（三）项、第（四）项情形的，由海事管理机构处2万元以上10万元以下的罚款：

（一）船舶载运的污染危害性货物不具备适运条件的；

（二）载运污染危害性货物的船舶不符合污染危害性货物适载要求的；

（三）载运污染危害性货物的船舶未在具有相应安全装卸和污染物处理能力的码头、装卸站进行装卸作业的；

（四）货物所有人或者代理人未按照规定对污染危害性不明

的货物进行污染危害性评估的。

第五十九条 违反本规定,有下列情形之一的,由海事管理机构处2000元以上1万元以下的罚款:

(一)船舶未按照规定保存污染物接收证明的;

(二)船舶油料供受单位未如实填写燃油供受单证的;

(三)船舶油料供受单位未按照规定向船舶提供燃油供受单证和燃油样品的;

(四)船舶和船舶油料供受单位未按照规定保存燃油供受单证和燃油样品的。

第六十条 违反本规定,进行船舶水上拆解、旧船改装、打捞和其他水上水下船舶施工作业,造成海洋环境污染损害的,由海事管理机构予以警告,或者处5万元以上20万元以下的罚款。

第七章 附 则

第六十一条 军事船舶以及国务院交通运输主管部门所辖港区水域外渔业船舶污染海洋环境的防治工作,不适用本规定。

第六十二条 本规定自2011年2月1日起施行。

专业救助船舶调度指挥管理办法

交救发〔2010〕17号　2010.1.6

第一章　总　　则

第一条　为保障我国海上或与海相通的可航水域的国内外船舶、海上设施和航空器等遇险时的人命、环境和财产的安全，规范专业救助船舶的调度指挥和管理，根据交通部等国务院六部委下发的《救助打捞体制改革实施方案》制定本规定。

第二条　本规定适用于交通运输部所属专业救助机构和专业救助船舶。

第二章　专业救助力量部署

第三条　交通运输部救助打捞局（以下称部救捞局）下设交通运输部北海、东海、南海救助局，对专业救助船舶按隶属关系实行集中统一调度指挥和管理。

各救助局按《救助打捞体制改革实施方案》规定，对我国海上和与海相通的可航水域的救助，实行分区负责。

（一）交通运输部北海救助局负责绣针河口（北纬35度05分10秒、东经119度18分15秒）至平山岛北端（北纬35度08分30秒、东经119度54分30秒）的连线和北纬35度08分30秒纬度线以北水域；

（二）交通运输部东海救助局负责绣针河口至平山岛北端的连线和北纬35度08分30秒纬度线以南至宫口头135度方位线

以北水域；

（三）交通运输部南海救助局负责宫口头135度方位线以南水域。

第四条 各救助局除本部外，在以下地点设救助基地：

（一）北海救助局救助基地为：烟台、大连、天津、秦皇岛、荣成和南隍城；

（二）东海救助局救助基地为：上海、连云港、宁波、温州、厦门、福州；

（三）南海救助局救助基地为：广州、汕头、深圳、阳江、湛江、北海、海口、三亚、西沙。

各救助基地下设若干救助站，向待命船舶提供支持保障。

第五条 部救捞局对担负救助待命任务的专业救助船舶实施统一部署，下达年度救助待命计划。

在台风季节、冬季、春运、国家重大活动及法定节假日等重要时段及有特殊需要时，部救捞局可视需要临时调整待命部署，加强救助待命力量。

第六条 在渤海湾、舟山水域、琼州海峡重点海域和成山头、长江口、台湾海峡及珠江口等事故多发海域要优先安排技术状态好、抗风能力强的大功率专业救助船舶待命。

第七条 专业救助船舶待命点按照"关口前移、站点加密、动态待命、随时出击"的原则，尽可能前移到事故多发海域，靠近主航线、港湾、海岛锚地等水域。

第八条 部救捞局根据海况、海难事故分布、船舶通航密度等因素对专业救助船舶的待命位置进行动态调整。

第三章 专业救助船舶的任务

第九条 专业救助船舶的任务是：

（一）在救助局救助指挥值班室的统一调配和指挥下，担负在我国海上和与海相通的可航水域的国内外船舶、海上设施和航空器等遇险时的人命救助；

（二）执行以人命救助为目的的海上消防；

（三）执行以人命救助为直接目的的船舶和水上设施及其他财产的救助；

（四）执行国家指定的特殊的政治、军事、救灾等抢险救助任务；

（五）执行国家交办的其他抢险救助等工作任务。

第四章 专业救助船舶待命要求

第十条 专业救助船待命实行以动态救助待命为主、动态与静态救助待命相结合的方式。

第十一条 专业救助船待命期间，按照《专业救助船舶、应急反应救助队训练与考核大纲》的要求实施训练，不断提高救助技术水平和能力。

第十二条 专业救助船待命期间船员和救生员须全员在位；船舶（包括设备、器材和救生装备）技术状态良好；食品、燃物料储备能维持15天；消防设备完好，消防泡沫应按泡沫舱容储备。

第十三条 专业救助船应遵守通信规则和情况处置规定，收到遇险信息后，立即逐级报告。

专业救助船执行救助待命任务期间，要保证信息和通讯安全畅通，保持GMDSS正常值守（包括C站），接受岸基救助值班指挥部门的监督检查。

第十四条 专业救助船舶出动时限为：

全天候大功率专业救助船接到救助指令后30分钟出动；快速救生船20分钟出动；高速救助艇20分钟出动，华英系列救助艇15分钟出动。冬季（10月1日至翌年2月底）出动时间在此基础上各延长10分钟。

第十五条 所有专业救助船舶接到救助指令后，在船舶安全适航的条件下，必须在规定时限内出动执行救助任务。

第五章　调动批准权限

第十六条　下列情况由部救捞局批准：

（一）部救捞局年度救助待命计划外的待命船舶部署、调动、更换计划；

（二）跨责任区的海上救助、训练及演习方案；

（三）各救助局年度训练计划；

（四）专业救助船舶和救助航空器的协同演习与演练计划；

（五）值班待命状态下，专业救助船舶不能按出动时限出动执行任务的航修或厂修计划；

（六）专业救助船舶执行除救助以外的拖带任务；

（七）执行海上救助、训练以外的其他任务。

第十七条　下列情况由各救助局批准，并报部救捞局备案：

（一）部救捞局年度救助待命计划内的待命船舶部署、调动、更换计划；

（二）责任区内专业救助船舶的海上救助、训练及演习；

（三）专业救助船舶的月度训练计划；

（四）非值班待命状态下（或不影响救助出动）的专业救助船舶航修、厂修和补给；

（五）船上救助应急物资、器材的配备；

（六）救捞系统以外人员搭乘船舶出海。

第六章　各级指挥值班室的职责范围

第十八条　部救捞局设立救捞总值班室，对全国专业救助船舶实行统一部署和指挥管理，各救助局设立救助指挥值班室，各救助基地设值班室。

以上各值班室昼夜24小时安排值班人员值守。

第十九条　部救捞局救捞总值班室的职责是：

(一)及时准确下达救助指令,了解跟踪掌握现场救助情况,提出处置意见,并及时报告局领导;

(二)按照相关规定,组织指挥救助航空器参与救助等飞行任务;

(三)按照应急救助相关预案的规定指挥救助行动,遇有重大救助活动时,组织专家参与指导救助工作;

(四)适时部署与调整各救助值班待命力量;

(五)监督检查救助局各级指挥部门及专业救助船舶的待命状况及技术状况;

(六)掌握专业救助船舶训练动态和船舶修理进度情况;

(七)负责部救捞局救捞总值班室建设并监督指导救助局各级救助指挥值班室建设;

(八)收集、整理有关报表及资料,负责救助统计工作。

第二十条 救助局救助指挥值班室的职责是:

(一)组织、指挥责任区内的海上救助,负责专业救助船舶的调度,随时掌握现场救助情况,并报部救捞局;

(二)按照相关规定,向责任区内飞行队下达救助等任务飞行指令,协调救助航空器参与救助;

(三)建立救助指挥员制度,在组织实施救助时,充分发挥救助指挥员的技术指导作用;

(四)落实责任区内专业救助船舶待命部署要求,并对专业救助船舶的技术状况和人员配备情况进行监督检查;

(五)适时提出部署与调整各救助基地的值班待命力量建议;

(六)掌握船舶修理进度及船舶主要技术性能和应急设备器材的储备情况;

(七)掌握船舶训练、待命动态和海洋气象变化情况;

(八)负责救助指挥值班室建设,监督指导所属救助基地救助指挥值班室建设;

(九)整理有关救助数据和资料并及时上报。

第二十一条 救助基地救助值班室的具体职责是:

(一)接到海上遇险救助指令或请求后,立即通知就近待命船舶,保持与专业救助船舶的不间断联系,同时上报救助局;

(二)负责为相关专业救助船舶做好油水、主副食品等补给和维护保养工作;

(三)组织协调相关专业救助船舶落实训练计划,掌握专业救助船舶维护保养动态;

(四)协调有关部门对获救人员进行善后处理;

(五)负责救助值班室建设;

(六)收集整理有关报表及资料,负责救助统计工作。

第七章　救助指挥程序

第二十二条　部救捞局救捞总值班室接到救助请求后,分析判断遇险情况,向值班局领导报告并提出处置建议,根据值班局领导的指示向相关救助局下达救助指令,通报有关单位,同时掌握救助进展情况,指挥救助工作。

第二十三条　遇有重大救助活动、需要跨区救助力量协助时,由部救捞局指派其他救助局的救助力量增援,救助指挥人员由部救捞局领导担任,或由部救捞局指定的救助局领导担任。紧急情况下或特殊需要时,部救捞局直接组织指挥救助抢险行动。

第二十四条　救助局救助指挥值班室接到上级救助指令,或来自其他方面经证实的救助请求后,立即报告值班局领导,并按照领导意图及时向专业救助船发出指令,组织实施救助。情况特别紧急时可边行动边报告,并随时将救助行动进展报部救捞局。

向专业救助船下达救助指令时,要简捷、明确,指明救助标的的遇险性质、危险程度、险情变化及对救助的要求等。

第二十五条　救助基地接到救助请求后,立即报告救助局,同时按救助局指令配合专业救助船完成救助任务。

第二十六条　专业救助船接到救助请求,要立即备航,经请示救助局同意后迅速出动救助,必要时通报救助基地。

在救助过程中,专业救助船按上级救助指令和现场实际情况,采取科学合理的救助手段和措施及时施救。现场救助进展情况要及时上报。

第二十七条 有非专业救助船舶参与的救助活动,专业救助船舶到达现场后如担任现场指挥船,根据遇险标的的危险程度和现场实际情况,立即组织实施救助行动。

第二十八条 专业救助船根据救助实际情况判断认为遇险标的的遇险状态已不存在或遇险标的的安全已获保障或继续搜寻救助已无实际意义,可提出结束或中止救助行动的申请,救助局审核后报部救捞局批准。

第八章 报告制度

第二十九条 各级值班员和待命船舶接到救助请求后,应通过各种渠道主动了解、核实险情和有关救助情况,按规定格式记录并逐级报告。报告主要内容包括:

(一)遇险船舶的船名、位置、遇险性质、危险程度、船旗国、船籍港、船舶类型、载货、起止港、主尺度、吨位、船东、经营人或代理人及联系方法;

(二)遇险人员数量、位置、遇险情况;

(三)遇险海域的实际水文气象情况,包括风力风向、涌浪大小、潮流、水表温度、冰情、能见度等;

(四)专业救助船的船名、船位、出动时间及预计抵达时间;

(五)采取的救助方案、救助存在的困难及取得的效果,现场组织指挥方式及其他救助力量参加施救情况;

(六)现场救助任务的变化和进展情况。

第三十条 专业救助船舶应在第一时间将现场拍摄的情况资料发送救助指挥值班室。

救助结束后,专业救助船舶应及时向救助局救助指挥值班室书面报告救助情况,以及照片、录像资料等;救助局救助指挥值班室应及时将救助总结报告部救捞局救捞指挥值班室。

第三十一条 专业救助船每天18时00分前,分别向隶属救助局救助指挥值班室报告本船动态、人员及油、水储备等情况。

救助局在每天20时00分前,向部救捞局救捞指挥值班室报告专业救助船舶动态。

第三十二条 救助局救助指挥值班室于每月28日前向部救捞局救捞总值班室报送救助任务月报表。

第三十三条 专业救助船舶发生职工伤亡事故、海损事故或重大险情立即报告局救助指挥值班室。报告内容包括时间、地点、船名、原因、损失情况及采取的措施等。

第九章 奖 惩

第三十四条 对在救助抢险、避免发生安全事故等工作中做出突出贡献者,给予特别奖励和表彰。

奖励和表彰办法由部救捞局制定。

第三十五条 对违反本规定的单位和个人,由上级部门给予批评教育或行政处分;对造成严重后果的逐级追究责任。

第十章 附 则

第三十六条 专业救助力量部署及现场动态报告、救助力量调用等事项按《国家海上搜救应急预案》和《交通部海上突发公共事件应急反应程序》等有关法规规定执行。

第三十七条 救助局依据本规定制定本局专业救助船舶指挥管理规程。

第三十八条 本规定下列用语含义:

(一)海上救助

指对我国海上或与海相通的可航水域遇险的国内外船舶、航空器、海上设施等进行的以人命救助为主要目的的救助和救援行为。

（二）救助基地

指救助局管辖的能够提供船舶动态待命支持服务和后勤保障，负责内陆周边水域及附近海域的快速救助和抢险打捞，并具有对专业救助船舶管理职能的机构。

（三）救助站

指救助局管辖的仅能够提供救助船舶靠泊待命的分支机构。

（四）救助待命点

指由部救捞局指定的专业救助船舶在港湾、锚地或事故多发海域待命的规定位置。

（五）专业救助船舶

指交通部专业救助机构所属的、用于执行海上救助任务的、符合救助待命技术要求的船舶。

第三十九条 本规定由交通运输部负责解释。

第四十条 本办法自2009年12月1日起施行，交通部2003年制定的《专用救助船舶调度指挥管理办法》同时废止。

专业打捞船舶调度指挥管理办法

交救发〔2010〕18号　2010.1.6

第一章　总　则

第一条　为保障我国海上人命、环境、财产安全，促进海洋经济发展，规范交通运输部专业打捞机构船舶的调度指挥管理，根据原交通部等六部委下发的《救助打捞体制改革实施方案》制订本办法。

第二条　本办法适用于交通运输部所属专业打捞机构及专业打捞船舶。

第二章　责任区的划分和专业打捞力量的部署

第三条　三个打捞局责任区的划分界线是：

（一）交通运输部烟台打捞局负责绣针河口（北纬35度05分10秒/东经119度18分15秒）至平山岛北端（北纬35度08分30秒/东经119度54分30秒）的连线和北纬35度08分30秒纬度线以北海域。

（二）交通运输部上海打捞局负责绣针河口至平山岛北端的连线和北纬35度08分30秒的纬度线至宫口头135度方位线以北的海域。

（三）交通运输部广州打捞局负责宫口头135度方位线以南海域。

第四条　各打捞局及所属打捞船舶应在责任区内执行任务。

如需跨责任区作业,应报请交通运输部救助打捞局批准。

第五条 各打捞局须在本责任海区内常年保持一艘大型专业打捞工程船,配备充足的应急抢险打捞和清除污染的装备器材,以应对应急抢险打捞工程。

第三章 调度指挥原则

第六条 专业打捞船舶的调度指挥管理按其隶属关系,实行交通运输部救捞局救捞总值班室对各打捞局调度室、各打捞局对隶属船舶两级调度指挥体制。在情况特别紧急或需要时,交通运输部救捞局可直接调度指挥,同时通报相关打捞局。

第七条 专业打捞船舶的调度指挥应遵循如下原则:

(一)人命救助优先原则:专业打捞船舶在执行任务时,如涉及紧急状态下的人命救助,应先行救人;如被救船舶或设施上人员无生命危险或不具备先行救人条件,应尽可能连人带船(设施)一起施救。

(二)抢险救捞优先原则:当抢险救灾、海上救助、应急打捞清障与其他经营活动冲突时,在船舶、设备和人员等调配使用上,必须无条件地优先服从抢险救灾、海上救助、应急打捞之需要。

(三)应急抢险先行原则:各打捞局或专业打捞船舶在接到特别紧急的抢险救捞信息时,可先采取行动,并及时将相关情况报部救捞局。

(四)安全有效原则:专业打捞船舶在实施船舶、财产救助与打捞时,应尽最大努力保护人命安全、减少环境污染、减少财产损失,取得最佳救助打捞效果。

(五)依法救捞原则:各打捞局及专业打捞船舶应依照国家有关法律法规及有关国际公约实施对海上遇险船舶、财产的救助、打捞。

(六)统一协调指挥原则:各打捞局联合执行具有重大政治和社会影响的应急抢险救捞任务时,由交通运输部救捞局或由其指定的打捞局统一协调指挥。

现场如有救捞系统不同单位的多艘船舶共同执行抢险救捞任务时,由交通运输部救捞局或负责统一协调指挥的打捞局指定其中的一艘专业打捞船舶任现场指挥船。参与救捞的船舶要服从指挥,密切配合。

第四章　救捞总值班室、调度室职责

第八条　交通运输部救捞局设立救捞总值班室、各打捞局设立调度室,昼夜24小时安排人员值班,负责对所属船舶进行调度指挥、监控。所有船舶必须在救捞总值班室或调度室统一调度和指挥下行动。除特别紧急情况外,各船舶在未得到调度指令前不得擅自行动。

第九条　交通运输部救捞局救捞总值班室的主要职责是:

(一)随时掌握各打捞局所属船舶的动态及打捞力量的部署情况。

(二)根据上级领导指令,对专业打捞船舶实施调度指挥;及时准确下达上级领导对执行应急抢险救捞任务的行动指令;随时了解作业现场的进展情况并提出处置意见或建议,及时报告上级领导。

(三)督查船舶安全和技术状况、值守情况、通讯保障(含C站技术状态)等相关情况,并针对存在的问题及时向各打捞局提出整改意见。

(四)执行重大应急抢险救捞任务时,如有必要则组织救捞专家对应急抢险救捞任务现场提供技术支持,视情派遣专家赴现场指导工作。

(五)收集整理各打捞局上报的有关报表及资料。

(六)将收到的救捞信息及时通知相关的救助局和打捞局,并进行必要的协调。

(七)执行上级交办的其他任务。

第十条 各打捞局调度室的主要职责是：

(一)随时掌握本局所属船舶动态及打捞力量的部署情况。

(二)将收到的各类应急抢险救捞信息及时上报交通运输部救捞局救捞总值班室，并准确下达上级领导的行动指令。随时了解工作现场的进展情况并及时向上级报告。

(三)掌握本局船舶、设备的主要技术性能和应急装备器材的储备情况，督查本局船舶技术和安全状况、人员配备、值守情况、通讯保障(含 C 站技术状态)等相关情况，并针对存在的问题及时向船舶提出整改意见。

(四)准确掌握本局船舶所在海区的海况、水文、气象情况。遇恶劣气象可能对本局船舶造成影响时，及时通知相关部门、船舶做好防范。

(五)负责本局出国(境)船舶的报备工作。

(六)负责统计整理有关报表、资料并及时上报。

(七)负责与所在地政府的应急管理相关部门就应急抢险救捞事务进行沟通、协调。

(八)严格遵守《交通运输部救捞系统防台管理规定》中的相关规定。

(九)执行上级交办的其他任务。

第五章 调度指挥程序

第十一条 交通运输部救捞局救捞总值班室接到相关的应急抢险救捞信息后，对信息迅速做出专业判断，向值班局领导报告并提出处置建议，根据值班局领导的指示向相关打捞局下达执行指令，通报有关单位，随时了解和掌握现场工作进展情况，实施不间断的调度指挥。

第十二条 各打捞局调度室接到上级指令或来自其他方面经证实的应急抢险救捞信息后，根据本局的调度指挥程序实施调度指挥。

打捞局调度室要将执行任务的情况及时向本局分管领导和交通运输部救捞局救捞总值班室报告。

第十三条 各打捞局的船舶接到调度指令后,要立即备航,迅速出动。在执行任务过程中,要保持通讯畅通,将有关情况及时上报本局调度室。

第十四条 各打捞局纳入救助联动机制的船舶,在执行应急抢险救捞任务时应严格遵守有关救助联动机制的规定。

第六章 报告制度

第十五条 各打捞局或船舶接到应急抢险救捞信息后,应立即了解、核实信息来源,按规定格式记录并逐级报告。报告主要内容包括:

(一)船舶(标的物)船名(名称)、船上人员情况、船舶呼号、位置、船旗国(国籍)、船籍港、船舶类型、载货、起止港、主尺度、当前吃水、吨位、船舶通讯方式、船东、管理公司、经营人或代理人、船舶保险人及联系方式等有关情况。

(二)船舶(标的物)遇险情况、人员伤亡情况、环境水域的污染损害情况和已采取的措施等。

(三)执行任务水域的实际水文气象情况,包括风向风力、涌浪大小、水表温度、冰情、能见度、流速和流向等。

(四)执行任务的船舶名称、船位、出动时间及预计抵达时间。

(五)执行任务的预案、执行任务时存在的困难及取得的效果,现场组织指挥方式及其他单位力量参加执行任务的情况等。

第十六条 各打捞局应将以下情况报交通运输部救捞局备案:

(一)执行应急抢险救捞任务,与相关单位签订的合同或协议。

（二）执行任务的工作总结，现场作业的照片、录像资料。

（三）船舶的每日动态信息（每日20时前报）。

（四）有关抢险救捞月报表（每月26日报）。

第七章 出国船舶管理

第十七条 各打捞局如调遣大型专业打捞工程船执行出国任务，在签订合同之前，应报交通运输部救捞局审批，批准后方可执行；如执行出国任务的合同发生变更，应按上述程序和要求重新报交通运输部救捞局审批。

各打捞局出国船舶启航前，其航行计划和安全措施应报本局调度室、安监处、分管局领导审核、审批，批准后方可执行出国任务。

第十八条 除大型专业打捞工程船外，各打捞局其他船舶出国执行任务，应在船舶出国前两个工作日内，将合同副本和航行计划报交通运输部救捞局备案。

第十九条 船舶赴香港、澳门地区执行任务，由各打捞局批准，报交通运输部救捞局备案。船舶赴我国台湾地区或与我国未建交的国家、地区执行任务，应严格执行国家的有关规定和政策，经交通运输部救捞局审核后，报交通运输部审批。

第二十条 在国外执行任务的船舶，应每天至少向本局报告一次船位、航行或者执行任务情况。如因气象原因需改变航行计划，船长有权根据情况做出决定，但须向本局报备。

第二十一条 对违反本办法的单位和个人，其上级部门应给予批评教育或行政处分；对造成严重后果的应追究相关责任者的责任。

第八章 附　　则

第二十二条 各打捞局可依据本办法制订本局船舶调度指挥

管理办法。

第二十三条 本办法由交通运输部负责解释。

第二十四条 本制度自 2009 年 12 月 1 日起施行，原交通部《专业打捞船舶调度指挥管理办法（试行）》废止。

长江安徽段船舶定线制规定(2010)

交海发〔2010〕369 号　2010.7.30

第一章　总　　则

第一条　为维护长江安徽段水上交通秩序,改善通航环境,保障航行安全,提高通航效率,促进航运发展,依据《中华人民共和国内河交通安全管理条例》等法规,制定本规定。

第二条　长江安徽段太子矶水道钱江嘴塔形侧面标与钱江口塔形侧面标连线至凡家矶水道慈湖河口与乌江河口连线之间的通航水域实行船舶定线制。

船舶定线制遵循各自靠右航行、大船小船分流、减少航路交叉及过错责任原则。

第三条　凡在本规定水域范围内航行、停泊、作业的船舶,均应遵守本规定。

进行航道维护和搜寻救助的船舶以及经海事管理机构批准的其他船舶,在不妨碍他船安全的前提下,可以不受本规定的航路条款限制。

第四条　中华人民共和国长江海事局及其所属分支机构、派出机构(以下简称“海事管理机构”)负责本规定的监督实施。

第二章　航　　路

第五条　在适宜划定通航分道的水域,按通航分道设置标准(见附录1)设置通航分道,并以航标标示。

上、下行通航分道以航道中心线为分隔线，左岸一侧通航分道为上行船舶航路，右岸一侧通航分道为下行船舶航路。

第六条 在通航水域内按单向通行航路设置标准(见附录2)设置单向通行航路，并以航标标示。

第七条 在通航分道外侧按推荐航路设置标准(见附录3)设置推荐航路。

第八条 在分隔线左右两侧一定范围内，按深水航路设置标准(见附录4)设置深水航路。

第九条 在通航条件较复杂的水域设置航行警戒区(见附录5)。

第三章 航 行

第十条 船舶应当在规定的航路内航行。

第十一条 船舶在通航分道内航行应尽可能远离分隔线。

第十二条 除上行进入马鞍山港作业和受限于乌江水道水深条件的船舶外，其他上行船舶均应在乌江水道航行。

第十三条 实际吃水小于2.7米的小型船舶应当选择推荐航路航行。

在未设置推荐航路的航段，小型船舶在确保自身安全的前提下，可以沿通航分道外侧水域航行，但应与相邻通航分道内船舶主流向保持一致。

第十四条 深吃水船舶应在深水航路内航行。

第十五条 船舶驶经航行警戒区时，应当遵守航行警戒区通航规定，谨慎航行。

第十六条 船舶在支汊水道航行时应遵守支汊水道通航规定(见附录6)。

第十七条 船舶驶经桥区水域时，应当遵守桥区水域通航安全管理规定。

第十八条 船舶靠离码头，进出锚地、停泊区、支流(汊)河口、横江渡运等，需横越规定航路时，应不妨碍他船航行。

船舶在横越规定航路时，应注意周围情况，尽可能与航路成直角就近进行。

第十九条 船舶驶经港区、桥区、施工区、停泊区、航行警戒区、锚地、渡口、支流（汊）河口等水域时，应保持正规瞭望，注意横越船的动态，谨慎驾驶。

第二十条 船舶在出现紧迫局面有碰撞危险时，为避免事故发生，在不妨碍他船安全的前提下，可以偏离规定航路。紧迫局面消除后，应尽快回到规定的航路，并向海事管理机构报告。

第二十一条 船舶应当以安全航速航行。除紧急避让、等让等情况外，严禁船舶在弯曲狭窄航段、桥区、航行警戒区等通航环境复杂水域停车淌航。

第二十二条 船舶因靠离码头、进出锚地、停泊区，需减速航行时，应当尽可能靠航路右侧航行。

第四章 停 泊

第二十三条 船舶应在规定的锚地、停泊区内锚泊、停泊（见附录7）。

小型船舶也可以在规定的锚地、停泊区以外的水域锚泊、停泊，但应尽可能远离航路。

第二十四条 船舶遇到恶劣天气、机器设备故障等紧急情况需锚泊、停泊时，应尽可能让出航路，并及时向海事管理机构报告。

第五章 避 让

第二十五条 未按规定航路航行的船舶应当主动避让按照规定航路航行的船舶。

第二十六条 进出支流（汊）河口的船舶，应当主动避让干流中按照规定航路航行的船舶。

第二十七条 横越规定航路的船舶,应当主动避让按照规定航路航行的船舶。

第六章 责 任

第二十八条 船舶未按本规定第二十五条、第二十六条、第二十七条要求主动避让他船导致发生碰撞事故的,应负主要或全部责任。

第二十九条 船舶未按规定航路航行导致发生碰撞事故的,应负主要或全部责任。

第三十条 船舶违反航行警戒区规定,导致与按航行警戒区规定航行的船舶发生碰撞事故的,应负主要或全部责任。

第三十一条 船舶违反本规定随意锚泊、停泊导致发生碰撞事故的,应负主要或全部责任。

第三十二条 海事管理机构依照有关法律法规对违反本规定的行为予以行政处罚或采取行政强制措施。

第七章 附 则

第三十三条 本规定附录与条文具有同等的法律效力,若有变动,由中华人民共和国长江海事局发布航行通告。

第三十四条 本规定中下列用语的含义:

(一)本规定水域范围,是指上界为太子矶水道右岸钱江口塔形侧面标(30°32′29″N/117°13′55″E)与左岸钱江嘴塔形侧面标(30°32′50″N/117°14′44″E),下界为右岸慈湖河口(31°46′30″N/118°29′48″E)与左岸乌江河口(31°50′42″N/118°29′24″E)连线间的通航水域,但不包括裕溪口水道。

(二)停泊区,是指由海事管理机构公布的供船舶停泊的水域。

(三)横越,是指船舶由通航分道一侧驶入,由另一侧驶出,或者横向或斜向驶过沿通航分道航行船舶船首方向的过程和行为。包括："各类横江渡轮和横江渡船的航行"、"船舶横越通航分道靠离码头、进出停泊区"、"船舶避让时船首超出通航分道边界"、"船舶从警戒区横越通航分道"等的过程和行为。

（四）小型船舶，是指实际吃水 4.5 米以下或船长小于 50 米的船舶（队）。

（五）深吃水船舶，是指实际吃水超过 6.0 米的船舶。

第三十五条 本规定系特别规定，涉及航行、停泊与避让的其他规定如与本规定有冲突的，按本规定执行。未尽事宜，按有关规定执行。

第三十六条 本规定自 2010 年 10 月 1 日起施行。《长江安徽段船舶定线制规定》同时废止。

附录 1

通航分道设置标准

通航分道宽度原则为 500 米,(有条件的河段可适当放宽;不足 500 米的以实际航道宽度为准,但不小于 200 米),一般情况下同侧相邻航标间距不大于 3 千米。

芜湖长江大桥至慈湖河口:6 月 1 日至 9 月 30 日航道维护水深 9.0 米,10 月 1 日至次年 5 月 31 日维护水深 7.5 米。

芜湖长江大桥至钱江嘴:12 月 1 日至次年 3 月 31 日航道维护水深 5.0 米,4 月 1 日至 5 月 31 日航道维护水深 6.0 米,6 月 1 日至 9 月 30 日航道维护水深 7.5 米,10 月 1 日至 11 月 30 日航道维护水深 6.0 米。

附录2

单向通行航路设置标准

乌江水道内设置单向通行航路,设标宽度为200米,不足200米的以实际航道宽度为准,但不小于150米,一般情况下同侧相邻航标间距不大于3千米,航道维护水深4.5米(特殊年份水深达不到4.5米时以航道部门公布的为准)。

附录3

推荐航路设置标准

一、东埂塔形侧面标至#179白浮、#202白浮至太阳洲尾塔形侧面标、土桥中塔形侧面标至#250白浮(不含铜陵长江公路大桥水域)上行通航分道外侧设置上行船舶推荐航路。

二、推荐航路宽度为100米,水深不小于3.0米。

附录4

深水航路设置标准

太子矶水道钱江嘴塔形侧面标与钱江口塔形侧面标连线至凡家矶水道慈湖河口(其中大桥水域除外)通航分道分隔线左右两侧各100米范围内为深水航路,深水航路一般在航道深泓范围内。

芜湖长江大桥以下深水航路维护水深与该段通航分道水深相同;芜湖长江大桥以上深水航路维护水深:每年6月1日至9月30日与主航道相同为7.5米,5月、10月6.5米,11月1日至15日为6.0米,其他时段与该段通航分道水深相同;当航道实际水深低于上述尺度时,由航道部门据实发布。

附录5

航行警戒区

一、黄洲新滩航行警戒区

(一)水域范围

上界:小黄洲塔形侧面标与长江#165红浮连线;

下界:长江#163黑浮与神农洲塔型沿岸标连线。

(二)航行规定

1. 上、下行船舶互会左舷;

2. 禁止船舶追越、齐头并进。

(三)甚高频无线电话联系地点

1. 上行船舶:马鞍山港小黄洲锚地下界限浮标下游水域;

2. 下行船舶:东埂塔形侧面标上游水域。

二、陈家洲航行警戒区

(一)水域范围

1. 上界:东梁山和西梁山电塔连线以上2千米;

2. 下界:东梁山和西梁山电塔连线。

(二)航行规定

由主汊下行进入裕溪口水道的船舶与由裕溪口水道下行进入主汊上行的船舶互会左舷。

(三)避让规定

由主汊下行进入裕溪口水道的船舶应当主动避让由裕溪口水道下行进入主汊上行的船舶。

三、拦江矶航行警戒区

(一)水域范围

1. 上界:拦江矶航行警戒区右上界限浮标与左上界限浮标连线;

2. 下界:拦江矶航行警戒区右下界限浮标与左下界限浮标

连线。

(二)航行规定

禁止船舶追越、齐头并进。禁止受控船舶会让。

(三)控制规定

1. 受控水域范围:上界为拦江矶航行警戒区右上界限浮标与左上界限浮标连线,下界为航行警戒区的右下界限浮标与左下界限浮标连线。

2. 受控船舶:船队之间、船长大于 90 米的单船之间、船队与船长大于 90 米的单船之间。

3. 联系地点:

上行船舶:#264 白浮下游水域;

下行船舶:#274 白浮以上水域。

4. 等让原则:受控上行船舶(队)等候受控下行船舶(队)。

5. 等让水域:上行船舶等让点为#266 白浮以下水域。

附录 6

支汊水道通航规定

一、太平府水道通航规定

（一）水域范围

1. 上界：彭兴洲塔形侧面标与#174 红浮连线；

2. 下界：#164 红浮 90 度方位线。

（二）航行原则

船舶各自靠右航行。

（三）通过限制

船舶应根据实际水深、船舶吃水及跨河建筑物的高度限制等情况，在确保安全的前提下选择通过。

二、黑沙洲北水道通航规定

（一）水域范围

1. 上界：#206 红浮与#207 白灯船连线；

2. 下界：高安圩塔形侧面岸标与#200 白浮连线以上 500 米。

（二）航行原则

按各自靠右航行原则实行分边通航。

（三）通过限制

船舶应根据实际水深、船舶吃水及跨河建筑物的高度限制等情况，在确保安全的前提下选择通过。

三、铜陵小港通航规定

（一）水域范围

1. 上界：新沟测点正北方向延长线；

2. 下界：金牛渡塔形侧面标正西方向延长线。

（二）航行原则

按各自靠右航行原则实行分边通航。

（三）通过限制

船舶应根据实际水深、船舶吃水及跨河建筑物的高度限制等情况，在确保安全的前提下选择通过。

四、成德洲东港通航规定

（一）水域范围

1. 上界：#236 红灯船与铜陵港 6 号码头下沿连线；

2. 下界：#227 红灯船与#228 红浮连线及延长线。

（二）航行原则

按各自靠右航行原则实行分边通航。

（三）通过限制

1. 船舶应根据实际水深、船舶吃水及跨河建筑物的高度限制等情况，在确保安全的前提下选择通过；

2. 1600 总吨以上船舶通过时应向海事管理机构报告。

五、大通小港通航规定

（一）水域范围

1. 上界：铁板洲洲头测点与青通河口连线；

2. 下界：羊山矶测点与和悦洲尾边缘连线。

（二）航行原则

按各自靠右航行原则实行分边通航。

（三）通过限制

1. 船舶应根据实际水深、船舶吃水及跨河建筑物的高度限制等情况，在确保安全的前提下选择通过；

2. 600 总吨以上船舶进出时应向海事管理机构报告。

六、贵池南港通航规定

（一）水域范围

1. 上界：贵池南港 4 号白浮正南方向延长线；

2. 下界：#252 左右通航标正南方向延长线。

（二）航行原则

按各自靠右航行原则实行分边通航。

（三）通过限制

1. 船舶应根据实际水深、船舶吃水及跨河建筑物的高度限制等情况，在确保安全的前提下选择通过；

2. 贵池南港 4 号白浮以上为非通航水域。

锚地、停泊区

(一)锚地

序号	名称	水域位置	控制点坐标	尺度和用途
1	马鞍山港小黄洲锚地	马鞍山水道左岸小黄洲一侧	A(31°42′50.33″N 118°26′34.23″E) B(31°43′23.52″N 118°26′49.63″E) C(31°43′35.60″N 118°26′55.21″E) D(31°45′42.87″N 118°27′53.35″E)	上端2400米×200米,供内河船舶停泊
			E(31°45′45.19″N 118°27′46.55″E) F(31°43′38.25″N 118°26′47.77″E) G(31°43′26.27″N 118°26′41.93″E) H(31°42′52.98″N 118°26′26.79″E)	下端700米×200米,供空载海船停泊
2	芜湖联检锚地	西华水道#177红浮东侧	A(31°28′11.52″N 118°20′31.98″E) B(31°28′25.21″N 118°20′41.60″E) C(31°28′21.87″N 118°20′48.11″E) D(31°28′08.17″N 118°20′38.48″E)	500米×200米,供国际航行船舶锚泊
3	池州九华锚地	长江下游航道里程约567.5公里,大通水道右岸,距池州九华发电厂专用码头下游约1公里	A(30°45′57″N 117°36′21″E) B(30°46′04″N 117°36′57″E) C(30°45′48″N 117°36′20″E) D(30°45′55″N 117°36′58″E)	1000米×300米,供单船、驳船锚泊

续上表

序号	名称	水域位置	控制点坐标	尺度和用途
4	崇文洲江海轮锚地	贵池水道崇文洲洲尾右缘水域，长江下游航道里程约 575 ~ 577 公里之间	A(30°44′06″N 117°30′48″E) B(30°44′00″N 117°30′51″E) C(30°44′39″N 117°31′52″E) D(30°44′34″N 117°31′56″E)	1000 米 ×200 米，供单船、驳舶锚泊 1000 米 ×200 米，供海轮及国际航行船舶锚泊
5	马船沟锚地	贵池水道左岸，马船沟侧面岸标下	A(30°43′47″N 117°25′00″E) B(30°43′43.7″N 117°25′3.6″E) C(30°44′15.6″N 117°25′56.2″E) D(30°43′56.9″N 117°26′1.6″E)	1500 米 ×200 米，供单船、驳舶锚泊

(二)停泊区

序号	名称	水域位置	控制点坐标	尺度和用途
1	新生洲停泊区	长江下游航道里程约 390 公里处马鞍山水道左岸新生洲头长江#159 黑浮下航道外	A(31°47′23.44″N 118°24′46.79″E) B(31°47′14.14″N 118°29′31.89″E) C(31°47′08.66″N 118°29′36.78″E) D(31。47′18.06″N 118°29′52.06″E)	500 米 ×200 米，供马鞍山港作业船舶临时停泊

续上表

序号	名称	水域位置	控制点坐标	尺度和用途
2	马鞍山停泊区	马鞍山6号码头至第三自来水厂码头	A(31°44′26.83″N 118°27′39.73″E) B(31°45′16.40″N 118°28′07.67″E) C(31°45′16.40″N 118°28′45.81″E) D(31°45′52.77″N 118°28′51.75″E) E(31°45′12.35″N 118°28′13.57″E) F(31°44′24.16″N 118°27′46.68″E)	1000米×200米，供各类船舶停泊
3	何家洲停泊区	江心洲水道与太平府水道之间	A(31°40′06.58″N 118°25′11.23″E) B(31°40′43.99″N 118°25′47.67″E) C(31°40′51.64″N 118°25′37.69″E) D(31°40′11.78″N 118°25′04.59″E)	长1500米，供小型船舶停泊
4	采石停泊区	长江下游航道里程约408公里处太平府水道右岸下采石码头对开300米	A(31°39′34.13″N 118°26′40.11″E) B(31°39′31.96″N 118°26′36.13″E) C(31°39′20.74″N 118°26′43.66″E) D(31°39′22.36″N 118°26′46.84″E)	200米×100米，供进出采石作业区的空载船舶临时停泊使用
5	东梁山停泊区	长江#175红浮至长江#177红浮连线东侧（芜湖联检锚地下游）	A(31°28′26.34″N 118°20′39.50″E) B(31°29′36.21″N 118°21′27.63″E) C(31°29′31.01″N 118°21′37.63″E) D(31°28′20.44″N 118°20′50.85″E)	2500米×350米，供驳船、单船停泊

续上表

序号	名称	水域位置	控制点坐标	尺度和用途
6	白茆沙停泊区	长江#187 红浮至长江#189 红浮连线南侧	A(31°17′56.91″N 118°17′37.91″E) B(31°17′42.75″N 118°19′10.98″E) C(31°17′31.34″N 118°19′09.54″E) D(31°17′51.46″N 118°17′37.00″E)	长 2500 米,供小型船舶停泊
7	中夹口下停泊区	保定圩塔型侧面岸标至以下 2000 米	A(31°16′01.91″N 118°10′44.52″E) B(31°16′42.87″N 118°12′06.07″E) C(31°16′31.25″N 118°12′12.84″E) D(31°15′53.51″N 118°10′50.23″E)	长 2500 米,上游宽 300 米,下游宽 400 米,供驳船、单船停泊
8	三山河停泊区	长江下游航道里程约 472 公里处白茆水道右岸三山河塔型侧面岸标上航道外	A(31°39′34.13″N 118°26′40.11″E) B(31°39′31.96″N 118°26′36.13″E) C(31°39′20.74″N 118°26′43.66″E) D(31°39′22.36″N 118°26′46.84″E)	700 米×150 米,供海螺码头作业普通货船临时停泊使用
9	黑沙洲停泊区	长江下游航道里程约 486.5 公里处荻港水道右岸黑沙洲塔形侧面标上航道外	A(31°09′42.30″N 118°00′23.27″E) B(31°09′32.32″N 118°00′16.07″E) C(31°09′29.37″N 118°00′19.32″E) D(31°09′41.23″N 118°00′26.17″E)	400 米×100 米,供普通货船临时停泊使用
10	太阳洲停泊区	长江下游航道里程约 517 公里处,#222 红浮以上右岸航道外	A(31°08′09.57″N 117°48′49.17″E) B(31°02′20.37″N 117°48′27.79″E) C(31°07′58.81″N 117°48′30.32″E) D(31°08′05.40″N 117°48′51.03″E)	600 米×150 米,供普通货船临时停泊使用

续上表

序号	名称	水域位置	控制点坐标	尺度和用途
11	和悦洲停泊区	长江下游航道里程约554公里处大通水道和悦洲下右岸航道外	A(30°50′20.17″N 117°43′41.60″E) B(30°50′01.73″N 117°43′34.91″E) C(30°49′59.94″N 117°43′40.96″E) D(30°50′18.59″N 117°43′47.53″E)	600米×150米,供上峰码头空载船舶临时停泊使用
12	池州南港停泊区	贵池水道贵池南港左岸3号白浮上	A(30°40′47.9″N 117°27′13.9″E) B(30°40′44.3″N 117°27′14.1″E) C(30°40′43.9″N 117°27′42.8″E) D(30°40′47.1″N 117°27′42.4″E)	1000米×200米,供单船、驳舶锚泊
13	乌沙停泊区	贵池水道右岸,乌沙附近航道外水域	A(30°40′50.9″N 117°19′12.9″E) B(30°40′48.4″N 117°19′19″E) C(30°41′06″N 117°19′45.1″E) D(30°40′59.6″N 117°19′43.4″E)	1000米×500米,供单船、驳舶锚泊
14	三江口停泊区	贵池水道左岸,三江口水域	A(30°40′25.9″N 117°16′50″E) B(30°40′18.7″N 117°16′34.5″E) C(30°40′33.2″N 117°16′59.7″E) D(30°40′6.2″N 117°16′42″E)	1000米×500米,供单船、驳舶锚泊

长江三峡库区船舶定线制规定(2010)

交海发〔2010〕369 号 2010.7.30

第一章 总 则

第一条 为维护长江三峡库区水上交通秩序,改善通航环境,保障船舶航行安全,促进航运发展,依据《中华人民共和国内河交通安全管理条例》等有关法规,制定本规定。

第二条 凡航行、停泊和作业于三峡大坝上游禁航线(距宜昌航道里程 49.1 千米)至李渡长江大桥下沿线(距宜昌航道里程 547.8 千米)之间水域(以下简称“三峡库区定线制水域”)的船舶,均应遵守本规定。

进行航道维护和搜寻救助的船舶以及经海事管理机构批准的其他船舶,在不妨碍他船安全的前提下,可以不受本规定的航路条款限制。

第三条 三峡库区船舶定线制遵循各自靠右航行、减少航路交叉及过错责任原则。

第四条 中华人民共和国长江海事局及其所属分支机构、派出机构(以下简称“海事管理机构”)负责本规定的监督实施。

第二章 航 路

第五条 左岸一侧通航分道为上行船舶航路,右岸一侧通航分道为下行船舶航路,航道中心线为上、下行船舶通航分道的分隔线。

蚕背梁(丰都水位 147.0 米以下)、塘土坝和黄花城水域,北槽为上行船舶通航分道,南槽为下行船舶通航分道。

第六条 在部分航段的通航分道外侧设沿岸通航带(附录1),仅供渡船和短途客船逆相邻通航分道船舶流向航行。

第七条 支流(汊)左岸一侧为干流驶入支流(汊)河流的船舶航路,右岸一侧为支流(汊)河流内驶入干流的船舶航路。

第三章 航行与停泊

第八条 船舶应在规定的航路内航行。

第九条 船舶在通航分道内应当尽可能远离分隔线航行,并与在附近沿岸通航带航行的渡船和短途客船保持足够的安全距离。

第十条 渡船和短途客船在沿岸通航带航行时应尽可能靠本船左舷一侧航行。渡船和短途客船航行方向与相邻通航分道的船舶流向一致时,应使用相邻的通航分道。

第十一条 受限船舶通过通航条件受限制的航段(附录2),应当在规定地点及早联系,并尽可能靠本船右舷一侧航行。禁止受限船舶间在通航条件受限制的航段会让。

第十二条 船舶通过警戒区(附录3),应当加强瞭望和通信联系,谨慎驾驶。

第十三条 船舶进、出支流(汊)河口,应当在不妨碍他船航行,并按规定显示信号和鸣放声号后,方可驶入、驶出。

第十四条 船舶驶经港区、锚地、停泊区(附录4)等水域,应当与停泊或作业船舶、设施保持足够的安全距离。

第十五条 船舶需横越通航分道时,不得妨碍沿通航分道正常航行的船舶航行,并尽可能与通航分道成直角进行。

第十六条 船舶追越应在通航分道规定的水域内进行。

船舶追越时,追越船应当从被追越船的左舷一侧追越。

除快速船外,禁止船舶在通航条件受限制航段内追越和并列行驶。

第十七条 能见距离不足1000米时,禁止船舶下行;能见距离不足500米时,禁止船舶航行。

第十八条 船舶在通航分道内正常航行时,航速不得低于4千米/小时。除紧急避让、等让等情况外,船舶不得停车淌航。

第十九条 船舶应当在海事管理机构公布的锚地、停泊区内停泊。

船舶遇恶劣天气、机器设备故障等紧急情况需紧急停泊时,应当尽可能让出规定航路,并及时向海事管理机构报告。

第二十条 船舶驶经港区、施工区、停泊区及要求减速通过的航段时,应当及早控制航速,避免造成浪损。

第四章 避 让

第二十一条 未按规定航路航行的船舶,必须主动避让按照规定航路航行的船舶。

第二十二条 进、出支流(汊)河口的船舶,应当主动避让按照干流规定航路航行的船舶。

第二十三条 横越通航分道的船舶,应当主动避让按照通航分道航行的船舶。

第二十四条 船舶通过通航条件受限制的航段,应当及早与他船统一会让意图,如需等让的应当在规定地点等让。

船舶通过通航条件受限制的航段,应顺序遵守下列原则进行等(避)让。

(一)非受限船舶应当主动等(避)让受限船舶。

(二)上行船舶应当主动等(避)让下行船舶。

第二十五条 船舶从港区、施工区、警戒区、停泊区、锚地、渡口、支流(汊)河口和沿岸通航带等水域进入相邻通航分道时,应主动避让按照相邻通航分道航行的船舶。

第二十六条 快速船在航时,应当宽裕地让清所有船舶。

第二十七条 无论本章规定如何,被让路船均应当注意让路船的行动,并按当时情况采取行动协助避让。

第五章 信号与通信

第二十八条 船舶进、出支流(汊)河口时,除鸣放规定的声号外,白天应当在桅杆横桁上垂直悬挂"T1"信号旗一组,夜间应当在桅杆横桁易见处显示紫光环照灯一盏。

第二十九条 船舶横越通航分道,应当鸣放规定声号。

第三十条 配有甚高频无线电话(VHF)的船舶,航行中必须在6频道正常守听,并按规定进行通话。

第三十一条 船舶使用甚高频无线电话(VHF)表明本船航行、避让意图后,仍应当鸣放规定声号。

第六章 责　　任

第三十二条 海事管理机构按照《中华人民共和国内河交通安全管理条例》及有关规定依法对违反本规定的行为予以处罚。

第三十三条 船舶未按规定航路航行导致发生碰撞事故的,应负主要或全部责任。

第三十四条 船舶未按第二十一条、第二十二条、第二十三条、第二十四条、第二十五条、第二十六条的规定主动避让他船,导致发生碰撞事故的,应负主要或全部责任。

第三十五条 船舶未按规定停泊,导致发生碰撞事故的,应负主要或全部责任。

第七章 附　　则

第三十六条 本规定附录与条文具有同等的法律效力,若有变动,由中华人民共和国长江海事局发布航行通告。

第三十七条 本规定中下列用语的含义：

（一）受限船舶，是指：

1. 船长为60米及以上的客船、滚装船；

2. 船长为80米及以上的货船；

3. 2500吨级及以上的船队；

4. 主机功率每千瓦拖带量大于4吨的船队；

5. 拖带超重、超长、超高、超宽及半潜物体的船舶。

（二）左岸，是指面向河流下游方向，左手对应的河岸。

（三）右岸，是指面向河流下游方向，右手对应的河岸。

（四）通航条件受限制的航段，是指由于航道弯曲狭窄、水流紊乱等因素，受限船舶间不宜会让的水域。

（五）警戒区，是指由于通航环境复杂、船舶横越活动频繁，要求船舶通过时必须予以特别警惕的特定水域。

（六）停泊区，是指由海事管理机构公布的供船舶停泊的水域。

（七）沿岸通航带，是指自水沫线或浮标连线起向河心一侧50米，仅供渡船和短途客船逆相邻通航分道船舶总流向航行的水域。沿岸通航带河心一侧的边界线为与相邻通航分道的分隔线。

（八）横越，是指船舶由通航分道一侧驶入，由另一侧驶出，或者横向或斜向驶过沿通航分道航行船舶船首方向的过程和行为。包括："各类横江渡轮和横江渡船的航行"、"船舶横越通航分道靠离码头、进出停泊区"、"船舶避让时船首超出通航分道边界"、"船舶从警戒区横越通航分道"等的过程和行为。

第三十八条 本规定系特别规定，涉及航行、停泊、作业与避让的其他规定如与本规定有冲突的，按本规定执行。未尽事宜，按有关规定执行。

第三十九条 本规定自2010年10月1日起施行。《长江三峡库区船舶定线制规定（2005）》同时废止。

附录1

沿岸通航带(右岸)

编号	起点		沿岸停靠站点 (距宜昌航道里程:千米)	讫点	
	地名	距宜昌航道里程(千米)		地名	距宜昌航道里程(千米)
1	郭家坝	77.5	蒲扇河(79.0)	旧州河	82.5
2	莲花(石矶)	84.5		沙镇溪	91.0
3	凉水寺	114.0		王家滩	116.8
4	大 沱	126.6	火焰石(127.0)、链子溪(127.9)	杨家棚	128.8
5	楠木园	133.4		李家湾	134.0
6	蛇吞象	138.5		石柱子	140.5
7	呼石沱	162.5		刀背石	163.0
8	牯牛滩	174.6	上安坪(175.0)、老鹰背(176.1)、墩子石(178.0)、关山(179.5)、杉树湾(181.3)、培福沱(183.0)、龙王咀(183.5)、大水田(184.5)、下南嘴(185.2)、红船沱(186.5)、曲尺盘(188.3)、皮毛湾(189.0)、四龙嘴(191.8)、刘家沟(192.8)、长蛇梁(195.0)	大 溪	196.5
9	水泥厂	205.1	谭家坪(206.5)、周家坪(207.0)、刘家湾(208.0)	李家坝	209.0
10	木瓜溪	215.2		关武镇	217.0
11	罗家沱	221.4	二沱(222.7)、毛狗堆(223.5)	新码头	224.8
12	李家嘴	243.0		利济石	246.0
13	水银口	252.0		故 陵	254.0

续上表

编号	起点		沿岸停靠站点（距宜昌航道里程：千米）	讫点	
	地名	距宜昌航道里程（千米）		地名	距宜昌航道里程（千米）
14	石灰沱	259.7		陶家码头	261.7
15	永定桥	272.0		吴兴梁	273.0
16	白果园	278.0		忠朝溪	281.0
17	马岭村	285.5		盘沱	291.0
18	张飞庙（新）	292.8		弹子石	293.8
19	红河溪	296.1		九堆子	299.6
20	观音堂	317.8	拖路口（320.7）、杨家背（323.0）、陶家溪（323.8）、晒网坝（324.5）、桃子园（328.0）	高围子	329.0
21	谭绍溪	343.0	新田码头（345.0）、白水溪（346.7）	狐滩	347.4
22	冯家码头	351.6	冷水碛（352.9）、插柳子（355.2）、大溪口（359.4）、磨刀滩（363.4）、复兴场（365.4）、燕山码头（365.8）、牛角背（367.6）、小沱子（370.5）、新场（372.2）、大堰塘沟（374.1）、长坪（379.2）、汪家溪（380.4）、石漕溪（383.2）	西沱	384.3 HJ
23	公龙背	389.5	欧家河（391.5）	生溪	394.5
24	庙儿咀	396.0		砖瓦溪	396.8
25	枇杷滩	406.0	黄花城南槽	复兴	409.0
26	桐油仓库	421.1	神溪口（422.5）、罗家河（423.2）、刘家嘴（425.0）	小柴盘子	426.0
27	乌杨	432	银窝子（434）、三条岭（436）、马鸡坡（437.9）、鱼洞溪（440.8）、秦家背（443）、水银溪（444）、洋渡（446.1）、大山溪（449）、遇溪（460.3）	高镇新镇	461.8
28	水巷子	536.0		三柱香	541.0

沿岸通航带(左岸)

编号	起点		沿岸停靠站点 (距宜昌航道里程:千米)	讫点	
	地名	距宜昌航道里程(千米)		地名	距宜昌航道里程(千米)
1	麻柳林	482.0		郎溪	475.4
2	磁溪	472.0		三斗嘴	465.6
3	任家下渡口	446.0	唐嘴(443.0)	野猫阱	442.0
4	白沙沱	439.5	剪子沱(438.2)	新生	436.4
5	平沙坝	392.5	杨合溪(392.2)、黎家山(391.5)	石宝	388.0
6	无溪口	378.5	禹安(376.5)、凤凰村(375.4)、武陵码头(373.5)、小浪口(371.5)、大浪口(370.6)、清河沟(369.4)	河溪口	368.0
7	壤渡老码头	360.1	老鼠冲(358.2)、杨合溪(354.5)	铁灯台	353.6
8	马家溪	349.4	羊奶岩(348.0)、思良(345.0)	思良溪	344.5
9	小舟溪	311.9	上山龙(311.0)、盘龙滩(308.7)、长方(307.4)、张家嘴(305.6)	巴阳	304.8
10	云阳老城沙湾	272.0		宝塔沱	269.5
11	塘皇沟	266.0		东洋子	261.0
12	半边街	253.0		煤背	252.0
13	曹家沱	192.3	铺子坪(191.8)	马腹溪	190.5
14	宝子滩	186.5		交滩	184.5
15	横石溪	161.8		马坪村	160.2
16	金扁担	142.5	万流(140.2)、富里碛(138.0)、四方洞(137.5)、石桥沟(137.0)	黄花口	135.5
17	小鸭子包	124.7		熊滩	124.1

附录 2

通航条件受限制航段

编号	航段名称	限制航段起讫点 （距宜昌航道里程：千米）	甚高频无线电话联系点		上行船舶等让点	适用时间
			上行	下行		
1	九湾溪	九湾溪—柚子林 （65.2～66.2）	白鱼坊以下	珍蛛角以上	门坎子以下	全年
2	太公八钓	黄岩—霸王滩 （73.1～74.3）	龙马溪以下	丰收角以上	黄岩以下	
3	兵书宝剑峡	米仓口—丰收角 （75.9～76.9）	小青滩以下	连云山以上	缺坊以下	
4	金扁担	金扁担—黄岩 （142.6～143.8）	冷水碛以下	培石以上	喜家岩以下	
5	风箱峡	马王角—困牛石 （201.0～204.2）	万安石以下	梅溪河以上	干沟子以下	
6	沱口	老鸦石—桐子园 （337.0～339.5）	瓦窑背以下	小石盘以上	老鸦石以下	
7	观音滩	佛面滩—观音滩 （488.0～488.9）	瓦子坪以下	马尿水以上	上鲫鱼	6月1日～10月15日
8	立石镇	草泥背—立石嘴 （496.2～496.8）	磨盘石以下	土地盘以上	草泥背以下	
9	上银杯子	鸡飞梁—老虎梁 （520.6～521.6）	八卦嘴以下	大渡口以上	横板梁	
10	大渡口	清溪场水尺—达牛皮 （524.2～525.0）	方家嘴以下	石板滩以上	灿烂膀	
11	菜子梁	大梁尾—菜子梁 （528.4～531.1）	大岩口以下	黄巴碛以上	大梁尾以下	

附录3

警 戒 区

编号	警戒区名称	上界 （距宜昌航道里程：千米）	下界 （距宜昌航道里程：千米）
1	太平溪	白水溪—衢溪(54.0)	大坝上游禁航线(49.1) （不包括上游引航道）
2	香溪河	东门头—锯子梁(80.0)	石灰窑—丰收角(77.0)
3	沙镇溪	土岩子—金鞍沱(91.5)	炭洞子—红石梁湾(90.3)
4	东壤口	王家滩—雷家坪(116.5)	苏家大沟—天灯沱(115.5)
5	西壤口	黎家嘴—岩背(123.5)	西壤口下岸嘴—大南角(122.5)
6	小溪河	杨家磊—磨子滩(141.0)	青龙嘴—牛鼻子(140.0)
7	神女溪	门板石—满畴(156.0)	宝贝石—大磨(154.2)
8	大宁河	旧县城—南陵码头(170.8)	石灰窑—朽石子(169.0)
9	大溪	万安石—猫儿头上 300 米(197.4)	骑马口—大溪口下(196.2)
10	梅溪河	小南门—刘家湾(208.0)	鱼腹村—周家坪(207.0)
11	永谷河	半边街—银家坪(253.3)	煤背—水银口(251.9)
12	新军口	凉水井—汪家嘴(267.8)	向石匠—新津乡(267.0)
13	汤溪河	云阳旧城—永家桥(272.0)	木家嘴—山羊角(271.0)
14	双江	神福台—红岩头(298.3)	双江下岸嘴—周家碛(297.4)
15	苎溪河	杨家街口—陈家坝(331.8)	黄泥滩—安家溪(331.0)
16	黄花城下口	大磨子—曹家院子(403.0)	金狮碛—桃花山(401.5)
17	黄花城上口	麻柳沟—宣溪沟(407.0)	关门浅—圈椅湾(405.5)
18	玉溪河	神溪口—关头河(422.5)	白和尚—关门浅(421.3)
19	塘土坝下口	韩家河下—大溪沟(432.0)	滴水岩—牛卵口(431.0)
20	塘土坝上口	陶家石盘—向家溪(435.0)	韩家河—鱼阳背(433.5)
21	乌江河口	洗手梁—洗手滩(536.5)	黄巴碛—小灶(535.5)

附录4

停 泊 区

编号	停泊区名称	岸别	停泊区水域范围			备注
			下界（距宜昌航道里程：千米）	上界（距宜昌航道里程：千米）	宽度（米）	
1	刘家坊	右	70.5	72.0	120	
2	龙马溪	左	70.5	71.0	河口内	
3	香溪河口	左	77.0	77.5	80	
4	窑湾溪	右	78.5	79.0	河口内	
5	归州河	右	82.0	82.5	河口内	停泊危险品船
6	叱神庙	左	86.5	86.8	60	
7	沙罐脑	左	89.1	89.4	80	
8	洩滩	左	93.0	93.5	河口内	
9	洪水溪	右	97.7	98.2	150	
10	唐家河	右	103.1	103.3	80	
11	观音桥	左	112.6	113.6	50	停泊危险品船
12	东壤口	左	115.8	116.5	280米 河口内	
13	旧县堆	左	120.7	121.0	60	
14	长渡河	右	123.8	124.2	50	
15	官渡口	左	124.8	125.2	50	
16	楠木园	右	133.9	134.5	50	
17	冷水碛	右	139.6	140.3	50	
18	培 石	右	146.5	146.7	80	
19	横石溪	左	161.1	162.0	100	
20	江东寺	左	168.9	169.3	150	

续上表

编号	停泊区名称	岸别	停泊区水域范围			备注
			下界（距宜昌航道里程:千米）	上界（距宜昌航道里程:千米）	宽度（米）	
21	鸭儿碛	右	174.6	176.0	80	
22	再也湾	左	182.2	183.0	100	
23	油榨碛	右	190.7	191.5	80	停泊危险品船
24	周家坪	右	206.0	206.6	200	停泊危险品船
25	臭盐碛	左	208.0	208.5	100	
26	朱家坝	左	216.0	216.5	100	
27	盘龙石	右	224.2	224.5	100	
28	艾家坝	右	232.2	233.2	100	
29	姜家沱	右	245.0	245.8	100	
30	故陵沱	右	253.4	253.7	120	
31	下码头	右	266.0	266.8	100	
32	淘米盆	左	272.5	272.8	100	
33	粉笔墙	右	278.4	279.4	100	
34	地坝咀	右	288.3	289.0	100	
35	三角滩	左	293.5	294.5	200	
36	红河溪	右	295.8	296.0	100	停泊危险品船
37	人头山	左	298.5	300.0	150	
38	佘家嘴	左	305.0	305.5	150	
39	太阳溪	右	311.7	312.2	150	
40	大舟溪	左	溪口内 1000 米			
41	晒网坝	右	324.2	325.0	200	停泊危险品船
42	和尚桥	左	327.5	328.6	200	
43	安家溪	右	331.4	332.0	100	
44	思良溪	左	344.5	345.0	200	

续上表

编号	停泊区名称	岸别	停泊区水域范围			备注
			下界（距宜昌航道里程:千米）	上界（距宜昌航道里程:千米）	宽度（米）	
45	黑虎碛	左	348.7	351.1	100	
46	插柳子	右	355.1	355.5	150	
47	鹞包碛	右	356.5	358.2	150	
48	武陵碛	左	370.0	373.0	120	
49	龙塘碛	右	373.0	374.0	100	
50	毛肚碛	左	378.0	379.4	100	
51	青鱼碛	右	380.0	381.6	100	
52	水磨溪	右	386.2	387.1	80	
53	平沙坝	左	391.8	393.2	80	
54	马家河	右	396.3	397.0	100	
55	金狮碛	左	399.9	401.8	100	
56	连二碛	右	412.5	415.0	150	停泊危险品船
57	九条河	左	424.0	426.0	200	
58	丁 溪	左	462.0	464.0	200	
59	小佛溪	左	480.3	481.2	250	
60	长沙坝	右	499.5	500.5	150	
61	谭家背	右	511.0	511.5	150	
62	八卦碛	左	516.5	517.5	150	停泊危险品船
63	碎米碛	右	545.0	546.0	200	

备注:停泊区宽度自水沫线起算。

应 急 管 理

交通运输突发事件信息报告和处理办法

交应急发〔2010〕84 号　2010.2.5

第一条　为及时获取并有效处置交通运输突发事件信息，依据《中华人民共和国突发事件应对法》、《国家突发公共事件总体应急预案》、《国家海上搜救应急预案》、《水路交通突发事件应急预案》、《公路交通突发事件应急预案》等法律和相关规定，制定本办法。

第二条　本办法适用于交通运输行业重大及以上突发事件和险情信息（以下简称信息）的报告及处理工作。

第三条　本办法所称重大及以上交通运输突发事件和险情主要包括：

（一）交通运输或交通运输建设施工事故，造成或可能造成 10 人（含）以上死亡或失踪，或 5000 万元（含）以上直接经济损失；

（二）滚装客船、涉外旅游船、高速客船和载客 30 人以上的普通客船发生危及船舶及人员生命安全的事故或险情；3000 总吨以上中国籍船舶沉没，或外国籍船舶在我国管辖水域沉没的事故；

（三）交通运输船舶与军用船舶发生碰撞的事件；

（四）载运危险化学品或油类的车、船发生事故，造成或可能造成运输物质泄漏、扩散，导致重大生态环境危害、交通阻塞或威胁人民生命安全；

（五）重要以上港口遭受严重损失，一般港口瘫痪或遭受灾难性损失的事件；

（六）重要以上港口或中央管理的交通运输行业企业所属油品码头、危险品仓储堆场发生火灾、爆炸等事件；

（七）长江干线、珠江、京杭运河、黑龙江界河等国家重要干线航道发生严重堵塞或断航，难以在24小时以内恢复通航的事件；

（八）国家干线公路交通毁坏、中断、阻塞或者大量车辆积压、人员滞留，抢修、处置时间预计在12小时以上的事件；

（九）国家干线公路桥梁、隧道以及国、省重点水运设施发生垮塌的事件；

（十）重要客运枢纽运行中断，造成大量旅客滞留，恢复运行及人员疏散预计在24小时以上的事件；

（十一）地铁、城市轨道交通发生事故，或遭受恐怖袭击、自然灾害、人为破坏等，导致一条（含）以上线路停运；

（十二）交通运输行业从业人员，特别是公共交通、出租客运、线路客运、水路运输等敏感行业集体罢工或罢运，影响社会出行，在24小时内不能平息的事件；

（十三）30名（含）以上交通运输行业从业人员集体到省级及以上国家机关上访的事件；

（十四）在交通运输行业以及交通运输工具上发现世界卫生组织公布的疫情或发生《中华人民共和国传染病法》规定的甲类传染病的事件；

（十五）中国籍船舶或中资方便旗船舶遭遇海盗袭击的事件；

（十六）车站、港口、船舶、经营性客货运车辆遭受恐怖袭击或极端暴力袭击的事件；

（十七）部属院校发生未经许可的学生集会、游行、罢课等群体事件或发生10人（含）以上集体食物中毒等公共卫生事件；

（十八）其他任何对省级及以上行政区域造成或可能造成重大社会、经济影响或发生在敏感区域、敏感时段的交通运输突发事件。

第四条 信息的报告和处理应遵循及时快速、准确高效、分级报告的原则。

第五条 交通运输突发事件信息报告和处理由交通运输部应急办公室（以下简称应急办）管理；中国海上搜救中心总值班室承担信息的接收与报告工作。

第六条 省级交通运输主管部门、部直属单位、中央管理的交通运输行业企业(以下简称交通运输单位)应指定专门机构,实行24小时值班,负责事件信息的核实、报告、跟踪,按职责权限承担或参与相关事件的处理工作。

第七条 本行政区域或辖区内以及本单位发生第三条所列突发事件,交通运输单位应立即将信息以书面或电子邮件形式报部和当地政府,最迟不能晚于2小时。信息报出后必须进行电话确认。

特殊情况不能在2小时内以书面或电子邮件形式报告的,应先以电话等形式报告,并说明理由,待条件许可时再补充。

第八条 信息的内容要简明准确、要素完整、重点突出,应包括以下要素:

(一)事件发生的时间、地点及信息来源;

(二)事件起因、性质、基本过程、已造成的后果以及影响范围和事件发展趋势;

(三)已采取的措施、下一步的工作计划;

(四)信息报送单位、联系人和联系电话等。

第九条 对于情况不够清楚、要素不齐全的信息,要及时核实补充内容,并将后续情况及时上报。

对突发事件处置的新进展、衍生的新情况要及时续报,特别重大事件的处置情况信息应每日一报。

突发事件处置结束后,要进行终报。

第十条 中国海上搜救中心总值班室收到信息后,应立即按规定的程序报分管副部长和部安全总监,并抄报部长(部长外出时,抄报在部主持工作的副部长),同时抄送部应急办和部内相关单位。

第十一条 根据有关规定或相关领导指示,中国海上搜救中心总值班室应于事件发生4小时内将交通运输突发事件信息报国务院总值班室。涉及国务院其他部委的突发事件,应抄送相关部委。

未能在事件发生 4 小时内报送的，应说明理由。

第十二条 部内相关业务司局负责突发事件的处置工作，应将突发事件处置情况和突发事件的最新进展情况报部领导和部安全总监，抄送部应急办和中国海上搜救中心总值班室。初始信息已上报国务院的应按规定续报国务院总值班室。

第十三条 部领导对交通运输突发事件处置工作的指示或批示，相关业务司局应及时向有关单位传达。

第十四条 交通运输单位以“交通运输值班信息”（简称值班信息，见附件）的形式将事件信息报部；中国海上搜救中心以“交通运输部值班信息”或“海上搜救值班信息”的形式将事件信息报送国务院总值班室。

第十五条 报部“值班信息”应通过传真和电子邮件报送；报国务院总值班室“交通运输部值班信息”通过国务院政府信息网报送。如“值班信息”涉密应按机要渠道报送。

第十六条 对于突发事件情况的统计，按照有关规定执行。

第十七条 部应急办不定期对交通运输单位信息报告情况进行考核，对能够及时准确报告突发事件信息的单位给予通报表扬，对迟报、漏报、谎报或者瞒报的单位予以批评。

第十八条 对于违反本办法，迟报、谎报、瞒报、漏报信息，或者通报、报送、公布虚假信息，造成不良后果的责任人员，有关部门应追究其相应责任。

第十九条 海上搜救信息的报送工作按现行规定执行；法律、法规和规章另有规定的从其规定。

第二十条 交通运输单位可参照本办法制订本单位的信息报告和处理规定。

第二十一条 本办法自印发之日起施行。

关于加强基层交通运输应急队伍建设的指导意见

交应急发〔2010〕165号　2010.3.30

各省、自治区、直辖市、新疆生产建设兵团交通运输厅(局、委),天津市市政公路管理局、交通运输和港口管理局,上海市交通运输和港口管理局,部属各单位,有关交通运输企业:

交通运输是国民经济和社会发展的基础性产业,交通运输应急工作关系到国民经济发展和社会稳定,交通运输基层应急队伍是交通运输应急体系的重要组成部分,是防范和应对突发事件的基础力量,加强交通运输基层应急队伍建设意义重大。近年来,交通运输基层应急队伍逐步建立,在应急工作中发挥了重要作用,但各地交通运输基层应急队伍建设发展不平衡,组织管理规范化和队伍建设专业化水平尚待提高,应急能力需进一步加强。为贯彻落实国务院办公厅《关于加强基层应急队伍建设的意见》,结合交通运输基层应急工作实际,提出加强基层应急队伍建设意见如下:

一、切实加强对交通运输基层应急队伍建设的组织领导

在地方政府的领导下,交通运输主管部门要组织指导公路、道路运输、港航、地方海事等有关管理部门以及交通运输企业,全面调查当地应急资源的分布以及交通运输突发事件发生、发展的特点,根据当地实际和“十二五”交通运输安全生产与应急发展规划,组织制定基层应急队伍建设规划,提出建设和发展目标,明确具体措施,加强对应急队伍建设的督导检查,加强当地交通运输基层应急队伍建设,不断健全交通运输应急体系。

部属航务、海事、救捞等机构要根据辖区特点和搜救、应急运输、航道抢通等需求，制定本系统和单位基层应急队伍发展规划，动员社会力量，完善装备，加强基层应急队伍建设，提高基层应急队伍水上搜救、危化品及油污等应急处置能力。

二、明确交通运输基层应急队伍建设的基本原则和建设目标

按照“统筹规划、规模适度、平急结合、专兼结合、部门负责、社会参与”的原则，加强专业应急队伍与兼职应急队伍、志愿者队伍相结合的交通基层应急队伍建设。

力争通过 3 年左右的时间，基本建成适应基层交通运输突发事件应对处置需要的应急队伍，努力提高基层交通运输应急队伍整体素质，力争达到专职人员持证上岗，兼职人员经过业务培训，不断完善专业抢险与公众参与、地方抢险与军队抢险相结合的交通运输应急救援机制，初步形成统一领导、协调有序、专兼并存、优势互补、保障有力的交通运输基层应急队伍体系。

三、建立健全交通运输基层应急救援队伍体系

加强城市公交客运和轨道交通应急队伍建设。交通运输主管部门要指导辖区公共交通企业、轨道交通运营企业组建由专业技术人员组成的应急抢险队伍，及时抢修故障营运车辆或轨道交通设施；建立由站务人员组成的兼职疏散引导队伍，疏导乘客及时、有序地撤离故障车辆或车站，避免出现挤压伤亡事故；建立与旅客运输、出租客运企业的协调与调用机制，及时疏散受困、受阻旅客。

加强公路、航道应急抢险保通队伍建设。结合公路路网规模、结构、地域分布特点，以公路养护管理部门、路政管理部门以及日常养护队伍为基础，采取与专业公路养护工程企业签订应急处置协议的方式，构建基层公路应急抢险保通队伍。航道方面，加强航道维护能力建设，加强过船设施的运行管理，发挥设计、施工和运行维护人员在应急抢通中的作用，建立干线航道、港口航道、界河等疏堵保通专业应急队伍。

加强客货场站、港口码头应急抢险队伍建设。在充分依靠当地公安消防专业应急力量的基础上，督导客运场站、码头，依托专职安全管理员、保安员，挑选一部分青年骨干人员，组建消防、救援等应急队伍。

加强危险品运输应急队伍建设。发挥专业消防和危险货物应急救援队伍的作用，增加危险货物应急救援和资金的投入，进一步提高专业消防队伍和危险货物应急救援技术装备水平和救援能力。依托大型企业组建联合消防或危险货物应急救援队伍，从企业员工中挑选合适的兼职消防或应急救援人员，加强兼职消防或应急人员业务培训演习、演练。危险货物场站和港区应与专业应急队伍签订救援协议。组织编制危险货物运输应急救援指导读物，制定并完善企业应急救援预案，加强对所有从事危险货物作业人员的技术培训以及消防和应急处置的演练，不断提高企业应对和处置危险货物事故的能力。

完善水上应急队伍建设。基层海事、救捞、搜救中心等机构要在当地政府的统一领导下，结合水上搜救工作的实际需要，加强水上搜救队伍建设，鼓励动员社会各方面志愿者参加，形成以海事、救捞专业力量为主、社会力量参与的水上搜救应急队伍。加强船舶污染应急队伍建设，海事、救捞要加强清污应急队伍建设，培养专业技术人才；港航、海事要加强对船舶油品和油污水经营和处置相关企业的业务指导，督促指导各港口企业、航运公司、石油公司建立本单位应急队伍。

加强应急运输保障队伍建设。港航、道路运输管理部门要以当地道路客、货运输骨干企业为依托，研究采取与企业签订应急运输保障协议等形式，完善应急运输补偿机制，明确各自的责任和义务，建立应急运输保障车队、船队，完善指挥调度联络和协调机制，保障应急物资抢运、旅客疏散。

加强施工安全应急队伍建设。各级交通主管部门要在当地政府的领导下，逐步建立以项目自救为主、专业救助为辅、安全专家为技术支撑的交通运输建设应急队伍体系，加强本地区建设安全应急技术专家资源库建设，探索建立以本地区大型施工企业、地方专业救援队伍为重要补充力量的救援联动机制，全面提高交通运输行业建设安全应急救援能力。

四、完善交通运输基层应急保障机制

健全队伍运行机制。要建立健全基层交通运输应急队伍应急值守、接警处置、日常训练与演练、应急处置评估等机制，特别是加强日常训练与综合演练，强化应急处置评估，不断总结经验、吸取教训，提升基层应急队伍处置突发事件的能力。积极协调公安、消防、气象、海洋、通信、民政、军队等有关部门，建立联动机制，搜救应急运行机制要充分发挥海上搜救中心的统一组织协调作用，实现应急队伍和力量的统一调度、密切协作。

落实经费保障机制。要在地方政府的统一领导下，积极协调财政部门，将基层专业应急队伍的工作经费、应急演练经费等纳入同级财政预算。各级交通主管部门以及搜救中心等相关机构要加强与当地财政部门的沟通，逐步完善应急补偿机制，对承担应急运输任务的单位和个人予以合理经济补偿，造成运输工具、装备损毁的予以合理赔偿，同时要在政策上给予一定支持，保护参与应急运输单位和个人的权益，提高社会力量参与应急工作的积极性。海事部门要推动相应的油污清除补偿制度，保障清污公司和其他企业在油污应急中的合法利益。

完善社会动员机制。要加强社会宣传，普及交通运输应急相关知识，提高社会对交通运输突发事件关注度、参与度和支持度。要在地方政府的领导下，建立健全交通运输应急社会动员机制，鼓励公众积极参与和支持交通运输应急处置和应急保障工作，提高突发事件应急处置效率。

强化安全保障机制。要加强安全保障方面的投入，配备必要的安全防护器材和设备，最大限度地保护各类应急行动参与人员的安全。要制定相应的政策，为一线专业应急人员购置必要的人身安全保险，解决其后顾之忧。

加强应急制度建设。根据当地突发事件的实际，制订相应的应急预案或应对方案。建立相应的培训与演练制度，根据应急工作的需要，定期或不定期开展应急培训工作，加强专业应急力量和指定应急力量的演练，不断提高不同种类应急力量之间的协调配合能力；建立对应急人员的奖励激励机制，提高其参与应急工作的积极性。

交通运输部处置救助航空器飞行事故应急预案

交救发〔2010〕286 号　2010.6.21

第一章　总　　则

第一条　目　　的

建立健全救助航空器飞行事故应急反应机制，提高交通运输部救助打捞局（以下称救捞局）应对突发事件的能力，保证救助航空器飞行事故应急工作协调、高效有序地进行，最大程度地避免或减少人员伤亡，保护国家财产安全，维护稳定，促进救助飞行安全。

第二条　依　　据

《中华人民共和国安全生产法》、《中华人民共和国民用航空法》、《国家突发公共事件总体应急预案》、《国家处置民用航空器飞行事故应急预案》、《中华人民共和国搜寻救援民用航空器规定》和《国际民用航空公约附件 6—航空器运行》、《国际民用航空公约附件 12—搜寻与救援》、《国际民用航空公约附件 13—航空器事故/事故征候调查》、《国际民用航空公约附件 14—机场》、《民用航空安全信息管理规定》（CCAR—396R2）及《国家专业救助打捞队伍应对水上事故行动方案》、《交通部救捞局应对系统内部安全事故及突发事件的应急反应预案》等。

第三条 适用范围

1. 交通运输部救助航空器发生飞行事故；

2. 救助航空器发生不安全事件，造成海上或地面设施巨大损失，并对设施使用、环境保护、公众安全、社会稳定等造成巨大影响。

3. 交通运输部救助打捞局租用的航空器发生飞行事故（协助）。

第四条 工作原则

救助航空器飞行事故应急处置工作要遵循以下原则：

1. 以人为本

避免和最大程度地减少人员伤亡。

2. 统一指挥、分级响应

处置救助航空器飞行事故应急反应，发生在海上的由中国海上搜救中心统一指挥，发生在陆地的由救捞局统一组织指挥，依据事故性质轻重采取分级响应。

3. 信息互通、资源共享，通力合作

处置救助航空器飞行事故救捞系统信息、资源共享，通力合作，充分发挥整体优势。

4. 职责明确、动态待命、快速高效

明确各级职责，依据救捞系统动态值班制度，快速反应，实施有效处置。

5. 预防为主、常备不懈、依法处置

加强应急保障建设，实行24小时值班制度，依法进行处置。

第二章 组织指挥机构及职责

第五条 应急机构

1. 应急组织机构

交通运输部处置救助航空器飞行事故应急救援组织在中国海

上搜救中心、救捞局应急领导小组领导下，由救援领导协调指挥机构、执行办事机构、救助飞行队应急指挥部和应急救援队伍及力量组成。

应急救援领导协调指挥机构为中国海上搜救中心、交通运输部救捞局及其相关海区救助局组成的处置救助航空器飞行事故应急指挥部（以下简称处置救助飞行事故指挥部），发生在海上的设置在中国海上搜救中心总值班室、发生在陆地的设置在救捞局救助指挥处（救捞总值班室）；执行办事机构为处置救助飞行事故指挥部办公室，设在救捞局飞行调度中心；救助飞行队应急指挥部设置在救助飞行队救助值班室（或总值班室）；应急救援队伍及力量包括救助飞行队和海区救助局应急分队、打捞局应急分队等。

2. 应急预案机构

救助航空器飞行事故应急预案体系由本预案、救助飞行队应急预案、救助机场应急救援预案、飞行救助基地应急预案、救助局应急预案、打捞局应预急案等组成。救助航空器发生飞行事故时，有关各部门和单位、组织应各司其职，按照各自预案及时有效地开展应急处置工作。

第六条　组织机构及职责

1. 救捞局应急领导小组的组成和职责按照《国家专业救助打捞队伍应对水上事故行动方案》规定执行。（见图1）

2. 处置救助飞行事故指挥部发生在海上的设置在中国海上搜救中心总值班室、发生在陆地的设在救捞总值班室，负责组织、协调、指挥本预案适用范围内的航空器飞行事故应急处置工作，协调海上船舶及救助局、打捞局出动应急力量。

3. 处置救助航空器飞行事故指挥部下设处置飞行事故指挥部办公室，作为救捞局处置飞行事故指挥部的执行和办事机构，设置在救捞局飞行调度中心，负责按照应急反应手册的规定程序及时组织搜救和现场处置工作，协调军民航有关部门参与救援。

4. 救助飞行队设置航空器飞行事故应急指挥部，负责所辖范围内的救助航空器飞行事故应急指挥工作和后期处置工作。

5. 设置事故现场应急指挥部，主要负责现场救援指挥工作与救捞局的信息通报。由救捞局分管救助飞行队的局级领导担任组长。

6. 向中国海上搜救中心报告，请其组织力量进行救助。

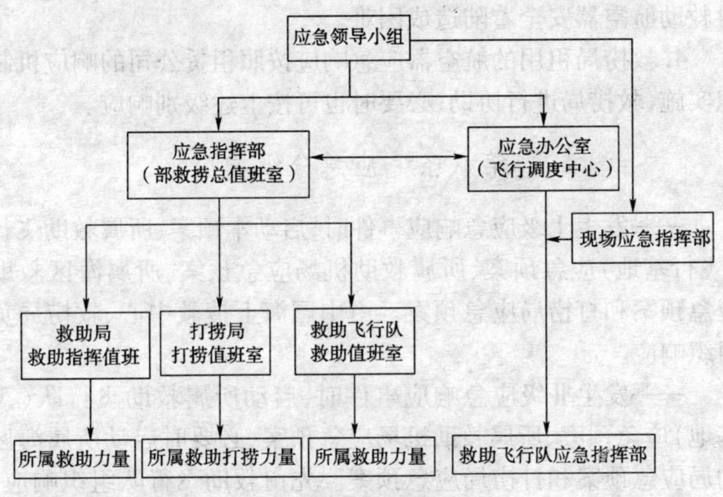

图1　组织机构框架图

第三章　应急响应

第七条　应急响应分级

按民用航空器飞行事故的可控性、严重程度和影响范围，救助航空器应急响应分为三个等级。

1. Ⅰ级应急响应

发生本预案“第三条适用范围”内的救助航空器飞行事故为Ⅰ级应急响应。

2. Ⅱ级应急响应

救助航空器在运行过程中发生严重的不正常紧急事件，可能发生航空器坠毁、爆炸、起火、严重损坏，或者发生航空器受到非法干扰、迫降等紧急事件，可能危害到人员生命、对重要地面或海上设施、环境保护、公众安全、社会稳定等造成重大影响或损失。

3. Ⅲ级应急响应

救助航空器在运行过程中发生严重的不正常紧急事件，可能对救助航空器安全着陆造成困难。

4. 救捞局租用的航空器应急响应按照租赁公司的响应机制组织实施，救捞局进行协助，必要时也可按上述级别响应。

第八条　应急分级响应

——发生Ⅰ级应急响应事件时，启动本预案、所属救助飞行队（飞行基地）应急预案、所属救助机场应急预案、所属海区救助局应急预案和打捞局应急预案。由中国海上搜救中心、救捞局负责组织响应。

——发生Ⅱ级应急响应事件时，启动所属救助飞行队（飞行基地）应急预案、所属救助机场应急预案，必要时启动所属海区救助局应急预案和打捞局应急预案。先由救助飞行队组织响应，紧急时救捞局负责组织响应。

——发生Ⅲ级应急响应事件时，启动所属救助飞行队（飞行基地）应急预案、所属救助机场应急预案和所属海区救助局应急预案。由救助飞行队负责组织响应。

启动本级应急预案时，本级应急指挥机构应向上一级应急指挥机构报告，必要时可申请启动上一级应急预案。

启动本级应急预案时，相应的下级应急预案应提前或同时启动。

第九条　应急响应内容

1. 应急响应程序

(1)启动本预案后，救捞局救捞总值班室按下列程序和内容响应：

——将事故信息立即报告救捞局领导,通知相关处室领导。

——组织召开救捞系统应急领导小组会议,成立事故现场应急指挥部,研究制定处置方案。

——向海上搜救中心报告,请其组织救助。

——组织救捞系统应急力量出动。

——保持与事故发生救助飞行队应急指挥机构、事故现场应急指挥部专线通讯,及时掌握有关信息。

(2)启动本预案后,救捞局飞行调度中心按下列程序和内容响应:

——组织应急救援力量开展先期现场应急救援工作。

——组织有关人员、协调民航专家赶赴现场参加、指导现场应急救援。

——及时报告救助航空器飞行事故基本情况和应急救援的进展情况。

——协调军民航进行救援及事故调查工作。

(3)相关救助飞行队应急指挥机构接到飞行事故信息后,按下列程序和内容响应:

——启动并实施本队应急预案,并向处置救助飞行事故指挥部报告。

——及时组织应急救援力量开展应急救援工作。

——需要其他部门应急力量支援时,向救助飞行事故指挥部提出请求。紧急情况时可直接向所属海区救助、打捞局请求支援,并及时上报。

2. 信息报告和通报

(1)信息报告

救助航空器发生飞行事故,救助飞行队应按照有关规定逐级上报至救捞局救捞总值班室,同时用短信平台报告给救捞局领导和飞行调度中心;通报当地民用航空地方管理和监管局。

救捞局在接到事故相关信息应按照规定立即报告中国海上搜救中心、民用航空管理局和有关部门;新闻宣传主管部门的通报由救捞局宣传归口部门统一组织，并做好续报工作。

救捞局接到救助航空器飞行事故信息后，在12小时内以书面形式向上级有关部门报告事故情况。

发生救助航空器飞行事故的救助飞行队要及时、主动向处置救助飞行事故指挥部办公室提供事故航空器相关资料和日常监督检查有关资料，为研究救援方案提供依据。

(2)信息通报

救捞局在接到事故相关信息后，进行确认汇总，报告中国海上搜救中心及民用航空管理局，通报所属海区救助局和打捞局，做好事故应急救援准备。

3. 通信

中国海上搜救中心或救捞局救捞总值班室负责组织建立交通运输部与应急救援各相关部门的通信联系。事故现场应急指挥部负责组织落实事故现场信息通信保障工作，现场联系工作由处置救助飞行事故指挥部办公室负责。

4. 现场指挥和协调

事故现场应急指挥部负责救助航空器飞行事故应急统一指挥、协调和作出重大决策。

各应急机构接到事故信息和指挥命令后，立即派出有关人员赶赴现场，在事故现场应急指挥部统一指挥下，按照各自的预案和处置规程，协同配合，共同实施搜救和紧急处置行动。

事故现场应急指挥部由救捞局、民用航空地区管理机构或其派出机构及海区救助局、救助飞行队等参加现场应急救援主要机构的负责人组成。

事故现场应急指挥部成立前，各应急救援队伍必须在当地政府、民用航空地区管理机构或其派出机构和救助飞行队的协调指挥下坚决、迅速地实施先期处置，全力控制事故态势，防止次生、衍生和耦合事件的发生。

5. 航空器搜救

中国海上搜救中心负责统一指挥发生在海上的航空器事故的

搜救工作。

救捞局负责陆上救助航空器的工作，处置救助飞行事故指挥部负责统一指挥救捞系统内的搜救救助航空器工作。

救助航空器搜救包括陆上搜救和海上搜救。

(1)陆上搜救

救助飞行队负责拟订陆上搜救救助航空器的方案。省、市(地)、县人民政府协助本行政区域救助航空器的搜救工作。

(2)海上搜救

中国海上搜救中心组织、协调、指挥社会各方面力量开展搜救工作。

海区救助局(救助基地)、打捞局、救助飞行队负责拟订使用船舶、航空器海上搜救救助航空器的方案，参加海上搜救救助航空器的工作。

救助航空器搜救工作还要依照《中华人民共和国搜寻援救民用航空器规定》执行。

6. 现场紧急处置

陆地现场处置主要依靠人民政府和民用运输(救助)机场应急处置力量进行。

海上现场处置主要依靠附近海上航行船舶、救捞系统船舶和救助直升机应急处置力量进行。

参加现场应急救援的队伍和人员在事故现场应急指挥部统一协调下进行应急救援和处置工作。

现场应急救援时，应优先将机上人员、机组人员撤离、疏散到安全区域，及时救助机上及地面(海上)受伤人员和幸存人员。

当飞行事故发生在民用运输机场区域内时，救助飞行队协助机场应急指挥中心按有关规定及机场应急救援预案迅速组织实施应急救援工作。在不影响应急救援工作及事故调查的前提下，尽快搬移、清理停留在机场道面上的事故航空器或其残骸，尽早恢复机场的正常运行，避免机场长时间关闭。

7. 医疗卫生

救助飞行队负责协助事发地卫生行政部门开展紧急医疗救护、现场卫生处置和防疫工作。机上及地面(海上)受伤人员和幸存人员应尽快转运到就近医疗救护机构。

8. 应急人员的防护

现场应急救援工作必须在确保现场人员安全的情况下实施。参加现场应急救援的指挥人员、事故调查人员应按有关规定配带具有明显标识的专业防护服装及装备。事故现场应急指挥部负责组织采取各种现场安全防护措施,严格执行应急人员进出事故现场的管理程序。

9. 群众的安全防护

事故现场应急指挥部负责组织事故发生区域群众的安全防护工作。

事故现场应急指挥部根据事故具体情况,明确群众安全防护的必要措施,决定应急状态下群众疏散的范围、方式、程序并组织实施,协调卫生部门组织医疗防疫工作。事故发生地公安部门负责现场治安管理。

10. 社会力量动员和参与

救助飞行事故指挥部应根据需要协调地方政府组织调动本行政区域社会力量参与应急救援工作。

11. 信息发布

(1)处置救助飞行事故指挥部负责救助航空器飞行事故信息的统一对外发布。

(2)未经同意,任何单位和个人不得接受媒体采访。

12. 应急终止

(1)应急终止条件

——事故航空器的搜救工作已经完成。

——机上幸存人员已撤离、疏散。

——伤亡人员已得到妥善救治和处理,重要财产已进行必要保护。

——对事故现场、应急人员和群众已采取有效防护措施。

——事故所造成的各种危害已被消除,并无继发可能。

——事故现场的各种应急处置行动已无继续的必要。

——受影响的民用运输机场已恢复正常运行。

——事故现场及其周边得到了有效控制,对重要地面设施、环境保护、公众安全、社会稳定等的影响已降至最小程度。

(2)应急终止程序

事故现场应急指挥部确认符合应急终止条件,并选择适当终止时机,报处置救助飞行事故指挥部批准应急终止。处置救助飞行事故指挥部办公室根据处置救助飞行事故指挥部指令,向事故现场应急指挥部下达应急终止通知,并通报有关部门及单位。

应急工作终止后,搜救中心、救捞局和救助飞行队应及时分析评估本单位(部门)应急救援工作,总结经验教训,提出改进建议,修订完善应急预案。

第四章 后期处置

第十条 善后处置

救助飞行队协助事故发生地人民政府组织协调善后处置工作,尽快消除事故后果和影响,安抚受害人员,保证社会稳定,尽快恢复正常秩序。处置救助飞行事故指挥部办公室负责协调有关工作。

救助航空器飞行事故发生后,发生事故的救助飞行队按有关法律、法规,及时对受害人进行赔偿,对地面(海上)受损害的单位和个人进行赔偿;通知有关保险机构及时派员赶赴事故现场,按有关航空保险规定办理事故理赔工作。

第十一条 事故调查

救助航空器飞行事故调查应与现场应急处置工作有机结合,事故调查的内容包括对应急救援情况的调查。

救助航空器飞行事故调查工作按照《民用航空器事故和飞行事故征候调查规定》(CCAR—395R1)和《国际民用航空公约附件13》的要求进行。事故调查工作包括:调查组的组成,事故现场调查,技术实验验证,事故原因分析,编写事故调查报告,提出安全预防建议。

事故调查组应掌握事故应急处置工作的情况,并对现场应急工作提出意见和建议。事故调查组到达现场后应听取现场应急处置工作情况介绍,与现场应急指挥部协调,参与现场应急处置工作。

与现场应急处置工作相结合,需要完成的主要调查任务有:现场监管保护,初始证据接收,证人和目击者询问,危险源的探测、排除、监护,现场人员防护等。

第十二条　应急救援调查报告及评估

在救助航空器飞行事故应急处置结束后,事故现场应急指挥部应向交通运输部提交应急救援总结报告。交通运输部组织对救捞局应急处置工作进行分析评估,总结经验教训,提出改进意见,并对应急预案进行修订完善。

第五章　应急保障

第十三条　装备保障

救捞局在充分发挥职能作用的基础上,根据工作需要和职责要求,建立和完善专家数据库和民用航空安全信息数据库系统,依托系统动态值班体系,不断提高应急检验、鉴定和监测的能力,保障救助航空器飞行事故应急工作的顺利进行。

1. 动态待命。依据救捞系统动态值班体系,救助航空器在进行飞行训练、救助任务时,附近的其他救助航空器应处于待命状态,海域附近的救捞船舶要保持通信畅通,船机联合实施任务时,应时时监控，以提高事故监测、应急处置、快速出动能力。

2. 装备准备。救助飞行队应进行必要的应急物资的储备。救助航空器必须加有自身防护装备，包括直升机浮筒、应急定位器（ELT）、机用救生筏等设备。

3. 数据库系统。建立民航局方及民航派出机构和救捞局飞行专家组成航空专家库，加入民用航空器安全信息数据库。

第十四条 通信保障

建立和完善救助航空器飞行事故应急指挥的通信保障和信息管理系统，利用先进的计算机技术、网络技术、无线通信技术、卫星技术等现代化手段，配备必要的有线、无线通信器材和计算机网络软、硬件设备，确保救助航空器飞行事故应急处置工作中，各方面的联络畅通、迅速、高效且形式多样。

1. 通信保障。考虑救助航空器长时间在超低空飞行通信联络距离近的特点，每架航空器配备海事卫星电话，确保通信畅通。

2. 信息管理系统。在救助直升机上加装监控系统，保证全时段掌握救助直升机飞行动态信息。

第十五条 人力资源保障

1. 处置救助航空器飞行事故的应急力量包括救捞系统的救助、打捞和飞行应急队伍。

2. 建立经常性的人员培训、应急演练计划，提高应急处置人员的业务素质和技术水平。

第十六条 技术保障

1. 加强救助航空器应急情况处置训练，通常情况下机上专业技术人员按照规定进行应急情况训练，减少救助航空器发生飞行事故人员伤亡和财产损失。

2. 加强民用航空事故的研究，认真总结经验，不断完善处置预案。

第六章　宣传、培训和演练

第十七条　宣　　传

救捞局及各救助飞行队应加强对职工的防范事故安全教育和应急处置工作教育，通过各种媒体向职工宣传航空器出现紧急情况时应采取的正确处置措施，增强职工的自我保护意识，提高自救、互救能力，尽量减少人员伤亡和财产损失。

第十八条　培　　训

救捞局及各救助飞行队应按照《安全管理手册》规定，积极组织职工参加民航组织的民用航空应急知识的学习和培训，加强与系统内外技术交流和学术研讨，不断提高应急处置、事故调查等专业技术人员的业务知识水平。

第十九条　演　　练

救捞局每2年协调组织一次针对救助航空器飞行事故的应急综合演练，以检验、改善和强化各方面的应急准备、应急响应和应急管理能力，提高工作效率，不断完善应急预案，加强和完善相关部门的协调配合工作。通常由飞行调度中心提出演练请示，领导研究批准后，飞行调度中心会同救助指挥处和安全监督处共同制定演练方案报局领导批准并实施。

第七章　附　　则

第二十条　名 词 解 释

航空器：凡能从空气的反作用而不是从空气对地面的反作用，在大气中获得支承的机器。

救助航空器:指交通运输部用于陆地、海上及岛屿等救援的航空器。包括救助用直升机、救助用定翼机和租用的救助用飞机。

第二十一条　预案管理与更新

随着应急救援相关法律法规的制定、修订和完善,部门职责的变化,以及应急过程中存在的问题和出现的新情况,救捞局应及时组织修订完善本预案。

第二十二条　奖励与责任追究

1. 奖励

在救助航空器飞行事故的应急处置工作中作出突出贡献的单位及个人,救捞局依据有关规定给予奖励:

——由于报告及时,避免了救助航空器飞行事故的发生或减轻了救助航空器飞行事故所造成的人员伤亡和财产损失。

——由于处置措施适当,避免了救助航空器飞行事故的发生或减轻了救助航空器飞行事故所造成的人员伤亡和财产损失。

——其他在救助航空器飞行事故应急处置工作中作出突出贡献的。

2. 责任追究

——对未及时报告救助航空器飞行事故,导致国家财产和人民生命财产受到重大损失,构成犯罪的,依法追究刑事责任;情节较轻,尚不构成犯罪的,按照有关规定给予行政处分。

——在对民用航空器飞行事故的应急处置工作中,玩忽职守,导致国家财产和人民生命财产受到重大损失,构成犯罪的,依法追究刑事责任;情节较轻,尚不构成犯罪的,按照有关规定给予行政处分。

第二十三条　预案实施时间

本预案自印发之日起实施。

关于加强水上污染应急工作的指导意见

交海发〔2010〕366号　2010.7.30

各省、自治区、直辖市、新疆生产建设兵团交通运输厅(局、委),天津市、上海市交通运输和港口管理局,各直属海事局:

近期,国内外连续发生水上溢油和化学品污染事故,对水域生态环境造成了严重损害,特别是墨西哥湾"4·20"钻井平台原油泄漏事故引起了国际社会的广泛关注。为进一步贯彻落实《海洋环境保护法》、《水污染防治法》和《防治船舶污染海洋环境管理条例》,有效应对水上污染突发事件,现提出指导意见如下:

一、充分认识水上污染应急工作的重要性和紧迫性

据统计,2009年我国石油进口量达到1.99亿吨,其中1.91亿吨通过海上运输,占石油总进口量的96%。2009年发生50吨以上船舶溢油事故5起,给水域环境和生态造成严重损害。大量的油品和化学品运输、密集的船舶航行、复杂的通航环境,使得船舶发生水上安全和污染事故的风险大幅度增加,水上安全和防污染工作形势严峻。

地方各级交通运输主管部门和各直属海事管理机构要充分认识当前做好水上溢油应急工作的重要性和紧迫性,进一步加强组织领导,明确责任部门和人员,切实履行水上污染应急工作的各项职责。要加强规章制度建设,建立层级分明、权责清晰的溢油应急指挥和保障体系。一旦发生重大水上污染事故,要积极配合当地政府工作,主动承担水上污染应急牵头部门职责,确保能够及时、高效地作出应急反应,迅速有效地开展水上清污工作,减轻水域污染损害。

二、进一步完善各级水上污染应急预案体系

沿海各直属海事管理机构要按照《防治船舶污染海洋环境管理条例》的规定，主动配合当地政府，建立健全市级以上人民政府防治船舶及其有关作业活动污染海洋环境应急反应机制和应急预案，并经当地政府颁布实施。地方各级交通运输主管部门也要按照《突发事件应对法》的有关要求，编制辖区内水上船舶污染应急预案，由当地政府发布实施。长江海事局要积极协调重庆市和湖北省人民政府，编制发布三峡库区船舶污染应急预案。要通过建立健全应急预案，进一步明确各级政府及部门职责，建立起协作、高效的应急指挥体系和现场处置程序。

各级海事管理机构要督促港口、码头、装卸站和从事船舶清舱、洗舱、油料供受、装卸、过驳、修造、打捞、拆解，污染危害性货物装箱、充罐，污染清除作业以及利用船舶进行水上水下施工等作业活动的单位，编制相应的污染应急预案，并报当地海事管理机构批准或备案。

三、加强水上污染应急能力规划建设

沿海各直属海事管理机构要积极协调、配合市级以上地方政府组织编制防治船舶及其有关作业活动污染海洋环境应急能力建设规划和资金预算，争取纳入本级政府制定的“十二五”规划。

各直属海事管理机构要对已纳入“十一五”规划的溢油应急设备库、清污船等建设项目进行梳理，按照规定的程序和时间要求，尽快保质保量地完成项目建设。对于已经建设完成的设备库，各单位要研究建立运行维护机制，指定专门的部门和人员负责，落实管养责任，有关费用纳入预算，确保设施和设备的正常可用。

各级海事管理机构要按照有关法律法规和标准，督促有关港口、码头、设施，以及从事船舶修造、拆解的单位落实企业责任。要结合部制定的《港口码头溢油应急设备配备要求》和污染风险评估，加强自身污染应急处置能力建设。要鼓励和引导社会化清污公司的发展，提供技术支持和保障，为其发展创造良好的发展环境。

四、全面加强水上污染应急监视监测工作

各级海事管理机构要会同当地政府有关部门建立健全船舶及其有关作业活动污染海洋环境的监测监视机制。要加强对水域污染监测监视工作的组织领导和协调，争取有关部门的配合，充分发挥卫星、航空、船舶、岸上监测监视技术手段，整合各单位水上监测监视力量，统筹做好水域污染监测监视和损害评估工作。要通过监测监视机制的运行，建立起水域污染综合信息系统，及时掌握水域环境污染信息，分析评估污染的程度，为应急反应决策提供支持保障。

各级海事管理机构要制定水上污染监测监视工作计划，定期或实时开展监测监视，特别要将密集通航水道、历史沉船点、环境敏感目标等作为监测监视的重点。各直属海事管理机构要在落实"渤海海域船舶污染应急联动机制"、"长三角与台湾海峡水域船舶污染应急联动机制"、"珠江口区域海上船舶溢油应急合作机制"、"北部湾海域船舶溢油应急联动机制"的基础上，研究建立区域水上污染监视监测信息共享机制，并纳入到联动机制中去。

五、建立水上污染应急队伍

各级海事管理机构要把应急队伍建设作为应急管理工作的重点，通过法规实施，政策引导，建立专业应急力量和社会应急力量相结合的水上污染应急队伍。要按照确定的污染应急人员分级和专业培训教程，开展高级指挥人员、现场指挥人员和操作人员培训，特别是要向港口企业、石油企业和社会清污公司提供培训，满足应急队伍培养的需求。要在本辖区建立起一支能够承担起处置水上重大污染事故能力的应急队伍。要组织建立水上污染应急专家库和智能决策系统，吸纳安全、环保、海洋、化学、卫生、航运、船舶、救捞等领域的专家参加，经常性地组织专家进行专题研讨，实地考察，为完善水上污染应急反应机制提出意见和建议，为水上污染事故应急处置提供技术支持。要按照各级应急预案，组织不同规模的实地或桌面水上污染事故应急演习，对于预案中事故报告、监测监视、评估决策、设备和资源调动、现场处置、污染物回收处理等各个环节进行检验，保障预案的可操作性。

六、加强水上污染事故的应急处置工作

一旦发生水上污染事故，各级海事管理机构要在当地政府的统一协调和指挥下，组织相关部门和单位按照应急预案的程序高效有序地开展应急处置工作。要合理调动和使用应急监视监测、应急队伍和设备资源，并记录应急资源调动和使用情况，为事故处理和索赔奠定基础。

为防止二次污染，各级海事管理机构要建立消油剂使用的具体规定，使用化学消油剂要严格执行《溢油分散剂使用准则》和审批程序。水深不足 10 米的海域，以及渤海、长江口、珠江口和内河等环境敏感水域，一般应使用微生物降解的环保型消油剂，并进行评估。

人 事 劳 动

全国海上劳动关系三方协调机制工作章程

交海发〔2010〕12 号　2010.1.6

总　　则

伴随中国社会主义市场经济体制和社会民主法制的建立和完善，各类社会组织参与劳动立法、经济与社会政策制定的参政议政渠道更加畅通，国家劳动关系三方协调制度日臻健全规范。海上劳动关系三方协调机制（以下简称“三方协调机制”）作为海运经济发展以及产业职工维权的重要手段，是国家协调劳动关系三方机制框架的重要组成部分，为规范三方协调机制的运行，特制定《全国海上劳动关系三方协调机制工作章程》。

第一章　三方协调机制的宗旨、目标

第一条　三方协调机制以服务中国航运发展、保障中国船员权益、服务中国航运企业发展为宗旨，是贯彻、实施《中华人民共和国劳动法》、《中华人民共和国劳动合同法》、《中华人民共和国船员条例》等法律法规，履行国际劳工组织有关海事公约和《三方协商促进履行国际劳工标准公约》（ILO144 号）等国际公约的重要机制。

第二条　三方协调机制的工作目标是加强政府海上交通主管部门、海员的工会组织和航运企业组织三方就涉及船员劳动关系、船员、管理等有关重大问题进行经常性沟通与协调，共同协商解决海上劳动关系方面的有关问题、构建和谐的海上劳动关系、保护海上劳动关系各方面合法权益、促进航运经济健康发展、保障社会稳定。

第二章　三方协调机制的组织机构

第三条　三方协调机制由交通运输部、中国海员建设工会、中国船东协会三方组成。

第四条　三方协调机制，由交通运输部主管航运事务的副部长任主席，交通运输部海事局常务副局长、交通运输部人事劳动司副司长、中国海员建设工会主席、中国船东协会会长任副主席。

第五条　三方各自确定相对固定的人员作为三方协调机制的成员，协助主席、副主席工作。

第六条　三方协调机制设立办公室。办公室设在交通运输部海事局，办公室主任由交通运输部海事局管理船员事务的副局长担任，中国海员建设工会副主席、中国船东协会副会长各一名担任副主任，部海事局船员管理处处长担任常务副主任，办公室由三方各自派员组成。

第七条　办公室是三方协调机制的工作机构，负责三方协调机制的日常工作，做好三方的联系与协调；组织召开三方专题协调会议和办公室主任会议；筹备召开三方机制工作会议，并具体组织实施。

第八条　根据每次会议的议题，由三方各自确定参会人员，并视议题的重要性，可请三方主要领导同志出席。根据议题涉及的具体内容，可邀请三方专业委员会、三方非成员单位或国家其他相关主管部门以及有关研究机构人员参加。

第三章　三方协调机制的职责任务

第九条　研究航运产业发展形势和政策、制度对海上劳动关系的影响,协调三方对于海上劳动关系全局性问题的政策主张和立场,形成共识,对涉及调整劳动关系的法律、法规和政策的制定和监督实施提出意见或建议。

第十条 通报交流海上劳动关系情况与问题,研究议定航运产业劳动用工制度、工资报酬、工作时间、休息休假、劳动安全卫生、生活福利待遇、职业技能培训等海上劳动标准和劳动定额。

第十一条 推进建立和完善平等协商、集体合同制度以及劳动合同制度。就产业集体合同的制定和实施进行协商。

第十二条 推动行业协会和海员工会组织建设,促进产业工会和行业协会强化代表职工和企业具体利益的职能,使产业工会和行业协会更好的代表职工和企业参加三方协调机制。

第十三条 共同开展对重大劳动争议事件的调研,提出解决和预防重大劳动争议的意见和对策。

第十四条 加强与国家协调劳动关系三方会议办公室的联系,及时上报工作动态,争取工作指导。

第十五条 协商国际劳工组织海员公约与议定书的修改建议和向国际劳工大会提交的相关提案;有关公约的实施情况;向国际劳工组织提交的报告或国际劳工大会议程项目调查表的答复;批准公约或退出公约的建议等事项。

第十六条 加强与国际劳工组织、各国三方机构的联系、交流和合作,组织参加有关活动。

第四章 三方协调机制的会议制度

第十七条 三方协调机制工作会议。三方协调机制工作会议原则上每年召开一次,对年度工作情况及第三章规定的事项进行研究、审议。会议议题、时间、地点由三方协商确定。三方协调机制工作会议由主席主持,或由主席指定的副主席主持。

第十八条 三方专题协调会议。根据需要,三方协调机制的任何一方可以提议召开专题协调会议,经办公室研究,并提出相关会议文件资料后，由主席、副主席协商确定。三方协调会议由主席主持，或由主席指定的副主席主持。

第十九条 三方协调机制办公室主任会议。办公室主任会议每年至少召开两次，主要研究筹备召开三方协调机制工作会议和三方专题协调会议有关工作、议定会议议程，研究提交三方会议的有关文件。

办公室主任会议由办公室主任主持或委托副主任主持，办公室成员参加，根据需要指定相关人员列席。

第二十条 召开三方协调机制工作会议、三方专题协调会议和三方协调机制办公室主任会议，应指定专人记录并形成会议纪要，视情况可上报或下发。

第五章 三方协调机制的工作原则

第二十一条 三方协调机制遵循以下工作原则：

合法、公正、及时原则；

相互理解、信任、支持、合作原则；

兼顾国家、企业、职工三方利益原则；

平等协商原则。

第六章 附 则

第二十二条 结合航运经济发展需要，各地可根据本章程的原则，建立区域海上劳动关系三方协调机制。各地海上劳动关系三方协调机制在本章程所属三方会议办公室指导下开展工作。

第二十三条 本章程由三方议定，由交通运输部印发后实施。

第二十四条 对本章程的修改，任何一方可提出建议，经三方会议商定。

全国海上劳动关系三方协调机制办公室工作规则

交海发〔2010〕12 号　2010.1.6

为了认真履行全国海上劳动关系三方协调机制（以下简称三方协调机制）的职责任务，提高三方协调机制办公室工作效率，制定本规则。

一、办公室职责

（一）在办公室主任领导下开展日常工作。

（二）按照三方协调机制的工作部署和要求，做好组织、联系、协调、综合、服务等项工作。

（三）筹备组织召开三方协调机制工作会议、三方专题协调会议和三方协调机制办公室主任会议。

（四）研究提请三方协调机制工作会议审议的议题、文件和重要事项。

（五）整理相关会议的会议纪要，并根据需要上报和印发。

（六）加强三方联络，保持三方的日常沟通。

（七）推动三方协调机制工作的开展。

（八）对三方协调机制会议文件和有关资料进行整理、归档。

（九）完成主席、副主席交办的其他事项。

二、领导责任制度

（一）三方协调机制办公室实行主任负责制，主任领导全面工作。

（二）办公室其他成员在主任、副主任的领导下开展工作。

三、会议制度

（一）办公室主任会议

办公室主任会议每年至少召开两次，主要研究筹备召开三方协调机制工作会议和三方专题协调会议有关工作、议定会议议程和落实会议决定事项，研究提交三方会议的有关文件。

办公室主任会议由办公室主任主持或委托副主任主持，办公室成员参加，根据需要指定相关人员列席。

（二）办公室临时会议

办公室主任可依据情况召开办公室临时会议，研究临时性重大问题。会议由办公室主任主持或委托副主任主持，办公室成员参加，根据需要指定相关人员列席。

（三）办公室会议

召开三方协调机制工作会议、三方协调机制专题协调会议以及三方协调机制办公室主任会议之前，办公室可依据需要召开办公室会议，将三方协调机制工作会议、三方协调机制专题协调会议以及三方协调机制办公室主任会议的时间、地点、议题等重要事项通知与会各方人员。

关于加强道路运输职业资格工作的意见

交评价发〔2010〕206 号　2010.4.23

各省、自治区、直辖市、新疆生产建设兵团交通运输厅(局、委),部属各单位,部内各单位,部管各社团,中央管理的交通运输企业:

根据中共中央、国务院关于全面推行和规范职业资格制度的精神及《中华人民共和国道路运输条例》等有关法规,按照部《交通行业职业资格工作中长期规划纲要》和《关于加强交通运输职业资格工作的指导意见》的总体部署,现就加强道路运输职业资格工作,促进道路运输业科学发展,提出以下意见:

一、充分认识加强道路运输职业资格工作的重要意义

道路运输职业资格是对从事道路运输职业的人员所必备的学识、技术和能力的基本要求,包括道路运输从业资格和道路运输执业资格,分为职业准入类和能力水平评价类。道路运输职业资格工作既是交通运输职业资格工作的重要内容,也是道路运输行业管理工作的重要组成部分。建立和实施道路运输职业资格制度,科学制定道路运输职业标准,对从业人员实行职业资格考试制度、注册(登记)管理制度、继续教育(培训)制度、从业管理制度,并与道路运输业务管理等有关制度相衔接,是适应社会主义市场经济体制的要求和依法管理道路运输从业人员的重要措施。各级交通运输主管部门和道路运输管理机构要从贯彻落实科学发展观,保障现代道路运输业科学发展的高度,不断强化以人为本的理念,充分认识加强道路运输职业资格工作,是道路运输行业转变管理方式,适应社会主义市场经济体制的迫切需要,是提高道路运输从业人员素质,加强市场监管,做好"三个服务"的迫切需要,要进一步增强做好道路运输职业资格工作的责任感和紧迫感。

二、道路运输职业资格工作的指导思想、基本原则和主要目标

(一)指导思想。坚持以邓小平理论和"三个代表"重要思想为指导,全面贯彻落实科学发展观,牢固树立以人为本的理念,把提高道路运输从业人员素质作为道路运输职业资格工作的出发点和落脚点;以道路运输行业中关系公共安全、人身健康、人民生命财产安全的关键岗位的职业为重点,建立健全道路运输职业资格制度体系;积极推进道路运输职业资格制度与道路运输业务管理制度相衔接,把道路运输职业资格制度建设好、管理好、使用好,努力促进发展方式转变,不断提升现代道路运输业科学发展水平。

(二)基本原则。坚持部对全国道路运输职业资格工作的统一领导,确保全国道路运输职业资格工作"一盘棋";坚持从道路运输行业的实际出发,确保道路运输职业资格工作符合现代道路运输业科学发展的需要;坚持分类建设、分级管理、分工协作,确保道路运输职业资格工作有序推进;坚持道路运输职业资格制度的建设、管理和使用并重,确保道路运输职业资格工作质量和效果。

(三)主要目标。到 2015 年,在道路运输行业关键岗位的职业、重要岗位的职业和其他岗位的职业初步建立相互补充的职业资格制度体系。对经营性道路客货运输驾驶员、道路危险货物运输从业人员、城市公共交通驾驶员、出租车驾驶员以及机动车驾驶培训教练员等关系公共安全、人身健康、人民生命财产安全的关键职业,建立健全职业准入类道路运输职业资格制度体系,并依法实行职业资格证书注册准入管理,有效发挥其对道路运输从业人员管理的主体作用;对机动车检测维修从业人员等关系公众利益的重要职业,建立健全能力水平评价类职业资格制度体系,充分发挥其对道路运输从业人员的自律作用;对道路运输经理人、汽车租赁人员和道路运输服务人员等道路运输其他职业,建立健全科学的职业标准体系和评价体系,充分发挥其对提高道路运输从业人员素质、规范从业行为的导向作用;建立统一领导、分工协作、运行高效的道路运输职业资格工作新机制,初步形成与现代道路运输业发展要求相适应的道路运输职业资格工作新格局。

到2020年,建立相对完备的与国际接轨、与行业管理有机结合的道路运输职业资格制度体系。道路运输职业资格制度与从业人员准入制度、经营者开业条件和质量信誉评价制度、职业教育培训制度和企事业单位劳动人事制度相衔接的机制基本建立;道路运输职业资格评价标准和方法更加科学,评价技术和手段更加先进,与有关国际组织和主要发达国家的相关职业资格实现互认;道路运输职业资格工作体系更加完备,管理体制更加科学,运行机制更加顺畅;道路运输关键职业从业人员持证率达到100%,道路运输从业人员的职业技术、技能水平和职业道德水平明显提高,从业行为更加规范,道路运输职业资格工作对现代道路运输业科学发展的促进作用得到充分发挥。

三、建立健全道路运输职业资格制度体系

部职业资格机构要在部职业资格制度领导小组的领导和部道路运输管理部门的指导下,加强调查研究,抓紧建立健全以下道路运输职业资格制度:

(一)经营性道路客货运输驾驶员从业资格制度。根据《中华人民共和国道路运输条例》和《道路运输从业人员管理规定》,健全经营性道路客货运输驾驶员从业资格制度,强化对经营性道路客货运输驾驶员从业资格证书注册准入、继续教育和动态管理。

(二)道路危险货物运输从业人员从业资格制度。根据《中华人民共和国道路运输条例》和《中华人民共和国危险化学品管理条例》及《道路运输从业人员管理规定》,健全道路危险货物运输驾驶员、押运员和装卸管理人员从业资格制度,强化对道路危险货物运输从业人员从业资格证书注册准入、继续教育和动态管理。

(三)城市公共交通驾驶员从业资格制度。针对城市公共汽(电)车驾驶员和轨道交通车辆驾驶员的不同职业特点,通过加快立法,建立城市公共汽(电)车驾驶员从业资格制度和轨道交通车辆驾驶员从业资格制度,对公共汽(电)车驾驶员和轨道交通车辆驾驶员实行从业资格证书注册准入和动态管理。

(四)出租车驾驶员职业资格制度。根据《国务院对确需保留的行政审批项目设定行政许可的决定》，建立出租车驾驶员职业资格制度，对出租车驾驶员实行职业资格证书注册准入和动态管理。

（五）机动车驾驶培训教练员从业资格制度。根据《中华人民共和国道路运输条例》和《道路运输从业人员管理规定》，健全机动车驾驶培训教练员从业资格制度，强化对机动车驾驶培训教练员从业资格证书注册准入和动态管理。

（六）机动车检测维修从业人员职业资格制度。根据《中华人民共和国道路运输条例》和《道路运输从业人员管理规定》，在完善机动车维修技术人员从业资格制度的基础上，对机动车检测维修专业技术人员实行职业水平评价制度；对机动车检测维修技能型人员实行职业技能鉴定制度。

（七）道路运输经理人从业资格制度。根据《道路运输从业人员管理规定》，建立道路运输经理人从业资格制度，科学评价道路客货运输企业、国际道路运输企业、出租车企业、城市公共交通企业、机动车检测维修企业、道路客货运输站（场）、城市公共交通站（场）、机动车驾驶员培训机构等单位管理人员的职业能力水平，建设符合发展现代道路运输业要求的职业经理人队伍，不断提高其职业素养。

（八）物流从业人员职业能力评价制度。根据国务院《物流业调整和振兴规划》，按照现代物流业的发展要求和国际标准，建立物流从业人员职业能力评价制度，建设一支高素质的职业物流师队伍，促进我国现代物流业科学发展。

（九）汽车租赁从业人员职业能力评价制度。根据规范发展汽车租赁业的需要，参照国际惯例，建立汽车租赁从业人员职业能力评价制度，建设一支高素质的职业汽车租赁师队伍，促进我国汽车租赁业科学发展。

（十）道路运输服务人员职业技能鉴定制度。根据现代道路运输业发展的需要，科学制定汽车货运理货员、汽车货运站场调度员、汽车客运调度员、汽车客运行包员、汽车客运售票员、汽车客运服务员、汽车客运乘务员及道路和停车场(库)管理员等道路运输(含城市公共交通)服务人员职业标准,建立职业技能鉴定制度。

四、建立和实施道路运输职业资格的培训、注册(登记)管理、继续教育和从业管理制度

要建立包括考试制度、注册管理制度、继续教育制度和从业管理制度等在内的科学的道路运输职业资格制度体系。通过建立和实施职业资格考试制度,解决职业门槛问题;通过建立和实施注册制度,解决一次考试定终身的问题;通过建立和实施继续教育制度,解决从业人员知识更新问题;通过建立和实施从业管理制度,解决规范从业人员从业行为问题。

(一)建立和实施道路运输职业资格培训制度。职业资格机构要尽快建立健全道路运输职业资格培训体系和管理办法,加强和规范道路运输职业资格的培训行为,提高道路危险货物运输从业人员等关键职业从业人员的职业资格培训质量。

(二)建立和实施道路运输职业资格的注册(登记)管理制度。交通运输主管部门要抓紧制定经营性道路客货运输驾驶员从业资格等职业准入类职业资格证书的注册管理办法,抓紧制定机动车维修技术人员从业资格等水平评价类职业资格证书的登记管理办法,加强对道路运输职业资格证书的注册(登记)管理,把道路运输从业人员接受规定的继续教育和从业诚信考核情况作为注册(登记)的重要内容,建立道路运输从业人员动态管理机制。

(三)建立和实施道路运输职业资格继续教育制度。职业资格机构要尽快制定各类道路运输职业资格的继续教育标准和管理办法,建立和完善道路运输职业资格继续教育体系,加强对道路运输职业资格继续教育资源的开发和质量监督。交通运输主管部门和道路运输管理机构要把道路运输从业人员完成规定的继续教育时限和内容,作为职业资格证书继续注册(登记)的重要依据之一,确保道路运输从业人员的知识更新。

(四)建立和实施道路运输从业人员从业管理制度。交通运输主管部门要抓紧制定道路运输主要职业从业人员的从业管理规定，严格诚信考核，加强对道路运输从业人员从业活动的监督管理，不断规范道路运输从业人员的从业行为。

五、积极推进道路运输职业资格制度与有关制度相衔接

(一)积极推进道路运输职业资格制度与道路运输业务管理制度相衔接。各级交通运输主管部门要把道路运输从业人员的职业资格要求纳入道路运输企业开业条件、资质评定、质量信誉等级评价和诚信考核等道路运输业务管理内容，严格执行《中华人民共和国道路运输条例》和配套规章对道路运输职业资格的要求，不符合道路运输职业资格要求的，不得颁发道路运输经营许可证等。

(二)积极推进道路运输职业资格制度与职业教育制度相衔接。开设道路运输相关专业的职业院校应根据道路运输职业标准和职业资格制度的要求，及时修订教学大纲，改进教学方法和手段，鼓励道路运输相关专业毕业生在取得学历(文凭)的同时取得相关职业资格证书。

(三)积极推进道路运输职业资格制度与劳动人事制度相衔接。道路运输企事业单位要鼓励职工积极参加道路运输职业资格的培训、考试、注册(登记)和继续教育等活动，严格执行国家对关键岗位职业资格证书注册准入的规定，充分发挥职业资格在职工考核、薪酬确定中的激励引导作用，不断提高职工的职业素质，增强核心竞争力。道路运输管理机构要加强对道路运输企业及从业人员执行道路运输职业资格有关规定的执法检查。

六、不断提高道路运输职业资格评价工作质量

(一)加强道路运输职业资格评价工作的组织管理。各级交通运输主管部门要加强职业资格评价机构建设。职业资格评价机构要会同道路运输管理机构建立健全道路运输职业资格评价规章制度和管理办法，建设高素质的考评员、质量督导员和管理人员队伍，确保道路运输职业资格评价(包括考试和鉴定，下同)工作规范、有序。

(二)加强道路运输职业资格评价理论、技术、方法的研究和应用工作。职业资格机构要会同道路运输管理机构不断加强对现代人才测评理论、技术和方法的研究与应用工作,适时更新道路运输职业资格的评价手段,逐步提高道路运输职业资格考试智能化水平,确保道路运输职业资格评价客观、公正、科学。

(三)加强道路运输职业资格评价命题工作。职业资格机构要会同道路运输管理机构根据每个道路运输职业资格的特点,建设以道路运输业务专家为主体,由管理机构、行业协会、院校、企业等各有关方面的专家广泛参与的命题专家队伍;加强对命题专家在命题技术、方法等方面的培训,不断提高命题质量;加强对命题专家的保密、安全和纪律等方面的教育;保证命题专家的相对稳定性和一定比例的更新;重视考生成绩和试题的分析、评价、反馈工作,逐步建立道路运输职业资格评价题库,并不断更新。

七、加强道路运输职业资格法制化、信息化建设及对外交流与合作

(一)加强道路运输职业资格法制化建设。各级交通运输主管部门要高度重视道路运输职业资格的立法工作,在制定或修订道路运输管理法规时,要参照国际惯例,对涉及公共安全、人身健康和生命财产安全的关键职业设置对职业资格证书的注册许可,为建立健全职业准入类的道路运输职业资格制度体系及其与道路运输行业管理制度相衔接提供明确的法律依据。

(二)建立健全道路运输职业资格信息数据库并逐步与有关数据库实现全国数据共享。各级交通运输主管部门、道路运输管理机构和职业资格机构要在部的统一规划和指导下,抓紧建立健全本地区道路运输从业人员基本信息数据库、职业资格成绩数据库、职业资格证书注册(登记)信息数据库、继续教育信息数据库、诚信考核信息数据库等信息系统,并与道路运输企业及其车辆信息数据库实现全国数据共享,满足在全国范围内对道路运输从业人员实行动态监管的需要。

(三)稳步推进道路运输职业资格与有关国际组织和其他国家相关职业资格的互认工作。在部职业资格制度领导小组的领导下，部职业资格机构要积极会同部道路运输管理部门和道路运输行业协会，通过多种形式加强与有关国际组织和其他国家道路运输职业资格机构的交流与合作，学习借鉴国际先进的道路运输职业资格标准体系和评价技术，通过试点稳步推进道路运输职业资格与有关国际组织和其他国家的相关职业资格的互认工作。

八、加强道路运输职业资格工作的组织领导

（一）切实加强对道路运输职业资格工作的领导。各级交通运输主管部门要把道路运输职业资格工作列入议事日程，定期研究解决工作中的重要问题。各级交通运输主管部门职业资格制度领导小组要加强对本地区道路运输职业资格工作的总体规划和统一领导。

（二）不断创新道路运输职业资格工作管理体制和运行机制。各级道路运输管理机构和职业资格机构及道路运输行业协会要在同级交通运输主管部门职业资格制度领导小组的统一领导下，科学分工，加强协作。道路运输管理机构要加强对从业人员的从业资格准入、诚信考核和职业资格证书的注册（登记）管理，加强对道路运输职业资格业务工作的指导和监督。职业资格机构主要承担道路运输职业资格评价、继续教育和信息化建设等具体的技术性和事务性工作。道路运输行业协会要积极反映道路运输企业在职业资格工作方面的诉求，参与职业资格标准制定、修订和命题等有关工作，依托交通运输教育培训机构做好道路运输职业资格的培训和咨询服务等工作。

（三）加强对道路运输职业资格的宣传推广工作。交通运输主管部门和道路运输管理机构、职业资格机构及道路运输行业协会要加强对道路运输职业资格工作的宣传推广和服务工作，让道路运输企业和广大从业人员了解道路运输职业资格工作政策，积极支持和参与道路运输职业资格工作。

机动车检测维修从业人员职业资格标识管理办法

交评价发〔2010〕636 号　2010.11.5

第一条　为加强机动车检测维修行业诚信体系建设，提高机动车检测维修从业人员服务质量，提升从业人员职业形象，根据国家机动车检测维修职业资格及从业人员管理有关规定，制定本办法。

第二条　机动车检测维修从业人员和检测维修企业的职业资格标识发放、使用及管理工作，适用本办法。

第三条　机动车检测维修从业人员职业资格标识是从业人员通过机动车检测维修专业技术人员职业水平考试的标志之一，表明标识持有人员具有良好的机动车检测维修服务技能。

第四条　机动车检测维修从业人员职业资格标识由公示牌和臂章两部分组成，全国统一式样（见附件1）。

第五条　机动车检测维修从业人员职业资格标识根据机动车检测维修专业技术人员职业水平评价制度的专业和级别设置，分为机动车机电维修技术、机动车车身修复技术、机动车检测评估与运用技术3个专业，每个专业均分为机动车检测维修士、机动车检测维修工程师、机动车检测维修高级工程师3个级别。

第六条　交通运输部负责全国机动车检测维修从业人员和检测维修企业的职业资格标识管理工作，具体工作由交通运输部职业资格管理机构承担。

设区的市级以上道路运输管理机构负责本行政区域内的机动车检测维修从业人员和检测维修企业的职业资格标识管理工作。

第七条　经机动车检测维修专业技术人员职业水平考试合格

并登记的人员即可领取相应专业和级别的机动车检测维修从业人员职业资格标识。

第八条 已获得标识的从业人员在通过机动车检测维修职业资格水平评价更高级别考试后，可在登记时申请换发相应专业和级别的标识。

第九条 机动车检测维修从业人员职业资格标识有效期3年，到期后需进行机动车检测维修专业技术人员职业水平评价证书再次登记后标识方继续有效。

第十条 获得标识的从业人员在工作时应当佩戴臂章，主动接受消费者监督。

第十一条 机动车检测维修企业应当在工作场所醒目位置张贴从业人员的标识公示牌，并标明设区的市级道路运输管理机构的投诉电话。

消费者可以根据标识公示牌自主选择维修技术人员进行服务。

第十二条 机动车检测维修从业人员在从业单位发生变更时，应当向变更后机动车检测维修企业所在地设区的市级道路运输管理机构申请变更公示牌信息，并申领新的公示牌。

第十三条 机动车检测维修企业同时满足以下条件可获得机动车检测维修企业职业资格标识（见附件2）：

（一）有至少75%的机动车检测维修技术人员取得机动车检测维修从业人员职业资格标识；

（二）取得机动车检测维修从业人员职业资格标识的人员应当涵盖企业所提供的机动车机电维修、机动车车身修复、机动车检测评估与运用等服务领域；

（三）上一年度信誉考核合格，并且信誉考核等级为AA级以上。

第十四条 机动车检测维修企业职业资格标识由企业向所在地设区的市级道路运输管理机构提出申请，设区的市级道路运输管理机构负责初审，省级道路运输管理机构终审。符合条件的，由省级道路运输管理机构发放机动车检测维修企业职业资格标识，并报交通运输部职业资格管理机构备案。

第十五条 企业在申请机动车检测维修企业职业资格标识时应当提供以下材料：

（一）机动车检测维修企业职业资格标识申请表（见附件3）；

（二）机动车维修经营许可证复印件；

（三）已取得职业资格标识人员的标识公示牌复印件；

（四）上一年度信誉考核证明。

第十六条 对获得机动车检测维修企业职业资格标识的机动车检测维修企业，在质量信誉考核时给予加分，具体办法另行制定。

第十七条 机动车检测维修企业职业资格标识有效期为1年，到期后由企业提出标识延续申请，设区的市级道路运输管理机构审查合格后批准并加盖标识延续印章。延续印章由各设区的市级道路运输管理机构根据统一式样（见附件4）自行刻制。标识延续有效期为1年，到期后可继续申请延续。

第十八条 获得标识的机动车检测维修企业应当根据《机动车维修管理规定》（交通部令2005年第7号）的要求建立统一格式的机动车检测维修电子档案，并逐步在获得标识的机动车检测维修企业间实现信息共享。

第十九条 交通运输部职业资格管理机构建立全国统一的机动车检测维修从业人员和检测维修企业职业资格标识管理信息平台（www.jtzyzg.org.cn），对获得职业资格标识的人员和企业予以公布，并提供标识查询、投诉处理结果公布等服务。

第二十条 设区的市级道路运输管理机构应当设立并公布职业资格标识投诉电话，负责受理并查处辖区内的机动车检测维修从业人员和检测维修企业职业资格标识相关投诉，具体工作按照《道路运输服务质量投诉管理规定》（交公路发〔1999〕535号）和《汽车维修质量纠纷调解办法》（交公路发〔1998〕349号）的要求开展。

经查实因获得标识的从业人员违反机动车检测维修相关法律法规，以及因职业道德、技术水平、服务质量等造成严重后果的，由设区的市级道路运输管理机构宣布其公示牌和臂章作废，并将投诉及处理结果逐级报交通运输部职业资格管理机构，由交通运输部职业资格管理机构在标识管理信息平台上公布。

第二十一条 获得机动车检测维修企业职业资格标识的机动车检测维修企业因获得标识的从业人员被投诉并宣布标识作废的，在质量信誉考核时对机动车检测维修企业给予扣分，具体办法另行制定；造成机动车检测维修企业无法满足本办法第十三条要求的，由设区的市级道路运输管理机构查实后报省级道路运输管理机构收回机动车检测维修企业职业资格标识。

第二十二条 机动车检测维修从业人员职业资格标识丢失或者损毁的，由标识持有人向企业所在地设区的市级道路运输管理机构提出标识补发申请，设区的市级道路运输管理机构核查无误后，予以补发。

第二十三条 机动车检测维修从业人员职业资格标识公示牌和臂章由交通运输部职业资格管理机构统一制作，并逐级发放。

第二十四条 本办法自 2011 年 6 月 1 日起施行。

附件：1. 机动车检测维修从业人员职业资格标识式样
2. 机动车检测维修企业职业资格标识式样
3. 机动车检测维修企业职业资格标识申请表
4. 机动车检测维修企业职业资格标识延续注册印章式样

附件1

机动车检测维修从业人员职业资格标识式样

机动车检测维修从业人员
职业资格标识公示牌

照片

证书持有人 ______

专业 ______

级别 ______

从业单位 ______

证书有效期至　　年　月　日　　证书编号　No00000001

查询网址　www.jtzyzg.org.cn

交通专业人员资格评价中心（章）

二〇一〇年　月　日

中华人民共和国交通运输部监制

机动车检测维修从业人员职业资格标识公示牌式样

机动车检测维修从业人员职业资格标识臂章式样

附件 2

机动车检测维修企业职业资格标识式样

机动车检测维修从业人员职业资格标识

认 证 企 业

有效期 xx年x月-xx年x月

编 号 № 0000000001

交通专业人员资格评价中心

附件 3

机动车检测维修企业职业资格标识申请表

<table>
<tr><td colspan="2">名　　称</td><td colspan="2"></td><td>法定代表人</td><td colspan="2"></td></tr>
<tr><td colspan="2">地　　址</td><td colspan="2"></td><td>邮 政 编 码</td><td colspan="2"></td></tr>
<tr><td colspan="2">维修经营许可证编号</td><td></td><td colspan="2">维修企业类别</td><td colspan="2"></td></tr>
<tr><td colspan="2">经营项目</td><td colspan="5"></td></tr>
<tr><td colspan="2">联 系 人</td><td></td><td>电　话</td><td></td><td>传　真</td><td></td></tr>
<tr><td colspan="2">企业人员
总　　数</td><td></td><td>专业技术
人员人数</td><td></td><td>获得职业
资格标识人数</td><td></td></tr>
<tr><td colspan="7">获得职业资格标识人员详细信息</td></tr>
<tr><td>姓名</td><td>标识公示牌
编号</td><td>专业技术人员职业
水平评价等级</td><td>姓名</td><td>标识公示牌
编号</td><td colspan="2">专业技术人员职业
水平评价等级</td></tr>
<tr><td></td><td></td><td></td><td></td><td></td><td colspan="2"></td></tr>
<tr><td></td><td></td><td></td><td></td><td></td><td colspan="2"></td></tr>
<tr><td></td><td></td><td></td><td></td><td></td><td colspan="2"></td></tr>
<tr><td></td><td></td><td></td><td></td><td></td><td colspan="2"></td></tr>
<tr><td></td><td></td><td></td><td></td><td></td><td colspan="2"></td></tr>
<tr><td>设区的市级道路运输管理机构意见</td><td colspan="6"></td></tr>
<tr><td>省级道路运输管理机构意见</td><td colspan="6"></td></tr>
</table>

附件 4

机动车检测维修企业职业资格标识延续注册印章式样

说明:延续注册印章为圆形,直径 30mm,字体为宋体。

交通运输部机关公务员培训管理办法(试行)

交人劳发〔2010〕700号 2010.11.23

第一章 总 则

第一条 为进一步提高部机关公务员培训工作科学化、制度化、规范化水平,培养造就高素质公务员队伍,促进学习型机关建设,根据《中华人民共和国公务员法》、《干部教育培训工作条例(试行)》和《公务员培训规定(试行)》,结合我部实际,制定本办法。

第二条 公务员培训应当根据交通运输事业发展和公务员队伍建设需要,按照职位职责要求和不同层次、不同类别公务员特点进行。

第三条 公务员培训应当遵循全面发展、注重能力,理论联系实际、学以致用,改革创新、科学管理的原则。

第四条 公务员培训对象为部机关全体公务员,重点是处级以上领导干部和后备干部。处级以上领导干部每5年应当参加党校、行政学院、干部学院或经人事劳动司认可的其他培训机构累计3个月以上的培训。其他公务员参加脱产培训的时间一般每年累计不少于12天。

第五条 为加强部机关公务员培训工作的组织领导和综合协调,设立部机关公务员培训工作领导小组,分管人事工作的副部长为领导小组组长,人事劳动司司长为副组长,办公厅、政策法规司、财务司、科技司、国际合作司、机关党委以及部管理干部学院主要负责同志为领导小组成员。各司局主要领导对本司局公务员培训工作负第一责任。

领导小组根据需要不定期召开会议,研究决定部机关公务员培训规划、计划安排和政策措施,协调解决部机关公务员培训中的重要问题。领导小组办公室设在人事劳动司,承担领导小组的日常工作。各有关司局和培训机构应按照职责分工,共同协调配合做好公务员培训的具体组织实施工作。

第二章 培训分类

第六条 部机关公务员培训主要包括理论培训、初任培训、任职培训、专门业务培训和在职培训。

第七条 理论培训是对公务员进行马克思列宁主义、毛泽东思想以及中国特色社会主义理论体系特别是科学发展观教育,进行党的路线方针政策和国家法律法规、党史、国情和形势教育,夯实理论基础,开阔世界眼光,培养战略思维,增强党性修养。

机关处级以上干部原则上每5年应安排参加一次系统的理论培训。

第八条 初任培训是对新录用公务员进行的培训,培训内容主要包括政治理论、依法行政、公务员法和公务员行为规范、机关工作方式方法、保密规定等基本知识和技能,重点提高新录用公务员适应机关要求、胜任本职工作的能力。

初任培训应当在新录用公务员试用期内完成,时间不少于12天。新录用公务员除参加中央公务员主管部门统一组织的初任培训之外,还应参加部机关组织的培训,以尽快熟悉适应岗位工作。

第九条 任职培训是按照新任职务的要求,对新提任的处级以上领导干部进行的培训,培训内容主要包括政治理论、领导科学与艺术、政策法规、廉政教育及所任职务相关业务知识等,重点提高胜任领导工作的能力。

任职培训应当在任职前或任职后1年内进行,培训时间原则上不少于30天。新调入机关任职以及晋升为处级以上非领导职务的公务员，也应采取适当方式参加任职培训。

第十条 专门业务培训是根据公务员从事专项工作的需要进行的专业知识和技能培训，重点提高公务员的业务工作能力。专门业务培训的具体内容由各司局根据业务工作需要确定。

公务员每两年至少安排参加一次不少于1周的相关业务培训。由各司局牵头组织的本系统的业务培训，应有计划、分期分批安排机关公务员参加，加强与基层的业务交流，把业务培训与工作调研有机结合起来。

第十一条 在职培训是对全体公务员进行的以更新知识、提高工作能力为目的的培训。在职培训的内容、时间和要求由部机关培训工作领导小组办公室根据机关工作需要研究确定。

要丰富和提升“交通大讲堂”，结合工作中的重点、难点和热点问题，定期在机关举办专题讲座，全体公务员参加。要充分利用高等学校优质资源开展新理论、新知识、新技能、新信息培训。

第三章 培训方式

第十二条 坚持和完善组织调训制度。根据干部培训计划，结合工作需要和公务员职业发展需要，选调人员参加脱产培训，必要时可实行点名调训。司局级参训人选由人事劳动司提出建议，报部领导批准；处级以下参训人选由人事劳动司商有关司局研究确定，其中，参加理论培训的人选由机关党委商有关司局确定，参加专门业务培训人选由有关司局确定。

第十三条 推行公务员自主选学。定期公布部管理干部学院等培训机构承办的优质培训课程资源，公务员可根据自身培训需求，征得所在司局同意后向主办司局报名，由主办司局研究确定参训人选。按照中央公务员培训主管部门的要求，重点组织好司局级干部的自主选学。积极探索推进公务员网络培训，扩大培训覆盖面，提高自主选学质量。

第十四条 建立健全公务员在职自学制度。鼓励公务员本着工作需要、学用一致的原则，利用业余时间参加有关培训和学历学位教育。有关司局应为公务员在职自学提供必要的条件，按规定批准脱产学习假期。

第十五条 根据工作需要，积极利用境外著名大学和其他培训机构开展培训，以拓展机关公务员的世界眼光和战略思维。

第四章 培训组织保障

第十六条 公务员有接受培训的权利和义务。经组织批准参加脱产培训期间，其工资和各项福利待遇与在岗人员相同。

第十七条 公务员学习培训情况作为公务员考核的内容和任职、晋升的依据之一。结合公务员年度考核，开展述学评学考学活动。公务员年终述职，应把全年学习培训情况作为重要内容，具体说明参加培训的项目、内容、考试考核情况、主要收获以及完成学时任务等情况。主管领导应采取适当方式对公务员参加培训的效果和完成培训任务情况进行考核，并作出评价。

第十八条 提任处级以上领导职务的公务员，确因特殊情况在提任前未达到5年累计3个月培训要求的，须在提任后1年内完成培训，仍未完成的要延长试用期；没有参加初任培训或培训考试、考核不合格的新录用公务员，不能任职定级；没有参加任职培训或培训考试、考核不合格的公务员，应及时进行补训；专门业务培训考试、考核不合格的公务员，不得从事专门业务工作；在职培训考试、考核不合格的公务员，年度考核不得确定为优秀等次；公务员应当服从组织调训，遵守培训纪律，无正当理由不参加培训，或在参加培训期间违反培训有关规定和纪律的，视情节轻重，给予批评教育或者处分。

第十九条 建立公务员培训认定与登记制度。公务员参加培训后，由主办司局或培训机构出具相关证明材料，报人事劳动司认定。建立公务员培训档案，对公务员参加培训的种类、内容、时间和考试考核结果等情况进行登记。人事劳动司负责对司局级干部培训情况进行登记;各司局负责登记处级及以下公务员参加培训情况,国际合作司负责登记公务员出国培训情况,并于每年年末统计汇总后报人事劳动司备案。

公务员参加培训经考试、考核合格后取得的培训证书由本人保管,培训登记表等相关材料存入本人档案。公务员参加培训的总结和论文应报主管领导审阅,其中司局级干部培训总结或论文应同时报人事劳动司备案。有关司局应采取适当方式加强培训成果交流,扩大培训受益面。

第二十条 公务员培训所需经费列入部机关预算,对重要的培训项目予以重点保证。加强对培训经费的管理,提高培训经费使用效益。

第五章 附 则

第二十一条 本办法由部人事劳动司负责解释。

第二十二条 本办法自发布之日起施行。《交通部国家公务员培训暂行办法》(交人劳发〔1996〕1019 号)同时废止。

财务审计

交通运输部财政拨款结转和结余资金管理办法

交财发〔2010〕94号　2010.2.11

第一章　总　则

第一条　为进一步加强财政拨款结转和结余资金管理，提高财政资金使用效益，根据财政部《中央部门财政拨款结转和结余资金管理办法》等有关规定，特制定本办法。

第二条　财政拨款结转和结余资金，是指与中央财政有缴拨款关系的行政、事业单位（含企业化管理的事业单位）及社会团体在预算年度内，按照部批复的部门预算，当年未列支出的财政拨款资金。

第三条　财政拨款结转资金（以下简称结转资金）是指当年支出预算已执行但尚未完成，或因故未执行，下年需按原用途继续使用的财政拨款资金。

财政拨款结余资金（以下简称结余资金）是指支出预算工作目标已完成，或由于受政策变化、计划调整等因素影响工作终止，当年剩余的财政拨款资金。

第四条　各单位应当对结转资金和结余资金分别进行明细核算和统计，并与单位会计账表相关数字核对一致。

第五条　按形成时间，结转资金分为当年结转资金和累计结转资金，结余资金分为当年结余资金和累计结余资金。当年结转和当年结余资金是指各单位当年形成的财政拨款结转和结余资金；累计结转和累计结余资金是指各单位截止到年底形成的历年累计财政拨款结转和结余资金。

第二章　结转资金的管理

第六条　结转资金包括各单位预算基本支出结转资金和项目支出结转资金。其中基本支出结转资金包括人员经费结转资金和日常公用经费结转资金。

第七条　基本支出结转资金原则上结转下年继续使用,用于增人增编等人员经费和日常公用经费支出,但在人员经费和日常公用经费间不得挪用,不得用于提高人员经费开支标准。

基本支出当年未使用的财政拨款,不再提取职工福利基金和转入事业基金,统一按本办法关于基本支出结转资金的规定执行。对事业单位在实行国库管理制度改革后,已转入事业基金但尚未使用的财政拨款资金,也一并纳入本办法管理。

项目支出结转资金结转下年按原用途继续使用。

第八条　结转资金原则上不得调整用途。在年度预算执行过程中,各单位确需调整结转资金用途的,应于 8 月底前,将项目支出调整情况的建议报部,待部批复后方可实施。

第九条　各单位在预算执行中因增人增编需增加基本支出的,应首先通过本单位基本支出结转资金安排,并将安排使用情况报部备案。

第十条　各单位连续年度安排预算的延续项目,有结转资金的,在编制以后年度预算时,应根据项目结转资金情况和项目年度资金需求情况,统筹安排财政拨款预算。

第三章　结余资金的管理

第十一条　结余资金是指各单位预算项目支出结余资金。

对某一预算年度安排的项目支出连续两年未使用,或者连续三年仍未使用完形成的剩余资金,视同结余资金管理。

第十二条 基本建设项目支出结余资金的确认按基本建设财务管理有关规定执行。

第十三条 对部核定的年度机动经费，当年未使用的资金按项目支出结余资金管理。

第十四条 各单位在年度预算执行结束后，形成的项目支出结余资金，由部按以下原则统筹安排用于编制以后年度预算。

对车辆购置税资金安排的项目支出连续两年未使用，或者连续三年仍未使用完形成的剩余资金，由部统筹安排使用；其他财政拨款结余资金，由预算单位统筹安排在下一个年度使用，下一年度仍未使用完的结余资金由部统筹安排使用。

各单位应于收到部结余资金核定批复后30日内，将由部统筹安排的结余资金按原渠道退回国库。

第十五条 各单位项目支出结余资金，在部批复部门预算之前原则上不得动用。因特殊情况确需在预算执行中动用项目支出结余资金安排必须支出的，应于8月底前将调整情况的建议报部，待部批复后方可实施。

第十六条 各单位基本建设项目竣工后，应及时按规定报送项目竣工财务决算。各单位应根据批复的项目竣工财务决算中确认的结余资金数额，并按照基本建设财务管理有关规定，将应上交的结余资金在项目竣工财务决算批复后30日内，按原渠道退回国库。各单位留用的结余资金需报批后方可动用。

第四章　减少结转和消化结余资金的措施

第十七条 各单位在预算执行中，对当年执行进度缓慢、预计年底可能形成较多结转或结余资金的项目，应及时提出调减当年预算或调整用于本单位执行中新增重要支出的建议，于8月底前报部审批。

第十八条 除特殊原因外，对当年结转和结余资金比上年增加较多，或者常年累计结转和结余资金规模较大的单位，在编制下一年度部门预算时，部将视其结转和结余资金情况，适当压缩其财政拨款预算。

如无特殊情况，部对其申请追加财政拨款的预算不予受理。

第十九条 对以前年度部门预算安排的财政拨款资金，因特殊原因已无法支出或已不需要支出的，或因其他原因需要收回的，部将直接调减其单位预算。

各单位应在收到部调减预算批复后30日内，将资金按原渠道退回国库。

第二十条 对各单位财政拨款结转和结余资金情况及部统筹安排结余资金情况，部将在一定范围内进行公示。

第五章 预算编制阶段结转和结余资金的安排使用

第二十一条 预算编制阶段，各单位结转和结余资金使用按以下程序办理：

（一）准备阶段。部根据财政部批准的结余资金确认数，下达结转资金、结余资金确认数、部统筹结余资金分配数。

（二）"一上"预算编制阶段。各单位按照财政部关于编制部门预算的要求，结合部批复的结转资金和结余资金确认数和部下达的统筹结余资金分配数，提出本单位统筹使用结转资金和结余资金安排下一年度支出预算，随部门"一上"预算报部。

（三）"一下"控制数批复阶段。部结合各单位累积结转和结余资金情况及当年单位预算执行进度，对各单位"一上"预算进行审核，报财政部审批；部根据财政部下达的动用结余资金计划的批复意见，随"一下"预算控制数下达各单位。

（四）"二上"预算编制阶段。各单位根据部下达的"一下"预算控制数和结余资金安排使用数，编制"二上"预算。同时，对当年年底结转资金情况作充分预计，随单位"二上"预算报部。因结合项目预算执行进度，需对下年项目财政拨款预算进行调整的，由部商财政部同意后调减“一下”预算控制数，调整编制“二上”预算。

第二十二条 各单位的项目支出结余资金必须在年度预算执行结束、结余资金已实际形成和部确认批准后，才可在编制以后年度预算时统筹使用。对在年度预算执行中，因项目已完成或终止形成的剩余资金，未经部批准，不得直接在编制下年预算时安排使用。

第六章 结转和结余资金的报送及确认

第二十三条 预算年度结束后，各单位应对本级和所属预算单位的结转和结余资金情况逐级汇总，并对形成结转或结余资金的原因进行分析说明，于下年2月20日前，将本单位财政拨款结转和结余资金情况表(以当年下发的格式为准)和有关说明文件报部。

第二十四条 国库集中支付形成的年终预算结转和结余资金，各单位还须按照财政部关于国库管理制度改革试点年终结转和结余资金管理有关规定，在下年1月15日之前报送相关报表。

第二十五条 部将于4月底前将结转和结余资金审核意见通知各单位。部批复的部门预算中的结转资金数额与审核确认的结转资金数额不一致的，以审核确认数为准。

第七章 附 则

第二十六条 各单位在结转和结余资金管理中违反本办法规定的，部将责成其进行纠正，并通过调减部门预算等方式将有关资金收回。

第二十七条 各单位可以依据本办法，结合本单位实际情况，制定本单位结转和结余资金的具体管理办法。

第二十八条 对纳入预算管理的政府性基金项目支出结转和结余资金，按照有关政府性基金项目管理规定执行。

第二十九条 本办法自印发之日起执行。

交通运输部加强预算执行管理规定

交财发〔2010〕99号　2010.2.21

为做好预算执行工作，提高支出均衡性，确保财政资金使用效益的发挥，根据财政部《关于进一步做好预算执行工作的指导意见》和《经建司关于加强预算执行工作方案》的要求，结合部预算执行管理的实际，特制定本规定。

一、加强预算编制管理，为预算执行提供良好条件

（一）完善预算编制，做实、做准预算

各单位应建立健全各项支出定额（标准）体系，科学合理地编制本单位预算。基本支出预算应如实、准确反映本单位的机构编制、人员、经费类型等基础数据及变化情况，严格按照有关定额管理要求进行编制；项目支出预算应至少提前一年进行充分的研究论证，在编制“二上”预算时，基本建设项目应具备设计批复文件，其他项目应具备专家论证意见或上级单位立项批复文件。同时，对项目支出预算应制定明确的实施计划和时间进度，保证项目可执行。

涉及政府采购的，应同时编制政府采购预算。

（二）严格预算审核，合理安排收支

部将加强预算的审核工作，完善预算编制与预算执行相结合的机制。对无支出依据、超标准支出等不合规定的支出，以及未经过详细论证、不具可执行的项目支出，不予安排预算。同时，部将按照《交通运输部财政拨款结转和结余资金管理办法》的规定，加大对各单位年底形成的财政拨款结转和结余资金的统筹力度，在审核各单位下一年度预算时，对有结转和结余资金的单位，将优先使用结余资金，对确实无需使用的结余资金，部将限期收回或统筹安排。

（三）细化项目预算，规范预算调整

各单位应在部批复预算之日起15日内，将预算批复所属基层预算单位，并报部备案。

各单位要积极推进预算编制改革，严格控制代编预算规模，提高预算到位率，切实把预算细化到基层单位，细化到具体项目。对确实需要代编预算的，代编预算的单位要尽量在6月底前将预算落实到具体单位，细化到具体项目，对至8月底仍未细化到具体的承担单位和项目的预算，部将全部作调减预算处理。

各单位应严格执行批准的预算，对机动经费、当年预计要安排的超收收入，要结合本单位事业发展情况，提前做出支出安排预案，并严格依照程序报经批准后，及时落实到具体单位和项目。

对因工作任务的改变、内容的变化及预算未细化等，导致预算无法执行，需要调整（申请追加和调减）预算的，各单位应在7月底前向部报送预算调整的建议方案，逾期部将不予受理。

二、实行预算执行的计划管理，均衡合理地安排各项支出

各单位应按照时间和工程进度的要求，编制预算执行计划。

对“二上”预算中的基本支出预算，各单位应严格按时间进度和预算规模，认真编制分月用款计划，均衡合理地安排支出。

对“二上”预算中的项目支出预算，各单位要逐一提出年度执行计划。预算已细化到具体项目的，应在预算执行年度的2月25日前将项目实施进度计划和资金使用计划报部。部将对各单位上报的项目支出预算执行计划进行审核，并在“二下”预算批复时，一并予以批复。

对“二上”预算中尚未细化到具体项目和承担单位的项目，部属相关单位（部内相关司局）也要明确项目细化时间表，并对所有项目提出项目实施进度计划和资金使用计划。

各单位制定项目支出预算执行计划的基本要求是：除据实结算项目外，各单位项目支出的平均支付率6月底不低于45%、7月底不低于52%、8月底不低于60%、9月底不低于70%、10月底不低于 80%、11 月底不低于 90%。

在项目支出预算执行计划批复前，对符合条件的项目支出，部将协调财政部门实行预拨；批复后，按批复的计划执行。批复后的预算执行计划将作为部对各单位预算执行进度的考核依据。

三、及时办理请拨款手续，保证项目所需资金在规定时间内全额拨付到位

各单位财务部门要加强与本单位项目管理部门以及财政部驻地财政专员办的沟通协调，落实相关配套资金，按照规定的时间和要求，及时办理项目支出预算的请拨款手续。

在预算批复前，对基本建设延续项目，各单位可按工程实施进度要求及资金使用计划办理请拨款手续；对新开工重点建设项目，具备拨款条件的，也可办理请拨款手续。

对车购税、港口建设费安排的前期工作费和西部科研项目，以及政府采购项目，部属相关单位（部内相关司局）应在“二上”预算编制完成，并经财政部初审后，开展相关项目的招投标及政府采购的各项准备工作；部门预算一经批复，要尽快落实项目实施单位，签订项目实施合同，并及时办理相关项目支出请拨款手续。

四、加强预算执行的进度管理，积极开展预算执行分析和督查工作

各单位要建立预算执行定期分析报告制度，每月终了 2 日（节假日顺延）前，向部报送预算执行分析报告。分析报告内容主要包括：预算执行总体情况，基本支出预算执行情况，项目支出预算执行情况，并重点报告财政资金安排项目的预算执行情况、预算执行中存在的问题及原因、提高预算执行率的具体措施等。

部将进一步加强对预算执行的监督检查，加大对重点单位、重点项目特别是各类建设项目的监控力度，促进重点单位、重点项目切实加快预算执行进度。对有关单位存在的预算执行不力等问题将采取通报、约谈等方式，督促有关单位及时解决。

部在开展对领导干部经济责任审计时，将把单位预算执行情况作为审计评价的重点内容之一。

五、落实责任，建立预算执行奖惩机制

单位财务部门是预算执行的归口管理部门，也是基本支出预算执行的责任主体，单位项目（基建）管理部门是项目支出预算执行的责任主体。

各单位要根据自身业务特点和项目实施的具体情况，进一步优化预算执行工作流程，细化预算执行责任人，建立健全预算支出责任制度，明确考核指标，将责任落实到岗，任务落实到人，完善内部约束和激励机制，确保项目的有效实施。

部在审核各单位下一年度预算时，对预算执行好的单位，将优先考虑，予以重点保障；对预算执行较差的单位，将结合预算执行进度从严控制，压缩下一年度预算。

交通运输部事业单位国有资产管理暂行办法

交财发〔2010〕123 号　2010.3.8

第一章　总　　则

第一条　为规范和加强部属事业单位国有资产监督管理，维护国有资产安全完整，提高国有资产使用效益，促进交通运输事业发展，根据财政部《事业单位国有资产管理暂行办法》、《中央级事业单位国有资产管理暂行办法》、《中央级事业单位国有资产使用管理暂行办法》和《中央级事业单位国有资产处置管理暂行办法》，结合我部实际情况，制定本办法。

第二条　本办法适用于部属事业单位的国有资产管理活动。

第三条　本办法中下列用语的涵义是：

（一）部属事业单位国有资产，是指部属各级各类事业单位占有、使用的，依法确认为国家所有，能以货币计量的各种经济资源的总称。

包括：国家拨给部属事业单位的资产，部属事业单位按照国家政策规定运用国有资产组织收入形成的资产，以及接受捐赠和其他经法律确认为国家所有的资产，其表现形式为流动资产、固定资产、无形资产和对外投资等。

（二）配置是指部属事业单位根据本单位履行职能的需要，按照国家有关法律、行政法规和规章制度规定的程序，通过购置或者调剂等方式为本单位及所属单位配备国有资产的行为。

（三）处置是指部属事业单位对其占有、使用的国有资产产权进行转让或者注销产权的行为。处置方式包括无偿调拨(划转)、对外捐赠、出售、出让、转让、置换、报废报损及货币性资产损失核销等。

(四)无偿调拨(划转)是指在不改变国有资产性质的前提下,以无偿转让的方式变更国有资产占有、使用权的行为。

(五)对外捐赠是指部属事业单位依照《中华人民共和国公益事业捐赠法》,自愿无偿将其有权处分的合法财产赠与合法受赠人的行为,包括实物资产捐赠、无形资产和货币性资产捐赠等。

(六)出售、出让、转让是指变更部属事业单位国有资产所有权或占有、使用权并取得相应收益的行为。

(七)置换是指部属事业单位与其他单位以非货币性资产为主进行的交换。这种交换不涉及或只涉及少量的货币性资产(即补价)。

(八)报废是指按有关规定或经有关部门、专家鉴定,对已不能继续使用的国有资产,进行产权注销的资产处置行为。

(九)报损是指由于发生呆账损失、非正常损失等原因,按有关规定对国有资产损失进行产权注销的资产处置行为。

(十)货币性资产损失核销是指部属事业单位按现行财务与会计制度,对确认形成损失的货币性资产(现金、银行存款、应收账款、应收票据等)进行核销的行为。

(十一)处置收入是指在出售、出让、转让、置换、报废报损等处置国有资产过程中获得的收入,包括出售实物资产和无形资产的收入、置换差价收入、报废报损残值变价收入、保险理赔收入、转让土地使用权收益等。

(十二)产权登记是国家对部属事业单位占有、使用的国有资产进行登记,依法确认国家对国有资产的所有权和部属事业单位对国有资产的占有、使用权的行为。

(十三)产权纠纷是指由于国有资产所有权、经营权、使用权等产权归属不清而发生的争议。

第四条 部属事业单位国有资产管理活动,应当推行实物费用定额制度,促进事业资产整合与共享共用,实现资产管理和预算管理的紧密统一;应当坚持所有权与使用权相分离、资产管理与财务管理相结合、实物管理与价值管理相结合的原则。

第五条 部属事业单位国有资产实行国家统一所有,财政部、部及部属系统单位(包括长江航务管理局、海事局、救助打捞局、船级社,下同)分级监管,单位占有、使用的管理体制。

第二章 管理职责

第六条 部对部属事业单位国有资产实施监督管理。其主要职责是:

(一)贯彻执行国家有关国有资产管理的法律、法规和政策;

(二)制定部属事业单位国有资产管理规章制度,并组织实施和监督检查;

(三)组织部属事业单位开展国有资产清查、登记、统计汇总及日常监督检查工作;

(四)按规定权限审核或审批部属事业单位的国有资产配置、处置和利用国有资产对外投资、出租、出借等事项;

(五)负责对长期闲置、低效运转和超标配置资产的调剂工作,优化国有资产配置,推动国有资产共享、共用;

(六)督促部属事业单位按规定缴纳国有资产收益;

(七)按照财政部有关规定,组织实施部属事业单位国有资产绩效考评工作。

第七条 部属事业单位负责对本单位占有、使用的国有资产实施具体管理。其主要职责是:

(一)贯彻执行国家有关国有资产管理的法律、法规和政策;

(二)根据财政部和部国有资产管理规定,制定本单位国有资产管理的具体办法并组织实施;

(三)负责本单位资产购置、验收入库、维护保管等日常管理,建立资产管理档案,负责资产的账卡管理、清查登记、统计报告及日常监督检查工作；

（四）按规定权限报批或审批本单位及所属单位国有资产的配置、处置和利用国有资产对外投资、出租、出借等事项；

（五）负责本单位用于对外投资、出租、出借等资产的保值增值，按规定及时、足额缴纳国有资产收益；

（六）负责组织实施对本单位存量资产的有效利用，参与大型交通运输设备、仪器等资产的共享、共用和公共研究平台的建设工作；

（七）接受财政部和部的监督、指导，并报告有关国有资产管理工作。

第八条 部属事业单位应明确相关管理机构、管理职责和工作人员，做好本单位国有资产管理工作。

第三章 资产配置

第九条 部属事业单位国有资产配置应当符合以下条件：

（一）现有资产无法满足单位履行职能的需要；

（二）难以与其他单位共享、共用相关资产；

（三）难以通过市场购买服务方式实现，或者采取市场购买服务方式成本过高。

第十条 国有资产配置应当符合规定的配置标准；没有规定配置标准的，应当从严控制，合理配置。

第十一条 对于单位长期闲置、低效运转或超标配置的国有资产，原则上由部在系统内部或行业内部进行调剂，并报财政部备案。

第十二条 部属事业单位申请购置规定限额（规定限额按财政部布置年度预算编制工作时的规定执行，下同）以上国有资产的，除国家另有规定外，按照下列程序报批：

（一）部属系统单位根据有关规定对其本级及所属单位提出拟购置国有资产的品目、数量和所需经费的资产购置计划进行审核后报部审核；其他部属事业单位根据业务发展需要提出拟购置资产的品目、数量和经费的国有资产购置计划，直接报部审核；

（二）部根据各单位资产存量状况、人员编制和有关国有资产配置标准等，对上报的国有资产购置计划进行审核、汇总后，报财政部审批；

（三）经财政部批准的国有资产购置计划，按照预算管理的相关要求列入部属事业单位年度预算。

第十三条 部属事业单位购置属于政府采购范围的国有资产，应当按照部有关政府采购的规定实施政府采购。

第十四条 部属事业单位应当建立健全国有资产购置、验收、保管、使用等内部管理制度。

第十五条 部属事业单位的国有资产管理部门应及时对单位购置、接受捐赠、无偿划拨等方式获得的国有资产办理验收入库手续，严把数量、质量关，验收合格后送达具体使用部门；自建资产应及时办理竣工验收、竣工财务决算编报以及按要求办理资产移交和产权登记手续。

部属事业单位的财务管理部门应根据资产的相关凭证或文件及时进行账务处理；对需要办理产权证书的资产，应及时办理产权证书。

第十六条 部属事业单位应当对实物资产进行定期检查，做到账账、账卡、账实相符，加强对本单位专利权、商标权、著作权、土地使用权、非专利技术、商誉等无形资产的管理，防止无形资产流失。

第四章 资产使用

第十七条 部属事业单位国有资产的使用包括单位自用、对外投资和出租、出借等。

第十八条 部属事业单位国有资产使用应首先保证单位正常运转和事业发展需要，并遵循权属清晰、安全完整、风险控制、注重绩效和跟踪管理等原则。

第十九条 部属事业单位应建立国有资产领用交回制度。国有资产领用应经主管领导批准。国有资产出库时保管人员应及时办理出库手续。办公用资产应落实到人,使用人员离职时,所用国有资产应按规定交回。

第二十条 部属事业单位应认真做好自用资产使用管理,经常检查并改善资产使用状况,减少资产的非正常消耗,做到高效节约、物尽其用,充分发挥国有资产使用效益,防止国有资产使用过程中的损失和浪费。

第二十一条 部属事业单位应加强对无形资产的管理和保护,并结合国家知识产权战略的实施,促进科技成果转化。

第二十二条 财政部、部及部属系统单位和其他部属事业单位按规定权限对部属事业单位国有资产对外投资和出租、出借等事项进行审批(审核)或备案。

第二十三条 部属事业单位利用国有资产对外投资、出租、出借等,均应当进行必要的可行性论证,并经本单位领导集体研究决定。

第二十四条 部属事业单位应对本单位对外投资和出租、出借的国有资产实行专项管理,并在单位财务会计报告中对相关信息进行披露。

第二十五条 部属事业单位利用房屋、土地、飞机、船舶和无形资产进行对外投资,以及出租、出借飞机和船舶,均需报部审核或审批。

部属系统单位所属单位发生上述国有资产使用行为时,应由部属系统单位提出审核意见后报部。

第二十六条 部属事业单位利用除本办法第二十五条 规定以外的国有资产对外投资,以及超过6个月以上(不含6个月)的国有资产出租、出借事项均需按以下权限审批:

(一)部属系统单位本级及所属单位对外投资和出租、出借国有资产单项价值或批量价值在500万元以下的,由部属系统单位审批并于15个工作日内将审批结果报部备案;其他部属事业单位对外投资和出租、出借国有资产单项价值或批量价值在300万元以下的,由各单位审批并于15个工作日内将审批结果报部备案;

(二)部属系统单位本级及所属事业单位对外投资和出租、出借国有资产单项价值或批量价值在500万元以上(含500万元)、800万元以下的,其他部属事业单位对外投资和出租、出借国有资产单项价值或批量价值在300万元以上(含300万元)、800万元以下的,报部审批;

(三)部属事业单位对外投资和出租、出借国有资产单项价值或批量价值在800万元以上的(含800万元),由部审核后报财政部审批。

第二十七条 部属事业单位利用国有资产出租、出借期限在6个月以内(含6个月)的,由部属事业单位审批。

部属事业单位应于批复之日起15个工作日内将审批文件报部、财政部(一式三份)及当地财政专员办备案。

第二十八条 部属事业单位利用国有资产对外投资,应提交以下资料:

(一)对外投资事项的书面申请;

(二)拟对外投资国有资产的价值凭证及权属证明,如购货发票或收据、工程决算副本、国有土地使用权证、房屋所有权证、股权证等凭据的复印件(加盖单位公章);

(三)对外投资的可行性分析报告;

(四)拟同意利用国有资产对外投资的会议决议或会议纪要复印件;

(五)单位法人证书复印件、拟合作方的法人证书复印件或企业营业执照复印件、个人身份证复印件等;

(六)拟创办经济实体的章程和工商行政管理部门下发的企业名称预先核准通知书;

(七)与拟合作方签订的合作意向书、协议草案或合同草案;

(八)单位上年度财务报表;

（九）经中介机构审计的拟合作方上年度财务报表；

（十）其他材料。

第二十九条 部属事业单位要严格控制货币性资金对外投资。不得利用财政拨款和财政拨款结余对外投资。

第三十条 部属事业单位不得从事以下对外投资事项：

（一）买卖期货、股票，国家另有规定的除外；

（二）购买各种企业债券、各类投资基金和其他任何形式的金融衍生品或进行任何形式的金融风险投资，国家另有规定的除外；

（三）利用国外贷款的事业单位，在国外债务尚未清偿前利用该贷款形成的国有资产对外投资；

（四）其他违反法律、行政法规规定的。

第三十一条 部属事业单位出租、出借国有资产，应提交以下资料：

（一）拟出租、出借事项的书面申请；

（二）拟出租、出借国有资产的价值凭证及权属证明，如购货发票或收据、工程决算副本、国有土地使用权证、房屋所有权证、股权证等凭证的复印件（加盖单位公章）；

（三）出租、出借的可行性分析报告；

（四）同意利用国有资产出租、出借的内部决议或会议纪要复印件；

（五）单位的法人证书复印件、拟承租承借方的事业法人证书复印件或企业营业执照复印件、个人身份证复印件等；

（六）其他材料。

第三十二条 部属事业单位国有资产有下列情形之一的，不得出租、出借：

（一）已被依法查封、冻结的；

（二）未取得其他共有人同意的；

（三）产权有争议的；

（四）其他违反法律、行政法规规定的。

第三十三条 部收到部属事业单位的国有资产使用申请后将

及时审查,并按下列情形限时办理:

(一)申请事项和相关资料符合本办法规定的,部在收到材料之日起,15个工作日内做出批复或转报财政部。

(二)申请资料不符合本办法规定的,部在5个工作日内以书面方式通知部属事业单位修改补充。受理日期以部重新收到申报资料时算起。

(三)申请事项不符合本办法规定的,部将不予办理,并在5个工作日内函告不予办理的原因。

第三十四条 部属事业单位国有资产出租,原则上应采取公开招租的形式确定出租的价格,必要时可采取评审或者资产评估的办法确定出租底价。部属事业单位利用国有资产出租、出借的,期限一般不得超过5年。

第三十五条 部属事业单位对外投资收益以及利用国有资产出租、出借等取得的收入应当纳入单位预算,统一核算,统一管理。

第三十六条 部属事业单位转让(减持)对外投资的股权,按照第五章中有关国有资产处置的规定办理。

第五章 资产处置

第三十七条 国有资产处置范围包括:闲置资产,报废、淘汰资产,产权或使用权转移的资产,盘亏、呆账及非正常损失的资产,以及依照国家规定需要处置的其他资产。

第三十八条 拟处置的国有资产权属应当清晰。权属关系不明确或者存在权属纠纷的国有资产,须待权属界定明确后予以处置;被设置为担保物的国有资产处置,应当符合《中华人民共和国担保法》和《中华人民共和国物权法》等法律的有关规定。

第三十九条 处置国有资产,应当遵循公开、公正、公平的原则,由本单位资产管理部门会同财务部门、技术部门审核鉴定,提出处理意见,并严格履行审批手续,未经批准不得擅自处理。

第四十条 财政部、部对部属事业单位国有资产处置事项的批复和部属系统单位对所属事业单位国有资产处置事项的批复，以及部属事业单位按规定处置国有资产报部备案的文件是财政部、部和部属系统单位安排有关资产配置预算项目的参考依据，部属事业单位应当依据其办理产权变动和进行账务处理。账务处理按照现行事业单位财务和会计制度的有关规定执行。

第四十一条 处置国有资产金额的审批权限同第二十六条使用国有资产金额审批权限。

第四十二条 部属事业单位处置规定限额以上的国有资产，应当按以下程序办理：

（一）单位申报。部属事业单位处置国有资产，须填写《中央级事业单位国有资产处置申请表》，并附相关材料，以正式文件向部申报。

（二）部审批或审核。部对部属事业单位的申报处置材料进行合规性、真实性等审核后，在部审批权限内的，由部进行审批并报财政部备案，需报财政部审批的，由部报财政部审批。

（三）评估备案与核准。部属事业单位根据部的批复，委托具有资产评估资质的评估机构对国有资产进行评估，评估结果报财政部或部备案。评估结果按照国家有关规定须经核准的，部属事业单位将评估结果报部，由部报财政部核准。

（四）公开处置。部属事业单位对经批准处置的国有资产进行公开处置。

第四十三条 无偿调拨（划转）的国有资产包括：

（一）长期闲置不用、低效运转、超标准配置的；

（二）因单位撤销、合并、分立而移交的；

（三）因隶属关系改变，上划或下划的；

（四）其他需调拨（划转）的。

第四十四条 部属事业单位不得将非经营性资产无偿调拨（划转）为经营性资产。

第四十五条 部属事业单位与部外中央单位之间无偿调拨（划转）国有资产的，在与另一方协调一致，并经双方主管部门审核同意后，由划出方主管部门按规定报财政部审批。

第四十六条 部属事业单位将国有资产无偿调拨（划转）给地方单位的，应按规定提出审核意见并附省级业务主管部门和省级财政部门同意接收文件报部，经部审核后报财政部审批。

第四十七条 地方单位将国有资产无偿调拨（划转）给部属事业单位的，在地方财政部门审批后，办理国有资产无偿调拨（划转）手续。部属事业单位应将接收国有资产的有关情况报部备案。

第四十八条 部属事业单位无偿调拨（划转）国有资产，应提交以下材料：

（一）无偿调拨（划转）申请文件；

（二）中央级事业单位国有资产处置申请表；

（三）国有资产价值凭证及产权证明，如购货发票或收据、工程决算副本、国有土地使用权证、房屋所有权证、股权证等凭据的复印件（加盖单位公章）；

（四）因单位撤销、合并、分立而转移资产的，需提供撤销、合并、分立的批文；

（五）拟无偿调拨（划转）国有资产的名称、数量、规格、单价等清单；

（六）其他相关材料。

第四十九条 部属事业单位对外捐赠国有资产，应提交以下资料：

（一）对外捐赠申请文件；

（二）中央级事业单位国有资产处置申请表；

（三）捐赠报告，包括：捐赠事由、途径、方式、责任人、资产构成及其数额、交接程序等；

（四）捐赠单位出具的捐赠事项对本单位财务状况和业务活动影响的分析报告，使用货币资金对外捐赠的，应提供货币资金的来源说明等；

（五）决定捐赠事项的有关文件；

（六）能够证明国有资产价值的有效凭证，如购货发票或收据、工程决算副本、记账凭证、固定资产卡片及产权证明等凭据的复印件（加盖单位公章）；

（七）其他相关材料。

第五十条 部属事业单位国有资产出售、出让、转让，应当通过产权交易机构、证券交易系统、协议方式以及国家法律、行政法规规定的其他方式进行，严格控制产权交易机构和证券交易系统之外的直接协议方式。

第五十一条 部属事业单位国有资产出售、出让、转让，将按规定权限由财政部、部备案或核准的资产评估报告所确认的评估价值作为市场竞价的参考依据，意向交易价格低于评估结果90%的，应当按规定权限报财政部或部重新确认后交易。

第五十二条 部属事业单位出售、出让、转让国有资产，应提交以下资料：

（一）出售、出让、转让申请文件；

（二）中央级事业单位国有资产处置申请表；

（三）国有资产价值凭证及产权证明，如购货发票或收据、工程决算副本、国有土地使用权证、房屋所有权证、股权证等凭据的复印件（加盖单位公章）；

（四）出售、出让、转让方案，包括资产的基本情况，处置的原因、方式等；

（五）出售、出让、转让合同草案，属于股权转让的，还应提交股权转让可行性报告；

（六）其他相关材料。

第五十三条 部属事业单位置换国有资产，应提交以下资料：

（一）置换申请文件；

（二）中央级事业单位国有资产处置申请表；

（三）国有资产价值凭证及产权证明，如购货发票或收据、工程决算副本、国有土地使用权证、房屋所有权证、股权证等凭据的

复印件(加盖单位公章);

(四)对方单位拟用于置换资产的基本情况说明、是否已被设置为担保物等;

(五)双方草签的置换协议;

(六)对方单位的法人证书或营业执照的复印件(加盖对方单位公章);

(七)部属事业单位近期的财务报告;

(八)其他相关材料。

第五十四条 部属事业单位报废、报损国有资产,应提交以下材料:

(一)报废、报损申请文件;

(二)中央级事业单位国有资产处置申请表;

(三)能够证明盘亏、毁损以及非正常损失资产价值的有效凭证,如购货发票或收据、工程决算副本、记账凭证、固定资产卡片、盘点表及产权证明等凭据的复印件(加盖单位公章);

(四)报废、报损价值清单;

(五)非正常损失责任事故的鉴定文件及对责任者的处理文件;

(六)因房屋拆除等原因需办理资产核销手续的,应提交相关职能部门的房屋拆除批复文件、建设项目拆建立项文件、双方签定的房屋拆迁补偿协议;

(七)其他相关材料。

第五十五条 部属事业单位对外投资、担保(抵押)发生损失申请损失处置,应提交以下材料:

(一)对外投资、担保(抵押)损失处置申请文件;

(二)中央级事业单位国有资产处置申请表;

(三)被投资单位的清算审计报告及注销文件;

(四)债权或股权凭证、形成呆坏账的情况说明和具有法定依据的证明材料;

(五)申请仲裁或提起诉讼的,提供相关法律文书;

（六）其他相关材料。

第五十六条 货币性资产损失核销是指部属事业单位按现行财务与会计制度，对确认形成损失的货币性资产（现金、银行存款、应收账款、应收票据等）进行核销的行为。

第五十七条 部属事业单位申请货币性资产损失核销，应提交以下材料：

（一）货币性资产损失核销申请文件；

（二）中央级事业单位国有资产处置申请表；

（三）债务人被依法宣告破产、撤销、关闭，用债务人清算财产清偿后仍不能弥补损失的，提供宣告债务人破产的民事裁定书以及财产清算报告、注销工商登记或吊销营业执照的证明、政府有关部门决定关闭的文件；

（四）债务人死亡或者依法被宣告失踪、死亡的，提交其财产或遗产不足清偿的法律文件；

（五）涉及诉讼的，提交判决裁定申报单位败诉的人民法院生效判决书或裁定书，或虽胜诉但因无法执行被裁定终止执行的法律文件。

第五十八条 部收到部属事业单位的国有资产处置申请后的受理时限同第三十三条规定。

第五十九条 部属事业单位国有资产处置收入在扣除相关税金、评估费、拍卖佣金等费用后，按照政府非税收入管理和财政国库收缴管理的规定上缴中央国库，实行“收支两条线”管理。

土地使用权转让收益，按照国家有关规定，上缴中央国库，实行“收支两条线”管理。

出售实物资产和无形资产收入、置换差价收入、报废报损残值变价收入、保险理赔收入等上缴中央国库，实行“收支两条线”管理。

科技成果转化（转让）收入，按照国家的有关规定，在扣除奖励资金后上缴中央国库。

第六十条 部属事业单位利用现金对外投资形成的股权（权

益)的出售、出让、转让收入纳入单位预算,统一核算,统一管理。

第六十一条 部属事业单位利用实物资产、无形资产对外投资形成的股权(权益)的出售、出让、转让收入,按以下情况分别处理:

(一)收入形式为现金的,扣除投资收益,以及税金、评估费等相关费用后,上缴中央国库,实行"收支两条线"管理;投资收益纳入单位预算,统一核算,统一管理。

(二)收入形式为资产和现金的,现金部分扣除投资收益,以及税金、评估费等相关费用后,上缴中央国库,实行"收支两条线"管理。

(三)利用现金、实物资产、无形资产混合对外投资形成的股权(权益)的出售、出让、转让收入,按照第六十条和本条(一)、(二)款的有关规定分别管理。

第六十二条 部属事业单位应上缴的国有资产处置收入和应上缴的利用国有资产对外投资形成的股权(权益)的出售(出让、转让)收入,按以下方式上缴:

(一)部属系统单位本级及所属事业单位在取得上述收入后2个工作日内,全额直接缴入财政部为部属系统单位开设的中央财政汇缴专户。

(二)其他部属事业单位在取得上述收入后2个工作日内,全额直接缴入财政部为部开设的中央财政汇缴专户。

第六十三条 部属事业单位上缴的国有资产处置收入,纳入预算管理。部属事业单位因事业发展产生的资产配置需求,在编制部门预算时由财政部、部根据有关资产配置标准及中央财力情况统筹考虑。

第六章 产权登记及纠纷处理

第六十四条 部属事业单位国有资产产权登记的内容主要包括:

（一）单位名称、住所、负责人及成立时间；

（二）单位性质、主管部门；

（三）单位资产总额、国有资产总额、主要实物资产额及其使用状况、对外投资情况；

（四）其他需要登记的事项。

第六十五条 部属事业单位国有资产产权登记应当按照以下规定进行：

（一）新设立的单位，办理占有产权登记；

（二）发生分立、合并、部分改制，以及隶属关系、单位名称、住所和单位负责人等产权登记内容发生变化的单位，办理变更产权登记；

（三）因依法撤销或者整体改制等原因被清算、注销的事业单位，办理注销产权登记。

第六十六条 部属事业单位之间发生产权纠纷的，由当事人协商解决；协商不能解决的，可向部申请调解。

第六十七条 部属系统单位所属单位之间发生产权纠纷的，由当事人协商解决，协商不能解决的，由部属系统单位调解。

第六十八条 部属事业单位与其他国有单位之间发生产权纠纷的，由当事人协商解决；协商不能解决的，可向部申请进行调解；部调解不成的，由部报财政部调解；再调解不能解决的，依照司法程序处理。

第六十九条 部属事业单位与非国有单位或个人之间发生产权纠纷的，由部属事业单位提出处理意见，并经部报财政部同意后，与对方当事人协商解决；协商不能解决的，依照司法程序处理。

第七章 资产评估及清查

第七十条 部属事业单位有下列情形之一的，应当对相关国有资产进行评估：

（一）整体或者部分改制为企业；

（二）以非货币性资产对外投资；

（三）合并、分立、清算；

（四）资产拍卖、转让、置换；

（五）整体或者部分资产租赁给非国有单位；

（六）确定涉讼资产价值；

（七）法律、行政法规规定的其他需要进行评估的事项。

第七十一条 有下列情形之一的，可以不进行资产评估：

（一）经批准整体或者部分国有资产无偿划转；

（二）下属单位之间合并、国有资产划转、置换和转让；

（三）其他不影响国有资产权益的特殊产权变动行为，逐级报部，由部报经财政部确认可以不进行资产评估的。

第七十二条 部属事业单位在相关资产使用、处置行为得到批准后，应委托具有资产评估资质的评估机构对国有资产进行评估。

第七十三条 部属事业单位应当如实向资产评估机构提供有关情况和资料，并对所提供的情况和资料的客观性、真实性和合法性负责。

部属事业单位不得以任何形式干预资产评估机构独立执业。

第七十四条 部属事业单位国有资产评估项目实行核准制和备案制。核准和备案工作按照国家有关国有资产评估项目核准和备案管理的规定执行。

第七十五条 部属事业单位资产清查工作包括基本情况清理、账务清理、财产清查、损益认定、资产核实和完善制度等。

第七十六条 部属事业单位有下列情形之一的，应当进行资产清查：

（一）根据国家专项工作要求或者部安排，被纳入统一组织的资产清查范围的；

（二）进行重大改革的；

（三）遭受重大自然灾害等不可抗力造成国有资产严重损失的；

ISBN 978-7-114-09064-6
9 787114 090646 >

（四）会计信息严重失真或者国有资产出现重大流失的；

（五）会计政策发生重大更改，涉及国有资产核算方法发生重要变化的；

（六）上级部门认为应当进行资产清查的其他情形。

第七十七条 部属事业单位进行资产清查，应当提出申请，经部审核同意后实施。根据国家要求进行的资产清查除外。开展资产清查核实工作，应当按照财政部《行政事业单位资产清查暂行办法》（财办〔2006〕52 号）和《行政事业单位资产核实暂行办法》（财办〔2007〕19 号）等有关规定执行。

第八章 资产信息管理

第七十八条 部属事业单位应当建立单位内部统一的国有资产管理信息系统，做到国有资产信息资源共享。资产管理部门应及时将国有资产变动信息录入管理信息系统，对本单位国有资产实行动态管理，做好国有资产统计和信息报告工作。

第七十九条 部属事业单位应当按照国家有关部门规定的国有资产统计报告的格式、内容及要求，对其占有、使用的国有资产状况定期进行报告。

第八十条 部属事业单位编制国有资产信息报告必须内容完整、数据准确、编报及时，不得虚报、漏报、瞒报、拒报。

第九章 监督检查与法律责任

第八十一条 部属事业单位应当建立健全科学合理的国有资产监督管理责任制，并将国有资产监督、管理的责任落实到具体部门、单位和个人。

第八十二条 部属事业单位应按照规定对国有资产实行严格管理，谁审批，谁负责，不得越级审批。部将定期组织检查部属事业单位的国有资产管理情况，对不按照审批权限审批国有资产购

置、使用和处置事项的单位，部将进行通报批评。

第八十三条 部属事业单位国有资产监督应当坚持单位内部监督与财政监督、审计监督、社会监督相结合，事前监督与事中监督、事后监督相结合，日常监督与专项检查相结合。

第八十四条 部属事业单位在国有资产管理工作中不得有下列行为：

（一）以虚报、冒领等手段骗取财政资金；

（二）擅自占有、使用和处置国有资产；

（三）擅自提供担保，出租和出借国有资产；

（四）串通作弊、暗箱操作，压价处置国有资产；

（五）截留资产处置收入和对外投资形成的股权（权益）的出售、出让、转让收入；

（六）其他造成国有资产损失的行为。

第八十五条 部属事业单位和个人违反本办法规定的，部将依据《财政违法行为处罚处分条例》（国务院令第 427 号）等国家有关规定进行处罚、处分、处理，或不予受理单位年度资产购置计划的编报申请。

第十章 附 则

第八十六条 对涉及国家安全和秘密的部属事业单位国有资产处置，应当按照国家有关保密制度的规定，做好保密工作，防止失密和泄密。

第八十七条 部属事业单位根据部授权进行的国有资产配置、使用、处置批复文件要在 15 个工作日内抄送当地财政专员办；部属事业单位收到部的国有资产配置、使用、处置批复文件要在 15 个工作日内将复印件送当地财政专员办。

第八十八条 部属系统单位和其他部属事业单位应当根据本办法制定适合本单位的国有资产管理实施办法。

第八十九条 部管社团参照本办法执行。

第九十条 经批准实行企业化管理并执行企业财务和会计制度的部属事业单位,以及部属事业单位所办的全资企业和控股企业,按照企业财务及国有资产管理的有关规定执行。

第九十一条 本办法由部财务司负责解释。

第九十二条 本办法自印发之日起施行。此前颁布的有关部属事业单位国有资产管理的规定与本办法相抵触的,按照本办法执行。今后财政部和部有新的国有资产管理规定出台,从其规定。

表 1　中央级事业单位国有资产处置申请表

申报单位（签章）　　　　　　　　申报日期　　　年　　　月　　　日　　　　　　　　　　金额：万元

<table>
<tr><td rowspan="2">序号</td><td rowspan="2">资产名称</td><td colspan="5">资产类别</td><td rowspan="2">资产来源</td><td rowspan="2">型号规格</td><td rowspan="2">单位</td><td rowspan="2">数量（股份）</td><td rowspan="2">购置（投资）日期</td><td colspan="3">价值</td><td rowspan="2">处置方式</td><td rowspan="2">备注</td></tr>
<tr><td>流动资产</td><td>固定资产</td><td>无形资产</td><td>对外投资</td><td>其他资产</td><td>账面原值</td><td>已折旧额</td><td>账面净值</td></tr>
<tr><td></td><td></td><td></td><td></td><td></td><td></td><td></td><td></td><td></td><td></td><td></td><td></td><td></td><td></td><td></td><td></td><td></td></tr>
<tr><td></td><td></td><td></td><td></td><td></td><td></td><td></td><td></td><td></td><td></td><td></td><td></td><td></td><td></td><td></td><td></td><td></td></tr>
<tr><td></td><td></td><td></td><td></td><td></td><td></td><td></td><td></td><td></td><td></td><td></td><td></td><td></td><td></td><td></td><td></td><td></td></tr>
<tr><td>合计</td><td></td><td></td><td></td><td></td><td></td><td></td><td></td><td></td><td></td><td></td><td></td><td></td><td></td><td></td><td></td><td></td></tr>
<tr><td colspan="2">处置原因</td><td colspan="15"></td></tr>
<tr><td>事业单位意见</td><td colspan="6">资产管理部门负责人（签章）
年　月　日</td><td colspan="6">预算（财务）管理部门负责人（签章）
年　月　日</td><td colspan="4">单位负责人（签章）
年　月　日</td></tr>
<tr><td>主管部门审核意见</td><td colspan="6">资产管理部门负责人（签章）
年　月　日</td><td colspan="6">预算（财务）管理部门负责人（签章）
年　月　日</td><td colspan="4">备注</td></tr>
</table>

说明：1. 本表适用于事业单位国有资产出售、出让、转让、置换、报废报损、货币性资产核销等处置事项申请。

2. 资产类别：(1)固定资产：①土地、房屋及构筑物；②通用设备；③专用设备；④交通运输设备；⑤电气设备；⑥电子产品及通信设备；⑦仪器仪表及其他；⑧文艺体育设备；⑨图书、文物及陈列品；⑩家具用具及其他；(2)流动资产：①货币性资金；②有价证券；③应收账款；④应付账款；⑤其他；(3)无形资产：①专利权；②著作权；③商标权；④土地使用权；⑤其他；(4)对外投资；(5)其他资产。

3. 资产来源：(1)财政性资金形成（包括预算外资金）；(2)单位自筹资金形成；(3)单位合并形成；(4)上级拨付资金形成；(5)上级调入形成；(6)接受捐赠形成；(7)其他。

4. 资产处置方式：(1)拍卖；(2)招投标；(3)协议转让；(4)其他方式。

5. 表中资产类别、资产来源、资产处置方式等均用代码填写。

表 2 中央级事业单位国有资产处置申请表

申报单位(签章)　　　　　　　　申报日期　　　年　　月　　日　　　　　　　　　　金额:万元

<table>
<tr><td rowspan="2">序号</td><td rowspan="2">资产名称</td><td colspan="5">资产类别</td><td rowspan="2">型号规格</td><td rowspan="2">单位</td><td rowspan="2">数量(股份)</td><td rowspan="2">购置(投资)日期</td><td colspan="4">价　值</td><td rowspan="2">处置方式</td><td rowspan="2">备　注</td></tr>
<tr><td>流动资产</td><td>固定资产</td><td>无形资产</td><td>对外投资</td><td>其他资产</td><td>账面原值</td><td>已折旧额</td><td>账面净值</td><td>评估价值</td></tr>
<tr><td></td><td></td><td></td><td></td><td></td><td></td><td></td><td></td><td></td><td></td><td></td><td></td><td></td><td></td><td></td><td></td><td></td></tr>
<tr><td></td><td></td><td></td><td></td><td></td><td></td><td></td><td></td><td></td><td></td><td></td><td></td><td></td><td></td><td></td><td></td><td></td></tr>
<tr><td></td><td></td><td></td><td></td><td></td><td></td><td></td><td></td><td></td><td></td><td></td><td></td><td></td><td></td><td></td><td></td><td></td></tr>
<tr><td colspan="2">合计</td><td></td><td></td><td></td><td></td><td></td><td></td><td></td><td></td><td></td><td></td><td></td><td></td><td></td><td></td><td></td></tr>
<tr><td colspan="17">处置原因</td></tr>
<tr><td rowspan="2">划出方</td><td>单位意见</td><td colspan="6">资产管理部门负责人(签章)
年　月　日</td><td colspan="5">预算(财务)管理部门负责人(签章)
年　月　日</td><td colspan="4">单位负责人(签章)
年　月　日</td></tr>
<tr><td>主管部门审核意见</td><td colspan="6">资产管理部门负责人(签章)
年　月　日</td><td colspan="5">预算(财务)管理部门负责人(签章)
年　月　日</td><td colspan="4">备注</td></tr>
<tr><td rowspan="2">接收方</td><td>单位意见</td><td colspan="6">资产管理部门负责人(签章)
年　月　日</td><td colspan="5">预算(财务)管理部门负责人(签章)
年　月　日</td><td colspan="4">单位负责人(签章)
年　月　日</td></tr>
<tr><td>主管部门审核意见</td><td colspan="6">资产管理部门负责人(签章)
年　月　日</td><td colspan="5">预算(财务)管理部门负责人(签章)
年　月　日</td><td colspan="4">备注</td></tr>
</table>

说明:1. 本表适用于事业单位国有资产无偿调拨(划转)、对外捐赠等处置事项申请。

2. 资产类别:(1)固定资产:①土地、房屋及构筑物;②通用设备;③专用设备;④交通运输设备;⑤电气设备;⑥电子产品及通信设备;⑦仪器仪表及其他;⑧文艺体育设备;⑨图书、文物及陈列品;⑩家具用具及其他;(2)流动资产:①货币性资金;②有价证券;③应收账款;④预付账款;⑤其他;(3)无形资产:①专利权;②著作权;③商标权;④土地使用权;⑤其他;(4)对外投资;(5)其他资产。

3. 资产处置方式 :(1)同部门之间不改变资产属性的调拨;(2)跨部门之间调拨;(3)中央级单位和地方单位之间资产无偿调拨;(4)固定资产捐赠;(5)流动资产捐赠;(6)无形资产捐赠;(7)其他形式捐赠;(8)其他。

4. 表中资产类别、资产处置方式等均用代码填写。

长江干线船型标准化补贴资金管理办法

财政部　交通运输部财建〔2010〕46号　2010.3.10

第一章　总　　则

第一条　根据《推进长江干线船型标准化实施方案》，为规范长江干线船型标准化补贴资金的管理，特制定本办法。

第二条　本办法所称长江干线船型标准化补贴资金（以下简称"补贴资金"）是指中央和地方财政通过一般预算中安排的，对通过三峡船闸小吨位船舶拆解、长江干线老旧运输船舶拆解、三峡库区现有客船加装生活污水处理装置改造和三峡库区单壳油船、单壳化学品船改造或拆解给予的补贴资金。

第三条　补贴资金由中央财政和地方财政共同承担，中央和地方各承担50%。

第四条　补贴对象是符合本办法规定条件，在规定期间内将船舶拆解或改造的船舶所有人。

第二章　补贴范围和标准

第五条　通过三峡船闸小吨位船舶拆解的补贴范围和标准如下：

（一）在2009年10月1日至2013年12月31日期间，同时符合下列条件的船舶拆解可享受补贴：

1. 船舶种类为运输船舶，船龄在30年以下（含30年）且船舶总吨位在600总吨以下（含600总吨）；

2. 船舶持有交通运输部、上海市、江苏省、安徽省、江西省、湖北省、湖南省、重庆市、四川省、云南省、河南省有关管理部门核发的有效船舶检验、船舶登记、船舶营运等证书；

3. 在2005年1月1日至2009年7月20日期间，至少有一次通过三峡船闸的过闸记录（以长江三峡通航管理局的数据为准）；

4. 在有关省级交通运输、财政主管部门认可的船厂拆解。

（二）补贴标准

单船补贴金额 = 补贴基数 × 船舶总吨 × 船龄系数 × 船舶类型系数

其中：补贴基数为0.1万元；

船舶总吨按船舶检验证书核定为准；

船龄系数按船舶拆解办理船舶所有权注销手续时的实际船龄对应《通过三峡船闸小吨位船舶船龄系数表》（附件1）确定；

船舶类型系数：干散货船为1；驳船为0.6；客船、液货危险品船、集装箱船、推（拖）轮为1.5。

第六条 长江干线老旧运输船舶拆解的补贴范围和标准如下：

（一）在2009年10月1日至2013年12月31日期间，同时符合下列条件的船舶拆解可享受补贴：

1. 船舶种类为运输船舶；

2. 船舶持有交通运输部、上海市、江苏省、安徽省、江西省、湖北省、湖南省、重庆市、四川省、云南省、河南省有关管理部门核发的有效船舶检验、船舶登记、船舶营运等证书，并于2009年7月20日前在上述八省二市范围内的船籍港取得所有权登记；

3. 货运船舶船龄在15年以上30年以下（含30年），客运船舶船龄在10年以上25年以下（含25年）；

4. 船舶经营范围为长江干线或长江主要支流干支直达（以船舶营业运输证核定为准）；

5. 在有关省级交通运输、财政主管部门认可的船厂拆解。

（二）补贴标准

单船补贴金额 = 补贴基数 × 船舶总吨 × 船龄系数 × 船舶类型系数

其中：补贴基数为 0.1 万元；

船舶总吨按船舶检验证书核定为准；

船龄系数按船舶拆解办理船舶所有权注销时的实际船龄对应《长江干线老旧运输船舶船龄系数表》（附件 2）确定；

船舶类型系数：干散货船为 1；驳船为 0.6；客船、液货危险品船、集装箱船、推（拖）轮为 1.5。

第七条 三峡库区现有客船加装生活污水处理装置的补贴范围和标准如下：

（一）在 2009 年 10 月 1 日至 2012 年 12 月 31 日期间，同时符合下列条件的船舶改造可享受补贴：

1. 船舶种类为客船（含载货汽车滚装船），且经营范围涵盖三峡库区（以船舶营业运输证核定为准）；

2. 船舶持有交通运输部、上海市、江苏省、安徽省、江西省、湖北省、湖南省、重庆市、四川省、云南省、河南省有关管理部门核发的有效船舶检验、船舶登记、船舶营运等证书，并于 2009 年 7 月 20 日前在上述八省二市范围内的船籍港取得所有权登记；

3. 改造前船舶生活污水排放达不到现行规范的要求；

4. 按照现行法规规范的要求，在有关省级交通运输、财政主管部门认可的船厂改造，加装生活污水处理装置，并经船检机构检验合格。

（二）补贴标准

单船补贴金额 = 补贴基数 + 单位客位补贴额 × 船舶载客定额

其中：补贴基数为 9 万元；

单位客位补贴额为 0.11 万元/客位；

船舶载客定额按船舶检验证书核定为准。

第八条 三峡库区单壳油轮、单壳化学品船改造或拆解的补贴范围和标准如下：

（一）在 2009 年 10 月 1 日至 2012 年 12 月 31 日期间，同时符合下列条件的船舶改造或拆解可享受补贴：

1. 船舶种类为单壳油轮或单壳化学品船，且船舶总吨位在 600 总吨以上；

2. 船舶持有交通运输部、上海市、江苏省、安徽省、江西省、湖北省、湖南省、重庆市、四川省、云南省、河南省有关管理部门核发的有效船舶检验、船舶登记、船舶营运等证书，并于 2009 年 7 月 20 日前在上述八省二市范围内的船籍港取得所有权登记；

3. 船舶经营范围涵盖三峡库区（以船舶营业运输证核定为准）；

4. 按照现行法规规范的要求，在有关省级交通运输、财政主管部门认可的船厂拆解，或改造为双壳船或普通货船（仅限 600 总吨以上），并经船检机构检验合格。

（二）补贴标准

1. 改造补贴

单船补贴金额 = 单位吨位补贴额 × 船舶总吨

其中：单位吨位补贴额为 0.06 万元/总吨；

船舶总吨按船舶检验证书核定为准。

2. 拆解补贴

单壳油轮、单壳化学品船拆解的补贴办法，按本办法第五条的方式计算。

第三章　补贴资金的申请与发放

第九条　拟申请补贴的船舶所有人应填写《长江干线船型标准化船舶拆解改造政府补贴申请表》（附件 3），并持水路运输许可证、工商营业执照（船舶所有人为自然人的，提供身份证）、有关船舶证书等有效证件，向其所在市（设区的市，下同）级交通运输、财政主管部门提出申请。

市级交通运输、财政主管部门应当依照本办法，对申请者的资

格条件进行审核，符合条件的，应在规定的时间内报送省级交通运输、财政主管部门核准。

第十条 补贴资金申请经省级交通运输、财政主管部门核准后，由市级交通运输、财政主管部门与申请人签订船舶拆解或改造承诺书（示范文本见附件4）。承诺书应当载明船舶拆解或改造的方式、时间与地点、补贴数额、补贴的支付方式和期限、违约责任等内容。

市级交通运输主管部门应将签订完承诺书的船舶名单、船舶所有人（即申请人）和船舶拟拆解或改造的时间、地点等信息及时通知船籍港所在地海事管理机构。

第十一条 有关省级交通运输主管部门应当会同省级财政部门通过公开竞争择优确定拆解、改造的船舶修造厂，并将其作为拆解、改造的定点船舶修造厂向社会公布。

第十二条 船舶拆解或改造的费用由船舶所有人承担，船舶拆解后的残值收入归船舶所有人所有。

第十三条 有关省级交通运输、财政主管部门应当加强对定点船舶修造厂拆解、改造船舶的监督管理，对于借机抬高价格、质量达不到规定要求或者不能按照规定的要求提供服务者，可根据情节，取消其定点资格。

第十四条 船舶所有人在承诺期间内对船舶进行拆解或者改造前，有关市级交通运输主管部门应当指派不少于2名工作人员现场监督拆解或改造，对实船进行测量，拍摄照片；并通知相关管理部门按规定办理有关注销手续。拆解船舶的资料和证件相关管理部门应建档留存。

第十五条 船舶拆解或改造完工后，有关市级交通运输主管部门应当会同当地海事管理部门指派不少于2名工作人员进行现场验收，并编制《船舶拆解改造完工报告书》（附件5）。船舶属于改造的，应重新核发有关船舶检验、登记证书和营运证件。

第十六条 船舶拆解或改造完工后，有关市级交通运输、财政主管部门应当审查船舶所有人提交的相关材料。对符合条件的，

市级财政主管部门应在规定的时间内向船舶所有人支付补贴资金,并会同市级交通运输主管部门将有关情况报省级财政、交通运输主管部门备查。

第四章　中央补贴资金的下达和支付

第十七条　有关省级交通运输主管部门会同同级财政部门根据本办法规定的补贴范围及标准,结合本年度船舶拆解、改造和补贴资金支出情况,于每年 11 月 30 日前向交通运输部、财政部报送下年度中央补贴资金申请报告和申请表(附件 6),并由交通运输部审核汇总后报财政部审批。

财政部根据各地上报的补贴资金申请情况向有关省级财政主管部门预拨中央补贴资金。地方负担的补贴资金来源由省级人民政府确定。

第十八条　有关省级财政主管部门应当根据对各地市补贴资金的核准情况,将补贴资金以专项转移支付方式下达市级财政主管部门。补贴资金的支付管理,按照财政国库管理制度有关规定执行。

第十九条　有关省级交通运输主管部门应当会同同级财政部门于每年 4 月 30 日前向交通运输部、财政部报送上年度中央补贴资金发放情况,并由交通运输部汇总后报财政部备案。

第二十条　当年下达的中央补贴资金年终如有结余,可结转下年度继续使用。长江干线船型标准化补贴政策实施到期后,由财政部、交通运输部对该项资金统一进行清算。

第五章　监督管理

第二十一条　各级财政、交通运输部门要切实加强对补贴资金使用的监督管理,明确相关责任。

财政部、交通运输部对补贴资金的安排和使用情况组织不定

期重点抽查，对申报情况不真实的地区，中央财政将相应扣减或收回补贴资金。对违反规定，截留、挪用、骗取补贴资金的各级管理机关、单位及个人，有关部门依据《财政违法行为处罚处分条例》（国务院令第427号）及其他有关法规进行处罚。

第二十二条 补贴资金的发放情况应当接受群众和社会监督。

第六章 附 则

第二十三条 有关交通运输主管部门应将符合本办法补贴范围内船舶的相关信息进行登记造册，并逐级报交通运输部备案。

自本办法公布之日起，符合本办法规定补贴条件的船舶在长江干线八省二市范围内改变船籍港，船舶所有人应到其船舶检验证书、船舶登记证书和船舶营运证原发证机关办理注销手续后，到其所在地市级交通运输主管部门办理船舶迁移证明。

所在地市级交通运输主管部门核对有关注销手续后，向船舶转入地市级交通运输主管部门出具船舶迁移证明，并将有关变动情况逐级报交通运输部备案。

船舶转让后，新的船舶所有人应凭相关变更登记手续和船舶迁移证明到转入地市级交通运输主管部门办理迁入手续。未能提供船舶迁移证明并办理迁入手续的，不纳入补贴的范围。

第二十四条 在长江干线或干支流间从事短途运输的客渡船，不适用本办法。

第二十五条 国务院国有资产监督管理机构履行出资人职责的航运企业（含其控股子公司）的补贴资金由中央财政全额承担，其补贴资金的申请和支付程序参照本办法执行。

第二十六条 有关省级财政部门可会同交通运输主管部门依据本办法制定具体实施办法，并报财政部、交通运输部备案。

第二十七条 本办法由财政部商交通运输部负责解释。

第二十八条 本办法自发布之日起实施。

附件:1. 通过三峡船闸小吨位船舶船龄系数表

2. 长江干线老旧运输船舶船龄系数表

3. 长江干线船型标准化船舶拆解改造政府补贴申请表

4. 长江干线船型标准化船舶拆解改造承诺书

5. 船舶拆解改造完工报告书

6. (　　)年长江干线船型标准化中央补贴资金申请表

附件1

通过三峡船闸小吨位船舶船龄系数表

船龄(年)	船龄系数	船龄(年)	船龄系数
1	2.708	16	0.790
2	2.094	17	0.770
3	1.797	18	0.753
4	1.612	19	0.736
5	1.480	20	0.721
6	1.307	21	0.707
7	1.231	22	0.694
8	1.169	23	0.681
9	1.116	24	0.669
10	1.071	25	0.658
11	0.974	26	0.647
12	0.941	27	0.638
13	0.911	28	0.628
14	0.885	29	0.618
15	0.861	30	0.610

说明:根据实际船龄对应上表确定船龄系数。实际船龄为船舶自建造完工之日起至现今的时间,并取整数(尾数不计)。实际船龄不足1年的,按1年计算。

附件2

长江干线老旧运输船舶船龄系数表

船舶种类	船龄(X)	船龄系数
客船类	$10 < X \leqslant 13$ 年	0.72
	$13 < X \leqslant 16$ 年	0.63
	$16 < X \leqslant 19$ 年	0.54
	$19 < X \leqslant 22$ 年	0.45
	$22 < X \leqslant 25$ 年	0.36
货船类	$15 < X \leqslant 18$ 年	0.72
	$18 < X \leqslant 21$ 年	0.63
	$21 < X \leqslant 24$ 年	0.54
	$24 < X \leqslant 27$ 年	0.45
	$27 < X \leqslant 30$ 年	0.36

说明:根据船舶种类和实际船龄对应上表确定船龄系数。实际船龄为船舶自建造完工之日起至现今的时间。

附件 3

长江干线船型标准化船舶拆解改造政府补贴申请表

编号：

<table>
<tr><td>船舶所有人</td><td colspan="4"></td><td>所有人身份证或工商登记号</td><td colspan="2"></td></tr>
<tr><td>所有人地址</td><td colspan="4"></td><td>联系电话</td><td colspan="2"></td></tr>
<tr><td rowspan="5">拆解改造船舶基本情况</td><td>船名</td><td></td><td>船籍港</td><td></td><td>主机</td><td colspan="2">台　千瓦</td></tr>
<tr><td>船长</td><td>米</td><td>型深</td><td>米</td><td>型宽</td><td>米</td><td>建成日期</td></tr>
<tr><td>总吨</td><td></td><td>净吨</td><td></td><td>船舶类型</td><td colspan="2"></td></tr>
<tr><td>所有权登记号</td><td colspan="3"></td><td>船检登记号</td><td colspan="2"></td></tr>
<tr><td>证可证号</td><td colspan="3"></td><td>营运证号</td><td colspan="2"></td></tr>
<tr><td rowspan="5">拆解改造类型</td><td colspan="2">通过三峡小吨位船舶拆解</td><td></td><td colspan="2">拟拆解改造船厂名称</td><td colspan="2"></td></tr>
<tr><td colspan="2">长江干线老旧运输船舶拆解</td><td></td><td colspan="2">拟进入船厂时间</td><td colspan="2"></td></tr>
<tr><td colspan="2">客船加装生活污水处理装置</td><td></td><td colspan="2" rowspan="3">申请人</td><td colspan="2" rowspan="3">（盖章）
年　月　日</td></tr>
<tr><td colspan="2">单壳油船、化学品船拆解</td><td></td></tr>
<tr><td colspan="2">单壳油船、化学品船改造</td><td></td></tr>
<tr><td colspan="8">以下由管理部门填写</td></tr>
<tr><td colspan="4">市级交通运输、财政主管部门意见</td><td colspan="4">省级交通运输、财政主管部门意见</td></tr>
<tr><td colspan="2">单位（公章）：
年　月　日</td><td colspan="2">单位（公章）：
年　月　日</td><td colspan="2">单位（公章）：
年　月　日</td><td colspan="2">单位（公章）：
年　月　日</td></tr>
</table>

注：1. 申请表一式四份，省、市交通运输、财政主管部门各存一份。

2. 拆解改造船舶基本情况按船舶登记证书、船舶检验证书和船舶营运证书内容填写。

3. 拆解改造类型一栏在五种选择中选一打钩。

4. 编号由市级交通运输主管部门编制，由地级市名称、年份代码和 4 位数字流水号组成。如：武汉(2010)0001。

附件 4

编号:

长江干线船型标准化船舶拆解改造承诺书

（示范文本）

甲方(交通运输主管部门):

乙方(财政部门):

丙方(船舶所有人):

为落实《推进长江干线船型标准化实施方案》,加快落后船型拆解、改造,促进长江干线船型标准化,经双方商定,特订立本承诺书。

一、丙方现有内河船舶,船名为:________,船舶登记号为________,建成日期为______年____月____日,船舶总吨为________,船舶类型为________。

二、丙方定于______年____月____日至______年____月____日,按以下方式对上述船舶进行拆解/改造。

1. 在省级交通运输、财政主管部门认可的定点船舶修造厂______________拆解;

2. 按照现行规范的要求,在省级交通运输、财政主管部门认可的定点船舶修造厂______________将客船/载货汽车滚装船改造,加装生活污水处理装置;

3. 在省级交通运输、财政主管部门认可的定点船舶修造厂______________,将单壳油轮(单壳化学品船)改造为双壳船/普通货船。

三、甲方、乙方为支持和鼓励丙方对船舶拆解/改造,根据国家有关规定,决定对丙方拆解/改造的船舶给予政府资金补贴,政府资金补贴共计人民币______元(￥______),于拆解/改造完工后____日内发放。

四、丙方如有下列行为之一的，甲方、乙方有权取消丙方享受补贴资格，并向丙方收回已发放全部补贴和并按国家有关规定处理：

1. 丙方提供虚假材料，不符合补贴条件；

2. 因丙方自身原因未能在约定的时间内完成拆解或改造；

3. 未按国家规定的要求改造或改造船舶未达到国家规定的技术规范；

4. 船舶拆解后仍保留船体整体结构的。

五、本承诺书一式五份，甲、乙、丙三方各执一份，报上级主管部门备查二份。

甲方（签章）：　　　乙方（签章）：　　　丙方（签章）：

年　月　日　　　　年　月　日　　　　年　月　日

附件 5

船舶拆解改造完工报告书

编号：

<table>
<tr><td>船舶所有人</td><td colspan="3"></td><td colspan="2">所有人身份证或工商登记号</td><td colspan="2"></td></tr>
<tr><td>所有人地址</td><td colspan="4"></td><td>联系电话</td><td colspan="2"></td></tr>
<tr><td>原船名</td><td></td><td>船 长</td><td>米</td><td>型 宽</td><td>米</td><td>型 深</td><td>米</td></tr>
<tr><td>补贴申请表编号</td><td colspan="3"></td><td>拆解改造承诺书编号</td><td colspan="3"></td></tr>
<tr><td>拆解改造地点</td><td colspan="3"></td><td>实际拆解改造
完工日期</td><td></td><td>拆解改造
方式</td><td></td></tr>
<tr><td>收回证照名称</td><td colspan="7"></td></tr>
<tr><td colspan="8">改造后船舶(拆解不用填)</td></tr>
<tr><td rowspan="5">单壳油轮、单壳化学品船改造</td><td>船名</td><td colspan="2"></td><td>总吨</td><td></td><td>净吨</td><td></td></tr>
<tr><td>船长</td><td colspan="2">米</td><td>型深</td><td>米</td><td>型宽</td><td>米</td></tr>
<tr><td>船舶类型</td><td colspan="3"></td><td>主机</td><td colspan="2">台 千瓦</td></tr>
<tr><td>船舶登记号</td><td colspan="3"></td><td>船检登记号</td><td colspan="2"></td></tr>
<tr><td>许可证号</td><td colspan="3"></td><td>营运证号</td><td colspan="2"></td></tr>
<tr><td>客船加装生活污水处理装置改造</td><td colspan="7">已完成加装生活污水处理装置改造,并取得《船舶防止生活污水污染证书》(证书编号：)。</td></tr>
<tr><td colspan="2">现场监督人员意见</td><td colspan="3">市级交通主管部门意见</td><td colspan="3">省级交通主管部门意见</td></tr>
<tr><td colspan="2">监督(签字)：
年 月 日</td><td colspan="3">单位(公章)：
年 月 日</td><td colspan="3">单位(公章)：
年 月 日</td></tr>
</table>

注:1. 此表一式四份,省、市交通运输、财政主管部门各存一份。
2. 此表由现场监督人员编制。
3. 编号由市级交通运输主管部门编制,由地级市名称、年份代码和 4 位数字流水号组成。如:武汉(2010)0001。

附件6

(　　)年长江干线船型标准化中央补贴资金申请表

省(直辖市):　　　　　　　　　　　　　　单位:万元、艘、吨、客位

补贴项目	拟拆解改造船舶情况				申请补贴资金情况			
	艘数		总吨位(客位)		总补贴资金		申请中央补贴资金	
	合计	其中:中央企业	合计	其中:中央企业	合计	其中:中央企业	合计	其中:中央企业
通过三峡船闸小吨位船舶拆解								
长江干线老旧运输船舶拆解								
三峡库区现有客船加装生活污水处理装置改造								
三峡库区单壳油船单壳化学品船折解								
三峡库区单壳油船单壳化学品船改造								
合　计								

注:中央企业是指根据《长江干线船型标准化补贴资金管理办法》的规定,由中央财政全额承担补贴资金的企业。

交通运输部基本建设项目竣工财务决算编审规定

交财发〔2010〕477 号　2010.9.13

第一章　总　　则

第一条　为加强交通基本建设财务管理，做好建设项目竣工财务决算（以下简称竣工财务决算）的编制、审核和审批工作，根据财政部《基本建设财务管理规定》（财建〔2002〕394 号）和《关于进一步加强中央基本建设项目竣工财务决算工作的通知》（财办建（2008）91 号）等有关规定，结合我部实际情况，制定本规定。

第二条　本规定适用于交通运输部部属单位竣工财务决算的编制、审核和审批。

本规定所称建设项目，是指列入交通运输部基本建设投资计划，及单位自筹基本建设投资计划，并纳入交通运输部部门预算的基本建设项目。

第三条　交通运输部竣工财务决算由项目建设单位（或项目法人，下同）组织编制。设计、监理、施工等单位应当向项目建设单位提供相关资料。

第四条　项目建设单位主要负责人（或项目法人的法定代表人，下同）对竣工财务决算的真实性、完整性负责。

第五条　竣工财务决算是正确核定新增资产价值、项目资产移交和投资核销的主要依据。

第六条　竣工财务决算应按国家相关规定，整理归档，永久

保存。

第七条 竣工财务决算的编制依据：

(一)国家法律法规等有关规定；

(二)经批准的可行性研究报告、初步设计、施工图设计、设计变更、概(预)算调整及预备费动用等文件；

(三)历年下达的年度投资计划、项目支出预算；

(四)基本建设年度财务决算；

(五)会计核算及财务管理资料；

(六)招投标文件、项目合同(协议)、工程结算等项目管理资料；

(七)项目竣工验收证书、廉政合同、质量监督报告及工程监理报告等其他与项目有关的资料。

第八条 编制竣工财务决算应具备以下条件：

工程类基本建设项目,主要包括码头工程、建筑工程、通信工程、信息系统工程和船舶建造工程等,主管部门已完成项目工程竣工验收工作;非工程类基本建设项目,主要包括飞机及专项设备(装备)购置等,已完成项目交接验收手续。

(一)基本建设项目资金已按要求全部到位；

(二)涉及法律诉讼、工程质量、移民安置的事项已处理完毕；

(三)已按规定完成了项目竣工审计；

(四)其他影响竣工财务决算编制的重大问题已解决。

第二章 编制要求

第九条 基本建设项目竣工验收(或完成交接验收)后,大中型项目的建设单位一般应在 3 个月内完成竣工财务决算的编报工作,小型项目的建设单位一般应在 1 个月内完成竣工财务决算的编报工作。

如有特殊情况不能在规定的期限内完成编制工作的,项目建设单位应书面报部财务司同意后可适当延期。

第十条 项目规模以设计批复的投资额为准。非经营性项目投资额在3000万元(含3000万元)以上、经营性项目投资额在5000万元(含5000万元)以上的为大中型项目;其他项目为小型项目。

第十一条 建设项目包括两个或两个以上独立概算的单项工程的,单项工程竣工时,可编制单项工程竣工财务决算。建设项目全部完工后,应编制该项目的竣工财务总决算。

建设项目是大中型项目而单项工程是小型项目的,应按大中型项目的编制要求编制单项工程竣工财务决算。

第十二条 未完工程投资及预留费用可预计纳入竣工财务决算,但建设项目未完工程投资或收尾工程不得超项目概算的5%。

建设单位必须按不低于工程价款结算总额的5%预留工程质量保证金。

第三章 编制内容

第十三条 竣工财务决算应反映项目从筹建到竣工验收的全部费用。

第十四条 竣工财务决算应包括竣工财务决算封面及目录、竣工工程平面示意图及主体工程图片、竣工财务决算说明书和竣工财务决算报表等四部分内容。

第十五条 竣工财务决算说明书应反映以下主要内容:

(一)项目基本情况;

(二)项目支出预算、投资计划和资金到位情况;

(三)概(预)算执行情况;

(四)招(投)标及政府采购情况;

(五)主要合同(协议)履行情况;

(六)征地补偿和移民安置情况;

(七)预备费动用情况;

（八）工程实施过程中发生的重大设计变更及索赔情况；

（九）未完工程投资或收尾工程投资及预留费用情况；

（十）主要技术经济指标的分析、计算情况；

（十一）财务管理情况，包括财务制度、工程价款结算、财产物资清理及债权债务的清偿情况等；

（十二）基建结余资金形成情况；

（十三）决算与概（预）算的差异和原因分析；

（十四）基本建设项目管理经验、问题和建议；

（十五）编表说明；

（十六）其他需要说明的事项。

第十六条 竣工财务决算报表（格式见附表）主要包括：基本建设项目概况表、基本建设项目竣工财务决算表、基本建设项目交付使用资产总表、基本建设项目交付使用资产明细表、基本建设项目概算执行情况分析表、基本建设项目未完工程投资及预留费用表、基本建设项目成本表、基本建设项目待核销基建支出表、基本建设项目转出投资表、待摊投资明细表、转出投资明细表、待摊投资分配明细表等。

第十七条 大中型项目应编制第十六条规定的全部报表，小型项目可编制"基本建设项目概况表"、"基本建设项目竣工财务决算表"、"基本建设项目未完工程投资及预留费用表"、"基本建设项目交付使用资产总表"、"基本建设项目交付使用资产明细表"、"待摊投资明细表"、"转出投资明细表"和"待摊投资分配明细表"等。

第十八条 非工程类基本建设项目，以批复的可行性研究报告确定的投资估算总额，或年度投资计划总额和项目总预算编制竣工财务决算。

项目建设单位应依据非工程类基本建设项目可行性研究报告中明确的费用支出，分析各项支出完成情况，并按小型项目竣工财务决算报表的内容编报竣工财务决算。

第十九条 项目建设单位可根据项目管理的实际情况增设有

关反映重要事项的辅助报表。

第四章　编制方法

第二十条　竣工财务决算编制应遵循下列程序：

（一）收集整理与竣工财务决算相关的项目资料；

（二）竣工财务清理；

（三）概（预）算与核算口径的对应分析；

（四）确定竣工财务决算基准日期；

（五）计列未完工程或收尾工程投资及预留费；

（六）分摊待摊投资；

（七）确定建设成本；

（八）填列竣工财务决算报表；

（九）编写竣工财务决算说明书。

第二十一条　竣工财务清理应主要包括下列内容：

（一）清理合同（协议）；

（二）清理债权债务；

（三）清理基建结余资金；

（四）清理应移交的资产。

第二十二条　会计核算口径与项目概（预）算口径有差异的，在编制竣工财务决算时，应依据项目概（预）算的口径，调整会计核算指标，形成对应关系。

第二十三条　未完工程或收尾工程投资和预留费用应满足项目实施和管理的需要。已签订合同（协议）的，应按相关条款的约定进行测算计列；尚未签订合同（协议）的，以不突破相应的概（预）算标准测算计列。

第二十四条　待摊投资应由受益的各项交付使用资产共同负担。其中能够确定由某项资产负担的待摊投资，应直接计入该项资产成本；不能确定负担对象的待摊投资，应公允地分摊计入受益的各项资产成本。

项目建设单位应根据基本建设项目的特点，可按实际支出数或概算数的比例分摊待摊投资。

第二十五条 交付使用资产应以具有独立使用价值的固定资产、流动资产、无形资产和递延资产作为计算和交付对象。

独立使用资产价值的确定依据应具有较完整的使用功能，能够按照设计要求，独立地发挥作用。

第五章 决算审批

第二十六条 竣工财务决算按照“先审核、后审批，逐级审核、分级审批”的原则进行审批。

第二十七条 项目主管单位在对竣工财务决算进行审批（或报请上级主管单位审批）前，应组织对竣工财务决算进行审核。

竣工财务决算的审核，可由项目主管单位进行，也可委托有资格的社会中介机构进行。审核的主要内容包括：

（一）项目基本建设程序履行情况，主要包括对项目立项、可行性研究报告、初步设计批复和执行以及其他基建程序履行情况；

（二）工程概（预）算及执行情况；

（三）项目资金到位和使用情况，主要包括项目资金管理是否执行国家有关规章制度、各项资金的使用是否合规、项目有关经济活动和财务收支是否真实合法等情况；

（四）交付使用资产情况，主要包括交付的固定资产和移交的流动资产、无形资产、递延资产，以及上述资产是否真实、合法等情况；

（五）待核销基建支出和转出投资情况；

（六）工程实施过程中发生的重大设计变更及索赔情况；

（七）竣工财务决算报表；

（八）对审核过程中发现的问题做出说明并提出相关建议。

竣工财务决算审核报告中应附有项目竣工决算审核汇总表（格式见附表）。

第二十八条 竣工财务决算审批，应提供以下材料：

(一)申请报批的文件；

(二)竣工财务决算及审计报告；

(三)项目主管单位对竣工决算的审核报告；

(四)项目可行性研究报告及初步设计批复文件(复印件)；

(五)项目历年投资计划及预算批复文件(复印件)；

(六)竣工验收证书及其他与项目决算相关的资料。

第二十九条 非经营性项目竣工财务决算的审批。

部属系统单位(包括部海事局、长江航务管理局、救助打捞局和船级社，下同)的所属单位项目投资总额在2000万元以下的竣工财务决算，由部属系统单位审批，并将审批结果于15个工作日内报部备案。

部属系统单位的所属单位项目投资额在2000万元(含2000万元)以上、3000万元以下，部属系统单位本级及其他部属单位项目投资总额在3000万元以下的竣工财务决算，由部属单位审核后报部审批。

部属单位项目投资总额在3000万元(含3000万元)以上的竣工财务决算，由部审核后报财政部审批。

第三十条 经营性项目竣工财务决算的审批。

部属单位项目投资总额在3000万元以下的竣工财务决算，由部属单位审批，并将审批结果于15个工作日内报部备案。

部属单位项目投资总额在3000万元(含3000万元)以上、5000万元以下的竣工财务决算，由部属单位审核后报部审批。

部属单位项目投资总额在5000万元(合5000万元)以上的竣工财务决算，由部审核后报财政部审批。

第三十一条 国家确定的重点建设项目的竣工财务决算，由部审核后报财政部审批。

第三十二条 竣工财务决算审核(批)部门一般应在收到决算报告后30个工作日内完成审核上报或批复工作。

第六章 附 则

第三十三条 部属各单位可根据本规定制定适合本系统或本单位的具体实施办法。

第三十四条 各单位在编制和审批竣工财务决算工作中,不得弄虚作假、虚列决算,对因虚列报表造成严重后果的,将依法追究相关责任人的责任。

部在开展对领导干部经济责任审计时,将把建设单位的竣工财务决算的编审情况作为一项评价内容。

第三十五条 本规定由部财务司负责解释。

第三十六条 本规定自印发之日起施行。今后国家有新的基本建设竣工财务决算管理规定出台,从其规定。

建设单位：　　　　　　建设项目名称：

主管部门：　　　　　　建设性质：

基本建设项目竣工财务决算报表

建设单位负责人：　　　　建设单位财务负责人：

编报日期：

基本建设项目概况表

建竣决 01 表

建设项目（单项工程）名称			建设地址				项　　目	概算（元）	实际（元）	备注
主要设计单位			主要施工企业				建设安装工程			
占地面积（m²）	设计	实际	总投资（万元）	设计	实际	基建支出	设备、工具、器具			
							待摊费用			
新增生产能力	能力（效益）名称			设计	实际		其中：建设单位管理费			
							其他投资			
建设起止时间	设计	自　年　月　日　至　年　月　日					待核销基建支出			
	实际	自　年　月　日　至　年　月　日					非经营性项目转出投资			
设计概算批准文号							合计			

完成主要工程量	建设规模		设备（台、套、吨）	
	设　　计	实　　际	设　　计	实　　际
收尾工程	工程项目内容	已完成投资额	尚需投资额	完成时间
	小　　计			

基本建设项目竣工财务决算表

建竣决 02 表　　　　　　　　　　　　　　　　　　　　　　单位:元

资金来源	金额	资金占用	金额
一、基建拨款		一、基本建设支出	
1. 预算拨款		1. 交付使用资产	
2. 基建基金拨款		2. 在建工程	
其中:国债专项资金拨款		3. 待核销基建支出	
3. 专项建设基金拨款		4. 非经营项目转出投资	
4. 进口设备转账拨款		二、应收生产单位投资借款	
5. 器材转账拨款		三、拨付所属投资借款	
6. 煤代油专用基金拨款		四、器材	
7. 自筹资金拨款		其中:待处理器材损失	
8. 其他拨款		五、货物资金	
二、项目资本		六、预付及应收款	
1. 国家资本		七、有价证券	
2. 法人资本		八、固定资产	
3. 个人资本		固定资产原价	

续上表

资金来源	金额	资金占用	金额
4.外商资本		减:累计折旧	
三、项目资本公积		固定资产净值	
四、基建借款		固定资产清理	
其中:国债转贷		待处理固定资产损失	
五、上级拨入投资借款			
六、企业债券资金			
七、待冲基建支出			
八、应付款			
九、未交款			
1.未交税金			
2.其他未交款			
十、上级拨入资金			
十一、留成收入			
合计		合计	

补充资料:基建投资借款期末余额

应收生产单位投资借款期末数

基建结余资金

基本建设项目交付使用资产总表

建竣决 03 表　　　　　　　　　　　　　　　　　　　　　　　　单位:元

序号	单项工程项目名称	总计	固定资产				流动资产	无形资产	递延资产
			合计	建安工程	设备	其他			

交付单位:　　　　　　负责人:　　　　　　接受单位:　　　　　　负责人:

盖章:　　　　　　　　年　月　日　　　　　盖章:　　　　　　　　年　月　日

基本建设项目交付使用资产明细表

建竣决 04 表

单项工程名称	建筑工程			设备　工具　器具　家具						流动资产		无形资产		递延资产	
	结构	面积（m^2）	价值（元）	名称	规格型号	单位	数量	价值（元）	设备安装费(元)	名称	价值（元）	名称	价值（元）	名称	价值（元）

交付单位：　　　　负责人：　　　　接受单位：　　　　负责人：

盖章：　　　　年　月　日　　　　盖章：　　　　年　月　日

基本建设竣工项目概算执行情况分析表

建竣决05表

概算项目	概算金额	实际发生金额	实际较概算增减		备注
			增减额	增减率(%)	
合计					

基本建设竣工项目未完工程投资及预留费用表

建竣决 06 表　　　　单位:元

项　目	工　程　量				价　值						
	计量单位	设计	已完	未完	概算	已完	未　完				
							建筑	安装	设备	其他	合计
一、未完工程											
二、预留费用											
合　计											

基本建设竣工项目成本表

建竣决 07 表　　　　单位:元

项　　目	建筑安装工程投资	设备投资	其他投资	待摊投资			建设成本
				直接计入	间接计入	小计	
合　计							

基本建设竣工项目待核销基建支出表

建竣决 08 表　　　　单位:元

年　度	项　目							
	江河清障	航道清淤	项目报废					合　计
合　计								

基本建设竣工项目转出投资表

建竣决 09 表　　　　　　　　　　　　　　　　　　单位:元

年　度	项　目							
	专用通道	专用通讯设施	送变电站	地下管道				合　计
合　计								

基本建设工程决算审核情况汇总表

工程项目名称：　　　　　　　　　　　　　　　　　　　　　　　　　　　金额单位:元

序号	工程项目及费用名称	批准概算		送审投资		审定投资		备　注
		数量	金额	数量	金额	数量	金额	
	按批准概算明细口径或单位工程、分部工程填列(以下为示例)							
	总计							
	建筑安装工程投资							
	……							
	设备、工器具							
	……							
	工程建设其他费(待摊投资)							
	……							
……	……							

待摊投资明细表

附 01 表

工程项目名称：　　　　　　　　　　　　　　　　　　单位：元

项　　目	金　　额	项　　目	金　　额
1. 建设单位管理费		21. 土地使用税	
2. 代建管理费		22. 耕地占用税	
3. 土地征用及迁移补偿费		23. 车船使用税	
4. 土地复垦及补偿费		24. 汇兑损益	
5. 勘察设计费		25. 报废工程损失	
6. 研究实验费		26. 坏账损失	
7. 可行性研究费		27. 借款利息	
8. 临时设施费		28. 减：财政贴息资金	
9. 工程保险费		29. 减：存款利息收入	
10. 设备检验费		30. 固定资产损失	
11. 负荷联合试车费		31. 器材处理亏损	
12. 合同公证费		32. 设备盘亏及毁损	
13. 工程质量监理监督费		33. 调整器材调拨价格折价	
14.（贷款）项目评估费		34. 企业债券发行费用	
15. 国外借款手续费及承诺费		35. 航道维护费	
16. 社会中介机构审计（查）费		36. 航标设施费	
17. 招投标费		37. 航测费	
18. 经济合同仲裁费		38. 其他待摊投资	
19. 诉讼费		……	
20. 律师代理费		合计	

转出投资明细表(参考)

附02表

序号	单项工程名称	建筑工程			设备　工具　器具　家具						流动资产		无形资产		递延资产	
		结构	面积(m^2)	价值(元)	名称	规格型号	单位	数量	价值(元)	设备安装费(元)	名称	价值(元)	名称	价值(元)	名称	价值(元)
1																
2																
3																
4																
5																
6																
7																
8																
9																
	合计															

交付单位：　　　　负责人：　　　　接受单位：　　　　负责人：

盖章：　　　　年　月　日　　　　盖章：　　　　年　月　日

待摊投资分配明细表(参考)

附 03 表

序号	单项工程名称	建筑工程					设备　工具　器具　家具								流动资产		无形资产		递延资产	
		结构	面积(m^2)	价值(元)	待摊投资	价值(元)	名称	规格型号	单位	数量	价值(元)	设备安装费(元)	待摊投资	价值(元)	名称	价值(元)	名称	价值(元)	名称	价值(元)
1																				
2																				
3																				
4																				
5																				
6																				
7																				
8																				
9																				
	合计																			

交付单位：　　　　负责人：　　　　接受单位：　　　　负责人：

盖章：　　　　年　月　日　　　　盖章：　　　　年　月　日

交通运输部基本建设项目竣工财务决算报表填制说明

一、竣工财务决算报表

(一)封面

1."主管部门"指建设单位的主管部门,即:交通运输部。

2."建设项目名称"填写批准的项目初步设计文件中注明的项目名称。

3."建设性质"是指建设项目属于续建、新建、改建、迁建和恢复建设等内容。

(二)《基本建设项目概况表》(建竣决01表)

1.表中各有关项目的设计、概算等指标,根据批准的设计、概算等文件确定的数字填列。实际指标根据项目建设的实际完成情况填列。

2.表中基建支出各项目的实际数是指建设项目从筹建之日起至达到办理竣工财务决算之日止发生的全部基本建设支出。

3.表中设计概算批准文号根据实际批准的文件分别填列。

4.表中收尾工程指建设项目竣工验收后还遗留的少量尾工,不得超过项目概算的5%。这部分工程的实际成本,可根据具体情况进行估算,并做出说明,完工以后不再编制竣工财务决算。

(三)《基本建设项目竣工财务决算表》(建竣决02表)

1.表中资金来源项下"基建拨款"各项、"项目资本"、"项目资本公积"、"基建借款"、"上级拨入投资借款"、"企业债券资金"和资金占用项下"交付使用资产"、"待核销基建支出"、"非经营项目转出投资"等项目,填列项目自筹建至竣工止的累计数。

"预算拨款"反映国家预算内资金安排的基建投资项目拨款。

“专项建设基金拨款”反映港口建设费安排的基建投资项目拨款。

2. 表中其余各项目填列办理竣工验收时的结余数。

3. 补充资料的“基建投资借款期末余额”、“应收生产单位投资借款期末数”、“基建结余资金”反映竣工时的期末数。

4. 资金占用总额须等于资金来源总额。

5. 基建结余资金的计算。基建结余资金 = 基建拨款 + 项目资本 + 项目资本公积 + 基建借款 + 上级拨入投资借款 + 企业债券资金 + 待冲基建支出 - 基本建设支出 - 应收生产单位投资借款。

（四）《基本建设项目交付使用资产总表》（建竣决 03 表）

表中各栏数字应根据“交付使用资产明细表”中相应单项工程项目的数字汇总填列，并分别与“竣工财务决算表”中有关数字相符。

（五）《基本建设项目交付使用资产明细表》（建竣决 04 表）

本表是用来反映交付使用资产详细内容的报表，编制时各项内容要分类填列，单项工程名称应与批准的项目初步设计文件中注明的一致。

（六）《基本建设竣工项目概算执行情况分析表》（建竣决 05 表）

本表用来反映基本建设竣工项目的概算执行情况以及总体投资效益。编制时，要将批准的概算与实际执行进行分析比较，会计核算的口径与概算口径不一致的，应对会计核算进行调整分析填列。

（七）《基本建设竣工项目未完工程投资及预留费用表》（建竣决 06 表）未完工程、收尾工程建议定义统一

1. 本表反映收尾工程的进度以及预留资金的具体情况。建设项目收尾工程不得超项目概算的 5%。

2. 表中各有关项目的设计、概算等指标，根据批准的设计、概算等文件确定的数字填列。已完指标根据项目建设的实际完成情况填列。

3. 未完工程按单项工程项目名称填列；预留费用按费用的用途填列（如××工程费用、审计费、竣工验收费等）。

（八）《基本建设竣工项目成本表》（建竣决07表）

1. 本表反映竣工验收项目的建设成本构成情况，编制时各项内容要分类填列，单项工程名称应与批准的项目初步设计文件中注明的一致。

2. 建设成本为"建筑安装工程投资"、"设备投资"、"其他投资"、"待摊投资"的合计数。

（九）《基本建设竣工项目待核销基建支出表》（建竣决08表）

1. 本表反映基本建设竣工项目待核销基建支出的具体情况，应区分预算年度和具体待核销项目填列。

2. "待核销基建支出"反映非经营性项目发生的江河清障、航道清淤、飞播造林、补助群众造林、退耕还林（草）、封山（沙）育林（草）、水土保持、城市绿化、取消项目可行性研究费、项目报废及其他经财政部门认可的不能形成资产部分的投资支出。

（十）《基本建设竣工项目转出投资表》（建竣决09表）

1. 本表反映基本建设竣工项目转出投资的具体情况，应区分预算年度和具体转出投资项目填列。

2. "转出投资"反映非经营性项目为项目配套而建成的、产权不归属本单位的专用设施（包括专用道路、专用通讯设施、送变电站、地下管道等）的实际成本。

二、竣工财务决算附表

（一）待摊投资明细表（附01表）

本表反映本竣工建设项目待摊投资完成的明细情况。

（二）转出投资明细表（参考）（附02表）

1. 本表反映基本建设项目转出投资完成情况。编制时各项内容要分类填列，单项工程名称应与批准的项目初步设计文件中注明的一致。

2. 交付单位、接受单位及其单位负责人应签章齐全。

（三）待摊投资分配明细表（参考）（附03表）

本表反映竣工基本建设项目待摊投资具体分配情况。编制时各项内容要分类填列，单项工程名称应与批准的项目初步设计文件中注明的一致。

三、基本建设工程决算审核情况汇总表

本表反映基本建设项目经项目竣工财务决算审核部门（或社会中介机构）审核认定的具体投资完成情况。编制时各项内容要分类填列，单项工程名称应与批准的项目初步设计文件中注明的一致。

交通运输部部属事业单位对外投资管理暂行办法

交财发〔2010〕483 号　2010.9.15

第一章　总　　则

第一条　为规范部属事业单位对外投资行为,提高国有资产使用效益,防止国有资产流失,加强对外投资项目的监督,根据国家有关规定和《交通运输部事业单位国有资产管理暂行办法》(交财发〔2010〕123 号),制定本办法。

第二条　本办法所称对外投资是指部属事业单位利用货币资金、实物和无形资产等国有资产向其他单位的投资。

第三条　对外投资活动中涉及基本建设、技术改造和境外投资及与外商进行合资、合作的,除按本办法的规定办理外,同时应按国家基本建设、技术改造和境外投资及与中外合资、合作的有关规定办理。

第四条　对外投资应以不影响本单位基本业务的开展和本单位的正常运转为前提,严格控制货币性资金对外投资。

第五条　对外投资管理的原则是:统一领导、分级管理、集体决策、注重绩效、控制风险、从严审批。

第六条　部属事业单位应对本单位对外投资项目实行专项管理,按对外投资项目设立管理台账,并在单位财务会计报告中对相关信息进行及时、充分披露。

第七条　对外投资收益应当纳入单位预算,统一核算,统一管理。国家另有规定的除外。

第二章 审批权限

第八条 部属系统单位(包括长江航务管理局、海事局、救助打捞局、船级社,下同)和其他部属事业单位按规定权限对国有资产对外投资事项进行审批。超过权限的报部审批或由部审核后转报财政部审批。

第九条 部属事业单位利用房屋、土地、飞机、船舶和无形资产进行对外投资,需报部审核或审批。

部属系统单位所属单位发生上述国有资产对外投资行为时,应由部属系统单位提出审核意见后报部审核或审批。

第十条 部属事业单位利用除本办法第九条规定以外的国有资产对外投资,需按以下权限审批:

(一)部属系统单位本级及所属单位对外投资资产价值在500万元以下的,由部属系统单位审批并于审批后15个工作日内将审批结果报部备案;其他部属事业单位对外投资资产价值在300万元以下的,由各单位审批并于审批后15个工作日内将审批结果报部备案;

(二)部属系统单位本级及所属事业单位对外投资资产价值在500万元以上(含500万元)、800万元以下的,其他部属事业单位对外投资资产价值在300万元以上(含300万元)、800万元以下的,报部审批;

(三)部属事业单位对外投资资产价值在800万元以上的(含800万元),由部审核后报财政部审批。

第三章 投资限制

第十一条 拟用于对外投资的国有资产的权属应当清晰。权属关系不明确或者存在权属纠纷的资产不得用于对外投资。

第十二条 下列资金不得用于对外投资:

(一)财政拨款和财政拨款结余;

(二)各种贷(借)款资金;

(三)上级补助收入;

(四)代收代管的各项资金;

(五)其他规定不得用于对外投资的资金。

第十三条 部属事业单位不得从事以下对外投资事项:

(一)买卖期货、股票,国家另有规定的除外;

(二)购买各种企业债券、各类投资基金和其他任何形式的金融衍生品或进行任何形式的金融风险投资,国家另有规定的除外;

(三)利用国外贷款的事业单位,在国外债务尚未清偿前利用该贷款形成的国有资产对外投资;

(四)其他违反法律、行政法规规定的。

第十四条 存在下列情况之一的,原则上不得再设立新的对外投资项目,确需设立新的对外投资项目的,一律报部审核批准:

(一)上年末单位的对外投资总额超过净资产 50% 的;

(二)上年末单位的资产负债率超过 50% 的;

(三)本单位对外投资项目中最近两年三分之一以上存在亏损的;

(四)违规设立对外投资项目尚未纠正的;

(五)其他规定不得对外投资的。

第四章 投资决策

第十五条 对外投资决策程序:

(一)编制对外投资项目可行性研究报告;

(二)实施项目评估;

(三)进行项目决策。

第十六条 部属事业单位根据拟对外投资的项目性质,组织有关单位和人员编制可行性研究报告,对拟投资的项目在技术和经济上是否合理和可行,进行全面分析、论证,作多方案比较和

评价。

可行性研究报告一般应包括以下内容:实施投资项目的必要性、可行性和相关依据;实施投资项目的外部环境分析;投资项目资金估算和资金来源,投资项目经济效益和社会效益分析预测等。

第十七条 部属事业单位应建立健全对外投资项目评估制度,通过设立投资评估小组或建立投资评估会议制度,由单位主管领导牵头,有关业务、投资、财务、法律、审计和监察等部门参加,必要时可邀请专家,审核拟对外投资项目的可行性研究报告,论证可行性研究报告的合规性、合理性、可靠性、真实性、客观性等,对各种投资方案进行技术经济、财务分析,为投资项目的最后决策提供咨询意见。

第十八条 部属事业单位领导班子根据拟对外投资项目的可行性研究报告、投资项目评估论证意见等,结合本单位发展规划和投资政策,进行集体研究决策,并形成会议决议(或会议纪要)。

对外投资决策所依据的相关资料以及会议决议(或会议纪要)等,应当作为单位档案材料进行管理。

第五章 投资审批

第十九条 部属事业单位报部审核、审批的对外投资事项应提交以下材料:

(一)对外投资事项的书面申请;

(二)拟对外投资国有资产的价值凭证及权属证明,如购货发票或收据、工程决算副本、国有土地使用权证、房屋所有权证、股权证等凭据的复印件(加盖单位公章);

(三)对外投资的可行性分析报告;

(四)投资评估小组或投资评估会议出具的评估意见;

(五)拟同意利用国有资产对外投资的会议决议或会议纪要复印件;

(六)单位法人证书复印件、拟合作方的法人证书复印件或企

业营业执照复印件、个人身份证复印件等；

（七）拟创办经济实体的章程和工商行政管理部门下发的企业名称预先核准通知书；

（八）与拟合作方签订的合作意向书、协议草案或合同草案；

（九）单位上年度财务报表；

（十）经中介机构审计的拟合作方上年度财务报表；

（十一）对外投资设立经济实体的，提交经部审核后的《部属事业单位对外投资兴办经济实体审核表》；

（十二）其他材料。

第二十条 部收到部属事业单位的国有资产对外投资申请后将及时审查，并按下列情形限时办理：

（一）申请事项和相关资料符合本办法规定的，部在收到材料之日起，15个工作日内做出批复或转报财政部。

（二）申请资料不符合本办法规定的，部在5个工作日内以书面方式通知部属事业单位修改补充。受理日期以部重新收到申报资料时算起。

（三）申请事项不符合本办法规定的，部将不予办理，并在5个工作日内函告不予批准的原因。

第六章 投资管理

第二十一条 部属事业单位对外投资设立经济实体的，须先报部核准后，再按本办法第十九条规定进行申报审批。申报核准所需材料见《部属事业单位对外投资兴办经济实体审核表》（见附表1）。

第二十二条 对外投资事项经批准后，以非货币性资产对外投资的，应聘请具有相应资质的中介机构，对拟投资资产进行资产评估。

第二十三条 资产评估事项按规定履行核准或备案手续。

第二十四条 部属事业单位应以不低于经核准或备案的评估

价作为确定投资额的依据，据此计算占被投资企业的股权，并以投资额为限对所投资的项目承担责任，依法享有出资人的权利。

第二十五条 部属事业单位对外投资形成的资产属于国有资产，应当按照国家有关规定办理企业国有资产产权登记。

第二十六条 部属事业单位所投资的企业设立董事会的，部属事业单位应依照企业章程派出董事、监事。

部属事业单位所投资的企业不设董事会且对所投资的企业具有控制权的，由部属事业单位派出执行董事。

第二十七条 部属事业单位派出的董事、监事和执行董事，应当遵守法律、行政法规和企业章程，对企业负有忠实义务和勤勉义务，并应当按照部属事业单位的指示发表意见、行使权利。

第二十八条 部属事业单位应当依法加强对所投资企业的监督管理，督促其按照现代企业制度规范运作并建立和完善国有资产管理制度，确保国有资产的安全完整，实现国有资产的保值增值。

第二十九条 部属事业单位应当依法加强对具有控制权的所投资企业的财务考核和评价工作。财务考核和评价应以国有资产保值增值能力为核心，主要从财务效益、资产运营、偿债能力和发展能力等方面，检查、分析企业年度预算执行情况，考核各项经营业绩。

第三十条 部属事业单位所投资的企业因故解散、关闭或撤销的，应当依法进行清算。清算报告报部属事业单位、股东会、股东大会或者人民法院确认，并报送企业登记机关。部属事业单位应当在清算报告确认后30日内，将清算报告报部备案。

第三十一条 部属事业单位应于每年6月底前将上年对外投资项目的资产和收益情况报部备案（备案表格式见附表2）。

第七章　附　　则

第三十二条 部属事业单位所投资企业的对外投资事项，按

国家有关规定和企业章程办理。

第三十三条 部属系统单位和其他部属事业单位可根据本办法制定适合本系统、本单位的具体实施办法。

第三十四条 部管社团参照本办法执行。

第三十五条 本办法由部财务司负责解释。

第三十六条 本办法自印发之日起施行。原《交通部部属单位对外投资和多种经营管理办法》(交财发〔2001〕792 号)同时废止。

附表1

部属事业单位对外投资兴办经济实体审核表

投资单位:(公章)　　　　联系人:　　　　电话:

<table>
<tr><td>投资单位名称:</td><td>投资形成的经济实体名称:</td></tr>
<tr><td colspan="2">投资形成的经济实体所在地(地址):</td></tr>
<tr><td colspan="2">兴办经济实体的可行性分析、主要经营范围与有关决策过程:</td></tr>
<tr><td>拟投资金额(万元):</td><td>兴办经济实体性质(全资、控股、参股)</td></tr>
<tr><td colspan="2">审核所需资产:
1. 对外投资形成经济实体的书面申请(原件);
2. 对外投资的可行性分析报告;
3. 对外投资的会议决议或会议纪要;
4. 投资单位法人证书、拟合作方的法人证书或企业营业执照、个人身份证等(复印件);
5. 拟创办经济实体章程;
6. 与拟合作方签定的合作意向书(复印件)、协议草案或合同草案(复印件)。</td></tr>
<tr><td colspan="2">部审核意见:

年　　月　　日
(签章):</td></tr>
</table>

注:1. 部审核工作由政策法规司负责办理;

2. 本审核表一式两份,一份留部政策法规司,一份退原上报单位。

附表 2

部属事业单位对外投资项目资产和收益情况表

单位名称：　　　　年度：　　　　单位：万元

事业单位名称	对外投资项目名称	执行会计制度	企业注册资本	企业实收资本	出资比例	企业资产	企业负债	所有者权益	当年收入总额	当年净利润	当年应分利润	当年实际收到分配利润	当年末累计应收未收分配利润
1	2	3	4	5	6	7	8	9	10	11	12	13	14
合　计													

单位:负责人：　　　　财务负责人：　　　　填表人：　　　　联系电话：

注:1. 第 1 栏和第 6、12、13、14 栏反映部属事业单位的情况，其余各栏反映其所投资企业的情况；

2. 本表应于每年 6 月底前报部财务司备案。

行 风 建 设

全国交通运输行业精神文明建设表彰规定

交政法发〔2010〕97号　2010.2.11

第一章　总　　则

第一条　为了鼓励交通运输行业各单位和广大干部职工积极组织或参与群众性精神文明创建活动，加强交通运输行业精神文明建设表彰管理，促进交通运输行业精神文明建设健康发展，根据《中央精神文明建设指导委员会关于深入开展创建文明行业工作的若干意见》、《中央精神文明建设指导委员会关于评选表彰全国文明城市文明村镇文明单位的暂行办法》等有关要求，结合交通运输实际，制定本规定。

第二条　本规定适用于以交通运输部名义组织开展的全国交通运输行业精神文明建设综合表彰工作。

以交通运输部名义组织的全国交通运输行业其他专项表彰活动、以交通运输部和中央有关部门、全国性团体（含专门委员会、领导小组等）名义联合组织的表彰活动以及有关法律、行政法规规定以交通运输部名义表彰奖励的事项，按有关规定办理。

第三条　全国交通运输行业精神文明建设表彰的推荐、评选和命名，应当遵循公开、公正、公平的原则。

第四条　全国交通运输行业精神文明建设表彰必须坚持以科学发展观为指导，精神鼓励与物质奖励相结合，以精神鼓励为主的原则。

第五条　交通运输部精神文明建设指导委员会（以下简称部

文明委）负责全国交通运输行业精神文明建设表彰工作，交通运输部精神文明建设办公室（以下简称部文明办）具体承办表彰工作。

各省、自治区、直辖市、新疆生产建设兵团交通运输主管部门依据职责分工，负责本行政区域内全国交通运输行业精神文明建设表彰的初审、推荐工作。

交通运输部海事局、交通运输部救助打捞局、中国船级社、交通运输部长江航务管理局及其他京外直属单位、中央交通运输企业集团分别负责本系统和本单位全国交通运输行业精神文明建设表彰的初审、推荐工作。部直属机关党委负责部机关及在京直属单位全国交通运输行业精神文明建设表彰的初审、推荐工作。各省级交通运输主管部门、交通运输部海事局、交通运输部救助打捞局、中国船级社、交通运输部长江航务管理局及其他京外直属单位、中央交通运输企业集团、部直属机关党委（以下简称推荐单位）的精神文明建设工作机构，具体承办本地区、本系统和本单位全国交通运输行业精神文明建设表彰的初审、推荐工作。

第六条 中国民航局、国家邮政局按照本规定设定的表彰种类确定推荐评选的范围，参照有关程序和标准统一组织本行业内全国交通运输行业精神文明建设表彰的初审、推荐工作。

第二章 表彰种类和计划

第七条 全国交通运输行业精神文明建设表彰设定先进集体和先进个人两类奖项。

全国交通运输行业精神文明建设先进集体包括以下三个奖项：

（一）全国交通运输文明行业；

（二）全国交通运输行业文明单位；

（三）全国交通运输行业文明示范窗口。

全国交通运输行业精神文明建设先进个人包括以下两个

奖项：

（一）全国交通运输行业文明职工标兵；

（二）全国交通运输行业精神文明建设先进工作者。

第八条 全国交通运输行业精神文明建设表彰每两年进行一次，表彰前5个月编制提交表彰计划，经部文明委批准后方可组织实施。

第九条 全国交通运输行业精神文明建设先进集体和先进个人，应当是做好“三个服务”，在行业精神文明建设中成绩显著，对发展现代交通运输业贡献突出的集体和个人，并符合本规定及其附件规定的相应条件。

第三章 推荐评选范围

第十条 交通运输行业以下子行业，符合规定条件（见附件1），在促进交通运输又好又快发展中成绩显著的，可以推荐为全国交通运输文明行业：

（一）各省、自治区、直辖市、新疆生产建设兵团交通运输厅（局、委）系统；

（二）各省、自治区、直辖市、新疆生产建设兵团交通运输厅（局、委）直属的公路、道路运输、水路运输等专业管理系统；

（三）副省级城市交通运输局（委）系统；

（四）交通运输部直属海事、救捞、船级社、长江航务管理局系统；

（五）中央交通运输企业集团系统。

第十一条 交通运输行业各级交通运输主管部门、企事业单位（原则上应实行独立核算、具有独立法人资格）符合规定条件（见附件2），在创建文明行业活动中成绩显著，可以推荐为全国交通运输行业文明单位。

第十二条 交通运输行业直接面向社会为群众服务的“窗口”单位，符合规定条件（见附件3），体现高度职业文明、创造一流

工作成绩，能够发挥先进示范作用，可以推荐为全国交通运输行业文明示范窗口：

（一）客（货）运站点、收费站点；

（二）车辆、船舶；

（三）建设工地；

（四）服务区、养护工区；

（五）服务班组；

（六）引航机构；

（七）政务大厅；

（八）基层一线执法机构；

（九）服务热线；

（十）其他符合规定条件的行业“窗口”。

第十三条 交通运输行业各级交通运输主管部门、企事业单位的干部职工，符合规定条件（见附件4），在本职岗位上体现高度职业文明、创造一流工作成绩的，可以推荐为全国交通运输行业文明职工标兵。副厅（局）级以上领导干部原则上不予推荐，事迹特别突出、模范带头作用特别显著的例外，副处级以上干部的比例控制在20%以内。

第十四条 交通运输行业各级交通运输主管部门、企事业单位工作在行业精神文明建设一线的人员，包括精神文明建设工作的主管领导、精神文明建设工作机构的负责人、工作人员和群众性精神文明创建活动的主要骨干人员，符合规定条件（见附件5），在推进交通运输行业精神文明建设中成绩显著，可以推荐为全国交通运输行业精神文明建设先进工作者。副厅（局）级以上领导干部原则上不予推荐，事迹特别突出、模范带头作用特别显著的例外。

第十五条 在近两年内，有下列情形之一的，不得申报全国交通运输行业精神文明建设先进集体：

（一）领导班子成员严重违法违纪，受到党纪和政纪撤职以上处分或追究刑事责任；

（二）发生重大安全责任事故，造成严重人员伤亡和重大经济损失；

（三）发生严重行风问题，造成恶劣社会影响；

（四）发生其他严重问题，被地市级以上媒体曝光，造成严重的行业和社会影响。

第十六条 推荐、评选全国交通运输行业精神文明建设表彰先进集体及个人，应当提交以下资料：

（一）全国交通运输行业精神文明建设表彰申报表；

（二）与表彰条件相应的有关材料。

全国交通运输行业精神文明建设表彰推荐表（见附件6、7、8）、有关纸质材料（一式3份），所有材料电子文本一份。其中事迹材料字数为2000字。

第四章 推荐评选程序

第十七条 推荐、评选全国交通运输行业精神文明建设先进集体和先进个人，应当遵循下列程序：

（一）符合规定条件的集体和个人，经上级主管部门审核同意后，由上级主管部门逐级向推荐单位申报。

（二）推荐单位进行初审，将拟推荐名单在本地区、本系统和本单位以适当方式公示7日，公示期满，并征询当地省级政府精神文明建设主管部门的意见后，正式向部文明办推荐；公示期内接到举报的，要责成被举报单位主管部门对举报情况进行调查核实，15日内不能出示无效举报调查结果的，不予推荐。

（三）部文明办组织人员采取书面审查、实地抽查等方式进行考察审核，拟定候选名单。

（四）根据需要，部文明办可将候选名单发送有关方面征求意见，并在交通运输部政府网站公示7日后，提出正式候选名单报部文明委；公示期内接到举报的，由推荐单位负责对举报情况进行调查核实，15日内不能出示无效举报调查结果的，取消被举报单位

评选资格。

(五)部文明委批准后予以公布。

第十八条 推荐单位可根据实际情况制定本地区、本系统和本单位的具体推荐审核程序,并对推荐材料进行认真审查核实。

审核可以采取日常检查与集中考核相结合,内部考核与群众评议、社会监督相结合的方法进行。

第十九条 未经推荐单位初审和推荐的,部文明办原则上不直接受理。其他交通运输行业不属于上述单位系统归口的企事业单位可由省级政府精神文明建设主管部门指定或委托授权有关单位组织进行审核推荐。

第五章 表彰与奖励

第二十条 经部批准的全国交通运输行业精神文明建设先进集体和先进个人,部将印发全国交通运输行业精神文明建设表彰决定,并对受到表彰的先进集体和先进个人颁发奖牌和荣誉证书。

需要召开会议进行表彰的,在报部文明委批准后,可以举行表彰大会的形式进行表彰。

第二十一条 对受到表彰的全国交通运输行业精神文明建设先进集体,其上级主管部门可适当给予物质奖励。

对受到表彰的全国交通运输行业精神文明建设先进个人,可由其所在单位或其所在单位的上级主管部门适当给予物质奖励。

全国交通运输行业精神文明建设先进集体和先进个人的物质奖励标准可比照省级文明行业、省级文明单位、省级先进个人的物质奖励标准。

第二十二条 受到表彰的全国交通运输行业文明单位、全国交通运输行业文明示范窗口、全国交通运输行业文明职工标兵、全国交通运输行业精神文明建设先进工作者,在推荐表彰全国交通运输系统先进集体、劳动模范和先进工作者时应予以优先考虑。

第六章 监督管理

第二十三条 受到表彰的全国交通运输行业精神文明建设先进集体,必须在显著位置悬挂奖牌,其中受到表彰的全国交通运输行业文明示范窗口必须在窗口单位的醒目位置公开悬挂奖牌,自觉接受社会监督。

第二十四条 对创建全国交通运输行业精神文明建设先进集体日常工作的指导、监督和管理,由推荐单位精神文明建设工作机构负责。

第二十五条 对全国交通运输行业精神文明建设先进集体进行监督,可以采取定期检查与随机抽查、组织检查与填写意见反馈表相结合等方法进行。

发现隐瞒事实、弄虚作假的,经查实,应撤销其荣誉称号。

第二十六条 全国交通运输行业精神文明建设先进集体荣誉称号有效期为两年。有效期届满前,由部文明办组织复核。经部文明办复核合格后,部将予以重新认定,复核不合格的取消荣誉称号。复核有效期为两年,有效期届满后,获得荣誉称号的全国交通运输行业精神文明建设先进集体须重新参加申报、评选。

部文明办组织复核,采取单位自查、原推荐单位组织实地考核并上报书面复核意见的方式进行,部文明办也可视情况组织实地抽查。

第二十七条 在有效期内,受到表彰的全国交通运输行业精神文明建设先进集体,发生下列情况之一的,原推荐单位应责令限期整改,整改后仍不符合规定条件的,及时报部文明办批准后撤销其荣誉称号:

(一)创建工作停滞不前,工作滑坡,不能发挥示范带头作用;

(二)单位领导成员中有严重违法、违纪等行为;

(三)发生重大安全责任事故;

(四)被地市级以上媒体曝光,群众反映强烈,经检查情况属

实的。

第二十八条 如受到表彰的单位变更名称、变动隶属关系,原推荐单位应及时报部文明办备案。重组、撤销、分立、合并的,荣誉称号自行失效,原推荐单位应及时报部文明办备案。

第二十九条 荣誉称号被撤销后,其奖牌、荣誉证书由原推荐单位收回。

被撤销荣誉称号的,不得参加下一届评选。

第三十条 推荐、审查、表彰全国交通运输行业精神文明建设先进集体和先进个人,不得向被推荐集体和个人收取任何费用。

第七章 附 则

第三十一条 中国民航局、国家邮政局、省级交通运输主管部门、交通运输部海事局、交通运输部救助打捞局、中国船级社、交通运输部长江航务管理局及其他京外直属单位、中央交通运输企业集团、交通运输部直属机关党委可根据本规定,制定本地区、本系统和本单位交通运输行业精神文明建设表彰管理办法。

第三十二条 奖牌、荣誉证书等按规定的式样和规格,由部文明办统一监制。

第三十三条 本规定由部文明委负责解释。

第三十四条 本规定自公布之日起实施。在本规定生效前部印发的有关文件与本规定不一致的,按本规定执行。

附件1

全国交通运输文明行业评选标准

认真学习邓小平理论和“三个代表”重要思想，树立和落实科学发展观，践行社会主义荣辱观和“三个服务”，认真执行党的路线方针政策以及交通运输部做出的重大决策和工作部署，遵守国家法律法规，广泛开展创建文明行业活动，形成爱岗敬业、诚实守信、办事公道、服务群众、奉献社会的良好行业道德风尚，行业精神文明建设与交通运输事业协调发展，在发展现代交通运输业中成绩显著，先进事迹和典型经验被行业媒体或地方媒体进行过宣传报道，在行业有积极影响和示范作用，并符合下列条件：

（一）有健全的组织领导体制和工作机制。行业内各单位领导之间团结协调，自觉坚持“两手抓、两手都要硬”的方针，高度重视精神文明建设，把交通运输行业精神文明建设工作纳入交通运输发展总体规划，作为领导责任制和领导干部政绩考核的重要内容，把创建文明行业活动贯穿于行业工作的各个方面，制定了创建文明行业的标准和规划。主管部门切实担负起对创建工作的组织和管理职责，基层党组织和工会、共青团、妇联等人民团体在创建工作中的重要作用得到充分发挥，形成齐抓共管、同创共建的工作局面。各级精神文明建设工作机构能够切实担负起协调、督促、检查的责任，组织领导、投入保障、检查考核、激励约束等创建工作机制健全。

（二）思想道德教育扎实有效。党委（党组）中心组和领导干部理论学习形成制度，紧密结合行业、单位特点和职工的思想、工作实际，深入开展党的基本理论、基本路线、基本纲领教育和理想信念教育、形势政策教育、民主法制教育、社会主义荣辱观教育以及爱国主义、集体主义、社会主义教育，不断丰富干部职工的精神世界，不断增强干部职工的精神力量，形成奋发有为、昂扬向上的

精神状态。坚持开展经常性的、耐心细致的思想政治工作，及时为群众解疑释惑、化解矛盾。认真贯彻《公民道德建设实施纲要》，有健全的本行业各类岗位职业道德规范，职业责任、职业道德、职业纪律、职业技能的培训教育扎实有效，组织多种形式的道德实践活动，形成爱岗敬业、诚实守信、办事公道、服务群众、奉献社会的职业道德风尚。

（三）服务设施和服务手段明显改善。保证对服务场所和工作单位环境改造和基础设施建设的投入，做到环境整洁卫生、净化美化，设施完好齐全、方便实用。其中直接为群众服务的车、船、港、站、场、厅服务设施不断改善，服务功能齐全，建设方便残疾人、老年人、病人的无障碍设施，做到实用方便。完善治理污染、保障职工健康、保护生态环境的设施和措施，促进行业发展与自然环境改善的协调同步。

（四）服务规范有序。行业内全面推广服务行业规范化服务，有适合自身工作特点、简明具体、易于操作、便于考核的规范化服务标准和保证措施，落实到每个服务企业、事业单位及每个服务人员。行业内各基层单位特别是直接面向群众和社会的港、站、场、厅等，公开办事程序，公布规范服务、优质服务的标准，接受群众监督。从业人员仪容仪表能体现行业特色和文明服务的要求，有体现行业特色、展示行业形象的行业标识。工作（服务）质量和效率等在全国同行业中处于领先水平，群众和社会满意。采用现代管理方法和技术成果，改进服务手段，方便群众办事，提高工作效率。

（五）行业管理科学有效。始终坚持以人为本，能够结合实际工作贯彻落实科学发展观，主动践行“三个服务”。按照行业特点、职业职责和创建要求，制定具体可行的岗位行为规范，建立健全各项规章制度，完善管理考核机制，实现全行业生产、服务和管理的科学化、制度化、规范化，承诺制、公示制、信誉制、首问负责制等工作制度得到落实，向社会公布了岗位职责、办事程序、服务规范、收费标准、工作纪律、查询办法、赔偿规定等，自觉接受社会监督。文明行业创建考核和奖惩制度落实，通过邀请人大代表和政

协委员视察工作、群众评议行风、消费者投诉举报、新闻媒体舆论监督等途径和方式,形成了有效的社会监督制度。

(六)行业风气端正。行业内党政领导干部和各级党政机关清正廉洁,务实高效,依法行政,积极为群众排忧解难办实事。窗口服务人员自觉遵守职业道德规范,自觉抵制和纠正各种行业不正之风。从业人员牢固树立起诚信为本的思想观念,行业内未发现不守信用行为,无集体上访或重复上访,形成了“学先进、讲文明、树新风、创一流”的行业风尚。行业内各单位认真对待群众投诉,处理纠纷、化解矛盾及时。在民主评议和专业部门测评中综合满意率在90%以上,服务对象的投诉属实情况控制在3‰以下。

(七)创建活动蓬勃开展。创建交通运输文明行业活动得到广大人民群众普遍认同和热情参与,争创文明单位、文明示范窗口和争做模范文明职工、“学先进、树新风、创一流”、“文明礼仪伴我行”等群众性精神文明创建活动普遍开展,积极参与和支持送温暖、社会捐助、扶残助残等公益性活动,基层创建工作形式多样、生动活泼、吸引力强,文明行业创建工作基础牢固,有切实发挥辐射示范带动作用的全国级、部级或省级文明单位和文明示范窗口。

(八)行业文化建设取得成效。注重行业文化建设,形成了具有行业特色的行业(企业)精神。广泛开展创建学习型组织活动,引导从业人员学习科学知识和业务技能,形成全员学习、自觉学习和终身学习的良好风尚。有对职工开放的文体活动场所及必要的活动设施、器材,经常有组织地开展内容多样、形式新颖、群众参与率较高的文体活动,职工业余生活丰富、健康,行业凝聚力、战斗力强。

(九)综合效益显著增强。交通运输生产、建设和改革成效显著,两个文明建设协调发展,每年的目标责任完成综合分值保持在90分以上,全行业经济效益、社会效益以及管理服务水平在同行业中领先,有一批具有广泛影响的先进人物、先进群体或被社会各界普遍认可和接受的服务品牌。

(十)已获得省级交通运输主管部门或副省级以上文明行业

荣誉称号，行业内第一级单位已获得国家级精神文明建设综合性荣誉称号或全国交通运输行业文明单位等行业精神文明建设综合性荣誉称号，其下属单位在近10年内分别有25%以上的单位已获得省部级以上文明单位（先进单位）综合性荣誉称号，有45%以上的单位获得省级交通运输主管部门或地市级以上文明单位（先进单位）综合性荣誉称号，有65%以上的单位获得地市级交通运输主管部门或县处级以上文明单位（先进单位）综合性荣誉称号。

附件 2

全国交通运输行业文明单位评选标准

认真学习邓小平理论和“三个代表”重要思想，树立和落实科学发展观，践行社会主义荣辱观和“三个服务”，认真执行党的路线方针政策以及交通运输部做出的重大决策和工作部署，遵守国家法律法规，广泛开展创建文明单位活动，对发展现代交通运输业贡献突出，先进事迹和典型经验被行业媒体或地方媒体进行过宣传报道，在行业有积极影响和示范作用，并符合下列条件：

（一）组织领导有力，创建工作扎实。单位领导班子能够自觉坚持“两手抓、两手都要硬”的方针，高度重视精神文明建设，“学先进、树新风、创一流”等创建活动摆上重要议事日程，计划周全、目标明确、措施具体、责任落实。领导班子团结协作，作风民主，开拓创新，勤政廉政，以身作则，在创建活动中发挥模范带头作用。单位内部层层落实创建工作责任制，全体员工普遍参与创建活动，效果明显。

（二）工作机制健全，活动深入有效。创建文明单位活动贯穿于单位行政业务工作的各个方面，制定了科学合理的创建标准和规划，创建工作的组织领导、投入保障、检查考核、激励约束等工作机制健全。建立了创建工作专门领导机构，有专人负责，单位党组织和工会、共青团、妇联等人民团体在创建工作中的重要作用得到充分发挥，形成齐抓共管、同创共建的工作局面。重视抓好创建工作的全过程，做到创建活动经常化、制度化、系统化，并取得明显成效。

（三）思想政治教育深入，道德风尚良好。积极开展党的基本理论、基本路线、基本纲领和基本经验宣传教育，切实加强思想道德建设，大力弘扬和培育民族精神和时代精神，增强单位凝聚力和创造力。积极开展深入细致的思想政治工作，引导广大干部职工

树立正确的理想信念和世界观、人生观、价值观。认真贯彻落实《公民道德建设实施纲要》，深入、扎实地开展以“八荣八耻”为主要内容的社会主义荣辱观教育活动，成效显著。注重诚信建设，未发现不守信用行为。高度重视对青年职工的思想道德教育，建立了行之有效的工作机制，成效显著。

（四）服务优质规范，监督科学到位。干部职工转变服务作风，强化优质服务意识，积极倡导精细化服务、人性化服务，服务对象满意率较高。各基层站所和服务窗口保证服务设施完好、服务功能齐全，建设方便残疾人、老年人、病人的无障碍设施，做到实用方便。加强行业监督管理，建立了科学有效的行风监督机制，规范行业行为，不断改善服务质量和服务环境，自觉抵制各种行业不正之风。

（五）学习风气浓厚，单位风气端正。广泛开展创建学习型组织活动，坚持对干部职工进行科学文化知识和业务技能培训，形成全员学习、终身学习、自觉学习的良好风尚。崇尚科学，倡导健康、文明的生活方式。单位干部职工牢固树立起诚信为本的思想观念，未发现不守信用行为，形成了“学先进、讲文明、树新风、创一流”的良好风尚。

（六）重视文化建设，文体卫生先进。积极组织开展交通运输文化建设，形成了具有行业特点和单位特色的组织文化体系，提出明确的使命、愿景和精神。有职工文体活动场所及必要的活动设施、器材，经常有组织地开展形式多样、喜闻乐见的群众性文体活动，职工精神文化生活丰富多彩、健康向上，职工身心素质得到全面发展。

（七）加强民主管理，严格遵纪守法。健全民主管理制度，落实公开办事制度，坚持和完善民主管理制度，保障职工的合法权益。民主法制教育经常化、制度化。单位内部工作纪律严明，安全责任制落实。领导干部无违法违纪案件，全体员工无严重违法违纪案件及刑事案件，单位无重大安全质量责任事故。

（八）内外环境优美，环保工作达标。内务管理规范有序，内

外环境清洁整齐,无脏、乱、差现象,环境绿化、美化,为职工创造良好的工作生活环境。环境保护宣传教育工作扎实,环境保护制度健全、措施落实,成效显著,群众满意率达90%以上。

(九)业务水平领先,工作实绩显著。经济效益和社会效益稳步提高,主要业务工作指标居于全国同行业前列。行政管理单位和行政执法单位廉洁高效、办事公道、依法行政、执政为民,重大决策民主公开,群众满意率高。服务性单位工作规范,周到细致,优质高效,业务工作处于全国同行业领先水平。

(十)连续获得(保持)省级交通运输主管部门或获得省级以上精神文明建设综合性荣誉称号。

附件3

全国交通运输行业文明示范窗口评选标准

认真学习邓小平理论和“三个代表”重要思想，树立和落实科学发展观，践行社会主义荣辱观和“三个服务”，认真执行党的路线方针政策和部党组重大决策，遵守国家法律法规，在开展以“服务人民，奉献社会”为主要内容的文明示范窗口活动中成绩显著，先进事迹和典型经验被行业媒体或地方媒体进行过宣传报道，在行业有积极影响和示范作用，并符合下列条件：

（一）服务设施齐备。保证对服务设施建设的投入，各种与本窗口服务特点相适应的必要设施齐全，保养良好，运行正常，能满足群众的需要，有方便残疾人、老年人、病人的无障碍设施。注重形象标识建设，促进服务设施人性化、有效化、便捷化、现代化，如设立阅报栏、电子信息查询系统等。

（二）服务环境优美。环境清洁卫生，布置规整美观，文明提示标识用字规范，张挂位置符合规定，做到环境整洁卫生、净化美化，完善治理污染、保障职工健康、保护生态环境的设施和措施，促进行业发展与自然环境改善的协调同步。

（三）服务行为规范。职工热爱本职工作，敬业精神和服务意识强；广泛开展创建学习型组织活动，引导从业人员学习专业知识和业务技能，职工应知应会率达到90%以上；全面推行文明规范服务，有适合自身工作特点、简明具体、易于操作、便于考核的规范化服务标准和保证措施，职工自觉遵守职业道德和操作规程，仪表举止文明，用语规范，接待群众主动、热情、耐心、周到。

（四）服务秩序优良。经常进行民主法制教育，干部职工的法律意识和法制观念明显提高，诚实守信，遵纪守法；职工坚守岗位，严格执行岗位纪律，按操作规程办事，秩序井然有序；各项安全责任制落实，各项防范措施得力，无各类安全事故隐患；注重对服务

对象的文明提示，倡导遵章守纪、文明礼让、友爱互助，共同维护公共秩序。

（五）管理方法科学。能紧密围绕本单位的中心开展工作，根据窗口特点扎实有效地开展形式多样的群众性精神文明创建活动，统筹规划，精心组织，措施有力。领头人政治性强，业务上精，能够自觉带动窗口开展创建活动；有健全的员工守则、岗位行为规范、岗位责任制和考核机制，采用现代管理方法和技术成果，改进交通运输管理、服务手段和方式，方便群众办事，提高服务效率和质量，逐步实现全行业生产、管理和服务的科学化、制度化、规范化。通过邀请人大代表和政协委员视察工作、群众评议行风、消费者投诉举报、新闻媒体舆论监督等途径和方式，形成了有效的社会监督制度。

（六）服务措施有力。从业人员仪容仪表能体现行业特色和文明服务的要求，持证上岗，挂牌服务。主动解决群众关心的“热点”问题，推行适合窗口特点的便民措施。结合实际，推行承诺制、公示制、首问负责制、监督机制等工作制度，做到岗位职责公开、办事内容公开、服务规范公开、办事程序公开、办事结果公开、收费标准公开，设有服务热线或投诉电话，群众投诉方便，并严格考核，奖罚兑现。采用现代管理方法和技术成果，改进服务手段，方便群众办事，提高工作效率。

（七）服务信誉良好。各项服务措施落实，无失信行为，服务质量在社会各界以及广大人民群众中有较高的满意率，达到80%以上。认真对待群众投诉和来信来访，及时做好调查处理、调解纠纷、化解矛盾的工作。

（八）风气良好。党政领导干部和各级党政机关清正廉洁，务实高效，依法行政，积极为群众排忧解难办实事，建立健全突发性公共事件应急机制。从业人员自觉遵守职业道德规范，诚信经营、文明服务，自觉抵制、纠正和克服各种不正之风，未发现冷、硬、顶和吃、拿、卡、要现象和不守信用行为，窗口整体形象良好，投诉机制健全，社会信誉度高，群众满意率和基本满意率达90%以上，能

以高尚的职业道德风尚和优良的服务影响、教育群众。

（九）业绩突出。在生产、经营、管理、服务中体现出高度的文明素养和牢固的质量、效益观念，业务工作连续三年在所在单位名列前茅，服务质量处于全国同行业先进水平。

（十）连续获得（保持）省级交通运输主管部门或获得省级以上“文明示范窗口”或精神文明建设综合性荣誉称号。

附件4

全国交通运输行业文明职工标兵评选标准

（一）认真学习邓小平理论和“三个代表”重要思想，树立和落实科学发展观，践行社会主义荣辱观和“三个服务”，认真执行党的路线方针政策和部党组重大决策。

（二）爱岗敬业，有较强的事业心和责任感，干一行、爱一行、钻一行、精一行。工作尽职尽责，求实奉献，在本职岗位上创造了显著的经济效益和社会效益。

（三）努力实践“公民基本道德规范”，恪守职业道德规范，顾全大局，团结协作，遵纪守法，作风正派，清正廉洁，无违反职业道德行为，群众评价较好。

（四）勤奋好学，努力提高自身的专业素质，职业技能和业务水平优秀，富有创新精神，无违章操作和任何责任事故。

（五）牢固树立服务群众、奉献社会的理念，诚实守信，办事公道，仪表整洁，言行举止文明，服务优质，接待服务对象热情耐心，无冷硬粗硬现象，无吃拿卡要、坑蒙欺诈等不良作风和行为。

（六）积极参加和谐行业建设，遵守公共秩序，保护公共环境，爱护公共财产，维护公共设施，热心公益事业，助人为乐。

（七）积极参加“学先进、树新风、创一流”等群众性精神文明创建活动，表现突出。

（八）在推进交通运输事业又好又快发展中作出了突出贡献，近两年获得过省级以上文明职工等荣誉称号。

附件5

全国交通运输行业精神文明建设先进工作者评选标准

（一）认真学习邓小平理论和“三个代表”重要思想，树立和落实科学发展观，践行社会主义荣辱观和“三个服务”，认真执行党的路线方针政策和部党组重大决策，自觉遵守法律法规。

（二）努力学习社会主义精神文明建设的政策理论，熟悉交通运输行业精神文明建设工作，具有较强的政策理论水平和业务工作能力，能够对本行业、本单位的精神文明建设提出具有指导性、建设性的意见。

（三）具有做好交通运输行业精神文明建设工作的强烈事业心和高度责任感，积极投身群众性精神文明创建活动，在干部群众中起到模范带头作用。

（四）严于律己，清正廉洁，作风正派，办事公道，勤于奉献，团结同志，树立起精神文明建设干部的良好形象。

（五）恪尽职守，求真务实，奋发有为，积极组织“学先进、树新风、创一流”等群众性精神文明创建活动，事迹先进，表现突出。

（六）善于探索，勇于创新，在研究交通运输行业精神文明建设面临的新情况、解决新问题、探索新规律等方面开拓进取，成绩显著。

（七）积极组织开展交通运输文化建设，带头弘扬先进交通运输文化，追求高尚的思想境界，在本地区、本系统、本单位交通运输文化建设工作中发挥示范带头作用，作出突出贡献。

（八）在推进交通运输行业精神文明建设工作中做出了突出贡献，近两年获得过省级以上精神文明建设先进工作者荣誉称号，或所在单位获得省级以上文明单位等荣誉称号。

附件 6

全国交通运输文明行业申报表

<table>
<tr><td colspan="2" rowspan="2">申报单位名称</td><td colspan="2" rowspan="2"></td><td>职工总数</td><td></td></tr>
<tr><td>党员人数</td><td>人</td></tr>
<tr><td colspan="2">申报单位主要业务职能</td><td colspan="4"></td></tr>
<tr><td colspan="6">文明行业申报单位及下属单位创建情况</td></tr>
<tr><td colspan="2" rowspan="2">申报单位</td><td colspan="4">何时由何部门授予的省部级以上荣誉称号</td></tr>
<tr><td colspan="4"></td></tr>
<tr><td colspan="2" rowspan="2">下属单位总数</td><td rowspan="2">其中</td><td>省部级文明单位（先进单位）数量</td><td>地市级文明单位（先进单位）数量</td><td>县处级文明单位（先进单位）数量</td></tr>
<tr><td></td><td></td><td></td></tr>
<tr><td colspan="2">单位名称</td><td colspan="4">何时由何部门授予的最高荣誉称号</td></tr>
<tr><td rowspan="4">一级单位</td><td></td><td colspan="4"></td></tr>
<tr><td></td><td colspan="4"></td></tr>
<tr><td></td><td colspan="4"></td></tr>
<tr><td></td><td colspan="4"></td></tr>
<tr><td rowspan="4">二级单位</td><td></td><td colspan="4"></td></tr>
<tr><td></td><td colspan="4"></td></tr>
<tr><td></td><td colspan="4"></td></tr>
<tr><td></td><td colspan="4"></td></tr>
<tr><td rowspan="4">三级单位</td><td></td><td colspan="4"></td></tr>
<tr><td></td><td colspan="4"></td></tr>
<tr><td></td><td colspan="4"></td></tr>
<tr><td></td><td colspan="4"></td></tr>
</table>

主要事迹

推荐单位意见：   （章） 年　月　日
省、自治区、直辖市文明委意见：   （章） 年　月　日
中国民航局、国家邮政局意见：   （章） 年　月　日
交通运输部审批意见：   （章） 年　月　日

附件7

全国交通运输行业文明单位文明示范窗口申报表

<table>
<tr><td colspan="2">申报单位</td><td colspan="2"></td><td colspan="2">负责人</td><td></td></tr>
<tr><td colspan="2" rowspan="2">申报单位主要业务职能</td><td colspan="2" rowspan="2"></td><td colspan="2">职工总数</td><td></td></tr>
<tr><td colspan="2">党员人数</td><td></td></tr>
<tr><td colspan="2">何时由何部门授予何种荣誉称号</td><td colspan="5"></td></tr>
<tr><td>主要先进事迹</td><td colspan="6"></td></tr>
<tr><td colspan="2">市(县)级交通运输主管部门意见:
(章)
年 月 日</td><td colspan="3">推荐单位意见:
(章)
年 月 日</td><td colspan="2">省、自治区、直辖市文明委意见:
(章)
年 月 日</td></tr>
<tr><td colspan="4">中国民航局、国家邮政局意见:
(章)
年 月 日</td><td colspan="3">交通运输部审批意见:
(章)
年 月 日</td></tr>
</table>

附件 8

全国交通运输行业文明职工标兵精神文明建设先进工作者申报表

<table>
<tr><td>姓名</td><td></td><td>单位</td><td colspan="3"></td></tr>
<tr><td>性别</td><td></td><td>职业</td><td></td><td>学历及专业</td><td></td></tr>
<tr><td>主要先进事迹</td><td colspan="5"></td></tr>
<tr><td colspan="2">所在单位意见：

（章）
年　月　日</td><td colspan="2">市（县）级交通运输主管部门意见：

（章）
年　月　日</td><td colspan="2">推荐单位意见：

（章）
年　月　日</td></tr>
<tr><td colspan="3">中国民航局、国家邮政局意见：

（章）
年　月　日</td><td colspan="3">交通运输部审批意见：

（章）
年　月　日</td></tr>
</table>

交通运输文化建设“十百千”工程实施方案

交政法发〔2010〕413 号　2010.8.20

为深入推进交通运输行业文化建设，进一步提高“三个服务”的能力和水平，全面提升现代交通运输业发展软实力，树立交通运输行业良好形象，部决定，从 2010 年到 2015 年在全行业开展交通运输文化建设“十百千”工程（以下简称“十百千”工程）。

一、指导思想

全面贯彻落实党的十七大和十七届三中、四中全会精神，以邓小平理论和“三个代表”重要思想为指导，深入贯彻落实科学发展观，以推进交通运输行业核心价值体系建设为主线，深入开展交通运输文化建设“十百千”工程，不断深化文化实践活动，充分发挥典型示范作用，为提高行业软实力，加快转变发展方式，发展现代交通运输业提供良好的文化支持。

二、总体目标

经过 5 年多的努力，到“十二五”时期末，在全国交通运输行业打造十大交通运输文化品牌，创建一百家交通运输文化建设示范单位，培养一千名交通运输先进典型。交通运输行业核心价值体系得到较好践行，文化建设长效机制进一步完善，发展现代交通运输业的共同思想基础更加牢固，职工队伍素质明显提高，行业“三个服务”能力明显提升，行业凝聚力和战斗力明显加强，推动交通运输事业又好又快发展的精神动力明显增强，交通运输文化建设进入一个崭新的局面。

三、组织机构

部精神文明建设指导委员会（以下简称部文明委）负责“十百

千”工程的指导、审查、命名和管理工作。部精神文明建设办公室(以下简称部文明办)具体承办“十百千”工程的各项工作。

各省、自治区、直辖市、新疆生产建设兵团交通运输主管部门,部海事局、部救助打捞局、中国船级社、长江航务管理局、部直属机关党委、部京外直属单位、中央交通运输企业(以下简称推荐单位)文明委负责本地区、本系统或本单位“十百千”工程的创建、推荐和管理工作,各推荐单位精神文明建设工作机构具体承办“十百千”工程建设的各项工作。

中国民航局、国家邮政局可参照本方案在本系统内开展“十百千”工程建设。符合本方案规定条件的文化建设品牌、示范单位和先进典型,报请部文明委审核备案并统一命名。

四、主要内容

(一)打造十大交通运输文化品牌

1. 概念及标准

交通运输文化品牌是指交通运输行政机关、企事业单位等组织长期在交通运输发展实践中逐步形成的,文化内涵丰富、价值理念独特、服务方法创新、外部形象良好,并被行业和社会普遍认可的特色服务,在形式上包括直接面向社会、服务大众的交通运输“窗口”单位和具体的服务方法、服务内容、执法模式等。具体要达到下列标准:

(1)具有完善的价值理念体系。包括核心价值观、愿景、使命、精神、职业道德等,并在实践中得以落实,成为全体员工共同遵守的价值准则;

(2)具有独特的形象识别系统。有服务对象普遍接受的服务名称和形象标识,能够体现本行业、本单位的特色,充分展现本单位的文化形象。

(3)具有较高的服务质量或执法水平。有高标准的服务规范和行之有效的质量控制措施,服务质量或执法水平行业内领先。

(4)具有鲜明的时代特征。不断创新服务理念、方法与管理手段,与时俱进,注重转变发展方式,顺应先进文化发展方向,体现

时代精神风貌,与本单位发展战略、经营管理相融合。

(5)具有较高的社会知名度。拥有丰富的文化内涵,知名度高,影响力广,能够起到文化"名片"的作用;在中央主要新闻媒体进行连续广泛宣传报道,且近年来未发生负面舆论影响。

(6)具有较高的社会满意度。在推动交通运输行业发展中,产生较好的社会影响和示范带动作用,受到公众普遍欢迎,认可度、美誉度高,并产生了较好的经济效益和社会效益。

(7)获得省级以上文化建设或地市级以上品牌建设荣誉称号。

2.发现培育

制定文化品牌创建工作总体部署和工作方案,深入开展文化品牌情况摸底调查,在交通建设、运输、服务、执法、等不同领域,分别确定一些有较强的文化创建基础,社会知名度和群众满意度较高,在行业内能够起到文化引领作用的单位或组织作为文化品牌重点培育对象,鼓励并指导其全面深入推进文化品牌建设。组织所属员工积极参与文化品牌建设活动,做好文化品牌的策划宣传、推荐申报和保护推广工作。鼓励开展文化品牌评选活动,以争促创,发现、推荐优秀文化品牌。荣获地市级以上文化奖励、表彰的单位可优先作为文化品牌重点培育对象。

3.评选表彰

文化品牌每两年推荐一次,申报期为八月份。单数年为申报年,双数年正式确认候选文化品牌,凡未在单数年申报相关材料的,不得参加双数年的考核。申报应当提交以下资料:

(1)全国交通运输文化品牌申报表;

(2)文化品牌建设总结报告(文化品牌建设过程及主要成绩,包括品牌定位、基本特点、打造历程和社会评价等);

(3)文化品牌建设实施纲要、工作方案等;

(4)文化品牌建设成果(含文化品牌媒体宣传报道材料)等。

如曾获得过全国、全省(自治区、直辖市)有关品牌建设方面奖励的,可提交有关证书复印件或其他有关证明材料。

评选表彰交通运输文化品牌，应当遵循下列程序：

(1)拟申请交通运输文化品牌的，可按照职责权限向推荐单位申报。

(2)推荐单位进行初审后，向部文明办推荐。

(3)部文明办组织专家采取书面审查、实地考核等方式对申报品牌进行审查，于双数年确定一批候选品牌并在部政府网站公布。

(4)2015 年(即“十二五”时期末)，部文明办从候选文化品牌中评比确定十大文化品牌正式候选名单，将正式候选名单发送有关方面征求意见，并在部政府网站公示 7 日后报部文明委审定。

(5)部文明委批准后予以公布，并向被命名的十大文化品牌颁发奖牌和荣誉证书。

(6)经双数年公示但未被评为十大品牌的候选文化品牌，部文明委授予“交通运输十大文化品牌提名奖”，颁发荣誉证书。

(二)创建一百家交通运输文化建设示范单位

1. 概念及标准

交通运输文化建设示范单位是指在交通运输文化建设中逐步形成具有特色鲜明的价值理念、科学规范的制度体系和统一良好的外部形象的交通运输行政机关和企事业单位。

具体要达到下列标准：

(1)有完善的组织文化建设纲要、工作方案和长效机制；

(2)有特色鲜明的价值理念、行为规范、外部形象等组织文化体系；

(3)有相应的组织文化传播媒体，职工认可度、参与度、满意度高；

(4)组织文化建设对本单位的管理和各项工作发挥了积极作用，产生了明显效果，连续三年以上业绩良好；

(5)积累了组织文化建设经验，在本地区、本系统、本专业组织文化建设中走在前列，在省级以上媒体进行广泛宣传报道，社会影响良好；

(6)领导高度重视，有负责组织文化建设的组织机构和物质保障。

2. 创建步骤

制定文化建设示范单位创建工作总体部署和工作方案。总结提炼愿景、使命、精神、职业道德和核心价值观等价值理念，制定完善各项规章制度，优化美化内部环境，设计推广形象标识，统一规范服务行为。采取学习培训等多种宣传方式，持续不断地对职工进行教育熏陶，单位价值理念为广大职工认知、认同和接受，并养成良好的自律意识和行为习惯。将荣获省部级组织文化建设奖励、表彰的单位作为文化建设示范单位优先推荐对象，鼓励其全面深入开展交通运输文化建设。

3. 评选表彰

文化建设示范单位的评选表彰按照《关于印发交通文化建设示范单位管理办法》（交体法发〔2007〕222）的规定开展。每两年评选表彰一次，申报期为八月份。单数年为申报年，双数年为评选表彰年，凡未在单数年申报相关材料的，不得参加双数年的评选。申报应当提交以下资料：

(1)全国交通运输文化建设示范单位申报表；

(2)组织文化建设总结报告（组织文化简介及主要成绩，包括组织机构、运行机制、精神制度和物质文化建设实践、建设成果等）；

(3)组织文化建设实施纲要、工作方案、文化手册等；

(4)组织文化建设成果（含文化建设媒体宣传报道材料）等。

如曾获得过全国、全省（自治区、直辖市）有关组织文化建设方面奖励的，可提交有关证书复印件或其他有关证明材料。

文化建设示范单位的推荐申报，参照文化品牌有关程序进行。

文化建设示范单位的考核公示和命名表彰，应当遵循以下程序：

(1)部文明办组织专家采取书面审查、实地考核等方式对申报单位进行审查，拟定候选名单。

(2)部文明办将候选名单发送有关方面征求意见,并在部政府网站公示7日后报部文明委。

(3)部文明委批准后予以公布,并向示范单位颁发奖牌和荣誉证书。

截止至2015年(即“十二五”时期末),累计共评选表彰100家文化建设示范单位。

(三)培养1000名交通运输先进典型

1. 概念及标准

交通运输先进典型是努力做好“三个服务”,在本职岗位上体现高度职业文明、创造一流工作业绩,为发展现代交通运输业作出突出贡献的交通运输行政机关、企事业单位干部职工。具体要达到下列标准:

(1)政治坚定。认真学习邓小平理论和“三个代表”重要思想,深入贯彻落实科学发展观,践行行业核心价值体系,认真执行党的路线方针政策和部党组重大决策,模范遵守国家法律法规和部门规章;

(2)业绩显著。有较强的事业心和责任感,爱岗敬业,恪尽职守,求实奉献,在本职岗位上创造了显著的经济效益和社会效益,为交通运输生产建设和改革发展作出突出贡献;

(3)作风过硬。努力做好“三个服务”,恪守职业道德规范,顾全大局,作风正派,品行端正,清正廉洁,团结同志,在群众中享有较高威信;

(4)能力突出。勤奋好学,勇于创新,具有良好的专业素质和综合能力,具有较强的职业技能和业务水平,无违章操作和任何责任事故

2. 培养树立

注重在发展现代交通运输业过程中培养先进典型,以党和国家重大事件、重大活动为契机,挖掘先进典型。注重突出行业特色树立先进典型,坚持“三贴近”的原则,发现交通运输干部职工的闪光点,使先进典型可亲可敬、可信可学。注重深入挖掘,把握精

神内涵,学习先进典型,总结提炼丰富精神内涵,号召职工深入学习。注重建立良好的工作机制,强化典型示范作用,建立宣传学习先进典型的组织协调机制,条块结合、依靠地方党委和基层党组织,加强联系沟通,争取支持,配合媒体做好宣传工作,共同努力将先进典型推向行业和全国,使交通运输行业的先进典型在更大的范围发挥示范作用。

3. 评选表彰

当前至2015年(即"十二五"时期末),国家表彰的、部与人力资源社会保障部联合表彰的、部单独表彰的交通运输行业劳动模范、先进工作者、文明职工标兵等先进个人自动当选为交通运输先进典型,部不再单独组织评选表彰,申报材料、评选表彰程序等根据有关评选规定执行。"十二五"时期末,累计评选表彰千余名先进典型。

五、具体要求

(一)领导重视,精心组织。开展"十百千"工程,是当前及"十二五"时期交通运输文化建设的主要内容和共同任务。要把"十百千"工程摆在突出位置,列入重要日程,精心制定活动方案,建立健全领导机构和工作机制,扎实有效开展活动,充分发挥典型示范带动作用,引领本地区本系统本单位文化建设再上新台阶。

(二)加强指导,严格管理。各地区、各系统、各单位精神文明建设工作机构在"十百千"工程中担负着指导培育、协调组织、宣传推广的具体职责,要深入调查研究,了解现状,指导创建,分析新问题,制定新方法,推动新进展。要制定公平公正的推荐考核程序标准,完善群众评议机制,建立"十百千"工程数据库,及时掌握工作动态,建立信息反馈网络,定期检查与随机抽查、公开考核与实地暗访等相结合,实行动态管理。

(三)深入宣传,总结推广。对"十百千"工程开展多种形式的宣传推广,通过组织论坛、座谈会、现场会、报告会等方式积极搭建"十百千"工程推广交流和学习宣传平台,利用电视、电台、网络、报刊杂志等媒体广泛宣传,将好做法、好经验、好典型进行推广,形成全行业宣传推广、保护发展"十百千"工程的良好氛围。

节 能 减 排

关于进一步加强道路客运运力调控推进行业节能减排工作的通知

交运发〔2010〕390号 2010.8.12

各省、自治区、直辖市、新疆生产建设兵团交通运输厅(局、委):

为实现"十一五"节能减排目标,国务院下发了《关于进一步加大工作力度确保实现"十一五"节能减排目标的通知》(国发〔2010〕12号),规定对客车实载率低于70%的线路不得投放新的运力。为认真贯彻落实国务院文件精神,进一步加强道路客运运力调控,推进行业节能减排,现将有关事项通知如下:

一、充分认识加强道路客运运力调控工作的重要性和紧迫性

改革开放以来,我国道路客运行业发展迅速,在方便人民群众出行、扩大社会就业等方面作出了重要贡献。但是,由于多方面原因,一些地方道路客运市场出现了运力发展过快、运力过剩、恶性竞争等现象,客车的实载率和能源利用效率不高,影响了道路运输业的可持续发展,客运运力的宏观调控亟待进一步加强。地方各级交通运输主管部门和道路运输管理机构要站在建设资源节约型、环境友好型行业的高度,从转变发展方式、加快发展现代道路运输业的角度,充分认识加强道路客运运力调控工作的重要性和紧迫性,切实贯彻落实国务院关于加强节能减排工作的一系列决策部署,严格执行"对客车实载率低于70%的线路不得投放新的运力"的规定,扎实推进道路客运行业节能减排工作。

二、严格控制新增道路客运班线和运力

地方各级交通运输主管部门和道路运输管理机构要以加强道路客运运力宏观调控为主线,严格控制新增道路客运班线和运力,防止运力盲目发展,提高客车实载率和能源利用效率。同时,要从

当地经济社会发展实际出发，围绕综合运输体系建设，以满足需求、方便出行为目标，科学规划和发展客运线路和运力。要科学制定道路旅客运输发展规划，合理确定客运线网总体布局、客运运力规模及结构等内容。要充分发挥规划的指导和约束作用，根据道路旅客运输发展规划确定年度客运班线和运力发展计划，并向社会公布，增强运力调控的科学性。对未纳入年度发展计划的客运班线和运力，原则上不得审批。

严格控制新增各类运力。对年平均实载率低于70%的县际以上客运班线，一律不得新增运力，并从严控制新增座位数。对一类客运班线、与高速铁路和城际轨道交通平行的客运班线，原则上不再审批新增运力；对与现有班线重复里程在70%以上的二类以上客运班线，严格控制新增班线和运力。要加强客运包车运力的调控，努力做到运力供需平衡。

三、完善客运班线和运力许可管理方式

地方各级交通运输主管部门和道路运输管理机构要按照相关法规规章的要求，严格执行《道路运输管理工作规范》，依法做好道路客运经营许可工作。一是要进一步完善道路客运经营许可程序，落实客运经营许可公示制度，做到公开、公正、公平。二是积极推行客运服务质量招投标制度。新增、经营期限到期或原经营者不符合延续经营条件的二类以上客运班线，原则上都要通过服务质量招投标确定经营主体。鼓励新增客运包车采用服务质量招投标方式择优确定经营主体。三是加强线路资源管理。经营期限到期的线路由原许可的道路运输管理机构收回，并结合客运线网优化和运力调整需要重新配置。四是完善道路客运班线许可及新增运力信息报送制度。从2010年9月1日起，地市和县级道路运输管理机构要将许可同意的新增（含增班）客运班线和客运包车情况按季度向省级道路运输管理机构备案。每年12月底，各省级道路运输管理机构应当汇总整理本省年度新增客运班线、新增运力以及实载率变化情况，填写《新增客运班线运力汇总表》（附件1）和《原有客运班线新增运力汇总表》（附件2）报部道路运输司。

四、加快结构调整，提高营运客车实载率

地方各级交通运输主管部门和道路运输管理机构要积极推进道路客运结构调整，提高集约化程度。一是积极推进客运经营主体结构调整。引导以资产为纽带，用股份制等方式构建现代企业制度，加快客运资源优化整合，提高规模化、集约化、专业化水平。在推进结构调整的过程中，要坚持平等协商的原则，充分考虑现有经营者的利益，避免激化矛盾。二是落实好道路客运企业质量信誉考核制度。对达不到相应质量信誉等级的客运企业，要按照规定收回部分甚至全部客运班线经营权，收回的客运班线需要重新分配的，应通过服务质量招投标方式确定经营主体。三是优化道路客运车型结构。要根据线路客流情况，因地制宜选择车型，实现大、中、小型车辆相配套，高级、中级、普通型车辆相结合，提高客车实载率，减少空驶浪费。

五、健全道路客运市场经济运行动态监测制度

道路客运市场供求信息和实载率指标是客运运力调控的主要依据。地方各级交通运输主管部门和道路运输管理机构要建立道路客运信息监测和统计分析机制，加强对道路客运经济运行信息的动态监控和实载率统计测算工作，准确掌握包括客车实载率在内的道路客运经济运行情况，并及时向社会公布。要积极推进汽车客运站联网售票系统建设，为道路客运市场经济运行动态监测提供技术支撑。

客运班线实载率应通过专项调查等科学方法取得，具体规范另行规定。客运班线实载率专项调查经费应纳入道路运输管理机构工作经费年度预算。

六、强化监管，确保各项管理措施落实到位

地方各级交通运输主管部门和道路运输管理机构应当建立道路客运管理工作内部监督制度，并加强对下级道路运输管理机构的业务指导和监督检查，确保各项管理措施落实到位。对发现的问题，要积极研究处理。对不按规定开展客运运力调控工作的，责令限期改正；造成严重后果的，依法追究相关人员的责任。部将组

织对各地贯彻落实运力调控工作情况进行监督检查，相关结果通报全行业。

附件：1. 新增客运班线运力汇总表

2. 原有客运班线新增运力汇总表

附件1

新增客运班线运力汇总表

填报单位：

汇总年度：

新增线路数量		新增运力情况			平均实载率情况
		数量	座位数	高级车比例	
一类班线					
二类班线					
三类班线					
四类班线					
旅游包车					

单位负责人：　　　　　　　　填表人：

联系电话：　　　　　　　　　报出日期:20　　年　　月　　日

注:平均实载率情况从线路审批后的下一年开始填写。

附件 2

原有客运班线新增运力汇总表

填报单位:

汇总年度:

新增运力的线路数量		新增运力情况					平均实载率变化情况
		原有运力		新增运力			
		数量	座位	数量	座位	高级车比例	
一类班线							
二类班线							
三类班线							
四类班线							

单位负责人:　　　　　　　　填表人:

联系电话:　　　　　　　　　报出日期:20　　年　　月　　日

注:高级车比例为线路新增运力中高级车数量占新增运力总量的比例。

甩挂运输试点工作实施方案

交运发〔2010〕562 号　2010.10.18

为贯彻落实国务院《关于进一步加强节油节电工作的通知》(国发〔2008〕23 号)、《物流业调整和振兴规划》(国发〔2009〕8 号)和《国务院关于进一步加大工作力度确保实现"十一五"节能减排目标的通知》(国发〔2010〕12 号)精神,根据交通运输部、国家发展改革委、公安部、海关总署、保监会等五部委《关于促进甩挂运输发展的通知》(交运发〔2009〕808 号),决定开展甩挂运输试点工作。特制定本方案。

一、指导思想和工作目标

以科学发展观为指导,以发展现代交通运输业、转变道路运输业发展方式、促进节能减排为宗旨,加强政府引导和政策扶持,充分发挥道路运输和物流企业的主体作用,通过试点推动、引领示范,大力发展甩挂运输,逐步扩大甩挂运输的范围和规模,力争"十二五"期甩挂运输生产力显著提高,甩挂运输周转量在道路货运中的比例明显增加,带动道路运输业节能减排取得明显成效,为发展现代物流业、实现国家节能减排目标作出积极贡献。

通过试点,甩挂运输推进工作取得以下几方面成果:

——培育骨干企业。培育一批具有示范效应的规模化、集约化、网络化运输企业,引领甩挂运输市场的规范运作和健康发展。

——提高设施和装备水平。建设一批能够满足甩挂运输作业要求、装备先进的货运站场,大力推广应用现代信息技术,积极发展适应甩挂运输要求的大吨位牵引车和厢式半挂车,为甩挂运输的高效运作创造条件。

——探索运营管理模式。引导企业积极创新营运组织管理方

式，探索形成适合不同区域、不同货类的若干种甩挂运输典型模式，为甩挂运输全面推广积累经验。

——完善政策标准。根据甩挂运输发展的实际需要，在充分学习借鉴国际先进经验的基础上，紧密结合我国实际，抓紧建立健全政策法规和标准规范体系。

二、试点工作原则

(一)政府引导，企业主导

加强政府引导，完善相关法规标准和配套扶持政策，着力构建有利于甩挂运输发展的市场环境。支持试点企业加快提高甩挂运输组织能力，充分发挥市场和企业主导作用，创新营运管理与运输组织模式。

(二)多方联动，形成合力

地方各级交通运输和发展改革部门要加强与公安、海关、保险等部门的沟通与协调，积极争取相关部门的大力支持，切实解决试点企业甩挂运输发展中遇到的实际问题。

(三)分类指导，稳步推进

针对各类试点项目的不同情况，有针对性地采取措施，加强对试点项目的指导与支持，确保试点工作稳步推进，并发挥良好的引导与示范效应。

三、试点项目(单位)条件及试点范围

各地择优推荐具有较大资产规模、管理规范、社会信誉好、有稳定的甩挂运输业务需求、一定的站场设施和信息化基础条件，拥有牵引车50辆、挂车100辆以上，通过试点能够取得良好经济效益和节能减排效果的项目(单位)作为试点。对于两个以上单位联合开展甩挂运输的，只要符合试点条件也可按试点项目(单位)推荐。

结合我国现阶段甩挂运输发展实际，拟选定浙江、江苏、上海、山东、广东、福建、天津、内蒙、河北、河南10省(区、市)以及中外运长航集团、中国邮政集团等作为首批试点省份(单位)。每个省(区、市)可以推荐1~3家试点项目(单位)。

四、试点扶持政策

（一）对甩挂运输站场设施改造及车辆更新给予投资补助。主要包括：适合挂车作业的货物装卸平台；满足汽车列车摘挂和回转要求、可供甩挂车辆中转需要的作业场地及场区道路；必要的装卸设备、标准化托盘和辅助设施；甩挂运输管理信息系统和信息技术装备；符合国家和行业节能减排技术标准、列入交通运输部推荐车型的牵引车和半挂车更新购置等。根据试点需要，对纳入国家公路运输枢纽规划的公路货运站场的甩挂作业功能设施进行技术改造的，可以申请车购税补助，其申请、使用、管理按照财政部、交通运输部有关车辆购置税交通专项资金管理办法执行；申请中央预算内资金投资补助的，按照国家有关规定执行。

凡享受政府投资补助的货运站场及物流设施，应积极向社会提供甩挂作业服务，并接受行业主管部门的监督管理。

（二）落实有关通行费优惠政策。按照《交通部、国家计委关于鼓励对国际标准集装箱运输车辆通行费实行优惠促进公路集装箱运输业发展的意见》（交公路发〔2001〕601 号）、交通部与国家发展改革委《关于降低车辆通行费收费标准的意见》（交公路发〔2004〕622 号）等文件要求，各地要切实落实对集装箱车辆、大吨位厢式货车的通行费优惠政策。同时，对试点项目（单位）定期定线运行的甩挂运输车辆通行费推广月票或年票制，实行“大客户”优惠。

（三）地方交通运输和发展改革部门应根据实际情况对试点项目（单位）甩挂运输车辆更新、站场及信息系统建设等相关技术改造给予支持。

五、试点时间安排

（一）工作准备阶段（2010 年 10 月 ~ 11 月）。主要是确定试点项目（单位），制订试点方案，编制站场设施技术改造的工程可行性研究报告。

（二）组织实施阶段（2010 年 11 月 ~ 2012 年 10 月）。按照批准的试点方案和站场改造工可报告，认真组织实施。

（三）总结评估阶段（2012 年 10 月 ~12 月）。试点省（区、市）交通运输和发展改革部门及试点单位对试点工作成效及取得的经验进行总结。交通运输部和国家发展改革委对试点工作进行系统评估总结，进一步完善促进甩挂运输全面发展的政策措施和标准规范。

六、工作要求

（一）提高思想认识，加强对试点工作的重视与支持。大力发展甩挂运输是加快转变道路运输发展方式、推进行业节能减排和产业升级、提高运输效率、降低物流成本的重要举措。各试点地区省级交通运输和发展改革部门要充分认识试点工作的重要意义，对试点工作予以高度重视与大力支持。要建立甩挂运输试点工作协调机制，健全相关工作制度，加强对本地区试点工作的组织协调和监督指导。要在车辆装备购置、站场设施改造、信息系统建设及相关技改项目等方面给予试点项目（单位）必要的资金和政策扶持。要建立与试点企业的联系机制，及时掌握试点工作进展情况，积极协调解决试点过程中遇到的问题。遇重大问题，及时向地方政府有关部门反映，争取政策支持。

（二）严格按照标准和要求选定试点项目（单位）。各省级交通运输和发展改革部门要按照本方案要求，在企业自愿申请的基础上，认真组织推荐试点项目（单位），并填写推荐表（见附件 1），分别报交通运输部和国家发展改革委。试点项目（单位）筛选要从实际出发，认真分析基础条件，做到合理可行。

（三）科学制订试点方案，规范工作程序。试点企业要在分析论证基础上，详细拟订试点方案，内容包括：拟纳入试点的甩挂项目概况、现有设施设备条件、试点内容与预期目标、运输组织、资金投入、管理措施、预期效益、节能减排效果等（见附件 2）。同时规范编制甩挂运输站场改造工程可行性研究报告（具体编制要求见附件 3）。

试点方案由各省交通运输、发改部门审查后，报交通运输部、国家发展改革委审定，并以此作为监督管理的依据。甩挂运输站

场改造资金管理工作程序参照国家有关规定办理。

交通运输部道路运输司要加强对建设项目的监督检查,确保项目建成后站场功能符合技术要求。

(四)做好推荐车型评定和公布工作。按照甩挂运输推荐车型技术要求(见附件4),由车辆生产企业申报,经审定后由交通运输部分批发布推荐车型目录。具体管理办法按照《推荐车型管理办法》(交公路发〔2005〕170号)执行。

(五)引导企业积极探索运输组织与运营管理新模式。试点企业要按照批准的试点方案,认真组织实施。要加强货源组织,优化网络布局,积极探索运输组织与运营管理的新模式。要加大投入,提高运输车辆和装卸机械技术水平,完善站场设施功能,加快信息系统建设。要针对试点中出现的新问题,及时调整优化运营模式,不断完善组织措施。要定期上报试点工作进展情况和运行分析报告。

(六)加强国家补助资金的监督管理。试点省(区、市)交通运输和发展改革部门要加强补助资金的使用监管,严格各项管理制度。

(七)及时总结试点经验,不断完善有关政策。行业主管部门、试点企业和技术支持单位要密切关注试点过程中出现的新情况、新问题,积极研究解决方法。各有关部门要切实加强对试点工作的跟踪、指导,及时总结经验,完善配套政策,确保试点工作稳步推进。

七、其他

(一)交通运输部和国家发展改革委将根据首批试点工作进展情况,适时研究部署后续试点或示范、推广工作,加快形成促进甩挂运输发展的长期稳定政策和常态工作机制。

(二)各省(区、市)交通运输和发展改革部门可参照本方案,结合本地实际情况,组织开展地方甩挂运输试点工作。

附件 1 甩挂运输试点项目推荐表

道路甩挂运输试点企业(项目)推荐表 表 1

<table>
<tr><td colspan="5">试点企业或项目名称❶:</td></tr>
<tr><td colspan="5">试点项目各参与企业名称(注明牵头企业):</td></tr>
<tr><td rowspan="10">试点企业基本情况</td><td>企业工商登记号❷</td><td></td><td>企业(单位)法人代码</td><td></td></tr>
<tr><td>法人代表</td><td></td><td>注册资本(万元)</td><td></td></tr>
<tr><td>道路运输经营许可证号❸</td><td></td><td>公司性质❶</td><td></td></tr>
<tr><td>经营范围</td><td colspan="3"></td></tr>
<tr><td>办公地址(邮编)</td><td colspan="3"></td></tr>
<tr><td>资产总额(万元)</td><td></td><td>年营业收入(万元)</td><td></td></tr>
<tr><td>货运车辆总数(辆)</td><td></td><td>其中自有货车数量(辆)</td><td></td></tr>
<tr><td>年货运量(万吨)</td><td></td><td>企业自有运输站场总面积(万 m²)</td><td></td></tr>
<tr><td>企业信誉等级(请附证明材料)2008、2009 两年</td><td></td><td>地市级以上获奖情况</td><td></td></tr>
<tr><td>联系人:</td><td>办公电话:
移动电话:</td><td colspan="2">传真号码:
E - mail:</td></tr>
<tr><td>目前已经开展的甩挂运输情况❺</td><td colspan="4">包括:甩挂运输运营组织情况(货类、线路、辐射范围)、货运量和周转量、投入的牵引车和挂车数量、项目经济效益。</td></tr>
</table>

---

❶ 企业规模较大,具备较完善的站、运设施设备条件的,一般以单个企业推荐;站、运企业需要联合的,可以项目名义申报,项目名称如"×××港集装箱甩挂运输试点项目"等,并且每个企业均应单独填写"试点企业基本情况"栏的内容。

❷ 提供工商营业执照复印件。

❸ 提供道路运输经营许可证复印件。

❶ 按照工商登记的经济性质填写。

❺ 如果已由多个企业组合成甩挂运输项目并已开展作业的,由牵头企业按项目填报;如尚未组合成项目并未开展甩挂作业的,应由各参与企业单独填报。

续上表

<table>
<tr><td>甩挂运输试点项目预期目标❶</td><td colspan="2">包括：至2012年，甩挂运输运营组织计划（货类、线路、辐射范围）、预计的货运量和周转量、拟新增的牵引车和挂车数量，预期的经济效益。</td></tr>
<tr><td colspan="2">申报企业意见（企业自愿申请，并对项目申报的所有资料的真实性负责）❷：

盖　章
年　月　日</td><td>试点省份省级道路运输管理机构审核意见：

盖　章
年　月　日</td></tr>
<tr><td colspan="2">试点省份省级交通运输主管部门意见：

盖　章
年　月　日</td><td>试点省份省级发展改革部门意见：

盖　章
年　月　日</td></tr>
</table>

❶ 如多个企业联合项目申报的，由牵头企业按整个项目规划填写。

❷ 如多个企业联合项目申报的，各参与企业均需盖章。

×××试点企业(项目)

甩挂试点投入设施设备基本情况 表2-1

<table>
<tr><td colspan="6">一、拟纳入试点的甩挂作业站场情况调查</td></tr>
<tr><td rowspan="3">拟纳入试点甩挂作业站场个数(个)</td><td rowspan="3"></td><td colspan="4">其中:</td></tr>
<tr><td>纳入国家公路运输枢纽规划站场个数(个)</td><td></td><td>需要改造的甩挂作业站场个数(个)</td><td></td></tr>
<tr><td>未纳入国家公路运输枢纽规划的站场个数(个)</td><td></td><td>需要改造的甩挂作业站场总投资(万元)</td><td></td></tr>
</table>

<table>
<tr><td colspan="4">二、拟纳入试点的甩挂运输车辆情况调查</td></tr>
<tr><td></td><td>现有数量(辆)</td><td>新增购置(辆)</td><td>新增购置投入(万元)</td></tr>
<tr><td>拟纳入试点的牵引车数量</td><td></td><td></td><td></td></tr>
<tr><td>拟纳入试点的挂车数量</td><td></td><td></td><td></td></tr>
<tr><td colspan="3">投入合计(万元)</td><td></td></tr>
</table>

<table>
<tr><td colspan="4">三、甩挂作业信息系统情况</td></tr>
<tr><td></td><td>是否具有该系统功能(是、否)</td><td>是否需要技术改造(是、否)</td><td>技术改造投入(万元)</td></tr>
<tr><td>甩挂运输站场视频监控系统</td><td></td><td></td><td></td></tr>
<tr><td>甩挂运输牵引车 GPS 调度管理系统</td><td></td><td></td><td></td></tr>
<tr><td>订单管理系统</td><td></td><td></td><td></td></tr>
<tr><td>仓储管理系统</td><td></td><td></td><td></td></tr>
<tr><td>装卸理货管理系统</td><td></td><td></td><td></td></tr>
<tr><td>其他信息管理系统(请注明)</td><td></td><td></td><td></td></tr>
<tr><td colspan="3">投入合计(万元)</td><td></td></tr>
</table>

×××试点企业（项目）

纳入试点范围的甩挂作业站场情况调查表 表 2-2

<table>
<tr><td rowspan="9">站场设施设备现状</td><td colspan="2">站场名称❶</td><td></td><td colspan="2">是否纳入国家公路运输枢纽规划（是、否）</td><td></td></tr>
<tr><td colspan="2">站场位置</td><td colspan="4"></td></tr>
<tr><td colspan="2">站场建成时间（或拟建成时间）</td><td></td><td colspan="2">投入使用时间</td><td></td></tr>
<tr><td colspan="2">站场经营主体（单位名称）</td><td colspan="4"></td></tr>
<tr><td colspan="2">投资总额（万元）</td><td colspan="4"></td></tr>
<tr><td>装卸月台面积</td><td>停车场面积</td><td>甩挂装卸作业区面积</td><td>仓库面积</td><td>堆场面积</td><td>其他设施（请注明）</td></tr>
<tr><td></td><td></td><td></td><td></td><td></td><td></td></tr>
<tr><td colspan="2">标准化托盘个数</td><td>专用装卸机械台数</td><td colspan="3">其他设备（请注明）</td></tr>
<tr><td colspan="2"></td><td></td><td colspan="3"></td></tr>
<tr><td rowspan="12">支撑甩挂试点作业的功能改造计划❷</td><td colspan="2"></td><td colspan="2">改造或新建规模❸（万平方米、个、台套）</td><td colspan="2">改造或新建预计投入（万元）</td></tr>
<tr><td colspan="2">装卸月台面积</td><td colspan="2"></td><td colspan="2"></td></tr>
<tr><td colspan="2">停车场面积</td><td colspan="2"></td><td colspan="2"></td></tr>
<tr><td colspan="2">甩挂装卸作业区面积</td><td colspan="2"></td><td colspan="2"></td></tr>
<tr><td colspan="2">仓库面积</td><td colspan="2"></td><td colspan="2"></td></tr>
<tr><td colspan="2">堆场面积</td><td colspan="2"></td><td colspan="2"></td></tr>
<tr><td colspan="2">其他设施（请注明）</td><td colspan="2"></td><td colspan="2"></td></tr>
<tr><td colspan="2">标准化托盘</td><td colspan="2"></td><td colspan="2"></td></tr>
<tr><td colspan="2">专用装卸机械台数</td><td colspan="2"></td><td colspan="2"></td></tr>
<tr><td colspan="2">其他设备（请注明）</td><td colspan="2"></td><td colspan="2"></td></tr>
<tr><td colspan="4">预计投入合计（万元）</td><td colspan="2"></td></tr>
</table>

❶ 纳入试点的甩挂作业站场，每个站场应分别进行填写

❷ 如本站场无需改造，则该栏内容不用填写。

❸ 站场设施原则上只限于现有设施基础上的改造，如有新建必须确保 2011 年底可以投入试点使用。

附件2 试点项目实施方案

×××项目试点实施方案[1]

编制单位：________________________

编制日期：________________________

---

[1] 注：多家企业联合的，请把公司名全部列出。

1. 试点企业与项目概述

简述企业基本情况以及试点项目基本情况。

1.1　试点企业概况

填写下表(如多家企业联合,各企业应分别填写):

试点企业基本情况　　表1

企业名称		工商登记号❶	
企业(单位)法人代码		道路运输经营许可证号❷	
法人代表		注册资本(万元)	
公司性质		登记注册类型	
联系人		联系电话	
经营范围			
注册地址			
邮政编码		资产总额(万元)	
牵引车数量(辆)❸		挂车数量(辆)	
年货运量(万吨)		年营业收入(万元)	
年净利润(万元)		企业规模❹	
企业信誉等级(附证明材料)		企业员工总数(人)	

1.2　甩挂运输试点项目概况

主要包括:试点项目的名称、主要货类、货主情况,试点项目的总体规模、投入车辆数量、场站及信息化建设。

❶ 提供工商营业执照复印件。

❷ 提供道路运输经营许可证复印件。

❸ 填报2009年数据。

❹ 按照全国物流企业综合评估委员会评定的企业等级填报。

2. 项目背景及必要性

2.1　项目背景

重点论述该运输项目的需求特点，以及采用甩挂运输作业的必要性。

2.2　项目必要性

将下文通过数据分析得出的项目预计产生的经济效益和社会效益进行简要归纳，以论述项目的必要性。

3. 项目运量预测

3.1　运量现状

对目前试点项目的总运量，所车辆配备、站场设施、信息化运作等情况进行描述。

3.2　运量预测

对未来两年项目总运量进行预测，包括总量、货类；适宜甩挂货量，以及车辆配的需求。

试点项目运量预测　　表2

相关指标	2009年	2011年	2012年
试点项目总运量(万吨)			
适宜甩挂作业量(万吨)			
对运力发展的总需求(辆)			
其中:牵引车(辆)			
甩挂车(辆)			

4. 项目运营组织

对于甩挂运输试点项目的相关情况加以具体描述，侧重于三个方面：网点和线路的整体构建、运力和人员的配置、信息化水平等。

4.1　传统运输组织方案

对传统模式下（非甩挂运输组织模式），针对该项目的运输组织方案进行描述，包括运力投入、人员投入、网点建设等。

4.2　本项目(甩挂运输)具体组织方案

对试点项目所需的基本投入,以及具体运作模式进行详细描述:

·运输组织示意图

用示意图的方式对“一车多挂”的运输组织方案进行描述(根据项目需求,确定采取具体的拖挂比例)。

·具体甩挂运输组织方案

对具体的甩挂运输组织,包括运输线路安排、车辆(牵引车、挂车)安排、装卸安排等进行描述。

项目试点所需的基本配置　　表3

相关指标	单位	数量	型号及功能
牵引车数量	辆		
挂车数量	辆		
人员总数	人		
其中:驾驶员	人		
装卸人员	人		
管理人员	人		
甩挂作业站场改造	—		
其中甩挂装卸平台改造	工程量		
作业场地和道路改造	面积		
中转停车场地	面积		
装卸设备	台		
托盘	台		
其他	—		
甩挂作业信息管理系统	个	①	

5. 项目方案所需基础条件及资金投入

5.1　项目运作条件及资金投入

① 填报信息管理系统主要功能模块。

对支撑项目运作的固定设施、运输装备、信息平台以及相关人员的资金投入进行测算：

项目试点资金投入测算　表4

相关指标	单位	数量	单位成本	资金投入(万元)
牵引车数量	辆			
挂车数量	辆			
人员总数	人			
其中:驾驶员	人			
装卸人员	人			
管理人员	人			
甩挂作业站场改造	—			
其中甩挂装卸平台改造	工程量			
作业场地和道路改造	面积			
中转停车场地	面积			
装卸设备	台			
托盘	台			
其他	—			
甩挂作业信息管理系统	个			
合计				

5.2　项目资金筹措

除国家补助资金外，项目主要的资金筹措渠道。

试点项目资金筹措　表5

	金额(万元)		金额(万元)
试点项目总资金需求		企业投入资金	
国家补助资金		银行贷款资金	
试点省份补助资金		其他❶	

6. 项目经济效益与社会效益分析

6.1　项目经济效益分析

对采用传统运输模式和甩挂运输模式两种方案的成本效益，运输效率等进行对比分析，对比分析出本项目所产生的经济效益。

❶　请具体加以说明。

6.1.1 项目财务指标对比

以年度为单位,对企业针对该运输项目,采用传统运输模式和甩挂运输模式的效益加以对比分析,测算两种运输模式的平均利润率,并加以对比。

每年的企业效益对比分析　　表6

运输方式	完成总周转量（吨公里）	单位运输成本（元/吨公里）	年度运输总收入	年度运输总成本	税前利润率	利润率水平
传统模式						
甩挂模式						
对比分析						

6.1.2 项目运输成本及效率对比

通过对传统运输模式和甩挂运输模式的成本、效益等进行对比分析,得出本项目所产生的客观经济效益。

(1)运输效率对比分析

主要通过以下指标,对传统运输模式下和甩挂运输模式下的运输效率加以对比:

运输效率对比分析(每年)　　表7

运输方式	车辆吨位	单车平均周转次数(次)	单车平均载重行驶里程(公里)	单车完成周转量（吨公里）	完成单位周转量所需时间(小时)
传统模式					
甩挂模式					
对比分析					

注:以上表格中单车均为牵引车。

(2)平均运输成本对比分析

对企业完成相同周转量下的单位运输成本进行对比分析,包

括总的成本和各项成本结构(燃油、车辆折旧、保险等)对比。

完成相同周转量下的单位运输成本对比　　表8

运输方式	投入车辆数	单位运输成本(元/吨公里)	其中燃油费	车辆折旧	通行费	人工(人数×工资)	各项规费	车辆维护费用	管理费用	其他费用
传统模式										
甩挂模式										
成本节约										

6.2 社会效益分析

6.2.1 能源消耗对比分析

对于完成试点运输项目,企业采用传统运输模式和甩挂运输所产生的能源消耗加以对比,对项目采用甩挂运输模式所产生燃油节约进行系统测算,并换算成标准煤量。

年度燃油及排放的对比分析表　　表9

运输方式	月运输车次	年运输里程	年运输量	年总耗油量	百车公里油耗(年均)	百吨公里油耗(年均)	年耗油量		年污染物排放量
	(车次/月)	(公里/年)	(吨公里/年)	(升/年)	(升/百公里)	(升/百吨公里)	(升)	(吨标准煤)	
传统模式									
甩挂模式									
增减量									
增减率									

注:车辆数在甩挂模式下指牵引车数量。

6.2.2 尾气排放对比分析

对完成该运输项目所产生的尾气排放总量进行对比,对采用甩挂运输模式所减少的尾气排放量进行测算。

7. 结论及建议

根据前面各节的研究分析结果,对项目在技术上、经济上及社会效益上进行全面的评价,对项目方案进行总结,提出结论性意见,并针对项目运作所需的政策环境提出相关建议。

附件3　甩挂运输站场改扩建工程可行性研究报告

甩挂运输站场改扩建投资项目工程可行性研究报告编制内容要求

根据《公路运输站场投资项目可行性研究报告编制办法(试行)》(交规划发〔2007〕681号)的要求,结合甩挂运输试点项目对运输站场的实际需求,确定甩挂运输试点站场改扩建投资项目工程可行性研究报告编制的主要内容要求如下:

一、概述

(一)项目背景

说明试点企业(项目)的基本情况,简述项目研究的工作过程、可行性研究报告编制的依据。

(二)研究的主要结论

1.说明项目建设条件,包括项目位置、工程和水文地质、市政工程配套设施等。

2.概述项目的市场定位、主要功能、设计年限及其生产能力、建设规模等主要技术经济指标。

3.说明项目开工建设、投入运营的时间,以及项目的总投资、融资方案、主要财务评价指标及经济社会影响等。

二、市场分析与需求预测

(一)市场需求分析

调查分析项目影响区域内甩挂运输发展现状,从布局、功能、规模、能力、运营等方面评价现有站场开展甩挂运输适应状况以及存在的主要问题;结合甩挂运输市场需求特点及发展趋势,分析市场需求。

(二)项目建设的必要性

从经济社会发展、市场需求等方面阐述项目改扩建的必要性。

(三)目标市场分析及项目功能研究

研究试点项目的目标市场，包括甩挂运输的组织形式、服务对象、市场份额等，确定改扩建站场所应具备的服务功能。

(四)甩挂运输作业量预测

预测站场甩挂运输货物的吞吐量、仓储量、堆存量等站场作业量。

三、规模需求分析

(一)设计生产能力

根据试点企业(项目)甩挂运输市场需求分析和预测结果，确定设计生产能力。

(二)建设规模需求

参照相关标准或参考国内外类似站场的建设经验，确定站场装卸平台、仓库、停车场、堆场等改建的主要内容。根据预测的站场吞吐量确定开展甩挂运输所需的车辆数量，进而测算甩挂作业场地和装卸平台的建设规模；根据仓储量和堆存量的预测结果，测算仓库、堆场等主要改建设施的规模需求。

四、站场位置及建设条件

(一)站场位置

根据有关规划，明确甩挂运输站场的位置、占地规模、交通条件等。

(二)建设条件

说明站场所在地地形地貌、水文地质、气候条件、相关市政配套设施条件(如供电、给排水、电信)等。

五、总平面布置及配套工程

(一)生产业务流程

根据甩挂运输站场的主要功能，拟定站场生产业务流程。

(二)主要设施、设备配备

根据改建站场甩挂运输业务流程，参照有关标准、规范，或参考国内外类似项目的建设经验，分析并提出满足甩挂运输功能、符合作业要求的主要设施、设备的配置、配备方案。

(三)总平面布置

根据试点站场甩挂运输的类型、主要功能和生产作业流程，确定总平面布置方案。

（四）土建和配套工程

根据站场的总平面布置方案、生产作业要求以及建设规模需求测算结果，参照有关建筑标准、规范，提出装卸平台、停车场、仓库、堆场等主要改扩建的建筑物、构筑物结构型式及规模，以及站场各项配套工程和附属工程的配置方案。

（五）信息系统功能要求

根据站场甩挂运输的生产作业要求，研究提出甩挂运输信息系统的主要功能，以及满足甩挂运输站场运输组织、管理和信息服务等要求的软硬件配置方案。

六、环境影响、劳动安全与消防

（一）环境影响与保护

分析站场在施工和运营过程中对环境的影响，提出相应的环境保护措施。

（二）劳动安全

分析项目建设和运营过程中影响劳动者身体健康和生产安全的因素以及影响程度，研究提出相应的安全措施和方案。

（三）消防

根据可能存在的火灾隐患和重点消防部位，按照消防安全的有关要求，提出消防报警系统和消防设施、设备配置方案。

七、实施方案

（一）建设工期及计划安排

提出合理的建设工期及计划安排。

（二）人员配置

根据甩挂运输站场的服务功能、作业量、生产作业工艺等要求，研究确定所需的人员配置方案。

八、投资估算及资金筹措

（一）投资估算

按照有关定额，估算改扩建项目的投资。

(二)资金筹措

分析研究资金筹措方案。

九、财务评价

测算计算期内站场甩挂运输运营收入,估算运营成本费用。按照国家对投资项目财务评价的有关要求,编制财务评价报表,计算财务评价指标,并进行盈利能力、偿债能力以及敏感性分析。

十、风险分析

(一)风险评估

识别和分析项目在建设和运营过程中潜在的风险因素,对风险程度进行分析和评估。

(二)风险防范对策

针对不同的风险因素和风险程度,提出相应的风险规避和防范措施。

十一、问题与建议

针对项目建设有关事宜,提出问题与建议。

附件4　推荐车型基本要求

用挂运输半挂牵引车及列车推荐车型基本要求(4×2)　　表1

项　目		要　求
半挂牵引车		
驱动形式		4×2
发动机性能要求	发动机净功率(kW)	≥228
	发动机最低比油耗(g/kW·h)	≤200
牵引座及安装要求	牵引座承载面离地高度(无拖挂状态,mm)	1290~1320
	牵引车牵引座前倾角/后倾角	≥6°/7°
	牵引座负荷(kg)	≥11000
	准拖最大总质量(kg)	35000
操控配置与环境要求	动力转向	有
	驾驶室空调	有
	驾驶室平顺性指标(无拖挂状态,等效均值,dB)	≤120
	离合器助力装置	有
行车安全装置要求	ABS制动系统	符合国家对新开发车型的标准要求
	带有行车记录功能的卫星定位终端	有
	制动间隙自动调整装置	有
	缓速控制装置	有
	车轮动平衡	是
整车配置附加要求	导流装置	有
	*后空气悬架	是
	轮胎	子午线轮胎;*子午线真空轮胎
	驾驶室卧铺	有

续上表

项目		要求
与半挂车匹配的互换性要求	牵引车后部回转半径(mm)	≤2200
	牵引座型号	50 号
	牵引销前部回转半径(mm)	≥2120
	电器连接装置	符合 GB/T 5053.1 的要求
	气制动连接装置	符合 GB/T 13881 的要求
	ABS 系统型式及接口	匹配挂车 4S4M 的 ABS 系统接口,符合 GB/T 20716.1 的规定
汽车列车(最大牵引载荷、最大列车长度时测试)		
总质量(t)		42
综合油耗(L/100km)(按 JT719-2008 测试)		≤38.0
最高车速(km/h)		≥100
汽车列车通道圆尺寸(m)(按 GB 1589—2004 附录 A 测试)	内圆直径 D_1	10.60
	外圆直径 D_2	25.00
	外摆值	≤0.80
30km/h 制动距离(满载)(m)		≤10.0
制动滞后时间(s)(GB 7258—2004 的 7.2.12)		≤0.2
行驶轨迹摆幅(mm)(GB 7258—2004 的 4.13)		≤110

*优先推荐

甩挂运输半挂牵引车及列车推荐车型基本要求(6×4)　表 2

项目		要求
半挂牵引车		
驱动形式		6×4
发动机性能要求	发动机净功率(kW)	≥265
	发动机最低比油耗(g/kW·h)	≤200
牵引座及安装要求	牵引座承载面离地高度(无拖挂状态,mm)	1290~1320
	牵引车牵引座前倾角/后倾角	≥6°/7°
	牵引座负荷(kg)	>16000
	准拖最大总质量(kg)	40000

续上表

<table>
<tr><th colspan="2">项　目</th><th>要　求</th></tr>
<tr><td rowspan="4">操控配置与环境要求</td><td>动力转向</td><td>有</td></tr>
<tr><td>驾驶室空调</td><td>有</td></tr>
<tr><td>驾驶室平顺性指标(无拖挂状态,等效均值,dB)</td><td>≤120</td></tr>
<tr><td>离合器助力装置</td><td>有</td></tr>
<tr><td rowspan="5">行车安全装置要求</td><td>ABS 制动系统</td><td>符合国家对新开发车型的标准要求</td></tr>
<tr><td>带有行车记录功能的卫星定位终端</td><td>有</td></tr>
<tr><td>制动间隙自动调整装置</td><td>有</td></tr>
<tr><td>缓速控制装置</td><td>有</td></tr>
<tr><td>车轮动平衡</td><td>是</td></tr>
<tr><td rowspan="4">整车配置附加要求</td><td>导流装置</td><td>有</td></tr>
<tr><td>*后空气悬架</td><td>是</td></tr>
<tr><td>轮胎</td><td>子午线轮胎;*子午线真空轮胎</td></tr>
<tr><td>驾驶室卧铺</td><td>有</td></tr>
<tr><td rowspan="6">与半挂车匹配的互换性要求</td><td>牵引车后部回转半径(mm)</td><td>≤2200</td></tr>
<tr><td>牵引座型号</td><td>50 号</td></tr>
<tr><td>牵引销前部回转半径(mm)</td><td>≥2120</td></tr>
<tr><td>电器连接装置</td><td>符合 GB/T 5053.1 的要求</td></tr>
<tr><td>气制动连接装置</td><td>符合 GB/T 13881 的要求</td></tr>
<tr><td>ABS 系统型式及接口</td><td>匹配挂车 4S4M 的 ABS 系统接口,符合 GB/T 20716.1 的规定</td></tr>
<tr><td colspan="3">汽车列车(最大牵引载荷、最大列车长度时测试)</td></tr>
<tr><td colspan="2">最大总质量(t)</td><td>49</td></tr>
<tr><td colspan="2">综合油耗(L/100km)(按 JT 719—2008 测试)</td><td>≤39.0</td></tr>
<tr><td colspan="2">最高车速(km/h)</td><td>≥100</td></tr>
<tr><td rowspan="3">汽车列车通道圆尺寸(m)(按 GB 1589—2004 附录 A 测试)</td><td>内圆直径 D_1</td><td>10.60</td></tr>
<tr><td>外圆直径 D_2</td><td>25.00</td></tr>
<tr><td>外摆值</td><td>≤0.80</td></tr>
</table>

续上表

项　　目	要　　求
30km/h 制动距离(满载)(m)	≤10.0
制动滞后时间(s)(GB 7258—2004 的 7.2.12)	≤0.2
行驶轨迹摆幅(mm)(GB 7258—2004 的 4.13)	≤110

* 优先推荐

三轴厢式半挂车推荐车型基本要求　　表 3

项　　目		要　　求
质量与尺寸要求	最大总质量(t)	40
	总宽(mm)	≤2550
	总长(mm)	≤14600
	车厢内部长度(mm)	≥13500
	车厢内部宽度(mm)	≥2440
	车厢内部高度(mm)	≥2200
	载质量利用系数	≥3.5
行车安全装置要求	ABS 制动系统	符合国家对新开发车型的标准要求
	制动间隙自动调整装置	有
	车轮动平衡	是
主要配置要求	车轴规格及数量	10t 级/3
	* 空气悬架	是
	轮胎	子午线轮胎或宽端面单胎(名义断面宽度 ≥ 400mm);* 子午线真空轮胎
	挂车车轴	符合 JT/T 475—2002
	挂车支承装置	符合 GB/T ××××(JT/T 476—2002)
	货运挂车气压制动系统	符合 JT/T 487—2003

续上表

项目		要求
与牵引车匹配互换性要求	半挂车前部回转半径(mm)	≤2040
	牵引销型号	50号
	牵引销座板离地高度(mm)	1230~1250
	牵引销中心后部回转半径(mm)	≥2300
	电器连接装置	符合GB/T 5053.1的要求
	气制动连接装置	符合GB/T 13881的要求
	ABS系统型式及接口	装配4S4M或4S2M的ABS系统，接口符合GB/T 20716.1的规定

*优先推荐

三轴40英尺集装箱半挂车推荐车型基本要求 表4

项目		要求
质量要求	总质量(t)	≥37
	整备质量(t)	≤6.2
行车安全装置要求	ABS制动系统	符合国家对新开发车型的标准要求
	制动间隙自动调整装置	有
	车轮动平衡	是
主要配置要求	车轴规格及数量	10t级/3
	车架结构	骨架式
	轮胎	子午线轮胎或宽端面单胎（名义断面宽度≥400mm）；*子午线真空轮胎
	*空气悬架	是
	挂车车轴	符合JT/T 475—2002
	挂车支承装置	符合GB/T ××××（JT/T 476—2002）
	货运挂车气压制动系统	符合JT/T 487—2003

续上表

项　　目		要　　求
与牵引车匹配互换性要求	半挂车前部回转半径(mm)	≤2040
	牵引销型号	50 号
	牵引销座板离地高度(mm)	1230 ~ 1250
	牵引销中心后部回转半径(mm)	≥2300
	电器连接装置	符合 GB/T 5053.1 的要求
	气制动连接装置	符合 GB/T 13881 的要求
	ABS 系统型式及接口	装配 4S4M 或 4S2M 的 ABS 系统,接口符合 GB/T 20716.1 的规定

＊优先推荐

两轴厢式半挂车推荐车型基本要求　　表 5

项　　目		要　　求
质量及尺寸要求	最大总质量(t)	35
	总宽(mm)	≤2550
	总长(mm)	≤13000
	车厢内部长度(mm)	≥12300
	车厢内部宽度(mm)	≥2440
	车厢内部高度(mm)	≥2200
	载质量利用系数	≥3.5
行车安全装置要求	ABS 制动系统	符合国家对新开发车型的标准要求
	制动间隙自动调整装置	有
	车轮动平衡	是
主要配置要求	车轴规格及数量	10t 级/2
	＊空气悬架	是
	轮胎	子午线轮胎或宽端面单胎(名义断面宽度 ≥ 400mm);＊子午线真空轮胎
	挂车车轴	符合 JT/T 475—2002
	挂车支承装置	符合 GB/T ××××(JT/T 476—2002)
	货运挂车气压制动系统	符合 JT/T 487—2003

续上表

项　目		要　求
与牵引车匹配互换性要求	半挂车前部回转半径(mm)	≤2040
	牵引销型号	50 号
	牵引销座板离地高度(mm)	1230 ~ 1250
	牵引销中心后部回转半径(mm)	≥2300
	电器连接装置	符合 GB/T 5053.1 的要求
	气制动连接装置	符合 GB/T 13881 的要求
	ABS 系统型式及接口	装配 4S4M 或 4S2M 的 ABS 系统,接口符合 GB/T 20716.1 的规定

＊优先推荐

两轴 20 英尺集装箱半挂车推荐车型基本要求　　表 6

项　目		要　求
质量要求	最大总质量(t)	35
	整备质量(t)	≤4.3
行车安全装置要求	ABS 制动系统	符合国家对新开发车型的标准要求
	制动间隙自动调整装置	有
	车轮动平衡	是
主要配置要求	车轴规格及数量	10t 级/2
	车架结构	骨架式
	轮胎	子午线轮胎或宽端面单胎(名义断面宽度 ≥ 400mm);＊子午线真空轮胎
	＊空气悬架	是
	挂车车轴	符合 JT/T 475—2002
	挂车支承装置	符合 GB/T ××××(JT/T 476—2002)
	货运挂车气压制动系统	符合 JT/T 487—2003

续上表

项 目		要 求
与牵引车匹配互换性要求	半挂车前部回转半径(mm)	≤2040
	牵引销型号	50 号
	牵引销座板离地高度(mm)	1230 ~ 1250
	牵引销中心后部回转半径(mm)	≥2300
	电器连接装置	符合 GB/T 5053.1 的要求
	气制动连接装置	符合 GB/T 13881 的要求
	ABS 系统型式及接口	装配 4S4M 或 4S2M 的 ABS 系统，接口符合 GB/T 20716.1 的规定

* 优先推荐

三轴栏板式半挂车推荐车型基本要求 表 7

项 目		要 求
质量与尺寸要求	最大总质量(t)	40
	质量利用系数	≥4.2
	总宽(mm)	≤2500
	货厢总长度(mm)	≤13000
	栏板高度(mm)	600
行车安全装置要求	ABS 制动系统	符合国家对新开发车型的标准要求
	制动间隙自动调整装置	有
	车轮动平衡	是
主要配置要求	车轴规格及数量	10t 级/3
	轮胎	子午线轮胎或宽端面单胎（名义断面宽度 ≥ 400mm）； * 子午线真空轮胎
	* 空气悬架	是
	挂车车轴	符合 JT/T 475—2002
	挂车支承装置	符合 GB/T ××××（JT/T 476—2002）
	货运挂车气压制动系统	符合 JT/T 487—2003

续上表

项　目		要　求
与牵引车匹配互换性要求	半挂车前部回转半径(mm)	≤2040
	牵引销型号	50 号
	牵引销座板离地高度(mm)	1230～1250
	牵引销中心后部回转半径(mm)	≥2300
	电器连接装置	符合 GB/T 5053.1 的要求
	气制动连接装置	符合 GB/T 13881 的要求
	ABS 系统型式及接口	装配 4S4M 或 4S2M 的 ABS 系统，接口符合 GB/T 20716.1 的规定

＊优先推荐

二轴 40 英尺集装箱运输半挂车推荐车型基本要求　　表 8

项　目		要　求
质量要求	最大总质量(t)	35
	整备质量(t)	≤4.5
行车安全装置要求	ABS 制动系统	符合国家对新开发车型的标准要求
	制动间隙自动调整装置	有
	车轮动平衡	是
主要配置要求	车轴规格及数量	10t 级/2
	车架结构	鹅颈骨架式
	轮胎	子午线轮胎或宽端面单胎(名义断面宽度≥400mm)；＊子午线真空轮胎
	＊空气悬架	是
	挂车车轴	符合 JT/T 475—2002
	挂车支承装置	符合 GB/T ××××(JT/T 476—2002)
	货运挂车气压制动系统	符合 JT/T 487—2003

续上表

项目		要求
与牵引车匹配互换性要求	半挂车前部回转半径(mm)	≤2040
	牵引销型号	50 号
	牵引销座板离地高度(mm)	1230 ~ 1250
	牵引销中心后部回转半径(mm)	≥2300
	电器连接装置	符合 GB/T 5053.1 的要求
	气制动连接装置	符合 GB/T 13881 的要求
	ABS 系统型式及接口	匹配 4S4M 或 4S2M 的 ABS 系统,接口符合 GB/T 20716.1 的规定

* 优先推荐

法 制 建 设

交通运输行政执法评议考核规定

交通运输部令2010年第2号　2010.7.9

第一章　总　则

第一条　为了加强交通运输行政执法监督,落实执法责任,提高执法水平,规范交通运输行政执法评议考核工作,根据国务院《全面推进依法行政实施纲要》和国务院办公厅《关于推行交通行政执法责任制的若干意见》,制定本规定。

第二条　交通运输行政执法评议考核是指上级交通运输主管部门对下级交通运输主管部门、部直属系统上级管理机构对下级管理机构、各级交通运输主管部门对所属行政执法机构和行政执法人员行使行政执法职权、履行法定义务的情况进行评议考核。

第三条　交通运输部主管和指导全国执法评议考核工作。

地方各级交通运输主管部门在各自的职责范围内负责管理和组织本辖区的执法评议考核工作。

各级交通运输主管部门的法制工作机构负责具体组织实施本辖区的执法评议考核工作。

第四条　执法评议考核应当遵守严格依法、公开公正、有错必纠、奖罚分明的原则。

第二章　执法评议考核的内容与标准

第五条　执法评议考核的主要内容包括:

（一）在行政处罚过程中的执法情况；

（二）在行政强制过程中的执法情况；

（三）办理行政许可的情况；

（四）办理行政复议、行政诉讼、国家赔偿以及控告申诉案件的情况；

（五）开展执法监督和执法责任追究工作的情况。

第六条 执法评议考核的基本标准：

（一）行政执法主体合法；

（二）行政执法内容符合执法权限，适用执法依据适当；

（三）行政执法行为公正、文明、规范；

（四）行政执法决定的内容合法、适当；

（五）行政执法程序合法、规范；

（六）法律文书规范、完备；

（七）依法制定有关行政执法工作的规范性文件，文件内容不与国家法律、行政法规、规章及上级规范性文件相抵触；

（八）在登记、统计、上报各类执法情况的工作中，实事求是，严格遵守有关规定，无弄虚作假、隐瞒不报的情形。

第七条 行政处罚和行政强制工作应当达到以下标准：

（一）行政执法主体合法，符合管辖规定；

（二）行政执法符合执法权限，无越权处罚情形；

（三）案件事实清楚，证据确实充分；

（四）调查取证合法、及时、客观、全面，无篡改、伪造、隐瞒、毁灭证据以及因故意或者严重过失导致证据无法取得等情形；

（五）定性及适用法规准确，处理适当；

（六）行政执法程序合法；

（七）对依法暂扣、罚没的财务妥善保管、依法处置，无截留、坐支、私分、挪用或者以其他方式侵吞等情形；

（八）依法履行告知的义务，保障行政管理相对人的陈述、申辩和要求听证的权利；

（九）法律文书规范、完备。

第八条 行政许可工作应当达到以下标准：

（一）行政许可的实施主体合法，具有相应的行政许可权；

（二）行政许可的实施主体已经按照有关规定，将行政许可事项、依据、条件以及受理要求等相关内容予以公示；

（三）依法履行告知的义务，保障行政许可申请人和利害关系人要求听证的权利；

（四）行政许可的受理、审查、决定和听证程序合法；

（五）法律文书规范、完备。

第九条 办理行政复议、行政诉讼、国家赔偿以及控告申诉案件应当达到以下标准：

（一）依法办理行政复议案件，无符合法定受理条件不依法受理、不依法作出复议决定或者复议决定被人民法院依法撤销等情形；

（二）对行政诉讼案件依法应诉，无拒不出庭、不提出诉讼证据和答辩意见等情形；

（三）依法进行国家赔偿，对违法行为无拖延确认、不予确认或不依法理赔等情形；

（四）依法、及时处理控告申诉，无推诿、拖延、敷衍等情形。

第十条 开展执法监督和执法责任追究工作应当达到以下标准：

（一）严格执行上级交通运输行政主管部门的监督决定和命令，无拒不执行、拖延执行等情形；

（二）对已经发现的错误案件及时纠正，无故意隐瞒、拒不纠正的情形；

（三）依法及时追究有关责任人的过错责任，无应当追究而不追究或者降格追究的情形。

第三章 执法评议考核的组织与实施

第十一条 交通运输部负责组织开展全国交通运输系统的执

法评议考核工作。

部海事局、长江航务管理局应当组织开展对本系统的执法评议考核工作。

地方各级交通运输主管部门应当对下级交通运输主管部门及其所属执法机构的执法情况按照本规定开展日常执法评议考核和年度执法评议考核工作，并将年度执法评议考核结果报送上一级交通运输主管部门。

第十二条 交通运输部对省级交通运输主管部门执法评议考核结果予以通报。

部海事局、长江航务管理局对本系统执法评议考核结果予以通报。

省级交通运输主管部门应当将年度执法评议考核结果在本辖区内予以通报。

第十三条 开展年度执法评议考核工作可以成立以本级交通运输主管部门相关负责人任组长，交通运输有关部门或者机构参加的考核领导小组。考核小组的日常工作可以由各级交通运输主管部门法制工作机构负责具体实施。

第十四条 执法评议考核实行百分制，根据考核的内容范围确定各项考核内容所占分数。省级交通运输主管部门、部直属系统应结合本地、本系统实际情况确定统一的考核项目和评分标准。

执法评议考核结果以年度计分为准，分为优秀、达标、不达标三档。

第十五条 行政执法机构具有下列情形之一的，该年度执法评议考核结果应当确定为不达标：

（一）违法执法导致行政相对人伤亡或者引发群体性事件，造成恶劣社会影响的；

（二）违法执法拒不纠正导致行政相对人长期赴京、到省上访的；

（三）违法执法导致媒体集中报道引起社会公众广泛关注、造成较为严重负面影响的；

(四)对上级指出的严重违法问题未予改正的；

(五)弄虚作假、对已生效的执法文书等执法卷宗材料进行事后加工、修改、完善的；

(六)拒绝接受或者不积极配合执法评议考核的。

第十六条 执法评议考核应当将内部评议与外部评议相结合。

内部执法评议考核的主要方法包括：

(一)审阅有关报告材料、听取情况汇报；

(二)组织现场检查或者暗访活动；

(三)评查执法案卷，调阅相关文件、资料；

(四)进行专项工作检查或者专案调查；

(五)对行政执法人员进行法律水平测试。

外部执法评议考核的主要方法包括：

(一)召开座谈会；

(二)发放执法评议卡；

(三)设立公众意见箱；

(四)开通执法评议专线电话；

(五)聘请监督评议员；

(六)发放问卷调查表；

(七)举行民意测验。

第十七条 有下列情形之一的，应当在执法评议考核结果中适当加分：

(一)在重大社会事件中行使行政执法职权或者履行法定义务及时、适当，在本地区或者本系统反响良好的；

(二)落实行政执法责任制工作扎实，总结典型经验，被上级主管部门推广的。

第十八条 对违法执法自查自纠，并依法追究执法过错责任的，可以减少扣分。

第十九条 上级交通运输主管部门可以对下级交通运输主管部门的执法评议考核结果进行复核。

第二十条 对执法评议考核结果有异议的,相关单位可以自结果通报之日起15日内向负责执法评议考核的交通运输主管部门提出书面申诉。负责执法评议考核的交通运输主管部门根据情况可以重新组织人员复查,并将复查结果书面通知申诉单位。

第二十一条 各级交通运输主管部门应当建立行政执法评议考核档案,如实记录日常执法评议考核情况,作为年度执法评议考核的重要依据。

第二十二条 各级地方交通运输主管部门要建立执法反馈制度,适时邀请执法相对人开展执法反馈工作,改进执法工作,提高行政执法水平。

第四章 奖 惩

第二十三条 执法评议考核结果是衡量交通运输主管部门及其所属执法机构工作实绩的重要指标。对考核结果为优秀的单位要予以通报表彰;连续三年被评为优秀的,对单位及主要领导给予嘉奖。

凡申报交通运输系统全国性荣誉的,执法评议考核结果应当是优秀。

第二十四条 对执法评议考核结果不达标的单位,应当予以通报批评,责令限期整改,并取消其当年评优受奖资格。

第二十五条 在执法评议考核过程中,发现已办结的案件或者执法活动确有错误或不适当的,应当依法及时纠正。需要追究有关领导或者直接责任人员执法责任的,依照相关规定予以追究。

第二十六条 上级交通运输主管部门应当根据执法评议考核结果及执法工作需要,向执法考核中未达标的执法机构派出执法督导组进行有针对性的执法指导,与基层执法机构共同执法,发现问题,及时纠正。

第五章　附　　则

第二十七条　本办法自2010年10月1日施行。

关于加快推进交通运输法治政府部门建设的意见

交政法发〔2010〕789号　2011.1.4

各省、自治区、直辖市、新疆生产建设兵团交通运输厅(局、委),天津市市政公路管理局,天津市、上海市交通运输和港口管理局,部属各单位,部内各单位:

2004年3月,国务院发布《全面推进依法行政实施纲要》(以下简称《纲要》),明确提出建设法治政府的奋斗目标。近年来,全国交通运输系统深入贯彻落实《纲要》精神,全面推进依法行政工作,行政执法水平不断提高,有效地促进了交通运输事业又好又快发展。为进一步贯彻落实全国依法行政工作会议精神,依据《国务院关于加强法治政府建设的意见》(国发〔2010〕33号),结合交通运输部门实际,提出如下意见:

一、充分认识建设交通运输法治政府部门的重要性和紧迫性

1. 严格依法行政是各级交通运输部门的重要责任。依法行政是落实依法治国方略、建设法治政府的必然要求。贯彻依法治国方略,推进依法行政,建设法治政府,是我们党治国理政从理念到方式的革命性变化。党政机关分别在各自领域担负着治国理政的任务,是依法治国方略的具体实践者,是建设法治政府的责任主体。交通运输部门是各级政府的重要组成部门,在履行交通运输建设和管理的职责中要严格贯彻依法行政的要求,作依法行政的表率。

2. 推进依法行政是推动交通运输科学发展的必然要求。加快建设法治政府是发展社会主义市场经济的必然要求,是促进社会公平正义的基本保证,是深化政治体制改革的重要方面,是反腐败

的重要举措。交通运输行业社会性强、开放性强，与人民群众出行和经济建设关系密切，只有做好依法行政，做到依法决策、依法监管，才能充分发挥交通运输从业者的积极性、主动性和创造性，才能维护好交通运输市场秩序，使公民、法人和组织充分享受到公共交通设施和公共交通服务带来的便捷和实惠。

二、增强交通运输部门工作人员特别是领导干部依法行政的意识和能力

3. 重视交通运输部门工作人员特别是领导干部依法行政意识和能力的培养。交通运输部门的各级领导干部要带头学法、尊法、守法、用法，牢固树立以依法治国、执法为民、公平正义、服务大局、党的领导为基本内容的社会主义法治理念。要切实增强依法行政的意识，提高运用法治思维和法律手段解决交通运输建设管理中突出矛盾和问题的能力，养成自觉依法办事的习惯。

4. 建立健全交通运输系统领导干部依法行政学习培训的长效机制。要定期对交通运输部门各级领导干部进行法律法规和依法行政知识培训，积极探索推行交通运运输系统新任领导干部法律知识培训考试制度，定期举办交通运输系统厅局长依法行政培训班，提高交通运输系统领导干部依法决策、依法管理的能力和水平。

5. 加强执法人员的教育和培训。要在交通运输行政执法队伍中组织开展社会主义法治理念教育，深入剖析当前交通运输行政执法中不同程度存在的权力部门化、利益化的问题，使广大交通运输行政执法人员树立正确的执法动、机和执法目的，弘扬执法就是服务、执法就是维护管理相对人合法权益的理念，牢固树立公仆意识，寓执法于服务之中。支持在职执法人员继续学历教育。加大业务尖子培养力度，培养一批基层的执法骨干人才。

三、坚持依法科学民主决策

6. 健全交通运输部门的决策程序。各级交通运输部门要进一步健全行政决策程序，在制定政策、实施行政许可、重大项目管理等行政行为过程中，逐步建立公众参与、专家咨询、风险评估、合法

性审查和集体讨论决定的行政决策机制。做出重大决策前,要深入开展调查研究,组织专家咨询论证,并进行风险评估。决策事项涉及重大公共利益或者群众切身利益的,要公开听取社会公众的意见,必要时可采取听证的方式征求意见,对听证中提出的合理意见,应当予以采纳。涉及交通运输重大发展战略的决策,必须有广泛深入的研究成果作为制定决策的依据。重大决策必须经部

门领导班子会议集体讨论决定。重大决策草案应当在会前交由法制机构进行合法性审查;未经审查或经审查不合法的,不得提交会议讨论、做出决策。

7. 完善民主决策的制度。一是建立行政决策风险评估制度。凡是涉及经济社会发展和人民群众切身利益的重大决策,包括交通运输基础设施建设涉及的征地拆迁、行政许可制度的设定和调整、重大行政处罚的决定和执行等,都要进行风险评估,重点是进行社会稳定、环境、经济等方面影响的评估。二是要建立健全社情民意反馈制度。要通过新闻媒体、政府网站、信访部门以及调查机构等多种渠道,广泛了解群众对交通运输行政决策的意见和建议,对群众反映的决策执行中可能出现的各种问题,要予以高度关注,并认真研究化解处置方案。三是要建立健全决策责任追究制度。在决策执行过程中,决策部门要了解利益相关方对决策实施的意见和建议,全面评估政策执行效果,并根据评估结果决定是否对决策予以调整或者停止执行。要按照“谁决策、谁负责”的原则,实现决策权力与决策责任相统一。对于违反决策程序、出现重大决策失误、造成重大损失的,要严格追究决策人的责任。

四、加强和改进制度建设

8. 要科学合理地制定立法工作计划并组织实施。按照条件成熟、突出重点、统筹兼顾的原则,抓紧制定一批交通运输行业管理基本的、急需的法规,努力促进《公路保护条例》、《水路运输管理条例(修订)》、《城市公共交通条例》、《海上交通安全法(修订)》、《航道法》等项目取得实质性进展。按照立法计划推进交通运输行业管理所需的规章项目的出台。

9. 积极开展综合交通运输法规体系建设。按照加快形成便捷、高效、安全的综合交通运输体系的要求，开展综合交通运输法规体系建设研究，统筹考虑公路、水路、民航、邮政等方面的法律、行政法规项目，提出综合交通运输立法建设的初步意见。

10. 进一步改进制度建设的程序。完善公众参与交通运输立法的制度和机制，扩大立法的公众参与度，保证管理相对人的意见得到充分表达、合理诉求和合法权益得到充分体现。广泛吸收专家参与立法，进一步发挥交通运输部法律专家咨询委员会的作用，确保充分发挥专家优势。建立和推行交通运输立法后评估工作制度，根据评估结果对相关制度及时进行调整。要严格执行规范性文件合法性审查制度，不得违法设定行政许可、处罚、收费、强制等事项，不得违法增加交通运输行政相对人的义务。制定涉及公民、法人和其他组织权利义务的规范性文件，要公开征求社会公众的意见。

11. 建立交通运输规章和规范性文件备案审查和清理制度。严格执行法规规章备案条例和有关规范性文件备案的规定，加强备案审查，维护法制统一和政令畅通。要按照国务院的统一要求，及时对有关制度进行清理，规章每隔 5 年清理一次，规范性文件每隔 2 年清理一次。对已不适应社会主义市场经济发展要求和交通运输科学发展需要，与上位法相抵触、不一致，或者相互之间不协调的制度，要及时废止或者修改，并向社会公布。

五、严格规范文明公正执法

12. 严格履行法定职责。各级交通运输部门要严格依照法定的权限和程序办事，坚决杜绝行政不作为、滥作为现象的发生。要改变重审批、轻监管，重处罚、轻引导的思想和做法。要认真执行行政许可法，深化行政审批制度改革，进一步规范和减少交通运输行政审批事项，避免以备案代替审批等变相行政许可的做法，推进交通运输部门职能转变和制度创新。

13. 进一步规范执法行为。各级交通运输部门要牢固树立程序意识，严格依照法定程序执法，切实保障行政管理相对人的程序

性权益。要完善行政执法程序,细化执行流程,明确执法步骤、环节和时限。要以规范执法程序为核心,统一执法文书,依法保障当事人和利害关系人的合法权益。健全行政执法取证规则,规范取证活动,杜绝违法取证行为。认真落实《交通行政执法禁令》等7个规范,整顿执行法风纪,规范交通运输执法人员仪表、举止,进一步落实部颁《关于规范交通运输行政处罚自由裁量权的若干意见》,建立交通运输行政处罚行政裁量权基准制度,细化、量化行政裁量权,严格规范裁量权的行使,减少交通运运输行政执法的随意性。

14. 进一步落实行政执法责任制。要根据制度立、改、废情况,及时梳理交通运输行政执法依据,确认交通运输行政执法机构执法主体资格,明确行政执法权和行政执法责任,并向社会公布。要加强对交通运输行政执法活动的监督检查,严肃查处违法执法案件和群众举报投诉案件,坚决纠正不执法、乱执法现象。要落实《交通运输行政执法评议考核规定》,对不履行或者不正确履行法定职责、滥用职权、粗暴执法的交通运输行政执法人员,严格追究责任。

15. 完善行政执法体制和机制。要稳步推进交通运输行政执法模式改革。按照《国务院关于进一步推进相对集中行政处罚权工作的决定》(国发〔2002〕17号)和《国务院关于加强法治政府建设的意见》(国发〔2010〕33号)要求,鼓励各地按照不同的运输方式,按照"行政许可权相对集中"和"行政处罚权相对集中"的要求,推进执法模式改革,实现行政处罚权的相对集中,实现决策权、执行权、监督权相对分离又相互制约。要通过改革执法模式,进一步加强交通运输执法队伍的正规化建设,明确交通运输行政执法队伍身份性质,加强执法人员准入管理,进一步规范执法行为,统一执法队伍形象,提高执法队伍整体素质。要改进和创新执法方式,坚持管理与服务并重、处置与疏导结合,实现法律效果与社会效果的统一。要建设交通运输行政执法综合信息平台,推行执法流程网上管理,提高执法效率和规范化水平。完善交通运输行政

执法经费保障机制，将行政执法部门履行法定职责所需经费统一纳入财政预算，不得以任何形式将罚没收入、行政事业收费与行政执法部门的工作经费挂钩。

16.加强交通运输行政执法队伍建设。要进一步强化交通运输行政执法人员资格管理，认真总结近年来实施交通运输行政执法人员资格管理的经验，制定交通运输行政执法人员资格管理规定，进一步明确交通运输行政执法人员资格条件，严格执法人员培训、考试、发证的程序和权限，建立交通运输行政执法人员资格逐级审批制度，健全执法人员年审、考核、评议、奖惩制度。研究统一交通运输执法标志、执法证件、执法服装、执法场所和执法交通工具外观，逐步统一交通运输行政执法队伍形象。要组织实施执法队伍培训和人才培养工程、执法管理信息化与科技执法工程、老少边穷地区法制人才支持与服务工程、基层执法单位评级达标工程、执法队伍建设激励工程和执法行为规范化工程。要积极协调有关部门将执法队伍建设经费纳入财政预算，用于交通运输行政执法队伍的教育培训和执法装备建设。

六、强化监督和问责

17.进一步做好政务公开工作。要全面贯彻执行《政府信息公开条例》，做好政府信息公开和财政预算公开，完善配套制度和各类办事公开制度。交通运输部门要推进网上办理行政许可，实现网上申请许可、受理状态查询和许可结果公示。

18.要自觉接受社会监督。各级交通运输部门要自觉接受人大及其常委会的监督、政协的监督和司法机关依法实施的监督。对事关经济社会发展全局、人民群众切身利益的和社会普遍关注的交通运输热点问题，要及时向当地政府和同级人大常委会专题报告。要畅通群众监督渠道，完善群众举报投诉处理制度和机制。要高度重视舆论监督，支持新闻媒体对违法或不当的交通运输行政行为进行批评报道。对群众反映、媒体报道的问题，要认真调查核实，及时依法做出处理，并向社会公布处理结果。

19.加强交通运输系统层级监督力度。上级交通运输部门要

切实加强对下级交通运输部门的监督，及时纠正违法或不当的行政行为。要保障和支持审计、监察部门依法独立行使对交通运输部门的监督权。严格执行《交通运输行政执法评议考核规定》，强化执法过错责任追究，对负有执法责任的执法人员和单位负责人追究相应行政、法律责任。

七、依法化解社会矛盾纠纷

20. 建立健全涉及交通运输的矛盾纠纷调解制度。做好涉及交通运输的行政调解是各级交通运输部门的重要职责。要逐步完善交通运输部门行政调解制度和机制，科学界定交通运输行政争议调解范围，规范调解程序。对于征地拆迁、企业改制、政策调整等涉及人数较多、影响较大、可能影响社会稳定的纠纷，要建立健全群体性事件预防和处理机制，主动进行调解。

21. 加强和改进交通运输行政复议工作。要畅通复议渠道，减少和避免复议不作为现象的发生，重点解决由于不积极受理符合法定条件的行政复议案件而致使部分行政争议久拖不决的突出问题。建立行政复议案件与信访案件衔接机制，改进行政复议案件审理方式。提高行政复议决定的执行力，行政机关无正当理由不得拖延履行或者拒不执行行政复议决定。要建立健全行政复议工作机构，确保行政复议案件依法由 2 名以上行政复议人员审理。要加强对交通运输行政复议人员的培训工作，重点提高市、县交通运输部门复议人员的能力和水平。行政复议活动经费及工作条件要按照行政复议法规定给予保证。

22. 认真做好交通运输行政应诉工作。各级交通运输部门要积极配合人民法院做好涉及交通运输行政案件的审判工作，支持人民法院依法行使审判权。被诉交通运输部门要依法积极应诉，按规定向法院提交做出被诉行政行为的依据、证据和其他相关材料，并主动出庭应诉。要自觉履行人民法院做出的生效判决、裁定。

八、加强组织领导和督促检查

23. 健全推进依法行政的领导体制和机制。交通运输依法行

政工作是事关交通运输科学发展的全局性、战略性基础工作，是做好“三个服务”的重要内容和重要保障。各级交通运输部门要建立由主要领导牵头的推进依法行政领导机构，统一领导本地区、本系统的依法行政工作。各级交通运输部门的主要领导要通过专题会议等形式研究解决依法行政工作存在的问题，采取有效措施，切实提高依法决策水平和规范执法水平。加强对依法行政工作的督促指导，定期开展全国交通运输系统行政执法监督检查活动，总结推广交通运输行政执法中的好经验，研究整改行政执法中存在的突出问题，大力培育交通运输依法行政先进典型，弘扬社会主义法治理念，树立正确的依法行政价值导向。

24. 强化行政首长作为推进依法行政第一责任人的责任。各级交通运输部门要把推进依法行政、建设法治政府部门工作摆在更加突出的位置，行政首长要对本部门的依法行政负总责，切实承担起领导责任，将依法行政任务列入重点工作计划。各级交通运输主管部门每年要向本级政府和上一级交通运输主管部门报告推进依法行政情况。

25. 加强交通运输法制机构和队伍建设。各级交通运输部门要充分发挥法制机构在贯彻落实《纲要》、推进依法行政方面的组织协调和督促指导作用，各地要加强交通运输部门法制机构建设，着力解决法制机构规格低、人员编制少、经费保障不到位等问题，使法制机构规格、编制与其承担的职责和本部门依法行政工作任务相适应。法制机构工作人员要大力提高新形势下做好部门法制工作的能力和水平，努力当好行政领导在依法行政方面的参谋、助手和顾问。

关于加强交通运输法制建设的若干意见

交政法发〔2010〕190号　2010.4.15

各省、自治区、直辖市、新疆生产建设兵团交通运输厅(局、委),天津市市政公路管理局,天津市、上海市交通运输和港口管理局,部属各单位:

为进一步贯彻落实国务院《全面推进依法行政实施纲要》,不断提高交通运输依法行政水平,结合交通运输行业实际,就加强交通运输法制建设,提出如下意见:

一、加强交通运输法制建设的指导思想和基本原则

1. 交通运输法制建设的指导思想:以邓小平理论和"三个代表"重要思想为指导,深入贯彻落实科学发展观,努力建设法治型、服务型交通运输部门,以全面推进交通依法行政为主线,坚持围绕中心、服务大局、改革创新,推进交通运输事业在法制的轨道上全面协调可持续发展。

2. 交通运输法制建设的基本原则:

坚持以人为本的原则。把为民、利民、便民、维护交通运输服务对象和从业者的根本利益作为交通运输法制建设的出发点和落脚点。

坚持服务发展的原则。从交通运输事业改革发展的需要出发,充分发挥法制对交通运输事业的引导、促进和保障作用,把服从并服务于交通运输事业发展作为交通运输法制建设的方向。

坚持依法行政的原则。以符合宪法和法律的基本原则和规定为统领,把实现交通运输事业的法治化、规范化和全面提高交通运输依法行政的能力和水平作为交通运输法制建设的目标。

坚持改革创新的原则。按照与时俱进的要求不断丰富交通运

输法制建设的内涵，探索交通运输法制建设的规律，创新法制工作的体制机制，把深化体制改革、转变政府职能、加快综合运输体系建立和促进现代交通运输业发展的有机结合作为交通运输法制建设的重要任务。

二、交通运输法制建设的总体要求和主要工作任务

3. 当前和今后一段时期交通运输法制建设的总体要求是：围绕交通运输改革和发展现代交通运输业的大局，加强综合运输法规体系建设，提高立法质量和效益；加强依法行政和执法监督，提高执法能力和水平；加强执法队伍和机制建设，提高专业素质和整体功能，努力实现科学民主立法，规范文明执法，有效监督管理，高效优质服务，为现代交通运输业科学发展营造良好的法制环境和提供可靠的制度保障。

（一）继续加快立法步伐，注重提高立法质量

4. 进一步创新和发展科学民主的立法理念。按照以人为本、建设和谐社会和法治国家的要求，从根本上改变立法中对行政机关重权力设定轻服务和责任追究，对行政管理相对人重义务设定轻权利保护的现象，注重行政权力和公民权利的平衡，行政机关权力与责任、公民权利与义务的统一。要把握、遵循并反映经济社会和交通运输发展的规律，使交通运输立法更科学，立法质量切实得以提高。

5. 按照条件成熟、突出重点、统筹兼顾的原则，科学合理地制订立法工作计划并组织实施。法律、行政法规项目以列入国务院立法计划和工作任务的项目为工作重点，努力促进《公路保护条例》、《水路运输管理条例（修订）》、《城市公共交通条例》、《海上交通安全法（修订）》、《航道法》等项目取得实质性进展。按照立法计划推进交通运输行业管理所需的规章项目的出台。

6. 积极开展综合交通运输法规体系建设。按照加快形成畅通、高效、安全、绿色的综合交通运输体系的要求，开展综合交通运输法规体系建设研究，统筹考虑公路、水路、民航、邮政等方面的法律、行政法规项目，提出综合交通运输立法建设的意见。

7. 建立和理顺交通运输立法工作机制。部要建立和理顺对部管局的立法管理工作机制及运行模式，明确部对部管局立法工作的统筹规划、组织、协调的职能，在此基础上，完善《交通运输法规制定程序规定》。各地应结合当地实际，加强对交通运输立法工作机制的研究，同时积极探索区域交通运输立法，建立规范、有效的立法工作程序。

8. 进一步改进立法工作方法，扩大立法的公众参与度。要注重采取多种形式认真听取公众的意见，扩大立法的公众参与程度，充分反映最广大人民群众的根本利益。广泛吸收专家参与立法，进一步发挥交通运输法律专家咨询委员会的作用，确保充分发挥专家优势。努力使交通运输立法做到体察民情、反映民意、集中民智、服务民生。

9. 建立和推行交通运输立法后评估工作制度。要认真贯彻落实部印发的《关于开展交通立法后评估工作的指导意见》。部将按照立法后评估指标体系对《收费公路管理条例》进行立法实证评估，为下一步《收费公路管理条例》的修订工作做好前期准备。各地要结合当地实际，探索建立交通运输立法后评估机制，总结和积累好的经验和做法，完善交通运输立法后评估工作机制。

10. 建立部门规章定期清理制度。要按照国家统一要求对已不适应社会主义市场经济发展的交通运输法规进行认真清理，及时提出修订或者废止的意见和建议。对规章的清理工作要经常化、制度化，凡与法律、法规有矛盾的，应当及时废止或者修改，凡与交通运输发展要求不相适应的，应当及时调整。

11. 加强中央与地方交通运输立法工作的联系、合作与指导。部要了解各地交通运输立法现状与需求，有效整合立法资源。对于制定法律、行政法规条件尚不成熟的交通运输立法领域，鼓励地方交通运输部门向人大、政府积极争取，先行开展地方立法；对已出台的交通运输法律、行政法规，地方交通运输部门要积极做好相关的地方立法修订工作，将有关法律制度统一到法律、行政法规的规定上来。部要引导和组织交通运输法制工作机构开展全国性及

区域性的交流、研讨，总结立法经验，研究难点问题，及时总结推广各地在立法方面的经验。地方交通运输部门要积极配合部的立法工作，配合部开展重点立法项目的调研、起草及相关问题的研究论证工作。

（二）深入开展法制宣传教育，营造交通运输系统良好的法治氛围

12. 推进普法规划的实施。要组织对贯彻落实《全国交通系统法制宣传教育第五个五年规划》和各地制定的五年普法规划的情况进行检查验收，总结推广一批好经验，表彰一批先进典型。通过落实“五五”普法规划，努力提高交通运输系统干部职工和从业人员的法律意识和法律素质，增进交通运输系统公务员、行政执法人员的社会主义法治理念，增强各级交通运输主管部门依法行政的自觉性，提高交通运输行业依法管理的水平。

13. 深入开展交通运输专业法的社会宣传工作。各级交通运输主管部门要进一步拓宽交通运输法制宣传渠道，强化交通运输法制宣传手段，要广泛开展走访群众、结对共建等灵活多样的普法活动，多形式、多环节向社会宣传交通运输专业法，使社会更多地了解、熟悉交通运输法律法规。要结合“打击黑车”、“安全生产月”等专项活动，有针对性地加大与从业人员经营活动和群众切身利益关系密切的法律法规的宣传力度。组织好新出台交通运输法律法规的宣传工作，建立重点交通运输法律法规全国统一宣传制度。

14. 建立健全交通运输系统领导干部学法用法制度。要定期对各级交通运输部门领导干部进行法律法规和依法行政知识培训，积极探索推行交通运输系统新任职领导干部法律知识培训考试制度，定期举办交通运输系统厅局长法制培训班，提高交通运输系统领导干部依法行政的能力和水平。

（三）加强交通运输行政执法队伍正规化建设

15. 进一步强化交通运输行政执法人员资格管理。要认真总结近年来实施交通运输行政执法人员资格管理的经验，制订交通

运输行政执法人员资格管理规定，进一步明确交通运输行政执法人员资格条件，严格执法人员培训、考试、发证的程序和权限，建立交通运输行政执法人员资格逐级审批制度，健全执法人员年审、考核、评议、奖惩制度。进一步强化对执法人员录取、培训、考核和管理工作的监管。不符合交通运输执法人员资格条件的要坚决调离。

16. 逐步统一交通运输行政执法队伍形象。要组织研究统一执法标志、执法证件、执法服装、执法场所和执法交通工具外观的设计方案，选择有条件的单位进行试点并逐步在全系统推广。要研究制订交通运输行政执法装备标准，并提出实施的规范性要求。

17. 进一步规范交通运输行政执法行为。组织开展交通运输行政执法规范化工程，通过组织培训、知识竞赛、比武练兵等多种形式，贯彻落实部印发的交通运输行政执法规范，使每名执法人员对规范的内容入脑入心，持续开展整顿执法风纪，规范执法言行，统一执法文书，规范执法程序活动。要继续做好规范交通运输行政处罚自由裁量权工作，在总结规范行政处罚自由裁量权试点经验的基础上，提出规范交通运输行政处罚自由裁量权的若干意见。

18. 广泛深入开展文明执法活动。要大力加强执法文化建设，按照交通运输行业核心价值体系的要求，全面落实政治坚定、素质优良、纪律严明、行为规范、廉洁高效的队伍建设总体目标，建立健全交通运输行政执法职业道德规范。继续开展文明执法创建评比表彰活动，明确目标要求、考核办法和奖惩制度，加强对先进典型的宣传，充分发挥先进典型的示范作用。

（四）稳步推进交通运输行政执法模式改革

19. 进一步明确执法模式改革的方向。按照《国务院关于进一步推进相对集中行政处罚权工作的决定》（国发〔2002〕17 号）提出的解决多头执法、职责交叉、重复处罚、执法扰民等问题的要求，完善执法工作机制，提高执法效率，降低执法成本，提高执法水平。

20. 进一步明确执法模式改革的思路。鼓励各地按照不同运

输方式，按照行政许可权相对集中和行政处罚权相对集中的要求，总结近年来执法模式改革的经验，探索并逐步建立决策权、执行权、监督权相对分离又相互制约的执法体系。要通过改革执法模式，进一步加强交通运输行政执法队伍的正规化建设，规范执法行为，提高执法队伍整体素质，树立执法队伍良好形象。

21. 进一步加强对执法模式改革试点工作的指导。要深入调研总结有关单位开展执法模式改革的经验教训，协调指导相关试点单位妥善处理改革过程中出现的矛盾和问题，平稳有序地推进改革进程。

（五）进一步完善交通运输行政复议工作机制，提高行政复议工作质量

22. 健全交通运输行政复议工作机制。各级交通运输主管部门和相关管理机构要建立本机关内部的行政复议工作机制，明确行政复议案件办理工作程序和相关部门的责任。要建立健全复议与信访的衔接机制，建立与政府法制部门、司法机关的沟通协调机制，形成合力，相互配合，进一步提高交通运输行政复议案件办理质量。

23. 加强交通运输行政复议能力建设。要组织开展交通运输行政复议人员培训工作，重点提高市、县交通运输部门复议人员的能力和水平。要畅通复议渠道，减少和避免复议不作为现象的发生，重点解决由于不积极受理符合法定条件的行政复议案件而致使部分行政争议久拖不决的突出问题。要加强监督检查，认真贯彻实施交通运输行政复议责任追究制度。

24. 加强对行政复议工作的监督指导。要建立重大行政复议案件报备制度、重大责任行政复议案件通报制度。采取召开座谈会、研讨会等方式，对典型行政复议案例进行研究交流，推广办案经验，指导行政复议工作。

（六）完善行政执法监督制度，强化行政执法监督

25. 进一步完善行政执法监督机制。要在严格执行《交通行政执法监督规定》的基础上，进一步落实层级监督制度，明确各级

交通运输部门实施层级监督的内容、标准和方法，提高层级监督的实效。组织开展执法案卷评查活动，将执法案卷评查作为执法监督的重要途径，将评查结果通报全系统，推广优秀的执法文书和案卷。要畅通监督渠道，探索建立行政执法巡查制度、暗访制度，通过组织开展行风评议、问卷调查，聘请社会监督员等方式，提高监督效果。

26. 继续深入推行行政执法责任制。制定《交通运输行政执法责任追究办法》，强化执法过错责任追究。要重点加强对执法责任追究的落实，凡发生重大责任的错案要在全行业进行通报，取消责任单位当年评选先进的资格，对负有执法责任的执法人员和单位负责人要追究相应行政、法律责任。

27. 加强对行政行为的监督。要定期开展对《行政许可法》实施情况的监督检查，重点对越权审批、逾期审批等涉及审批中的擅权渎职行为进行监督检查和纠正。做好行政审批事项取消后的后续监管工作，对于保留的交通运输行政审批项目，要进一步明确、公开审批的条件、程序，创新审批方式，逐步扩大网上审批范围，提高审批效率和质量。制定规范性文件的合法性审查办法，从根本上避免交通运输行政管理措施违反法律法规规定现象的发生。

（七）加强交通运输执法信息化建设

28. 加强执法管理的信息化建设。推广交通运输行政执法综合管理系统信息平台，与系统内现有路政、运政、海事以及地方已开发的信息管理系统实现有效衔接，共享各管理系统中的相关执法信息资源。要通过行政执法综合管理系统信息平台，建立执法人员、执法证件数据库，强化对执法案件整体情况的统计分析，逐步实现对执法人员、执法证件、执法案件的动态管理。要更换 IC 卡式执法证，实现对执法人员系统化、自动化考评。研究开发执法人员考试题库和计算机考试系统，逐步推行执法人员资格计算机联网考试。

29. 加强执法手段信息化建设。要利用现代信息技术，采取自动摄像、自动检测等科技手段，提高执法效能。加强对执法人员现

场执法行为的监控，推广使用摄像装置、中央监控设备等信息装备，最大限度地控制执法腐败现象的发生。

（八）加强交通运输法制研究工作

30. 充分认识法制理论研究的重大意义，切实重视法制理论研究工作。法制理论研究是各项制度得以科学合理构建的基础性工作，要高度重视并积极探索加强法制理论研究工作的新思路、新办法，为新时期交通运输法制工作向纵深发展提供理论支撑。

31. 加强法制工作重大问题的研究，探索改善交通运输行政管理方式的制度和措施。要注重对重点执法领域普遍存在的共性突出问题的研究，提出改进执法工作的思路和措施。加强对交通运输行政执法模式改革配套政策法规体系的研究，逐步完善与交通运输执法体制相适应的政策法规体系。

32. 探索建立为交通运输法制服务的软科学研究工作机制，提高交通运输法制工作的科学化水平。要加大对交通运输科研院所和大专院校法制研究力量的支持力度，在起草法律、法规草案时，应当明确每个立法项目至少有一个软科学研究课题成果作为技术支持。积极探索符合当地实际的软科学研究工作机制，充分利用交通运输科研院所和大专院校的法制研究力量。

（九）加大人员培训考核力度，提高交通运输法制工作水平

33. 开展交通运输主管部门法制工作人员岗位培训工作，提高法制工作人员综合素质。要在总结经验的基础上，继续开展交通运输主管部门法制工作人员立法理论与技术培训工作，为提高交通运输立法工作水平奠定基础。组织好交通运输行政复议人员岗位培训工作。加强对基层执法机构领导和执法骨干的培训，不断提高基层执法能力和水平。

三、强化交通运输法制建设的保障措施

34. 加强对法制工作的领导。交通运输法制建设是事关交通运输发展全局性、战略性的基础工作，关系交通运输事业的健康发展和交通运输管理职责的正确履行，关系交通运输行业形象和做好“三个服务”理念的落实，各级交通运输主管部门主要负责同志

要重视和关心法制工作,切实把交通运输法制建设作为综合性、基础性工作摆上重要位置。要经常听取交通运输法制工作情况汇报,及时协调解决交通运输法制工作中存在的困难。督促完善相关目标责任机制、检查考核机制和奖惩激励机制。

35. 进一步发挥交通运输法制机构综合、指导、协调、服务作用。交通运输法制工作政策性、专业性强,涉及面广,必须有相应的工作机构和人员作支撑。各级交通运输主管部门应当健全法制机构,明确主要职责,选派懂法律,业务熟,有较强协调能力、写作能力和口头表达能力,有一定工作经验的干部充实法制工作机构,使法制工作机构设置和人员配备同本地区、本部门的交通运输法制工作任务相适应。

36. 加大对法制工作的投入。各级交通运输主管部门每年都要安排必要的立法和执法检查经费,保障立法的需要和执法检查等项工作的正常进行。加大对执法工作的投入,提高执法装备和技术水平。

37. 制定实施计划,逐步有序推进。各单位要从实际出发,制订本单位贯彻落实加强交通运输法制工作的具体计划和配套措施,确定不同阶段的目标要求,提出工作进度,确保各项工作稳步实施,有序推进。

38. 加强督促检查,抓好工作落实。上级交通运输主管部门要加强对下级法制工作的督促、指导和检查,及时发现和解决法制工作中遇到的问题,抓好法制工作任务的落实。

交通运输行政许可网上办理监督管理办法

交政法发〔2010〕233 号　2010.5.10

第一章　总　则

第一条　为进一步推进电子政务建设，规范行政许可网上审批工作，提高行政审批效率和便民服务水平，根据《中华人民共和国行政许可法》、《交通行政许可监督检查及责任追究规定》等有关法律、法规和规章，制定本办法。

第二条　本办法适用于使用网上审批系统从事网上行政许可审批工作的交通运输部有关司局、直属有关单位、行政许可初审单位及行政许可申请人。

第三条　行政许可网上办理平台（以下统称网上办理平台）是集中提供所有行政许可事项的办理指南、表格下载、受理状态查询、结果公示的一站式服务平台，具有网上申请登记、受理状态查询、网上审批、进程及结果查询等功能。

行政许可电子监察平台（以下统称电子监察平台）是纪检监察部门对行政许可审批过程履行监督职能的系统平台，主要功能是对审批过程实时监控、催办正在受理的行政许可申请、接收申请人的网上投诉和处理、对违规行为及时发出预警等。

第四条　开展行政许可网上审批工作，按照条件成熟一项建设一项的原则实施动态管理。条件成熟的行政许可事项，应及时纳入行政许可网上审批业务范围。

第五条　网上审批系统各使用单位及其工作人员应严格遵守国家网络安全管理和监察的有关法律、法规和规章，依照本办法使

用网上审批系统。各部门应积极配合，做好网上审批流程设置、系统衔接、数据交换等工作。

第二章　职责分工

第六条　交通运输部信息化主管部门是网上办理平台和电子监察平台的运行管理机构，主要负责组织系统开发、推广实施、人员培训和技术支持等工作。

第七条　交通运输部法制工作机构负责研究制定相关工作制度并监督实施。

第八条　交通运输部行政许可项目受理单位（以下统称许可受理单位）是交通运输部行政许可审批机构，主要负责对行政许可事项进行网上受理、状态反馈、网上发布和在线咨询，并及时准确发布、更新本单位行政许可事项的有关信息。

第九条　交通运输部行政许可网上审批初审单位按照规定流程负责接收行政许可申请人网上报送的行政许可事项，并进行初审、电子材料与纸质材料的核实。

第十条　中国交通通信信息中心是交通运输部行政许可网上审批的技术服务机构，主要负责网上审批系统的运行维护、改造、升级及数据传送的安全技术保障等工作。

第十一条　交通运输部纪检监察机构是行政许可网上审批的监督监察部门，负责使用电子监察平台对行政许可网上办理情况实施全程监督，并对违反相关规定的行政行为追究相应责任。

第三章　办理流程

第十二条　行政许可申请人通过网上办理平台注册登录名及密码或电子钥匙及密码，选择需要申请的行政许可项目，按系统提示操作流程填写和打印审批登记表，并连同有关审批材料送交许可受理单位。申请人可以根据系统生成的预受理号和查询密码登

录网上办理平台查询行政许可事项的办理进程、审批结果等信息。

第十三条 许可受理单位收到有关审批材料后,在法律规定的期限内组织审核,并依据审批登记号登录网上办理平台提交受理状态。网上办理平台将通过短信、邮件以及网上发布等方式将行政许可受理情况告知申请人。

需要下级单位初审的行政许可申请,下级初审单位在收到网上申请后应在行政许可法及相关法规规定的时限内及时组织初审。对初审合格的,按照网上办理平台的操作要求将初审意见和申请材料及时送至交通运输部许可受理单位;对初审不合格的,应及时反馈申请人,并说明理由和依据。

行政许可审批过程中需要申请人补充申请材料的,应自收到申请之日起5天内通过网络、电话、手机短信等形式告知申请人。逾期不告知的,自收到申请材料之日起即为受理。

第十四条 许可受理单位对受理的行政许可申请应及时组织审查,对纸质材料进行核实,并在法定时限内依法作出行政许可审批决定。受理日期自收到纸质申请材料之日起算。需要组织听证的,依照相关法定程序办理。

第十五条 许可受理单位应依据审批登记号将许可审批结果提交网上办理平台,并书面告知申请人。网上办理平台将通过短信、邮件以及网上发布等方式自动将审批过程中的阶段性意见及审批结果告知申请人,并将行政许可网上办理的全部信息提交电子监察平台。

第十六条 按照有关规定许可审批需要延期处理的,要在网上记录延期处理的原因,以方便用户查询和网上监督。

第十七条 对不予批准的行政许可申请,应通过网上办理平台、短信或电子邮件等方式向申请人说明理由,并告知申请人享有依法申请行政复议或者提起行政诉讼的权利。

第十八条 涉及行政事业性收费的许可事项,申请人可选择现金、支票、电汇等方式及时缴费。因延误缴费造成受理延迟,由申请人承担责任。

第十九条 申请人直接到许可受理单位进行办理或使用部门业务系统进行行政许可办理的，许可受理单位应将办理信息在网上予以公布。

第四章 安全保障

第二十条 申请人申请行政许可，应如实填报和提交有关申请材料，并对申请材料实质内容的真实性负责。

第二十一条 许可受理单位应根据使用权限在网上办理平台进行操作，规范各流程的运行，确保网上审批工作有序开展。

第二十二条 行政许可申请人应通过网上办理平台注册获得的用户名及密码登录使用系统，注册用户名及密码通过系统管理员审核后生效。申请人也可根据需求，向交通运输部指定的电子认证服务机构申请使用数字证书登录使用系统，数字证书的申请与使用按照电子认证服务机构有关规定执行。数字证书的购置和使用费用由行政许可申请人承担。

第二十三条 许可受理单位、初审单位以及使用数字证书的行政许可申请人，应妥善保管数字证书及其密钥。数字证书载体丢失或密钥失控、变更证书所有人身份信息时，应及时通知电子认证服务机构，由电子认证服务机构撤销或变更其数字证书。

第二十四条 数字证书应根据有效期限适时更新。因数字证书所有人管理不善或逾期未更新申请所造成的后果由本人承担。

第二十五条 任何单位和个人不得在网上审批系统中从事下列活动：

（一）制作、复制、传播非法信息；

（二）非法入侵网上审批系统窃取信息；

（三）违反规定擅自对网上审批系统中数据和应用程序进行增加、删除、修改、复制等；

（四）未经授权查阅他人工作信息；

（五）冒用他人名义进行审批操作和发送消息；

(六)从事其他危害网上审批系统安全的活动。

第二十六条 网上审批系统运行管理机构应建立完善的数据备份制度,并按照国家有关计算机信息服务管理的规定对备份数据进行保存。

第二十七条 在网上审批系统发生故障,造成系统不能正常运行时,技术服务机构应尽快组织有关单位查明原因,排除故障,并及时通知各许可受理单位,保障审批工作的正常进行。

第五章 监督检查

第二十八条 行政许可网上审批事项的受理、审查、办结等工作情况,纳入电子监察平台,实施全过程监督。

第二十九条 许可受理单位工作人员在网上审批过程中有下列行为之一的,由交通运输部纪检监察机构通过电子监察平台发出警告或通报批评:

(一)不按规定时限办理审批业务的;

(二)非法、越权操作,造成数据遗失,贻误工作的;

(三)擅自改动既定程序,造成损失的;

(四)不按规定通过系统受理业务、查询、告知事项的;

(五)冒用他人名义进行审批操作的;

(六)在网上审批系统建设过程中,不积极配合或设置人为障碍,造成工程延误的;

(七)其他违反规定,影响行政效率和政府形象的行为。

第三十条 交通运输部纪检监察机构根据电子监察平台发出的警告或收到的投诉、检举信息,督促相关单位在规定时间内作出说明,有关单位应及时予以答复。

第三十一条 对违反本办法的行政许可申请人,视情节轻重给予警告或取消网上申请资格的处理;构成犯罪的,依法移送司法机关追究刑事责任。

第六章 附 则

第三十二条 本办法由交通运输部负责解释。

第三十三条 本办法所称行政许可网上审批事项,不包括定有密级的行政审批项目。

第三十四条 交通运输部海事局海事行政许可系统的建设和运行应参照本办法施行,并应将有关行政许可信息共享整合至网上办理平台。

第三十五条 本办法自印发之日起施行。

关于规范交通运输行政处罚自由裁量权的若干意见

交政法发〔2010〕251 号　2010.6.1

各省、自治区、直辖市、新疆生产建设兵团交通运输厅(局、委),天津市、上海市交通运输和港口管理局,天津市市政公路管理局,部海事局,长江航务管理局,长江口航道管理局:

为进一步贯彻落实《全面推进依法行政实施纲要》,不断提升交通运输行政执法水平,促进交通运输行政处罚权合法、合理、公平、公正、公开行使,确保交通运输行政法律、法规和规章的正确实施,维护公民、法人或者其他组织的合法权益,根据相关法律、法规和规章规定,结合交通运输行政执法现状,现就规范交通运输行政处罚自由裁量权工作提出如下意见:

一、充分认识规范交通运输行政处罚自由裁量权的意义

行政处罚自由裁量权是指根据法律、法规和规章所规定的行政处罚种类和幅度,综合考虑违法情节、违法手段、社会危害后果等因素,对拟适用的行政处罚种类和幅度进行综合裁量的权限。规范行政处罚自由裁量权是国务院关于规范行政执法要求的一项重要内容,也是进一步落实行政执法责任制的重要环节。2004年,国务院印发的《全面推进依法行政实施纲要》明确提出:"行政机关行使行政自由裁量权的,应当在行政决定中说明理由"。2008 年,《国务院关于加强市县政府依法行政的决定》强调指出:"要抓紧组织行政执法机关对法律、法规、规章规定的有裁量幅度的行政处罚、行政许可条款进行梳理,根据当地经济社会发展实际对行政自由裁量权予以细化,能够量化的予以量化,并将细化、量化的行政裁量标准予以公布、执行"。交通运输行政执法是交通

运输行政管理的重要手段，交通运输行政执法机构及其执法人员能否合理、合法地正确行使行政处罚自由裁量权，直接影响到交通运输法律、法规和规章的有效实施，关系到交通运输部门的形象，也关系到行政相对人的切身利益。全面规范行政处罚自由裁量权，合理限定行政处罚裁量幅度，既是交通运输行政执法机关规范行政权力和行政执法行为，进一步推进依法行政工作的需要，也是构建预防和惩治腐败体系的需要。因此，有必要对交通运输行政处罚自由裁量权进行规范，从制度与机制层面预防权力滥用，提高交通运输行政执法水平，为加快现代交通运输业发展创造良好的法治环境。

二、规范交通运输行政处罚自由裁量权的原则

（一）处罚法定原则

处罚法定原则是行政合法性原则，在行政处罚中的具体体现和要求，指行政处罚必须依法进行。处罚法定原则包含：1. 实施处罚的主体必须是法定的行政主体；2. 处罚的依据是法定的；3. 行政处罚的程序合法；4. 行政处罚的职权是法定的。处罚法定原则不仅要求实体合法，也要求程序合法，即应遵循法定程序。

（二）过罚相当原则

对违法事实、性质、情节及社会危害程度等因素基本相同的同类行政违法行为，所采取的措施和手段应当必要、适当，所适用的法律依据、处罚种类和幅度应当基本相同，行政处罚的种类、轻重程度、减免应与违法行为相适应，防止处罚畸轻畸重、重责轻罚、轻责重罚等。

（三）教育与处罚相结合原则

实施交通运输行政处罚，纠正交通运输违法行为，应当坚持处罚与教育相结合，通过对违法行为人施加与其违法行为的社会危害程度相当的处罚，教育公民、法人或者其他组织自觉遵守交通运输法律法规规章，杜绝重处罚轻教育、只处罚不教育现象。

（四）综合考量原则

规范交通运输行政处罚自由裁量权应当根据法律规定，全面

考虑、衡量违法事实、性质、情节及社会危害程度等相关因素，排除不相关因素的干扰。

（五）平等原则

在同一违法行为或法律事实中，对相对人应一视同仁，不因相对人的身份、地位、财产等不同而在法律适用与处罚上有所区别，做到公平、公正，尊重和保障每个相对人的正当权益。

三、规范交通运输行政处罚自由裁量权的配套制度

（一）陈述、申辩制度

交通运输行政处罚决定之前，应当告知当事人依法享有陈述、申辩等权利。对基于交通运输行政自由裁量权作出的处罚，应当认真审查当事人陈述、申辩提出的事实、理由和证据，避免行政自由裁量权行使不公正、不合理。

（二）听证制度

交通运输行政执法机构作出行政处罚决定时，凡法律规定需举行听证的情形，应告知当事人有权要求举行听证。听证实行告知、回避制度，依法保障当事人陈述、申辩和质证的权利。

（三）集体讨论制度

在发生下列情况时，交通运输行政执法机构应成立集体讨论组织，在案件调查报告基础上讨论应实施的行政处罚。

一是重大行政处罚案件，指交通运输行政执法机构作出的吊销证照、责令停产停业、5000元以上罚款的行政处罚决定；

二是复杂、争议较大的案件，指认定事实和证据争议较大的，或适用的法律、法规和规章有较大异议的，或违法行为性质较重、危害较大的，或执法管辖区域不明确、存有争议的行政处罚决定；

三是其他重大、复杂案件。

集体讨论会议的记录人员必须全国客观地记录会议讨论意见，形成集体讨论意见书。集体讨论意见书为交通运输行政处罚案件如何处（理）罚的书面凭证。

（四）裁量说理制度

交通运输行政执法机构应当就违法行为的事实、性质、情节、

社会危害程度和当事人主观过错等因素,以及最终选择的处罚种类、幅度等情况作出详细说明,说明应当充分,理由应当与行政处罚结果相关联。其中当场作出行政处罚决定的,应当向当事人当面作出口头说明,并据实记录在案,由当事人签字或者盖章;一般程序作出行政处罚决定的,可以在行政处罚通知书或者决定书中向当事人作出书面说明。

(五)监督、评查和问责制度

交通运输行政执法机构的法制工作机构负责监督交通运输行政处罚自由裁量权实施的内部监督检查工作,根据工作需要邀请纪检、监察等机构派员组成交通运输行政处罚案卷评查小组进行案件评查工作。对行政自由裁量权的实施要引入执法问责制,因行使行政自由裁量权失当引起显失公平的处罚、错案或者复议、诉讼败诉的追究相关当事人责任。

四、规范交通运输行政处罚行政自由裁量权的主要内容

(一)制定交通运输行政处罚的裁量标准

省级交通运输主管部门、部海事局、长江航务管理局应当在法律、法规和规章规定的行政处罚的行为、种类、幅度内,行政研究制定规范本地区、本系统的交通运输行政自由裁量权的具体标准。

一是省级交通运输主管部门、部海事局、长江航务管理局应当根据法律、法规和规章的变更或执法工作中的实际情况,及时补充、修订或废止行政处罚自由裁量权规范和标准。

二是法律、法规和规章规定可以选择行政处罚幅度的,应当根据涉案标的、过错、违法手段、社会危害等情节划分明确、具体的等级。原则上可将每种违法行为细化为轻微、一般、较重、严重、特别严重五个等级。具体标准可以综合考虑违法行为的事实、性质、情节、危害程度、实际后果等。

三是省级交通运输主管部门、部海事局、长江航务管理局行政执法机构要根据各类违法行为的违法程度,综合考虑当地社会经济发展水平、相对人承受能力和消除社会危害是否及时等因素,确定相应的处罚裁量标准,并及时向社会公布。

（二）严格执行交通运输行政处罚裁量标准

各级交通运输行政主管部门和交通运输行政执法机构要按照公布的交通运输行政处罚裁量标准，综合考虑个案违法行为的事实、性质、情节、社会危害程度等，选择适用的处罚种类和法律依据，确定适当的处罚幅度行使行政处罚权。对违法行为调查取证时，要同时收集与确定违法程度和不予、减轻、从轻、从重等量罚情节有关的证据。在告知行政相对人陈述、申辩或者听证权前，要掌握确定违法程度和量罚情节的证据，按照行政处罚裁量标准告知拟给予的处罚内容。

（三）加强对交通运输行政处罚自由裁量权的监督

交通运输主管部门和交通运输行政执法机构发现行政处罚自由裁量权行使不当的，应当及时、主动纠正。

一是要将处罚程序、裁量标准公开。各级交通运输行政执法机构在实施行政处罚裁量行为时，应当依法履行执法程序，明确执法流程与裁量标准，并向社会公开。

二是各级交通运输行政管理部门要通过行政执法投诉、行政执法检查、制定重大案件备案制度、执法案卷评查等形式，加强对执法机构行使行政处罚自由裁量权情况的监督检查。

三是明确监督的内容。主要包括：是否制定并公布交通运输行政处罚裁量标准；是否按照公布的行政处罚裁量标准行使行政处罚权；是否随意确定处罚种类和罚款数额，是否对同一性质案件作出不同处罚（理）；执法程序、文书的执行与运用是否符合行政处罚自由裁量权行使的要求；是否及时纠正不当行使行政自由裁量权的行为等。

四是各级交通运输主管部门法制工作机构要加强对执法案件的审核工作，应当将办案机构的行政处罚自由裁量权行使情况作为核审的重要内容之一。审核机构认为办案机构行使自由裁量权不当的，应当责令改正。

五是各级交通运输主管部门审理行政复议案件时，应当将行政裁量执行标准作为审理行政处罚行为适当性的依据之一。

六是各级交通运输主管部门和交通运输行政执法机构应当建立健全行使行政处罚自由裁量权的过错责任追究制度，对因处罚决定违法或不当造成严重后果的，依照有关规定追究执法人员的过错责任。

五、做好规范交通运输行政处罚自由裁量权的工作要求

（一）规范行政处罚自由裁量权工作是推进依法行政的一项系统的基础工程。各地、各单位要高度重视，精心组织，周密部署，切实加强领导，将规范交通运输行政处罚行政自由裁量权工作与贯彻落实国务院《全面推进依法行政实施纲要》及推行交通运输行政执法责任制工作相结合，与交通运输行政执法证件管理、交通运输行政执法考核评议和交通运输行政执法监督检查工作相结合，根据本意见的要求抓紧抓实抓好各项工作，确保规范交通运输行政处罚行政自由裁量权工作取得实效。

（二）省级交通运输主管部门、部海事局、长江航务管理局要组织制定适用本地区、本系统的交通运输行政处罚裁量标准，向社会公开，同时报部备案。制定交通运输行政处罚行政裁量标准要广泛征求意见，根据本地区、本系统的执法实际，尽量列举与行政处罚阶次相对应的情形，确保行政处罚行政裁量标准具有可操作性。

（三）上级交通运输主管部门要加强对下级交通运输主管部门和交通运输行政执法机构规范行政处罚自由裁量权工作的指导、协调和督查。下级交通运输主管部门和交通运输行政执法机构要将工作中存在的问题及时向上级交通运输行政主管部门反映，确保规范交通运输行政处罚自由裁量权工作顺利进行。

（四）各级交通运输主管部门和交通运输行政执法机构应建立健全行使行政处罚自由裁量权的信息化系统平台，推动行政处罚行政裁量工作的数字化、程序化、网络化和信息化。借助计算机技术手段，将执法程序、调查和取证的步骤、内容、要求予以强制性规范，使行政处罚规范、统一，增强行政执法的公正性、科学性、准确性。

（五）规范交通运输行政处罚自由裁量权工作既要行动积极

又要扎实稳妥,力争做到效率与质量的有机统一。已经开展此项工作的福建、浙江等省省级交通运输主管部门要认真总结经验,不断加以完善、深化和提高;尚未开展此项工作的单位应当抓紧推进,稳步实施,务求实效,使交通运输行政执法水平再上新台阶。

邮 政 管 理

邮票发行监督管理办法

交通运输部令2010年第8号　2010.11.4

第一章　总　　则

第一条　为加强对邮票发行的监督管理，保障邮政通信需要，促进集邮市场健康发展，维护国家利益和消费者、邮政企业权益，依据《中华人民共和国邮政法》，制定本办法。

第二条　中华人民共和国境内的邮票发行活动及对邮票发行的监督管理，适用本办法。

第三条　国务院邮政管理部门在全国范围内履行邮票发行监督管理职责。

省、自治区、直辖市邮政管理机构在本行政区域内履行邮票发行监督管理职责。

第四条　邮票发行应当宣传国家的方针、政策，传播知识，弘扬民族优秀文化，展示国家建设成就，丰富人民群众的精神文化生活，促进国际交流，适应邮政业发展、经济社会发展和人民生活需要。

第二章　一般规定

第五条　邮票包括普通邮票、纪念邮票和特种邮票。

普通邮票是为保证通信、邮寄需要而发行的邮票。

纪念邮票是为纪念重大事件或者重要人物而发行的邮票。

特种邮票是为宣传特定事物而发行的邮票。

纪念邮票和特种邮票以下统称为纪特邮票。

普通邮票和纪特邮票都是邮件纳费标志的有价票证。

第六条 普通邮票一般5年发行一套，遇有邮政资费调整可以根据需要提前或者推后。

纪特邮票一般每年总图数不超过100个图，小型张不超过4个图。

第七条 邮票发行应当编制发行计划。邮政企业应当按照审定或者备案的发行计划发行邮票。

第八条 普通邮票发行数量由邮政企业按照市场需要确定。邮政企业应当在每年3月底前将上年度的普通邮票发行数量报国务院邮政管理部门备案。

第九条 邮政企业发行普通邮票时，应当将邮票信息、样票报国务院邮政管理部门备案。

第十条 邮政企业经营邮票发行业务，应当遵守有关法律、行政法规和本办法，加强经营管理，满足通信需要，保证邮票质量，提高服务水平。

邮政企业应当建立健全邮票著作权管理制度。

第十一条 我国与其他国家或者地区联合发行邮票应当适应我国外交工作需要，符合我国外交政策及邮政对外合作与交流政策。

第三章 选题及图案

第十二条 邮票选题的范围应当包括政治、经济、科技、教育、文化、艺术、自然风貌等方面。

邮票选题应当统筹兼顾，按照适当的比例均衡安排不同领域的选题。

第十三条 邮票选题应当遵循以下原则：

（一）正面宣传原则。邮票的主题体现肯定的性质，表现健康、美好的事物；不体现否定的性质，不表现颓废、丑陋的事物。

（二）既成性原则。邮票只表现在发行日已实现、已完成的事物；不表现未实现、未完成的事物，如规划、计划、未建成的项目等。

（三）科学性原则。邮票只表现已有科学定论的事物，不表现在学术上尚有争议的事物。

（四）非商业原则。邮票不得进行商业性的广告宣传。

（五）表现力原则。邮票表现的事物应当适应邮票版面局限性的特点。

（六）知识产权保护原则。邮票选题题材所使用及涉及的图案或者文字材料，应当遵守有关知识产权保护的法律、法规的规定。

（七）不发行在世人物的邮票。

第十四条 普通邮票的选题应当适应普通邮票使用广泛、使用期长、图数多等特点。

第十五条 纪念邮票包括人物纪念邮票和事件纪念邮票。

纪念邮票选题范围，按照国家相关规定执行。

第十六条 特种邮票选题题材应当符合以下要求：

（一）政治类题材，应当主要宣传我国基本国策和国家大政方针，如自然资源和环境保护、科学发展等主题；

（二）建设成就类题材，应当主要宣传我国经济建设、科学技术、教育卫生、国防建设等各个领域所取得的重大成就。经济建设中以国家公益性项目为主；

（三）科普类题材，应当面向大众，内容通俗易懂；

（四）文学艺术类题材，应当主要表现我国历代最著名和最有代表性的文学作品、当代重大文学成就和艺术成就及相关知识；

（五）古迹文物、风光名胜类题材，应当主要宣传我国列为“世界文化遗产”、“世界自然遗产”和“世界文化与自然遗产”的古迹和风光名胜；有选择地宣传列入《全国重点文物保护单位》、《国家重点风景名胜区》名单的古迹和风光名胜、特别重大的考古发现和国家一级文物；

（六）民风民俗类题材，应当主要介绍我国各民族最典型的风

土人情及最具民族特色的其他事物。应当避免涉及民族关系和宗教信仰中的敏感问题;

(七)生活娱乐等其他类题材,应当内容健康,群众喜闻乐见。可以包括全民健身、儿童生活、花鸟鱼虫等主题。

第十七条 普通邮票和特种邮票的选题由邮政企业按照选题要求自行确定。

第十八条 国务院邮政管理部门负责纪念邮票的选题和图案审查。

第十九条 纪念邮票的选题,通过以下渠道提出:

(一)党中央、国务院的决定;

(二)国务院各部门及地方人民政府的建议;

(三)全国人大代表、政协委员提交的建议、提案;

(四)社会各界所提的建议等。

第二十条 邮政企业可以结合自身特点,采取多种方式收集纪念邮票选题题材。

邮政企业可以在每年6月底前将收集的下年度纪念邮票选题题材及选题建议报送国务院邮政管理部门。

第二十一条 邮票选题咨询委员会对纪念邮票的选题题材和选题建议进行初审,提出初审意见。执行党中央、国务院决定的纪念邮票选题直接列入确定的选题范围。

邮票选题咨询委员会由国务院邮政管理部门、国务院相关部门及相关领域专家组成。

第二十二条 国务院邮政管理部门在邮票选题咨询委员会初审意见的基础上,作出纪念邮票选题的审查决定。

国务院邮政管理部门应当在每年7月底前将审定的选题告知邮政企业,并提供纪念邮票选题的相关资料。邮政企业应当将纪念邮票选题编入年度纪特邮票发行计划。

第二十三条 不同面值的普通邮票,在图案设计上应当有明显区分,以便于识别和使用。

第二十四条 邮政企业应当按照国务院邮政管理部门审定的

纪念邮票选题组织纪念邮票图案设计。

纪念邮票图案包含邮票画面、票面文字和版式等要素,应当切合邮票主题,具有较强的政治性、科学性和艺术性,遵循国家有关知识产权的法律、行政法规的规定。

第二十五条 邮政企业应当在纪念邮票发行日60日前向国务院邮政管理部门报审纪念邮票图案。如遇特殊情况,不能按时报审的,应当提前报国务院邮政管理部门同意。

邮政企业报审纪念邮票图案时,应当提供以下材料:

(一)邮票图案报审说明,指对纪念邮票图案表现内容、纪念邮票图案报审方案产生过程的说明材料;

(二)设计说明书,指含有邮票图案设计说明、设计资料来源、设计者简介,以及责任编辑和组稿部门签署的图案评价意见的说明材料;

(三)邮票图案鉴定意见,指邮票选题内容相关主管部门或者相关领域权威专业机构出具的关于邮票图案科学性的认证材料;

(四)知识产权协议,指与著作权所有人签署的获取邮票图案著作权的相关法律文书;

(五)邮票图案的效果图一式两份。效果图是指使用邮票图稿制作并编排了相关文字和版式的彩色图样。

第二十六条 国务院邮政管理部门对邮政企业报审的纪念邮票图案,应当在15个工作日内完成审查。如需征求有关部门意见,其审查期限可相应延长,但应当不影响纪念邮票的正常发行。

第二十七条 邮政企业应当严格按照国务院邮政管理部门审查批复后的图案印制纪念邮票。

第四章 发行计划

第二十八条 普通邮票发行计划的编制应当符合以下要求:

(一)满足通信和邮寄的基本需要;

(二)不同面值的设置应当合理,与邮资凭证的功能相适应,

便于结算使用。

第二十九条 邮政企业应当编制纪特邮票发行计划。

发行计划包括总套数、每套邮票名称、类别、枚数、发行日期、面值、其他品种、计划发行数量等。

前款所称其他品种是指小全张、小本票、其他版式等，计划发行数量含其他品种的数量。

第三十条 邮政企业应当于每年9月底前将下一年度纪特邮票发行计划报国务院邮政管理部门审定。

第三十一条 邮政企业报审纪特邮票年度发行计划时，应当提供以下相关材料：

（一）发行计划，其中不包括每套邮票的计划发行数量；

（二）发行计划编制说明，指对纪特邮票发行计划编制过程、题材构成特点、邮票面值设置、品种设置等的说明材料；

（三）特种邮票的选题资料，含相关文字说明、图片等。

第三十二条 我国与其他国家或者地区联合发行邮票的，应当在报审的纪特邮票发行计划中予以注明。

第三十三条 国务院邮政管理部门应当在20个工作日内完成纪特邮票发行计划的审定工作，并将审定意见书面告知邮政企业。

第三十四条 邮政企业对国务院邮政管理部门审定的纪特邮票发行计划，原则上不予变更。邮政企业如因特殊原因提出对纪特邮票发行计划进行变更的，应当向国务院邮政管理部门提出变更申请，国务院邮政管理部门对变更申请进行审定。未经国务院邮政管理部门审定，邮政企业不得擅自变更。

第三十五条 邮政企业应当在下一年度新邮预订工作开展前，向社会公布经国务院邮政管理部门审定的下一年度纪特邮票发行计划。

第三十六条 邮政企业应当于每套纪特邮票发行日90日前将计划发行数量报国务院邮政管理部门审定。

计划发行数量，应当注明用于预订、零售、邮品开发、库存等数

量构成。

第三十七条 国务院邮政管理部门依据邮政发展需要、市场情况等审定纪特邮票的计划发行数量，审定工作应当在10个工作日内完成，并将审定意见书面告知邮政企业。

第五章 印制与销售

第三十八条 邮票由邮政企业所属的印制企业或者邮政企业委托的印制企业印制。

邮政企业所属的印制企业及邮政企业委托的印制企业统称为邮票印制企业。

邮政企业应当将邮票印制企业基本情况报国务院邮政管理部门备案。

第三十九条 邮政企业应当合理组织、安排邮票印制生产，确保邮票发行时限。

第四十条 邮政企业应当保证邮票的印制质量符合相关要求，保证印制数量、印制图案与审定或者备案的发行数量、图案相符，保障邮票的防伪性能。

委托印制邮票时，邮政企业应当对受委托的印制企业进行严格管理。

第四十一条 邮票印制企业应当根据邮票印制相关管理规定建立完善的生产组织管理制度，并报所在地省、自治区、直辖市邮政管理机构备案。

第四十二条 邮票印制企业应当独立完成邮票生产全过程，严禁将邮票生产任务进行转包，严禁超计划印制或者无计划印制邮票。

第四十三条 邮政企业应当向社会提供优质、方便的邮票销售服务。

邮政企业应当在邮政普遍服务营业场所提供普通邮票的销售服务，满足邮政通信需要。

邮政企业应当依据市场需求合理设置纪特邮票销售网点，并公告销售网点分布情况。

第四十四条 邮政企业应当于纪特邮票发行之前向社会公告邮票信息，包括邮票名称、发行日期、枚数、面值、规格、齿孔度数、版别、防伪方式、设计者、发行期限等。

各销售网点应当于纪特邮票发行日前公告新邮销售服务信息，包括销售时间、种类、价格、零售数量等。

邮政企业应当在纪特邮票发行首日按时向社会提供销售服务。在重大题材纪特邮票发行首日，应当采取有效措施，确保邮票销售网点的经营秩序。

第四十五条 邮政企业应当在每套纪特邮票发行期满3个月内向社会公告实际发行数量，并报国务院邮政管理部门备案。

第四十六条 邮政企业不得有以下行为：

（一）在发行日前销售邮票；

（二）低于面值或者售价销售邮票；

（三）在发行期内高于面值或者售价销售纪特邮票；

（四）采用搭售等方式强迫消费者购买其他商品；

（五）利用其市场支配地位损害消费者权益。

第四十七条 邮政企业应当于每年年底前向邮政管理部门报告邮票的销售情况，内容包括：

（一）当年邮票销售网点的分布或者变动情况；

（二）当年邮政企业开展邮票销售服务自查情况；

（三）下年度纪特邮票的销售方式。

第六章 邮资凭证停用

第四十八条 邮资凭证停用是指取消已发行的邮资凭证作为邮件纳费标志的功能。邮资凭证包括邮票、邮资符志、邮资信封、邮资明信片、邮资邮简、邮资信卡等。

邮政企业停用邮资凭证应当事先向国务院邮政管理部门提出

申请,经国务院邮政管理部门审批后方可实施。

第四十九条 邮资凭证有以下情形之一的,可以申请停用:

(一)使用时间已久的普通邮票;

(二)失去防伪功能的邮资凭证;

(三)图案存在错误或者其他问题的邮资凭证等。

第五十条 邮政企业提出停用邮资凭证的申请,应当提供以下材料:

(一)申请停用的邮资凭证的基本情况,包括名称、种类、发行日期、面值或者售价、发行数量和图案;

(二)停用原因;

(三)停用起始日期;

(四)向持有人兑换等值邮资凭证的实施方案。

第五十一条 国务院邮政管理部门应当在 20 个工作日内完成邮资凭证停用申请的审批,并向邮政企业出具书面审批意见。

第五十二条 批准停用的邮资凭证,邮政企业应当在停止使用 90 日前采取多种形式予以公告,停止销售。邮资凭证持有人可以自公告之日起 1 年内,向邮政企业换取等值的邮资凭证。

第七章 监 督 管 理

第五十三条 邮政管理部门应当加强对邮票发行的监督管理。

第五十四条 邮票发行监督管理应当遵循公开、公平、公正的原则,实行政府监管、社会监督、企业自律相结合的方式。

邮政管理部门和邮政企业应当建立健全邮票发行投诉机制,向社会公示投诉渠道和方式。

第五十五条 邮政管理部门有权依法采取以下措施对邮票印制、销售进行监督检查,被监督检查单位应当予以配合,不得拒绝、阻碍:

(一)进入相关企业或者相关现场检查;

（二）向有关单位和人员了解相关情况，查阅、复制有关文件、资料和凭证；

（三）经邮政管理部门负责人批准，查封与暂扣检查中发现的违法经营的物品；

（四）对检查中发现的违法行为，依法进行处理。

第五十六条 邮政管理部门工作人员对监督检查过程中知悉的商业秘密，负有保密义务。

第五十七条 邮政管理部门应当建立邮票发行监督体系，可以通过聘请社会监督员、收集消费者意见和建议等多种形式，开展邮票发行的监督工作。

第五十八条 邮政企业应当加强邮票发行的自律管理，可以通过适当方式测评邮票发行服务质量，及时发现问题，并及时纠正。

第五十九条 邮政管理部门根据邮票发行监督检查情况，向邮政企业发出整改通知，并监督其整改落实。

邮政管理部门应当定期编制邮票发行监管报告，向社会公布。

第八章 法律责任

第六十条 邮政企业有下列行为之一的，由邮政管理部门发出限期整改通知书，并视情节轻重给予警告或者处以1万元以上、3万元以下罚款：

（一）未按本办法报审纪特邮票发行计划；

（二）未按本办法报备普通邮票的发行数量；

（三）违反本办法有关邮票销售的规定；

（四）发生邮票印制质量事故。

第六十一条 邮政企业有下列行为之一的，由国务院邮政管理部门给予警告或者处以1万元以上、3万元以下罚款，向社会公布处罚情况，并根据实际情况需要发出限期整改通知书：

（一）擅自变更国务院邮政管理部门审定的纪特邮票发行

计划；

（二）擅自调整国务院邮政管理部门审查后的纪念邮票图案；

（三）擅自停用邮资凭证。

第六十二条 拒绝、阻挠邮政管理部门实施监督检查的，或者提供虚假资料的，由邮政管理部门责令改正并予以警告；逾期未改的，处以 1 万元以上、3 万元以下罚款。

第六十三条 邮政管理部门工作人员在监督管理工作中滥用职权、玩忽职守、徇私舞弊，尚不构成犯罪的，由其所在部门或者上级机关给予行政处分；构成犯罪的，依法追究刑事责任。

第九章 附 则

第六十四条 我国与其他国家或者地区联合发行邮票，适用于本办法关于纪特邮票的规定。

第六十五条 本办法自 2011 年 1 月 1 日起施行。

综　　合

交通运输行业知识产权管理办法

交科技发〔2010〕78 号　2010.2.1

第一章　总　　则

第一条　为规范交通运输行业知识产权工作，加强交通运输行业对知识产权的创造、运用、保护和管理，鼓励发明创造，促进交通运输科技进步，激励交通运输行业自主创新，促进科学技术成果向生产力转化，依据国家有关法律、法规，制定本办法。

第二条　交通运输行业知识产权创造、运用、保护与管理及其相关活动适用于本办法。

第三条　本办法中的"单位"指交通运输行业的企事业单位和社会团体。

第四条　本办法涉及的知识产权，是指依照国家有关法律、法规规定或者合同约定，应该属于单位享有的知识产权，含单位与他人共享的知识产权。包括：

1. 专利权；
2. 商标权；
3. 著作权；
4. 计算机软件著作权；
5. 技术秘密及商业秘密；
6. 单位名称、徽章及网络域名等标记专有权；
7. 国家法律、行政法规规定的其他知识产权。

第二章　职　　责

第五条　交通运输部主管全国交通运输行业知识产权保护与管理工作。省(自治区、直辖市)交通运输主管部门负责本地区交通运输行业知识产权保护与管理工作。

第六条　交通运输部及省(自治区、直辖市)交通运输主管部门在交通运输行业知识产权保护和管理工作中负有下列主要职责:

1. 贯彻执行国家知识产权法律、法规,研究制定本行业、本部门知识产权工作的方针、政策和规划,指导、监督、检查有关单位的知识产权保护和管理工作;

2. 宣传普及有关知识产权法律知识,培训知识产权管理人员,增强各单位知识产权保护意识,增强自主创新能力,提高运用、保护和管理知识产权的能力;

3. 调解或协助有关部门调解处理本行业、本部门内发生的知识产权争议和纠纷;

4. 负责交通运输行业国家和地区各类计划项目的知识产权管理;

5. 依照有关法律、法规,归口管理国家秘密技术。

第七条　各单位应明确分管领导和归口管理部门,负责知识产权管理工作,其主要职责是:

1. 落实执行交通运输行业知识产权管理办法,结合本单位实际情况,建立和完善本单位各项有关知识产权的具体规章制度;开展本单位知识产权战略研究,制定知识产权工作规划并组织实施;

2. 宣传和组织职工学习知识产权的法律和法规,并对行业内知识产权从业人员提供知识产权相关培训;交通院校应当开设有关知识产权的选修课程,有条件的院校,可开设必修课程;

3. 负责本单位的专利、商标、著作权等知识产权的管理,组织有关的无形资产评估,技术秘密认定,协助处理知识产权纠纷、诉

讼等有关法律事宜;

4.保护本单位知识产权的法律地位和经济权益;

5.参与洽谈、审核本单位涉及有关知识产权内容的各类合同、协议,并进行监督。

第三章　权　　属

第八条　利用国家财政性资金设立的科技计划项目或科学技术基金项目所形成的发明专利权、计算机软件著作权、集成电路布图设计专有权和植物新品种权等知识产权,除涉及国家安全、国家利益和重大社会公共利益的外,授权项目承担单位依法取得。

项目承担单位取得的知识产权,可以依法自主决定实施、许可他人实施、转让、作价入股等,并取得项目的收益。

为了国家安全、国家利益和重大社会公共利益的需要,国家可以无偿实施,也可以许可他人有偿实施或者无偿实施。

项目承担单位应当依法实施所取得的知识产权,在合理期限内没有实施的,国家可以无偿实施,也可以许可他人有偿实施或者无偿实施。

第九条　执行本单位的任务或者主要是利用本单位的物质技术条件所完成的发明创造为职务发明创造。职务发明创造申请专利的权利属于该单位;申请被批准后,该单位为专利权人。发明人或者设计人有权在专利文件中写明自己是发明人或者设计人。

利用本单位的物质技术条件所完成的发明创造,单位与发明人或者设计人订有合同,对申请专利的权利和专利权的归属作出约定的,从其约定。

第十条　以单位名义申请注册的商标和网络域名等,其专用权依法归单位所有。

第十一条　由单位主持、代表单位意志创作、并由单位承担责

任的作品,单位视为作者,著作权属于单位。

个人为完成单位的工作任务所创作的作品是职务作品,除法律、行政法规规定、本条第三款规定和合同约定外,著作权由作者享有,但单位在其业务范围内对其享有优先使用权。作品完成两年内,未经单位同意,作者不得许可第三人以与单位使用的相同方式使用该作品。

主要利用单位的物质技术条件创作、并由单位承担责任的工程设计图、产品设计图、地图、计算机软件等职务作品,作者享有署名权,著作权的其他权利由单位享有,单位可以给予作者奖励。

第十二条 在执行单位任务过程中所产生或形成的、不对外公开的信息,包括工艺参数、工艺技术流程、试验数据、图纸、调研资料、技术诀窍、设计方案、新材料试用情况、用户情况、经营渠道等技术信息和商业信息,属单位所有。

第十三条 受单位委派出国讲学、进修、培训、留学等人员,除与接收方另有协议外,在国外完成的发明创造或其他智力劳动成果的知识产权归委派单位;需向外国申请专利的,应当首先申请中国专利。

第十四条 经合法途径接收的培训、进修、离退休返聘、借用及兼职人员,在学习或工作期间,利用接收单位物质技术条件完成的发明创造或技术成果等,所形成的知识产权归接收单位,完成者享有署名、获得奖励和报酬的权利。

第十五条 合作开发所完成的发明创造或技术成果等,除合同另有约定外,所形成的知识产权由合作各方共享。

第十六条 委托开发所完成的发明创造或技术成果等形成的知识产权,其权属按研究开发方与委托方合同约定划分。

第十七条 单位变更、终止时,其知识产权,依法由承受其权利义务的法人单位享有。若无承受其权利义务的法人单位的,则由国家享有。

第十八条 知识产权权属不清或有争议的,应依法进行界定。

第四章　保护和管理

第十九条　单位应当建立和完善知识产权管理制度,明确知识产权归口管理部门或有专人负责知识产权事务。应设有知识产权管理和保护的专项费用(或拨出专款,或从单位技术转让收益中提取),用于知识产权管理、保护、培训,补助专利申请、审查、维持,商标注册、续展,计算机软件登记,网络域名,知识产权诉讼及竞业限制等项开支。

第二十条　各级交通运输主管部门和单位要强化与科技项目有关的知识产权保护和管理工作,并把这一工作纳入科技计划管理、科技成果管理、科技成果转化及其产业化的各个环节中。

要结合科技规划、专项、专题、课题的立项,进行必要的知识产权状况分析和评估,提升科技计划立项的质量和科研目标的准确性。

负责对科研项目知识产权管理情况进行监督和检查,并把知识产权作为独立指标列入科研项目评审指标体系。

第二十一条　单位申请承担科研项目时,须进行知识产权状况的检索和分析,拟定自主知识产权目标,并进行知识产权可行性分析。

在项目执行过程中,项目承担单位应及时进行知识产权信息分析,根据相关领域知识产权的发展动态,及时调整研究策略和措施,防止知识产权侵权,避免重复研究。要结合研究与开发的具体情况,适时适地选择知识产权保护方式,使科技成果及时形成知识产权。

项目承担单位应当建立知识产权运用机制,采取有效措施,积极促进科研项目知识产权的实施,并依法加以管理和保护。对侵犯其知识产权的违法行为,有责任寻求法律手段予以制止。鼓励科研项目所形成的知识产权首先在境内使用。

第二十二条　单位应当建立有利于知识产权信息共享、开发

和利用的机制,为交通运输行业及社会提供知识产权信息,促进知识产权信息资源的交流和有效利用。

第二十三条 交通运输部会同各省(自治区、直辖市)交通运输主管部门,建立科学技术资源信息共享平台,及时向社会公布科学技术资源的分布、使用情况。科学技术资源管理单位应当向社会公布所管理的科学技术资源的共享使用制度和使用情况,并根据使用制度安排使用;但是,法律、行政法规规定应当保密的,依照其规定。

科学技术资源的管理单位不得侵犯科学技术资源使用者的知识产权,并应当按照国家有关规定确定收费标准。管理单位和使用者之间的其他权利义务关系由双方约定。

第二十四条 在国际合作研究开发、合办研究开发机构、人才与信息交流、科技考察、学术会议、科技展览、技术贸易等各类科技合作交流活动中,单位应该全面加强知识产权的管理和保护,维护合作各方的合法权益。

为了避免侵权或失权,在引进或出口技术时,应对输出国或输入国有关该项技术的知识产权法律状况和技术状况进行检索、核查,结果报送知识产权归口管理部门,以制定保护措施。

第二十五条 单位必须做好研究、开发各阶段技术资料的归档、保存及使用管理。研究、开发过程中,要指定专人做好技术资料记录、保管工作,确保原始资料的完整。项目完成后,必须将实验数据、记录、工作底稿、图纸、声像等技术资料收集齐全,按各研究阶段整理送技术档案管理部门登记、归档。未经批准,任何人不得擅自留存研究、开发过程的原始资料(原件)。

第二十六条 单位应建立职工发明创造申报制度,对在研究、设计、开发和中试、生产、经营过程中形成的科技成果,应及时向单位的知识产权归口管理部门申报,提出拟保护的内容,知识产权归口管理部门应对拟保护的内容进行评估,确定应采取的保护措施。

第二十七条 单位应建立论文发表的前置登记审查制度,对有可能申请专利的职务发明创造,在申请前任何人不得以任何形

式公开（《专利法》规定的不丧失新颖性的情况除外）；对不宜申请专利的职务发明创造，应作为单位的技术秘密或商业秘密予以保护。

第二十八条 在职、离退休留用、借调、进修、培训人员或在校学生，有与本单位的科研内容或经营内容相关的非职务发明创造，在进行专利申请、转让、使用、许可前，或有涉及本单位技术权益的非职务作品，在进行登记、发表、出售前，应当事先向所在单位的知识产权归口管理部门申报。知识产权归口管理部门在接到申报后30个工作日内，提出书面审核意见，通知申报者本人，并进行备案。过期未通知申报人的，则视为认可。与单位无关的非职务发明创造，或非职务作品，也可以告知单位知识产权归口管理部门进行登记备案，以避免纠纷。

第二十九条 单位应当按规定注册并合理使用商品商标或服务商标。

第三十条 单位在签订专利技术许可或转让合同、商标许可合同，以及涉及本办法第四条内容的其他合同时，应明确知识产权的权属、保护、收益等条款，经知识产权归口管理部门审查后，由单位法定代表人或其委托代理人签署。

第三十一条 单位在重组联合、建立股份制、股份合作企业、以技术投资入股或合资创办企业，涉及知识产权进行产权交易或许可贸易时，必须根据国家规定委托有资格的评估中介机构进行无形资产价值评估。

第三十二条 单位对商业秘密应采取合法有效的保密措施，包括保密制度、保密协议、保密设施。

在职、离退休留用、借调、进修、培训人员或在校学生应自觉维护单位的合法权益，未经单位同意或许可，不得擅自将属于单位的技术成果或信息泄露、发表、使用或转让。

对涉及或可能知悉商业秘密的科技、管理或相关业务人员，单位应与之签订保密协议。对重大科研项目或对单位经济利益具有重大影响的项目，单位可与相关人员另行签订单项保密协议。

第三十三条 建立参观、来访接待制度,除规定参观范围、介绍内容、注意事项外,对涉及技术秘密的研究、实验、生产、制造、保存等重点场所,应当采取专门的防范措施。凡涉及国家科学技术秘密的单位,未经主管部门的批准,不得擅自安排与此相关的参观活动。

第三十四条 凡承担国家或部门重大科技项目的主要科技人员,在任务尚未结束之前,原则上不得调离、辞职或出国定居;被确定为国家技术秘密的涉密人员,须经确定密级的主管部门批准,由单位对其进行保密审查,签署保密责任承诺书后,方可调离或辞职,在保密责任承诺书规定的脱密期间,不得出国定居。

各类人员在办理离退休或调动、辞职、出国定居手续前,须交回属于单位的全部资料、实验数据、仪器设备、样品等,否则不予办理。

第三十五条 单位应当实行知识产权保证书制度,与有关人员签订知识产权保证书,履行保护本单位知识产权的义务。

对单位技术权益和经济利益有重要影响的科技、管理或相关业务人员(包括离、退休人员),单位应在劳动聘用合同或者保密协议中约定竞业限制条款。约定在限制期限内,不得在生产同类产品或经营同类业务且有竞争关系的其他单位任职,或自己生产、经营与原单位有竞争关系的同类产品或业务,限制期不应超过两年。

第三十六条 行政管理人员,对其业务范围内所涉及的技术秘密或不宜公开的信息负有保密责任,不得非法使用或透露给第三方。

参加项目鉴定、评审、评估、验收工作的专家及相关人员,未经项目单位或有关责任人同意,不得擅自披露、使用或向他人提供、转让有关项目的技术资料、文件或商业秘密。

第五章　奖　惩

第三十七条 单位应建立健全知识产权激励机制,按照国家

有关规定，对在知识产权创造、运用、保护以及知识产权管理工作中有突出贡献，或有效制止侵权、维护单位知识产权合法权益、成绩显著的个人或集体给予表彰、奖励或报酬，并作为考核其业绩的重要指标之一。

第三十八条 取得专利权的单位，应对专利发明人或设计人作出的专利及其实施效益定期评价，根据专利法及实施条例的要求，兑现应分配利益与奖励。

被授予专利权后，单位应当自专利权公告之日起3个月内发给发明人或者设计人奖金。一项发明专利的奖金最低不少于3000元；一项实用新型专利或者外观设计专利的奖金最低不少于1000元。

发给发明人或者设计人的奖金，企业可以计入成本，事业单位可以从事业费中列支。

单位在专利权有效期限内，实施发明创造专利后，每年应当从实施该项发明或者实用新型专利所得利润纳税后提取不低于2%或者从实施该项外观设计专利所得利润纳税后提取不低于0.2%，作为报酬支付发明人或者设计人；或者参照上述比例，发给发明人或者设计人一次性报酬。

单位许可其他单位或者个人实施其专利的，应当从许可实施该项专利收取的使用费纳税后提取不低于10%作为报酬支付发明人或者设计人。

单位可根据实际情况，对带来实际效益的商标设计人、计算机软件设计人及论文、专著作者等给予奖励。

非专利职务发明创造或技术成果实施转化的，按照《中华人民共和国促进科技成果转化法》中的第二十九条和第三十条执行。

第三十九条 违反本办法，对科研、开发项目完成后不按时归档，资料不全或拒不归档的，要追究项目负责人和当事人的责任。情节严重的，不予受理成果鉴定及申报奖励，业务考核和提职晋级扣分以及其他处分。

第四十条 违反本办法，擅自将属于单位的科技成果或信息泄露、发表、使用或转让的，或涉及单位重大利益的保密科技项目有关人员拒不与单位签订保密协议的，单位有权不予聘用、延期晋级、通报批评等，并有权要求经济赔偿。

第四十一条 违反本办法，未经批准擅自离职，对单位工作造成影响或造成损害的，单位有权拒绝办理各种手续，拒绝开具各种证明，并有权要求经济赔偿。

第四十二条 违反本办法，借工作、职务之便，未经当事人许可，擅自披露、使用或向他人提供、转让有关技术资料、文件或商业秘密的，所在单位应视情节轻重，根据有关法规和本单位的规章制度进行处罚。

第六章 附 则

第四十三条 本办法由交通运输部负责解释。

第四十四条 本办法自公布之日起实施，《交通行业知识产权管理办法(试行)》同时废止。

船舶交易管理规定

交水发〔2010〕120号 2010.3.5

第一条 为加强船舶交易管理,规范船舶交易经营行为,维护船舶交易各方的合法权益,保障船舶运输安全,促进航运市场的健康发展,依据国家有关法律、法规,制定本规定。

第二条 中国籍船舶的交易及其相关的经纪活动,适用本规定。建造中的船舶交易活动不适用本规定。

本规定所称船舶交易,是指船舶所有人向境内、境外转让船舶所有权的行为。

船舶交易应按照本规定第七条确定的范围在船舶交易服务机构进行。

第三条 船舶交易服务机构是指依照本规定设立,不以营利为目的,为船舶的集中交易活动提供场所、设施和信息,组织开展交易鉴证、评估等相关专业服务的组织。

各省、自治区、直辖市交通运输主管部门(或航运管理机构,下同)应会同相关部门根据本地区的实际情况,按照适度集中、便利交易、公平有序的原则,加强对本地区船舶交易服务机构的管理,合理确定船舶交易市场的布局安排,并报交通运输部备案。

第四条 设立船舶交易服务机构,应具备下列条件:

(一)有固定的营业场所和从事业务活动的必要设施;

(二)有不少于5名熟悉航运、船舶技术和船舶交易的专业人员;

(三)有规范的规章制度,包括交易规则、服务规范及交易文件档案管理办法等;

(四)具有连接或使用全国统一船舶交易信息平台的相关技

术条件。

船舶交易服务机构应依法取得营业执照,并向省级交通运输主管部门备案。省级交通运输主管部门应根据本地区船舶交易市场的布局安排,对符合上述条件的船舶交易服务机构予以公布,并报交通运输部汇总公布。

第五条 船舶交易经纪是指为船舶交易提供居间、行纪、代理等活动,并获得佣金报酬的经营性活动。

从事船舶交易经纪活动,应至少配备2名从事航运、船舶交易相关行业3年以上工作经验的专业人员,依法取得营业执照,并向所在地地级市交通运输主管部门备案。

从事船舶交易经纪活动,应当遵守国家法律法规,遵循平等、自愿、公平和诚实信用的原则。

第六条 船舶交易服务机构应定期公布进场的船舶交易经纪人名单并建立信用等级档案。

船舶交易服务机构不得从事船舶交易经纪活动,任何单位和个人不得影响船舶交易方自由选择船舶交易经纪人。

船舶交易服务机构应当提供公开、公平、公正的交易环境和便利的交易条件,保障船舶交易依法进行,并接受相关部门依法实施的监督检查。

第七条 下列船舶的交易应通过船舶交易服务机构进行:

(一)国际航行各类船舶;

(二)港澳航线各类船舶;

(三)国内航行油船(包括沥青船)、化学品船、液化气船;

(四)100总吨以上内河普通货船、200总吨以上沿海普通货船;

(五)50客位以上的国内航行客船。

除上述船舶外,各省级交通运输主管部门可根据本地区的实际情况,确定需要通过船舶交易服务机构进行交易的其他船舶。

第八条 交易方应当向船舶交易服务机构提供下列文件,并对其提供材料的合法性、真实性负责:

（一）船舶所有权证书、国籍证书；

（二）船舶检验证书；

（三）交易双方的身份证明或营业执照。若由他人代理的，还需提供委托人签章的授权委托书和被委托人的身份证明或营业执照；

（四）抵押权人同意船舶转让的书面文件（如船舶已设定抵押权）；

（五）确认船舶交易合法性的其他材料。

船舶交易服务机构应对船舶交易文件进行审核，对存疑的内容应请有关方予以澄清。对被海事管理机构列入重点跟踪的船舶，应提交解除重点跟踪的证明材料；对涉嫌伪造或提交虚假文件的，应向相关管理部门报告。

船舶交易服务机构应建立交易文件档案，并妥善保管。

第九条 交易双方应当参照船舶交易合同示范文本签订书面合同，并向船舶交易服务机构留存合同副本。

交易双方可以自行约定向船舶交易服务机构提供信用担保。交易双方在交易过程中发生争议，可以自行协商解决或请求船舶交易服务机构调解，也可依照有关法律、行政法规的规定申请仲裁或提起诉讼。

第十条 船舶交易服务机构应建立完整的船舶信息数据库，船舶交易信息应包括船名、船舶类型、建造日期、船厂及建造地点、船籍港、船舶主尺度、船检机构、船舶成交价格、船舶出让方和受让方等。

第十一条 船舶交易双方成交后，应当向船舶交易服务机构缴纳交易服务费。

船舶交易服务机构应按照不以营利为目的原则，合理测算交易服务费收取标准，并报地级市交通运输、价格主管部门核准。

第十二条 船舶交易服务机构应在船舶交易完成后，向交易方开具税务机关监制的购船发票（船舶交易发票）。

对未经船舶交易服务机构鉴证或交易的，船舶交易服务机构

不得开具购船发票(船舶交易发票)。

第十三条 船舶交易方应当凭船舶交易服务机构开具的购船发票(船舶交易发票)等有关材料,向船舶登记机关办理船舶所有权登记或注销手续,向交通运输主管部门办理船舶营运证或国际航行船舶备案手续。

第十四条 上海航运交易所受交通运输部委托,组织其船舶交易服务机构会员拟定统一规范的船舶交易服务规范、交易规则、交易合同示范文本,并报交通运输部备案。

第十五条 上海航运交易所受交通运输部委托,建立全国统一的船舶交易信息平台,提供船舶交易信息服务。

各地方船舶交易服务机构应当向上海航运交易所及时报送本机构的船舶交易信息,由上海航运交易所定期汇总发布全国船舶交易信息和市场行情。

油船、化学品船、液化气船、客船等重点监管船舶进行交易时,应在船舶交易信息平台进行信息公示,船舶交易服务机构应及时受理有关方提出的异议,并向航运、海事管理机关报告。

船舶交易服务机构及其工作人员不得泄露交易方的商业秘密。

第十六条 禁止下列船舶交易行为:

(一)为不符合安全技术标准的船舶提供交易服务;

(二)以欺诈或胁迫手段,强迫他人接受交易条件,损害国家、集体或他人合法利益;

(三)恶意串通,故意隐瞒船舶缺陷,或制造虚假信息出售船舶,损害国家、集体或他人合法利益;

(四)为不能提供齐全、真实、有效文件的船舶提供交易服务;

(五)法律、法规规定禁止的其他交易行为。

第十七条 船舶出让方应当如实提供船舶的维修、事故、检验以及办理抵押登记、报废期等真实情况和信息。因出让方故意隐瞒重要事实或者提供虚假情况,导致受让方遭受损失的,出让方应依法承担相应责任。

第十八条 省级交通运输主管部门应会同相关管理部门在各自的职责范围内采取有效措施，加强对船舶交易的监督管理，依法查处违规行为，维护船舶交易秩序，保护交易各方的合法权益。

交通运输（港航）、海事等管理机关及其工作人员应维护船舶交易市场的公正性，不得以任何方式参与船舶交易营利性活动。

第十九条 船舶交易服务机构有下列行为的，由省级交通运输主管部门责令其改正：

（一）不具备本规定第四条规定的条件，未经备案擅自开展船舶交易服务；

（二）未依照本规定第八条规定对交易文件进行尽职审核，导致存在问题的船舶进场交易；

（三）为禁止交易的船舶提供交易服务。

第二十条 船舶交易服务机构违反本规定，给交易方造成经济损失的，应当依法承担赔偿责任。

第二十一条 本规定由中华人民共和国交通运输部负责解释。

第二十二条 本规定自 2010 年 4 月 1 日起施行。

交通运输部科技项目管理办法

交科技发〔2010〕334号　2010.7.15

第一章　总　　则

第一条　为加强交通运输部科技项目管理，实现管理工作的科学化、规范化和制度化，依据国家对科技项目管理的有关规定，特制定本办法。

第二条　交通运输部科技项目（以下简称科技项目）是指列入年度《交通运输科学技术项目执行计划》并依据科技项目任务书（合同）管理、在一定时间周期内组织实施的科学研究与技术开发活动。

第三条　科技项目管理坚持依法管理、职责明确、分类指导、注重实效的原则。

第四条　科技项目管理主要包括：前期工作、组织实施、验收、成果管理、监督检查等。

第二章　前 期 工 作

第五条　部科技主管部门根据交通运输科技发展规划中所确定的发展目标和重点领域，结合交通运输发展需求，组织科技项目申报，征集项目建议。

第六条　申报单位应于每年5月30日前向部科技主管部门提交《交通运输部科技项目建议书》（见附件1）。

第七条　部科技主管部门组织专家对项目建议进行评议，确

定项目、项目第一承担单位及主要研究内容。

第八条 科技项目第一承担单位根据项目评议结果，负责组织编写《交通运输部科技项目可行性研究报告》（见附件2），并按规定要求报部，部科技主管部门组织专家对项目可行性研究报告进行评审并向第一承担单位下达专家评审意见（见附件3）。

第九条 招投标的科技项目应依据有关科技项目招标投标管理办法进行，确定项目第一承担单位。

第十条 通过可行性研究评审的科技项目和招投标的科技项目，部科技主管部门与第一承担单位签订任务书（合同）（见附件4），明确项目双方的责任、权利、义务。

第三章 组织实施

第十一条 科技项目组织实施单位包括部科技主管部门、项目保证方、项目第一承担单位及项目承担单位等。专家及科技服务机构接受委托，参与有关咨询或服务工作。

第十二条 部科技主管部门负责科技项目的实施和管理。在项目执行过程中，依据任务书（合同）对项目实行全过程管理，协调并处理项目执行中的重大问题；可根据实际情况，会同有关业务主管部门、地方交通运输主管部门和大型交通运输企业，对项目执行情况、组织管理、经费管理、配套条件落实以及项目预期效益等情况进行中期检查；也可聘请专家对项目进行检查或评估，提出检查或评估报告。

第十三条 有关业务主管部门、地方交通运输主管部门和大型交通运输企业作为科技项目保证方，主要负责协调项目实施，协助部科技主管部门监督、检查项目执行情况和经费使用情况，按要求报告项目年度执行情况及有关信息，督促项目承担单位按期保质完成研究任务，落实项目约定支付的匹配经费及其他配套条件等。

第十四条 科技项目第一承担单位对项目任务的完成及实施效果负责，并协调各项目承担单位研究工作。各项目承担单位根据项目任务分工要求，按期保质完成研究工作。

第十五条 科技项目拨款按照财务预算分年度执行，部科技主管部门对经费使用情况进行检查和监督。

第十六条 科技项目实行年度报告制度。项目保证方或项目第一承担单位应于每年11月30日前将《交通运输部科技项目执行情况报告》(见附件5)报至部科技主管部门。无保证方的由项目第一承担单位上报执行情况报告。

第十七条 需对科技项目的考核目标、研究内容、关键技术方案、负责人、完成时间等事项作调整和变更的，由项目第一承担单位通过保证方报部科技主管部门批准。未经批准，不得变更任务书(合同)内容。

第十八条 科技项目在执行过程中有下列情况之一的，部科技主管部门有权撤销或解除项目研究任务：

(一)科技项目配套资金或依托工程、技术引进等条件不落实的；

(二)科技项目长期拖延、执行不力，或技术骨干发生重大变化，致使项目无法执行的；

(三)由于不可抗拒的因素造成项目无法完成的。

第十九条 对不按时上报科技项目年度执行情况报告、擅自变更任务书(合同)内容或不接受监督检查的科技项目，部科技主管部门将要求项目保证方和项目第一承担单位限期整改，整改不力的将对其通报批评。

第二十条 科技项目主要研究人员不能按照任务书(合同)有效地履行职责，致使项目进度或质量受到较大影响的，部科技主管部门将责成其所在单位予以调整，视情节暂停其承担部科技项目的资格并予以公布。

第二十一条 科技项目承担单位应加强对项目经费的使用管理，严格按照批准的预算执行，做到专款专用，不得自行扩大使用

范围。对违反者除按照有关规定处理外，部将暂停项目经费拨付，并责成限期整改。

第四章　验　收

第二十二条　科技项目在规定执行期结束后，项目第一承担单位应在3个月内提出验收申请，并按规定提交《交通运输部科技项目验收材料》（见附件6）等有关文档（含电子文档）、资料供部科技主管部门审核。

经审核符合验收条件的，部科技主管部门将对项目进行验收；对不符合验收条件的项目，部科技主管部门将责令项目第一承担单位限期整改后再次提出验收申请。

科技项目因故不能按期完成的，项目第一承担单位应在执行期结束前3个月提出延期申请，并报部科技主管部门批准。项目延期时间不得超过半年。

第二十三条　科技项目第一承担单位在规定执行期结束三个月后仍未提出验收申请或未按规定期限提出延期申请的，部科技主管部门将撤销项目研究任务，并对有关单位和责任人进行通报。

第二十四条　科技项目验收采用会议审查验收、网上（通信）审查验收等方式，可根据科技项目的特点和验收条件选择其中一种方式，也可采用两种方式相结合的方法验收。

第二十五条　科技项目验收以任务书（合同）确定的研究内容和考核目标为基本依据，主要对项目研究工作的完成情况、实施的技术路线、攻克的关键技术、科技成果应用及对经济和社会的影响、知识产权的形成与管理、项目组织管理的经验、科技人才的培养情况以及经费使用的合理性等方面作出客观的、实事求是的评价。

第二十六条　验收工作由部科技主管部门聘请从事该专业领域的技术专家和管理专家等组成验收组进行。验收组专家一般不

得少于7人。

第二十七条 验收专家在审阅资料、听取汇报、提问质询的基础上,独立提出意见,讨论后形成验收意见。

第二十八条 项目验收结论分为通过验收、不通过验收。

凡有下列情况之一的,为不通过验收:

(一)项目目标任务完成不到85%的;

(二)提供的验收文件、资料、数据不真实,有弄虚作假和剽窃他人科技成果行为的;

(三)擅自变更任务书(合同)考核目标、研究内容的;

(四)经费使用存在严重问题的。

第二十九条 因提供文件资料不详、难以判断等导致验收意见争议较大,或成果资料未按要求进行归档和整理,或研究过程及结果等存在纠纷尚未解决的科技项目,为需要复议的项目。

需要复议的项目,应在首次验收后的3个月内,针对存在的问题进行整改后再次提出验收申请。未按期提出验收申请或未按要求进行整改的,为不通过验收。

对无正当理由造成科技项目任务终止或不通过验收的项目,部科技主管部门将对项目第一承担单位及项目负责人进行通报,并记入科研信用档案,项目负责人3年内将不得承担部科技项目。

第三十条 部科技主管部门将向项目第一承担单位下达《交通运输部科技项目验收意见通知书》(见附件7),并抄送项目保证方。

第三十一条 科技项目第一承担单位可向部科技主管部门申请成果鉴定(评审)。对未列入年度《交通运输部科技项目执行计划》,但对交通运输行业具有重要影响的科技项目,项目第一承担单位在征得有关业务主管部门或地方交通运输主管部门同意后,可向部科技主管部门提出成果鉴定(评审)申请。经部科技主管部门审核同意后,将按照有关科技成果鉴定(评审)办法对成果进行鉴定(评审)。

第五章 专家咨询

第三十二条 在科技项目管理过程中引入专家咨询机制,发挥专家咨询作用,提高项目管理工作的科学性、公正性及社会参与程度。

第三十三条 在科技项目前期论证、立项审查、招投标、评估、检查、验收等环节应组织专家进行咨询。专家咨询意见作为项目立项和管理的重要依据。

第三十四条 咨询专家应具备的基本条件是:

(一)具有良好的科学道德和职业道德,能客观、公正、实事求是地提出咨询意见;

(二)从事科技项目所涉及领域的工作,在本领域内具有较高的权威性,熟悉和了解国内外该领域最新发展趋势;

(三)咨询专家的组成应具有代表性和互补性。人数、年龄和知识结构应相对合理。

第六章 成果管理

第三十五条 科技成果系指科技项目在实施中所取得的成果,包括新技术、新产品、新工艺、新材料、新设计、新装置、计算机软件以及专利、论文和专著等。

第三十六条 实行科技成果登记制度。凡通过部科技主管部门组织验收、鉴定(评审)的科技成果,项目第一承担单位应按照《交通运输部科技成果登记办法》履行登记手续。

第三十七条 实行科技成果公布制度。部科技主管部门负责已登记科技成果的公布及管理,定期或按需公布科技成果。

科技成果归属关系存在争议或其公布、发表将影响专利申请或其他知识产权保护的,将暂不对外公布、发表。

第三十八条 实行科技成果知识产权管理制度。科技项目承

担单位应对科技成果及时采取知识产权保护措施,依法取得相关知识产权。项目所形成的知识产权,其归属、管理和使用按照《交通运输行业知识产权管理办法》的规定执行。

第三十九条 科技项目所产生的学术报告、论文和专著等对外公开发表时,无论个人或单位,必须标注"交通运输部科技项目"字样,且不得影响项目的专利申请或其他知识产权保护;公开发表后,应将学术报告、论文和专著的名称以及发表刊物名称、著作权人等基本信息在项目执行情况中报告。

第四十条 鼓励科技成果转化。对适宜转化的科技项目,在项目任务书(合同)中应包括成果转化方案,明确项目第一承担单位促进成果转化的责任和义务;科技项目验收意见中应提出今后科技成果转化建议。

科技项目承担单位应按照国家科技成果转化的有关规定,积极支持成果完成人做好成果转化工作。

第四十一条 科技项目承担单位应按照《科学技术研究课题档案管理规范》和有关项目数据管理规定的要求,做好项目实施中所产生的实验报告、数据手稿、图纸、声像及其他形式的科学数据的收集整理、建立档案工作。

第四十二条 科技成果涉及国家秘密的,有关单位和人员应按照《中华人民共和国保守国家秘密法》、《科学技术保密规定》及有关规定,切实做好保密管理工作。

第七章 监督检查

第四十三条 建立和完善科技项目评估制度,对项目任务书(合同)的执行、经费使用和成果转化等情况进行监督、检查;逐步建立科技项目后评价机制,为加快成果转化提供依据。

第四十四条 在科技项目执行中有造假、抄袭、剽窃等学术不端行为的项目承担单位和个人,部科技主管部门将其纳入科研信用记录,并实行责任追究。

第八章　附　　则

第四十五条　本办法自印发之日起施行。2004 年发布的《交通部科技项目管理办法》(交科教发〔2004〕548 号)同时废止。

第四十六条　本办法由交通运输部科技主管部门负责解释。

附件1

中华人民共和国交通运输部制

交科技发〔2010〕334 号

交通运输部科技项目

建　议　书

（字体黑体一号加粗，居中，段落行距2倍，段前0.5行，段后0.5行）

项目名称：______________________

建议单位：______________________（公章）

建议日期：______年____月____日

（字体宋体四号加粗，左边距6cm，段落间距2倍，段前0.5行）

基本信息表

<table>
<tr><td>项目名称</td><td colspan="4"></td></tr>
<tr><td>建议单位</td><td colspan="4"></td></tr>
<tr><td>联系人</td><td colspan="2"></td><td>联系电话</td><td></td></tr>
<tr><td>主要研究
内容</td><td colspan="4">（100 字以内）</td></tr>
<tr><td>主要技术
经济指标</td><td colspan="4">（100 字以内）</td></tr>
<tr><td>创新点及
可能获得
的成果和
知识产权</td><td colspan="4"></td></tr>
<tr><td>建议经费概算</td><td>总投资</td><td></td><td>申请拨款</td><td></td></tr>
<tr><td>建议完成年限</td><td colspan="2"></td><td>建议日期</td><td></td></tr>
</table>

填写格式及说明

一、格式

纸张规格:A4;

页边距:左右各3.2 cm,上下各2.8 cm;

字体:宋体四号字;

段落间距:1.5倍行距,段前0.5行。

二、主要填写内容及要求

项目建议单位要按照《交通运输部科技项目管理办法》中的规定与要求,编写科技项目建议书。

建议书的主要内容如下:

1. 项目的背景和必要性(包括项目概况,项目研究目的);

2. 项目前期科研及工作基础(包括国内外研究现状分析与评价,应附主要参考文献及出处);

3. 项目实施内容、地点、期限;

4. 项目依托工程情况及其他必要支撑条件(包括依托工程的概况,投资来源,工程进度与项目科研进度的配合);

5. 项目经费估算及资金筹措情况(包括项目总经费和年度经费预算,经费构成及构成比例,经费使用范围);

6. 项目预期目标及经济效益、社会效益;

7. 建议单位意见及签章(单位公章及法人代表签字);

8. 业务主管部门或地方交通运输主管部门意见及签章。

项目建议单位意见：

（公　章）

单位负责人（签字）：

年　　月　　日

业务主管部门或地方交通运输主管部门的推荐意见：

（公　章）

单位负责人（签字）：

年　　月　　日

注：大型交通运输企业直接向部科技主管部门上报，其他单位由业务主管部门或地方交通运输主管部门签署推荐意见后上报。

附件2

中华人民共和国交通运输部制
交科技发〔2010〕334号

交通运输部科技项目

可行性研究报告

（字体黑体一号加粗，居中，段落行距2倍，段前0.5行，段后0.5行）

项目名称：________________________

建议单位：________________________（公章）

建议日期：______年____月____日

（字体宋体四号加粗，段落间距2倍，段前0.5行）

填 写 说 明

一、填写格式

纸张规格:A4;

页边距:左右各3.2 cm,上下各2.8 cm;

字体:宋体四号字;

段落间距:1.5倍行距,段前0.5行。

二、主要内容

1. 项目概要;

2. 项目前期研究及工作基础(包括国内外同类技术研究现状分析及评价,应附主要参考文献及出处);

3. 项目研究、开发的背景、必要性(包括项目研究目的,市场需求前景或推广应用领域,达到的技术水平及在国民经济发展中的作用等);

4. 项目研究、开发实施方案(包括拟解决的关键问题,实施的具体内容及实施方案,拟采取的技术路线等);

5. 考核目标和技术经济指标(包括项目的具体考核目标,有关技术经济指标等);

6. 项目研究开发进度(包括年度工作计划安排,项目完成期限);

7. 第一承担单位及承担单位概况(包括单位概况,投资来源,单位研究开发基础及能力,项目主要负责人简介等);

8. 研究经费预算及资金筹措情况(包括项目总经费和年度预算经费,经费构成及构成比例(包括部拨经费、配套经费、自筹经费),经费使用范围及使用明细等);

9. 经济效益和社会效益评估(包括提供主要分析指标及演算公式,市场占有率,形成的生产能力,利税、创汇或有关节约工程造

价等）；

10. 其他需要说明的问题；

11. 编写人员名单（见附表1）；

12. 第一承担单位意见（包括单位的法人代表签字，加盖单位公章）（见附表2）。

附表 1

交通运输部科技项目可行性研究报告编写人员名单

序号	姓名	工作单位	所学专业	现从事专业	职称/职务	签名
1						
2						
3						
4						
5						
6						
7						
8						
9						
10						
11						
12						
13						
14						
15						

附表 2

第一承担单位意见：   （公　章） 单位负责人(签字)： 年　　月　　日

附件3

交通运输部科技项目可行性研究报告
专家评审意见

专家委员会　　主任委员： 副主任委员： 年　　月　　日 （纸面不敷，可另加纸）

评审委员会专家名单

序号	评审会职务	姓名	工　作　单　位	所学专业	现从事专业	职称/职务	签名
1	主任委员						
2	副主任委员						
3	委　　员						
4	委　　员						
5	委　　员						
6	委　　员						
7	委　　员						
8	委　　员						
9	委　　员						
10	委　　员						
11	委　　员						
12	委　　员						

附件4

中华人民共和国交通运输部制

交科技发〔2010〕334号

任务书(合同)编号：　　　　　　　　　　密级：

交通运输部科技项目

任务书(合同)

(字体黑体一号加粗,居中,段落行距2倍,段前0.5行,段后0.5行)

项目名称：________________________________

第一承担单位：____________________________

项目负责人：______________________________

起止期限：_____年_____月至_____年_____月

(字体宋体四号加粗,左边距6cm,段落间距2倍,段前0.5行)

填写格式及说明

一、格式

纸张规格：A4；

页边距：左右各 3.2 cm，上下各 2.8 cm；

字体：宋体四号字；

段落间距：1.5 倍行距，段前 0.5 行。

二、主要填写内容及要求

1. 本任务书(合同)系交通运输部科技主管部门为组织交通运输部科技项目实施而设计，任务书(合同)中委托方(甲方)为交通运输部科技主管部门，承担方(乙方)为项目(第一)承担单位，保证方为项目业务主管部门、地方交通运输主管部门和大型交通运输企业；

2. 任务书(合同)文本应打印，字迹要清楚；

3. 任务书(合同)编号由交通运输部科技主管部门统一编制；

4. 任务书(合同)附件应包含：项目可行性研究报告、可行性研究报告专家评审意见及评审委员会专家名单。

一、项目的主要目的和主要研究内容

1. 项目的主要目的
2. 主要研究内容(要解决的主要技术难点和问题,研究的创新点和内容等)
3. 本项目的依托工程应用情况

二、项目的考核指标

1. 主要技术指标（如形成的新技术、新产品、新装置、专利、论文专著等数量、指标及其水平等）；
2. 主要经济指标〔如技术及产品应用所形成的市场规模、社会效益及经济效益等〕；
3. 项目实施中形成的示范基地、中试线、生产线及其规模等；
4. 提交的成果及形式；
5. 成果转化方案；
6. 其他考核指标。

三、项目执行期内年度计划及年度目标

年度	项目的年度计划及年度目标
年	
年	
年	

四、本项目科技成果及其形成的知识产权的归属与保护

五、项目承担单位及主要研究人员

<table>
<tr><td colspan="8">项目第一承担单位：
承担单位(排序)：</td></tr>
<tr><td colspan="8">项目负责人</td></tr>
<tr><td>姓　名</td><td>性别</td><td>出生年月</td><td>工作单位</td><td>职称/职务</td><td>专　业</td><td>为本项目工作时间(%)</td><td>签名</td></tr>
<tr><td></td><td></td><td></td><td></td><td></td><td></td><td></td><td></td></tr>
<tr><td></td><td></td><td></td><td></td><td></td><td></td><td></td><td></td></tr>
<tr><td colspan="8">主要研究人员</td></tr>
<tr><td></td><td></td><td></td><td></td><td></td><td></td><td></td><td></td></tr>
<tr><td></td><td></td><td></td><td></td><td></td><td></td><td></td><td></td></tr>
<tr><td></td><td></td><td></td><td></td><td></td><td></td><td></td><td></td></tr>
<tr><td></td><td></td><td></td><td></td><td></td><td></td><td></td><td></td></tr>
<tr><td></td><td></td><td></td><td></td><td></td><td></td><td></td><td></td></tr>
<tr><td></td><td></td><td></td><td></td><td></td><td></td><td></td><td></td></tr>
</table>

六、项目经费

单位:万元

经费来源预算		经费支出预算	
科　　目	预算数	科　　目	预算数
来源预算合计		支出预算合计	
一、拨　　款①		一、人员费③	
其中:软科学研究专项		其中:项目负责人	
成果转化专项		主要研究人员	
标准规范专项		二、相关业务费	
		1. 材料费	
二、贷　　款		2. 燃料及动力费	
三、地方配套②		3. 试验费④	
四、单位自筹(含工程配套)		4. 会议费⑤	
五、其他来源		5. 差旅费⑥	
		三、设备费	
		1. 购置费	
		2. 试制费	
		四、管理费⑦	
		五、其他费用	

注:①拨款:指由国家或交通运输部的拨款;

②地方配套:指地方交通运输主管部门或科技主管部门的配套拨款;

③人员费:包括项目负责人和主要研究人员费用,从部拨经费中列支的人员费经费比例按有关规定严格控制;

④试验费:指项目研发过程中所发生的房屋、设备器材、公共设施等租赁费用、带料外加工费用及委托外单位或合作单位进行的试验、加工、测试等费用;

⑤会议费:指组织召开与项目研究有关的专题技术、学术会议的费用;

⑥差旅费:指为项目研究开发而进行国内外调研考察、现场试验等工作所发生的交通、住宿等费用;

⑦管理费:指项目承担单位为组织管理项目而支出的各项费用。包括现有仪器设备和房屋使用费或折旧、直接管理人员费用和其他相关管理支出。管理费的费用占项目经费总预算的比例(一般为5%)根据承担单位的性质分别核定。

七、签订各方意见

交通运输部科技司(委托方(甲方)) (公 章)

负责人(签字):

联系人(签字): 联系电话: 年 月 日

第一承担单位(乙方) (公 章)

单位负责人(签字):

项目负责人(签字): 联系电话: 年 月 日

财务负责人(签字):

账 户 名:

账 号:

开户银行:

保证方 (公 章)

负责人(签字):

联系人(签字): 联系电话: 年 月 日

八、共同条款

任务书(合同)各方共同遵守《交通运输部科技项目管理办法》(以下简称《办法》)。

1. 承担方(乙方)必须按要求报告项目年度执行情况、下一年度经费预算和有关统计报表,逾期不报,委托方(甲方)有权暂停拨款。

2. 项目执行过程中,承担方(乙方)如需调整任务,应根据《办法》中有关规定,向委托方(甲方)提出变更内容及说明的申请报告,经委托方(甲方)审定批准后实施。未接到正式批准书以前,双方须按原任务书(合同)履行,否则后果由自行调整的一方负责。

3. 承担方(乙方)因某种原因(如:与可行性研究内容有出入、挪用经费、技术措施或实施条件不落实等)致使项目无法执行而要求中止任务,委托方(甲方)可根据调查结果中止研究任务。

4. 承担方(乙方)承担项目所需拨款按国家科技经费使用范围开支。

5. 委托方(甲方)根据科技经费的财务管理制度的规定,监督经费的使用情况。

6. 项目执行过程中,委托方(甲方)提出变更任务书(合同)有关内容时,要与承担方(乙方)协商达成书面协议。

7. 本任务书(合同)签订各方均负有相应的责任。若有争议或纠纷时,按科技项目有关管理办法有关条款处理。

8. 任务书(合同)正式文本委托方(甲方)和第一承担单位(乙方)各存两份、各承担单位和保证方各存一份。

9. 本任务书(合同)所协议的其他条款如下:

①

②

信 息 表

<table>
<tr><td colspan="2">项目任务书（合同）编号</td><td colspan="8"></td></tr>
<tr><td colspan="2">项目名称</td><td colspan="8"></td></tr>
<tr><td colspan="2">密　级</td><td colspan="5">（　）1. 绝密　2. 机密　3. 秘密　4. 公开</td><td colspan="2">参加单位总数</td><td>个</td></tr>
<tr><td rowspan="5">第一承担单位</td><td>单位名称</td><td colspan="8"></td></tr>
<tr><td>所在地</td><td colspan="5">省（市、区）</td><td>代码</td><td colspan="2"></td></tr>
<tr><td>通讯地址</td><td colspan="5"></td><td>邮编</td><td colspan="2"></td></tr>
<tr><td>单位性质</td><td colspan="5">（　）1. 大专院校 2. 科研院所 3. 企业 4. 其他</td><td>代码</td><td colspan="2"></td></tr>
<tr><td>业务主管部门或地方交通主管部门</td><td colspan="5"></td><td>代码</td><td colspan="2"></td></tr>
<tr><td rowspan="4">承担单位</td><td>序号</td><td colspan="8">单　位　名　称</td></tr>
<tr><td>1</td><td colspan="8"></td></tr>
<tr><td>2</td><td colspan="8"></td></tr>
<tr><td>3</td><td colspan="8"></td></tr>
<tr><td rowspan="4">项目负责人</td><td>姓　名</td><td colspan="2"></td><td colspan="2">性别（　）1. 男　2. 女</td><td>出生年份</td><td colspan="3">年</td></tr>
<tr><td>学　历</td><td colspan="8">（　）1. 研究生　2. 大学　3. 大专　4. 中专　5. 其他</td></tr>
<tr><td>职　称</td><td colspan="8">（　）1. 高级　2. 中级　3. 初级　4. 其他</td></tr>
<tr><td>联系电话</td><td colspan="2"></td><td>电子邮箱</td><td colspan="5"></td></tr>
<tr><td colspan="2">项目组人数</td><td></td><td>高级</td><td></td><td>中级</td><td></td><td>初级</td><td></td><td>其他</td></tr>
<tr><td colspan="2">起始时间</td><td colspan="3">年　　月</td><td>终止时间</td><td colspan="4">年　　月</td></tr>
<tr><td colspan="2">项目活动类型</td><td colspan="8">（　）1. 基础研究　2. 应用研究　3. 研究与开发　4. 产业化开发　5. 其他</td></tr>
<tr><td colspan="2">所属技术领域</td><td colspan="8">（　）1. 信息　2.　自动化　3. 材料　4. 能源　5. 交通　6. 农业　7. 资源　8. 环境　9 生物医药　10. 社会事业　11. 其他</td></tr>
<tr><td colspan="2">项目技术来源</td><td colspan="8">（　）1. 国内技术　2. 国外技术　3. 本单位自主开发</td></tr>
</table>

续上表

<table>
<tr><td>主要研究内容(100 字以内)</td><td colspan="4"></td></tr>
<tr><td>预期成果形式</td><td colspan="4">(　)1. 新技术　2. 新工艺　3. 新产品(含农业新品种、计算机软件)　4. 新材料　5. 新装备　6. 论文论著　7. 研究(咨询)报告　8. 标准与规范　9. 其他</td></tr>
<tr><td>预期取得专利</td><td colspan="4">(　)1. 国外发明专利　2. 国内发明专利　3. 其他</td></tr>
<tr><td>经费投入</td><td>总经费</td><td>万元</td><td>拨款</td><td>万元</td></tr>
</table>

信息表填表说明

1. 带(　)的条目,根据条目后所列选项,请在“(　)”内填写相应的数字即可。

2. 第一承担单位:指项目任务书(合同)的承担方(乙方)。项目承担单位所在地:所在地只填到所在省、自治区、直辖市。

3. 第一承担单位性质,按所列数字选填。

4. 参加单位总数:包括第一承担单位、承担单位在内的单位总数。

5. 承担单位名称:按公章的详细名称填写。地址应详细到县(区)、街(路)、门牌号。

6. 项目负责人:按项目任务书(合同)填写。

7. 项目组人数:包括项目负责人在内的参加该项目研究工作的所有人员。

附件5

中华人民共和国交通运输部制

交科技发〔2010〕334号

交通运输部科技项目

执行情况报告

（字体黑体一号加粗，居中，段落行距2倍，段前0.5行，段后0.5行）

保证方：________________（公章）

项目任务书（合同）编号：__________

项目名称：________________

第一承担单位：________________（公章）

项目负责人：________________

（字体宋体四号加粗，左边距6cm，段落间距2倍，段前0.5行）

填 写 说 明

一、填写格式及要求

1. 格式:

纸张规格:A4;

页边距:左右各 3.2 cm,上下各 2.8 cm;

字体:宋体四号字;

段落间距:1.5 倍行距,段前 0.5 行。

2. 项目执行情况报告要求文字简练,一般不超过 3000 字。

3. 涉及需保密的内容请在报告中注明密级。

二、填报单位

项目保证方为业务主管部门、地方交通运输主管部门和大型交通运输企业的,由保证方报告;其他项目由项目第一承担单位报告。报告时应加盖单位公章。

三、主要内容及时间要求

时间要求:每年 11 月 30 日前,项目“执行情况报告”一式两份报送交通运输部科技主管部门。

项目“执行情况报告”的主要内容:

1. 项目总体进展情况概述(包括项目总体进度、经费使用情况、本年度参加研究全时人数等);

2. 本报告期所开展的工作及计划执行情况(按项目分述);

3. 已取得的成果情况(包括已鉴定成果、已取得专利、已发表论文、已建立中试线等的简要描述);

4. 组织管理经验、存在问题及建议;

5. 交通运输部科技项目执行情况表(见附表)。

附表

交通运输部科技项目执行情况表（　　年）

序号	科技项目基本信息					进展情况	进展情况为③④⑤⑥时选填主要原因	调整内容	部预算经费	配套经费到位情况
	项目任务书(合同)编号	项目分类	项目名称	第一承担单位	起止年限				预算经费(万元)/已到位经费(万元)	已经到位经费(万元)/未到位经费(万元)
A	B	C	D	E	F	G	H	I	J	K
1										
2										
3										
4										
5										
6										
7										
8										
9										
…										
填表单位（公章）：			单位负责人（签字）：			填表人签字及联系电话：			填表日期：　年　月　日	

执行情况表填表说明

一、任务书(合同)编号(B栏):优先使用《交通运输科学技术项目执行计划》中"编号"。

二、项目分类(C栏):

1. 软科学研究;2. 西部交通建设科技;3. 应用基础研究;

4. 行业联合科技攻关;5. 科技成果转化;6. 科技示范工程;

……。

以及我部执行的:

61. 国家重大技术装备研制和国产化;62. 国家高技术产业发展;……。

71. 国家高技术研究发展计划("863"计划);

72. 国家重点基础研究发展计划("973"计划);

73. 国家科技支撑计划;74. 科研院所技术开发研究专项资金任务;75. 国家重点新产品计划;

……。

99. 其他项目。

三、进展情况(G栏):

①按计划进行;②进度提前;③拖延;④停顿;⑤申请撤销;

⑥未启动(指未签订任务书(合同))。

四、主要原因(H栏):

0. 技术变化;10. 计划性调整;20. 设备、材料不落实;30. 协作关系影响;

41. 拨款不到位;42. 贷款不落实;50. 市场变化;60. 技术骨干变动;

70. 立题不当;80. 不可抗拒因素;90. 其他。

五、调整内容(I栏):

0. 无调整;1. 调整目标;2. 调整技术路线;3. 调整技术骨干;4. 调整资金投入;5. 调整计划进度。

六、在 C、G、H、I 栏目中选填对应的数字即可。

七、纸张规格为 A4,横置。填写时请用 5 号宋体字,页码(见右上角)应连续,在最后一页填写单位名称,由单位负责人、填表人签字并注明填表人联系电话。加盖单位公章。

附件 6

中华人民共和国交通运输部制

交科技发〔2010〕334 号

交通运输部科技项目

验收材料

（字体黑体一号加粗，居中，段落行距 2 倍，段前 0.5 行，段后 0.5 行）

项目任务书（合同）编号：__________

项目名称：____________________

第一承担单位：________________（公章）

项目负责人：____________________

上报日期：_______年____月____日

（字体宋体四号加粗，左边距 6cm，段落间距 2 倍，段前 0.5 行）

交通运输部科技项目验收文件清单

第一承担单位申请验收时,应提供以下验收文件、资料,以及一定形式的成果(样机、样品等),供验收单位或评估机构审查:

1. 交通运输部科技项目任务书(合同);

2. 交通运输部有关部门对项目的批件或有关批复文件;

3. 项目验收申请表(见附表 1);

4. 项目工作报告;

5. 项目研究报告;

6. 项目已获成果、专利一览表,包括成果登记号、专利申请号、专利号等;

7. 研制样机、样品的图片及数据;

8. 有关产品测试报告或检测报告及用户使用报告(见附表 2、附表 3);

9. 建设的中试线、试验基地、示范点、示范工程一览表(见附表 4);

10. 购置的仪器、设备等固定资产清单;

11. 项目经费的决算表(见附表 5)。

附表 1

交通运输部科技项目验收申请表

<table>
<tr><td>项目任务书
(合同)编号</td><td colspan="3"></td></tr>
<tr><td>项目名称</td><td colspan="3"></td></tr>
<tr><td>第一承担
单位</td><td colspan="3"></td></tr>
<tr><td>项目起止
时间</td><td colspan="3"></td></tr>
<tr><td rowspan="2">申请验收
时间</td><td rowspan="2"></td><td>联系人</td><td></td></tr>
<tr><td>联系电话</td><td></td></tr>
<tr><td>提供验收的
技术文件清单</td><td colspan="3"></td></tr>
<tr><td>第一承担
单位意见</td><td colspan="3">(公　章)
年　　月　　日</td></tr>
<tr><td>保证方
意见</td><td colspan="3">(公　章)
年　　月　　日</td></tr>
</table>

附表2

有关产品测试或检测报告

项目任务书 (合同)编号	
项目名称	
第一承担 单位	
项目起止 时间	
测试、检测 产品名称	
测试报告: 测试、检测专家组组长: 年　月　日 (纸面不敷,可另加纸)	

附表3

项目成果用户使用报告

项目任务书(合同)编号	
项目名称	
用户单位名称	
通讯地址、邮政编码	
成果应用起止时间	
应用情况、社会经济效益(含计算过程):	
用户单位(公章) 年　月　日 (纸面不敷,可另加纸)	

附表 4

交通运输部科技项目试验基地、中试线、示范点、示范工程等一览表

项目任务书(合同)编号及名称:____________

第一承担单位(公章):____________

序号	试验基地、中试线、示范点及示范工程名称、地点	规模、任务	所属单位及通讯地址、邮政编码
1			
2			
3			

注:1. 此表以项目为单元,按工程顺序填写。

2. 包括扩大试验车间、中试车间、数据库等基础设施。

附表 5

交通运输部科技项目经费决算表

项目任务书（合同）编号				
项目名称				
第一承担单位				
收　入			支　出	
科目	预算数（万元）	实际数（万元）	科目	金额（万元）
合计			合计	
拨款			一、人员费	
贷款			1. 课题负责人	
地方配套			2. 主要研究人员	
单位自筹（含工程配套）			二、相关业务费	
其他来源			1. 材料费	
			2. 燃料及动力费	

续上表

			3. 试验费	
			4. 会议费	
			5. 差旅费	
			三、设备费	
			1. 购置费	
			2. 试制费	
			四、课题管理费	
			五、其他费用	

单位负责人(签字):

财务负责人(签字):

(公　章)

年　　月　　日

附件 7

中华人民共和国交通运输部制 交科技发〔2010〕334 号

交通运输部科技项目
验收意见通知书

（字体黑体一号加粗，居中，段落行距 2 倍，段前 0.5 行，段后 0.5 行）

项目任务书(合同)编号：____________

项目名称：__________________________

第一承担单位：___________________(公章)

验收日期：__________年_____月_____日

（字体宋体四号加粗，左边距 6cm，段落间距 2 倍，段前 0.5 行）

填 写 说 明

1. 格式：

纸张规格：A4；

页边距：左右各 3.2 cm，上下各 2.8 cm；

字体：宋体四号字；

段落间距：1.5 倍行距，段前 0.5 行。

2. 项目验收意见通知书由部科技主管部门编制盖章下发，一式四份，部科技主管部门存两份、第一承担单位存两份。

3. 交通运输部科技项目验收通知书(样本)。

4. 交通运输部科技项目验收意见表。

××××××××(项目第一承担单位)：

你单位承担的交通运输部科技项目“××××××××(以项目任务(合同)书的名称填写)”(编号：×××××(见项目任务书(合同)),于××××年×月×日在×××(地点)通过了验收专家组的验收。验收意见和验收专家组名单附后。

特此通知。

(公　章)

年　月　日

验 收 意 见
验收专家组组长： 副组长： 年 月 日 （纸面不敷，可另加纸）

验收专家组名单

序号		姓名	工作单位	所学专业	现从事专业	职称/职务	签名
1	组长						
2	副组长						
3							
4							
5							
6							
7							
8							
9							
10							
11							

关于进一步加强交通运输中央企业安全生产监督管理的通知

交安监发〔2010〕534 号　2010.9.28

各省、自治区、直辖市、新疆生产建设兵团交通运输厅(局、委),天津、上海市交通运输和港口管理局,部属各单位,中远、中海、中外运长航、招商局、中交建设集团:

根据《国务院关于进一步加强企业安全生产工作的通知》(国发〔2010〕23 号)精神,按照《国务院办公厅关于加强中央企业安全生产工作的通知》(国办发〔2004〕52 号)和《国务院办公厅关于印发交通运输部主要职责内设机构和人员编制的通知》(国办发〔2009〕18 号)的规定,为切实加强交通运输中央企业(以下简称央企)安全生产监督管理,现就有关事项通知如下:

一、安全监管职责分工

(一)我部代表国家承担中国远洋运输(集团)总公司、中国海运(集团)总公司、中国外运长航集团有限公司、招商局集团有限公司、中国交通建设集团有限公司五家央企安全生产的政府监管职责。

(二)部安全监督司代表交通运输部对五家央企安全生产工作实行统一归口管理;部相关司局、质监总站、海事局根据各自职责和业务分工各司其职,对央企的相关生产经营行为进行安全监管。

(三)受部委托,各级交通运输主管部门、长江航务管理局、部直属海事局根据各自的职责和业务分工对所在地的各央企分公司、子公司及其所属单位的安全生产履行政府监管职责。

二、监督管理范围

(一)我部对央企在国内(不含港澳台地区)从事交通运输行

业的生产经营和管理活动实施安全监管，具体包括道路和水路运输、港口生产、交通运输工程建设等行业的安全监管；对央企从事其他行业的生产经营和管理活动由相应的行业主管部门履行行业安全监管职责。

（二）央企设在国外和港澳台地区的分公司、子公司及其所属单位从事的生产经营和管理活动，应依照当地的相关法律，接受所在地有关部门的安全监管。

（三）央企负责履行其在国外以及港澳台地区的分公司、子公司及其所属单位的安全生产管理。

三、监督管理内容

（一）企业贯彻落实国家有关法律法规和我部有关规定以及安全生产条件、标准的情况；

（二）企业主要负责人安全生产第一责任和企业内部安全生产责任制落实情况；企业安全生产和监督管理规章制度、操作规程的建立和落实情况以及企业安全应急体系的建设情况；

（三）企业员工的安全责任意识、安全生产实操能力和安全应急知识、技能的培训情况；

（四）企业开展各类安全生产检查和安全生产事故风险隐患排查及其整治情况；

（五）企业各类安全生产事故按照“四不放过”原则的调查处理情况；

（六）企业有关安全生产和相关突发事件重要信息、活动或事项的报告情况；

（七）企业有关的安全生产规划、年度和阶段性或重要时期的安全生产目标的完成情况；

（八）其他相关的安全生产和管理工作。

四、工作要求

（一）各级交通运输主管部门、长江航务管理局、部直属海事局要认真落实本通知要求，进一步细化、明确和落实相关监管措施，加强对央企的安全生产检查，督促企业落实安全生产主体责

任，加强隐患排查与治理，强化对企业的安全生产管理和服务。我部将建立健全央企安全生产指标考核体系，对央企安全生产工作进行安全绩效考核。

（二）央企要按照国家相关法律法规的要求，不断完善安全生产各项规章制度、作业标准和岗位安全操作规程，进一步健全企业层级责任制体系，加大责任落实的考核力度，同时要制定针对性强、可操作的应急预案，加强演练，提高突发事件的预测预警和应急处置能力。

（三）央企要依法保证和加大安全投入，按规定比例提取足额的安全生产投入资金，加快设施设备更新改造力度，不断改善和提高运输车船的安全生产条件。对于新建、改建、扩建工程项目，其安全设施必须与主体工程同时设计、同时施工、同时投入生产和使用，所有工程项目必须在竣工验收合格后方能投入使用。

（四）央企要加强队伍建设，制定安全生产教育和培训计划，提高从业人员的素质和实操能力。要有计划、有步骤地对各类人员进行轮训，加强对高危行业、新录用人员、转岗人员的培训教育，重视农民工的岗前培训，提高农民工的安全生产技能。

（五）央企要建立健全安全生产基础数据统计和信息报告制度，按照部有关规定，及时上报安全生产事故和突发事件信息。

其　他

中华人民共和国侵权责任法

中华人民共和国第十一届全国人民代表大会常务委员会
第十二次会议通过　2009.12.26

第一章　一般规定

第一条　为保护民事主体的合法权益，明确侵权责任，预防并制裁侵权行为，促进社会和谐稳定，制定本法。

第二条　侵害民事权益，应当依照本法承担侵权责任。

本法所称民事权益，包括生命权、健康权、姓名权、名誉权、荣誉权、肖像权、隐私权、婚姻自主权、监护权、所有权、用益物权、担保物权、著作权、专利权、商标专用权、发现权、股权、继承权等人身、财产权益。

第三条　被侵权人有权请求侵权人承担侵权责任。

第四条　侵权人因同一行为应当承担行政责任或者刑事责任的，不影响依法承担侵权责任。

因同一行为应当承担侵权责任和行政责任、刑事责任，侵权人的财产不足以支付的，先承担侵权责任。

第五条　其他法律对侵权责任另有特别规定的，依照其规定。

第二章　责任构成和责任方式

第六条　行为人因过错侵害他人民事权益，应当承担侵权责任。

根据法律规定推定行为人有过错，行为人不能证明自己没有

过错的，应当承担侵权责任。

第七条 行为人损害他人民事权益，不论行为人有无过错，法律规定应当承担侵权责任的，依照其规定。

第八条 二人以上共同实施侵权行为，造成他人损害的，应当承担连带责任。

第九条 教唆、帮助他人实施侵权行为的，应当与行为人承担连带责任。

教唆、帮助无民事行为能力人、限制民事行为能力人实施侵权行为的，应当承担侵权责任；该无民事行为能力人、限制民事行为能力人的监护人未尽到监护责任的，应当承担相应的责任。

第十条 二人以上实施危及他人人身、财产安全的行为，其中一人或者数人的行为造成他人损害，能够确定具体侵权人的，由侵权人承担责任；不能确定具体侵权人的，行为人承担连带责任。

第十一条 二人以上分别实施侵权行为造成同一损害，每个人的侵权行为都足以造成全部损害的，行为人承担连带责任。

第十二条 二人以上分别实施侵权行为造成同一损害，能够确定责任大小的，各自承担相应的责任；难以确定责任大小的，平均承担赔偿责任。

第十三条 法律规定承担连带责任的，被侵权人有权请求部分或者全部连带责任人承担责任。

第十四条 连带责任人根据各自责任大小确定相应的赔偿数额；难以确定责任大小的，平均承担赔偿责任。

支付超出自己赔偿数额的连带责任人，有权向其他连带责任人追偿。

第十五条 承担侵权责任的方式主要有：

（一）停止侵害；

（二）排除妨碍；

（三）消除危险；

（四）返还财产；

（五）恢复原状；

（六）赔偿损失；

（七）赔礼道歉；

（八）消除影响、恢复名誉。

以上承担侵权责任的方式，可以单独适用，也可以合并适用。

第十六条 侵害他人造成人身损害的，应当赔偿医疗费、护理费、交通费等为治疗和康复支出的合理费用，以及因误工减少的收入。造成残疾的，还应当赔偿残疾生活辅助具费和残疾赔偿金。造成死亡的，还应当赔偿丧葬费和死亡赔偿金。

第十七条 因同一侵权行为造成多人死亡的，可以以相同数额确定死亡赔偿金。

第十八条 被侵权人死亡的，其近亲属有权请求侵权人承担侵权责任。被侵权人为单位，该单位分立、合并的，承继权利的单位有权请求侵权人承担侵权责任。

被侵权人死亡的，支付被侵权人医疗费、丧葬费等合理费用的人有权请求侵权人赔偿费用，但侵权人已支付该费用的除外。

第十九条 侵害他人财产的，财产损失按照损失发生时的市场价格或者其他方式计算。

第二十条 侵害他人人身权益造成财产损失的，按照被侵权人因此受到的损失赔偿；被侵权人的损失难以确定，侵权人因此获得利益的，按照其获得的利益赔偿；侵权人因此获得的利益难以确定，被侵权人和侵权人就赔偿数额协商不一致，向人民法院提起诉讼的，由人民法院根据实际情况确定赔偿数额。

第二十一条 侵权行为危及他人人身、财产安全的，被侵权人可以请求侵权人承担停止侵害、排除妨碍、消除危险等侵权责任。

第二十二条 侵害他人人身权益，造成他人严重精神损害的，被侵权人可以请求精神损害赔偿。

第二十三条 因防止、制止他人民事权益被侵害而使自己受到损害的，由侵权人承担责任。侵权人逃逸或者无力承担责任，被侵权人请求补偿的，受益人应当给予适当补偿。

第二十四条 受害人和行为人对损害的发生都没有过错的，

可以根据实际情况，由双方分担损失。

第二十五条 损害发生后，当事人可以协商赔偿费用的支付方式。协商不一致的，赔偿费用应当一次性支付；一次性支付确有困难的，可以分期支付，但应当提供相应的担保。

第三章 不承担责任和减轻责任的情形

第二十六条 被侵权人对损害的发生也有过错的，可以减轻侵权人的责任。

第二十七条 损害是因受害人故意造成的，行为人不承担责任。

第二十八条 损害是因第三人造成的，第三人应当承担侵权责任。

第二十九条 因不可抗力造成他人损害的，不承担责任。法律另有规定的，依照其规定。

第三十条 因正当防卫造成损害的，不承担责任。正当防卫超过必要的限度，造成不应有的损害的，正当防卫人应当承担适当的责任。

第三十一条 因紧急避险造成损害的，由引起险情发生的人承担责任。如果危险是由自然原因引起的，紧急避险人不承担责任或者给予适当补偿。紧急避险采取措施不当或者超过必要的限度，造成不应有的损害的，紧急避险人应当承担适当的责任。

第四章 关于责任主体的特殊规定

第三十二条 无民事行为能力人、限制民事行为能力人造成他人损害的，由监护人承担侵权责任。监护人尽到监护责任的，可以减轻其侵权责任。

有财产的无民事行为能力人、限制民事行为能力人造成他人损害的，从本人财产中支付赔偿费用。不足部分，由监护人赔偿。

第三十三条 完全民事行为能力人对自己的行为暂时没有意识或者失去控制造成他人损害有过错的，应当承担侵权责任；没有过错的，根据行为人的经济状况对受害人适当补偿。

完全民事行为能力人因醉酒、滥用麻醉药品或者精神药品对自己的行为暂时没有意识或者失去控制造成他人损害的，应当承担侵权责任。

第三十四条 用人单位的工作人员因执行工作任务造成他人损害的，由用人单位承担侵权责任。

劳务派遣期间，被派遣的工作人员因执行工作任务造成他人损害的，由接受劳务派遣的用工单位承担侵权责任；劳务派遣单位有过错的，承担相应的补充责任。

第三十五条 个人之间形成劳务关系，提供劳务一方因劳务造成他人损害的，由接受劳务一方承担侵权责任。提供劳务一方因劳务自己受到损害的，根据双方各自的过错承担相应的责任。

第三十六条 网络用户、网络服务提供者利用网络侵害他人民事权益的，应当承担侵权责任。

网络用户利用网络服务实施侵权行为的，被侵权人有权通知网络服务提供者采取删除、屏蔽、断开链接等必要措施。网络服务提供者接到通知后未及时采取必要措施的，对损害的扩大部分与该网络用户承担连带责任。

网络服务提供者知道网络用户利用其网络服务侵害他人民事权益，未采取必要措施的，与该网络用户承担连带责任。

第三十七条 宾馆、商场、银行、车站、娱乐场所等公共场所的管理人或者群众性活动的组织者，未尽到安全保障义务，造成他人损害的，应当承担侵权责任。

因第三人的行为造成他人损害的，由第三人承担侵权责任；管理人或者组织者未尽到安全保障义务的，承担相应的补充责任。

第三十八条 无民事行为能力人在幼儿园、学校或者其他教育机构学习、生活期间受到人身损害的，幼儿园、学校或者其他教育机构应当承担责任，但能够证明尽到教育、管理职责的，不承担

责任。

第三十九条 限制民事行为能力人在学校或者其他教育机构学习、生活期间受到人身损害，学校或者其他教育机构未尽到教育、管理职责的，应当承担责任。

第四十条 无民事行为能力人或者限制民事行为能力人在幼儿园、学校或者其他教育机构学习、生活期间，受到幼儿园、学校或者其他教育机构以外的人员人身损害的，由侵权人承担侵权责任；幼儿园、学校或者其他教育机构未尽到管理职责的，承担相应的补充责任。

第五章 产品责任

第四十一条 因产品存在缺陷造成他人损害的，生产者应当承担侵权责任。

第四十二条 因销售者的过错使产品存在缺陷，造成他人损害的，销售者应当承担侵权责任。

销售者不能指明缺陷产品的生产者也不能指明缺陷产品的供货者的，销售者应当承担侵权责任。

第四十三条 因产品存在缺陷造成损害的，被侵权人可以向产品的生产者请求赔偿，也可以向产品的销售者请求赔偿。

产品缺陷由生产者造成的，销售者赔偿后，有权向生产者追偿。

因销售者的过错使产品存在缺陷的，生产者赔偿后，有权向销售者追偿。

第四十四条 因运输者、仓储者等第三人的过错使产品存在缺陷，造成他人损害的，产品的生产者、销售者赔偿后，有权向第三人追偿。

第四十五条 因产品缺陷危及他人人身、财产安全的，被侵权人有权请求生产者、销售者承担排除妨碍、消除危险等侵权责任。

第四十六条 产品投入流通后发现存在缺陷的，生产者、销售

者应当及时采取警示、召回等补救措施。未及时采取补救措施或者补救措施不力造成损害的,应当承担侵权责任。

第四十七条 明知产品存在缺陷仍然生产、销售,造成他人死亡或者健康严重损害的,被侵权人有权请求相应的惩罚性赔偿。

第六章 机动车交通事故责任

第四十八条 机动车发生交通事故造成损害的,依照道路交通安全法的有关规定承担赔偿责任。

第四十九条 因租赁、借用等情形机动车所有人与使用人不是同一人时,发生交通事故后属于该机动车一方责任的,由保险公司在机动车强制保险责任限额范围内予以赔偿。不足部分,由机动车使用人承担赔偿责任;机动车所有人对损害的发生有过错的,承担相应的赔偿责任。

第五十条 当事人之间已经以买卖等方式转让并交付机动车但未办理所有权转移登记,发生交通事故后属于该机动车一方责任的,由保险公司在机动车强制保险责任限额范围内予以赔偿。不足部分,由受让人承担赔偿责任。

第五十一条 以买卖等方式转让拼装或者已达到报废标准的机动车,发生交通事故造成损害的,由转让人和受让人承担连带责任。

第五十二条 盗窃、抢劫或者抢夺的机动车发生交通事故造成损害的,由盗窃人、抢劫人或者抢夺人承担赔偿责任。保险公司在机动车强制保险责任限额范围内垫付抢救费用的,有权向交通事故责任人追偿。

第五十三条 机动车驾驶人发生交通事故后逃逸,该机动车参加强制保险的,由保险公司在机动车强制保险责任限额范围内予以赔偿;机动车不明或者该机动车未参加强制保险,需要支付被侵权人人身伤亡的抢救、丧葬等费用的,由道路交通事故社会救助基金垫付。道路交通事故社会救助基金垫付后,其管理机构有权

向交通事故责任人追偿。

第七章　医疗损害责任

第五十四条　患者在诊疗活动中受到损害，医疗机构及其医务人员有过错的，由医疗机构承担赔偿责任。

第五十五条　医务人员在诊疗活动中应当向患者说明病情和医疗措施。需要实施手术、特殊检查、特殊治疗的，医务人员应当及时向患者说明医疗风险、替代医疗方案等情况，并取得其书面同意；不宜向患者说明的，应当向患者的近亲属说明，并取得其书面同意。

医务人员未尽到前款义务，造成患者损害的，医疗机构应当承担赔偿责任。

第五十六条　因抢救生命垂危的患者等紧急情况，不能取得患者或者其近亲属意见的，经医疗机构负责人或者授权的负责人批准，可以立即实施相应的医疗措施。

第五十七条　医务人员在诊疗活动中未尽到与当时的医疗水平相应的诊疗义务，造成患者损害的，医疗机构应当承担赔偿责任。

第五十八条　患者有损害，因下列情形之一的，推定医疗机构有过错：

（一）违反法律、行政法规、规章以及其他有关诊疗规范的规定；

（二）隐匿或者拒绝提供与纠纷有关的病历资料；

（三）伪造、篡改或者销毁病历资料。

第五十九条　因药品、消毒药剂、医疗器械的缺陷，或者输入不合格的血液造成患者损害的，患者可以向生产者或者血液提供机构请求赔偿，也可以向医疗机构请求赔偿。患者向医疗机构请求赔偿的，医疗机构赔偿后，有权向负有责任的生产者或者血液提供机构追偿。

第六十条 患者有损害，因下列情形之一的，医疗机构不承担赔偿责任：

（一）患者或者其近亲属不配合医疗机构进行符合诊疗规范的诊疗；

（二）医务人员在抢救生命垂危的患者等紧急情况下已经尽到合理诊疗义务；

（三）限于当时的医疗水平难以诊疗。

前款第一项情形中，医疗机构及其医务人员也有过错的，应当承担相应的赔偿责任。

第六十一条 医疗机构及其医务人员应当按照规定填写并妥善保管住院志、医嘱单、检验报告、手术及麻醉记录、病理资料、护理记录、医疗费用等病历资料。

患者要求查阅、复制前款规定的病历资料的，医疗机构应当提供。

第六十二条 医疗机构及其医务人员应当对患者的隐私保密。泄露患者隐私或者未经患者同意公开其病历资料，造成患者损害的，应当承担侵权责任。

第六十三条 医疗机构及其医务人员不得违反诊疗规范实施不必要的检查。

第六十四条 医疗机构及其医务人员的合法权益受法律保护。干扰医疗秩序，妨害医务人员工作、生活的，应当依法承担法律责任。

第八章 环境污染责任

第六十五条 因污染环境造成损害的，污染者应当承担侵权责任。

第六十六条 因污染环境发生纠纷，污染者应当就法律规定的不承担责任或者减轻责任的情形及其行为与损害之间不存在因果关系承担举证责任。

第六十七条 两个以上污染者污染环境,污染者承担责任的大小,根据污染物的种类、排放量等因素确定。

第六十八条 因第三人的过错污染环境造成损害的,被侵权人可以向污染者请求赔偿,也可以向第三人请求赔偿。污染者赔偿后,有权向第三人追偿。

第九章 高度危险责任

第六十九条 从事高度危险作业造成他人损害的,应当承担侵权责任。

第七十条 民用核设施发生核事故造成他人损害的,民用核设施的经营者应当承担侵权责任,但能够证明损害是因战争等情形或者受害人故意造成的,不承担责任。

第七十一条 民用航空器造成他人损害的,民用航空器的经营者应当承担侵权责任,但能够证明损害是因受害人故意造成的,不承担责任。

第七十二条 占有或者使用易燃、易爆、剧毒、放射性等高度危险物造成他人损害的,占有人或者使用人应当承担侵权责任,但能够证明损害是因受害人故意或者不可抗力造成的,不承担责任。被侵权人对损害的发生有重大过失的,可以减轻占有人或者使用人的责任。

第七十三条 从事高空、高压、地下挖掘活动或者使用高速轨道运输工具造成他人损害的,经营者应当承担侵权责任,但能够证明损害是因受害人故意或者不可抗力造成的,不承担责任。被侵权人对损害的发生有过失的,可以减轻经营者的责任。

第七十四条 遗失、抛弃高度危险物造成他人损害的,由所有人承担侵权责任。所有人将高度危险物交由他人管理的,由管理人承担侵权责任;所有人有过错的,与管理人承担连带责任。

第七十五条 非法占有高度危险物造成他人损害的,由非法占有人承担侵权责任。所有人、管理人不能证明对防止他人非法

占有尽到高度注意义务的，与非法占有人承担连带责任。

第七十六条 未经许可进入高度危险活动区域或者高度危险物存放区域受到损害，管理人已经采取安全措施并尽到警示义务的，可以减轻或者不承担责任。

第七十七条 承担高度危险责任，法律规定赔偿限额的，依照其规定。

第十章 饲养动物损害责任

第七十八条 饲养的动物造成他人损害的，动物饲养人或者管理人应当承担侵权责任，但能够证明损害是因被侵权人故意或者重大过失造成的，可以不承担或者减轻责任。

第七十九条 违反管理规定，未对动物采取安全措施造成他人损害的，动物饲养人或者管理人应当承担侵权责任。

第八十条 禁止饲养的烈性犬等危险动物造成他人损害的，动物饲养人或者管理人应当承担侵权责任。

第八十一条 动物园的动物造成他人损害的，动物园应当承担侵权责任，但能够证明尽到管理职责的，不承担责任。

第八十二条 遗弃、逃逸的动物在遗弃、逃逸期间造成他人损害的，由原动物饲养人或者管理人承担侵权责任。

第八十三条 因第三人的过错致使动物造成他人损害的，被侵权人可以向动物饲养人或者管理人请求赔偿，也可以向第三人请求赔偿。动物饲养人或者管理人赔偿后，有权向第三人追偿。

第八十四条 饲养动物应当遵守法律，尊重社会公德，不得妨害他人生活。

第十一章 物件损害责任

第八十五条 建筑物、构筑物或者其他设施及其搁置物、悬挂物发生脱落、坠落造成他人损害，所有人、管理人或者使用人不能

证明自己没有过错的，应当承担侵权责任。所有人、管理人或者使用人赔偿后，有其他责任人的，有权向其他责任人追偿。

第八十六条 建筑物、构筑物或者其他设施倒塌造成他人损害的，由建设单位与施工单位承担连带责任。建设单位、施工单位赔偿后，有其他责任人的，有权向其他责任人追偿。

因其他责任人的原因，建筑物、构筑物或者其他设施倒塌造成他人损害的，由其他责任人承担侵权责任。

第八十七条 从建筑物中抛掷物品或者从建筑物上坠落的物品造成他人损害，难以确定具体侵权人的，除能够证明自己不是侵权人的外，由可能加害的建筑物使用人给予补偿。

第八十八条 堆放物倒塌造成他人损害，堆放人不能证明自己没有过错的，应当承担侵权责任。

第八十九条 在公共道路上堆放、倾倒、遗撒妨碍通行的物品造成他人损害的，有关单位或者个人应当承担侵权责任。

第九十条 因林木折断造成他人损害，林木的所有人或者管理人不能证明自己没有过错的，应当承担侵权责任。

第九十一条 在公共场所或者道路上挖坑、修缮安装地下设施等，没有设置明显标志和采取安全措施造成他人损害的，施工人应当承担侵权责任。

窨井等地下设施造成他人损害，管理人不能证明尽到管理职责的，应当承担侵权责任。

第十二章 附 则

第九十二条 本法自 2010 年 7 月 1 日起施行。

全国人民代表大会常务委员会关于修改《中华人民共和国国家赔偿法》的决定

中华人民共和国第十一届全国人民代表大会常务委员会第十四次会议通过　2010.4.29

第十一届全国人民代表大会常务委员会第十四次会议决定对《中华人民共和国国家赔偿法》作如下修改：

一、将第二条修改为："国家机关和国家机关工作人员行使职权，有本法规定的侵犯公民、法人和其他组织合法权益的情形，造成损害的，受害人有依照本法取得国家赔偿的权利"。

"本法规定的赔偿义务机关，应当依照本法及时履行赔偿义务。"

二、将第三条第三项修改为："（三）以殴打、虐待等行为或者唆使、放纵他人以殴打、虐待等行为造成公民身体伤害或者死亡的"。

三、将第四条第三项修改为："（三）违法征收、征用财产的"。

四、将第六条第三款修改为："受害的法人或者其他组织终止的，其权利承受人有权要求赔偿。"

五、将第九条修改为："赔偿义务机关有本法第三条、第四条规定情形之一的，应当给予赔偿。"

"赔偿请求人要求赔偿，应当先向赔偿义务机关提出，也可以在申请行政复议或者提起行政诉讼时一并提出。"

六、在第十二条中增加一款，作为第三款："赔偿请求人不是受害人本人的，应当说明与受害人的关系，并提供相应证明。"

增加一款，作为第四款："赔偿请求人当面递交申请书的，赔偿义务机关应当当场出具加盖本行政机关专用印章并注明收讫日

期的书面凭证。申请材料不齐全的，赔偿义务机关应当当场或者在5日内一次性告知赔偿请求人需要补正的全部内容。”

七、将第十三条改为第十三条、第十四条。第十三条：“赔偿义务机关应当自收到申请之日起两个月内，作出是否赔偿的决定。赔偿义务机关作出赔偿决定，应当充分听取赔偿请求人的意见，并可以与赔偿请求人就赔偿方式、赔偿项目和赔偿数额依照本法第四章的规定进行协商。”

“赔偿义务机关决定赔偿的，应当制作赔偿决定书，并自作出决定之日起10日内送达赔偿请求人。”

“赔偿义务机关决定不予赔偿的，应当自作出决定之日起10日内书面通知赔偿请求人，并说明不予赔偿的理由。”

第十四条：“赔偿义务机关在规定期限内未作出是否赔偿的决定，赔偿请求人可以自期限届满之日起3个月内，向人民法院提起诉讼。”

“赔偿请求人对赔偿的方式、项目、数额有异议的，或者赔偿义务机关作出不予赔偿决定的，赔偿请求人可以自赔偿义务机关作出赔偿或者不予赔偿决定之日起3个月内，向人民法院提起诉讼。”

八、增加一条，作为第十五条：“人民法院审理行政赔偿案件，赔偿请求人和赔偿义务机关对自己提出的主张，应当提供证据。”

“赔偿义务机关采取行政拘留或者限制人身自由的强制措施期间，被限制人身自由的人死亡或者丧失行为能力的，赔偿义务机关的行为与被限制人身自由的人的死亡或者丧失行为能力是否存在因果关系，赔偿义务机关应当提供证据。”

九、将第十四条改为第十六条，第二款修改为：“对有故意或者重大过失的责任人员，有关机关应当依法给予处分；构成犯罪的，应当依法追究刑事责任。”

十、将第十五条改为第十七条，修改为：“行使侦查、检察、审判职权的机关以及看守所、监狱管理机关及其工作人员在行使职权时有下列侵犯人身权情形之一的，受害人有取得赔偿的权利：

(一)违反刑事诉讼法的规定对公民采取拘留措施的,或者依照刑事诉讼法规定的条件和程序对公民采取拘留措施,但是拘留时间超过刑事诉讼法规定的时限,其后决定撤销案件、不起诉或者判决宣告无罪终止追究刑事责任的;(二)对公民采取逮捕措施后,决定撤销案件、不起诉或者判决宣告无罪终止追究刑事责任的;(三)依照审判监督程序再审改判无罪,原判刑罚已经执行的;(四)刑讯逼供或者以殴打、虐待等行为或者唆使、放纵他人以殴打、虐待等行为造成公民身体伤害或者死亡的;(五)违法使用武器、警械造成公民身体伤害或者死亡的。"

十一、将第十六条改为第十八条,修改为:"行使侦查、检察、审判职权的机关以及看守所、监狱管理机关及其工作人员在行使职权时有下列侵犯财产权情形之一的,受害人有取得赔偿的权利:(一)违法对财产采取查封、扣押、冻结、追缴等措施的;(二)依照审判监督程序再审改判无罪,原判罚金、没收财产已经执行的。"

十二、将第十七条改为第十九条,第三项修改为:"(三)依照刑事诉讼法第十五条、第一百四十二条第二款规定不追究刑事责任的人被羁押的"。

第四项修改为:"(四)行使侦查、检察、审判职权的机关以及看守所、监狱管理机关的工作人员与行使职权无关的个人行为"。

十三、将第十九条改为第二十一条,修改为:"行使侦查、检察、审判职权的机关以及看守所、监狱管理机关及其工作人员在行使职权时侵犯公民、法人和其他组织的合法权益造成损害的,该机关为赔偿义务机关。"

"对公民采取拘留措施,依照本法的规定应当给予国家赔偿的,作出拘留决定的机关为赔偿义务机关。"

"对公民采取逮捕措施后决定撤销案件、不起诉或者判决宣告无罪的,作出逮捕决定的机关为赔偿义务机关。"

"再审改判无罪的,作出原生效判决的人民法院为赔偿义务机关。二审改判无罪,以及二审发回重审后作无罪处理的,作出一审有罪判决的人民法院为赔偿义务机关。"

十四、将第二十条改为第二十二条,修改为:“赔偿义务机关有本法第十七条、第十八条规定情形之一的,应当给予赔偿。”

“赔偿请求人要求赔偿,应当先向赔偿义务机关提出。”

“赔偿请求人提出赔偿请求,适用本法第十一条、第十二条的规定。”

十五、将第二十一条改为第二十三条和第二十四条。第二十三条:“赔偿义务机关应当自收到申请之日起两个月内,作出是否赔偿的决定。赔偿义务机关作出赔偿决定,应当充分听取赔偿请求人的意见,并可以与赔偿请求人就赔偿方式、赔偿项目和赔偿数额依照本法第四章的规定进行协商。”

“赔偿义务机关决定赔偿的,应当制作赔偿决定书,并自作出决定之日起10日内送达赔偿请求人。”

“赔偿义务机关决定不予赔偿的,应当自作出决定之日起10日内书面通知赔偿请求人,并说明不予赔偿的理由。”

第二十四条:“赔偿义务机关在规定期限内未作出是否赔偿的决定,赔偿请求人可以自期限届满之日起30日内向赔偿义务机关的上一级机关申请复议。”

“赔偿请求人对赔偿的方式、项目、数额有异议的,或者赔偿义务机关作出不予赔偿决定的,赔偿请求人可以自赔偿义务机关作出赔偿或者不予赔偿决定之日起30日内,向赔偿义务机关的上一级机关申请复议。”

“赔偿义务机关是人民法院的,赔偿请求人可以依照本条规定向其上一级人民法院赔偿委员会申请作出赔偿决定。”

十六、将第二十二条改为第二十五条,第二款修改为:“赔偿请求人不服复议决定的,可以在收到复议决定之日起30日内向复议机关所在地的同级人民法院赔偿委员会申请作出赔偿决定;复议机关逾期不作决定的,赔偿请求人可以自期限届满之日起30日内向复议机关所在地的同级人民法院赔偿委员会申请作出赔偿决定。”

十七、增加一条,作为第二十六条:“人民法院赔偿委员会处

理赔偿请求，赔偿请求人和赔偿义务机关对自己提出的主张，应当提供证据。”

“被羁押人在羁押期间死亡或者丧失行为能力的，赔偿义务机关的行为与被羁押人的死亡或者丧失行为能力是否存在因果关系，赔偿义务机关应当提供证据。”

十八、增加一条，作为第二十七条：“人民法院赔偿委员会处理赔偿请求，采取书面审查的办法。必要时，可以向有关单位和人员调查情况、收集证据。赔偿请求人与赔偿义务机关对损害事实及因果关系有争议的，赔偿委员会可以听取赔偿请求人和赔偿义务机关的陈述和申辩，并可以进行质证。”

十九、增加一条，作为第二十八条：“人民法院赔偿委员会应当自收到赔偿申请之日起3个月内作出决定；属于疑难、复杂、重大案件的，经本院院长批准，可以延长3个月。”

二十、将第二十三条改为第二十九条，第一款修改为：“中级以上的人民法院设立赔偿委员会，由人民法院三名以上审判员组成，组成人员的人数应当为单数。”

二十一、增加一条，作为第三十条：“赔偿请求人或者赔偿义务机关对赔偿委员会作出的决定，认为确有错误的，可以向上一级人民法院赔偿委员会提出申诉。”

“赔偿委员会作出的赔偿决定生效后，如发现赔偿决定违反本法规定的，经本院院长决定或者上级人民法院指令，赔偿委员会应当在两个月内重新审查并依法作出决定，上一级人民法院赔偿委员会也可以直接审查并作出决定。”

“最高人民检察院对各级人民法院赔偿委员会作出的决定，上级人民检察院对下级人民法院赔偿委员会作出的决定，发现违反本法规定的，应当向同级人民法院赔偿委员会提出意见，同级人民法院赔偿委员会应当在两个月内重新审查并依法作出决定。”

二十二、将第二十四条改为第三十一条，第二款修改为：“对有前款规定情形的责任人员，有关机关应当依法给予处分；构成犯罪的，应当依法追究刑事责任。”

二十三、将第二十七条改为第三十四条，第一款第一项修改为："（一）造成身体伤害的，应当支付医疗费、护理费，以及赔偿因误工减少的收入。减少的收入每日的赔偿金按照国家上年度职工日平均工资计算，最高额为国家上年度职工年平均工资的 5 倍"。

第一款第二项修改为："（二）造成部分或者全部丧失劳动能力的，应当支付医疗费、护理费、残疾生活辅助具费、康复费等因残疾而增加的必要支出和继续治疗所必需的费用，以及残疾赔偿金。残疾赔偿金根据丧失劳动能力的程度，按照国家规定的伤残等级确定，最高不超过国家上年度职工年平均工资的 20 倍。造成全部丧失劳动能力的，对其扶养的无劳动能力的人，还应当支付生活费"。

第二款修改为："前款第二项、第三项规定的生活费的发放标准，参照当地最低生活保障标准执行。被扶养的人是未成年人的，生活费给付至 18 周岁止；其他无劳动能力的人，生活费给付至死亡时止。"

二十四、将第三十条改为第三十五条，修改为："有本法第三条或者第十七条规定情形之一，致人精神损害的，应当在侵权行为影响的范围内，为受害人消除影响，恢复名誉，赔礼道歉；造成严重后果的，应当支付相应的精神损害抚慰金。"

二十五、将第二十八条改为第三十六条，第一项修改为："（一）处罚款、罚金、追缴、没收财产或者违法征收、征用财产的，返还财产"。

第五项修改为："（五）财产已经拍卖或者变卖的，给付拍卖或者变卖所得的价款；变卖的价款明显低于财产价值的，应当支付相应的赔偿金"。

增加一项，作为第七项："（七）返还执行的罚款或者罚金、追缴或者没收的金钱，解除冻结的存款或者汇款的，应当支付银行同期存款利息"。

二十六、将第二十九条改为第三十七条，修改为："赔偿费用列入各级财政预算。"

“赔偿请求人凭生效的判决书、复议决定书、赔偿决定书或者调解书，向赔偿义务机关申请支付赔偿金。”

“赔偿义务机关应当自收到支付赔偿金申请之日起 7 日内，依照预算管理权限向有关的财政部门提出支付申请。财政部门应当自收到支付申请之日起 15 日内支付赔偿金。”

“赔偿费用预算与支付管理的具体办法由国务院规定。”

二十七、将第三十二条改为第三十九条，第一款修改为：“赔偿请求人请求国家赔偿的时效为两年，自其知道或者应当知道国家机关及其工作人员行使职权时的行为侵犯其人身权、财产权之日起计算，但被羁押等限制人身自由期间不计算在内。在申请行政复议或者提起行政诉讼时一并提出赔偿请求的，适用行政复议法、行政诉讼法有关时效的规定。”

本决定自 2010 年 12 月 1 日起施行。

《中华人民共和国国家赔偿法》根据本决定作相应修改并对条款顺序作相应调整，重新公布。

中华人民共和国国家赔偿法

根据2010年4月29日第十一届全国人民代表大会常务委员会第十四次会议《关于修改〈中华人民共和国国家赔偿法〉的决定》修正

第一章 总 则

第一条 为保障公民、法人和其他组织享有依法取得国家赔偿的权利,促进国家机关依法行使职权,根据宪法,制定本法。

第二条 国家机关和国家机关工作人员行使职权,有本法规定的侵犯公民、法人和其他组织合法权益的情形,造成损害的,受害人有依照本法取得国家赔偿的权利。

本法规定的赔偿义务机关,应当依照本法及时履行赔偿义务。

第二章 行政赔偿

第一节 赔偿范围

第三条 行政机关及其工作人员在行使行政职权时有下列侵犯人身权情形之一的,受害人有取得赔偿的权利:

(一)违法拘留或者违法采取限制公民人身自由的行政强制措施的;

(二)非法拘禁或者以其他方法非法剥夺公民人身自由的;

(三)以殴打、虐待等行为或者唆使、放纵他人以殴打、虐待等行为造成公民身体伤害或者死亡的;

(四)违法使用武器、警械造成公民身体伤害或者死亡的;

(五)造成公民身体伤害或者死亡的其他违法行为。

第四条 行政机关及其工作人员在行使行政职权时有下列侵

犯财产权情形之一的，受害人有取得赔偿的权利：

（一）违法实施罚款、吊销许可证和执照、责令停产停业、没收财物等行政处罚的；

（二）违法对财产采取查封、扣押、冻结等行政强制措施的；

（三）违法征收、征用财产的；

（四）造成财产损害的其他违法行为。

第五条 属于下列情形之一的，国家不承担赔偿责任：

（一）行政机关工作人员与行使职权无关的个人行为；

（二）因公民、法人和其他组织自己的行为致使损害发生的；

（三）法律规定的其他情形。

第二节 赔偿请求人和赔偿义务机关

第六条 受害的公民、法人和其他组织有权要求赔偿。

受害的公民死亡，其继承人和其他有扶养关系的亲属有权要求赔偿。

受害的法人或者其他组织终止的，其权利承受人有权要求赔偿。

第七条 行政机关及其工作人员行使行政职权侵犯公民、法人和其他组织的合法权益造成损害的，该行政机关为赔偿义务机关。

两个以上行政机关共同行使行政职权时侵犯公民、法人和其他组织的合法权益造成损害的，共同行使行政职权的行政机关为共同赔偿义务机关。

法律、法规授权的组织在行使授予的行政权力时侵犯公民、法人和其他组织的合法权益造成损害的，被授权的组织为赔偿义务机关。

受行政机关委托的组织或者个人在行使受委托的行政权力时侵犯公民、法人和其他组织的合法权益造成损害的，委托的行政机关为赔偿义务机关。

赔偿义务机关被撤销的，继续行使其职权的行政机关为赔偿

义务机关;没有继续行使其职权的行政机关的,撤销该赔偿义务机关的行政机关为赔偿义务机关。

第八条 经复议机关复议的,最初造成侵权行为的行政机关为赔偿义务机关,但复议机关的复议决定加重损害的,复议机关对加重的部分履行赔偿义务。

第三节 赔 偿 程 序

第九条 赔偿义务机关有本法第三条、第四条规定情形之一的,应当给予赔偿。

赔偿请求人要求赔偿,应当先向赔偿义务机关提出,也可以在申请行政复议或者提起行政诉讼时一并提出。

第十条 赔偿请求人可以向共同赔偿义务机关中的任何一个赔偿义务机关要求赔偿,该赔偿义务机关应当先予赔偿。

第十一条 赔偿请求人根据受到的不同损害,可以同时提出数项赔偿要求。

第十二条 要求赔偿应当递交申请书,申请书应当载明下列事项:

(一)受害人的姓名、性别、年龄、工作单位和住所,法人或者其他组织的名称、住所和法定代表人或者主要负责人的姓名、职务;

(二)具体的要求、事实根据和理由;

(三)申请的年、月、日。

赔偿请求人书写申请书确有困难的,可以委托他人代书;也可以口头申请,由赔偿义务机关记入笔录。

赔偿请求人不是受害人本人的,应当说明与受害人的关系,并提供相应证明。

赔偿请求人当面递交申请书的,赔偿义务机关应当当场出具加盖本行政机关专用印章并注明收讫日期的书面凭证。申请材料不齐全的,赔偿义务机关应当当场或者在 5 日内一次性告知赔偿请求人需要补正的全部内容。

第十三条 赔偿义务机关应当自收到申请之日起两个月内，作出是否赔偿的决定。赔偿义务机关作出赔偿决定，应当充分听取赔偿请求人的意见，并可以与赔偿请求人就赔偿方式、赔偿项目和赔偿数额依照本法第四章的规定进行协商。

赔偿义务机关决定赔偿的，应当制作赔偿决定书，并自作出决定之日起 10 日内送达赔偿请求人。

赔偿义务机关决定不予赔偿的，应当自作出决定之日起 10 日内书面通知赔偿请求人，并说明不予赔偿的理由。

第十四条 赔偿义务机关在规定期限内未作出是否赔偿的决定，赔偿请求人可以自期限届满之日起 3 个月内，向人民法院提起诉讼。

赔偿请求人对赔偿的方式、项目、数额有异议的，或者赔偿义务机关作出不予赔偿决定的，赔偿请求人可以自赔偿义务机关作出赔偿或者不予赔偿决定之日起 3 个月内，向人民法院提起诉讼。

第十五条 人民法院审理行政赔偿案件，赔偿请求人和赔偿义务机关对自己提出的主张，应当提供证据。

赔偿义务机关采取行政拘留或者限制人身自由的强制措施期间，被限制人身自由的人死亡或者丧失行为能力的，赔偿义务机关的行为与被限制人身自由的人的死亡或者丧失行为能力是否存在因果关系，赔偿义务机关应当提供证据。

第十六条 赔偿义务机关赔偿损失后，应当责令有故意或者重大过失的工作人员或者受委托的组织或者个人承担部分或者全部赔偿费用。

对有故意或者重大过失的责任人员，有关机关应当依法给予处分；构成犯罪的，应当依法追究刑事责任。

第三章 刑事赔偿

第一节 赔偿范围

第十七条 行使侦查、检察、审判职权的机关以及看守所、监

狱管理机关及其工作人员在行使职权时有下列侵犯人身权情形之一的，受害人有取得赔偿的权利：

（一）违反刑事诉讼法的规定对公民采取拘留措施的，或者依照刑事诉讼法规定的条件和程序对公民采取拘留措施，但是拘留时间超过刑事诉讼法规定的时限，其后决定撤销案件、不起诉或者判决宣告无罪终止追究刑事责任的；

（二）对公民采取逮捕措施后，决定撤销案件、不起诉或者判决宣告无罪终止追究刑事责任的；

（三）依照审判监督程序再审改判无罪，原判刑罚已经执行的；

（四）刑讯逼供或者以殴打、虐待等行为或者唆使、放纵他人以殴打、虐待等行为造成公民身体伤害或者死亡的；

（五）违法使用武器、警械造成公民身体伤害或者死亡的。

第十八条 行使侦查、检察、审判职权的机关以及看守所、监狱管理机关及其工作人员在行使职权时有下列侵犯财产权情形之一的，受害人有取得赔偿的权利：

（一）违法对财产采取查封、扣押、冻结、追缴等措施的；

（二）依照审判监督程序再审改判无罪，原判罚金、没收财产已经执行的。

第十九条 属于下列情形之一的，国家不承担赔偿责任：

（一）因公民自己故意作虚伪供述，或者伪造其他有罪证据被羁押或者被判处刑罚的；

（二）依照刑法第十七条、第十八条规定不负刑事责任的人被羁押的；

（三）依照刑事诉讼法第十五条、第一百四十二条第二款规定不追究刑事责任的人被羁押的；

（四）行使侦查、检察、审判职权的机关以及看守所、监狱管理机关的工作人员与行使职权无关的个人行为；

（五）因公民自伤、自残等故意行为致使损害发生的；

（六）法律规定的其他情形。

第二节　赔偿请求人和赔偿义务机关

第二十条　赔偿请求人的确定依照本法第六条的规定。

第二十一条　行使侦查、检察、审判职权的机关以及看守所、监狱管理机关及其工作人员在行使职权时侵犯公民、法人和其他组织的合法权益造成损害的，该机关为赔偿义务机关。

对公民采取拘留措施，依照本法的规定应当给予国家赔偿的，作出拘留决定的机关为赔偿义务机关。

对公民采取逮捕措施后决定撤销案件、不起诉或者判决宣告无罪的，作出逮捕决定的机关为赔偿义务机关。

再审改判无罪的，作出原生效判决的人民法院为赔偿义务机关。二审改判无罪，以及二审发回重审后作无罪处理的，作出一审有罪判决的人民法院为赔偿义务机关。

第三节　赔偿程序

第二十二条　赔偿义务机关有本法第十七条、第十八条规定情形之一的，应当给予赔偿。

赔偿请求人要求赔偿，应当先向赔偿义务机关提出。

赔偿请求人提出赔偿请求，适用本法第十一条、第十二条的规定。

第二十三条　赔偿义务机关应当自收到申请之日起两个月内，作出是否赔偿的决定。赔偿义务机关作出赔偿决定，应当充分听取赔偿请求人的意见，并可以与赔偿请求人就赔偿方式、赔偿项目和赔偿数额依照本法第四章的规定进行协商。

赔偿义务机关决定赔偿的，应当制作赔偿决定书，并自作出决定之日起10日内送达赔偿请求人。

赔偿义务机关决定不予赔偿的，应当自作出决定之日起10日内书面通知赔偿请求人，并说明不予赔偿的理由。

第二十四条　赔偿义务机关在规定期限内未作出是否赔偿的决定，赔偿请求人可以自期限届满之日起30日内向赔偿义务机关

的上一级机关申请复议。

赔偿请求人对赔偿的方式、项目、数额有异议的，或者赔偿义务机关作出不予赔偿决定的，赔偿请求人可以自赔偿义务机关作出赔偿或者不予赔偿决定之日起30日内，向赔偿义务机关的上一级机关申请复议。

赔偿义务机关是人民法院的，赔偿请求人可以依照本条规定向其上一级人民法院赔偿委员会申请作出赔偿决定。

第二十五条 复议机关应当自收到申请之日起两个月内作出决定。

赔偿请求人不服复议决定的，可以在收到复议决定之日起30日内向复议机关所在地的同级人民法院赔偿委员会申请作出赔偿决定；复议机关逾期不作决定的，赔偿请求人可以自期限届满之日起30日内向复议机关所在地的同级人民法院赔偿委员会申请作出赔偿决定。

第二十六条 人民法院赔偿委员会处理赔偿请求，赔偿请求人和赔偿义务机关对自己提出的主张，应当提供证据。

被羁押人在羁押期间死亡或者丧失行为能力的，赔偿义务机关的行为与被羁押人的死亡或者丧失行为能力是否存在因果关系，赔偿义务机关应当提供证据。

第二十七条 人民法院赔偿委员会处理赔偿请求，采取书面审查的办法。必要时，可以向有关单位和人员调查情况、收集证据。赔偿请求人与赔偿义务机关对损害事实及因果关系有争议的，赔偿委员会可以听取赔偿请求人和赔偿义务机关的陈述和申辩，并可以进行质证。

第二十八条 人民法院赔偿委员会应当自收到赔偿申请之日起3个月内作出决定；属于疑难、复杂、重大案件的，经本院院长批准，可以延长3个月。

第二十九条 中级以上的人民法院设立赔偿委员会，由人民法院3名以上审判员组成，组成人员的人数应当为单数。

赔偿委员会作赔偿决定，实行少数服从多数的原则。

赔偿委员会作出的赔偿决定，是发生法律效力的决定，必须执行。

第三十条 赔偿请求人或者赔偿义务机关对赔偿委员会作出的决定，认为确有错误的，可以向上一级人民法院赔偿委员会提出申诉。

赔偿委员会作出的赔偿决定生效后，如发现赔偿决定违反本法规定的，经本院院长决定或者上级人民法院指令，赔偿委员会应当在两个月内重新审查并依法作出决定，上一级人民法院赔偿委员会也可以直接审查并作出决定。

最高人民检察院对各级人民法院赔偿委员会作出的决定，上级人民检察院对下级人民法院赔偿委员会作出的决定，发现违反本法规定的，应当向同级人民法院赔偿委员会提出意见，同级人民法院赔偿委员会应当在两个月内重新审查并依法作出决定。

第三十一条 赔偿义务机关赔偿后，应当向有下列情形之一的工作人员追偿部分或者全部赔偿费用：

（一）有本法第十七条第四项、第五项规定情形的；

（二）在处理案件中有贪污受贿，徇私舞弊，枉法裁判行为的。

对有前款规定情形的责任人员，有关机关应当依法给予处分；构成犯罪的，应当依法追究刑事责任。

第四章 赔偿方式和计算标准

第三十二条 国家赔偿以支付赔偿金为主要方式。

能够返还财产或者恢复原状的，予以返还财产或者恢复原状。

第三十三条 侵犯公民人身自由的，每日赔偿金按照国家上年度职工日平均工资计算。

第三十四条 侵犯公民生命健康权的，赔偿金按照下列规定计算：

（一）造成身体伤害的，应当支付医疗费、护理费，以及赔偿因误工减少的收入。减少的收入每日的赔偿金按照国家上年度职工

日平均工资计算,最高额为国家上年度职工年平均工资的5倍;

(二)造成部分或者全部丧失劳动能力的,应当支付医疗费、护理费、残疾生活辅助具费、康复费等因残疾而增加的必要支出和继续治疗所必需的费用,以及残疾赔偿金。残疾赔偿金根据丧失劳动能力的程度,按照国家规定的伤残等级确定,最高不超过国家上年度职工年平均工资的20倍。造成全部丧失劳动能力的,对其扶养的无劳动能力的人,还应当支付生活费;

(三)造成死亡的,应当支付死亡赔偿金、丧葬费,总额为国家上年度职工年平均工资的20倍。对死者生前扶养的无劳动能力的人,还应当支付生活费。

前款第二项、第三项规定的生活费的发放标准,参照当地最低生活保障标准执行。被扶养的人是未成年人的,生活费给付至18周岁止;其他无劳动能力的人,生活费给付至死亡时止。

第三十五条 有本法第三条或者第十七条规定情形之一,致人精神损害的,应当在侵权行为影响的范围内,为受害人消除影响,恢复名誉,赔礼道歉;造成严重后果的,应当支付相应的精神损害抚慰金。

第三十六条 侵犯公民、法人和其他组织的财产权造成损害的,按照下列规定处理:

(一)处罚款、罚金、追缴、没收财产或者违法征收、征用财产的,返还财产;

(二)查封、扣押、冻结财产的,解除对财产的查封、扣押、冻结,造成财产损坏或者灭失的,依照本条第三项、第四项的规定赔偿;

(三)应当返还的财产损坏的,能够恢复原状的恢复原状,不能恢复原状的,按照损害程度给付相应的赔偿金;

(四)应当返还的财产灭失的,给付相应的赔偿金;

(五)财产已经拍卖或者变卖的,给付拍卖或者变卖所得的价款;变卖的价款明显低于财产价值的,应当支付相应的赔偿金;

(六)吊销许可证和执照、责令停产停业的,赔偿停产停业期

间必要的经常性费用开支；

（七）返还执行的罚款或者罚金、追缴或者没收的金钱，解除冻结的存款或者汇款的，应当支付银行同期存款利息；

（八）对财产权造成其他损害的，按照直接损失给予赔偿。

第三十七条 赔偿费用列入各级财政预算。

赔偿请求人凭生效的判决书、复议决定书、赔偿决定书或者调解书，向赔偿义务机关申请支付赔偿金。

赔偿义务机关应当自收到支付赔偿金申请之日起 7 日内，依照预算管理权限向有关的财政部门提出支付申请。财政部门应当自收到支付申请之日起 15 日内支付赔偿金。

赔偿费用预算与支付管理的具体办法由国务院规定。

第五章 其他规定

第三十八条 人民法院在民事诉讼、行政诉讼过程中，违法采取对妨害诉讼的强制措施、保全措施或者对判决、裁定及其他生效法律文书执行错误，造成损害的，赔偿请求人要求赔偿的程序，适用本法刑事赔偿程序的规定。

第三十九条 赔偿请求人请求国家赔偿的时效为两年，自其知道或者应当知道国家机关及其工作人员行使职权时的行为侵犯其人身权、财产权之日起计算，但被羁押等限制人身自由期间不计算在内。在申请行政复议或者提起行政诉讼时一并提出赔偿请求的，适用行政复议法、行政诉讼法有关时效的规定。

赔偿请求人在赔偿请求时效的最后 6 个月内，因不可抗力或者其他障碍不能行使请求权的，时效中止。从中止时效的原因消除之日起，赔偿请求时效期间继续计算。

第四十条 外国人、外国企业和组织在中华人民共和国领域内要求中华人民共和国国家赔偿的，适用本法。

外国人、外国企业和组织的所属国对中华人民共和国公民、法人和其他组织要求该国国家赔偿的权利不予保护或者限制的，中

华人民共和国与该外国人、外国企业和组织的所属国实行对等原则。

第六章　附　则

第四十一条　赔偿请求人要求国家赔偿的，赔偿义务机关、复议机关和人民法院不得向赔偿请求人收取任何费用。

对赔偿请求人取得的赔偿金不予征税。

第四十二条　本法自 1995 年 1 月 1 日起施行。

中华人民共和国水土保持法

中华人民共和国第十一届全国人民代表大会常务委员会
第十八次会议通过　2010. 12. 25

第一章　总　则

第一条　为了预防和治理水土流失，保护和合理利用水土资源，减轻水、旱、风沙灾害，改善生态环境，保障经济社会可持续发展，制定本法。

第二条　在中华人民共和国境内从事水土保持活动，应当遵守本法。

本法所称水土保持，是指对自然因素和人为活动造成水土流失所采取的预防和治理措施。

第三条　水土保持工作实行预防为主、保护优先、全面规划、综合治理、因地制宜、突出重点、科学管理、注重效益的方针。

第四条　县级以上人民政府应当加强对水土保持工作的统一领导，将水土保持工作纳入本级国民经济和社会发展规划，对水土保持规划确定的任务，安排专项资金，并组织实施。

国家在水土流失重点预防区和重点治理区，实行地方各级人民政府水土保持目标责任制和考核奖惩制度。

第五条　国务院水行政主管部门主管全国的水土保持工作。

国务院水行政主管部门在国家确定的重要江河、湖泊设立的流域管理机构（以下简称流域管理机构），在所管辖范围内依法承担水土保持监督管理职责。

县级以上地方人民政府水行政主管部门主管本行政区域的水土保持工作。

县级以上人民政府林业、农业、国土资源等有关部门按照各自职责,做好有关的水土流失预防和治理工作。

第六条 各级人民政府及其有关部门应当加强水土保持宣传和教育工作,普及水土保持科学知识,增强公众的水土保持意识。

第七条 国家鼓励和支持水土保持科学技术研究,提高水土保持科学技术水平,推广先进的水土保持技术,培养水土保持科学技术人才。

第八条 任何单位和个人都有保护水土资源、预防和治理水土流失的义务,并有权对破坏水土资源、造成水土流失的行为进行举报。

第九条 国家鼓励和支持社会力量参与水土保持工作。

对水土保持工作中成绩显著的单位和个人,由县级以上人民政府给予表彰和奖励。

第二章 规 划

第十条 水土保持规划应当在水土流失调查结果及水土流失重点预防区和重点治理区划定的基础上,遵循统筹协调、分类指导的原则编制。

第十一条 国务院水行政主管部门应当定期组织全国水土流失调查并公告调查结果。

省、自治区、直辖市人民政府水行政主管部门负责本行政区域的水土流失调查并公告调查结果,公告前应当将调查结果报国务院水行政主管部门备案。

第十二条 县级以上人民政府应当依据水土流失调查结果划定并公告水土流失重点预防区和重点治理区。

对水土流失潜在危险较大的区域,应当划定为水土流失重点预防区;对水土流失严重的区域,应当划定为水土流失重点治

理区。

第十三条 水土保持规划的内容应当包括水土流失状况、水土流失类型区划分、水土流失防治目标、任务和措施等。

水土保持规划包括对流域或者区域预防和治理水土流失、保护和合理利用水土资源作出的整体部署，以及根据整体部署对水土保持专项工作或者特定区域预防和治理水土流失作出的专项部署。

水土保持规划应当与土地利用总体规划、水资源规划、城乡规划和环境保护规划等相协调。

编制水土保持规划，应当征求专家和公众的意见。

第十四条 县级以上人民政府水行政主管部门会同同级人民政府有关部门编制水土保持规划，报本级人民政府或者其授权的部门批准后，由水行政主管部门组织实施。

水土保持规划一经批准，应当严格执行；经批准的规划根据实际情况需要修改的，应当按照规划编制程序报原批准机关批准。

第十五条 有关基础设施建设、矿产资源开发、城镇建设、公共服务设施建设等方面的规划，在实施过程中可能造成水土流失的，规划的组织编制机关应当在规划中提出水土流失预防和治理的对策和措施，并在规划报请审批前征求本级人民政府水行政主管部门的意见。

第三章 预 防

第十六条 地方各级人民政府应当按照水土保持规划，采取封育保护、自然修复等措施，组织单位和个人植树种草，扩大林草覆盖面积，涵养水源，预防和减轻水土流失。

第十七条 地方各级人民政府应当加强对取土、挖砂、采石等活动的管理，预防和减轻水土流失。

禁止在崩塌、滑坡危险区和泥石流易发区从事取土、挖砂、采石等可能造成水土流失的活动。崩塌、滑坡危险区和泥石流易发

区的范围，由县级以上地方人民政府划定并公告。崩塌、滑坡危险区和泥石流易发区的划定，应当与地质灾害防治规划确定的地质灾害易发区、重点防治区相衔接。

第十八条 水土流失严重、生态脆弱的地区，应当限制或者禁止可能造成水土流失的生产建设活动，严格保护植物、沙壳、结皮、地衣等。

在侵蚀沟的沟坡和沟岸、河流的两岸以及湖泊和水库的周边，土地所有权人、使用权人或者有关管理单位应当营造植物保护带。禁止开垦、开发植物保护带。

第十九条 水土保持设施的所有权人或者使用权人应当加强对水土保持设施的管理与维护，落实管护责任，保障其功能正常发挥。

第二十条 禁止在25度以上陡坡地开垦种植农作物。在25度以上陡坡地种植经济林的，应当科学选择树种，合理确定规模，采取水土保持措施，防止造成水土流失。

省、自治区、直辖市根据本行政区域的实际情况，可以规定小于25度的禁止开垦坡度。禁止开垦的陡坡地的范围由当地县级人民政府划定并公告。

第二十一条 禁止毁林、毁草开垦和采集发菜。禁止在水土流失重点预防区和重点治理区铲草皮、挖树兜或者滥挖虫草、甘草、麻黄等。

第二十二条 林木采伐应当采用合理方式，严格控制皆伐；对水源涵养林、水土保持林、防风固沙林等防护林只能进行抚育和更新性质的采伐；对采伐区和集材道应当采取防止水土流失的措施，并在采伐后及时更新造林。

在林区采伐林木的，采伐方案中应当有水土保持措施。采伐方案经林业主管部门批准后，由林业主管部门和水行政主管部门监督实施。

第二十三条 在5度以上坡地植树造林、抚育幼林、种植中药材等，应当采取水土保持措施。

在禁止开垦坡度以下、5 度以上的荒坡地开垦种植农作物，应当采取水土保持措施。具体办法由省、自治区、直辖市根据本行政区域的实际情况规定。

第二十四条 生产建设项目选址、选线应当避让水土流失重点预防区和重点治理区；无法避让的，应当提高防治标准，优化施工工艺，减少地表扰动和植被损坏范围，有效控制可能造成的水土流失。

第二十五条 在山区、丘陵区、风沙区以及水土保持规划确定的容易发生水土流失的其他区域开办可能造成水土流失的生产建设项目，生产建设单位应当编制水土保持方案，报县级以上人民政府水行政主管部门审批，并按照经批准的水土保持方案，采取水土流失预防和治理措施。没有能力编制水土保持方案的，应当委托具备相应技术条件的机构编制。

水土保持方案应当包括水土流失预防和治理的范围、目标、措施和投资等内容。

水土保持方案经批准后，生产建设项目的地点、规模发生重大变化的，应当补充或者修改水土保持方案并报原审批机关批准。水土保持方案实施过程中，水土保持措施需要作出重大变更的，应当经原审批机关批准。

生产建设项目水土保持方案的编制和审批办法，由国务院水行政主管部门制定。

第二十六条 依法应当编制水土保持方案的生产建设项目，生产建设单位未编制水土保持方案或者水土保持方案未经水行政主管部门批准的，生产建设项目不得开工建设。

第二十七条 依法应当编制水土保持方案的生产建设项目中的水土保持设施，应当与主体工程同时设计、同时施工、同时投产使用；生产建设项目竣工验收，应当验收水土保持设施；水土保持设施未经验收或者验收不合格的，生产建设项目不得投产使用。

第二十八条 依法应当编制水土保持方案的生产建设项目，其生产建设活动中排弃的砂、石、土、矸石、尾矿、废渣等应当综合

利用；不能综合利用，确需废弃的，应当堆放在水土保持方案确定的专门存放地，并采取措施保证不产生新的危害。

第二十九条 县级以上人民政府水行政主管部门、流域管理机构，应当对生产建设项目水土保持方案的实施情况进行跟踪检查，发现问题及时处理。

第四章 治 理

第三十条 国家加强水土流失重点预防区和重点治理区的坡耕地改梯田、淤地坝等水土保持重点工程建设，加大生态修复力度。

县级以上人民政府水行政主管部门应当加强对水土保持重点工程的建设管理，建立和完善运行管护制度。

第三十一条 国家加强江河源头区、饮用水水源保护区和水源涵养区水土流失的预防和治理工作，多渠道筹集资金，将水土保持生态效益补偿纳入国家建立的生态效益补偿制度。

第三十二条 开办生产建设项目或者从事其他生产建设活动造成水土流失的，应当进行治理。

在山区、丘陵区、风沙区以及水土保持规划确定的容易发生水土流失的其他区域开办生产建设项目或者从事其他生产建设活动，损坏水土保持设施、地貌植被，不能恢复原有水土保持功能的，应当缴纳水土保持补偿费，专项用于水土流失预防和治理。专项水土流失预防和治理由水行政主管部门负责组织实施。水土保持补偿费的收取使用管理办法由国务院财政部门、国务院价格主管部门会同国务院水行政主管部门制定。

生产建设项目在建设过程中和生产过程中发生的水土保持费用，按照国家统一的财务会计制度处理。

第三十三条 国家鼓励单位和个人按照水土保持规划参与水土流失治理，并在资金、技术、税收等方面予以扶持。

第三十四条 国家鼓励和支持承包治理荒山、荒沟、荒丘、

荒滩，防治水土流失，保护和改善生态环境，促进土地资源的合理开发和可持续利用，并依法保护土地承包合同当事人的合法权益。

承包治理荒山、荒沟、荒丘、荒滩和承包水土流失严重地区农村土地的，在依法签订的土地承包合同中应当包括预防和治理水土流失责任的内容。

第三十五条 在水力侵蚀地区，地方各级人民政府及其有关部门应当组织单位和个人，以天然沟壑及其两侧山坡地形成的小流域为单元，因地制宜地采取工程措施、植物措施和保护性耕作等措施，进行坡耕地和沟道水土流失综合治理。

在风力侵蚀地区，地方各级人民政府及其有关部门应当组织单位和个人，因地制宜地采取轮封轮牧、植树种草、设置人工沙障和网格林带等措施，建立防风固沙防护体系。

在重力侵蚀地区，地方各级人民政府及其有关部门应当组织单位和个人，采取监测、径流排导、削坡减载、支挡固坡、修建拦挡工程等措施，建立监测、预报、预警体系。

第三十六条 在饮用水水源保护区，地方各级人民政府及其有关部门应当组织单位和个人，采取预防保护、自然修复和综合治理措施，配套建设植物过滤带，积极推广沼气，开展清洁小流域建设，严格控制化肥和农药的使用，减少水土流失引起的面源污染，保护饮用水水源。

第三十七条 已在禁止开垦的陡坡地上开垦种植农作物的，应当按照国家有关规定退耕，植树种草；耕地短缺、退耕确有困难的，应当修建梯田或者采取其他水土保持措施。

在禁止开垦坡度以下的坡耕地上开垦种植农作物的，应当根据不同情况，采取修建梯田、坡面水系整治、蓄水保土耕作或者退耕等措施。

第三十八条 对生产建设活动所占用土地的地表土应当进行分层剥离、保存和利用，做到土石方挖填平衡，减少地表扰动范围；对废弃的砂、石、土、矸石、尾矿、废渣等存放地，应当采取拦挡、坡

面防护、防洪排导等措施。生产建设活动结束后，应当及时在取土场、开挖面和存放地的裸露土地上植树种草、恢复植被，对闭库的尾矿库进行复垦。

在干旱缺水地区从事生产建设活动，应当采取防止风力侵蚀措施，设置降水蓄渗设施，充分利用降水资源。

第三十九条 国家鼓励和支持在山区、丘陵区、风沙区以及容易发生水土流失的其他区域，采取下列有利于水土保持的措施：

（一）免耕、等高耕作、轮耕轮作、草田轮作、间作套种等；

（二）封禁抚育、轮封轮牧、舍饲圈养；

（三）发展沼气、节柴灶，利用太阳能、风能和水能，以煤、电、气代替薪柴等；

（四）从生态脆弱地区向外移民；

（五）其他有利于水土保持的措施。

第五章 监测和监督

第四十条 县级以上人民政府水行政主管部门应当加强水土保持监测工作，发挥水土保持监测工作在政府决策、经济社会发展和社会公众服务中的作用。县级以上人民政府应当保障水土保持监测工作经费。

国务院水行政主管部门应当完善全国水土保持监测网络，对全国水土流失进行动态监测。

第四十一条 对可能造成严重水土流失的大中型生产建设项目，生产建设单位应当自行或者委托具备水土保持监测资质的机构，对生产建设活动造成的水土流失进行监测，并将监测情况定期上报当地水行政主管部门。

从事水土保持监测活动应当遵守国家有关技术标准、规范和规程，保证监测质量。

第四十二条 国务院水行政主管部门和省、自治区、直辖市人民政府水行政主管部门应当根据水土保持监测情况，定期对下列

事项进行公告：

（一）水土流失类型、面积、强度、分布状况和变化趋势；

（二）水土流失造成的危害；

（三）水土流失预防和治理情况。

第四十三条 县级以上人民政府水行政主管部门负责对水土保持情况进行监督检查。流域管理机构在其管辖范围内可以行使国务院水行政主管部门的监督检查职权。

第四十四条 水政监督检查人员依法履行监督检查职责时，有权采取下列措施：

（一）要求被检查单位或者个人提供有关文件、证照、资料；

（二）要求被检查单位或者个人就预防和治理水土流失的有关情况作出说明；

（三）进入现场进行调查、取证。

被检查单位或者个人拒不停止违法行为，造成严重水土流失的，报经水行政主管部门批准，可以查封、扣押实施违法行为的工具及施工机械、设备等。

第四十五条 水政监督检查人员依法履行监督检查职责时，应当出示执法证件。被检查单位或者个人对水土保持监督检查工作应当给予配合，如实报告情况，提供有关文件、证照、资料；不得拒绝或者阻碍水政监督检查人员依法执行公务。

第四十六条 不同行政区域之间发生水土流失纠纷应当协商解决；协商不成的，由共同的上一级人民政府裁决。

第六章 法律责任

第四十七条 水行政主管部门或者其他依照本法规定行使监督管理权的部门，不依法作出行政许可决定或者办理批准文件的，发现违法行为或者接到对违法行为的举报不予查处的，或者有其他未依照本法规定履行职责的行为的，对直接负责的主管人员和其他直接责任人员依法给予处分。

第四十八条 违反本法规定，在崩塌、滑坡危险区或者泥石流易发区从事取土、挖砂、采石等可能造成水土流失的活动的，由县级以上地方人民政府水行政主管部门责令停止违法行为，没收违法所得，对个人处1000元以上1万元以下的罚款，对单位处2万元以上20万元以下的罚款。

第四十九条 违反本法规定，在禁止开垦坡度以上陡坡地开垦种植农作物，或者在禁止开垦、开发的植物保护带内开垦、开发的，由县级以上地方人民政府水行政主管部门责令停止违法行为，采取退耕、恢复植被等补救措施；按照开垦或者开发面积，可以对个人处每平方米2元以下的罚款、对单位处每平方米10元以下的罚款。

第五十条 违反本法规定，毁林、毁草开垦的，依照《中华人民共和国森林法》、《中华人民共和国草原法》的有关规定处罚。

第五十一条 违反本法规定，采集发菜，或者在水土流失重点预防区和重点治理区铲草皮、挖树兜、滥挖虫草、甘草、麻黄等的，由县级以上地方人民政府水行政主管部门责令停止违法行为，采取补救措施，没收违法所得，并处违法所得1倍以上5倍以下的罚款；没有违法所得的，可以处5万元以下的罚款。

在草原地区有前款规定违法行为的，依照《中华人民共和国草原法》的有关规定处罚。

第五十二条 在林区采伐林木不依法采取防止水土流失措施的，由县级以上地方人民政府林业主管部门、水行政主管部门责令限期改正，采取补救措施；造成水土流失的，由水行政主管部门按照造成水土流失的面积处每平方米2元以上10元以下的罚款。

第五十三条 违反本法规定，有下列行为之一的，由县级以上人民政府水行政主管部门责令停止违法行为，限期补办手续；逾期不补办手续的，处5万元以上50万元以下的罚款；对生产建设单位直接负责的主管人员和其他直接责任人员依法给予处分：

（一）依法应当编制水土保持方案的生产建设项目，未编制水土保持方案或者编制的水土保持方案未经批准而开工建设的；

（二）生产建设项目的地点、规模发生重大变化，未补充、修改水土保持方案或者补充、修改的水土保持方案未经原审批机关批准的；

（三）水土保持方案实施过程中，未经原审批机关批准，对水土保持措施作出重大变更的。

第五十四条 违反本法规定，水土保持设施未经验收或者验收不合格将生产建设项目投产使用的，由县级以上人民政府水行政主管部门责令停止生产或者使用，直至验收合格，并处 5 万元以上 50 万元以下的罚款。

第五十五条 违反本法规定，在水土保持方案确定的专门存放地以外的区域倾倒砂、石、土、矸石、尾矿、废渣等的，由县级以上地方人民政府水行政主管部门责令停止违法行为，限期清理，按照倾倒数量处每立方米 10 元以上 20 元以下的罚款；逾期仍不清理的，县级以上地方人民政府水行政主管部门可以指定有清理能力的单位代为清理，所需费用由违法行为人承担。

第五十六条 违反本法规定，开办生产建设项目或者从事其他生产建设活动造成水土流失，不进行治理的，由县级以上人民政府水行政主管部门责令限期治理；逾期仍不治理的，县级以上人民政府水行政主管部门可以指定有治理能力的单位代为治理，所需费用由违法行为人承担。

第五十七条 违反本法规定，拒不缴纳水土保持补偿费的，由县级以上人民政府水行政主管部门责令限期缴纳；逾期不缴纳的，自滞纳之日起按日加收滞纳部分万分之五的滞纳金，可以处应缴水土保持补偿费 3 倍以下的罚款。

第五十八条 违反本法规定，造成水土流失危害的，依法承担民事责任；构成违反治安管理行为的，由公安机关依法给予治安管理处罚；构成犯罪的，依法追究刑事责任。

第七章　附　　则

第五十九条　县级以上地方人民政府根据当地实际情况确定的负责水土保持工作的机构,行使本法规定的水行政主管部门水土保持工作的职责。

第六十条　本法自 2011 年 3 月 1 日起施行。

国务院关于加强法治政府建设的意见

国发〔2010〕33号　2010.10.10

各省、自治区、直辖市人民政府，国务院各部委、各直属机构：

2004年3月，国务院发布《全面推进依法行政实施纲要》（以下简称《纲要》），明确提出建设法治政府的奋斗目标。为在新形势下深入贯彻落实依法治国基本方略，全面推进依法行政，进一步加强法治政府建设，现提出以下意见。

一、加强法治政府建设的重要性紧迫性和总体要求

1.加强法治政府建设的重要性紧迫性。贯彻依法治国基本方略，推进依法行政，建设法治政府，是我们党治国理政从理念到方式的革命性变化，具有划时代的重要意义。《纲要》实施6年来，各级人民政府对依法行政工作高度重视，加强领导、狠抓落实，法治政府建设取得了重要进展。当前，我国经济社会发展进入新阶段，国内外环境更为复杂，挑战增多。转变经济发展方式和调整经济结构的任务更加紧迫和艰巨，城乡之间、地区之间发展不平衡，收入分配不公平和差距扩大，社会结构和利益格局深刻调整，部分地区和一些领域社会矛盾有所增加，群体性事件时有发生，一些领域腐败现象仍然易发多发，执法不公、行政不作为乱作为等问题比较突出。解决这些突出问题，要求进一步深化改革，加强制度建设，强化对行政权力运行的监督和制约，推进依法行政，建设法治政府。各级行政机关及其领导干部一定要正确看待我国经济社会环境的新变化，准确把握改革发展稳定的新形势，及时回应人民群众的新期待，切实增强建设法治政府的使命感、紧迫感和责任感。

2.加强法治政府建设的总体要求。当前和今后一个时期，要深入贯彻科学发展观，认真落实依法治国基本方略，进一步加大

《纲要》实施力度，以建设法治政府为奋斗目标，以事关依法行政全局的体制机制创新为突破口，以增强领导干部依法行政的意识和能力、提高制度建设质量、规范行政权力运行、保证法律法规严格执行为着力点，全面推进依法行政，不断提高政府公信力和执行力，为保障经济又好又快发展和社会和谐稳定发挥更大的作用。

二、提高行政机关工作人员特别是领导干部依法行政的意识和能力

3. 高度重视行政机关工作人员依法行政意识与能力的培养。行政机关工作人员特别是领导干部要带头学法、尊法、守法、用法，牢固树立以依法治国、执法为民、公平正义、服务大局、党的领导为基本内容的社会主义法治理念，自觉养成依法办事的习惯，切实提高运用法治思维和法律手段解决经济社会发展中突出矛盾和问题的能力。要重视提拔使用依法行政意识强，善于用法律手段解决问题、推动发展的优秀干部。

4. 推行依法行政情况考察和法律知识测试制度。拟任地方人民政府及其部门领导职务的干部，任职前要考察其掌握相关法律知识和依法行政情况。公务员录用考试要注重对法律知识的测试，对拟从事行政执法、政府法制等工作的人员，还要组织专门的法律知识考试。

5. 建立法律知识学习培训长效机制。完善各级行政机关领导干部学法制度。要通过政府常务会议会前学法、法制讲座等形式，组织学习宪法、通用法律知识和与履行职责相关的专门法律知识。县级以上地方各级人民政府每年至少要举办2期领导干部依法行政专题研讨班。各级行政学院和公务员培训机构举办的行政机关公务员培训班，要把依法行政知识纳入教学内容。定期组织行政执法人员参加通用法律知识培训、专门法律知识轮训和新法律法规专题培训，并把培训情况、学习成绩作为考核内容和任职晋升的依据之一。

三、加强和改进制度建设

6. 突出政府立法重点。要按照有利于调动人民群众积极性和

创造性、激发社会活力和竞争力、解放和发展生产力、维护公平正义、规范权力运行的要求，加强和改进政府立法与制度建设。重点加强有关完善经济体制、改善民生和发展社会事业以及政府自身建设方面的立法。对社会高度关注、实践急需、条件相对成熟的立法项目，要作为重中之重，集中力量攻关，尽早出台。

7. 提高制度建设质量。政府立法要符合经济社会发展规律，充分反映人民意愿，着力解决经济社会发展中的普遍性问题和深层次矛盾，切实增强法律制度的科学性和可操作性。严格遵守法定权限和程序，完善公众参与政府立法的制度和机制，保证人民群众的意见得到充分表达、合理诉求和合法利益得到充分体现。除依法需要保密的外，行政法规和规章草案要向社会公开征求意见，并以适当方式反馈意见采纳情况。建立健全专家咨询论证制度，充分发挥专家学者在政府立法中的作用。法律法规规章草案涉及其他部门职责的，要充分听取相关部门的意见；相关部门要认真研究，按要求及时回复意见。加强政府法制机构在政府立法中的主导和协调作用，涉及重大意见分歧、达不成一致意见的，要及时报请本级人民政府决定。坚决克服政府立法过程中的部门利益和地方保护倾向。积极探索开展政府立法成本效益分析、社会风险评估、实施情况后评估工作。加强行政法规、规章解释工作。

8. 加强对行政法规、规章和规范性文件的清理。坚持立"新法"与改"旧法"并重。对不符合经济社会发展要求，与上位法相抵触、不一致，或者相互之间不协调的行政法规、规章和规范性文件，要及时修改或者废止。建立规章和规范性文件定期清理制度，对规章一般每隔 5 年、规范性文件一般每隔 2 年清理一次，清理结果要向社会公布。

9. 健全规范性文件制定程序。地方各级行政机关和国务院各部门要严格依法制定规范性文件。各类规范性文件不得设定行政许可、行政处罚、行政强制等事项，不得违法增加公民、法人和其他组织的义务。制定对公民、法人或者其他组织的权利义务产生直接影响的规范性文件，要公开征求意见，由法制机构进行合法性审

查，并经政府常务会议或者部门领导班子会议集体讨论决定；未经公开征求意见、合法性审查、集体讨论的，不得发布施行。县级以上地方人民政府对本级政府及其部门的规范性文件，要逐步实行统一登记、统一编号、统一发布。探索建立规范性文件有效期制度。

10. 强化规章和规范性文件备案审查。严格执行法规规章备案条例和有关规范性文件备案的规定，加强备案审查工作，做到有件必备、有错必纠，切实维护法制统一和政令畅通。要重点加强对违法增加公民、法人和其他组织义务或者影响其合法权益，搞地方或行业保护等内容的规章和规范性文件的备案审查工作。建立规范性文件备案登记、公布、情况通报和监督检查制度，加强备案工作信息化建设。对公民、法人和其他组织提出的审查建议，要按照有关规定认真研究办理。对违法的规章和规范性文件，要及时报请有权机关依法予以撤销并向社会公布。备案监督机构要定期向社会公布通过备案审查的规章和规范性文件目录。

四、坚持依法科学民主决策

11. 规范行政决策程序。加强行政决策程序建设，健全重大行政决策规则，推进行政决策的科学化、民主化、法治化。要坚持一切从实际出发，系统全面地掌握实际情况，深入分析决策对各方面的影响，认真权衡利弊得失。要把公众参与、专家论证、风险评估、合法性审查和集体讨论决定作为重大决策的必经程序。作出重大决策前，要广泛听取、充分吸收各方面意见，意见采纳情况及其理由要以适当形式反馈或者公布。完善重大决策听证制度，扩大听证范围，规范听证程序，听证参加人要有广泛的代表性，听证意见要作为决策的重要参考。重大决策要经政府常务会议或者部门领导班子会议集体讨论决定。重大决策事项应当在会前交由法制机构进行合法性审查，未经合法性审查或者经审查不合法的，不能提交会议讨论、作出决策。

12. 完善行政决策风险评估机制。凡是有关经济社会发展和人民群众切身利益的重大政策、重大项目等决策事项，都要进行合

法性、合理性、可行性和可控性评估，重点是进行社会稳定、环境、经济等方面的风险评估。建立完善部门论证、专家咨询、公众参与、专业机构测评相结合的风险评估工作机制，通过舆情跟踪、抽样调查、重点走访、会商分析等方式，对决策可能引发的各种风险进行科学预测、综合研判，确定风险等级并制定相应的化解处置预案。要把风险评估结果作为决策的重要依据，未经风险评估的，一律不得作出决策。

13. 加强重大决策跟踪反馈和责任追究。在重大决策执行过程中，决策机关要跟踪决策的实施情况，通过多种途径了解利益相关方和社会公众对决策实施的意见和建议，全面评估决策执行效果，并根据评估结果决定是否对决策予以调整或者停止执行。对违反决策规定、出现重大决策失误、造成重大损失的，要按照谁决策、谁负责的原则严格追究责任。

五、严格规范公正文明执法

14. 严格依法履行职责。各级行政机关要自觉在宪法和法律范围内活动，严格依照法定权限和程序行使权力、履行职责。要全面履行政府职能，更加重视社会管理和公共服务，着力保障和改善民生，切实解决就业、教育、医疗、社会保障、保障性住房等方面人民群众最关心的问题。加大行政执法力度，严厉查处危害安全生产、食品药品安全、自然资源和环境保护、社会治安等方面的违法案件，维护公共利益和经济社会秩序。认真执行行政许可法，深化行政审批制度改革，进一步规范和减少行政审批，推进政府职能转变和管理方式创新。着力提高政府公信力，没有法律、法规、规章依据，行政机关不得作出影响公民、法人和其他组织权益或者增加其义务的决定；行政机关参与民事活动，要依法行使权利、履行义务、承担责任。

15. 完善行政执法体制和机制。继续推进行政执法体制改革，合理界定执法权限，明确执法责任，推进综合执法，减少执法层级，提高基层执法能力，切实解决多头执法、多层执法和不执法、乱执法问题。改进和创新执法方式，坚持管理与服务并重、处置与疏导

结合,实现法律效果与社会效果的统一。加强行政执法信息化建设,推行执法流程网上管理,提高执法效率和规范化水平。县级以上人民政府要建立相关机制,促进行政执法部门信息交流和资源共享。完善执法经费由财政保障的机制,切实解决执法经费与罚没收入挂钩问题。

16. 规范行政执法行为。各级行政机关都要强化程序意识,严格按程序执法。加强程序制度建设,细化执法流程,明确执法环节和步骤,保障程序公正。要平等对待行政相对人,同样情形同等处理。行政执法机关处理违法行为的手段和措施要适当适度,尽力避免或者减少对当事人权益的损害。建立行政裁量权基准制度,科学合理细化、量化行政裁量权,完善适用规则,严格规范裁量权行使,避免执法的随意性。健全行政执法调查规则,规范取证活动。坚持文明执法,不得粗暴对待当事人,不得侵害执法对象的人格尊严。加强行政执法队伍建设,严格执法人员持证上岗和资格管理制度,狠抓执法纪律和职业道德教育,全面提高执法人员素质。根据法律法规规章立、改、废情况及时调整、梳理行政执法依据,明确执法职权、机构、岗位、人员和责任,并向社会公布。充分利用信息化手段开展执法案卷评查、质量考核、满意度测评等工作,加强执法评议考核,评议考核结果要作为执法人员奖励惩处、晋职晋级的重要依据。严格落实行政执法责任制。

六、全面推进政务公开

17. 加大政府信息公开力度。认真贯彻实施政府信息公开条例,坚持以公开为原则、不公开为例外,凡是不涉及国家秘密、商业秘密和个人隐私的政府信息,都要向社会公开。加大主动公开力度,重点推进财政预算、公共资源配置、重大建设项目批准和实施、社会公益事业建设等领域的政府信息公开。政府全部收支都要纳入预算管理,所有公共支出、基本建设支出、行政经费支出的预算和执行情况,以及政府性基金收支预算和中央国有资本经营预算等情况都要公开透明。政府信息公开要及时、准确、具体。对人民群众申请公开政府信息的,要依法在规定时限内予以答复,并做好

相应服务工作。建立健全政府信息公开的监督和保障机制，定期对政府信息公开工作进行评议考核。依法妥善处理好信息公开与保守秘密的关系，对依法应当保密的，要切实做好保密工作。

18. 推进办事公开。要把公开透明作为政府工作的基本制度，拓宽办事公开领域。所有面向社会服务的政府部门都要全面推进办事公开制度，依法公开办事依据、条件、要求、过程和结果，充分告知办事项目有关信息。要规范和监督医院、学校、公交、公用等公共企事业单位的办事公开工作，重点公开岗位职责、服务承诺、收费项目、工作规范、办事纪律、监督渠道等内容，为人民群众生产生活提供优质、高效、便利的服务。

19. 创新政务公开方式。进一步加强电子政务建设，充分利用现代信息技术，建设好互联网信息服务平台和便民服务网络平台，方便人民群众通过互联网办事。要把政务公开与行政审批制度改革结合起来，推行网上电子审批、“一个窗口对外”和“一站式”服务。规范和发展各级各类行政服务中心，对与企业和人民群众密切相关的行政管理事项，要尽可能纳入行政服务中心办理，改善服务质量，提高服务效率，降低行政成本。

七、强化行政监督和问责

20. 自觉接受监督。各级人民政府和政府部门要自觉接受人大及其常委会的监督、政协的民主监督和人民法院依法实施的监督。对事关改革发展稳定大局、人民群众切身利益和社会普遍关心的热点问题，县级以上人民政府要主动向同级人大常委会专题报告。拓宽群众监督渠道，依法保障人民群众监督政府的权利。完善群众举报投诉制度。高度重视舆论监督，支持新闻媒体对违法或者不当的行政行为进行曝光。对群众举报投诉、新闻媒体反映的问题，有关行政机关要认真调查核实，及时依法作出处理，并将处理结果向社会公布。

21. 加强政府内部层级监督和专门监督。上级行政机关要切实加强对下级行政机关的监督，及时纠正违法或者不当的行政行为。保障和支持审计、监察等部门依法独立行使监督权。审计部

门要着力加强财政专项资金和预算执行审计、重大投资项目审计、金融审计、国有企业领导人员经济责任审计等工作，加强社会保障基金、住房公积金、扶贫救灾资金等公共资金的专项审计。监察部门要全面履行法定职责，积极推进行政问责和政府绩效管理监察，严肃追究违法违纪人员的责任，促进行政机关廉政勤政建设。

22. 严格行政问责。严格执行行政监察法、公务员法、行政机关公务员处分条例和关于实行党政领导干部问责的暂行规定，坚持有错必纠、有责必问。对因有令不行、有禁不止、行政不作为、失职渎职、违法行政等行为，导致一个地区、一个部门发生重大责任事故、事件或者严重违法行政案件的，要依法依纪严肃追究有关领导直至行政首长的责任，督促和约束行政机关及其工作人员严格依法行使权力、履行职责。

八、依法化解社会矛盾纠纷

23. 健全社会矛盾纠纷调解机制。要把行政调解作为地方各级人民政府和有关部门的重要职责，建立由地方各级人民政府负总责、政府法制机构牵头、各职能部门为主体的行政调解工作体制，充分发挥行政机关在化解行政争议和民事纠纷中的作用。完善行政调解制度，科学界定调解范围，规范调解程序。对资源开发、环境污染、公共安全事故等方面的民事纠纷，以及涉及人数较多、影响较大、可能影响社会稳定的纠纷，要主动进行调解。认真实施人民调解法，积极指导、支持和保障居民委员会、村民委员会等基层组织开展人民调解工作。推动建立行政调解与人民调解、司法调解相衔接的大调解联动机制，实现各类调解主体的有效互动，形成调解工作合力。

24. 加强行政复议工作。充分发挥行政复议在解决矛盾纠纷中的作用，努力将行政争议化解在初发阶段和行政程序中。畅通复议申请渠道，简化申请手续，方便当事人提出申请。对依法不属于复议范围的事项，要认真做好解释、告知工作。加强对复议受理活动的监督，坚决纠正无正当理由不受理复议申请的行为。办理复议案件要深入调查，充分听取各方意见，查明事实、分清是非。

注重运用调解、和解方式解决纠纷，调解、和解达不成协议的，要及时依法公正作出复议决定，对违法或者不当的行政行为，该撤销的撤销，该变更的变更，该确认违法的确认违法。行政机关要严格履行行政复议决定，对拒不履行或者无正当理由拖延履行复议决定的，要依法严肃追究有关人员的责任。探索开展相对集中行政复议审理工作，进行行政复议委员会试点。健全行政复议机构，确保复议案件依法由 2 名以上复议人员办理。建立健全适应复议工作特点的激励机制和经费装备保障机制。完善行政复议与信访的衔接机制。

25. 做好行政应诉工作。完善行政应诉制度，积极配合人民法院的行政审判活动，支持人民法院依法独立行使审判权。对人民法院受理的行政案件，行政机关要依法积极应诉，按规定向人民法院提交作出具体行政行为的依据、证据和其他相关材料。对重大行政诉讼案件，行政机关负责人要主动出庭应诉。尊重并自觉履行人民法院的生效判决、裁定，认真对待人民法院的司法建议。

九、加强组织领导和督促检查

26. 健全推进依法行政的领导体制和机制。地方各级人民政府和政府部门都要建立由主要负责人牵头的依法行政领导协调机制，统一领导本地区、本部门推进依法行政工作。县级以上地方人民政府常务会议每年至少听取 2 次依法行政工作汇报，及时解决本地区依法行政中存在的突出问题，研究部署全面推进依法行政、加强法治政府建设的具体任务和措施。加强对推进依法行政工作的督促指导、监督检查和舆论宣传，对成绩突出的单位和个人按照国家有关规定给予表彰奖励，对工作不力的予以通报批评。加强依法行政工作考核，科学设定考核指标并纳入地方各级人民政府目标考核、绩效考核评价体系，将考核结果作为对政府领导班子和领导干部综合考核评价的重要内容。

27. 强化行政首长作为推进依法行政第一责任人的责任。各级人民政府及其部门要把全面推进依法行政、加强法治政府建设摆在更加突出的位置。行政首长要对本地区、本部门依法行政工

作负总责，切实承担起领导责任，将依法行政任务与改革发展稳定任务一起部署、一起落实、一起考核。县级以上地方人民政府每年要向同级党委、人大常委会和上一级人民政府报告推进依法行政情况，政府部门每年要向本级人民政府和上一级人民政府有关部门报告推进依法行政情况。

28. 加强法制机构和队伍建设。县级以上各级人民政府及其部门要充分发挥法制机构在推进依法行政、建设法治政府方面的组织协调和督促指导作用。进一步加强法制机构建设，使法制机构的规格、编制与其承担的职责和任务相适应。要加大对法制干部的培养、使用和交流力度，重视提拔政治素质高、法律素养好、工作能力强的法制干部。政府法制机构及其工作人员要努力提高新形势下做好政府法制工作的能力和水平，努力当好政府或者部门领导在依法行政方面的参谋、助手和顾问。

29. 营造学法尊法守法的良好社会氛围。各级人民政府及其部门要采取各种有效形式深入开展法治宣传教育，精心组织实施普法活动，特别要加强与人民群众生产生活密切相关的法律法规宣传，大力弘扬社会主义法治精神，切实增强公民依法维护权利、自觉履行义务的意识，努力推进法治社会建设。

各地区、各部门要把贯彻落实本意见与深入贯彻《纲要》和《国务院关于加强市县政府依法行政的决定》（国发〔2008〕17 号）紧密结合起来，根据实际情况制定今后一个时期加强法治政府建设的工作规划，明确工作任务、具体措施、完成时限和责任主体，确定年度工作重点，扎扎实实地推进依法行政工作，务求法治政府建设不断取得新成效，实现新突破。

水利部关于修改《长江河道采砂管理条例实施办法》的决定

水利部令第39号　2010.3.12

水利部决定对《长江河道采砂管理条例实施办法》做如下修改：

一、删除第三条第三款第(三)项

二、第六条第一款修改为："每年6月1日至9月30日以及河道水位超过警戒水位时，为长江宜宾以下干流河道(不含三峡水库库区河道)采砂的禁采期。长江寸滩水文站流量大于25000立方米每秒时，为三峡水库库区河道采砂的禁采期。"

三、第十六条第一款第(三)项修改为："采砂设备功率超过1250千瓦，不具备平缓移动的开采作业方式的；"

第十六条第二款修改为："因吹填造地进行采砂的，不受前款第(一)项限制。"

本决定自2010年5月1日起施行。

《长江河道采砂管理条例实施办法》根据本决定作相应修改，重新公布。

长江河道采砂管理条例实施办法

根据2010年3月12日《水利部关于修改〈长江河道采砂管理条例实施办法〉的决定》修改

第一条 为加强长江宜宾以下干流河道采砂的统一管理和监督检查,维护河势稳定,保障防洪和通航安全,根据《长江河道采砂管理条例》,制定本办法。

第二条 长江水利委员会应当加强对长江采砂的统一管理和监督检查,做好有关组织、协调、指导工作,并具体负责省际边界重点河段(名录见附录)采砂的管理和监督检查。

沿江县级以上地方人民政府水行政主管部门具体负责本行政区域内长江采砂的管理和监督检查工作。

第三条 长江采砂规划是长江采砂管理和监督检查的依据。沿江各省、直辖市编制的长江采砂规划实施方案必须符合长江采砂规划的要求。

长江采砂规划的修改,由长江水利委员会根据长江河势变化、河道变迁、砂石补给、环境保护的情况以及管理的需要进行,并严格履行报批手续。

从事以下采砂活动,不受长江采砂规划的限制,但应当按照《长江河道采砂管理条例》和本办法的规定履行有关法律手续:

(一)整修长江堤防进行吹填固基或者整治长江河道;

(二)整治长江航道。

第四条 长江采砂实行总量控制制度。实际审批的年度采砂总量不得超过长江采砂规划确定的年度采砂控制总量。每一可采区实际审批的年度采砂量不得超过该可采区的年度采砂控制量。

长江水利委员会可以依据长江采砂规划,综合河势变化、砂石补给和采砂管理需要等情况,对每一可采区的年度采砂控制量进行调整。

第五条 长江水利委员会应当对长江省际边界重点河段范围内可采区河床变化进行监测。沿江各省、直辖市人民政府水行政

主管部门应当对本行政区域内长江河道可采区河床变化进行监测,并将监测资料报长江水利委员会备案。

对河床变化的监测,应当由具有乙级以上水下测绘资质的单位承担。

第六条 每年6月1日至9月30日以及河道水位超过警戒水位时,为长江宜宾以下干流河道(不含三峡水库库区河道)采砂的禁采期。长江寸滩水文站流量大于25000立方米每秒时,为三峡水库库区河道采砂的禁采期。

沿江各省、直辖市人民政府水行政主管部门可以根据本行政区城内长江的水情、工情、汛情、航道变迁和管理等需要,在本办法和长江采砂规划确定的禁采期外延长禁采期限。

沿江各省、直辖市在本行政区域内实施禁采与解禁时,应当提前通报长江水利委员会。

第七条 长江采砂实行可行性论证报告制度。

采砂可行性论证报告按可采区分区进行,由负责管理可采区的水行政主管部门或者长江水利委员会组织编制。

有下列情形之一的,采砂可行性论证报告由申请采砂的单位或者个人负责编制:

(一)整修长江堤防进行吹填固基或者整治长江河道;

(二)整治长江航道;

(三)吹填造地。

采砂可行性论证报告应当委托具有水利水电工程勘察甲级资质的单位编制。

第八条 采砂可行性论证报告应当包括下列内容:

(一)采砂河段河势、河床演变分析报告;

(二)采砂范围图、控制点坐标以及现势性强的水下地形图;

(三)采砂对河势、防洪影响的论证分析;

(四)开采总量的可行性分析;

(五)采砂对通航安全影响的论证分析;

(六)采砂对水环境影响的论证分析;

（七）采砂对水上、水下重要设施影响的论证分析；

（八）论证的主要结论。

第九条 实施采砂许可制度应当遵循公开、公平、公正、择优的原则。

鼓励运用市场机制依法组织采砂许可证的发放，增强工作透明度，严肃查处违法违纪行政行为。

第十条 从事以下采砂活动，由长江水利委员会审批：

（一）在省际边界重点河段采砂的；

（二）因整修长江堤防进行吹填固基或者整治长江河道采砂的。

从事前款规定以外的采砂活动，由有关省、直辖市人民政府水行政主管部门审批。但是，在省际边界重点河段范围以外，单项工程吹填造地采砂规模为10万吨以上的，有关省、直辖市人民政府水行政主管部门在决定批准前应当报送长江水利委员会审查同意。

第十一条 根据长江采砂管理工作的需要，调整省际边界重点河段范围时，由长江水利委员会对本办法附录确定的河段提出修订意见，报国务院水行政主管部门批准。

第十二条 长江采砂申请由可采区所在地县级（或直辖市的区级）地方人民政府水行政主管部门受理。县级（或直辖市的区级）地方人民政府水行政主管部门签署意见后，逐级报送有审批权的机关审批。

应当由长江水利委员会审批的采砂申请实行集中受理，受理时间由长江水利委员会确定并公告。

沿江各省、直辖市人民政府水行政主管部门可以决定对由本部门审批的采砂申请实行集中受理。

第十三条 申请从事采砂的，应当提交下列材料：

（一）采砂申请书，

（二）营业执照的复印件及其他相关材料；

（三）采砂申请与第三者有利害关系的，与第三者达成的协议

或者有关文件。

采砂申请书应当包括下列内容：

（一）申请单位的名称、企业代码、地址、法定代表人或者负责人的姓名和职务，申请个人的姓名、住址、身份证号码；

（二）采砂的性质和种类；

（三）采砂地点和范围（附具范围图和控制点坐标）；

（四）开采量（日采量和年度总采量），

（五）开采时间；

（六）开采深度和作业方式；

（七）砂石堆放地点和弃料处理方案；

（八）采砂设备基本情况，

（九）采砂技术人员基本情况；

（十）其他有关事项。

进行水上作业的，申请书还应当包括船名、船号、船主姓名、船机数量、采砂功率等内容，并提供船员证书、船舶证书的复印件。

从事本办法第七条第三款第（三）项规定的采砂活动的，还应当同时提交采砂可行性论证报告。

第十四条　受理采砂申请的县级（或直辖市的区级）地方人民政府水行政主管部门收到采砂申请书等材料后，对申请材料齐全、符合法定形式的应当予以受理，并出具书面受理凭证。

有下列情形之一的，应当自收到采砂申请之日起 5 个工作日内，通知申请采砂的单位或者个人予以补正：

（一）采砂申请书内容不全或者填注不明的；

（二）应当提交采砂可行性论证报告而没有提交或者采砂可行性论证报告不符合要求的；

（三）无相关材料或者相关材料不符合要求的。

申请采砂的单位或者个人应当自收到补正通知之日起 15 个工作日内补正；逾期不补正的，视为撤回本次采砂申请。

第十五条　沿江各省、直辖市人民政府水行政主管部门应当自收到下一级水行政主管部门报送的应当由长江水利委员会审批

的采砂申请15个工作日内签署意见，并报长江水利委员会审批。

第十六条 申请在省际边界重点河段采砂，采砂申请有下列情形之一的，长江水利委员会不予批准：

（一）不符合长江采砂规划确定的可采区和可采期要求的；

（二）不符合年度采砂控制总量要求的；

（三）采砂设备功率超过1250千瓦，不具备平缓移动的开采作业方式的；

（四）不符合采砂船只数量的控制要求的；

（五）采砂船舶、船员证书不全，未按规定标明船名、船号的；

（六）无符合要求的采砂设备和采砂技术人员的；

（七）未安装符合要求的采砂船舶监测设备的；

（八）有非法采砂等不良记录的；

（九）无降低或者消除不利影响的保证措施的；

（十）未达到审批机关规定的其他条件的。

因吹填造地进行采砂的，不受前款第（一）项限制。

第十七条 河道采砂许可证实行一船一证。正本悬挂在采砂船舶指定位置，副本留存在采砂船舶上备查。

河道采砂许可证的有效期限不得超过一个可采期。

河道采砂许可证的有效期间届满或者累计采砂量达到采砂许可证规定的采砂总量时，发证机关应当收回或者注销采砂许可证并发布公告。

可采期内，由于出现了影响长江河势稳定和防洪安全的自然灾害或者其他重大事件，需要暂停采砂活动的，发证机关可以宣布其发放的河道采砂许可证效力中止，以上事由消除后，发证机关应当宣布采砂许可证效力恢复。

从事长江采砂活动的单位或者个人需要改变河道采砂许可证规定的内容和事项的，应当按照本办法规定的条件和程序重新办理河道采砂许可证。

第十八条 发证机关应当将河道采砂许可证发放情况适时进行公告。

沿江各省、直辖市人民政府水行政主管部门应当在颁发采砂许可证后30个工作日内,将采砂许可证发放情况报长江水利委员会备案。

长江水利委员会应当将其颁发采砂许可证的情况及时通报沿江有关省、直辖市人民政府水行政主管部门。

第十九条 因整修长江堤防进行吹填固基或者整治长江河道采砂的,应当提交采砂申请和采砂可行性论证报告,并附具工程设计和审批文件等相关材料,经本省、直辖市人民政府水行政主管部门审查后,报长江水利委员会批准。

因整治长江航道采砂的,应当事先征求长江水利委员会的意见,并提供航道整治采砂可行性论证报告、设计和审批文件以及其他相关材料。长江水利委员会在签署意见后,应当将有关情况及时通报有关省、直辖市人民政府水行政主管部门。

前两款规定的采砂活动,由长江水利委员会实施监督检查。长江水利委员会可以根据工作需要,委托县级以上地方人民政府水行政主管部门实施监督管理。

从事本条规定的采砂活动的,不受本办法第十二条至第十八条规定限制。

第二十条 长江水利委员会应当指导沿江各省、直辖市人民政府水行政主管部门建立省际边界长江采砂管理会商制度。

长江水利委员会和沿江各省、直辖市人民政府水行政主管部门之间应当及时通报采砂船舶登记造册、集中停放、违法行为处理等情况,互相配合,互通信息,共同加强长江采砂管理和监督检查。

第二十一条 县级以上地方人民政府水行政主管部门和长江水利委员会应当加强对长江采砂活动的监督检查。监督检查的主要内容包括:

(一)是否持有合法有效的河道采砂许可证或者有关批准文件;

(二)是否按照河道采砂许可证或者有关批准文件的规定进行采砂;

（三）是否按照规定缴纳了长江河道砂石资源费；

（四）是否按照规定堆放砂石和清理砂石弃料；

（五）采砂船舶是否按照规定停放；

（六）应当监督检查的其他情况。

第二十二条 长江水利委员会组织采砂执法检查或者专项执法活动时，在省际边界重点河段以外的长江河道发现非法采砂行为的，可以先行采取扣押采砂船舶、进行必要的调查取证等临时处置措施，再移交有管辖权的水行政主管部门查处。

县级以上地方人民政府水行政主管部门在本行政区域内的省际边界重点河段发现非法采砂行为的，可以先行采取扣押采砂船舶等临时处置措施，再移交长江水利委员会查处。

第二十三条 依照《长江河道采砂管理条例》第十八条规定没收的非法采砂船舶，应当予以拍卖；难以拍卖或者拍卖不掉的，可以就地拆卸、销毁，在拆卸、销毁过程中应当避免造成环境污染。

第二十四条 在省际边界重点河段采砂，违反本办法规定，有下列情形之一的，由长江水利委员会根据情况依照《长江河道采砂管理条例》第十八条、第十九条和第二十一条的规定处罚：

（一）未办理河道采砂许可证，擅自采砂的；

（二）虽持有河道采砂许可证，但在禁采区、禁采期采砂的；

（三）未按照河道采砂许可证规定的要求采砂的；

（四）伪造、涂改、买卖、出租、出借或者以其他方式转让河道采砂许可证，未触犯刑律的。

第二十五条 运砂船舶在长江采砂地点装运非法采砂船舶偷采的河沙的，属于与非法采砂船舶共同实施非法采砂行为，依照《长江河道采砂管理条例》第十八条的规定给予处罚。

第二十六条 未经批准因整修长江堤防进行吹填固基、整治长江河道以及整治长江航道擅自采砂的，或者未按规定采砂的，由长江水利委员会依照有关规定处理。

第二十七条 本办法自2003年7月15日起施行。

附录

长江省际边界重点河段名录

（1954 年北京坐标系坐标）

鄂赣边界河段：左岸上起湖北省武穴市李顶武村（3304302，39355558），下至湖北省武穴市龙坪镇（3306223，39374786）。右岸上起江西省瑞昌市下巢湖闸（3302950，39355000），下至江西省九江县城子镇（3303000，39373650）；

赣皖边界河段：左岸上起安徽省望江县龙潭口（3330050，39467800），下至安徽省望江县华阳河口以上 3 公里处（3328990，39476028）。右岸上起江西省彭泽县马垱矶（3321000，39466800），下至安徽省东至县香口（3328100，39478300）；

皖苏边界河段：左岸上起安徽省和县石跋河口上 1 公里处（3520000，39638000），下至江苏省南京市江浦区林蒲圩（3525900，39640900）。右岸上起安徽省马鞍山市猫子山（3516950，39640750），下至江苏省南京市江宁区铜井渡口（3522950，39644950）。

商务部　外交部关于印送《防范和处置境外劳务事件的规定》的通知

商合发[2009]303 号　2009.6.23

各省、自治区、直辖市、计划单列市人民政府，新疆生产建设兵团，各驻外使（领）馆，中国对外承包工程商会：

经国务院批准同意，商务部、外交部制订了《防范和处置境外劳务事件的规定》，就防范和处置境外劳务事件工作对各地人民政府和驻外使（领）馆提出指导意见，明确“谁对外签约，谁负责”和“属地”的原则，以及相关处置程序，强化预防和应急体系，落实管理责任。

现印送给你们，请认真贯彻执行。

防范和处置境外劳务事件的规定

为妥善处理境外劳务事件，维护外派劳务人员和外派企业的合法权益，制定本规定。

第一条 境外劳务事件是指外派劳务和境外就业人员在外务工过程中，因劳资纠纷、经济纠纷、合同纠纷以及由战争、恐怖袭击、社会治安等原因引发的权益保护案件。

第二条 境外劳务事件事关外交大局和社会稳定，国内外影响大，各省、自治区、直辖市、计划单列市、新疆生产建设兵团（以下简称各省市）、各有关部门、各驻外使领馆必须高度重视，按照科学发展观和以人为本的要求，以高度的政治责任感和社会责任感，切实加强组织领导，积极防范和妥善处置境外劳务事件。

第三条 各省市和各驻外使领馆应采取有效措施，积极防范境外劳务事件。

（一）各省市应建立健全境外劳务事件预防体系；按照工作分工明确各有关部门的责任；建立境外务工人员投诉、报案的专门渠道，引导境外务工人员通过正规渠道维护自身合法权益。应要求并监督对外劳务合作企业建立与外派劳务人员的定期沟通制度，倾听外派劳务人员诉求，解决外派劳务人员合理关切。应定期对本省境外务工情况进行巡查，及时解决问题。

（二）各驻外使领馆应保持与驻在国有关政府部门的工作联系和沟通。应指定专人负责，倾听境外务工人员诉求；指导境外中资企业加强管理，及时化解矛盾。定期对辖区范围内的境外劳务项目进行巡查，及时掌握境外务工人员动态，发现苗头性问题迅速采取措施消除隐患。扩大对外宣传，正确引导境外务工人员和当地舆论。

第四条 境外劳务事件发生后，遵循以下原则处置：

（一）责任划分原则

“谁派出、谁负责”原则。即对外签约企业对境外劳务事件的处置负全责。该企业的上级单位或上级行政主管部门承担监管

责任。

“属地”原则。即对外签约的企业注册地人民政府负责监督处置。相关涉事企业及境外务工人员国内户籍所在地人民政府负责配合处置。

（二）具体工作原则

各省市、各有关部门应综合运用政策、法律、经济、行政、社会救助以及思想教育等措施妥善处置。对逃避或推卸责任的企业、单位及个人，依法采取有效措施予以处理。境外务工人员违反我国及驻在国法律也应依法承担责任。工作中还应注意社会和舆论反应，及时准确发布信息，澄清事实，予以正面引导。

第五条 境外劳务事件发生后，按照以下程序处置：

（一）事件发生后，驻外使领馆应立即了解情况，摸清对外签约企业、相关涉事企业、派出方式、证件办理、境外雇主、境外务工人员诉求、问题症结，并及时介入处理。同时，做好境外务工人员思想工作，视情加强对外交涉，依法为境外务工人员提供必要的领事保护，争取平息事端。有关情况及已采取的措施和相关工作建议，径告上述企业及境外务工人员所在地人民政府，以及相关企业的上级单位或上级行政主管部门，抄报商务部、外交部。对未经批准的单位、企业或个人派出人员发生的境外劳务事件或涉嫌违法犯罪的境外劳务事件，还应抄告工商行政管理部门和公安部门。如境外劳务事件激化，驻外使领馆可视情建议有关地方人民政府尽快派工作组赴事发国或地区解决问题，必要时可请所在国或地区相关政府部门依法予以配合，避免造成恶性事件。

（二）各省市应责成相关部门、有关地方人民政府督促对外签约企业及相关涉事企业按照驻外使领馆的要求立即着手处置，加强与境外雇主的交涉，做好劳务人员家属工作，采取有效措施解决问题。必要时，应及时派出由相关部门和单位负责人组成的工作组赴境外，在我驻外使领馆领导下开展相关工作。同时，应将有关情况、拟采取的措施以及处置结果尽快反馈驻外使领馆，抄送相关企业的上级单位或上级行政主管部门，抄告商务部、外交部。

第六条 完善制度建设，落实管理责任。

各省市应建立境外劳务事件应急处置机制，部门联动，落实责任。按照工作分工，责成有关部门及地方政府部门妥善处置境外劳务事件，依法查处企业无证无照经营、违规收费等各类非法外派劳务行为，打击对外劳务合作中的违法犯罪活动，维护境外务工人员合法权益。

各驻外使领馆应建立境外劳务事件应急处置工作领导小组，做好对内对外工作衔接，配合国内做好境外劳务事件处置的各项工作。

有关行业组织应加强行业自律措施，协调对外劳务合作企业妥善处置境外劳务事件。

第七条 商务部、外交部将建立境外劳务事件处置督办制度，定期对各省处置境外劳务事件的情况进行检查。

第八条 本规定由商务部、外交部负责解释，自发布之日起施行。现行对外劳务合作管理规定与本规定不符的，以本规定为准。

国务院关于第五批取消和下放管理层级行政审批项目的决定

国发〔2010〕21号　2010.7.4

各省、自治区、直辖市人民政府,国务院各部委、各直属机构:

2009年以来,按照国务院的统一部署和行政审批制度改革的要求,行政审批制度改革工作部际联席会议依据行政许可法等法律法规的规定,组织对国务院部门的行政审批项目进行了新一轮集中清理。经严格审核论证,国务院决定第五批取消和下放管理层级行政审批项目184项。其中,取消的行政审批项目113项,下放管理层级的行政审批项目71项。

各地区、各部门要认真做好取消和下放管理层级行政审批项目的落实和衔接工作,切实加强后续监管。要按照深化行政管理体制改革、转变政府职能的要求,继续深化行政审批制度改革,进一步减少行政审批项目,规范审批流程,创新审批方式,健全行政审批制约监督机制,加强对行政审批权运行的监督。

附件:1. 国务院决定取消的行政审批项目目录(113项)

2. 国务院决定下放管理层级的行政审批项目目录(71项)

附件1

国务院决定取消的行政审批项目目录(113项)

部门	序号	项目名称	设定依据
国家发展改革委	1	电力建设基金投资项目审批	《国务院对确需保留的行政审批项目设定行政许可的决定》(国务院令第412号)
	2	总投资5000万元以上及中央企业国家鼓励的内资项目进口设备免税审批	《国务院关于调整进口设备税收政策的通知》(国发〔1997〕37号)
科技部	3	国家大学科技园符合税收减免条件审核确认	《财政部、国家税务总局关于国家大学科技园有关税收政策问题的通知》(财税〔2007〕120号)
	4	科技企业孵化器符合税收减免条件审核确认	《财政部、国家税务总局关于科技企业孵化器有关税收政策问题的通知》(财税〔2007〕121号)
工业和信息化部	5	采购通信系统设备(自动进口许可类产品)国际招标审核	《国务院对确需保留的行政审批项目设定行政许可的决定》(国务院令第412号)
	6	退出电信业务市场审批	《中华人民共和国电信条例》(国务院令第291号)
	7	互联网电子公告服务专项审批(备案)	《互联网信息服务管理办法》(国务院令第292号)

续上表

部门	序号	项目名称	设定依据
国家民委	8	国家民委所属高校设立硕士学位授予点资格审批	《国务院办公厅关于保留部分非行政许可审批项目的通知》(国办发〔2004〕62号)
	9	国家民委所属高校设立博士学位授予点资格审批	《国务院关于发布〈高等教育管理职责暂行规定〉的通知》(国发〔1986〕32号)
	10	国家民委所属高校年度招生、成人高等教育年度招生计划审核	《国务院办公厅关于保留部分非行政许可审批项目的通知》(国办发〔2004〕62号)
	11	中央民族大学附属中学面向全国招生计划审批	《国务院办公厅关于保留部分非行政许可审批项目的通知》(国办发〔2004〕62号)
	12	河北大厂高级实验中学面向西部民族地区招生计划审批	《教育部办公厅关于同意河北省大厂回族自治县高级实验中学西部民族班学生在河北参加高考和录取的函》(教民厅函〔2007〕1号)
	13	全国少数民族传统体育运动会竞赛项目立项审批	《国务院办公厅关于保留部分非行政许可审批项目的通知》(国办发〔2004〕62号)
	14	少数民族创制和改进文字方案审批	《国务院办公厅关于保留部分非行政许可审批项目的通知》(国办发〔2004〕62号)

续上表

部门	序号	项目名称	设定依据
公安部	15	剧毒化学品准购证核发	《危险化学品安全管理条例》(国务院令第344号)
	16	邮政局(所)安全防范设施设计审核及工程验收	《国务院对确需保留的行政审批项目设定行政许可的决定》(国务院令第412号)
	17	机动车延缓报废审批	《国务院对确需保留的行政审批项目设定行政许可的决定》(国务院令第412号)
	18	设立临时停车场审批	《国务院对确需保留的行政审批项目设定行政许可的决定》(国务院令第412号)
民政部	19	利用外资建设殡葬设施审批	《殡葬管理条例》(国务院令第225号)
	20	与境外合资、合作举办社会福利机构审批	《国务院对确需保留的行政审批项目设定行政许可的决定》(国务院令第412号)
人力资源社会保障部	21	社会保障卡专用COS(卡内操作系统)核准	《国务院对确需保留的行政审批项目设定行政许可的决定》(国务院令第412号)
	22	劳动就业服务企业设立审批	《劳动就业服务企业管理规定》(国务院令第66号)

续上表

部门	序号	项目名称	设定依据
国土资源部	23	国有划拨土地使用权抵押审批	《中华人民共和国城镇国有土地使用权出让和转让暂行条例》(国务院令第55号)
环境保护部	24	环境影响评价工程师职业资格登记	《国务院对确需保留的行政审批项目设定行政许可的决定》(国务院令第412号)
住房城乡建设部	25	风景名胜区建设项目选址审批	《国务院对确需保留的行政审批项目设定行政许可的决定》(国务院令第412号)
	26	影响古树名木的建设工程避让和保护措施审批	《国务院办公厅关于保留部分非行政许可审批项目的通知》(国办发〔2004〕62号)
铁道部	27	铁路专用计量器具新产品技术认证	《国务院对确需保留的行政审批项目设定行政许可的决定》(国务院令第412号)
水利部	28	护堤护岸林木采伐许可	《中华人民共和国防洪法》(中华人民共和国主席令〔1997〕第88号)
农业部	29	农民养殖、种植转基因动植物审批	《农业转基因生物安全管理条例》(国务院令第304号)
	30	部级质检机构认可	《中华人民共和国标准化法实施条例》(国务院令第53号)

续上表

部门	序号	项目名称	设定依据
商务部	31	无专项规定要求的外商投资企业设立境内分公司审批	《中华人民共和国中外合资经营企业法实施条例》(国务院令第311号) 《国务院关于〈中华人民共和国中外合作经营企业法实施细则〉的批复》(国函〔1995〕76号) 《中华人民共和国中外合作经营企业法实施细则》(对外贸易经济合作部令1995年第6号) 《中华人民共和国外资企业法实施细则》(国务院令第301号)
	32	外商投资企业进口作为出资的设备清单审批	《中华人民共和国中外合资经营企业法实施条例》(国务院令第311号) 《中华人民共和国外资企业法实施细则》(国务院令第301号)
	33	外商投资企业名称变更审批	《中华人民共和国中外合资经营企业法实施条例》(国务院令第311号) 《国务院关于〈中华人民共和国中外合作经营企业法实施细则〉的批复》(国函〔1995〕76号) 《中华人民共和国中外合作经营企业法实施细则》(对外贸易经济合作部令1995年第6号) 《中华人民共和国外资企业法实施细则》(国务院令第301号)

续上表

部门	序号	项目名称	设定依据
商务部	34	外商投资企业投资者名称变更审批	《中华人民共和国中外合资经营企业法实施条例》(国务院令第311号) 《国务院关于〈中华人民共和国中外合作经营企业法实施细则〉的批复》(国函〔1995〕76号) 《中华人民共和国中外合作经营企业法实施细则》(对外贸易经济合作部令1995年第6号) 《中华人民共和国外资企业法实施细则》(国务院令第301号)
	35	外商投资企业法定地址变更审批	《中华人民共和国中外合资经营企业法实施条例》(国务院令第311号) 《国务院关于〈中华人民共和国中外合作经营企业法实施细则〉的批复》(国函〔1995〕76号) 《中华人民共和国中外合作经营企业法实施细则》(对外贸易经济合作部令1995年第6号) 《中华人民共和国外资企业法实施细则》(国务院令第301号)
文化部	36	香港、澳门演出经纪机构在内地设立分支机构审批	《营业性演出管理条例》(国务院令第528号)
卫生部	37	设立骨髓移植医院审批	《国务院对确需保留的行政审批项目设定行政许可的决定》(国务院令第412号)

续上表

部门	序号	项目名称	设定依据
国家人口计生委	38	涉及计划生育技术的广告审查	《计划生育技术服务管理条例》(国务院令第428号)
海关总署	39	高新技术企业适用海关便捷通关措施审批	《国务院对确需保留的行政审批项目设定行政许可的决定》(国务院令第412号)
	40	海关派员驻厂监管的保税工厂资格审批	《国务院对确需保留的行政审批项目设定行政许可的决定》(国务院令第412号)
	41	制造、改装、维修集装箱、集装箱式货车车厢的工厂核准	《国务院对确需保留的行政审批项目设定行政许可的决定》(国务院令第412号)
税务总局	42	纳税人按规定支付给总机构的与生产、经营有关的管理费税前扣除审批	《国务院办公厅关于保留部分非行政许可审批项目的通知》(国办发〔2004〕62号)
	43	外商投资企业在优惠期内因不可抗力提前解散免予补税审批	《国务院办公厅关于保留部分非行政许可审批项目的通知》(国办发〔2004〕62号)
工商总局	44	商品展销会登记	《国务院对确需保留的行政审批项目设定行政许可的决定》(国务院令第412号)
	45	无烟草广告城市认定	《卫生部、工商总局关于印发全国无烟草广告城市认定实施办法的通知》(卫基妇发〔2003〕45号)

续上表

部门	序号	项目名称	设定依据
质检总局	46	进出口化妆品生产、加工单位卫生注册登记	《国务院对确需保留的行政审批项目设定行政许可的决定》(国务院令第412号)
	47	农业转基因生物过境转移审批	《农业转基因生物安全管理条例》(国务院令第304号)
	48	建筑外窗生产许可证核发	《中华人民共和国工业产品生产许可证管理条例》(国务院令第440号)
	49	工业用香精香料生产许可证核发	《中华人民共和国工业产品生产许可证管理条例》(国务院令第440号)
	50	场(厂)内机动车辆安装许可	《国务院对确需保留的行政审批项目设定行政许可的决定》(国务院令第412号)
广电总局	51	国产电视剧题材规划立项审查	《国务院对确需保留的行政审批项目设定行政许可的决定》(国务院令第412号)
新闻出版总署	52	音像制品出租单位变更名称审批	《音像制品管理条例》(国务院令第341号)
	53	音像制品出租单位变更业务范围审批	《音像制品管理条例》(国务院令第341号)
	54	音像制品出租单位兼并审批	《音像制品管理条例》(国务院令第341号)
	55	音像制品出租单位合并审批	《音像制品管理条例》(国务院令第341号)

续上表

部门	序号	项目名称	设定依据
新闻出版总署	56	音像制品出租单位分立审批	《音像制品管理条例》(国务院令第341号)
	57	从事音像制品出租业务审批	《音像制品管理条例》(国务院令第341号)
	58	全国性音像制品连锁经营单位设立审批	《音像制品管理条例》(国务院令第341号)
	59	音像非卖品复制审批	《音像制品管理条例》(国务院令第341号)
体育总局	60	开办武术学校审批	《国务院对确需保留的行政审批项目设定行政许可的决定》(国务院令第412号)
	61	开办少年儿童体育学校审批	《国务院对确需保留的行政审批项目设定行政许可的决定》(国务院令第412号)
国家林业局	62	在林业系统国家级自然保护区实验区开展生态旅游方案审批	《中华人民共和国自然保护区条例》(国务院令第167号)
	63	在林业系统地方级自然保护区实验区开展生态旅游方案审批	《中华人民共和国自然保护区条例》(国务院令第167号)
	64	科研、教学单位对国家一级保护陆生野生动物进行野外考察、科学研究审批	《国务院关于〈中华人民共和国陆生野生动物保护实施条例〉的批复》(国函〔1992〕13号) 《林业部关于发布〈中华人民共和国陆生野生动物保护实施条例〉的通知》(林策通字〔1992〕29号)

续上表

部门	序号	项目名称	设定依据
国家林业局	65	科研、教学单位对国家二级保护陆生野生动物进行野外考察、科学研究审批	《国务院关于〈中华人民共和国陆生野生动物保护实施条例〉的批复》(国函〔1992〕13号) 《林业部关于发布〈中华人民共和国陆生野生动物保护实施条例〉的通知》(林策通字〔1992〕29号)
	66	非国家重点保护陆生野生动物或其产品年度经营利用限额核准	《国务院关于〈中华人民共和国陆生野生动物保护实施条例〉的批复》(国函〔1992〕13号) 《林业部关于发布〈中华人民共和国陆生野生动物保护实施条例〉的通知》(林策通字〔1992〕29号)
	67	森林采伐更新验收合格证核发	《中华人民共和国森林法实施条例》(国务院令第278号) 《国务院关于〈森林采伐更新管理办法〉的批复》(国函〔1987〕151号) 《林业部关于发布〈森林采伐更新管理办法〉的通知》(林工字〔1987〕338号)
	68	林业行业标准项目年度计划审批	《林业标准化管理办法》(国家林业局令第9号)

续上表

部门	序号	项目名称	设定依据
国家林业局	69	陆生野生动物资源普查方案审批	《国务院关于〈中华人民共和国陆生野生动物保护实施条例〉的批复》(国函〔1992〕13号) 《林业部关于发布〈中华人民共和国陆生野生动物保护实施条例〉的通知》(林策通字〔1992〕29号)
	70	建立鸟类环志站审批	《国家林业局关于印发〈鸟类环志管理办法(试行)〉和〈鸟类环志技术规程(试行)〉的通知》(林护发〔2002〕33号)
国家知识产权局	71	专利代理人执业证核发	《专利代理条例》(国务院令第76号) 《专利代理管理办法》(国家知识产权局令第30号)
	72	专利代理人执业证变更审批	《专利代理条例》(国务院令第76号) 《专利代理管理办法》(国家知识产权局令第30号)
	73	专利代理人执业证注销审批	《专利代理条例》(国务院令第76号) 《专利代理管理办法》(国家知识产权局令第30号)
国家旅游局	74	外国旅行社在中国设立常驻机构审批	《国务院关于发布〈中华人民共和国国务院关于管理外国企业常驻代表机构的暂行规定〉的通知》(国发〔1980〕272号)

续上表

部门	序号	项目名称	设定依据
国家宗教局	75	在宗教活动场所内设立商业服务网点审批	《宗教事务条例》(国务院令第426号)
	76	在宗教活动场所内举办陈列展览审批	《宗教事务条例》(国务院令第426号)
	77	在宗教活动场所内拍摄电影电视片审批	《宗教事务条例》(国务院令第426号)
中国气象局	78	人工影响天气作业单位之间转让作业设备审批	《人工影响天气管理条例》(国务院令第348号)
银监会	79	境外非银行金融机构驻华代表处设立审批	《中华人民共和国银行业监督管理法》(中华人民共和国主席令〔2006〕第58号)
	80	境外非银行金融机构驻华代表处变更审批	《中华人民共和国银行业监督管理法》(中华人民共和国主席令〔2006〕第58号)
	81	境外非银行金融机构驻华代表处终止审批	《中华人民共和国银行业监督管理法》(中华人民共和国主席令〔2006〕第58号)
	82	境外非银行金融机构驻华代表处首席代表任职资格核准	《中华人民共和国银行业监督管理法》(中华人民共和国主席令〔2006〕第58号)
证监会	83	证券公司证券业务资格审批	《中华人民共和国证券法》(中华人民共和国主席令〔2005〕第43号)
	84	外国证券类机构驻华代表机构地址变更审批	《国务院关于发布〈中华人民共和国国务院关于管理外国企业常驻代表机构的暂行规定〉的通知》(国发〔1980〕272号)

续上表

部门	序号	项目名称	设定依据
保监会	85	保险代理机构重大事项变更审批	《国务院对确需保留的行政审批项目设定行政许可的决定》(国务院令第412号)
	86	保险公估机构重大事项变更审批	《国务院对确需保留的行政审批项目设定行政许可的决定》(国务院令第412号)
	87	保险经纪公司重大事项变更审批	《国务院对确需保留的行政审批项目设定行政许可的决定》(国务院令第412号)
	88	保险公司制定地方保险费率核准	《国务院对确需保留的行政审批项目设定行政许可的决定》(国务院令第412号)
	89	保险公司分支机构重大事项变更审批	《国务院对确需保留的行政审批项目设定行政许可的决定》(国务院令第412号)
电监会	90	供用电监督资格证核发	《电力供应与使用条例》(国务院令第196号) 《国务院关于第三批取消和调整行政审批项目的决定》(国发〔2004〕16号)
国家档案局	91	政府部门或单位与外国团体和组织签订含有利用档案内容的协定备案	《国务院办公厅关于保留部分非行政许可审批项目的通知》(国办发〔2004〕62号)
	92	中央专业主管部门成立档案馆审批	《国务院办公厅关于保留部分非行政许可审批项目的通知》(国办发〔2004〕62号)

续上表

部门	序号	项目名称	设定依据
国家粮食局	93	陈化粮购买资格认定	《粮食流通管理条例》(国务院令第407号)
	94	陈化粮销售计划审批	《国务院办公厅关于保留部分非行政许可审批项目的通知》(国办发〔2004〕62号)
国防科工局	95	军工电子产品出口立项审批	《国务院对确需保留的行政审批项目设定行政许可的决定》(国务院令第412号)
	96	军工电子装备科研生产许可	《国务院对确需保留的行政审批项目设定行政许可的决定》(国务院令第412号)
国家烟草局	97	烟草专用机械大修理许可证核发	《国务院对确需保留的行政审批项目设定行政许可的决定》(国务院令第412号)
	98	烟草系统企业多元化经营投资项目审批	《国务院办公厅关于保留部分非行政许可审批项目的通知》(国办发〔2004〕62号)
国家海洋局	99	海洋工程污染物排放种类核定	《防治海洋工程建设项目污染损害海洋环境管理条例》(国务院令第475号)
	100	海洋工程污染物排放数量核定	《防治海洋工程建设项目污染损害海洋环境管理条例》(国务院令第475号)
中国民航局	101	民用机场专用设备使用许可	《国务院对确需保留的行政审批项目设定行政许可的决定》(国务院令第412号)

续上表

部门	序号	项目名称	设定依据
国家邮政局	102	邮政企业及其分支机构的设置审批	《中华人民共和国邮政法实施细则》(国务院令第65号)
国家文物局	103	拍摄易损的一般文物审批	《国务院对确需保留的行政审批项目设定行政许可的决定》(国务院令第412号)
	104	拓印内容涉及我国疆域、外交、民族关系的古代石刻审批	《国务院关于第三批取消和调整行政审批项目的决定》(国发〔2004〕16号)
国家食品药品监管局	105	药品招标代理机构资格认定	《国务院办公厅转发国务院体改办等部门关于城镇医药卫生体制改革指导意见的通知》(国办发〔2000〕16号)
国家中医药局	106	医疗机构开展医疗气功活动审批和从事医疗气功人员资格认定	《国务院对确需保留的行政审批项目设定行政许可的决定》(国务院令第412号)
国家外汇局	107	出口单位出口收汇差额核销、核销备查核准	《国务院对确需保留的行政审批项目设定行政许可的决定》(国务院令第412号)
	108	企业租赁期不满一年、租赁贸易、租赁(照章征税)购付汇核准	《国务院对确需保留的行政审批项目设定行政许可的决定》(国务院令第412号)
	109	出口单位收汇分类核销核准	《国务院对确需保留的行政审批项目设定行政许可的决定》(国务院令第412号)

续上表

部门	序号	项目名称	设定依据
国家外汇局	110	金融机构大额结汇、售汇交易入市安排审批	《国务院对确需保留的行政审批项目设定行政许可的决定》(国务院令第412号)
	111	出口单位补办出口收汇核销专用联和出口收汇核销单退税专用联审批	《国务院对确需保留的行政审批项目设定行政许可的决定》(国务院令第412号)
	112	出口单位远期出口收汇备案	《国务院办公厅关于保留部分非行政许可审批项目的通知》(国办发〔2004〕62号)
	113	外商投资企业或中资企业适用跨国公司非贸易售付汇管理政策审核	《国务院对确需保留的行政审批项目设定行政许可的决定》(国务院令第412号)

附件 2

国务院决定下放管理层级的行政审批项目目录(71 项)

部门	序号	项目名称	设定依据	下放管理实施机关
商务部	1	对外劳务合作经营资格核准	《国务院对确需保留的行政审批项目设定行政许可的决定》(国务院令第 412 号)	省级商务主管部门
	2	境外就业职业介绍机构资格认定	《国务院对确需保留的行政审批项目设定行政许可的决定》(国务院令第 412 号)	省级商务主管部门
	3	外国非企业经济组织在华设立常驻代表机构审批	《国务院对确需保留的行政审批项目设定行政许可的决定》(国务院令第 412 号)	省级商务主管部门(含广州市、沈阳市)
	4	外商投资非融资租赁的租赁业企业设立及变更审批	《中华人民共和国中外合资经营企业法实施条例》(国务院令第 311 号) 《国务院关于〈中华人民共和国中外合作经营企业法实施细则〉的批复》(国函〔1995〕76 号) 《中华人民共和国中外合作经营企业法实施细则》(对外贸易经济合作部令 1995 年第 6 号) 《中华人民共和国外资企业法实施细则》(国务院令第 301 号)	省级商务主管部门

续上表

部门	序号	项目名称	设定依据	下放管理实施机关
商务部	5	原国务院有关部门批准设立的外商投资企业的变更事项审批	《中华人民共和国中外合资经营企业法实施条例》(国务院令第311号) 《国务院关于〈中华人民共和国中外合作经营企业法实施细则〉的批复》(国函〔1995〕76号) 《中华人民共和国中外合作经营企业法实施细则》(对外贸易经济合作部令1995年第6号) 《中华人民共和国外资企业法实施细则》(国务院令第301号)	省级商务主管部门
	6	外商投资国际货物运输代理企业(不含涉及国际快递业务的外商投资国际货物运输代理企业)设立及变更审批	《中华人民共和国中外合资经营企业法实施条例》(国务院令第311号) 《国务院关于〈中华人民共和国中外合作经营企业法实施细则〉的批复》(国函〔1995〕76号) 《中华人民共和国中外合作经营企业法实施细则》(对外贸易经济合作部令1995年第6号) 《中华人民共和国外资企业法实施细则》(国务院令第301号)	省级商务主管部门
	7	直销企业产品说明重大变更审批	《直销管理条例》(国务院令第443号)	省级商务主管部门

续上表

部门	序号	项目名称	设定依据	下放管理实施机关
商务部	8	外商投资股份公司(不包括上市公司)的变更事项(不包括公司为上市进行的变更)审批	《中华人民共和国中外合资经营企业法实施条例》(国务院令第311号) 《国务院关于〈中华人民共和国中外合作经营企业法实施细则〉的批复》(国函〔1995〕76号) 《中华人民共和国中外合作经营企业法实施细则》(对外贸易经济合作部令1995年第6号) 《中华人民共和国外资企业法实施细则》(国务院令第301号)	省级及省级以下商务主管部门
	9	外商投资企业(专项规定的除外)不涉及批准证书记载变化的变更事项审批	《中华人民共和国中外合资经营企业法实施条例》(国务院令第311号) 《国务院关于〈中华人民共和国中外合作经营企业法实施细则〉的批复》(国函〔1995〕76号) 《中华人民共和国中外合作经营企业法实施细则》(对外贸易经济合作部令1995年第6号) 《中华人民共和国外资企业法实施细则》(国务院令第301号)	省级商务主管部门

续上表

部门	序号	项目名称	设定依据	下放管理实施机关
商务部	10	商务部批准设立的限额以下外商投资企业（专项规定的除外）的变更事项审批	《中华人民共和国中外合资经营企业法实施条例》（国务院令第311号） 《国务院关于〈中华人民共和国中外合作经营企业法实施细则〉的批复》（国函〔1995〕76号） 《中华人民共和国中外合作经营企业法实施细则》（对外贸易经济合作部令1995年第6号） 《中华人民共和国外资企业法实施细则》（国务院令第301号）	省级商务主管部门
	11	外商投资企业（专项规定的除外）的非实质性变更事项审批	《中华人民共和国中外合资经营企业法实施条例》（国务院令第311号） 《国务院关于〈中华人民共和国中外合作经营企业法实施细则〉的批复》（国函〔1995〕76号） 《中华人民共和国中外合作经营企业法实施细则》（对外贸易经济合作部令1995年第6号） 《中华人民共和国外资企业法实施细则》（国务院令第301号）	省级商务主管部门

续上表

部门	序号	项目名称	设定依据	下放管理实施机关
商务部	12	限额以上外商投资企业(专项规定的除外)不超过限额的增资事项审批	《中华人民共和国中外合资经营企业法实施条例》(国务院令第311号) 《国务院关于〈中华人民共和国中外合作经营企业法实施细则〉的批复》(国函〔1995〕76号) 《中华人民共和国中外合作经营企业法实施细则》(对外贸易经济合作部令1995年第6号) 《中华人民共和国外资企业法实施细则》(国务院令第301号)	省级商务主管部门
	13	限额以下外商投资股份公司的设立及变更事项审批	《中华人民共和国中外合资经营企业法实施条例》(国务院令第311号) 《国务院关于〈中华人民共和国中外合作经营企业法实施细则〉的批复》(国函〔1995〕76号) 《中华人民共和国中外合作经营企业法实施细则》(对外贸易经济合作部令1995年第6号) 《中华人民共和国外资企业法实施细则》(国务院令第301号)	省级商务主管部门,副省级城市商务主管部门

续上表

部门	序号	项目名称	设定依据	下放管理实施机关
商务部	14	限额以下外商投资城市规划服务企业设立及变更审批	《中华人民共和国中外合资经营企业法实施条例》(国务院令第311号) 《国务院关于〈中华人民共和国中外合作经营企业法实施细则〉的批复》(国函〔1995〕76号) 《中华人民共和国中外合作经营企业法实施细则》(对外贸易经济合作部令1995年第6号) 《中华人民共和国外资企业法实施细则》(国务院令第301号)	省级商务主管部门
	15	限额以下外商投资进出口商品检验鉴定机构设立及变更审批	《中华人民共和国中外合资经营企业法实施条例》(国务院令第311号) 《国务院关于〈中华人民共和国中外合作经营企业法实施细则〉的批复》(国函〔1995〕76号) 《中华人民共和国中外合作经营企业法实施细则》(对外贸易经济合作部令1995年第6号) 《中华人民共和国外资企业法实施细则》(国务院令第301号)	省级商务主管部门

续上表

部门	序号	项目名称	设定依据	下放管理实施机关
商务部	16	限额以下外商投资国际船舶运输企业设立及变更审批	《中华人民共和国中外合资经营企业法实施条例》(国务院令第311号) 《国务院关于〈中华人民共和国中外合作经营企业法实施细则〉的批复》(国函〔1995〕76号) 《中华人民共和国中外合作经营企业法实施细则》(对外贸易经济合作部令1995年第6号) 《中华人民共和国外资企业法实施细则》(国务院令第301号)	省级商务主管部门
	17	限额以下外商投资国际船舶代理企业设立及变更审批	《中华人民共和国中外合资经营企业法实施条例》(国务院令第311号) 《国务院关于〈中华人民共和国中外合作经营企业法实施细则〉的批复》(国函〔1995〕76号) 《中华人民共和国中外合作经营企业法实施细则》(对外贸易经济合作部令1995年第6号) 《中华人民共和国外资企业法实施细则》(国务院令第301号)	省级商务主管部门

续上表

部门	序号	项目名称	设定依据	下放管理实施机关
商务部	18	限额以下外商投资光盘复制生产企业设立及变更审批	《中华人民共和国中外合资经营企业法实施条例》(国务院令第311号) 《国务院关于〈中华人民共和国中外合作经营企业法实施细则〉的批复》(国函〔1995〕76号) 《中华人民共和国中外合作经营企业法实施细则》(对外贸易经济合作部令1995年第6号) 《中华人民共和国外资企业法实施细则》(国务院令第301号)	省级商务主管部门
	19	限额以下外商投资认证培训和认证咨询企业设立及变更审批	《中华人民共和国中外合资经营企业法实施条例》(国务院令第311号) 《国务院关于〈中华人民共和国中外合作经营企业法实施细则〉的批复》(国函〔1995〕76号) 《中华人民共和国中外合作经营企业法实施细则》(对外贸易经济合作部令1995年第6号) 《中华人民共和国外资企业法实施细则》(国务院令第301号)	省级商务主管部门

续上表

部门	序号	项目名称	设定依据	下放管理实施机关
商务部	20	限额以下涉及国际快递业务的外商投资国际货物运输代理企业设立及变更审批	《中华人民共和国中外合资经营企业法实施条例》(国务院令第311号) 《国务院关于〈中华人民共和国中外合作经营企业法实施细则〉的批复》(国函〔1995〕76号) 《中华人民共和国中外合作经营企业法实施细则》(对外贸易经济合作部令1995年第6号) 《中华人民共和国外资企业法实施细则》(国务院令第301号)	省级商务主管部门
	21	限额以下外商投资融资租赁企业设立及变更审批	《中华人民共和国中外合资经营企业法实施条例》(国务院令第311号) 《国务院关于〈中华人民共和国中外合作经营企业法实施细则〉的批复》(国函〔1995〕76号) 《中华人民共和国中外合作经营企业法实施细则》(对外贸易经济合作部令1995年第6号) 《中华人民共和国外资企业法实施细则》(国务院令第301号)	省级商务主管部门

续上表

部门	序号	项目名称	设定依据	下放管理实施机关
商务部	22	限额以下外商投资营业性演出经纪企业设立及变更审批	《中华人民共和国中外合资经营企业法实施条例》(国务院令第311号) 《国务院关于〈中华人民共和国中外合作经营企业法实施细则〉的批复》(国函〔1995〕76号) 《中华人民共和国中外合作经营企业法实施细则》(对外贸易经济合作部令1995年第6号) 《中华人民共和国外资企业法实施细则》(国务院令第301号)	省级商务主管部门
	23	限额以下外商投资保险经纪企业设立及变更审批	《中华人民共和国中外合资经营企业法实施条例》(国务院令第311号) 《国务院关于〈中华人民共和国中外合作经营企业法实施细则〉的批复》(国函〔1995〕76号) 《中华人民共和国中外合作经营企业法实施细则》(对外贸易经济合作部令1995年第6号) 《中华人民共和国外资企业法实施细则》(国务院令第301号)	省级商务主管部门

续上表

部门	序号	项目名称	设定依据	下放管理实施机关
商务部	24	限额以下外商独资船务公司设立及变更审批	《中华人民共和国外资企业法实施细则》(国务院令第301号)	省级商务主管部门
	25	原在商务部审核权限内的鼓励类产业且不需要国家综合平衡的外商投资企业(专项规定的除外)设立及变更事项审批	《中华人民共和国中外合资经营企业法实施条例》(国务院令第311号) 《国务院关于〈中华人民共和国中外合作经营企业法实施细则〉的批复》(国函〔1995〕76号) 《中华人民共和国中外合作经营企业法实施细则》(对外贸易经济合作部令1995年第6号) 《中华人民共和国外资企业法实施细则》(国务院令第301号)	省级商务主管部门,副省级城市商务主管部门
	26	外商投资企业(专项规定的除外)的重大变更事项(国家发展改革委核准的限额以上增资事项和控股权向外方转移的转股事项除外)审批	《中华人民共和国中外合资经营企业法实施条例》(国务院令第311号) 《国务院关于〈中华人民共和国中外合作经营企业法实施细则〉的批复》(国函〔1995〕76号) 《中华人民共和国中外合作经营企业法实施细则》(对外贸易经济合作部令1995年第6号) 《中华人民共和国外资企业法实施细则》(国务院令第301号)	省级商务主管部门

续上表

部门	序号	项目名称	设定依据	下放管理实施机关
商务部	27	外商投资企业设立境外分支机构审批	《中华人民共和国中外合资经营企业法实施条例》(国务院令第311号) 《国务院关于〈中华人民共和国中外合作经营企业法实施细则〉的批复》(国函〔1995〕76号) 《中华人民共和国中外合作经营企业法实施细则》(对外贸易经济合作部令1995年第6号) 《中华人民共和国外资企业法实施细则》(国务院令第301号)	省级及省级以下商务主管部门
	28	交易额在限额以下的外资并购事项审批(专项规定的外商投资企业除外)	《中华人民共和国中外合资经营企业法实施条例》(国务院令第311号) 《国务院关于〈中华人民共和国中外合作经营企业法实施细则〉的批复》(国函〔1995〕76号) 《中华人民共和国中外合作经营企业法实施细则》(对外贸易经济合作部令1995年第6号) 《中华人民共和国外资企业法实施细则》(国务院令第301号)	省级商务主管部门

续上表

部门	序号	项目名称	设定依据	下放管理实施机关
商务部	29	限额以下外商投资创业投资和创业投资管理企业设立及变更审批	《中华人民共和国中外合资经营企业法实施条例》(国务院令第311号) 《国务院关于〈中华人民共和国中外合作经营企业法实施细则〉的批复》(国函〔1995〕76号) 《中华人民共和国中外合作经营企业法实施细则》(对外贸易经济合作部令1995年第6号) 《中华人民共和国外资企业法实施细则》(国务院令第301号)	省级商务主管部门
	30	外商投资注册资本1亿美元及以下投资性公司的设立及变更事项(含原商务部批准设立的投资性公司后续变更事项)审批(单次增资超过1亿美元除外)	《中华人民共和国中外合资经营企业法实施条例》(国务院令第311号) 《国务院关于〈中华人民共和国中外合作经营企业法实施细则〉的批复》(国函〔1995〕76号) 《中华人民共和国中外合作经营企业法实施细则》(对外贸易经济合作部令1995年第6号) 《中华人民共和国外资企业法实施细则》(国务院令第301号)	省级商务主管部门

续上表

部门	序号	项目名称	设定依据	下放管理实施机关
商务部	31	限额以下中外合资、合作医疗机构设立及变更审批	《中华人民共和国中外合资经营企业法实施条例》(国务院令第311号) 《国务院关于〈中华人民共和国中外合作经营企业法实施细则〉的批复》(国函〔1995〕76号) 《中华人民共和国中外合作经营企业法实施细则》(对外贸易经济合作部令1995年第6号)	省级商务主管部门
	32	限额以下外商投资拍卖企业设立及变更审批	《中华人民共和国中外合资经营企业法实施条例》(国务院令第311号) 《国务院关于〈中华人民共和国中外合作经营企业法实施细则〉的批复》(国函〔1995〕76号) 《中华人民共和国中外合作经营企业法实施细则》(对外贸易经济合作部令1995年第6号) 《中华人民共和国外资企业法实施细则》(国务院令第301号)	省级商务主管部门

续上表

部门	序号	项目名称	设定依据	下放管理实施机关
商务部	33	限额以下外商投资图书、报纸、期刊分销企业设立及变更审批	《中华人民共和国中外合资经营企业法实施条例》(国务院令第311号) 《国务院关于〈中华人民共和国中外合作经营企业法实施细则〉的批复》(国函〔1995〕76号) 《中华人民共和国中外合作经营企业法实施细则》(对外贸易经济合作部令1995年第6号) 《中华人民共和国外资企业法实施细则》(国务院令第301号)	省级商务主管部门
	34	限额以下中外合作音像制品批发企业设立及变更审批	《国务院关于〈中华人民共和国中外合作经营企业法实施细则〉的批复》(国函〔1995〕76号) 《中华人民共和国中外合作经营企业法实施细则》(对外贸易经济合作部令1995年第6号)	省级商务主管部门

续上表

部门	序号	项目名称	设定依据	下放管理实施机关
商务部	35	限额以下外商投资非油气矿产勘查企业设立及变更审批	《中华人民共和国中外合资经营企业法实施条例》(国务院令第311号) 《国务院关于〈中华人民共和国中外合作经营企业法实施细则〉的批复》(国函〔1995〕76号) 《中华人民共和国中外合作经营企业法实施细则》(对外贸易经济合作部令1995年第6号) 《中华人民共和国外资企业法实施细则》(国务院令第301号)	省级商务主管部门
	36	限额以下外商投资非油气采矿企业设立及变更审批	《中华人民共和国中外合资经营企业法实施条例》(国务院令第311号) 《国务院关于〈中华人民共和国中外合作经营企业法实施细则〉的批复》(国函〔1995〕76号) 《中华人民共和国中外合作经营企业法实施细则》(对外贸易经济合作部令1995年第6号) 《中华人民共和国外资企业法实施细则》(国务院令第301号)	省级商务主管部门

续上表

部门	序号	项目名称	设定依据	下放管理实施机关
文化部	37	设立经营性互联网文化单位审批	《国务院对确需保留的行政审批项目设定行政许可的决定》(国务院令第412号)	省级人民政府文化行政主管部门
	38	设置社会艺术水平考级机构审批	《国务院对确需保留的行政审批项目设定行政许可的决定》(国务院令第412号)	省级人民政府文化行政主管部门
质检总局	39	电线电缆生产许可证核发	《中华人民共和国工业产品生产许可证管理条例》(国务院令第440号)	省级质量技术监督部门
	40	危险化学品包装物、容器生产许可证核发	《中华人民共和国工业产品生产许可证管理条例》(国务院令第440号)	省级质量技术监督部门
	41	泵生产许可证核发	《中华人民共和国工业产品生产许可证管理条例》(国务院令第440号)	省级质量技术监督部门
	42	电焊条生产许可证核发	《中华人民共和国工业产品生产许可证管理条例》(国务院令第440号)	省级质量技术监督部门
	43	建筑钢管脚手架扣件生产许可证核发	《中华人民共和国工业产品生产许可证管理条例》(国务院令第440号)	省级质量技术监督部门
	44	建筑防水卷材生产许可证核发	《中华人民共和国工业产品生产许可证管理条例》(国务院令第440号)	省级质量技术监督部门
	45	汽车制动液生产许可证核发	《中华人民共和国工业产品生产许可证管理条例》(国务院令第440号)	省级质量技术监督部门
	46	电热毯生产许可证核发	《中华人民共和国工业产品生产许可证管理条例》(国务院令第440号)	省级质量技术监督部门

续上表

部门	序号	项目名称	设定依据	下放管理实施机关
质检总局	47	化肥生产许可证核发	《中华人民共和国工业产品生产许可证管理条例》（国务院令第440号）	省级质量技术监督部门
	48	人造板生产许可证核发	《中华人民共和国工业产品生产许可证管理条例》（国务院令第440号）	省级质量技术监督部门
	49	特种劳动防护产品生产许可证核发	《中华人民共和国工业产品生产许可证管理条例》（国务院令第440号）	省级质量技术监督部门
	50	危险化学品生产许可证核发	《中华人民共和国工业产品生产许可证管理条例》（国务院令第440号）	省级质量技术监督部门
	51	冶炼用耐火材料生产许可证核发	《中华人民共和国工业产品生产许可证管理条例》（国务院令第440号）	省级质量技术监督部门
	52	橡胶制品生产许可证核发	《中华人民共和国工业产品生产许可证管理条例》（国务院令第440号）	省级质量技术监督部门
	53	助力车生产许可证核发	《中华人民共和国工业产品生产许可证管理条例》（国务院令第440号）	省级质量技术监督部门
	54	摩托车头盔生产许可证核发	《中华人民共和国工业产品生产许可证管理条例》（国务院令第440号）	省级质量技术监督部门
	55	混凝土输水管生产许可证核发	《中华人民共和国工业产品生产许可证管理条例》（国务院令第440号）	省级质量技术监督部门
	56	水文仪器生产许可证核发	《中华人民共和国工业产品生产许可证管理条例》（国务院令第440号）	省级质量技术监督部门

续上表

部门	序号	项目名称	设定依据	下放管理实施机关
质检总局	57	岩土工程仪器生产许可证核发	《中华人民共和国工业产品生产许可证管理条例》(国务院令第440号)	省级质量技术监督部门
	58	机动车安全技术检验机构资格审批	《中华人民共和国道路交通安全法实施条例》(国务院令第405号)	省级质量技术监督部门
	59	设立认证咨询机构审批	《国务院对确需保留的行政审批项目设定行政许可的决定》(国务院令第412号)	省级质量技术监督部门
新闻出版总署	60	期刊出版增刊审批	《国务院对确需保留的行政审批项目设定行政许可的决定》(国务院令第412号)	省级人民政府出版行政主管部门
	61	改变连续型电子出版物刊期审批	《出版管理条例》(国务院令第343号)	省级人民政府出版行政主管部门
体育总局	62	设立健身气功活动站点审批	《国务院对确需保留的行政审批项目设定行政许可的决定》(国务院令第412号)	县级人民政府体育行政主管部门
安全监管总局	63	三级矿山救护队资质认定	《国务院对确需保留的行政审批项目设定行政许可的决定》(国务院令第412号)	省级安全监管部门和省级煤矿安全监察机构
	64	四级矿山救护队资质认定	《国务院对确需保留的行政审批项目设定行政许可的决定》(国务院令第412号)	省级安全监管部门和省级煤矿安全监察机构

续上表

部门	序号	项目名称	设定依据	下放管理实施机关
国家外专局	65	国务院履行出资人职责企业以外的企业聘请外国专家资格认可	《国务院对确需保留的行政审批项目设定行政许可的决定》(国务院令第412号)	省级人民政府外国专家归口管理部门
	66	中等以下教育机构聘请外国专家资格认可	《国务院对确需保留的行政审批项目设定行政许可的决定》(国务院令第412号)	省级人民政府外国专家归口管理部门
国家文物局	67	拍摄市级文物保护单位审批	《国务院对确需保留的行政审批项目设定行政许可的决定》(国务院令第412号)	设区的市级人民政府文物行政主管部门
	68	拍摄县级文物保护单位审批	《国务院对确需保留的行政审批项目设定行政许可的决定》(国务院令第412号)	县级人民政府文物行政主管部门
国家食品药品监管局	69	医疗用毒性药品收购企业批准	《医疗用毒性药品管理办法》(国务院令第23号)	省级人民政府食品药品监督管理部门
	70	医疗用毒性药品批发企业批准	《医疗用毒性药品管理办法》(国务院令第23号)	省级人民政府食品药品监督管理部门
	71	医疗用毒性药品零售企业批准	《医疗用毒性药品管理办法》(国务院令第23号)	设区的市级人民政府食品药品监督管理部门

税务总局　财政部　人民银行
关于车辆购置税征缴管理有关问题的通知

国税发〔2009〕127号　2009.8.28

各省、自治区、直辖市和计划单列市国家税务局，财政部驻各省、自治区、直辖市、计划单列市财政监察专员办事处，西藏自治区财政厅，中国人民银行上海总部，各分行、营业管理部、省会（首府）城市中心支行，大连、青岛、宁波、厦门、深圳市中心支行：

根据《财政部办公厅关于车辆购置税征缴管理有关问题的复函》（财办库〔2007〕198号）、《国家税务总局关于车辆购置税征缴有关问题的通知》（国税函〔2007〕787号）有关规定，国税系统开立的车辆购置税专用账户于2009年6月30日到期。为进一步加强车辆购置税（以下简称车购税）征缴管理工作，规范银行账户管理，实现税款直接入库，现就车购税征缴管理有关问题通知如下：

一、关于车购税缴税方式

为方便纳税人，提高征缴效率，税务机关应向纳税人提供多元化缴税方式，包括银行卡刷卡缴税、转账缴税、现金缴税等，特别要大力推广应用POS机刷卡缴税，将车购税从纳税人银行卡账户直接划缴入库。已实施财税库银横向联网电子缴税的地区，要积极创造条件，逐步推广运用横向联网系统办理车购税缴库。

二、关于车购税缴税基本流程

（一）银行卡刷卡缴税基本流程

银行卡刷卡缴税包括采用商业银行布设POS机具刷卡缴税和采用银联子公司布设POS机具刷卡缴税两种模式。

对确定由商业银行布设POS机具的，刷卡缴税流程为：

1. 各市（包括直辖市、计划单列市、省会城市、地级市、县级

市）或县人民银行分支机构和国税部门共同确定在车购税征收大厅布设 POS 机具的商业银行（即国库经收处，以下简称指定国库经收处）。

2. 指定国库经收处在“待结算财政款项”科目下开设“待报解车购税专户”，专门用于核算纳税人使用 POS 机刷卡方式缴纳车购税的收纳、报解，不得用于办理税款的退付。

3. 指定国库经收处在车购税征收大厅布设 POS 机具，其刷卡缴纳的车购税的收款账户名称和账号分别为“待报解车购税专户”的名称及账号。

4. 纳税人按照应纳税额在车购税征收大厅布设的 POS 机刷卡缴税，税务机关对相关信息审核无误后，为纳税人开具税收完税证（通用完税证或转账专用完税证，下同），作为完税证明。

5. 每日工作终了，税务机关将当日 POS 机收款总额与税收完税证的票面金额核对一致后，开具税收缴款书（通用缴款书或汇总专用缴款书，下同），于当日、最迟下一工作日上午交指定国库经收处办理就地缴库手续。

6. 指定国库经收处收到税收缴款书后，将税收缴款书金额与“待报解车购税专户”收款金额进行核对，经核对一致的，于当日、最迟下一工作日划缴国库。经核对不一致的，及时与税务机关沟通联系。

7. 国库收到缴款书和资金，办理入库手续后，向税务机关返回税款入库报表和缴款书回执。

8. 税务机关根据国库返回的税款入库报表和缴款书回执，在税务征管系统做税款入库销号。

对确定由银联子公司布设 POS 机具的，刷卡缴税流程为：

1. 国库在“国库待结算款项”科目下设置“待缴库车购税专户”，专门用于核算纳税人使用银联子公司 POS 机刷卡方式缴纳车购税的收纳、报解，不得用于办理税款的退付。

2. 银联子公司在车购税征收大厅布设 POS 机具，其刷卡缴纳的车购税的收款账户名称和账号分别为国库“待缴库车购税专

户”的名称及账号。

3. 纳税人按照应纳税额在车购税征收大厅布设的 POS 机刷卡缴税，税务机关对相关信息审核无误后，为纳税人开具税收完税证，作为完税证明。

4. 每日工作终了，税务机关将当日 POS 机收款总额与税收完税证的票面金额核对一致后，开具税收缴款书，于当日、最迟下一工作日上午交国库办理入库手续。

5. 银联于纳税人刷卡缴税的下一工作日将资金直接划缴国库“待缴库车购税专户”。

6. 国库将税收缴款书与银联划来的资金核对一致后，办理入库手续。经核对不一致的，及时与税务机关、银联沟通联系。

7. 国库办理入库手续后，向税务机关返回税款入库报表和缴款书回执。

8. 税务机关根据国库返回的税款入库报表和缴款书回执，在税务征管系统做税款入库销号。

（二）转账缴税和现金缴税基本流程

1. 税务机关根据纳税人应纳税额逐笔开具税收通用缴款书。

2. 纳税人持税收通用缴款书到国库经收处办理缴款手续。

3. 国库经收处经对税收通用缴款书要素审核无误后，通过“待结算财政款项”科目下的“待报解预算收入专户”办理资金收纳手续，并于收纳当日、最迟下一工作日划缴国库。

4. 国库收到缴款书和资金后，办理入库手续，并向税务机关返回税款入库报表和缴款书回执。

5. 税务机关根据国库返回的税款入库报表和缴款书回执，在税务征管系统做税款入库销号。

三、关于撤并原车购税专用账户问题

（一）各级国税部门要结合推广应用 POS 机刷卡缴税工作，抓紧撤并原车购税专用账户。2009 年 7 月 1 日至 2010 年 3 月 31 日，每个市（包括直辖市、计划单列市、省会城市、地级市、县级市）或县可保留一个车购税专用账户，用于现金税款的收纳和缴库，其

余车购税专用账户自2009年7月1日起给予6个月的过渡期,期满须即时办理销户手续。

(二)2010年4月1日起,所有车购税专用账户一律撤销。对于纳税人采用现金缴纳税款的,原则上由纳税人持税务机关开具的税收通用缴款书到国库经收处自行办理就地缴库,特殊情况可由税务机关收纳后开具税收缴款书于当日、最迟下一工作日上午到国库经收处办理就地缴库。

四、工作要求

(一)财政部驻各省、自治区、直辖市、计划单列市财政监察专员办事处和西藏自治区财政厅,要加强对车购税专用账户使用的监督管理,做好专用账户延期的审批、备案管理工作,督促税务机关及时办理撤户手续。

(二)税务机关在车购税专用账户尚未撤销前,仍按现行规定在每月的5日、10日、15日、20日、25日和月末最后一天(遇法定节假日顺延),将车购税专用账户中的到账税款全额缴入国库。

(三)在车购税专用账户撤销时,税务机关要做好与开户银行的对账工作,务必保证税务与银行、账与证、账与账、账与表数字一致、准确无误;账户清空后,要做好结账、封账和销户工作。

(四)各地税务机关和人民银行分支机构要根据当地实际情况,共同确定POS机刷卡缴税方式,以确保纳税人顺利通过POS机刷卡方式缴纳车购税。税务机关要会同当地有关部门,抓紧组织做好POS机具布设、调试工作。

(五)各地税务机关应积极对POS机刷卡缴税方式进行宣传引导。车购税征缴方式进行调整前,税务机关要提前向社会公告,并实行至少1个月的公告期,同时做好有关宣传工作,尤其要注意对汽车销售点的宣传,以便让纳税人预知。

(六)各地人民银行分支机构应当按照有关规定,加强对国库经收处、银联及其子公司的业务指导和监督管理。

(七)税务机关、国库、布设POS机具的国库经收处(或银联)要认真做好对账工作,发现问题及时查明原因,并跟踪处理,确保

税款及时安全入库。

（八）商业银行、银联子公司办理银行卡刷卡缴税业务的相关费用问题，由国家税务总局会同财政部、中国人民银行另行研究解决。

（九）各地税务、财政、人民银行、商业银行、银联等部门要加强沟通与协作，共同做好车购税征缴管理工作，并制定有关特殊情况的处理预案。执行中有何情况，请及时向国家税务总局（收入规划核算司）、财政部（国库司）、中国人民银行（国库局）报告。

部分地方交通法规规章

山东省治理超限和超载运输办法

山东省政府第六十二次常务会议通过　2010.1.22

第一章　总　　则

第一条　为了治理超限和超载运输，保护人民群众生命财产安全，保障公路完好畅通，根据《中华人民共和国公路法》、《中华人民共和国道路交通安全法》等法律、法规，结合本省实际，制定本办法。

第二条　在本省行政区域内从事道路运输等相关活动的单位和个人，应当遵守本办法。

第三条　本办法所称超限运输是指超过法律、法规、规章和国家标准规定的或者交通标志标明的限高、限长、限宽、限载标准的运输车辆在公路上行驶的行为。

本办法所称超载运输是指机动车载物超过核定载质量或者载人超过核定人数的行为。

第四条　治理超限和超载运输应当坚持政府负责、部门协作、源头治理、追踪处理的原则。

第五条　县级以上人民政府负责组织领导本行政区域内治理超限和超载运输工作。

县级以上人民政府交通运输部门和公安部门应当依据职责分工，负责治理超限和超载运输工作。县级以上人民政府经济和信息化、财政、价格、工商行政管理、质量技术监督、安全生产监督等部门应当按照各自职责，做好治理超限和超载运输的相关工作。

第六条　实行治理超限和超载运输工作目标任务考核奖惩制

度。对治理超限和超载运输工作中成绩显著的单位和个人，由县级以上人民政府及其有关部门予以表彰奖励。

第七条 任何单位和个人都有权举报超限和超载运输的违法行为。接到举报的部门应当按照职责及时调查处理。举报属实的，有关部门可以给予举报人奖励。

对举报交通运输部门、公安部门等执法部门执法人员违法行为的，接到举报的部门应当按照职责及时调查处理。

第八条 交通运输部门和公安部门对超限和超载运输车辆进行监督检查时，运输经营者、驾乘人员应当予以配合，并提供方便。

任何单位和个人不得以任何理由拒绝或者阻碍执法人员实施超限和超载运输检查。

第二章 源头治理

第九条 生产制造车辆应当符合国家强制性标准，并按照国家规定和设计规范标定车辆的技术数据。

禁止销售不符合国家强制性标准的车辆。

第十条 公安部门应当依法对车辆进行登记和发放车辆号牌。对不符合机动车安全技术检验标准、《道路车辆外廓尺寸、轴荷及质量限值》和《车辆生产企业及产品公告》的车辆，公安部门不得进行登记和发放车辆号牌，交通运输部门不得发放道路运输证。

第十一条 任何单位和个人不得拼装或者擅自改装运输车辆。

第十二条 车站、港口码头、煤矿、沙石料场等货物集散地以及其他道路运输装载场所的经营者，应当按照车辆装载标准的规定为车辆装载、配载货物，不得为车辆超标准装载、配载货物。

第十三条 机动车载物应当符合核定的载质量，严禁超载；载物的长、宽、高不得违反装载要求。

机动车载人不得超过核定的人数，客运机动车不得违反规定

载货。

第十四条 客运站应当按照旅客运输车辆的核定载客限额发售车票和检票。

客运班车不得在规定的客运站(点)以外上下旅客,并不得超定额载客。

第十五条 从事营业性旅客运输的驾驶员,必须取得营业性道路运输驾驶从业资格。

高速公路单程600公里以上、其他公路单程400公里以上的旅客运输车辆,必须配备2名以上驾驶员。

第三章 超限运输审批

第十六条 超限运输车辆不得在有限定标准的公路、公路桥梁上或者公路隧道内行驶。

超限运输车辆运载不可解体等物品的,应当经县级以上交通运输部门批准;影响交通安全的,还应当按照公安部门指定的时间、路线、速度行驶,悬挂明显标志。

第十七条 承运人申请超限运输,车辆行驶范围在设区的市辖区内的,应当向起运地设区的市交通运输部门提出申请;车辆行驶范围跨设区的市的,应当向省交通运输部门提出申请。

承运人申请超限运输的,应当提供下列材料:

(一)书面申请;

(二)货物名称、重量、外廓尺寸及必要的总体轮廓图;

(三)运输车辆的厂牌型号、整备质量、轴载质量、轮数、载货时总的外廓尺寸;

(四)货物运输的起讫点、拟经过的路线和运输时间;

(五)车辆行驶证。

第十八条 交通运输部门受理承运人的申请后,应当依照《中华人民共和国行政许可法》规定的程序和期限,作出是否许可的决定。准予许可的,应当签发《超限运输车辆通行证》;不予许

可的，应当作出不予许可的书面决定，并说明理由。

禁止伪造、变造、涂改、租借、转让《超限运输车辆通行证》。

第十九条 申请超限运输有下列情形之一的，不予批准：

（一）车辆装载的货物质量超过车辆行驶证核定载质量的；

（二）车辆轴载质量超过国家规定标准的；

（三）车辆装载货物后的长、宽、高超过公路、公路桥梁技术标准的；

（四）行驶路线经过四级公路、等外公路和技术状况低于三类的桥梁的。

第二十条 交通运输部门应当根据实际情况，对超限车辆拟经路线进行勘测，选定运输路线，计算公路、桥涵承载能力，制定通行与加固方案，并与承运人签订有关协议。

交通运输部门应当根据制定的通行与加固方案以及签订的有关协议，对公路、桥梁等进行加固或者改建，保障超限运输车辆安全行驶。

承运人应当依法承担对公路、桥梁进行加固、改建等防护措施所需的费用，并对公路造成的损害进行补偿。

第二十一条 经批准上路行驶的超限运输车辆，其型号及装载等情况应当与签发的《超限运输车辆通行证》一致。

第四章 监督检查

第二十二条 县级交通运输部门应当对辖区内年发运量在5万吨以上的车站、港口码头、煤矿、沙石料场等货物集散地进行统计，经本级人民政府同意后逐级报省交通运输部门审核公布。

交通运输部门应当对公布的货物集散地实行派驻管理或者重点巡查。

第二十三条 派驻货物集散地的管理人员负责审查道路运输车辆的营运资质和驾驶员的从业资格，监督货物装载行为，对装载货物符合规定的车辆出具规范装载证明。

禁止伪造、变造、涂改、租借、转让规范装载证明。

第二十四条 交通运输部门应当依托省人民政府批准设置的超限超载检测站点和交通稽查站，实施超限运输车辆检查，并可以在超限运输车辆可能绕行或者短途驳载的线路上实施检查。

在超限超载检测站点和交通稽查站所处路段可以设置车辆减速带。

第二十五条 货物运输车辆应当按照引导标志或者执法工作人员的指挥驶入指定地点接受检测，不得强行通过。

第二十六条 交通运输部门对调查处理的超限运输车辆，除运输不可解体等物品外，必须责令承运人对超限部分的货物进行卸载或者分载，所需费用由运输经营者承担；对拒不卸载的，应当强制其卸去超限部分的货物。

超限运输车辆未消除违法状态或者造成公路损害拒绝补偿的，禁止在公路上行驶。

第二十七条 超限运输车辆需要超限超载检测站和交通稽查站提供协助卸载或者保管货物的，应当支付必要的费用，其收费标准由省价格主管部门核定。

承运人应当在15日内对卸载货物进行处置，逾期不处置的，按照有关规定拍卖或者变卖，在扣除相关费用后通知当事人领取；逾期不领取的，上缴国库。

第二十八条 对装载不可解体货物、无法卸载且轴载质量不超过限定标准以及擅自行驶的超限运输车辆，实行按吨公里计重累进加价收费制度。具体收费标准按照省价格主管部门与省财政、交通运输部门的规定执行。

货物运输车辆通过实施计重累进加价收费的收费站时，应当按照规定的速度行驶。

第二十九条 超限超载检测站、交通稽查站和公路收费站应当使用经质量技术监督部门依法检定合格有效的检测装置。

第三十条 公安部门应当加强对超载运输车辆的检查。对超载运输车辆，公安部门应当依法进行扣留，由驾驶员将超载的乘车

人转运，所需费用由超载运输车辆的驾驶员或者运输经营者承担。

第三十一条 交通运输部门和公安部门应当建立全省联网的治理超限和超载运输信息系统，对违法信息及时登记、抄告、处理和公示，实现信息共享。

交通运输部门和公安部门应当对检查发现的不符合国家强制性标准、虚假标定车辆载质量技术数据或者拼装、擅自改装车辆等违法信息抄告经济和信息化、工商行政管理、质量技术监督等部门，由其依法进行处理。

第五章 法律责任

第三十二条 违反本办法规定的行为，法律、法规已作出处罚规定的，按照其规定执行；法律、法规未作出处罚规定的，按照本办法的规定执行。

第三十三条 违反本办法规定，道路运输装载场所的经营者为车辆超标准装载、配载货物的，由交通运输部门责令改正，并按照每辆次处1000元罚款，但罚款总额不得超过3万元。

非法设立配载点及经营场站的，由工商行政管理部门依法予以取缔。

第三十四条 违反本办法规定，客运站造成出站旅客运输车辆载客超过定额的，除承担乘车人转运费用外，由交通运输部门根据情节予以通报或者降低车站等级。

第三十五条 违反本办法规定，超限运输车辆的型号及装载等情况与签发的《超限运输车辆通行证》不一致的，由交通运输部门责令其改正，并可以处1000元以上5000元以下的罚款。

第三十六条 违反本办法规定，伪造、变造、涂改、租借、转让《超限运输车辆通行证》或者规范装载证明的，由交通运输部门予以收缴，并可以处1000元以上5000元以下的罚款。

第三十七条 违反本办法规定，货物运输车辆强行冲卡或者不按照要求驶入指定地点接受检测而逃避检查的，由交通运输部

门处5000元以上3万元以下的罚款。

第三十八条 违反本办法规定，货物运输车辆载物超过核定的载质量或者未按照指定的时间、路线和速度行驶的，由公安部门依法予以处罚。

第三十九条 对超限运输车辆，除依法处罚外，交通运输部门可以责令其进行二级维护，并进行车辆技术性能检测。

实行货物运输车辆驾驶员超限运输违法行为累积记分制度，交通运输部门根据累积记分情况，可以责令其参加道路运输从业资格培训或者收缴道路运输从业资格证件。

交通运输部门可以根据道路运输企业营运车辆违法超限运输记录情况，责令其限期整改，相应降低其质量信誉等级。

第四十条 旅客运输车辆载客超过额定乘员的，由公安部门对驾驶员依法实施处罚并给予违法记分处理；超过额定乘员20%以上的，还应当由交通运输部门按照下列规定进行处理：

（一）超过额定乘员20%至50%的，停止营运3个月；

（二）超过额定乘员50%至80%的，停止营运6个月；

（三）超过额定乘员80%至100%的，停止营运9个月；

（四）超过额定乘员100%以上的，停止营运1年。

运输经营者不具备旅客运输条件的，由交通运输部门依法取消其营运资格。

第四十一条 超限和超载运输车辆发生交通事故的，由公安部门依法实施处罚，并由交通运输部门责令运输经营者限期整改，相应降低其质量信誉等级。

对被依法吊销机动车驾驶证的车辆驾驶员，由交通运输部门注销其营业性道路运输驾驶从业资格证件。

第四十二条 旅客运输经营者在1个营运年度内有下列情形之一的，由交通运输部门核减其营运线路经营期限，并按照下列规定停止办理新增、更新运输车辆的审批：

（一）发生1起较大责任事故的，半年内停止办理新增、更新运输车辆的审批；

（二）发生1起重大责任事故或者2起较大责任事故的，1年内停止办理新增、更新运输车辆的审批；

（三）所属运输车辆载客超过额定乘员100%以上的，1年内停止办理新增、更新运输车辆的审批。

第四十三条 违反本办法规定，超限运输车辆在未实施计重累进加价收费的公路上行驶而损害公路的，当事人应当按照超限运输车辆行驶公路补偿费标准予以补偿。

第四十四条 有下列情形之一，阻碍执法部门依法履行职务，构成违反治安管理行为的，由公安部门依法予以处罚；构成犯罪的，依法追究刑事责任：

（一）协助超限或者超载运输车辆逃避检查的；

（二）协助超限或者超载运输车辆强行冲卡的；

（三）侮辱、谩骂、殴打执法工作人员的；

（四）聚众扰乱执法检查或者寻衅滋事的；

（五）其他阻碍执行职务的行为。

第四十五条 政府及其有关部门的工作人员在治理超限和超载运输工作中，滥用职权、玩忽职守、徇私舞弊的，依法给予处分；构成犯罪的，依法追究刑事责任。

第六章　附　　则

第四十六条 本办法自2010年4月1日起施行。2003年11月4日省人民政府发布的《山东省超员和超限运输车辆管理办法》同时废止。

广东省出租汽车管理办法

广东省政府第十一届四十九次常务会议通过　2010.2.10

第一章　总　则

第一条　为了加强出租汽车行业管理，规范经营和管理行为，提高服务质量，保护乘客、出租汽车驾驶员、出租汽车经营者的合法权益，根据有关法律、法规，结合本省实际，制定本办法。

第二条　本办法适用于本省行政区域内从事出租汽车经营及管理活动。

本办法所称出租汽车，是指具有合法营运资格，按照乘客意愿提供客运服务，以行驶里程或者时间计费的5座以下的小型客车。

第三条　县级以上人民政府交通运输主管部门负责本行政区域内的出租汽车行业管理工作。

规划、公安、监察、财政、人力资源社会保障、住房城乡建设、价格、工商、质监、税务等部门，按照各自的职责，做好出租汽车的相关管理工作。

第四条　出租汽车是城市综合交通体系的重要组成部分。县级以上人民政府应当根据经济社会和城市发展，制订出租汽车发展规划。

第五条　从事出租汽车经营应当依法取得许可，任何单位和个人不得封锁或者垄断出租汽车市场。

第六条　出租汽车管理应当遵循公开、公平、公正和便民的原则，促进出租汽车市场健康有序发展，满足广大人民群众的出行需求。

出租汽车经营者和驾驶员应当依法经营,诚实守信,公平竞争,文明服务。

第七条 鼓励出租汽车经营向规模化、集约化发展。推广信息化管理和使用环保、节能车型。

第二章 经营权管理

第八条 各地应当采取以企业综合素质和服务质量为主要条件的招投标方式配置出租汽车经营权,择优确定经营者。

已经实行出租汽车经营权有偿出让的市县,需要继续实行的,应当报省人民政府批准。

尚未实行经营权有偿出让的市县,不得新出台出租汽车经营权有偿出让的政策。

第九条 县级以上人民政府交通运输主管部门应当根据出租汽车发展规划和市场需求,科学合理地确定出租汽车新增运力的投放数量、车型等,制定出租汽车经营权配置方案,并向社会公示。

出租汽车经营权配置方案应当经地级以上市人民政府批准,并向省人民政府交通运输主管部门备案后组织实施。

第十条 申请从事出租汽车经营的,应当具备下列条件:

(一)有购置符合规定车辆的资金;

(二)有与经营规模相适应的注册资金;

(三)有与经营规模相适应的经营场地、车辆停放地;

(四)有健全的安全生产、服务质量、车辆、驾驶员等管理制度;

(五)法律、法规、规章规定的其他条件。

第十一条 县级以上人民政府交通运输主管部门应当自作出出租汽车经营权许可决定之日起30日内,为出租汽车经营者发放道路运输经营许可证;并为符合规定的车辆配发道路运输证。

第十二条 出租汽车经营者应当持道路运输经营许可证,依法向工商行政管理部门办理有关登记手续。

未取得出租汽车经营许可并办理工商登记的，不得从事出租汽车经营活动。

第十三条 出租汽车的经营权期限为5年至10年。在上述的年限内的具体经营期限，由县级以上人民政府交通运输主管部门规定。

经营期限内不能正常经营或者经营期限届满的，其经营权由原许可机关收回。

第十四条 出租汽车经营者停业、歇业、合并、迁移经营场所、变更名称，以及车辆报停、更新、减少的，应当到原许可机关办理相关手续。

依法取得的出租汽车经营权不得转让，法律、法规另有规定的除外。

第十五条 出租汽车经营者应当全额出资购买车辆，不得通过一次性买断经营权或者收取高额风险抵押金等方式转嫁经营风险。

第十六条 有下列情形之一的，由原许可机关全部或者部分收回其出租汽车经营权，并注销其道路运输证：

（一）非法转让出租汽车经营权的；

（二）通过收取高额风险抵押金等方式转嫁经营风险的；

（三）取得出租汽车经营权许可180日内无正当理由未投入营运，或者在经营期限内连续180日未营运的；

（四）企业质量信誉考核连续两年不合格的。

第三章 从业资格管理

第十七条 出租汽车驾驶员实行从业资格考试制度。出租汽车驾驶员应当经考试合格，取得从业资格证后方可从事出租汽车营运活动。

出租汽车驾驶员从业资格考试大纲、考试办法和从业资格证件式样，由省人民政府交通运输主管部门规定。

第十八条 申请出租汽车驾驶员从业资格考试的，应当符合下列条件：

（一）年龄在18周岁以上60周岁以下，无职业禁忌症；

（二）取得相应的机动车驾驶证，并有2年以上驾龄；

（三）3年内无一般以上主要责任交通事故记录。

第十九条 申请出租汽车驾驶员从业资格考试的，应当向出租汽车经营所在地县级以上人民政府交通运输主管部门提出，并提交符合本办法第十八条规定的相关材料。

第二十条 出租汽车驾驶员的从业资格证有效期为6年。

出租汽车驾驶员应当在从业资格证有效期届满30日前到原发证机关办理换发证件手续。

出租汽车驾驶员从业资格证件遗失、毁损、变更工作单位的，应当到原发证机关办理补发或者变更手续。

第二十一条 出租汽车驾驶员有下列情形之一的，县级以上人民政府交通运输主管部门应当暂停其从业资格，并要求其重新学习考试；考试合格的，方可继续从事出租汽车经营活动：

（一）1年内被有效投诉服务质量事件达3次及以上的；

（二）发生重大以上主要责任交通事故的；

（三）将出租汽车证件转借他人使用的；

（四）将出租汽车转包给他人经营或者自行聘请驾驶员的。

第二十二条 出租汽车驾驶员有下列情形之一的，由发证机关注销其从业资格证：

（一）持证人申请注销的；

（二）驾驶证被依法吊销或者注销的；

（三）年龄超过60周岁的；

（四）从业资格证有效期届满后未申请换证的；

（五）具有其他应当注销从业资格证的情形。

第四章　车辆管理

第二十三条　出租汽车经营者应当确保其出租汽车符合下列条件：

（一）符合国家和地方规定的技术标准、环保标准，并经检测合格；

（二）依法取得机动车牌照；

（三）按照规定配置、安装出租汽车标志灯、空车待租标志、计价器、带卫星定位功能的行车记录仪、安全防范装置和服务设施等；

（四）按照规定喷涂车身颜色，标明经营者名称、监督投诉电话；

（五）按照规定购买机动车第三者交通强制保险和承运人责任险；

（六）达到《营运车辆技术等级划分和评定要求》（JT/T 198）规定的二级以上技术等级；

（七）法律、法规、规章规定的其他条件。

第二十四条　出租汽车经营者应当根据国家相关规定建立车辆技术管理制度，保持车辆整洁卫生、设备设施完好。

第二十五条　县级以上人民政府交通运输主管部门应当每年对出租汽车进行一次审验。审验内容包括：车辆结构、外观颜色变动情况，按照规定安装、使用出租汽车标志灯、空车待租标志、计价器、带卫星定位功能的行车记录仪、安全防护装置和服务设施等情况。

县级以上人民政府交通运输主管部门应当结合审验情况，每年对出租汽车进行一次综合性能检测。

第五章　营运管理

第二十六条　出租汽车单次经营的起点或者终点应当至少有一端在许可的营运区域范围内。

运送旅客前往许可的营运区域范围以外时，应当选择最佳行驶路线，将旅客直接送达目的地。回程时应当显示停运标志；需回程载客的，应当到当地交通运输主管部门指定的出租汽车回程候客站点载客。

县级以上人民政府交通运输主管部门应当在城市进出口、机场、码头、车站等交通方便、客流较集中的地方设立外地出租汽车回程候客站点，并向社会公布。

第二十七条　出租汽车经营者应当遵守下列规定：

（一）遵守法律、法规、规章和其他有关规定；

（二）建立科学合理的出租汽车经济承包经营费用与油价、市场供求状况等变动的联动机制，形成产权明晰、责权对等、收费合法、风险共担的经营体制；

（三）执行政府价格主管部门制定的运价和收费标准，使用地方税务部门监制的票据；

（四）建立出租汽车驾驶员管理档案、顶班制度和驾驶员岗位培训制度，定期组织驾驶员业务培训、职业道德和安全教育，提高驾驶员综合素质；

（五）如实向交通运输主管部门报送营运报表以及其他营运资料；

（六）建立服务质量投诉制度。

第二十八条　出租汽车经营者应当自营，或者与驾驶员签订合同实行经济承包经营。

实行经济承包经营的，应当使用统一规范的合同文本，明确双方的权利、义务。出租汽车经营权、车辆产权不因承包经营而转移。承包者不得再次转包或者自行聘请驾驶员。

出租汽车承包合同规范文本，由县级以上人民政府交通运输主管部门会同工商、价格等部门制定。

第二十九条 出租汽车经营者应当依法与驾驶员签订劳动合同，依法参加社会保险。

驾驶员实行不定时工作制的，应当在劳动合同中明确。

第三十条 出租汽车驾驶员营运服务，应当遵守下列规定：

（一）携带车辆行驶证、驾驶证、道路运输证，在车内规定位置放置出租汽车驾驶员从业资格证；

（二）衣着整洁，文明礼貌；定期消毒，保持车容车貌整洁卫生；载客运行时，不得在车厢内吸烟、饮食；

（三）按照乘客要求的路线行驶；乘客未提出要求的，应当选择距离最短的路线行驶；因故需绕道行驶时，应当征得乘客同意；

（四）不得无故拒载或者招揽他人同乘；

（五）上客后启动计价器，抵达目的地后按规定收费并出具发票，不得以任何方式直接或者变相多收乘车费用；

（六）不得无故中断运送旅客服务或者未征得旅客同意更换车辆；

（七）不得利用出租汽车进行违法犯罪活动或者为违法犯罪活动提供便利条件，营运中发现违法犯罪嫌疑人，应当及时向公安机关举报，并协助公安机关调查取证。

第三十一条 出租汽车空驶待租期间，除下列情形外，出租汽车驾驶员不得拒载：

（一）不能控制自己行为的乘客要求乘车且无人随车监护的；

（二）乘客携带易燃、易爆、有毒等危险物品的；

（三）乘客不愿按照规定计费标准支付车费的；

（四）乘客的要求违反道路交通安全有关法律、法规和交通管制的。

第三十二条 出租汽车经营者应当制定突发公共事件应急预案。应急预案应当包括报告程序、应急指挥、应急车辆以及处置措施等内容。

发生突发公共事件时，出租汽车经营者和驾驶员应当服从县级以上人民政府及有关部门的统一指挥、调度。

第三十三条 县级以上人民政府交通运输主管部门应当会同公安、规划、市政、住房城乡建设等部门，在客流集中的公共场所、大型居住区的周边道路以及其他必要的道路上，根据方便乘客的原则和道路条件，设置有明显标志的出租汽车临时停靠点；在主要交通设施、旅游景点以及其他大型公共场所等客流集散地设置出租汽车营运点。

任何单位和个人不得向出租汽车经营者、驾驶员非法收取停车费用或者阻挠其正常营运，不得采取扰乱正常营运秩序的手段为出租汽车招揽乘客。

第三十四条 县级以上人民政府交通运输主管部门对出租汽车经营者实行质量信誉考核制度。

质量信誉考核的具体办法，由省人民政府交通运输主管部门制定。

第三十五条 县级以上人民政府交通运输主管部门应当建立投诉制度，公开投诉电话、通信地址或者电子邮箱，接受乘客、驾驶员以及经营者的投诉和社会监督。

交通运输主管部门受理投诉后，应当自受理之日起20日内予以处理，并将处理结果告知投诉人。情况复杂的，处理时限可以适当延长。

第三十六条 县级以上人民政府交通运输主管部门可以建立非法营运举报奖励制度。

对未经许可擅自从事出租汽车经营或者不能提供合法有效证明的，可以依法暂扣运输车辆，并在规定期限内作出处理决定。

第六章 法律责任

第三十七条 违反本办法规定，有下列行为之一的，由县级以上人民政府交通运输主管部门处以10000元以上30000元以下

罚款：

（一）未取得出租汽车经营许可，从事非法营运的；

（二）使用失效、伪造、变造、被注销等无效的出租汽车经营许可证件从事出租汽车经营的。

第三十八条 违反本办法规定，有下列行为之一的，由县级以上人民政府交通运输主管部门处以 5000 元以上 10000 元以下罚款：

（一）超越许可范围，从事单次起点、终点均不在许可的营运区域范围内的经营活动的；

（二）非出租汽车喷涂当地出租汽车颜色标识、安装出租汽车标志灯、空车待租标志等服务设施的；

（三）非法转让出租汽车经营权的。

第三十九条 违反本办法规定，经营者有下列行为之一的，处以 3000 元以上 5000 元以下罚款：

（一）实行经济承包经营，但未与驾驶员签订经济责任承包经营合同的；

（二）通过一次性买断经营权或者收取高额风险抵押金等方式转嫁经营风险的；

（三）未按照规定组织驾驶员业务培训、职业道德和安全教育的；

（四）未按照规定设置或者擅自改动计价器等服务设施的；

（五）未按照规定报送营运报表以及其他营运资料的。

第四十条 出租汽车驾驶员在营运过程中，违反本办法规定，有下列行为之一的，处以 50 元以上 100 元以下罚款：

（一）故意绕道行驶或者未经乘客允许招揽他人同乘的；

（二）无故拒载或者无正当理由中断运送服务的；

（三）未按照规定使用计价器或者未按照规定向乘客收取费用的；

（四）未按照规定放置出租汽车驾驶员从业资格证的；

（五）将出租汽车转包给他人经营或者自行聘请驾驶员的；

（六）运送旅客到许可的营运区域范围以外时，回程不显示停运标志或者未按规定到当地交通运输主管部门指定的出租汽车回程候客站点载客的。

第四十一条　本办法第三十九条、第四十条规定的行政处罚，由交通运输、质监、价格等部门按照各自职责实施。

第四十二条　出租汽车经营者疏于管理，导致发生利用出租汽车扰乱社会秩序、妨碍正常营运事件的，由县级以上人民政府交通运输主管部门责令其限期改正。

第四十三条　出租汽车经营者年度质量信誉考核不合格的，由县级以上人民政府交通运输主管部门责令其限期改正。

第四十四条　县级以上人民政府交通运输主管部门和其他部门的工作人员，有下列行为之一的，由所在单位或者上级部门给予处分；构成犯罪的，依法追究刑事责任：

（一）未按规定办理出租汽车有关许可手续的；

（二）未按规定履行监督管理职能，不文明执法的；

（三）未按规定受理投诉，造成严重后果的；

（四）对违法行为未依法制止、处罚的；

（五）其他滥用职权、玩忽职守、徇私舞弊行为。

第七章　附　　则

第四十五条　本办法自2010年5月1日起施行。

河北省海上搜寻救助规定

河北省政府第五十七次常务会议通过　2010.4.12

第一章　总　则

第一条　为及时、有效地开展海上搜寻救助，保障海上人命安全，保护海洋环境，根据《中华人民共和国海上交通安全法》、《中华人民共和国突发事件应对法》等有关法律、法规的规定，结合本省实际，制定本规定。

第二条　本规定适用于本省海上搜救责任区域内的海上搜寻救助及其相关活动。

第三条　本规定所指海上搜寻救助（以下简称海上搜救），是指船舶、设施、航空器及其人员在海上遇险，以及其他活动造成或者可能造成海上人员伤亡、海域污染的突发事件时，海上搜救中心组织搜救力量，搜寻救助遇险人员、控制海域污染的活动。

第四条　海上搜救坚持以人为本，具有海上搜救能力的单位和个人都有参加搜救的义务。

海上遇险人员有获得无偿救助的权利。

第五条　海上搜救实行政府领导、统一指挥、分级管理、属地为主、快速高效原则，坚持国家专业救助力量、社会救助力量相结合，自救与他救并举。

第六条　县级以上有关人民政府应当加强对海上搜救工作的领导，建立应急救援体系，完善海上突发事件应急反应机制，提高海上搜救能力。

第二章　机构和职责

第七条　省人民政府设立由有关单位参加的省海上搜救中心,省海上搜救中心办公室设在本省的国家直属海事管理机构。

沿海设区的市人民政府设立由有关单位参加的市海上搜救中心,市海上搜救中心办公室设在所在设区的市的国家直属海事管理机构。

沿海设区的市海上搜救责任区域,由省海上搜救中心提出划定方案,经省人民政府批准后公布,并报国家海上搜救中心备案。

第八条　海上搜救中心主要职责包括:

(一)执行有关海上搜救的法律、法规、规章和政策,接受上级海上搜救中心业务指导;

(二)拟定海上搜救应急预案;

(三)拟定海上搜救预算;

(四)指定海上搜救力量;

(五)组织、协调、指挥海上搜救行动;

(六)组织搜救演习、演练及相关培训;

(七)开展与其他搜救中心的搜救合作;

(八)协调、指导有关成员单位加强海上搜救监测预警基础设施建设,构建成员单位信息共享机制;

(九)法律、法规、规章规定的其他职责。

第九条　海上搜救中心应当根据上级海上搜救应急预案,结合本地实际,编制海上搜救应急预案,报本级人民政府批准后实施。

海上搜救中心成员单位应当根据本级海上搜救应急预案,制定具体实施方案,报本级海上搜救中心备案。

第十条　县级以上有关人民政府交通运输、财政、卫生、渔业、民政、气象、环境保护、海洋、公安、安全生产监督管理等有关部门,应当根据海上搜救应急预案或者本级人民政府确定的职责做好海

上搜救工作。

医疗机构、通信、保险、船舶运输、民航、港口等有关企事业单位和个人应当协助配合做好海上搜救有关工作。

第十一条 国家专业救助力量,政府部门所属公务救助力量,其他可投入救助行动的民用船舶与航空器以及企事业单位、社会团体、个人等社会人力和物力资源,是海上搜救力量,应当服从海上搜救中心的协调、指挥,参加海上搜救等应急行动及相关工作。

第三章 预警和险情报告

第十二条 气象、海洋等监测部门应当按海上搜救中心的要求及时提供海上气象、水文等信息。

海上搜救中心有关成员单位应当研究分析可能造成海上突发事件发生的信息,及时发布预警信息,有针对性地做好海上搜救准备工作。

从事海上活动的有关单位、船舶、设施及其人员应当注意接收各类预警信息,并根据不同预警级别,采取相应防范措施。

第十三条 船舶、设施、航空器或者人员在海上遇险时,应当立即向就近的海上搜救中心报告。

其他单位、船舶、设施、航空器或者人员获悉海上险情信息时,应当及时向就近的海上搜救中心报告。

沿海设区的市海上搜救中心设置"12395"海上搜救专用电话。

第十四条 险情报告应当尽可能包含以下内容:

(一)险情发生的时间、地点、原因、现状和已采取的措施、救助请求;

(二)遇险船舶、设施、航空器的概况及其所有人、经营人的名称和联系方式;

(三)遇险人员的数量、国籍、联系方式及伤亡情况;

(四)遇险船舶载货情况,包括货物的名称、种类和数量;

（五）险情发生海域的气象、海况信息，包括风力、风向、流向、流速、潮汐、水温、浪高等；

（六）污染物泄漏、水域污染情况等其他险情信息。

第十五条 任何单位和个人不得谎报或者故意夸大险情。误报险情的，应当立即重新报告，并采取措施消除影响。

第十六条 险情发生后，遇险船舶、设施、航空器及其人员应当采取一切有效措施积极自救。

遇险船舶、设施、航空器及其人员经自救脱险的，应当立即向海上搜救中心报告。

第四章 搜救行动

第十七条 海上搜救中心收到险情报告后，应当立即对险情进行核实并视险情级别及时启动海上搜救应急预案。

险情在本海上搜救责任区域内的，海上搜救中心应当根据险情性质和救助要求组织海上搜救行动，并按海上搜救应急预案要求向上一级海上搜救中心和本级人民政府报告。

险情不在本海上搜救责任区域内的，海上搜救中心应当立即向险情发生地的海上搜救中心通报，并向上一级海上搜救中心报告。

第十八条 海上险情分为一般、较大、重大、特大四级，各级险情处置按国家和本省有关规定由相应的海上搜救中心负责。

由上级海上搜救中心组织、协调和指挥的搜救行动，下级海上搜救中心应当予以积极配合和协助。

第十九条 承担海上搜救职责的单位应当服从海上搜救中心的统一协调指挥，及时派出搜救力量参与搜救行动。

第二十条 海上搜救力量应当按搜救指令迅速展开搜救行动，并向发出搜救指令的海上搜救中心报告其通信方式、出动及抵达现场时间，开始搜救行动后应当及时报告搜救进展情况。

第二十一条 险情发生地附近的船舶、设施、航空器或者人员

收到搜救指令、求救信号或者发现有人员遇险时,在不严重危及自身安全的情况下,应当尽力搜救遇险人员。

第二十二条 海上搜救现场的指挥工作由海上搜救中心或者其指定的现场指挥负责,现场指挥未指定前由最早抵达险情现场的搜救力量承担现场指挥。

现场指挥应当全力协调现场搜救力量展开行动,执行海上搜救中心的搜救指令并及时向其报告现场情况和搜救结果。

搜救现场的船舶、设施、航空器、单位和人员应当服从现场指挥的协调和指挥,任何单位和个人不得妨碍现场指挥对海上搜救行动的协调和指挥。

第二十三条 遇险船舶、设施、航空器及其人员应当配合海上搜救行动。

遇险人员拒绝接受救助时,为了保障遇险人员及救助方的安全,必要时,现场指挥有权决定强制实施救助。

第二十四条 受气象、海况、技术状况等客观条件的限制,致使海上搜救行动无法进行的,负责指挥的搜救中心可以暂时中止海上搜救行动。限制条件缓解或者解除后,应当及时恢复搜救行动。

第二十五条 负责指挥搜救行动的海上搜救中心,可以根据下列情况作出终止搜救行动的决定:

(一)遇险人员已经成功获救或者紧急情况已经消除;

(二)遇险人员在当时的气温、水温、风浪等条件下生存的可能性已经不存在;

(三)可能存在遇险人员的区域已经搜寻;

(四)水域污染的危害已经消除或者控制。

第二十六条 搜救行动的中止、恢复和终止除由负责指挥的海上搜救中心决定外,必要时应当按《河北省海上搜救应急预案》的规定报请本级人民政府同意后决定。

海上搜救中心应当及时向参加海上搜救行动的单位和个人通报海上搜救行动中止、恢复和终止的决定。

第二十七条 未经负责指挥的海上搜救中心同意,参加搜救行动的船舶、设施、航空器不得擅自退出搜救行动。

第二十八条 需要省外搜救力量参加海上搜救行动的,由省海上搜救中心统一协调。

第二十九条 海上搜救信息由负责指挥搜救行动的人民政府或者海上搜救中心向社会发布。

任何单位和个人不得编造、传播有关海上搜救工作的虚假信息。

第五章 搜救保障

第三十条 海上搜救中心应当保持24小时值班。

海上搜救中心成员单位及海上搜救力量应当建立应急值班制度及通信联络制度,并保持与海上搜救中心的通信畅通。

第三十一条 县级以上有关人民政府和各级海上搜救中心应当加强海上搜救的宣传教育工作。

海上搜救中心可以设立海上搜救行动专家组,为海上搜救工作提供专业技术咨询。

第三十二条 海上搜救中心应当组织开展针对不同险情的海上搜救演习或者演练,演习方案应当报本级人民政府批准,并报上一级海上搜救中心备案。

第三十三条 县级以上有关人民政府及其所属的卫生、民政、公安等部门应当依照国家和本省有关规定做好遇险人员的善后工作。

第三十四条 县级以上有关人民政府为开展海上搜救行动,必要时可以依法征用应急所需设备、设施、场地、交通工具和其他物资,要求生产、供应生活必需品和搜救物资的企业组织生产、保证供给,要求提供医疗、交通等公共服务的组织提供相应的服务。

被征用的财产在使用完毕后,应当及时返还。财产被征用或者征用后毁损、灭失的,应当依法给予补偿。

第三十五条 省、沿海设区的市人民政府应当将海上搜救工作经费纳入财政预算；处理较大及以上级别海上险情，海上搜救工作经费不足的，省、沿海设区的市人民政府应当给予必要的应急资金补助。

鼓励社会组织和个人向海上搜救事业捐赠财物。

第三十六条 海上搜救中心应当按规定使用和管理搜救工作经费及应急资金。海上搜救工作经费和应急资金实行专款专用，主要用于：

（一）海上搜救以及海上搜救中心的日常运行开支；

（二）海上搜救演习、演练及相关培训；

（三）购置与维护海上搜救设施、设备；

（四）奖励在海上搜救行动中作出突出贡献的单位和人员；

（五）对参与海上搜救行动的社会搜救力量的搜救消耗给予必要的补偿。

第六章　法律责任

第三十七条 海上搜救中心和其他承担海上搜救职责部门、单位的工作人员有下列行为之一的，依法给予处分；构成犯罪的，依法追究刑事责任：

（一）未按要求提供海上气象、水文等信息或者发布预警信息的；

（二）未按海上搜救中心指令及时派出搜救力量参加海上搜救行动的；

（三）未建立应急值班制度及通信联络制度的；

（四）未按要求参加海上搜救演习、演练的；

（五）其他不履行职责、不服从指挥、行动不积极、贻误时机造成重大损失等行为的。

第三十八条 违反本规定第十五条、第十六条第二款规定的，除承担由此造成的搜救费用外，由海事管理机构给予警告，并可处

1000 元以下的罚款。

第三十九条 违反本规定第二十二条第三款、第二十七条的，由海事管理机构视情节给予警告，处 1000 元以下的罚款，并可依法暂扣有关船舶、设施的责任船员适任证书或者其他适任证件 3 个月至 6 个月。

第四十条 违反本规定第二十九条第二款规定的，由海上搜救中心责令其消除影响，并建议其上级主管部门或者其所属单位对责任人依法追究责任；构成违反治安管理行为的，由公安机关依法给予处罚。

第七章 附 则

第四十一条 本省行政区域内河通航水域的搜救工作参照本规定执行。

第四十二条 中国人民解放军、中国人民武装警察部队参加海上搜救行动的，按国家有关规定执行。

第四十三条 本规定自 2010 年 5 月 20 日起施行。

河北省治理货运车辆超限超载规定

河北省政府第六十一次常务会议通过　2010.6.26

第一章　总　　则

第一条　为治理货运车辆超限超载行为，保障人民群众生命财产安全，保护公路路产路权，维护道路运输市场秩序和公路安全畅通，根据《中华人民共和国公路法》、《中华人民共和国道路交通安全法》、《中华人民共和国道路运输条例》等法律、法规的规定，结合本省实际，制定本规定。

第二条　在本省行政区域内对货运车辆非法超限超载及相关违法行为实施治理（以下简称治超），必须遵守本规定。

第三条　治超工作应当坚持政府领导、部门监管、企业自律、综合治理的原则。

第四条　县级以上人民政府负责本行政区域内的治超工作。

交通运输、公安、发展和改革、工商行政管理、质量技术监督、安全生产监督管理、水利、国土资源、工业和信息化、财政、物价等部门应当按有关规定，履行各自在治超工作中的职责。

第五条　县级以上人民政府应当加强对治超工作的领导，完善治超工作机制，落实治超工作人员，安排必要的治超工作经费，对所属部门和下级人民政府的治超工作实施目标任务考核、责任追究和奖惩制度，保障治超工作的有效进行。

第六条　有下列情形之一的货运车辆为超限超载货运车辆：

（一）车货总重超过55吨（不含55吨）；

（二）单轴承重超过10吨（不含10吨）；

（三）由汽车和全挂车组合的汽车列车，被牵引的全挂列车总重超过主车总重的；

（四）国务院有关部门认定的其他情形。

第二章 通行管理

第七条 超限超载货运车辆不得擅自在公路上行驶。

除运输重型不可解体物品确需超限超载行驶公路的货运车辆外，公路管理机构不得为其他超限超载货运车辆办理通行许可证件。

第八条 公路管理机构、公安交通管理部门在省人民政府批准设立的治超检测站对超限超载货运车辆实施治理，也可以根据本省有关规定设立流动检测卸载点。

第九条 治超执法人员在进行治超工作时，可以设置车辆缓冲带和自动路障装置，保障治超工作的正常进行。

第十条 超限超载货运车辆应当经称重检测后方可认定。货运车辆驾驶员拒绝称重检测或者车货总重超过称重设备标定限值等无法用称重设备检测的，可以采用量方测算的方法认定。

第十一条 治超执法人员依法进行监督检查时，发现货运车辆涉嫌超限超载的，应当责令其立即停驶并引导到治超检测站或者流动检测卸载点进行检测。

称重检测结果与当事人之前接受处罚后的法律文书记载的卸载后的车货总重不一致，且超过认定标准的，可视为二次货物拼装。

第十二条 治超执法人员对超限超载的货运车辆，应当责令违法责任人自行卸载。违法责任人在规定的时间内不自行卸载的，应当强制卸载，卸载费用由违法责任人承担。

第十三条 公路管理机构、公安交通管理部门应当将查获的超限超载货运车辆及驾驶员信息及时通报有关道路运输管理机构。道路运输管理机构应当依法查处。

第十四条 农村公路的管养单位或者部门,可以在农村公路的重要出入口以及节点位置设置限高、限宽设施,同时设置安全警示标志。在县道上设置限高、限宽设施的,应当经县级人民政府批准。

第十五条 对车货总重超过55吨(不含55吨)或者车货总重超过认定标准百分之百以上的超限超载货运车辆行驶收费公路的,可以利用计重收费系统,加收相应费用。其收费标准,经省人民政府批准后执行。

第十六条 任何单位和个人不得以任何理由或者方式阻扰、拒绝治超执法人员实施超限超载检查,不得恶意堵车、强行闯关、破坏设施、威胁治超执法人员。

对拒绝检查、车辆妨碍交通通行的,由治超执法人员将车辆强制驶离或者拖至治超检测站、流动检测卸载点实施检测,相关费用由违法责任人承担。

第十七条 治超执法人员不得有下列行为:

(一)未取得行政执法资格而上路从事治超执法工作;

(二)只罚款、收费,不实施卸载,放行车辆;

(三)将罚款、收费据为己有;

(四)发现超限超载货运车辆不予查处。

任何单位和个人有权对违反前款规定的治超执法人员向道路运输管理机构、公路管理机构、公安交通管理部门或者监察机关、政府法制机构等部门投诉、举报。接到投诉、举报的部门应当按职责分工,及时组织核查并依法处理。

第三章 源头管理

第十八条 从事砂石料、铁粉、煤炭、钢材、水泥、危险化学品等生产经营的企业和港口经营企业、火车站、道路货物运输站场,以及其他从事道路货物运输装载、配载的经营者(以下统称货运源头单位)必须遵守下列规定:

（一）明确本单位有关从业人员治超工作职责，建立并落实责任追究制度；

（二）对货物装载、开票、计重等从业人员进行培训；

（三）按道路运输管理机构的规定，登记货运车辆、驾驶员和货物的信息，并及时报送登记结果；

（四）配备装载、配载计重设施、设备；

（五）接受治超执法人员的监督检查，并如实提供有关情况和资料。

第十九条 货运源头单位不得有下列行为：

（一）未按规定装载、配载货物，放行超限超载车辆；

（二）为没有号牌或者行驶证、道路运输证的货运车辆装载、配载货物；

（三）为擅自改变已登记的结构、构造或者特征的货运车辆装载、配载货物；

（四）为未出示驾驶证、从业资格证人员驾驶的货运车辆装载、配载货物；

（五）为超限超载货运车辆提供虚假证明。

第二十条 设区的市、县（市、区）人民政府应当将合法的货运源头单位向社会公示，接受社会监督。

未依法取得行政许可的货运源头单位，不得从事货物装载、配载的生产经营活动。

第二十一条 道路运输管理机构应当监督货运源头单位公布超限超载标准、监督机构名称和监督电话，通过巡查、派驻人员等方式对货运源头单位实施监督管理，制止非法超限超载行为。

第二十二条 货运源头单位的生产经营行政主管部门和行政许可部门应当对道路运输管理机构的货运源头治理工作予以协助，对其移送的案件依法查处，并将查处结果及时抄告移送案件的机构。

第二十三条 货运经营者应当加强从业人员车辆安全知识和依法装载、配载的培训学习，确保道路运输安全。

货运经营者不得聘用无从业资格证的货运车辆驾驶员。

第二十四条 货运车辆驾驶员应当向货运源头单位出示行驶证、道路运输证、驾驶证和从业资格证。

货运车辆驾驶员不得驾驶超限超载货运车辆。

第二十五条 货运车辆生产或者改装企业应当按国家《车辆生产企业及产品公告》中公告的本企业产品种类和参数生产，加强生产一致性管理，禁止虚假标定。

车辆生产、销售企业不得销售不符合国家强制性标准规定的车辆。

公安交通管理部门不得为违反前二款规定生产、改装的货运车辆办理登记、发放号牌和行驶证。

第二十六条 任何单位和个人不得擅自改变货运车辆已登记的结构、构造或者特征。

擅自改变已登记的结构、构造或者特征的货运车辆，禁止在公路上行驶。

第二十七条 道路运输管理机构、公安交通管理部门对查获的擅自改变已登记的结构、构造或者特征的货运车辆，应当将有关货运车辆生产、改装企业的信息通报工业和信息化、质量技术监督部门依法查处。查处部门应当将查处结果及时抄告工商行政管理部门和通报信息的单位。

第四章 法律责任

第二十八条 道路运输管理机构、公路管理机构、公安交通管理部门或者其他有关部门的工作人员有下列行为之一的，由其所在单位或者监察机关给予处分；构成犯罪的，依法追究刑事责任：

（一）违反规定为超限超载货运车辆办理通行许可证件的；

（二）违反规定放行超限超载车辆或者只罚款、收费，不实施卸载的；

（三）乱罚款、乱收费或者将罚款、收费据为己有的；

（四）为违反规定生产、改装的货运车辆办理登记、发放号牌和行驶证的；

（五）对有关部门移送或者通报的案件不及时查处的；

（六）接到投诉、举报后，未及时组织核查并依法处理的；

（七）其他不履行或者不正确履行治超职责以及滥用职权、徇私舞弊、玩忽职守的行为。

前款规定的工作人员是行政执法人员的，由政府法制机构根据情节轻重，依法暂扣或者吊销行政执法证件，取消行政执法资格，并建议所在单位对其进行离岗培训或者调离执法岗位。未取得行政执法资格而上路从事治超执法工作的，除责令其停止执法活动外，追究有关部门和单位的责任。

第二十九条 违反本规定第十八条规定的，由道路运输管理机构责令限期改正，逾期不改正的，处1000元以上2000元以下的罚款。

第三十条 违反本规定第十九条规定的，由道路运输管理机构责令改正，并按每辆次处1000元的罚款。

危险化学品的货运源头单位装载、配载危险化学品违反本规定第十九条第二项、第三项规定的，由道路运输管理机构移送安全生产监督管理部门，由安全生产监督管理部门责令改正，并按每辆次处1万元的罚款。

第三十一条 违反本规定第二十条第二款规定的，由生产经营的行政许可等有关部门依法予以取缔。

第三十二条 违反本规定第二十三条第二款规定的，由道路运输管理机构责令改正，并处500元以上1000元以下的罚款；造成严重后果的，对货运经营者责令停业整顿直至依法吊销道路运输经营许可证。

第三十三条 违反本规定第二十四条第二款规定的，公安交通管理部门依法予以行政处罚。道路运输管理机构对1年内超限超载三次以上（含三次）的货运车辆或者驾驶员，由发证机关依法撤销其道路运输证或者从业资格证。

第三十四条 违反本规定第二十五条第一款规定的，由工业和信息化行政主管部门逐级报请国家有关部门取消该产品《车辆生产企业及产品公告》资格；对已售出的，由货运车辆违规生产、改装企业自行召回处理；拒不召回的，由质量技术监督行政主管部门责令限期召回。

违反本规定第二十五条第二款规定的，由工商行政管理部门依法查处。

第三十五条 违反本规定第二十六条第一款规定的，由工商行政管理、质量技术监督、公安交通管理等有关部门依法查处。

违反本规定第二十六条第二款规定的，由公安交通管理部门、道路运输管理机构依法予以行政处罚，并责令违法责任人限期按国家强制性标准恢复原状；逾期不改正的，强制恢复原状，其费用由违法责任人承担。

第三十六条 违反本规定，超限超载货运车辆行驶公路的，由公路管理机构依照《中华人民共和国公路法》的规定，对违法责任人予以行政处罚。其中，有下列情形之一的，应当在法律规定的幅度内从重处罚：

（一）车货总重超过55吨（不含55吨）的；

（二）车货总重超过规定标准百分之百以上的；

（三）查处后对货物进行二次拼装的；

（四）阻挠、拒绝检查的。

第三十七条 县级以上人民政府应当组织对严重超限超载的货运车辆进行责任倒查。倒查装载、配载的货运源头单位、车辆生产或者改装企业、车辆所属单位、途经治超检测站或者流动治超检测卸载点等单位或者个人。

责任倒查中涉及企业或者个人的，由其行政主管部门追究法定代表人和直接责任人员的责任；涉及行政机关及其工作人员的，由其上级行政机关或者监察机关追究有关人员的责任；涉及行政执法责任制执行的，由政府法制机构实施责任追究；构成犯罪的，依法追究刑事责任。

第三十八条 阻碍治超执法人员依法履行职务，构成违反治安管理行为的，公安机关应当依照《中华人民共和国治安管理处罚法》的规定及时予以查处；构成犯罪的，依法追究刑事责任。

第三十九条 对治超责任不落实，履行职责不认真，超限超载车辆没有得到有效控制，特别是因超限超载导致重大安全事故的设区的市、县（市、区）人民政府，以及有关部门的行政领导，由上级行政机关进行通报批评，予以行政问责；对直接负责的主管人员和直接责任人员给予处分；构成犯罪的，依法追究刑事责任。

第五章 附 则

第四十条 本规定自2010年8月1日起施行。

吉林省高速公路管理办法

吉林省政府第五次常务会议通过　2010.7.15

第一章　总　　则

第一条　为了加强高速公路管理，保障高速公路安全和畅通，维护高速公路经营者和使用者的合法权益，根据《中华人民共和国公路法》以及其他有关法律、法规的规定，结合本省实际，制定本办法。

第二条　在本省行政区域内，从事与高速公路使用、养护、保护、经营、管理有关活动的单位和个人，均须遵守本办法。

第三条　省人民政府交通行政主管部门，负责全省高速公路的监督管理工作；其所属的高速公路管理机构，负责高速公路养护、保护、收费、服务等具体的路政管理工作。

第四条　高速公路管理实行统一、高效、安全和便民的原则。

第二章　使　　用

第五条　使用高速公路，应当遵守下列规定：

（一）在未采取有效防护措施的情况下，车辆、机具的外形尺寸和轴载质量，不得超过高速公路的限定标准；

（二）服从交通指引标志、标线、信号灯、公告以及交通疏导人员的指引；

（三）法定禁止行驶高速公路的车辆、机具不得驶入高速公路；

（四）车辆在高速公路路面上不得无故停留；

（五）载客车辆不得在高速公路服务区、加油站、停车场以外上下乘客；

（六）载货车辆除发生交通事故、车辆故障外，不得在高速公路路面上装卸货物。

第六条 高速公路使用者必须按照省人民政府规定的标准和高速公路管理机构规定的方式交纳车辆通行费。法律和行政法规规定免交车辆通行费的车辆，以及在高速公路上施工作业和巡路的车辆、机具除外。

第七条 高速公路逐步实行非现金付费和不停车收费的收费方式。

第八条 行驶高速公路，不得采用下列方式或者其他方式逃避交纳或者少交纳车辆通行费：

（一）直接或者间接交换通行结算凭证；

（二）不能出示有效的通行结算凭证，并且不能证明自己的行驶路径；

（三）违反规定在同一收费站进出；

（四）采用欺骗手段取得减免车辆通行费待遇；

（五）假冒、盗用法定免交通行费车辆的号牌或者免费通行凭证；

（六）使用伪造、变造或者其他非法方式取得的通行结算凭证。

第九条 高速公路经营管理单位收取高速公路车辆通行费，必须向高速公路使用者开具规定的票据。

第十条 任何单位和个人，均不得从事下列影响高速公路正常使用的活动：

（一）行人进入高速公路；

（二）饲养的动物在非车辆运载的情况下进入高速公路；

（三）设置破坏物、障碍物阻碍车辆行驶；

（四）向高速公路抛洒物品；

（五）擅自打开高速公路中央隔离带、高速公路两侧隔离栅；

（六）强行通过收费站；

（七）其他影响高速公路正常使用的活动。

第十一条 在高速公路上运输货物，应当封闭车厢或者固定货物，未封闭车厢或者固定货物的，收费站有权拒绝该车辆通行高速公路。

第十二条 车辆行驶高速公路掉落物品的，车上人员应当立即将掉落的物品移至不影响其他车辆通行的地点。无法移走的，应当及时在掉落物来车方向150米外，设置警示标志，同时向高速公路管理机构或者公安机关交通管理部门报告。

第三章 养 护

第十三条 高速公路管理机构应当按照国家和省公路养护技术规范的规定，监督高速公路养护义务单位，对高速公路进行养护，保证高速公路符合技术规范的规定。

第十四条 高速公路养护义务单位，应当按照国家和省的有关规定进行高速公路养护巡查。发现高速公路及其附属设施不符合养护规定的，应当设置警示标志，发布警示信息，并按照国家有关技术规范和操作规程的规定养护高速公路。

第十五条 高速公路养护义务单位，具备养护条件的，可以自行养护高速公路；不具备养护条件的，应当采用招标的方式，委托具备相应条件的单位养护高速公路。

第十六条 养护高速公路，施工人员应当穿着带有安全警示标志的统一服装，施工现场应当按规定设置安全警示标志和安全防护设施，施工作业的车辆和机具，应当使用统一的警示标志图案，安装统一的示警灯。作业时，应当开启示警灯和危险报警闪光灯，在不影响过往车辆安全通行的前提下，其行驶的路线和方向，不受交通标志、标线的限制。

第十七条 进行高速公路养护施工，应当经过省人民政府交

通行政主管部门批准；影响交通安全的，还应当经过公安交通管理部门批准。批准后，施工单位应当按照批准的方案和时间施工。

第十八条 养护高速公路，需要封闭半幅路面或者中断交通的，施工单位应当于开工2日前，通过新闻媒体和高速公路信息发布系统，发布关于养护施工作业路段、时间的信息，同时在施工路段入口处设置信息公告牌。

第十九条 任何单位和个人，不得擅自移动高速公路养护施工的警示标志和防护设施，不得进入、穿越施工作业区域。

第二十条 高速公路养护义务单位，应当按照国家规定，做好高速公路范围内的绿化和水土保持工作。

第四章 保 护

第二十一条 任何单位和个人，均不得从事下列影响高速公路安全的活动：

（一）损坏高速公路路基、路面、桥梁和隧道；

（二）在高速公路及其大中型桥梁周围200米，小型桥梁周围100米，隧道上方和隧道口外100米，以及公路用地、公路建筑控制区内，爆破、烧荒、采石、挖砂、取土、掘井、采矿、倾倒废弃物；

（三）损坏、侵占、移动、遮挡高速公路附属设施或者从事其他影响高速公路附属设施使用功能的活动；

（四）在高速公路上设置危害高速公路及其附属设施安全或者妨碍行车安全的非公路标志及设施。

第二十二条 任何单位和个人不得擅自在高速公路、高速公路用地，以及高速公路建筑控制区范围内，架设、埋设管线或者修建桥梁、渡槽、渠道以及其他建筑物、构筑物。因特殊需要必须建设的，应当经过省交通行政主管部门批准。

第二十三条 高速公路管理机构可以在省人民政府批准设立的检查站，对载货车辆进行货物运输超过规定限度的检查。载货车辆驾驶员应当将车辆行驶到指定地点，接受检查，不得拒绝。

第二十四条 车辆在高速公路路面、桥面和隧道内，禁止检修；确需临时检修的，应当驶入服务区或者停车场；因故障不能行驶的，应当按照规定设置警示标志和开启危险报警闪光灯，并使用辅助工具，防止污染或者损坏路面。

第二十五条 机动车运载爆炸物品、易燃易爆化学物品以及剧毒、放射性等危险物品，应当经过公安机关批准，按照指定的时间、路线、速度行驶，悬挂警示标志并采取国家规定的安全措施。

第二十六条 占用高速公路进行养护作业以外的施工作业，应当在批准的路段和时间进行，并按照法律规定设置安全警示标志和采用安全防护措施。

施工作业完成之后，该施工作业建设的设施，由其管理单位负责维护和管理。

第二十七条 损坏、污染高速公路或者其附属设施的，应当立即报告高速公路管理机构，接受现场调查，并依法承担赔偿责任。

第五章 有关设施

第二十八条 高速公路经营管理单位自行使用的监控、机电、通讯系统，由该单位按照国家和省的建设规划和技术规范建设、使用、维护和管理。

高速公路经营管理单位共同使用的通讯系统及其安全系统，以及高速公路的指挥系统，由高速公路管理机构统一建设和管理。

第二十九条 高速公路交通标志、标线的规划，由高速公路管理机构统一制定和调整。高速公路养护义务单位，应当按照规划设置和调整高速公路交通标志、标线。

第三十条 经建成的高速公路隔离栅和在建高速公路用地界桩的外缘，至其向外 50 米的范围内，为高速公路建筑控制区。

第三十一条 速公路建筑控制区内的建筑物、构筑物，未经批准不得改建、扩建。

第三十二条 高速公路及其建筑控制区内设置广告，必须符

合法律、法规的规定和省人民政府交通行政主管部门的统一规划。

第六章 经营服务

第三十三条 公民、法人和其他组织可以依法取得高速公路的收费权、服务设施经营权、广告设施经营权，开展高速公路经营服务活动。

第三十四条 省人民政府交通行政主管部门应当在银行设立车辆通行费统一拆分账户，在收取车辆通行费后，将通行费及其利息，在3日内拆分到高速公路经营管理单位的银行账户。

第三十五条 高速公路经营管理单位，应当按照高速公路管理机构的规定，收集高速公路交通流量、施工作业、天气状况等信息，交高速公路管理机构向社会及时发布。

第三十六条 高速公路经营管理单位，应当与高速公路管理机构签订经营服务管理协议，并按照经营服务管理协议和省人民政府交通行政主管部门规定的经营服务规范，开展经营服务活动，自觉接受高速公路管理机构的监督检查。

高速公路管理机构对高速公路经营管理单位的经营服务情况实行考核制度，并将考核结果向社会公布。

第七章 应急处理

第三十七条 高速公路管理机构应当制定高速公路指挥调度业务规范，通过与公安交通管理部门合署值守、分工合作，建立全省高速公路的指挥调度快速反应机制。

经营性高速公路的指挥调度，由高速公路管理机构的派出机构统一实施。

第三十八条 高速公路管理机构和公安交通管理部门，应当根据各自的职责，制定在恶劣天气、地质灾害、突发事件等紧急情况发生时的应急处理预案。

高速公路经营管理单位,应当根据高速公路管理机构和公安交通管理部门的预案,制定本单位的应急处理预案。

紧急情况发生时,高速公路管理机构、公安交通管理部门和高速公路经营管理单位,应当立即启动应急处理预案。

第三十九条 在高速公路损坏、进行施工或者发生交通事故等影响车辆正常行驶的情形时,高速公路管理机构应当及时在高速公路入口处或者利用高速公路沿线的电子信息板,发布相关的信息。

第四十条 在高速公路上发生爆炸物品、易燃易爆化学物品以及剧毒、放射性等危险物品泄漏、燃烧、爆炸事故时,安监、公安、交通、卫生、环保等部门,应当在县级以上人民政府的统一指挥下,协作配合开展抢险救援工作。

第四十一条 高速公路上发生交通事故或者其他突发事件,致使交通暂时中断时,过往车辆应当按照高速公路管理机构、公安交通管理部门确定的位置停放车辆,不得阻塞救援车辆行驶通道。

第八章 法律责任

第四十二条 违反本办法第五条、第十二条或者第十九条规定造成损失的,应当依法承担赔偿责任。

第四十三条 违反本办法第八条规定,逃避交纳或者少交纳车辆通行费的,责令补交通行费,并依法处罚。

第四十四条 违反本办法第十条规定,影响高速公路正常使用,造成损失的,依法承担赔偿责任。

第四十五条 违反本办法第十四条规定,未按规定巡查和警示的,予以警告,并处500元以上1000元以下罚款;未按照技术规范和操作规程养护高速公路的,依法处理。

第四十六条 违反本办法第二十一条规定,从事影响高速公路安全的活动,对高速公路安全未造成影响的,给予批评教育,责令改正;对高速公路安全造成影响的,处100元以上1000元以下

罚款，法律、法规另有规定的除外；造成损失的，依法承担赔偿责任。

第四十七条 违反本办法第二十五条规定，机动车运载爆炸物品、易燃易爆化学物品以及剧毒、放射性等危险物品，未按指定的时间、路线、速度行驶，悬挂警示标志，且未采取国家规定的安全措施的，由有关部门依法处罚。可能危及高速公路通行车辆安全的，高速公路管理机构可以责令其于就近的收费站驶出高速公路。

第四十八条 违反本办法第三十六条规定，高速公路经营管理单位未按照经营服务管理协议和经营服务规范，开展经营服务活动的，应当责令其改正，并按照协议的约定处理。

第四十九条 车辆损坏高速公路后没有驶离，超过6个月无人前来办理赔偿事宜的，高速公路管理机构应当发布车辆招领公告；自招领公告发布之日起6个月内无人领取车辆的，高速公路管理机构可以依法处理该车辆。

第五十条 本办法规定的行政处罚，由省交通行政主管部门或者高速公路管理机构依法实施。法律、法规、规章另有规定的除外。

第五十一条 省人民政府交通行政主管部门和高速公路管理机构的工作人员，执行本办法玩忽职守、徇私舞弊、滥用职权的，由其所在单位、上级机关或者有关主管部门依法给予行政处分；构成犯罪的，由司法机关依法追究刑事责任。

第九章 附 则

第五十二条 本办法自2010年9月1日起施行。1997年6月19日吉林省人民政府发布的《吉林省高速公路管理办法》同时废止。

宁夏回族自治区道路运输管理条例

宁夏回族自治区第十届人民代表大会常务委员会

第十八次会议修订　2010.7.30

第一章　总　　则

第一条　为了维护道路运输市场秩序，保障道路运输安全，保护道路运输当事人的合法权益，根据《中华人民共和国道路运输条例》和有关法律、行政法规的规定，结合自治区实际，制定本条例。

第二条　在自治区行政区域内从事道路运输经营以及道路运输相关业务及其管理活动的，适用本条例。

道路运输经营包括道路旅客运输经营（以下简称客运经营）和道路货物运输经营（以下简称货运经营）。客运经营包括班车客运、包车客运、旅游客运、城市公共汽车客运、出租汽车客运。

道路运输相关业务包括站（场）经营、机动车维修经营、机动车驾驶员培训、机动车综合性能检测、汽车租赁和物流及其货运信息服务、货运代理、搬运装卸、仓储理货等业务。

第三条　道路运输管理应当坚持公平、公正、公开和便民的原则。

从事道路运输经营以及道路运输相关业务的，应当依法经营，保障安全，公平竞争，诚实信用。禁止垄断道路运输市场。

第四条　县级以上人民政府应当根据国民经济和社会发展的需要，制定道路运输发展规划，并与城乡发展规划以及上级道路运输发展规划相衔接。

第五条 自治区人民政府交通运输主管部门主管全区道路运输管理工作。

设区的市、县(市、区)人民政府交通运输主管部门负责组织领导本行政区域内的道路运输管理工作。

自治区道路运输管理机构对所属设区的市、县(市、区)道路运输管理机构实施统一管理。县以上道路运输管理机构负责具体实施道路运输管理工作。

公安、工商、财政、建设、物价、税务、质量技术监督等有关部门应当按照各自职责,做好道路运输管理的相关工作。

第二章 一般规定

第六条 用于道路旅客运输、道路危险货物运输经营以及机动车驾驶员培训、汽车租赁的车辆,应当先申请,后购置。

购置的车辆应当符合国家道路运输车辆燃料消耗量限值标准及安全、技术标准。

道路运输管理机构应当为经营者购买运输车辆提供燃料消耗量限值标准及安全、技术标准等信息服务和指导。

第七条 从事客运经营、货运经营、站(场)经营、机动车维修经营、机动车驾驶员培训、机动车综合性能检测、汽车租赁经营的,应当依法取得许可,并向工商行政管理部门办理登记手续。

从事货运信息服务、货运代理、仓储理货、搬运装卸经营业务的,应当自取得营业执照之日起30日内向所在地道路运输管理机构备案。

第八条 从事道路运输经营、道路运输相关业务的从业人员应当依法取得相应的资格后,方可上岗。

第九条 从事道路运输经营和汽车租赁经营的车辆,经营者应当向车籍所在地的道路运输管理机构办理道路运输证;从事班车客运的,应当办理客运标志牌。

道路运输证、客运标志牌应当随车携带,不得转让、出租出借。

第十条 取得道路运输经营许可证的经营者变更经营主体、经营场所、经营范围、转让经营权或者转移营运车辆所有权的，应当到原许可机关办理有关手续。

客运经营者、站（场）经营者暂停或者终止经营的，应当在暂停或者终止前30日内告知原许可机关，并向社会公告。暂停班车客运或者城市公共汽车客运的，应当在暂停前5日内告知原许可机构，并向社会公告。擅自停运期限超过6个月的，视为自动终止经营，由原发证机构收回经营许可证。

第十一条 用于道路运输经营的载客汽车、重型载货汽车、半挂牵引车、危险货物运输专用车辆，应当安装、使用符合国家相关标准的车辆运行状态监控设备。

第十二条 道路运输经营者、道路运输相关业务经营者及其从业人员不得有下列行为：

（一）强制招揽旅客和货物运输业务；

（二）欺骗旅客、骗取货物、敲诈托运人；

（三）堵站堵道，擅自停运；

（四）超限、超载；

（五）干扰、阻挠他人正常经营。

第十三条 道路运输经营者、道路运输相关业务经营者应当按照国家和自治区有关规定，公布服务内容、费目费率，使用统一的凭证和发票。

发票由税务部门印制或者监制，县以上道路运输管理机构统一领取（购），并负责管理和发放。

第十四条 道路运输管理经费由自治区财政统一向自治区交通运输主管部门划拨，自治区道路运输管理机构负责向设区的市、县（市、区）道路运输管理机构核拨。

第十五条 道路运输经营者、道路运输相关业务经营者应当定期对车辆进行维护和检测，保证车辆符合国家规定的安全和技术标准；不得使用报废、拼装、擅自改装或者使用其他不符合国家规定的车辆从事道路运输经营以及道路运输相关业务。

第十六条 道路运输经营者、道路运输相关业务经营者应当向所在地道路运输管理机构报送道路运输行业统计资料。

第三章 道路运输经营

第十七条 道路运输管理机构应当根据道路运输发展规划和客运市场供求状况,确定客运线路,并定期向社会公布。

第十八条 客运班线经营权期限为四年至八年。同一客运线路有三个以上申请人的,道路运输管理机构应当通过招标形式作出许可决定。客运班线经营权转让应当依法进行。

道路运输管理机构应当根据客运班线经营者的车辆类型等级、班线类别和资质条件等确定经营权期限。

客运班线经营权期限届满需要延续经营的,经营者应当在期限届满 30 日前向原许可机构提出申请,符合下列条件的,原许可机构应当予以优先许可:

(一)未发生特大道路运输安全责任事故;

(二)无严重违法经营行为;

(三)履行了普遍服务的义务;

(四)诚信经营、质量信誉考核连续两年达到优良等次。

第十九条 班车客运应当按照许可的线路、公布的班次和发车时间、站点运营,在规定的途经站点进站上下旅客,无正当理由不得改变行驶线路。

包车客运应当按照约定的时间、起始地、目的地和线路运行,不得招揽包车合同以外的旅客乘车。

定线旅游客运应当按照班车客运管理;非定线旅游客运按照包车客运管理。

第二十条 县级以上人民政府应当优先发展城市公共汽车客运,统筹规划,合理提高线网密度和站点覆盖率,加强出租车运营管理。

设区的市道路运输管理机构应当根据本行政区域城市公共汽

车客运、出租汽车客运的发展规划以及出租汽车客运市场供求状况，提出出租汽车的投放总量规划方案，经设区的市人民政府交通运输主管部门审核后，报本级人民政府批准。

第二十一条 从事城市公共汽车客运经营的，应当具备下列条件：

（一）有符合规定经检测合格的车辆和站场设施、运营资金；

（二）有符合安全运营条件的线路和站点方案；

（三）有符合规定的驾驶人员；

（四）有与经营业务相适应的管理人员和健全的组织机构、安全管理制度，能够承担相应的责任；

（五）法律、法规规定的其他条件。

第二十二条 从事出租汽车客运经营的，应当具备下列条件：

（一）有符合规定经检测合格的车辆；

（二）有与其经营规模相适应的经营场所、站场；

（三）有符合规定的驾驶人员；

（四）有健全的组织机构和安全管理制度，能够承担相应的责任；

（五）法律、法规规定的其他条件。

第二十三条 从事城市公共汽车客运或者出租汽车客运经营的驾驶人员，应当符合下列条件：

（一）年龄不超过 60 周岁，身体健康，无职业禁忌病；

（二）取得相应的机动车驾驶证；

（三）有 3 年以上的驾龄；

（四）3 年内无重大以上交通责任事故记录；

（五）经业务知识考试合格，依法取得相应从业资格。

第二十四条 从事城市公共汽车客运经营的，应当向县道路运输管理机构提出申请；从事出租汽车客运经营的，应当向设区的市道路运输管理机构提出申请。道路运输管理机构应当自受理申请之日起 20 日内，作出许可或者不予许可的决定；不予许可的，应当书面通知申请人并说明理由。

城市公共汽车客运经营权和出租汽车经营权转让应当依法进行。

第二十五条 出租汽车应当喷涂车辆标志色,安装专用标志、顶灯、安全防护设施和经质量技术监督部门检验合格的里程计价器,标明运价标准和监督电话。

第二十六条 出租汽车客运经营者应当遵守下列规定:

(一)按照里程计价器显示的金额收取运费,不得破坏计价器准确度;

(二)在核定的区域内经营,不得异地驻点营运;

(三)不得拒载、甩客、故意绕道。

第二十七条 鼓励货物运输经营者采用多轴型、集装箱、厢式或者罐式专用车辆运输货物。鼓励发展货运出租、货物配送等方便、快捷的货运经营方式。

货物运输经营者运输货物时,应当采取防扬散、防流失、防渗漏等措施,防止污染环境,保障运输安全。

禁止货物运输经营者采取不正当手段招揽货物运输业务或者封锁、垄断货源,阻碍其他经营者的正常运输经营活动。

第二十八条 客运经营者、危险货物运输经营者应当为旅客或者危险货物投保承运人责任险。

客运经营者和危险货物运输经营者应当具有与其经营规模相适应的安全风险保障金,用于安全设施的投入和事故赔偿。

第二十九条 危险货物承运人承运危险货物应当与托运人签订道路运输合同,查明危险货物的品名、数量、危险性、应急措施等情况。禁止危险货物与普通货物混装。

危险货物托运人应当委托具有道路危险货物运输资质的企业承运危险货物。

危险货物运输车辆应当悬挂明显的危险货物运输标志,配备有与运输危险货物相适应的安全防护、环境保护和消防设施设备。

第四章　道路运输相关业务

第三十条　县级以上人民政府应当将道路运输站(场)、物流园区建设纳入城市发展总体规划。

交通运输主管部门应当将农村客运基础设施建设与公路建设统一规划,组织实施。

第三十一条　道路旅客运输站(场)经营者应当为客运经营者的车辆合理安排班次和发车时间,公平对待使用站(场)的客运经营者;按照规定的项目和标准收费,按月结算代售的票款。

客运经营者与旅客运输站(场)经营者对客运班车运营发生纠纷的,由县道路运输管理机构协调,协调不成的,由县道路运输管理机构裁定。

第三十二条　客运车辆在等级客运站发车的,运输站(场)经营者应当进行车辆安全检查。不在等级客运站(场)发车的,客运经营者负责车辆安全检查;道路旅客运输站(场)经营者应当配备相应的安全检查设施、设备。

二级以上旅客运输站(场)经营者应当配备行包安全检查设备;乘客应当接受安全检查,拒不接受安全检查的,道路旅客运输站(场)经营者有权拒绝其乘车。

未经安全检查或者安全检查不合格的客运车辆,不得载客运行。

第三十三条　道路货物运输站(场)经营者不得从事下列活动:

(一)为运输车辆装卸国家禁运、限运的物品;

(二)为无经营许可证或者证照不全的运输经营者提供服务;

(三)违反操作规程搬运、装卸货物。

第三十四条　机动车维修经营者应当遵守下列规定:

(一)按照核定类别维修机动车,实行维修质量保证期制度;

(二)不得利用配件拼装机动车或者修理已报废机动车;

（三）在经营场所的醒目位置悬挂机动车维修标志牌，公示维修项目、工时定额和收费标准；

（四）使用规定的结算票据，并向托修方交付维修结算清单。

机动车维修经营者对机动车进行二级维护、总成修理、整车修理的，应当进行维修质量检验；检验合格的，维修质量检验人员应当签发维修出厂合格证，并建立维修档案。

第三十五条 机动车清洁维护经营者，应当具有与其作业内容相适应的专用场地和设施。清洁作业应当符合节能环保要求。

第三十六条 从事机动车驾驶员培训的，应当向设区的市道路运输管理机构提供可行性立项报告，经审查符合自治区机动车驾驶员培训行业布局规划的，方可进行。

第三十七条 机动车驾驶员培训机构应当按照国家规定的培训标准、教学大纲进行培训，如实填写培训记录，保证培训质量；培训合格的，颁发由道路运输管理机构监制的培训证书。

第三十八条 机动车驾驶员培训机构应当在核定的教学场地和公安机关交通管理部门指定的教练路线、时间进行培训。教学车辆应当符合国家有关技术标准要求，并悬挂教学车辆标志牌证。禁止使用非教学车辆从事驾驶员培训业务。

第三十九条 从事机动车综合性能检测经营的，应当向自治区道路运输管理机构提供可行性立项报告，并具备下列条件：

（一）有与其经营类别及检测项目相适应的场地、厂房；

（二）有必要的设备、设施和技术人员；

（三）有健全的组织和管理制度；

（四）有必要的环境保护措施；

（五）检测设备、仪器经质量技术监督部门或者其授权的检测机构检测合格；

（六）符合自治区机动车综合性能检测站点布局规划要求。

第四十条 从事机动车综合性能检测经营的，应当向自治区道路运输管理机构提出申请，并提交相关材料。道路运输管理机构应当自受理申请之日起20日内作出许可或者不予许可的决定。

不予许可的，应当书面通知申请人并说明理由。

第四十一条 机动车综合性能检测经营者应当按照国家有关技术标准和规范进行检测，建立车辆检测档案，出具检测报告，并对检测结果承担责任。

第四十二条 从事汽车租赁经营的，应当具备下列条件：

（一）有十辆以上经检测合格的车辆；

（二）有与其经营规模相适应的停车场地；

（三）有相应的专业人员和管理人员；

（四）有健全的安全管理制度。

第四十三条 从事汽车租赁经营的，应当向所在地道路运输管理机构提出申请。道路运输管理机构应当自受理申请之日起二十日内作出许可或者不予许可的决定。不予许可的，应当书面通知申请人并说明理由。

第四十四条 货物运输信息服务、货运代理经营者应当将受理的运输业务交由具有经营资格的道路运输经营者承运。

货运信息服务的经营者应当向服务对象提供准确的信息；因提供信息错误，造成服务对象的车辆空驶、货物延滞运输等损失的，按照约定承担赔偿责任。

仓储理货经营者应当按照货物的性质、保管条件和有效期限对货物分类存放，保证货物完好无损。

第四十五条 从事危险货物、大型物件等特种、专项货物搬运装卸作业的，应当使用专用搬运装卸工具和防护设备。因搬运装卸造成货物损失的，依法承担赔偿责任。

第五章 监督检查

第四十六条 道路运输管理机构执法人员应当对道路运输及相关业务经营场所、客货集散地和经批准设置的检查站进行监督检查，不得双向拦截车辆，不得将与道路运输无关的内容作为检查项目。

道路运输执法专用车辆应当配备专用的标志和示警灯。

第四十七条 道路运输管理机构应当加强执法人员培训考核，培训考核不合格的，不得上岗执行职务。

道路运输管理机构的工作人员不得参与或者变相参与道路运输及相关业务经营。

第四十八条 道路运输管理机构应当建立道路运输经营者的信誉考核评价制度，对道路运输经营者及其从业人员的经营行为、服务质量、安全生产等实行信誉档案管理。

道路运输管理机构应当建立举报制度，公开办事制度，接受社会监督。

第四十九条 对道路运输经营者的违法行为，不能当场作出处罚决定的或者经营者拒不接受当场处罚决定事后又难以处理的，县以上道路运输管理机构可以暂扣道路运输证、客运标志牌等证件，签发代理证，开具暂扣凭证，道路运输经营者应当在规定期限内到指定地点接受处理。

第五十条 有下列情形之一的，道路运输管理机构可以暂扣车辆或者查封设备，并出具凭证：

（一）没有道路运输证或者客运标志牌又无法当场提供其他有效证明的；

（二）未经许可从事机动车维修经营的；

（三）不按规定承运限运、凭证运输物资或者危险货物的；

（四）使用非教学车辆从事机动车驾驶员培训的；

（五）道路运输证被道路运输管理机构暂扣后，拒不在规定期限接受处理的。

第五十一条 道路运输管理机构对暂扣的车辆或者封存的设备，不得使用，不得收取或者变相收取费用。除因不可抗力原因外，造成车辆或者物品遗失、损坏的，依法赔偿。当事人应当在20日内到道路运输管理机构接受处理，违法行为改正后，道路运输管理机构应当返还暂扣的车辆或者查封的设备。

第六章 法律责任

第五十二条 违反本条例规定,未取得经营许可,擅自从事城市公共汽车客运、出租汽车客运、机动车综合性能检测、汽车租赁经营活动的,由县以上道路运输管理机构责令停止经营;有违法所得的,没收违法所得,处违法所得2倍以上10倍以下的罚款;没有违法所得或者违法所得不足2万元的,处3万元以上10万元以下的罚款。

第五十三条 违反本条例规定,倒卖、擅自转让城市公共汽车客运经营权、出租汽车经营权或者客运班线经营权的,由县以上道路运输管理机构责令停止经营,处2000元以上1万元以下的罚款;有违法所得的,没收违法所得;情节严重的,由原许可机构吊销经营许可证。

第五十四条 发生重大、特大道路旅客运输安全事故,客运经营者负主要责任的,由道路运输管理机构责令停业整顿,吊销事故车辆运营的班线经营权和驾驶人员的从业资格。对负有责任的单位负责人和直接责任人,由有关机关依法处理。发生重大道路运输安全事故,驾驶人员因负主要责任或者全部责任被吊销从业资格证书的,3年内不得申办驾驶员从业资格证书。发生特大道路运输安全事故,驾驶员因负主要责任或者全部责任被吊销从业资格证书的,终身不得申办从业资格证书。

除因驾驶人员的责任外,驾驶人员从业资格证书被依法吊销的,1年内不得申办。

第五十五条 违反本条例规定,有下列情形之一的,由县以上道路运输管理机构责令改正,处5000元以上2万元以下的罚款;拒不改正的,责令停业整顿:

(一)机动车综合性能检测经营者提供虚假车辆检测报告的;

(二)机动车驾驶员培训机构在未经核定的教学场地或者利用非教学车辆从事机动车驾驶员培训活动的;

（三）使用报废、拼装、擅自改装、不符合规定标准和等级的出租汽车、城市公共汽车、租赁汽车、教学车辆从事相关经营活动的；

（四）旅客运输站（场）经营者未按规定配备、使用安全检查设备的；

（五）出租汽车异地驻点营运的。

第五十六条 违反本条例规定，道路运输经营者、道路运输相关业务经营者有下列情形之一的，由县以上道路运输管理机构责令改正，处1000元以上3000元以下的罚款；情节严重的，由原许可机构吊销道路运输经营许可证；构成犯罪的，依法追究刑事责任：

（一）强行招揽旅客和货物运输业务、欺骗旅客、骗取货物、敲诈托运人，或者阻碍交通，堵塞车站扰乱公共秩序的；

（二）未经原许可机构同意，擅自停运、终止客运经营的；

（三）未采取防扬散、防流失、防渗漏等措施的；

（四）不具有道路危险货物运输资质的企业承运危险货物的；

（五）危险货物与普通货物混装的；

（六）机动车清洁维护不符合节能环保要求的；

（七）不按照规定报送道路运输行业统计资料的。

第五十七条 违反本条例规定，道路运输经营者、道路运输相关业务经营者有下列情形之一的，由县以上道路运输管理机构责令改正，处200元以上2000元以下的罚款：

（一）不按规定使用出租汽车专用标志、顶灯、里程计价器或者未按里程计价器显示的金额收取运费，或者拒载、甩客、故意绕道的；

（二）不按规定对出租汽车、城市公共汽车、租赁汽车、教学车辆进行维护和综合性能检测的；

（三）载客汽车、重型载货汽车、半挂牵引车、危险货物运输专用车辆，未安装、使用符合相关标准的车辆运行状态监控设备的；

（四）机动车驾驶员培训机构未如实填写培训记录的；

（五）聘用无相应从业资格证的人员从事道路运输以及道路

运输相关业务经营活动的；

（六）班车客运经营者站外揽客或者包车客运经营者沿途揽客的；

（七）机动车维修经营者未按规定建立车辆维修档案的；

（八）汽车客运站（场）经营者不按月结算所代售票款的。

第五十八条 当事人对行政处罚决定不服的，可以依法申请行政复议或者提起行政诉讼；逾期不申请复议，也不提起诉讼，又不履行处罚决定的，由作出行政处罚决定的机构申请人民法院强制执行。

第五十九条 道路运输管理机构执法人员滥用职权、玩忽职守、徇私舞弊的，依法给予处分；构成犯罪的，依法追究刑事责任。

第七章 附 则

第六十条 从事非经营性危险货物运输的，参照本条例的有关规定执行。

第六十一条 本条例自 2010 年 9 月 1 日起施行。1997 年 3 月 24 日宁夏回族自治区第七届人大常委会第二十四次会议通过的《宁夏回族自治区道路运输管理条例》同时废止。

山西省道路运输条例

山西省第十一届人民代表大会常务委员会
第十九次会议通过 2010.9.29

第一章 总 则

第一条 为保障道路运输和人民生命财产安全，保护道路运输各方当事人的合法权益，维护道路运输市场秩序，根据《中华人民共和国道路运输条例》和有关法律、法规，结合本省实际，制定本条例。

第二条 在本省行政区域内从事道路运输经营、道路运输相关业务和道路运输管理活动，适用本条例。本条例所称道路运输经营包括道路旅客运输经营（以下简称客运经营）和道路货物运输经营（以下简称货运经营）。道路运输相关业务包括道路运输站（场）、机动车维修、机动车综合性能检测、机动车驾驶员培训、汽车租赁、物流服务等业务。

第三条 县级以上人民政府应当坚持统筹城乡道路运输一体化原则，发展道路运输事业。道路运输管理应当坚持依法、公开、公平、公正、高效、便民的原则。从事道路运输经营和道路运输相关业务的，应当依法经营、诚实信用、公平竞争、安全便捷、环保节能。

第四条 县级以上人民政府应当根据当地经济和社会发展的需要，制定本行政区域道路运输发展规划，并组织实施。县级以上人民政府应当采取措施，扶持农村客运和物流发展。

第五条 县级以上人民政府交通运输主管部门负责组织领导本行政区域内的道路运输管理工作。县级以上道路运输管理机构负责具体实施道路运输管理工作。县级以上人民政府发展和改革、公安、财政、国土、住房和城乡建设、规划、工商、环保、安监、质监、旅游、价格等部门,应当按照各自的法定职责,做好道路运输管理的相关工作。

第六条 省人民政府应当将道路运输管理经费列入财政预算,统一预算、统一管理、专款专用。县级以上人民政府应当将超限超载源头治理工作经费列入本级财政预算。

第七条 鼓励道路运输经营者实行规模化、集约化经营。鼓励发展货物甩挂运输,鼓励采用集装箱、封闭厢式车运输等方式从事道路货物运输。

第二章 道路运输经营

第一节 一般规定

第八条 道路运输经营实行许可制度。任何单位和个人不得伪造、涂改、转让、出租道路运输经营许可证件。

第九条 设区的市人民政府应当组建道路运输应急保障队伍,执行抢险、救灾、战备等紧急道路运输任务;对承担紧急道路运输任务的道路运输经营者,应当给予合理的经济补偿。

第二节 客运经营

第十条 县级以上道路运输管理机构应当每半年公布一次客运市场供求状况,供求状况有重大变化时应当及时公布。县级以上道路运输管理机构可以采取干线、支线统筹招标的方式,开行偏远地区农村客运班线。

第十一条 客运经营者自取得经营许可之日起,超过180日不投入运营的,或者运营后连续180日以上停运的,视为自动终止

经营,原许可机关应当注销其经营许可。班线客运经营者取得经营许可后,应当提供连续运输服务,不得擅自暂停、终止或者转让。

第十二条 符合安全运行要求的班线客运,经原许可机关同意,可以实行公交化模式运营,享受与城市公共客运相同的优惠政策。

第十三条 包车客运经营者应当与包车人签订包车合同并随车携带,不得定线定点运营,不得招揽包车合同以外的旅客乘车。

第十四条 旅游客运经营者应当与旅游包车人签订旅游包车合同,并随车携带。

第三节 货运经营

第十五条 货运经营者不得运输法律、行政法规禁止运输的货物。货运经营者在承接法律、行政法规规定限运、凭证运输的货物时,应当查验并确认有关手续齐全有效后方可运输。

第十六条 货运经营者应当采取有效措施,防止货物脱撒、扬尘、泄漏。

第十七条 货运经营者运输大型物件应当制定道路运输方案,超限运输的,应当按照国家有关规定办理相关手续。从事大型物件运输的车辆,应当按照规定装置统一的标志和悬挂标志旗;夜间行驶和停车休息时应当设置标志灯。

第十八条 设区的市交通运输主管部门可以委托设区的市道路运输管理机构具体组织从事危险货物运输的驾驶员、装卸管理人员、押运人员的从业资格考试和从业资格证的发放与管理。

第三章 道路运输相关业务

第一节 道路运输站(场)

第十九条 县级以上人民政府应当将道路运输站(场)、物流园区的建设纳入当地城乡规划和土地利用总体规划,并在土地、资

金等方面给予支持。鼓励多元化投资建设道路运输站(场)、物流园区。

第二十条 道路运输站(场)的建设应当与公路、城市道路和城市公共客运以及其他运输方式统筹规划,相互衔接和协调。新建、改建、扩建县乡公路的,应当将农村客运站、候车亭、招呼站等设施统一规划,同步设计、同步建设、同步验收。

第二十一条 县级以上道路运输管理机构应当根据旅客流向和道路客运站(场)等级、建设规模、停车面积、候车面积等指标,核定道路客运站(场)进站车辆的范围和可容纳车辆(班次)的数量。

第二十二条 道路客运站经营者应当遵守下列规定:

(一)公平、合理地安排发车时间;

(二)在经营场所公示收费项目和标准;

(三)按月与客运经营者结算票款;

(四)建立健全安全生产责任制,保障安全生产经费投入。

第二十三条 道路货运站(场)经营者应当遵守下列规定:

(一)按照货物的性质、保管要求进行分类存放、堆放整齐,保证货物完好无损;

(二)危险货物单独存放;

(三)搬运货物时轻装、轻卸,防止混杂、撒漏、破损;

(四)仓储等经营场所符合消防安全条件,各种消防器材、设施配备齐全有效。

第二节 机动车维修和综合性能检测

第二十四条 鼓励机动车维修企业实行专业化和连锁经营,为社会提供快修、救援等服务。

第二十五条 机动车维修技术负责人员、质量检验人员和机修、电器维修、钣金(车身修复)、涂漆(车身涂装)、车辆技术评估(含检测)人员,应当经过设区的市道路运输管理机构按照国家规定组织实施的从业资格考试,考试合格后上岗。

第二十六条 机动车维修经营者不得有下列行为：

（一）采取非法或者不正当手段招揽业务；

（二）使用送修车辆；

（三）占道或者占用公共场所进行维修作业；

（四）擅自改装、拼装机动车；

（五）承修报废机动车；

（六）非法打刻发动机号或者车架号；

（七）使用报废或者其他质量不符合标准的车辆总成、配件修理车辆。

第二十七条 机动车综合性能检测实行社会化经营。从事机动车综合性能检测经营的，应当到省道路运输管理机构备案。机动车综合性能检测机构应当按照国家和省规定的程序和标准进行检测，及时出具检测报告，建立车辆检测档案。机动车综合性能检测机构不得出具虚假车辆检测报告。

第二十八条 机动车维修经营者、机动车综合性能检测机构应当对检测、计量仪器设备进行日常维护和校正，并按照国家和省的规定进行强制周期检定。

第三节 机动车驾驶员培训

第二十九条 机动车驾驶员培训机构应当按照国家规定的培训标准、教学大纲进行培训，如实填写培训记录，保证培训质量。

机动车驾驶员培训机构不得擅自设立分支机构、培训点，不得将学员转入其他培训机构牟取利益。

第三十条 机动车驾驶员培训机构应当在核定的教学场地进行培训；在道路上培训的，应当按照公安机关交通管理部门指定的路线、时间进行。机动车驾驶员培训机构不得利用非教练车辆从事驾驶培训。

第三十一条 机动车驾驶培训教练员应当按照国家规定取得教练员资格。机动车驾驶培训教练员变更服务单位后，机动车驾驶员培训机构应当到县级道路运输管理机构进行备案。

第四节　汽车租赁

第三十二条　从事汽车租赁经营的，应当符合下列条件：

（一）有 10 辆以上符合国家标准，并经检测合格的自有车辆；

（二）有与其经营业务相适应的办公场所、停车场地；

（三）有相应的业务、管理人员；

（四）有健全的安全管理制度；

（五）客运车辆应当为12 座以下小型客车。

第三十三条　从事汽车租赁经营的，应当在取得工商营业执照后，向设区的市道路运输管理机构提出申请。道路运输管理机构应当自受理申请之日起 15 日内审查完毕，作出许可或者不予许可的决定。汽车租赁经营许可证件不得转让。

第三十四条　汽车租赁经营者应当与承租人签订车辆租赁合同，提供检测合格和证件齐全有效的车辆，但不得提供驾驶劳务。

第五节　物流服务

第三十五条　从事搬运装卸、货运代理、货物配载、仓储理货和信息服务等物流服务业务的，应当自取得工商营业执照之日起30 日内到注册登记所在地县级道路运输管理机构备案。

第三十六条　搬运装卸从业人员应当遵守国家规定的安全操作规程，不得造成货物灭失、损坏。货物托运人不得瞒报、错报货物性质或者在货物中夹带危险品。

第三十七条　道路货物运输代理经营者受理运输危险货物和依法限制运输货物业务的，应当了解运输货物的品名、性质、数量和应急处置方法，并查验有关凭证；与承运人签订货物运输合同时，应当查验其相应资质。

第三十八条　货物配载和信息服务经营者应当为承托双方提供准确的车源、货源信息。

第三十九条　城市人民政府应当采取措施，对从事城市物流配送的车辆在市区道路通行提供便利。

第四章　道路运输安全

第四十条　各级人民政府对本行政区域内道路运输安全监督管理负领导责任。

第四十一条　县级以上人民政府交通运输主管部门负责对道路运输管理机构实施道路运输安全管理工作进行指导监督。道路运输管理机构负责道路运输市场准入条件的审查，依法实施道路运输站（场）、营运车辆技术状况、营运驾驶员从业资格的安全监督管理。

第四十二条　县级以上公安机关交通管理部门负责道路运输车辆运行安全的管理工作。县级以上公安机关交通管理部门应当根据道路旅客运输和危险货物运输驾驶员的申请，为其提供 3 年内无重大以上交通责任事故的证明。

第四十三条　设区的市公安机关交通管理部门应当建立健全机动车驾驶证考试制度，配备与机动车驾驶证考试相适应的考试设施设备，并按照规定及时组织考试。报考机动车驾驶证的人员，应当接受机动车驾驶员培训机构的培训。公安机关交通管理部门应当根据驾驶员培训机构出具的培训记录受理驾驶证考试申请。

第四十四条　道路运输经营者是道路运输安全的责任主体，其法定代表人是本企业道路运输安全的第一责任人。

第四十五条　道路运输经营者应当建立和完善安全生产责任制度，从业人员安全生产教育、培训和考核上岗制度，安全生产事故隐患排查治理制度，营运车辆安全检查制度。

第四十六条　道路运输经营者应当执行国家行车安全档案和安全生产事故统计报告制度，按照规定向道路运输管理机构报告道路运输安全情况。

第四十七条　客运站经营者应当建立行包安全检查制度，按照规定配备安全检测仪器，对进入客运站的行包进行安全检查。

第四十八条　道路运输经营者应当为客运车辆、危险货物运

输车辆安装符合国家标准的卫星定位终端设备,并实时监控,与道路运输监控平台实时连通。鼓励道路运输经营者为其他营运车辆安装符合国家标准的卫星定位终端设备。

第四十九条 道路运输以及相关业务经营者不得有下列违反安全规定的行为:

(一)使用未经年审或者年审不合格的车辆从事道路运输;

(二)使用未经安全例检或者经安全例检不符合要求的车辆从事道路运输;

(三)使用非法改装的车辆或者报废车辆从事道路运输;

(四)使用未取得从业资格证的人员、与所驾车型不符的从业人员驾驶营运车辆,或者使用未经安全生产培训合格的从业人员上岗作业;

(五)对营运车辆的检测项目缺检、漏检。

第五章 超限超载源头治理

第五十条 县级以上人民政府负责本行政区域的超限超载源头治理工作,其主要负责人是超限超载源头治理工作的第一责任人。县级人民政府应当向社会公示依法经许可、注册登记的道路货物运输源头单位的名单。

第五十一条 道路货物运输源头单位应当履行下列义务:

(一)明确工作人员职责,建立责任追究制度;

(二)对货物装载、开票、计重等相关人员进行培训;

(三)对装载货物车辆驾驶员出示的车辆营运证和从业资格证进行登记;

(四)建立健全车辆装载、配载的登记、统计制度和档案,并按规定向道路运输管理机构报送相关信息。

第五十二条 道路货物运输源头单位不得有下列行为:

(一)为车辆超标准装载、配载;

(二)为无牌无证、证照不全、非法改装的车辆装载、配载;

（三）为超限超载的车辆提供虚假装载证明。

第五十三条 县级以上道路运输管理机构可以通过进驻、巡查等方式，对政府公示的道路货物运输源头单位超限超载源头治理工作实施监督管理。监督检查中发现违法行为不属于本部门职权范围的，及时移送有关行政机关，有关行政机关应当及时查处。

第六章 监督检查

第五十四条 县级以上人民政府交通运输主管部门应当加强对道路运输管理机构实施道路运输管理工作的监督。道路运输管理机构应当加强对道路运输经营活动和执法活动的监督检查，公开办事制度，简化工作程序，规范执法行为。

第五十五条 道路运输管理机构执法人员可以在道路运输以及相关业务经营场所、客货集散地、公路路口、高速公路服务区和道路货物运输源头单位进行监督检查，但不得影响道路畅通。

道路运输管理机构执法人员在执行监督检查任务时，应当统一着装，佩带标志，出示合法有效的行政执法证件。道路运输监督检查专用车辆，应当配备专用的标志和示警灯。

第五十六条 有下列情形之一的，道路运输管理机构可以暂扣运输车辆、维修机具设备或者驾驶培训教学车辆，并责令当事人在10日内到指定的地点接受处理：

（一）无车辆营运证又无法当场提供道路运输管理机构出具的其他营运证明的车辆从事道路运输经营活动的；

（二）未取得经营许可，擅自从事机动车维修经营、机动车驾驶员培训、汽车租赁经营活动的。对依法暂扣的车辆或者设备应当妥善保管，不得使用、损坏或者遗失，不得收取或者变相收取保管费用。

第五十七条 道路运输管理机构在实施监督检查过程中，对不能当场处理的违法行为，可以暂扣车辆营运证、营运标志牌或者

从业资格证，并责令其在10日内接受处理。暂扣车辆营运证的，应当签发待理证，并通知车籍地道路运输管理机构。

第五十八条 道路运输管理机构对从事道路客货运输、道路运输站（场）、机动车驾驶员培训、机动车维修、综合性能检测、汽车租赁和物流服务的经营者实行质量信誉考核制度。道路运输管理机构应当定期将经营者的经营行为、服务质量、安全生产等方面的考核结果向社会公布。

第五十九条 道路运输管理机构以及公安、工商、质监、环保、价格等相关部门应当按照各自职责，向社会公布道路运输和相关业务经营者、从业人员的业绩和警示等信息，建立信息共享机制。

第六十条 道路运输管理机构应当建立投诉举报制度，公开投诉举报电话、通信地址和电子信箱，对当事人的投诉举报在受理之日起15日内作出处理。

第六十一条 道路运输以及相关业务经营者应当按照规定向道路运输管理机构提供道路运输统计资料，接受道路运输管理机构的监督检查。

第七章 法律责任

第六十二条 违反本条例规定，法律、行政法规有处罚规定的，从其规定。

第六十三条 违反本条例规定，转让或者出租经营许可证、车辆营运证、营运标志牌的，由县级以上道路运输管理机构责令停止违法行为，收缴有关证件；有违法所得的，没收违法所得，并处2000元以上1万元以下罚款。

第六十四条 违反本条例规定，有下列情形之一的，由县级以上道路运输管理机构责令改正；拒不改正的，处500元以上3000元以下罚款：

（一）客运站经营者未公平、合理地安排发车时间的；

（二）客运站经营者未按月结算票款的；

（三）机动车维修经营者使用送修车辆的；

（四）旅游客运经营者和包车客运经营者未按规定携带包车合同的；

（五）机动车驾驶员培训机构未如实填写培训记录的；

（六）道路运输以及相关业务经营者未按规定报送统计资料和有关情况的。

第六十五条 违反本条例规定，未经许可擅自从事汽车租赁经营的，由县级以上道路运输管理机构责令停止经营；有违法所得的，没收违法所得，并处违法所得 2 倍以上 10 倍以下罚款；没有违法所得或者违法所得不足 1 万元的，处 2 万元以上 5 万元以下罚款；构成犯罪的，依法追究刑事责任。

第六十六条 违反本条例规定，机动车综合性能检测、搬运装卸、货运代理、货物配载、仓储理货和信息服务等道路运输相关业务经营者未按规定备案的，由县级以上道路运输管理机构责令限期改正；逾期不改正的，处 1000 元以上 3000 元以下罚款。

第六十七条 道路运输经营者发生较大以上行车安全事故并负同等以上责任的，由原许可机关吊销该事故车辆营运证和该车辆驾驶员的从业资格证，并责令该经营者进行整改，整改期间不得新增运力；事故车辆为客运车辆的，还应当吊销其班线客运经营许可。

营运驾驶员因发生较大行车安全事故被依法吊销从业资格证的，自吊销之日起 3 年内不得重新申请从业资格证；因发生重大以上行车安全事故被依法吊销从业资格证的，终生不得重新申请从业资格证。

第六十八条 违反本条例规定，道路货物运输源头单位不履行义务的，由县级以上道路运输管理机构责令改正；拒不改正的，处 1000 元罚款。

第六十九条 违反本条例第五十二条规定的，由县级以上道路运输管理机构给予每辆次 1 万元罚款；情节严重的，由县级以上道路运输管理机构报告本级人民政府，并移送工商、质监等部门，由工商、质监等部门暂扣生产工具，责令限期改正；情节特别严重

的，由县级以上道路运输管理机构报告本级人民政府，并移送工商、质监等部门，由工商、质监等部门依法查封经营场所，由相关部门对货物运输源头单位法定代表人依法予以查处。

第七十条 道路运输管理机构对超载车辆应当在违章驾驶人员的从业资格证违章记录栏内记载，6个月内超载记录累计三次的，由原发证机关吊销其从业资格证。

第七十一条 违反本条例规定，有下列情形之一的，由县级以上道路运输管理机构责令改正，并处1000元以上5000元以下罚款；情节严重的，暂扣道路运输经营许可证、车辆营运证或者从业资格证：

（一）班线客运经营者擅自暂停、终止班线运输或者转让经营许可的；

（二）机动车综合性能检测机构对营运车辆的检测项目缺检、漏检的；

（三）机动车驾驶员培训机构在未经核定的教学场地或者利用非教练车辆从事驾驶培训经营活动的；

（四）机动车驾驶员培训机构擅自设立分支机构、培训点或者将学员转入其他培训机构牟取利益的；

（五）汽车租赁经营者使用非自有车辆或者未取得车辆营运证的车辆用于租赁的；

（六）道路运输经营者未按规定安装卫星定位终端设备、未实时监控或者未与道路运输监控平台实时连通的；

（七）道路运输经营者使用未经年审或者年审不合格的车辆从事道路运输的；

（八）道路运输经营者使用未经安全例检或者经安全例检不符合要求的车辆从事道路运输的；

（九）道路运输经营者使用未取得从业资格证的人员或者与所驾车型不符的从业人员驾驶营运车辆的。

第七十二条 违反本条例规定，道路运输管理机构及其他行政机关的工作人员有下列情形之一的，对直接负责的主管人员及

其他直接责任人员依法给予处分;构成犯罪的,依法追究刑事责任:

(一)擅自设立检查站拦截、检查正常行驶的道路运输车辆的;

(二)乱收费、乱罚款、乱扣车的;

(三)未按规定如实报告较大以上道路运输事故情况的;

(四)无正当理由对投诉举报超过规定期限未作出处理、答复的;

(五)不按照规定的条件、程序和期限实施行政许可的;

(六)参与或者变相参与道路运输经营以及道路运输相关业务的;

(七)发现违法行为不及时查处或者不履行超限超载源头治理职责的;

(八)违法扣留运输车辆、车辆营运证的;

(九)上路执法造成道路堵塞的;

(十)索取、收受他人财物,或者谋取其他利益的;

(十一)其他滥用职权、玩忽职守、徇私舞弊的。

第八章　附　　则

第七十三条　道路运输管理机构依照本条例发放道路运输经营许可证、车辆营运证、营运标志牌、从业资格证可以收取工本费。具体收费标准由省财政、价格主管部门会同省交通运输主管部门核定。

第七十四条　城市公共客运和出租汽车客运的经营和管理按照有关规定执行。

第七十五条　本条例自 2011 年 1 月 1 日起施行。1995 年 7 月 20 日山西省第八届人民代表大会常务委员会第十六次会议通过的《山西省道路运输管理暂行条例》同时废止。

附　　则

现行有效的规章目录

序号	发布机关	规章名称	发布文号	发布日期	实施日期
1	交通部	中华人民共和国理货员证书规则	(83)交海字1072号	1983年5月27日	1983年5月27日
2	交通部	关于海运生铁、金属块锭、煤炭、散盐、矿石、砂、粉等散装货物装舱标准和船舶、港口责任划分的暂行规定	(84)交海字711号	1984年4月18日	1984年6月1日
3	交通部	港口国际集装箱码头管理暂行规则	(85)交海字402号	1985年2月25日	1985年2月25日
4	交通部	防止舱、室作业环境中缺氧窒息事故的暂行规定	(86)交劳字62号	1986年1月29日	1986年6月1日
5	交通部	关于设置乡镇船舶监督管理员的若干规定	(87)交水监字283号	1987年4月30日	1987年4月30日
6	交通部	船舶遇险紧急通信处置细则	(87)交海字617号	1987年8月27日	1987年8月27日

续上表

序号	发布机关	规章名称	发布文号	发布日期	实施日期
7	交通部	水路运输管理条例实施细则	(87)交河字680号　交水发〔1998〕107号修改　交通运输部令2009年第6号修改	1987年9月22日	1987年10月1日
8	交通部	公路养护会计制度	(87)交财字828号	1987年11月19日	1988年1月1日
9	交通部	公路养护单位成本核算办法	(87)交财字828号	1987年11月19日	1988年1月1日
10	交通部	汽车旅客运输规则	(88)交公路字201号	1988年1月26日	1988年8月1日
11	国家经委、经贸部、交通部、国家商检局、国家计量局	沿海开放港口外贸货运计量管理暂行规定	(88)交海字210号	1988年3月21日	1988年3月21日
12	交通部	海运精选矿粉及含水矿产品安全管理暂行规定	(88)交海字275号	1988年4月22日	1988年4月22日
13	交通部	中华人民共和国公路管理条例实施细则	交通部令1988年第1号　交通运输部令2009年第8号修改	1988年6月28日	1988年8月1日

续上表

序号	发布机关	规章名称	发布文号	发布日期	实施日期
14	交通部	港口消防监督实施办法	交通部令1988年第2号	1988年7月5日	1988年8月1日
15	交通部	交通部海区雷达应答器管理办法(试行)	(88)交水监字345号	1988年9月23日	1988年9月23日
16	交通部	船舶无线电台执照核发办法	(89)交无委字75号	1989年2月10日	1989年2月10日
17	交通部、公安部	港口治安管理规定	交通部令1989年第3号	1989年3月4日	1989年4月1日
18	交通部	船闸管理办法	交通部令1989年第5号	1989年8月3日	1989年10月1日
19	交通部	中华人民共和国海员证管理办法	交通部令1989年第7号	1989年8月14日	1989年12月1日
20	交通部	港口建设项目后评价报告编制办法	(89)交计字701号	1989年12月14日	1989年12月14日
21	交通部	中华人民共和国交通部拆解船舶监督管理规则	(89)交安监字723号	1989年12月23日	1990年2月4日

续上表

序号	发布机关	规章名称	发布文号	发布日期	实施日期
22	交通部	部属单位小型和限额以下固定资产投资建设项目管理办法	(90)交工字76号	1990年2月13日	1990年3月1日
23	交通部	公路渡口管理规定	交通部令1990年第11号	1990年3月7日	1990年4月1日
24	交通部	水运工程施工招标投标管理办法	交通部令1990年第12号 交通部令2000年第4号修改	1990年3月7日 2000年9月12日	2000年8月12日
25	交通部	汽车运输业车辆技术管理规定	交通部令1990年第13号	1990年3月7日	1990年10月1日
26	交通部	水上安全监督系统总体布局规划编制办法(试行)	(90)交计字162号	1990年3月14日	1990年4月1日
27	交通部	交通行业能源利用监测管理暂行规定	(90)交体字391号	1990年7月18日	1990年9月1日
28	交通部	中国籍小型船舶航行香港、澳门地区安全监督管理规定	交通部令1990年第25号 交安监发〔1996〕1号修改	1990年9月24日	1991年1月1日
29	交通部	客渡轮专用信号标志管理规定	交通部令1990年第26号	1990年9月24日	1991年7月1日

续上表

序号	发布机关	规章名称	发布文号	发布日期	实施日期
30	交通部	水路运输违章处罚规定	交通部令1990年第22号 交通运输部令2009年第7号修改	1990年9月28日	1990年10月1日
31	交通部、财政部	港务费收支管理规定	(90)交财字566号	1990年10月15日	1991年1月1日
32	交通部	中华人民共和国内河避碰规则(1991)	交通部令1991年第30号	1991年4月28日	1992年1月1日
33	交通部、劳动部	油船、油码头防油气中毒规定	(91)交人劳字523号	1991年5月9日	1991年10月1日
34	交通部、劳动部	港口煤尘防治规定(试行)	(91)交人劳字478号	1991年7月6日	1991年10月1日
35	交通部	中华人民共和国航道管理条例实施细则	(91)交工字609号 交通运输部令2009年第9号修改	1991年8月29日	1991年10月1日
36	交通部	汽车旅客运输服务岗位职责及工作标准	(91)交运字713号	1991年10月5日	1991年10月5日

续上表

序号	发布机关	规章名称	发布文号	发布日期	实施日期
37	交通部	船舶升挂国旗管理办法	交通部令1991年第32号	1991年10月10日	1991年11月1日
38	交通部	长江干线水上安全管理若干办法	(91)交安监字781号	1991年11月23日	1991年11月23日
39	交通部	水路货物运输质量管理办法	交运发〔1992〕62号	1992年1月25日	1992年4月2日
40	交通部	港口消防规划建设管理规定	交公安发〔1992〕151号	1992年3月6日	1992年5月1日
41	交通部	汽车、船舶节能产品公布规则	交体发〔1992〕191号	1992年3月20日	1992年6月1日
42	交通部	外国船舶检验机构在中国设立常驻代表机构管理办法	交通部令1992年第33号	1992年3月28日	1992年4月15日
43	交通部	公路工程施工监理办法	交工发〔1992〕378号	1992年5月16日	1992年6月1日
44	交通部、国家统计局	公路、水路运输全行业统计工作规定	交通部、国家统计局令第36号	1992年7月21日	1992年10月1日
45	交通部	内河船舶轮机日志记载规则	交通部令1992年第41号	1992年9月2日	1993年1月1日
46	交通部、公安部	客船治安管理规定	交通部、公安部令第43号	1992年12月14日	1992年12月14日

续上表

序号	发布机关	规章名称	发布文号	发布日期	实施日期
47	交通部	交通部专业计量检定站管理办法(试行)	交体发〔1993〕49号	1993年1月27日	1993年1月27日
48	交通部	水上无线电通信规则(1993年版)	交无委发〔1993〕201号	1993年3月8日	1993年7月1日
49	交通部	航行国际航线船舶及外贸进出口货物理货费收规则	交财发〔1993〕272号	1993年3月16日	1993年4月1日
50	交通部、财政部	港口建设费征收办法实施细则	交财发〔1993〕541号	1993年5月25日	1993年7月1日
51	交通部	出租汽车客运服务规范	交运发〔1993〕644号	1993年6月21日	1993年6月21日
52	交通部	外国籍船舶在中国领海、内水和港口使用国际海事卫星船舶地球站规定	交通部令1993年第4号	1993年8月18日	1993年10月1日
53	交通部	海上移动通信业务标识管理办法	交通部令1993年第7号	1993年12月24日	1994年3月1日
54	交通部	交通部通信工程竣工验收规定(暂行)	交基发〔1994〕537号	1994年6月7日	1994年6月7日
55	交通部、国家计委、财政部	关于在公路上设置通行费收费站(点)的规定	交公路发〔1994〕686号	1994年7月18日	1994年7月18日

续上表

序号	发布机关	规章名称	发布文号	发布日期	实施日期
56	交通部	出国(境)船舶安全保卫工作规定	交公安发〔1994〕691号	1994年7月19日	1994年7月19日
57	交通部	水运工程施工监理规定(试行)	交基发〔1994〕840号	1994年8月30日	1995年1月1日
58	交通部	部属单位小型及限额以下固定资产投资建设项目初步设计文件编制和审批办法	交基发〔1994〕854号	1994年9月1日	1995年1月1日
59	交通部	交通部成品油管理暂行办法	交计发〔1994〕889号	1994年9月6日	1994年9月6日
60	交通部	跨越国家航道的桥梁通航净空尺度和技术要求的审批办法	交基发〔1994〕906号	1994年9月10日	1994年10月1日
61	交通部	海上救捞潜水员管理办法	交救捞发〔1994〕961号	1994年9月19日	1994年9月19日
62	交通部	交通部水运工程定额管理办法(试行)	交基发〔1995〕97号	1995年2月13日	1995年2月13日
63	交通部	运输船舶消防管理规定	交公安发〔1995〕137号	1995年2月23日	1995年5月1日
64	交通部	交通行政执法监督规定	交通部令1995年第1号	1995年3月20日	1995年7月1日

续上表

序号	发布机关	规章名称	发布文号	发布日期	实施日期
65	交通部	交通女职工劳动保护实施办法	交人劳发〔1995〕419号	1995年5月12日	1995年7月1日
66	交通部	交通部水运工程设计计算机软件管理办法(试行)	交基发〔1995〕520号	1995年6月12日	1995年6月12日
67	交通部	关于交通行业基本建设和技术改造项目工程可行性研究报告增列“节能篇(章)”暂行规定	交体法发〔1995〕607号	1995年7月13日	1996年1月1日
68	交通部	全国在用车船节能产品(技术)推广应用管理办法	交体法发〔1995〕753号	1995年8月14日	1995年10月15日
69	交通部	在中华人民共和国沿海水域作业的外国籍钻井船、移动式平台检验规定	交通部令1995年第3号	1995年8月25日	1995年10月1日
70	交通部	交通部水运工程造价人员资格认证工作管理规定	交基发〔1995〕1068号	1995年11月13日	1996年1月1日
71	交通部	交通行业内部控制制度评审办法	交审计发〔1995〕1140号	1995年11月29日	1995年11月29日
72	交通部	道路大型物件运输管理办法	交公路发〔1995〕1154号	1995年12月4日	1996年3月1日

续上表

序号	发布机关	规章名称	发布文号	发布日期	实施日期
73	交通部	交通部直属航运支持保障系统非经营性船舶购置计划管理办法(试行)	交计发〔1995〕1153号	1995年12月4日	1996年1月1日
74	交通部	水路旅客运输规则	交水发〔1995〕1178号	1995年12月12日	1996年6月1日
75	交通部	海区航标动态通报管理办法	交安监发〔1995〕1180号	1995年12月13日	1995年12月13日
76	交通部	公路工程造价人员资格认证管理办法	交公路发〔1995〕1235号	1995年12月20日	1996年7月1日
77	交通部	沿海港口建设工程可行性研究投资估算编制规定	交基发〔1995〕1230号	1995年12月20日	1996年3月1日
78	交通部	公路、水运工程监理工程师资质管理办法	交基发〔1996〕29号	1996年1月4日	1996年7月1日
79	交通部	长江干流桥区航标设置及维护管理规定	交基发〔1996〕489号	1996年3月14日	1996年9月1日
80	交通部、国家计委	汽车客运站收费规则	交公路发〔1996〕263号	1996年3月18日	1996年5月1日

续上表

序号	发布机关	规章名称	发布文号	发布日期	实施日期
81	交通部	液货船水上过驳作业安全监督管理规定	交安监发〔1996〕330号	1996年4月16日	1996年5月1日
82	交通部	《关于交通行业基本建设和技术改造项目工程可行性研究报告增列“节能篇(章)”暂行规定》实施细则	交体法发〔1996〕354号	1996年4月18日	1996年4月18日
83	交通部	内河航标管理办法	交通部令1996年第2号	1996年5月20日	1996年8月1日
84	交通部	中华人民共和国水路运输服务业管理规定	交通部令1996年第3号 交通部令1998年第6号修改 交通运输部令2009年第5号修改	1996年6月18日	1996年10月1日
85	交通部	公路基本建设工程投资估算编制办法	交公路发〔1996〕611号	1996年6月27日	1996年7月1日
86	交通部	港口道路交通管理办法	交公安发〔1996〕703号	1996年7月31日	1996年10月1日
87	交通部	关于加强承运进口废物管理的规定	交通部令1996年第5号	1996年8月9日	1996年8月20日

续上表

序号	发布机关	规章名称	发布文号	发布日期	实施日期
88	交通部	台湾海峡两岸间航运管理办法	交通部令1996年第6号	1996年8月19日	1996年8月20日
89	交通部	交通行政处罚程序规定	交通部令1996年第7号	1996年9月25日	1996年10月1日
90	交通部	国际集装箱班轮运输运价报备制度实施办法	交水发〔1996〕880号	1996年10月17日	1996年10月17日
91	交通部	水路危险货物运输规则(第一部分水路包装危险货物运输规则)	交通部令1996年第10号	1996年11月4日	1996年12月1日
92	交通部	贷款修路、收费还贷审计办法	交审计发〔1996〕996号	1996年11月19日	1997年7月1日
93	交通部	内河航运工程施工图设计文件编制办法	交基发〔1996〕1023号	1996年11月25日	1996年11月25日
94	交通部	海区航标设置管理办法	交通部令1996年第12号	1996年12月25日	1997年3月1日
95	交通部	公路建设项目后评价报告编制办法	交计发〔1996〕1130号	1996年12月31日	1996年12月31日
96	交通部	公路建设项目后评价工作管理办法	交计发〔1996〕1130号	1996年12月31日	1996年12月31日

续上表

序号	发布机关	规章名称	发布文号	发布日期	实施日期
97	交通部、国家计委、财政部	长江干线船舶港务费征收办法	交财发〔1997〕93号	1997年2月12日	1997年3月1日
98	交通部	中华人民共和国交通部港口收费规则(外贸部分)	交通部令1997年第3号交通部令2001年第11号修改	1997年4月29日	1997年6月20日
99	交通部	疏浚工程概算预算编制规定	交基发〔1997〕246号	1997年5月4日	1997年7月1日
100	交通部	海上国际集装箱运输电子数据交换电子报文替代纸面单证管理规则	交水发〔1997〕233号	1997年5月4日	1997年5月4日
101	交通部	海上国际集装箱运输电子数据交换管理办法	交水发〔1997〕233号	1997年5月4日	1997年5月4日
102	交通部	海上国际集装箱运输电子数据交换协议规则	交水发〔1997〕233号	1997年5月4日	1997年5月4日
103	交通部	海上国际集装箱运输电子数据交换报文传递和进出口业务流程规定	交水发〔1997〕233号	1997年5月4日	1997年5月4日

续上表

序号	发布机关	规章名称	发布文号	发布日期	实施日期
104	交通部	水上移动卫星通信管理规则	交通部令1997年第5号	1997年6月14日	1997年10月1日
105	交通部	交通部防静电个人防护用品使用管理规定	交人劳发〔1997〕517号	1997年8月25日	1997年8月25日
106	交通部	中华人民共和国船舶交通管理系统安全监督管理规则	交通部令1997年第8号	1997年9月15日	1998年1月1日
107	交通部	交通部直属单位专业技术人员管理规定	交人劳发〔1997〕595号	1997年10月6日	1997年10月6日
108	交通部	中华人民共和国海船船员值班规则	交通部令1997年第11号	1997年10月20日	1998年1月1日
109	交通部	交通行政执法证件管理规定	交通部令1997年第16号	1997年11月26日	1998年1月1日
110	交通部、建设部、国家环境保护局	防止船舶垃圾和沿岸固体废物污染长江水域管理规定	交通部、建设部、国家环境保护局令1997年第17号	1997年12月24日	1998年3月1日
111	交通部	港口装卸机械管理规定	交通部令1998年第1号	1998年1月5日	1998年1月5日
112	交通部	交通部国防交通储备器材管理规定	交计发〔1998〕23号	1998年1月19日	1998年1月19日

续上表

序号	发布机关	规章名称	发布文号	发布日期	实施日期
113	交通部	道路运输车辆维护管理规定	交通部令1998年第2号 交通部令2001年第4号修改	1998年3月4日	1998年4月1日
114	交通部	内河航运建设工程概算预算编制规定	交基发〔1998〕112号	1998年3月10日	1998年3月10日
115	交通部	长江机动船舶安全通信管理规定	交通部令1998年第5号	1998年3月27日	1998年3月27日
116	交通部	交通部部属企事业单位会计基础工作规范化实施办法	交财发〔1998〕348号	1998年6月12日	1998年7月1日
117	交通部	汽车维修质量纠纷调解办法	交公路发〔1998〕349号	1998年6月12日	1998年9月1日
118	交通部	交通行业行政事业单位定期审计规定	交审计发〔1998〕667号	1998年11月3日	1998年11月3日
119	交通部	沉船沉物打捞单位资质管理规定	交体法发〔1993〕3号	1998年12月31日	1998年4月1日
120	交通部	公路工程质量管理办法	交公路发〔1999〕90号	1999年2月24日	1999年2月24日

续上表

序号	发布机关	规章名称	发布文号	发布日期	实施日期
121	交通部	中华人民共和国潜水员管理办法	交通部令1999年第3号	1999年8月27日	1999年11月1日
122	交通部	中华人民共和国水上水下施工作业通航安全管理规定	交通部令1999年第4号	1999年10月8日	2000年1月1日
123	交通部	道路运输服务质量投诉管理规定	交公路发〔1999〕535号	1999年10月11日	2000年1月1日
124	交通部	汽车货物运输规则	交通部令1999年第5号	1999年11月15日	2000年1月1日
125	交通部、对外贸易经济合作部	外商独资船务公司审批管理暂行办法	交通部、对外贸易经济合作部令2000年第1号	2000年1月28日	2000年1月28日
126	交通部	交通建设项目审计实施办法	交审计发〔2000〕64号	2000年2月12日	2000年2月12日
127	交通部	超限运输车辆行驶公路管理规定	交通部令2000年第2号	2000年2月13日	2000年4月1日
128	交通部、国家发展计划委员会	国内水路集装箱港口收费办法	交水发〔2000〕156号	2000年3月20日	2000年4月20日

续上表

序号	发布机关	规章名称	发布文号	发布日期	实施日期
129	交通部	交通基本建设项目竣工决算报告编制办法	交财发〔2000〕207号	2000年4月21日	2000年4月21日
130	交通部	水运工程质量监督规定	交通部令2000年第3号	2000年6月7日	2000年7月1日
131	交通部	交通行政复议规定	交通部令2000年第5号	2000年6月27日	2000年6月27日
132	交通部	港口货物作业规则	交通部令2000年第10号	2000年8月28日	2001年1月1日
133	交通部	国内船舶管理业规定	交通部令2001年第3号 交通运输部令2009年1号修改	2001年7月4日	2001年10月1日
134	交通部	公路工程勘察设计招标投标管理办法	交通部令2001年第6号	2001年8月21日	2002年1月1日
135	交通部	内河运输船舶标准化管理规定	交通部令2001年第8号	2001年10月11日	2001年12月1日
136	交通部	外商投资道路运输业管理规定	交通部令2001年第9号	2001年11月20日	2001年11月20日

续上表

序号	发布机关	规章名称	发布文号	发布日期	实施日期
137	交通部	船舶引航管理规定	交通部令2001年第10号	2001年11月30日	2002年1月1日
138	交通部	海上滚装船舶安全监督管理规定	交通部令2002年第1号	2002年5月30日	2002年7月1日
139	交通部	水运工程施工监理招标投标管理办法	交通部令2002年第3号	2002年6月19日	2002年8月1日
140	交通部	水上交通事故统计办法	交通部令2002年第5号	2002年8月26日	2002年10月1日
141	交通部	公路监督检查专用车辆管理办法	交通部令2002年第6号	2002年11月16日	2003年1月1日
142	交通部	中华人民共和国国际海运条例实施细则	交通部令2003年第1号	2003年1月20日	2003年3月1日
143	交通部	路政管理规定	交通部令2003年第2号	2003年1月27日	2003年4月1日
144	交通部	港口大型机械防阵风防台风管理规定	交通部令2003年第3号	2003年5月9日	2003年6月1日
145	交通部	水运工程勘察设计招标投标管理办法	交通部令2003年第4号	2003年5月13日	2003年6月1日

续上表

序号	发布机关	规章名称	发布文号	发布日期	实施日期
146	交通部	交通建设项目环境保护管理办法	交通部令2003年第5号	2003年5月13日	2003年6月1日
147	交通部	长江三峡水利枢纽水上交通管制区域通航安全管理办法	交通部令2003年第6号	2003年5月16日	2003年6月15日
148	交通部	沿海航标管理办法	交通部令2003年第7号	2003年7月10日	2003年9月1日
149	交通部	中华人民共和国海上海事行政处罚规定	交通部令2003年第8号	2003年7月10日	2003年9月1日
150	交通部	港口危险货物管理规定	交通部令2003年第9号	2003年8月29日	2004年1月1日
151	交通部	中华人民共和国船舶载运危险货物安全监督管理规定	交通部令2003年第10号	2003年12月1日	2004年1月1日
152	交通部	关于《外商投资道路运输业管理规定》的补充规定	交通部令2003年第12号	2003年12月31日	2004年1月1日
153	交通部、商务部	外商投资国际海运业管理规定	交通部令2004年第1号	2004年2月25日	2004年6月1日
154	交通部、卫生部	突发公共卫生事件交通应急规定	交通部令2004年第2号	2004年3月4日	2004年5月1日

续上表

序号	发布机关	规章名称	发布文号	发布日期	实施日期
155	交通部	公路工程竣(交)工验收办法	交通部令2004年第3号	2004年3月31日	2004年10月1日
156	交通部	公路水运工程监理企业资质管理规定	交通部令2004年第5号	2004年6月30日	2004年10月1日
157	交通部	中华人民共和国海船船员适任考试、评估和发证规则	交通部令2004年第6号	2004年6月30日	2004年8月1日
158	交通部	中华人民共和国船舶最低安全配员规则	交通部令2004年第7号	2004年6月30日	2004年8月1日
159	交通部	水运工程机电设备招标投标管理办法	交通部令2004年第9号	2004年10月29日	2004年12月1日
160	交通部	交通行业内部审计工作规定	交通部令2004年第12号	2004年11月19日	2005年1月1日
161	交通部	交通行政许可实施程序规定	交通部令2004年第10号	2004年11月22日	2005年1月1日
162	交通部	交通行政许可监督检查及责任追究规定	交通部令2004年第11号	2004年11月22日	2005年1月1日
163	交通部	中华人民共和国内河海事行政处罚规定	交通部令2004年第13号	2004年12月7日	2005年1月1日

续上表

序号	发布机关	规章名称	发布文号	发布日期	实施日期
164	交通部	公路建设市场管理办法	交通部令2004年第14号	2004年12月21日	2005年3月1日
165	交通部	中华人民共和国内河船舶船员适任考试发证规则	交通部令2005年第1号	2005年3月1日	2005年6月1日
166	交通部	港口工程竣工验收办法	交通部令2005年第2号	2005年4月12日	2005年6月1日
167	交通部	国际道路运输管理规定	交通部令2005年第3号	2005年4月13日	2005年6月1日
168	交通部	公路工程质量监督规定	交通部令2005年第4号	2005年5月8日	2005年6月1日
169	交通部	公路工程设计变更管理办法	交通部令2005年第5号	2005年5月9日	2005年7月1日
170	交通部	道路货物运输及站场管理规定	交通部令2005年第6号 交通运输部令2008年第9号修改 交通运输部令2009年第3号修改	2005年6月16日	2005年8月1日

续上表

序号	发布机关	规章名称	发布文号	发布日期	实施日期
171	交通部	机动车维修管理规定	交通部令2005年第7号	2005年6月24日	2005年8月1日
172	交通部	道路旅客运输及客运站管理规定	交通部令2005年第10号 交通运输部令2008年第10号修改 交通运输部令2009年第4号修改	2005年7月12日	2005年8月1日
173	交通部	道路危险货物运输管理规定	交通部令2005年第9号	2005年7月12日	2005年8月1日
174	交通部	中华人民共和国港口收费规则(内贸部分)	交通部令2005年第8号	2005年7月14日	2005年8月1日
175	交通部	中华人民共和国防治船舶污染内河水域环境管理规定	交通部令2005年第11号	2005年8月20日	2006年1月1日
176	交通部	公路水运工程试验检测管理办法	交通部令2005年第12号	2005年10月19日	2005年12月1日
177	交通部	港口统计规则	交通部令2005年第13号	2005年12月30日	2006年2月1日

续上表

序号	发布机关	规章名称	发布文号	发布日期	实施日期
178	交通部	中华人民共和国海事行政许可条件规定	交通部令2006年第1号	2006年1月9日	2006年4月1日
179	交通部	机动车驾驶员培训管理规定	交通部令2006年第2号	2006年1月12日	2006年4月1日
180	交通部	农村公路建设管理办法	交通部令2006年第3号	2006年1月27日	2006年3月1日
181	交通部	中华人民共和国高速客船安全管理规则	交通部令2006年第4号	2006年2月24日	2006年6月1日
182	交通部	公路工程施工监理招标投标管理办法	交通部令2006年第5号	2006年5月25日	2006年7月1日
183	交通部	公路建设监督管理办法	交通部令2006年第6号	2006年6月8日	2006年8月1日
184	交通部	公路工程施工招标投标管理办法	交通部令2006年第7号	2006年6月23日	2006年8月1日
185	交通部	老旧运输船舶管理规定	交通部令2006年第8号 交通运输部令2009年第14号修改	2006年7月5日	2006年8月1日

续上表

序号	发布机关	规章名称	发布文号	发布日期	实施日期
186	交通部	道路运输从业人员管理规定	交通部令2006年第9号	2006年11月23日	2007年3月1日
187	交通部	交通法规制定程序规定	交通部令2006年第11号	2006年11月24日	2007年1月1日
188	交通部	中华人民共和国内河交通事故调查处理规定	交通部令2006年第12号	2006年12月4日	2007年1月1日
189	交通部	公路水运工程安全生产监督管理办法	交通部令2007年第1号	2007年2月14日	2007年3月1日
190	交通部	中华人民共和国国际船舶保安规则	交通部令2007年第2号	2007年3月26日	2007年7月1日
191	交通部	航道建设管理规定	交通部令2007年第3号	2007年4月11日	2007年5月1日
192	交通部	交通建设项目委托审计管理办法	交通部令2007年第4号	2007年4月11日	2007年6月1日
193	交通部	港口建设管理规定	交通部令2007年第5号	2007年4月24日	2007年6月1日
194	交通部	中华人民共和国航运公司安全与防污染管理规定	交通部令2007年第6号	2007年5月23日	2008年1月1日

续上表

序号	发布机关	规章名称	发布文号	发布日期	实施日期
195	交通部	中华人民共和国船舶签证管理规则	交通部令2007年第7号	2007年5月31日	2007年10月1日
196	交通部	经营性公路建设项目投资人招标投标管理办法	交通部令2007年第8号	2007年10月16日	2008年1月1日
197	交通部	港口规划管理规定	交通部令2007年第11号	2007年12月17日	2008年2月1日
198	交通部	航道工程竣工验收管理规定	交通部令2008年1号	2007年12月17日	2008年3月1日
199	交通部	中华人民共和国港口设施保安规则	交通部令2007年第10号	2007年12月27日	2008年3月1日
200	交通部	中华人民共和国引航员注册和任职资格管理办法	交通部令2008年第2号	2008年2月13日	2008年5月1日
201	交通运输部	中华人民共和国船员注册管理办法	交通运输部令2008年第1号	2008年5月4日	2008年7月1日
202	交通运输部	国内水路运输经营资质管理规定	交通运输部令2008年第2号	2008年5月26日	2008年8月1日
203	交通运输部	公路、水路交通实施《中华人民共和国节约能源法》办法	交通运输部令2008年第5号	2008年7月16日	2008年9月1日
204	交通运输部	中华人民共和国船员服务管理规定	交通运输部令2008年第6号	2008年7月22日	2008年10月1日

续上表

序号	发布机关	规章名称	发布文号	发布日期	实施日期
205	交通运输部	游艇安全管理规定	交通运输部令2008年第7号	2008年7月22日	2009年1月1日
206	交通运输部	道路旅客运输班线经营权招标投标办法	交通运输部令2008年第8号	2008年7月22日	2009年1月1日
207	交通运输部	收费公路权益转让办法	交通运输部令2008年11号	2008年8月20日	2008年10月1日
208	交通运输部	中华人民共和国船员培训管理规则	交通运输部令2009年第10号	2009年6月26日	2009年10月1日
209	交通运输部	道路运输车辆燃料消耗量检测和监督管理办法	交通运输部令2009年第11号	2009年6月26日	2009年11月1日
210	交通运输部	港口经营管理规定	交通运输部令2009年第13号	2009年11月6日	2010年3月1日
211	交通运输部	中华人民共和国船舶安全检查规则	交通运输部令2009年第15号	2009年11月30日	2010年3月1日

关于废止24件交通运输规章的决定

交通运输部令2010年第9号　2010.11.4

现决定废止下列24件规章：

序号	发布机关	规章名称	发布文号	发布日期	联合发文部委意见
1	交通部	油船安全生产管理规则	(83)交水监字860号	1983年4月12日	
2	交通部	交通卫生防疫工作条例	(86)交劳字756号	1986年10月21日	
3	交通部	县乡公路建设和养护管理办法	(87)交公路字309号	1987年5月11日	
4	交通部	国际集装箱汽车运输费收规则	(87)交公路字668号	1987年9月9日	
5	交通部	中华人民共和国交通部公路汽车货运站费收规则	(87)交公路字758号	1987年10月23日	
6	交通部	交通部工业产品质量监督抽查试行办法	(88)交企字77号	1988年1月30日	
7	交通部	内河航运建设项目可行性研究报告编制办法	(88)交计字500号	1988年8月9日	

续上表

序号	发布机关	规章名称	发布文号	发布日期	联合发文部委意见
8	交通部	交通运输公共场所卫生管理办法	（89）交人劳字484号	1989年8月26日	
9	交通部	公路网规划编制办法	（90）交计字225号	1990年4月21日	
10	交通部	内河航运工程初步设计文件编制办法（试行）	（91）交工字78号	1991年2月13日	
11	交通部	公路、水运基本建设利用国外贷款项目管理暂行办法	（91）交计字399号	1991年6月13日	
12	交通部	代管船舶电台管理办法	交无委发〔1992〕486号	1992年6月26日	
13	交通部、劳动部	交通行业高级技师评聘试点办法	交人劳发〔1994〕88号	1994年1月21日	人力资源和社会保障部同意废止
14	交通部	交通部水运工程质量奖评选办法（试行）	交基发〔1994〕1270号	1994年12月17日	
15	交通部	交通运输企业成本费用管理核算办法	交财发〔1995〕445号	1995年5月17日	
16	交通部	沿海港口工程初步设计文件编制规定	交基发〔1995〕483号	1995年5月25日	

续上表

序号	发布机关	规章名称	发布文号	发布日期	联合发文部委意见
17	交通部、财政部	交通部施工企业成本费用核算办法	交财发〔1995〕911号	1995年9月29日	财政部同意废止
18	交通部	公路工程基本建设项目设计文件编制办法	交公路发〔1995〕1036号	1995年11月6日	
19	交通部	公路基本建设工程概算、预算编制办法	交公路发〔1996〕612号	1996年6月27日	
20	交通部	交通食品卫生监督管理办法	交人劳发〔1996〕801号	1996年9月13日	
21	交通部	内河航运建设项目(工程)竣工验收办法	交基发〔1996〕911号	1996年11月4日	
22	交通部	交通部《关于在公共交通工具及其等候室禁止吸烟的规定》实施细则	交人劳发〔1997〕838号	1997年12月22日	
23	交通部	交通部科技、教育、人才专项补助经费财务管理办法	交财发〔1999〕11号	1999年1月8日	
24	交通部	交通通信管理规则	交通部令1999年第1号	1999年6月9日	

现行有效的规范性文件目录

序号	规范性文件名称	发布文号	发布日期
1	关于联合颁发对在我国沿海进行石油勘探的外国船舶、船员及随船人员管理办法和通知	交通部、外贸部、公安部、卫生部 (79)交港字1497号	1979年8月23日
2	中朝国境河流船舶行规则	(82)交基字697号	1982年4月9日
3	关于执行《海运出口危险货物包装检验管理办法》有关问题通知	交海字〔1985〕1318号	1985年6月15日
4	交通部、国家商检局关于海运出口气体危险货物包装检验问题的补充通知	(86)交海字740号	1986年10月7日
5	天津市海河下游航政管理规定	天津市政府 津政发〔1986〕159号	1986年12月24日
6	关于发布《公路养路费使用管理规定》的通知	国家计委、国家经委、交通部、财政部 交公路字〔1987〕64号	1987年2月3日
7	关于对《中华人民共和国水路运输管理条例》及其实施细则若干条款解释的通知	(88)交河字117号	1988年2月16日
8	关于对中华人民共和国水路运输管理条例及其实施细则若干条款解释(第二次)通知	(88)交河字348号	1988年5月22日

续上表

序号	规范性文件名称	发布文号	发布日期
9	交通部关于加强报废船舶管理的通知	(88)交船检字589号	1988年9月30日
10	交通部关于加强交通工业产品质量管理决定	(89)交体字444号	1989年8月12日
11	交通部、海关总署、国家物价局、财政部关于调整船舶吨税税率的通知	(90)交财字398号	1990年7月20日
12	交通部国家工商行政管理局关于进一步加强对水路运输企业、水路运输服务企业审批登记管理的通知	(90)交运字439号	1990年7月30日
13	关于加强国际运输船舶公司管理的通知	交运字〔1990〕447号	1990年8月14日
14	交通部、海关总署、财政部、国家物价总局关于调整船舶吨税税率的通知	(91)交财字11号	1991年1月7日
15	交通部、国家商检局关于明确外贸出口危险物包装型号和标记的通知	(91)交运字131号	1991年2月19日
16	关于加强国际运输船公司管理的补充通知	交运字〔1991〕166号	1991年3月14日
17	关于修订公布《国际运客、旅游船舶和旅客码头收费试行办法》的通知	交运字〔1991〕433号	1991年7月1日

续上表

序号	规范性文件名称	发布文号	发布日期
18	交通部关于调整通信资费结算手续标准的通知	（91）交财字724号	1991年10月10日
19	交通部关于加强船用卫星紧急无线电示位标管理的通知	（91）交信字729号	1991年10月18日
20	交通文件材料立卷归档办法	交办发〔1992〕100号	1992年1月9日
21	交通部关于印发交通文档管理和交通材料归档统一表格样式的通知	交办发〔1992〕121号	1992年2月22日
22	关于实施水路货物运输合同示范文本若干问题的通知	交通部、国家工商管理局　交运发〔1992〕663号	1992年4月30日
23	交通行业提前退休工作范围表	交人劳发〔1992〕663号	1992年8月4日
24	营口港水上交通管理规则	交安监发〔1992〕1262号	1992年12月18日
25	中俄国境河流航行规则	中俄国境河流航行联合委员会（1987年交水监字〔1987〕404号批复）	1993年4月1日
26	全球海上遇险和安全系统船舶无线电人员考试发证办法（试行）	交安监发〔1993〕634号	1993年6月15日

续上表

序号	规范性文件名称	发布文号	发布日期
27	关于发布首期取消不合理收费项目的通知	交体法发〔1993〕1084号	1993年10月28日
28	关于调整航行国际航线船舶理货费,救捞费,代理费的通知	交财发〔1994〕16号	1994年1月8日
29	关于发布第二批取消不合理收费项目的通知	交体法发〔1994〕69号	1994年1月16日
30	关于公路汽车运价改革有关问题的通知	交运发〔1994〕135号	1994年2月15日
31	关于设置船舶检验机构审批问题的通知	交船检发〔1994〕161号	1994年2月16日
32	海区航标船舶配置标准及管理使用办法	交安监字〔1994〕113号	1994年5月23日
33	烟台港水上交通安全和防止船舶污染水域管理规定	交安监发〔1994〕507号	1994年5月27日
34	关于发布《关于在公路上设置通行费收费站(点)的规定》的通知	交通部、国家计委、财政部 交公路发〔1994〕686号	1994年7月18日
35	公路养护职工劳动保护用品标准	交人劳发〔1994〕786号	1994年8月9日
36	关于实施清理,取缔“三无”船舶通告有关问题的通知	交安监发〔1995〕13号	1995年1月4日

续上表

序号	规范性文件名称	发布文号	发布日期
37	上海水上安全监督规则	交安监发〔1995〕27号	1995年1月9日
38	秦皇岛海上安全监督管理规则	交安监发〔1995〕639号	1995年7月18日
39	关于印发《进一步加强非水网地区水上交通安全工作的若干意见》的通知	交安监发〔1995〕816号	1995年9月4日
40	关于印发《实施〈国际安全管理规划〉的指导意见》的通知	交安监发〔1995〕876号	1995年9月21日
41	宁波水上安全监督管理规定	交安监发〔1995〕1006号	1995年10月23日
42	关于坚决制止海上非客船载客的通知	交安监发〔1995〕1188号	1995年12月12日
43	关于港监系统做好《国际安全管理规划》实施工作的通知	交安监发〔1996〕465号	1996年5月24日
44	珠江水系船舶防抗雷雨大风管理办法	交安监发〔1996〕605号	1996年6月25日
45	关于进一步加强长江下游分道航行实施工作的通知	交安监发〔1996〕606号	1996年6月25日
46	关于加强海员证管理工作若干问题的通知	交安监发〔1996〕599号	1996年6月20日
47	关于加强四川暨长江上游水上交通安全管理的通知	交安监发〔1996〕751号	1996年8月28日

续上表

序号	规范性文件名称	发布文号	发布日期
48	关于实施《中华人民共和国水路运输服务业管理规定》有关问题的通知	交水发〔1996〕763号	1996年9月3日
49	关于贯彻实施《中华人民共和国行政处罚法》的通知	交体法发〔1996〕786号	1996年9月10日
50	交通行政执法错案追究制度	交体法发〔1996〕829号	1996年9月25日
51	交通行政执法年度工作报告制度	交体法发〔1996〕829号	1996年9月25日
52	交通行政执法重大行政处罚决定备案审查制度	交体法发〔1996〕829号	1996年9月25日
53	法律、法规、规章和规范性文件实施情况年度报告制度	交体法发〔1996〕829号	1996年9月25日
54	交通规范性文件备案审查制度	交体法发〔1996〕829号	1996年9月25日
55	关于授权和公布出具《办理海员证批件》的审批机构及审批权限的通知	交安监发〔1996〕852号	1996年10月9日
56	海南水上交通安全监督管理规定	交安监发〔1996〕879号	1996年10月17日
57	关于实施《台湾海峡两岸间航运管理方法》有关问题的通知	交水发〔1996〕941号	1996年10月31日
58	海区航标作业管理规划	安监字〔1996〕290号	1996年12月3日

续上表

序号	规范性文件名称	发布文号	发布日期
59	海区航标船艇管理规则	安监字〔1996〕291号	1996年12月3日
60	关于印发《港口工程施工招标文件(含合同)范本》的通知	交函基〔1996〕507号	1996年12月20日
61	港口工程施工合同范本(试行)	交函基〔1996〕507号	1996年12月20日
62	深圳港口引航管理办法	交函水〔1997〕41号	1997年1月24日
63	连云港海上安全监督管理规则	交安监发〔1997〕172号	1997年3月31日
64	关于国际航行船舶《配备货物系固手册》有关事项的通知	交安监发〔1997〕174号	1997年3月31日
65	关于黄原酸盐类和二氧化硫脲两种危险货物海运要求的通知	交安监发〔1997〕185号	1997年4月10日
66	关于加强台湾海峡两岸间接集装箱班轮运输管理的通知	交台发〔1997〕188号	1997年4月11日
67	关于重新发布水路货物运输合同和港口作业合同示范文本的通知	交通部、国家工商行政管理局以交水发〔1997〕210号文联合发布	1997年4月16日
68	关于香港回归后内地与香港航线有关航运管理问题的通知	交水发〔1997〕379号	1997年6月2日

续上表

序号	规范性文件名称	发布文号	发布日期
69	关于继续做好水上“三乱”防治工作的通知	交水发〔1997〕405号	1997年7月10日
70	关于明确棉花等危险货物在国内水路运输中可按普通货物运输的通知	交水发〔1997〕573号	1997年9月17日
71	关于统一全国汽车维修企业标志牌等牌证样式的通知	交公路发〔1997〕726号	1997年11月13日
72	加强长江船舶垃圾和沿岸固体废物管理的若干意见	交安监发〔1997〕738号	1997年11月17日
73	关于明确棉花等危险货物按普通货物收取港口使用费的通知	交水发〔1997〕759号	1997年11月27日
74	关于进一步贯彻落实《中共中央、国务院关于治理向企业乱收费、乱罚款和各种摊派等问题的决定》的通知	交体法发〔1997〕792号	1997年12月4日
75	关于加强散化船和液化气船检验的通知	交船检发〔1997〕862号	1997年12月29日
76	关于严格执行《行政处罚法》正确实施交通行政处罚的通知	交体法发〔1997〕882号	1997年12月30日
77	关于延长《关于香港回归后内地与香港航线有关航运管理问题的通知》期限的通知	交水发〔1997〕880号	1997年12月31日

续上表

序号	规范性文件名称	发布文号	发布日期
78	关于明确武汉港向通过武汉钢铁(集团)公司码头的货物征收货物港务费问题的通知	交通部、国家计委 交水发〔1998〕16号	1998年1月7日
79	关于制止超吃水船舶通过长江中游浅区航道的通知	交安监发〔1998〕34号	1998年1月11月
80	关于内地航行香港航线高速客船实行安全管理体系审核发证制度的通知	交安监字〔1998〕123字	1998年3月16日
81	关于加强两岸通航统计管理工作的通知	交水发〔1998〕192号	1998年4月16日
82	关于变更港航公安治安罚没款管理方式的通知	交公安发〔1998〕250号	1998年4月28日
83	关于做好长江船舶垃圾防治工作的紧急通知	交安监发〔1998〕258号	1998年4月29日
84	关于对国家批准的新开放口岸港口征收港口建设费的通知	交通部、财政部 交财发〔1998〕378号	1998年6月24日
85	关于国内水路运输危险货物包装检验机构资格认可有关问题的通知	交水发〔1998〕419号	1998年7月9日
86	关于进一步规范交通系统出版行为的通知	交体法发〔1998〕631号	1998年9月25日

续上表

序号	规范性文件名称	发布文号	发布日期
87	关于保障海南至上海方向蔬菜运输绿色通道畅通的通知	交通部、公安部、国务院纠正行业不正之风办公室　交公路发〔1998〕605 号	1998 年 10 月 7 日
88	关于加强港口建设规划和港航设施建设使用岸线管理的通知	交规划发〔1998〕677 号	1998 年 11 月 6 日
89	关于认真做好公路收费站点清理整顿的通知	交公路字〔1999〕9 号	1999 年 1 月 7 日
90	关于实施《沉船沉物打捞单位资质管理规定》有关事项的通知	交救发〔1999〕102 号	1999 年 3 月 1 日
91	关于明确硅铁等危险货物在国际海运中有关要求的通知	交海发〔1999〕154 号	1999 年 4 月 7 日
92	关于加强海上治安防范维护航行船舶安全的通知	交通部、公安部、海关总署　交公安发〔1999〕504 号	1999 年 9 月 14 日
93	《中华人民共和国潜水员管理办法》实施细则	交救发〔1999〕574 号	1999 年 11 月 2 日
94	关于规范地方水上安全监督机构名称的通知	交海发〔1999〕673 号	1999 年 12 月 14 日
95	关于发布《因公临时随船人员申办海员证管理规定》的通知	交海发〔1999〕704 号	1999 年 12 月 21 日

续上表

序号	规范性文件名称	发布文号	发布日期
96	关于明确生漆等危险货物在国内水路运输中可按普通的货物运输的通知	交水发〔1999〕8号	1999年1月6日
97	关于加强水运工程项目质量管理的通知	交水发〔1999〕26号	1999年1月13日
98	关于国内水路运输危险货物包装检验机构资格认可的通知	交水发〔1999〕22号	1999年1月14日
99	关于加强国际船舶代理业和国际集装箱班轮运输市场管理的通知	交水发〔1999〕119号	1999年3月12日
100	关于禁止在水路上乱设站乱收费乱罚款的通知	交通部、公安部、国务院纠正行业不正之风办公室　交水发〔1999〕357号	1999年7月12日
101	关于认真做好运输船舶境外加油工作的紧急通知	交通部、海关总署　交水发〔1999〕387号	1999年7月22日
102	关于加强和完善境外航商常驻代表机构和外商投资船务公司办事机构监督管理的通知	交通部、国家工商行政管理局　交水发〔1999〕534号	1999年10月10日

续上表

序号	规范性文件名称	发布文号	发布日期
103	关于进一步加强水路危险货物运输管理和监督工作的通知	交水发〔1999〕674号	1999年12月14日
104	关于澳门回归后内地与澳门、香港航线有关航运管理问题的通知	交水发〔1999〕683号	1999年12月15日
105	关于进一步加强客滚码头安全生产的通知	交水发〔1999〕723号	1999年12月27日
106	关于印发《关于进一步加强乡镇船舶交通安全管理责任制意见》的通知	交海发〔2000〕2号	2000年1月3日
107	关于加强海上客滚船检验工作的通知	交海发〔2000〕26号	2000年1月11日
108	关于贯彻实施《关于进一步加强乡镇船舶交通安全管理责任制意见》的通知	交海发〔2000〕37号	2000年1月20日
109	关于允许水路客运站点代办旅客保险业务的通知	交水发〔2000〕60号	2000年2月2日
110	关于对外贸船舶及货物港口收费实行优惠的通知	交通部、国家发展计划委员会 交水发〔2000〕84号	2000年2月18日
111	关于禁止非客运船舶运送旅客等事项的通知	交水发〔2000〕110号	2000年3月2日

续上表

序号	规范性文件名称	发布文号	发布日期
112	关于实施国际海运业专用发票有关问题的通知	交水发〔2000〕114号	2000年3月7日
113	关于实施《超限运输车辆行驶公路管理规定》有关问题的通知	交公路发〔2000〕123号	2000年3月8日
114	关于加强客滚船消防安全管理的通知	交公安发〔2000〕144号	2000年3月17日
115	关于发布《中国海上船舶溢油应急计划》和北方海区、东海海区、台湾海峡水域溢油应急计划的通知	国家环境保护总局 交海发〔2000〕149号	2000年3月21日
116	关于禁止运输和装卸超重集装箱的通知	交水发〔2000〕187号	2000年4月11日
117	关于进一步加强汽车综合性能检测站行业管理的通知	交公路发〔2000〕253号	2000年5月18日
118	三峡工程二期通航管理办法(修订本)	交海发〔2000〕29号	2000年6月8日
119	关于切实加强水上交通险情报告工作的通知	交海发〔2000〕298号	2000年6月30日
120	关于在交通基础设施建设中推行廉政合同的通知	交监察发〔2000〕516号	2000年
121	关于加强液化气船安全管理的通知	交海发〔2000〕587号	2000年11月9日

续上表

序号	规范性文件名称	发布文号	发布日期
122	关于印发《船舶检验工作管理暂行办法》的通知	交海发〔2000〕586号	2000年11月9日
123	关于长江滚装船法定检验标准问题的通知	交海发〔2000〕606号	2000年11月20日
124	关于进一步加强公路规费和公路建设资金管理的通知	交审发〔2000〕608号	2000年11月20日
125	关于执行吨位丈量有关问题的通知	交海发〔2000〕614号	2000年11月23日
126	关于川江汽车滚装运输市场准入等有关问题的通知	交水发〔2001〕4号	2001年1月15日
127	关于加强交通建设项目审计监督的通知	交审发〔2001〕62号	2001年2月21日
128	关于因公致残的人民警察乘坐客船和客运班车享受与因公致残的现役军人同样待遇的通知	交水发〔2001〕139号	2001年3月27日
129	关于云南思茅港正式对外开放的函	交函海〔2001〕81号	2001年3月27日
130	关于实施运输船舶强制报废制度的意见	交通部、国家经贸委、邮政部 交水发〔2001〕151号	2001年3月29日
131	交通部行政执法单位当场处罚罚款票据管理办法	交财发〔2001〕178号	2001年4月16日

续上表

序号	规范性文件名称	发布文号	发布日期
132	交通部关于印发《西部交通建设科技项目管理暂行办法》和《西部交通建设科技项目招投标管理暂行办法》的通知	交科技发〔2001〕191号	2001年4月19日
133	关于严格执行成山角水域强制性船舶报告制和成山角水域船舶定线制的通知	交通部、农业部交海发〔2001〕164号	2001年4月21日
134	关于浙江乍浦港正式对外开放的函	交海发〔2001〕201号	2001年4月23日
135	关于印发《中华人民共和国验船人员适任考试、发证规则》的通知	交海发〔2001〕199号	2001年4月23日
136	关于执行《老旧运输船舶管理规定》有关事项的通知	交海发〔2001〕221号	2001年5月9日
137	关于加强琼州海峡客滚船舶检验工作的通知	交海发〔2001〕285号	2001年6月4日
138	公路建设项目评标专家库管理办法	交公路发〔2001〕3000号	2001年6月11日
139	公路工程竣工文件材料立案归档管理办法	交办发〔2001〕390号	2001年6月13日
140	关于云南省景洪港正式对外开放的函	交函海〔2001〕157号	2001年6月21日
141	关于整顿和规范个体运输船舶经营管理的通知	交水发〔2001〕360号	2001年7月5日
142	关于发布《中华人民共和国船舶安全营运和防止污染管理规则(试行)》的通知	交海发〔2001〕383号	2001年7月12日

续上表

序号	规范性文件名称	发布文号	发布日期
143	交通部行政执法单位实行罚款决定与罚款收缴分离规定	交财发〔2001〕392号	2001年7月23日
144	支持系统船舶购置招标投标管理办法(试行)	交规划发〔2001〕421号	2001年8月2日
145	关于对老旧运输船舶执行特别定期检验的通知	交海发〔2001〕430号	2001年8月6日
146	关于进一步做好长江船舶垃圾污染防治工作的通知	交海发〔2001〕513号	2001年9月11日
147	关于调整外资港口收费规定和标准的通知	国家计委 交水发〔2001〕542号	2001年9月20日
148	公路工程勘察设计招标评标办法	交公路发〔2001〕582号	2001年9月29日
149	公路建设项目法人资格标准(试行)	交公路发〔2001〕583号	2001年9月30日
150	关于进一步做好超限运输车辆行驶公路管理工作的通知	交公路发〔2001〕591号	2001年10月12日
151	关于印发《关于鼓励对国际标准集装箱运输车辆通行费试行优惠促进公路集装箱运输业发展的意见》的通知	交公路发〔2001〕601号	2001年10月25日
152	《公路工程行业标准管理导则》	交公路发〔2001〕620号	2001年10月30日
153	关于对外籍船舶经营我国港口之间海上运输加强监督检查的通知	交水发〔2001〕659号	2001年11月13日

续上表

序号	规范性文件名称	发布文号	发布日期
154	关于进一步加强长江涉外旅游船运输市场管理的通知	交水发〔2001〕723号	2001年12月12日
155	关于广东新会港口岸正式扩大开放的函	交函海〔2001〕355号	2001年12月14日
156	关于进一步明确水上交通安全管理工作职责的通知	交办发〔2001〕750号	2001年12月14日
157	关于《老旧运输船舶管理规定》部分条款解释的函	交函水〔2001〕368号	2001年12月24日
158	交通企事业单位领导人员任期经济责任审计规定	交审发〔2001〕776号	2001年12月25日
159	关于印发《交通部部属单位对外投资和多种经营管理办法》的通知	交财发(2001)792号	2001年
160	《船舶专业技术资格考试暂行规定》航运船舶实施办法	交人劳发〔2002〕20号	2002年1月17日
161	关于加强建造船舶检验和管理的通知	交海发〔2002〕19号	2002年1月21日
162	关于处理国内航海船舶建造日期不详问题的通知	交海发〔2002〕48号	2002年2月19日
163	关于全国海事系统统一以海事局(处)名义履行海事行政执法的通知	交海发〔2002〕49号	2002年2月19日
164	关于贯彻实施《中华人民共和国国际海运条例》有关事项的通知	交水发〔2002〕51号	2002年2月19日

续上表

序号	规范性文件名称	发布文号	发布日期
165	关于调整国内水路运输管理职责改革管理方式的通知	交水发〔2002〕166号	2002年4月24日
166	关于修改和换发《船舶营运运输证》等有关事项的通知	交水发〔2002〕179号	2002年4月28日
167	关于停止使用《内河小型钢丝网水泥船建造规范》的通知	交海发〔2002〕240号	2002年6月11日
168	关于组建第二家外轮理货公司有关问题的通知	交水发〔2002〕285号	2002年7月8日
169	关于认真贯彻执行公路工程勘察设计招标投标管理办法的通知	交公路发〔2002〕303日	2002年7月11日
170	关于加强道路运输安全生产监督管理工作意见	交公路发〔2002〕356号	2002年8月3日
171	关于调整中国沿海航行警告和航行通告发布体系的通知	交海发〔2002〕394号	2002年8月30日
172	关于印发引航工作人员制服供应办法的通知	厅水字〔2002〕396号	2002年9月5日
173	关于进一步做好治理公路三乱工作的通知	交公路发〔2002〕450号	2002年9月25日
174	关于进一步规范国内水路运输登记管理工作的通知	交水发〔2002〕453号	2002年9月26日
175	关于启用中华人民共和国船舶营业运输证注销登记证明书的通知	交水发〔2002〕476号	2002年10月24日

续上表

序号	规范性文件名称	发布文号	发布日期
176	关于内河封闭水域严禁运输有害危险品的通知	交水发〔2002〕497号	2002年10月24日
177	关于加强长江干线汽车渡船安全管理的通知	交海发〔2002〕495号	2002年10月24日
178	关于加强渤海湾滚装客船安全监督管理的通知	交水发〔2002〕524号	2002年11月13日
179	关于对参与公路工程投标和施工的公路施工企业资质要求的通知	交路发〔2002〕544号	2002年11月25日
180	关于加强台湾海峡两岸不定期船舶运输管理的通知	交水发〔2002〕552号	2002年11月26日
181	关于进一步对外开放道路运输投资领域的通知	交公路发〔2002〕551号	2002年11月28日
182	交通统计工作管理规定	交规划发〔2002〕586号	2002年12月4日
183	关于进一步加强和规范汽车综合性能检测工作的通知	交公路发〔2002〕587号	2002年12月5日
184	办公厅关于执行国内水路运输登记管理有关问题的通知	厅水字〔2002〕568号	2002年12月6日
185	营运客车类型划分及等级评定规则	交公路发〔2002〕590号	2002年12月10日
186	关于加强港口安全生产管理工作的通知	交水发〔2002〕598号	2002年12月12日

续上表

序号	规范性文件名称	发布文号	发布日期
187	关于印发公路收费站点清理整顿指导意见的通知	交公路发〔2003〕10号	2003年1月10日
188	公路工程施工招标评标委员会评标工作细则	交公路发〔2003〕70号	2003年3月11日
189	公路养护工程市场准入暂行规定	交公路发〔2003〕89号	2003年3月21日
190	公路护养工程施工招标投标管理暂行规定	交公路发〔2003〕89号	2003年3月21日
191	关于加强长江三峡库区船舶防污染工作的通知	交海发〔2003〕114号	2003年4月8日
192	关于公布交通部公路工程勘察设计施工和监理评标专家库评标专家名单的通知	交公路发〔2003〕119号	2003年4月14日
193	关于《海上滚装船舶安全监督管理规定》执行过程中若干问题处理意见的函	交函海〔2003〕88号	2003年4月18日
194	关于交通部直属海事系统工作人员统一着装有关事宜的通知	交海发〔2003〕124号	2003年4月18日
195	关于明确港口政企分开后货物港务费征收有关问题的通知	交水发〔2003〕125号	2003年4月18日
196	关于贯彻《收费公路车辆通行费车型分类》有关问题的通知	交公路发〔2003〕151号	2003年4月23日
197	关于印发《关于进一步加强交通基础设施建设领域廉政工作的意见的通知》	交监察发〔2003〕186号	2003年5月17日

续上表

序号	规范性文件名称	发布文号	发布日期
198	关于印发路政管理文书(格式)的通知	交公路发〔2003〕201号	2003年5月27日
199	关于印发《交通基础设施建设重点工程实施纪检监察人员派驻制度的暂行办法》的通知	交监察发〔2003〕209号	2003年5月30日
200	关于《国内安全管理规则》对第二批船舶生效的通知	交海发〔2003〕220号	2003年6月10日
201	关于加强公路数据库建设与管理工作的若干意见	交公路发〔2003〕228号	2003年6月11日
202	交通基础设施建设廉政合同考核暂行办法	交监察发〔2003〕231号	2003年6月11日
203	关于渤海海域船舶防污染设备配备问题的通知	交海发〔2003〕232号	2003年6月12日
204	关于进一步保障蔬菜运输绿色通道畅通的通知	交通部、公安部、国务院纠风办 交公路发〔2003〕315号	2003年7月28日
205	关于公布已取消和改变管理方式的交通部行政审批项目后续监管措施的通知	交体法发〔2003〕322号	2003年8月12日
206	中华人民共和国潜水员证书年审办法	交救发〔2003〕326号	2003年8月18日
207	关于发布海事行政处罚执法文书及有关事项的通知	交海发〔2003〕337号	2003年8月19日

续上表

序号	规范性文件名称	发布文号	发布日期
208	关于川江和三峡库区船舶运输准入管理的公告	交通部公告第14号	2003年8月26日
209	关于修改《中华人民共和国内河避碰规则(1991)》的决定	交海发〔2003〕357号	2003年9月2日
210	“黄金周”和“春运”期间水上客运热点地区运输情况报告制度	交水发〔2003〕369号	2003年9月11日
211	关于发布《海关公务船艇管理规定》的通知	交海发〔2003〕400号	2003年9月16日
212	关于三峡库区航行船舶安装雷达装置的通知	交海发〔2003〕406号	2003年9月25日
213	关于贯彻实施《港口危险货物管理规定》有关事项的通知	交水发〔2003〕541号	2003年12月5日
214	关于发布京杭运河船型标准化示范工程行动方案的公告	交通部、山东省、江苏省、浙江省、河南省、安徽省、上海市人民政府 交通部公告第17号	2003年12月5日
215	关于印发京杭运河船型标准化示范工程挂浆机船拆解改造政府补贴资金管理办法的通知	交通部、财政部 交水发〔2003〕552号	2003年12月8日
216	交通部救捞系统徽标旗帜使用管理暂行办法	交救发〔2003〕586号	2003年12月18日
217	关于制订乡镇渡口渡船检验规范若干事项的通知	交海发〔2003〕609号	2003年12月29日

续上表

序号	规范性文件名称	发布文号	发布日期
218	关于发布《研究开发内河标准船型指导意见》的通知	交水发〔2004〕7号	2004年1月9日
219	海事系统服装具管理办法（试行）	交海发〔2004〕15号	2004年1月13日
220	关于公布内河标准船型船舶技术管理指导意见的公告	交通部公告2004年第2号	2004年2月16日
221	京杭运河航行船舶检验管理暂行规定	交海发〔2004〕67号	2004年2月23日
222	公路安全保障工程实施方案	交公路发〔2004〕81号	2004年3月1日
223	关于进一步加强水上交通事故调查处理的通告	交海发〔2004〕133号	2004年3月18日
224	交通部办公厅、公安部办公厅关于统一治理超限度超载车辆认定标准避免重复处罚等有关问题的通知	交通部、公安部厅公路字〔2004〕128号	2004年3月31日
225	关于在公路建设中实行最严格的耕地保护制度的若干意见	交公路发〔2004〕164号	2004年4月6日
226	关于在全国开展车辆超限超载治理工作的实施方案	交通部、公安部、发改委、质检总局、安监局、工商总局、法制办 交公路发〔2004〕219号	2004年4月30日

续上表

序号	规范性文件名称	发布文号	发布日期
227	关于发布港口设施保安演练演习指导意见的通知	交水发〔2004〕221号	2004年5月13日
228	公路水运工程监理工程师执业资格考试管理暂行办法	交质监发〔2004〕125号	2004年5月14日
229	关于实施《港口经营管理规定》有关问题的通知	交水发〔2004〕235号	2004年5月18日
230	关于发布《沿海港口建设工程概算预算编制规定》及配套定额的通知	交水发〔2004〕247号	2004年5月24日
231	关于解决交通建设领域拖欠工程款问题的实施方案	交公路发〔2004〕261号	2004年5月28日
232	交通基础设施建设重点工程实施纪检监察人员派驻制度的暂行办法	交监察发〔2003〕209号	2004年5月30日
233	关于做好港口安全生产和安全管理的通知	交水发〔2004〕263号	2004年5月31日
234	关于明确原中央直属和双重领导港口体制改革后港口建设费延收管理有关问题的通知	交水发〔2004〕265号	2004年5月31日
235	关于对《关于禁止改建液货危险品船从事国内水路运输的公告》有关条文解释的函	交函水〔2004〕147号	2004年6月3日
236	关于建立反水上运输超载长效管理机制的实施意见	交海发〔2004〕291号	2004年6月3日

续上表

序号	规范性文件名称	发布文号	发布日期
237	关于做好《中华人民共和国道路运输条例》贯彻实施有关工作的通知	交体法发〔2004〕284号	2004年6月4日
238	农村公路建设资金使用监督管理办法	交财发〔2004〕285号	2004年6月4日
239	关于印发全国治理车辆超限超载信息管理工作制度和全国超限超载治理期间突发性事件处理办法的通知	全国治超〔2004〕1号	2004年6月8日
240	关于加强台湾海峡两岸集装箱班轮运输管理的公告	交通部公告2004年9号	2004年6月8日
241	全国开展车辆超限超载治理工作期间道路运输保障应急预案	交公路发〔2004〕308号	2004年6月10日
242	关于在公路建设中严格控制工期确保工程质量的通知	交公路发〔2004〕309号	2004年6月11日
243	关于做好"大吨小标"车型清理工作有关事项的通知	交公路发〔2004〕18号	2004年6月15日
244	关于车辆超限超载治理工作中规范收费罚款等有关问题的通知	交公路发〔2004〕334号	2004年6月23日
245	农村公路建设质量管理办法(试行)	交质监发〔2004〕370号	2004年7月9日
246	关于对挂靠海峡两岸港口的船舶签发进出港许可证的通知	交海发〔2004〕371号	2004年7月12日

续上表

序号	规范性文件名称	发布文号	发布日期
247	关于印发《交通部部属单位试行会计委派制度管理办法》的通知	交才发〔2004〕394 号	2004 年 7 月 20 日
248	将于进一步加强车辆超限超载集中治理工作的通知	交公路发〔2004〕455 号	2004 年 8 月 20 日
249	关于印发《港口安全评价管理办法》的通知	国家安全生产监督管理局 交人劳发〔2004〕462 号	2004 年 8 月 20 日
250	关于公布第二批已取消和改变管理方式的交通部行政审批项目后续监管措施的通知	交体法发〔2004〕471 号	2004 年 8 月 27 日
251	关于进一步加强全国水上客运治安工作的指导意见	交公安发〔2004〕487 号	2004 年 9 月 7 日
252	关于委托交通部长江航务管理局代部实施相关行政许可的通知	交水发〔2004〕524 号	2004 年 9 月 8 日
253	关于规范进口二手工程船舶有关事宜的公告	交通部公告 2004 年第 27 号	2004 年 9 月 15 日
254	公路建设项目工程决算编制办法	交公路发〔2004〕507 号	2004 年 9 月 16 日
255	关于发布交通部公路统计报表制度的通知	交公路发〔2004〕582 号	2004 年 10 月 18 日
256	关于公布川江及三峡库区航行船舶检验管理暂行规定的通知	交海发〔2004〕597 号	2004 年 10 月 30 日

续上表

序号	规范性文件名称	发布文号	发布日期
257	关于进一步落实引航机构安全管理责任的通知	交海发〔2004〕613号	2004年11月10日
258	关于降低车辆通行费收费标准的意见	交公路发〔2004〕622号	2004年11月11日
259	关于公布交通部经国务院批准取消和调整以及依法继续实施的行政许可项目的通知	交体法发〔2004〕633号	2004年11月12日
260	关于贯彻国务院办公厅关于进一步规范招投标活动的若干意见的通知	交公路发〔2004〕688号	2004年11月22日
261	关于发布《川江及三峡库区运输船舶标准船型主尺度系列》及有关规定的公告	交通部公告2004年第30号	2004年11月22日
262	关于明确原中央直属和双重领导港口体制改革后港口建设费延收管理有关问题的补充通知	交水发〔2004〕702号	2004年12月2日
263	关于促进国际集装箱内支线运输发展的若干意见	交水发〔2004〕729号	2004年12月9日
264	三峡库区水域船舶垃圾接收和转运管理规定	交海发〔2004〕765号	2004年12月22日
265	《外商投资道路运输业管理规定》补充规定二	交通部、商务部公告2004年第35号	2004年12月28日

续上表

序号	规范性文件名称	发布文号	发布日期
266	关于在黄骅等对外开放港口开征港口建设费的通知	交水发〔2005〕11号	2005年1月5日
267	关于落实农村客运站点项目计划加快农村客运站点建设的通知	交公路发〔2005〕4号	2005年1月6日
268	全国高效率鲜活农产品流通“绿色通道”建设实施方案	交通部、公安部、农业部、商务部、发改委、财政部、国务院纠风办 交公路发〔2005〕20号	2005年1月13日
269	关于明确对外建立友好港是港口行政管理职责的通知	交水发〔2005〕26号	2005年1月21日
270	公路水路交通科技发展战略	交科教发〔2005〕29号	2005年1月21日
271	关于发布《〈港口设施保安符合证书〉年度核检办法》的通知	交水发〔2005〕102号	2005年3月16日
272	交通行业树立和落实科学发展观指导意见	交规划发〔2005〕131号	2005年3月30日
273	关于印发建立水上交通安全长效管理机制指导意见的通知	交海发〔2005〕137号	2005年4月6日
274	关于川江滚装船跳板改造要求的补充通知	交海发〔2005〕154号	2005年4月13日
275	关于发布货运汽车及汽车列车推荐车型工作规则的通知	交公路发〔2005〕170号	2005年4月22日

续上表

序号	规范性文件名称	发布文号	发布日期
276	关于做好商品车运输专用车辆管理工作的紧急通知	〔2005〕交公路发四字9号	2005年4月30日
277	关于购车税(费)资金投资形成的国有资产委托地方管理的通知	交财发〔2005〕182号	2005年5月9日
278	关于开展内外贸同船运输以及中国籍国际航行船舶承运转关运输货物试点工作有关备案事项的通知	交水发〔2005〕196号	2005年5月18日
279	关于调整京杭运河船型标准化示范工程标准船型有关政策并公布京杭运输船舶标准型主尺度系列的公告	交通部公告2005年第7号	2005年5月21日
280	关于完善公路基本建设工程概算预算编制办法有关内容的通知	交公路发〔2005〕230号	2005年6月6日
281	关于调整港口内贸收费规定和标准的通知	交通部、发改委交水发〔2005〕234号	2005年6月7日
282	关于加强交通信访工作的指导意见	交办发〔2005〕265号	2005年6月2日
283	关于发布长江安徽段船舶定线制规定的通知	交海发〔2005〕243号	2005年6月8日
284	关于实施公路建设项目施工许可工作的通知	交公路发〔2005〕258号	2005年6月14日
285	关于加强国际船舶运输经营资格监管的通知	交水发〔2005〕295号	2005年7月1日

续上表

序号	规范性文件名称	发布文号	发布日期
286	关于印发交通行业重点实验管理办法的通知	交科教发〔2005〕317号	2005年7月14日
287	交通部安全监管局关于开展渡口船专项整治规范渡口渡船安全管理的意见	交海发〔2005〕324号	2005年7月22日
288	关于加强治超站点管理规范治超执法行为的通知	交公路发〔2005〕351号	2005年8月10日
289	中央车购税投资补助农村公路建设计划管理暂行办法	交规划发〔2005〕405号	2005年9月8日
290	关于开展全国鲜活农产品流通"绿色通道"示范通道建设工作的通知	交公路发〔2005〕407号	2005年9月8日
291	关于明确港口经营管理有关问题的通知	交水发〔2005〕416号	2005年9月12日
292	关于印发信访工作三个试行工作规则的通知	交办发〔2005〕424号	2005年9月16日
293	关于修改《长江江苏段船舶定线制规定》并重新发布的通知	交海发〔2005〕417号	2005年9月20日
294	关于印发公路水路交通中长期科技发展规划纲要（2006～2020年）的通知	交科教发〔2005〕439号	2005年9月21日
295	关于进一步加强山区公路建设生态保护和水土保持工作的指导意见	交公路发〔2005〕441号	2005年9月23日

续上表

序号	规范性文件名称	发布文号	发布日期
296	关于进一步加强琼州海峡交通安全监督管理工作的通知	交海发〔2005〕447号	2005年9月28日
297	关于实施《港口工程竣工验收办法》有关事项的通知	交水发〔2005〕470号	2005年10月14日
298	关于我国港口引航管理体制改革实施意见的通知	交水发〔2005〕483号	2005年10月24日
299	关于颁布实施《长江三峡库区船舶定线制规定(2005)》的通知	交海发〔2005〕486号	2005年10月24日
300	印发关于收费公路试行计重收费指导意见的通知	交公路发〔2005〕492号	2005年10月27日
301	关于进一步完善公路紧急报警设施设置的意见	交公路发〔2005〕495号	2005年10月28日
302	关于进一步加强川江及三峡库区载货汽车滚装运输市场管理的通知	交水发〔2005〕500号	2005年11月2日
303	关于防治高速公路沥青路面早期损坏的指导意见	交公路发〔2005〕523号	2005年11月9日
304	关于加强交通行业中央企业安全生产工作的通知	交海发〔2005〕528号	2005年11月14日
305	关于进一步加强引航安全管理的通知	交海发〔2005〕559号	2005年11月28日

续上表

序号	规范性文件名称	发布文号	发布日期
306	关于中华人民共和国船舶安全营运和防止污染管理规则对第三批船舶生效的通知	交海发〔2005〕635号	2005年12月14日
307	关于印发天生桥(万峰湖)库区水上交通安全管理办法(试行)的通知	交海发〔2005〕621号	2005年12月14日
308	关于加强交通信息资源开发利用的指导意见	交科教发〔2005〕648号	2005年12月23日
309	关于进一步加强公路水路危险化学品运输管理的通知	交通部、公安部、国家安监总局 交海发〔2006〕33号	2006年1月23日
310	关于做好治超检测站点规范化建设有关事项的通知	交公路发〔2006〕46号	2006年2月7日
311	全国内河船型标准化发展纲要	交水发〔2006〕56号	2006年2月14日
312	公路工程施工招标资格预审办法	交公路发〔2006〕57号	2006年2月16日
313	关于推进京杭运河船型标准化示范工程工作的通知	交水发〔2006〕61号	2006年2月17日
314	关于川江载货汽车滚装船单车承载能力有关问题的补充通知	交水发〔2006〕62号	2006年2月17日
315	关于加强港口码头靠泊能力核查管理工作的问题	交水发〔2006〕81号	2006年3月1日

续上表

序号	规范性文件名称	发布文号	发布日期
316	交通行业中央企业安全工作考核管理办法	交海发〔2006〕82号	2006年3月1日
317	关于切实加强水上交通安全工作的通知	安监总局 交安委明电〔2006〕3号	2006年3月16日
318	关于国内水路化学品运输管理有关问题的复函	厅函水〔2006〕57号	2006年4月4日
319	关于加强长江航道建设管理的通知	交水发〔2006〕139号	2006年4月5日
320	建设节约型交通指导意见	交规划发〔2006〕140号	2006年4月5日
321	关于加强港口引航体制改革期间引航安全的通知	交海发〔2006〕145号	2006年4月5日
322	关于收取港口设施保安费的通知	交通部、发改委交水发〔2006〕156号	2006年4月10日
323	关于进一步加强道路运输车辆改装管理工作的通知	交公路发〔2006〕158号	2006年4月13日
324	关于非贸易非经营性外汇财务管理暂行规定	交办发〔2006〕166号	2006年4月17日
325	行政事业性收费标准管理暂行办法	交财发〔2006〕169号	2006年4月19日
326	公路交通优秀勘察奖、优秀设计奖评选管理办法	交公路发〔2006〕178号	2006年4月21日

续上表

序号	规范性文件名称	发布文号	发布日期
327	公路交通优质工程奖评选办法	交公路发〔2006〕178号	2006年4月21日
328	关于实施老铁山水道船舶定线制和船舶报告制的公告	交通部2006年第10号公告	2006年4月28日
329	交通部水运工程优秀勘察奖和优秀设计奖评选办法	交通部通告2006年第2号	2006年5月9日
330	关于认真贯彻国家标准《道路运输危险货物车辆标志》的通知	交通部、公安部、安全监管总局、发改委 交公路发〔2006〕204号	2006年5月11日
331	交通部、国家税务总局关于密切配合加强车辆购置税征管工作的通知	交通部、国税总局 交财发〔2006〕216号	2006年5月15日
332	关于收取港口设施保安费有关事宜的通知	交水发〔2006〕238号	2006年5月31日
333	关于建立海(水)上搜救通信应急联动机制的通知	交通部、信息产业部 交搜救发〔2006〕262号	2006年6月7日
334	关于加强中小学生水上交通安全工作的通知	教育部、安监总局 交海发〔2006〕281号	2006年6月15日

续上表

序号	规范性文件名称	发布文号	发布日期
335	京杭运河通航管理办法(试行)	交海发〔2006〕292号	2006年6月20日
336	道路运输企业质量信誉考核办法(试行)	交公路发〔2006〕294号	2006年6月23日
337	京杭运河排堵保畅应急预案	交水发〔2006〕291号	2006年6月20日
338	交通部关于加强港口引航管理工作的若干意见	交水发〔2006〕293号	2006年6月20日
339	关于规范长江干线GPS船舶应用系统建设管理的指导意见	交科教发〔2005〕281号	2006年6月28日
340	水运工程评标专家和评标专家库管理办法	交水发〔2006〕333号	2006年7月6日
341	交通部贯彻落实《国务院关于进一步加强消防工作的意见》的通知	交公安发〔2006〕339号	2006年7月7日
342	关于加强暑期渤海海域港口船舶污染防治工作的通知	交海发〔2006〕362号	2006年7月16日
343	关于进一步完善“五纵二横”鲜活农产品流通绿色通道网络实现省际互通的通知	交公路发〔2006〕373号	2006年7月17日
344	建设创新型交通行业指导意见	交科教发〔2006〕363号	2006年7月18日
345	关于进一步做好农村公路管理养护体制改革的通知	交通部、发改委、财政部　交公路发〔2006〕400号	2006年7月28日

续上表

序号	规范性文件名称	发布文号	发布日期
346	关于贯彻实施《老旧运输船舶管理规定》有关工作的通知	交水发〔2006〕436号	2006年8月22日
347	关于落实两坝间川江滚装船检验要求的通知	交海发〔2006〕445号	2006年8月23日
348	公路交通出行信息服务工作规定(试行)	交公路发〔2006〕451号	2006年8月29日
349	交通部公路交通阻断信息报送制度(试行)	交公路发〔2006〕451号	2006年8月29日
350	关于构建交通行业职业资格管理网络的通知	交人劳发〔2006〕408号	2006年9月8日
351	关于加强川江滚装码头车辆装载安全管理的通知	交水发〔2006〕498号	2006年9月12日
352	关于加强重点时段水上交通安全监管工作的通知	交海发〔2006〕499号	2006年9月12日
353	关于治理交通建设领域工程转包和违法分包的通知	交监察发〔2006〕506号	2006年9月19日
354	交通部关于全面加强交通应急管理工作的指导意见	交搜救发〔2006〕512号	2006年9月20日
355	关于印发《交通行业职业技能鉴定实施方案》等文件的通知	交人劳发〔2006〕458号	2006年10月10日
356	关于加强和规范公路水路交通运输行业卫星定位应用系统建设的指导意见	交科教发〔2006〕617号	2006年11月2日

续上表

序号	规范性文件名称	发布文号	发布日期
357	关于进一步规范收费公路管理工作的通知	交公路发〔2006〕654号	2006年11月28日
358	关于建立公路建设市场信用体系的指导意见	交公路发〔2006〕683号	2006年12月5日
359	关于印发《关于集中清理违规减免特权车人情车车辆通行费的实施方案》的通知	交公路发〔2006〕691号	2006年12月8日
360	关于京杭运河船型标准化示范工程全线禁航挂浆机船的公告	交通部公告2006年第44号	2006年12月14日
361	非航海工科毕业生海员培训管理规定	交海发〔2006〕636号	2006年12月27日
362	关于认真贯彻实施《道路运输从业人员管理规定》的通知	交公路发〔2006〕765号	2006年12月31日
363	关于加强农村公路建设廉政工作的意见	交监察发〔2006〕10号	2007年1月11日
364	水运工程建设标准管理办法	交水发〔2007〕51号	2007年2月13日
365	关于进一步加强化工产品运输安全的通知	交海发〔2007〕56号	2007年2月14日
366	关于全面推进依法行政预防和化解交通行政争议的意见	交体法发〔2007〕79号	2007年2月27日
367	关于国内沿海跨省运输油船化学品船运力调控政策的公告	交通部公告2007年第9号	2007年3月1日

续上表

序号	规范性文件名称	发布文号	发布日期
368	交通部关于开展黑龙江省内贸货物经俄罗斯港口运至我国东南沿海港口试点工作的公告	交通部公告2007年第11号	2007年3月14日
369	关于推行交通行政执法责任制的实施意见	交体法发〔2007〕141号	2007年3月31日
370	关于在公路水运工程建设监理中增加施工安全监理和施工环保监理内容的通知	交质监发〔2008〕158号	2007年4月9日
371	沿海海域船舶排污设备铅封管理规定	交海发〔2007〕165号	2007年4月10日
372	海上移动通信业务标识管理办法实施细则	交无委发〔2007〕654号	2007年4月10日
373	关于加强我国港口引航管理的通知	交水发〔2007〕174号	2007年4月13日
374	交通文化建设示范单位管理办法	交体法发〔2007〕222号	2007年4月30日
375	关于进一步加强道路运输行车事故报告和和统计工作的通知	交公路发〔2007〕264号	2007年5月31日
376	公路桥梁养护管理工作制度	交公路发〔2007〕336号	2007年6月29日
377	公路工程基本建设项目设计文件编制办法	交公路发〔2007〕358号	2007年7月3日
378	公路运输枢纽总体规划编制办法	交规划发〔2007〕365号	2007年7月9日

续上表

序号	规范性文件名称	发布文号	发布日期
379	关于做好长江珠江水系跨省运输液货危险品船运力调控工作的通知	交水发〔2007〕394 号	2007 年 7 月 17 日
380	关于开展国家高速高路网路线命名和编号调整工作的通知	交公路发〔2007〕385 号	2007 年 7 月 18 日
381	交通建设项目档案管理登记办法	交办发〔2007〕436 号	2007 年 8 月 21 日
382	交通建设项目档案专项验收办法	交办发〔2007〕436 号	2007 年 8 月 21 日
383	关于暂停执行《福建省内河小型船舶检验暂行规定》的通知	交海发〔2007〕439 号	2007 年 8 月 22 日
384	交通部行政事业单位政府采购管理办法	交财发〔2007〕474 号	2007 年 8 月 30 日
385	关于印发建立健全查处公路三乱快速反应机制意见的通知	交纠办字〔2007〕1 号	2007 年 9 月 10 日
386	关于进一步加强交通基础设施领域社会资金财务管理的指导意见	交财发〔2007〕502 号	2007 年 9 月 17 日
387	关于进一步加强民族地区交通工作的若干意见	交规划发〔2007〕560 号	2007 年 10 月 16 日
388	关于印发全国车辆超限超载长效治理实施意见的通知	交通部、公安部、发改委、中宣部、工商总局、质检总局、安监总局、法制办、纠风办 交公路发〔2007〕596 号	2007 年 10 月 18 日

续上表

序号	规范性文件名称	发布文号	发布日期
389	关于进一步加强公路工程施工许可管理工作的通知	交公路发〔2007〕565号	2007年10月19日
390	理货人员从业资格管理办法	交水发〔2007〕575号	2007年10月25日
391	理货人员从业资格考试实施办法	交水发〔2007〕575号	2007年10月25日
392	理货人员从业资格考核认定办法	交水发〔2007〕575号	2007年10月25日
393	关于促进道路运输业又好又快发展的若干意见	交公路发〔2007〕610号	2007年11月1日
394	交通行业新闻宣传工作管理办法(试行)	交体法发〔2007〕682号	2007年11月16日
395	公路运输站场投资项目可行性研究报告编制办法(试行)	交规划发〔2007〕681号	2007年11月23日
396	内河水运工程建设项目管理绩效考核办法(试行)	交水发〔2007〕711号	2007年12月5日
397	交通部社会团体管理办法	交人劳发〔2007〕714号	2007年12月7日
398	关于加强大风天气下黄海北部及渤海海域部分散杂货船舶安全管理的通知	交海发〔2007〕726号	2007年12月13日
399	关于推进交通产品认证工作的意见	交体法发〔2007〕738号	2007年12月20日

续上表

序号	规范性文件名称	发布文号	发布日期
400	关于公布全国主要港口引航员登轮点的公告	交海发〔2007〕46号	2007年12月24日
401	交通部关于加快发展现代交通业的若干意见	交科教发〔2007〕761号	2007年12月29日
402	关于加强公路工程标准规范工作的若干意见	交公路发〔2008〕6号	2008年1月2日
403	汽车客运站安全生产规范	交公路发〔2008〕2号	2008年1月3日
404	交通行业职业技能竞赛管理办法	交职评发〔2008〕13号	2008年1月4日
405	机动车检测维修专业技术人员职业水平证书登记管理办法	交职评发〔2008〕12号	2008年1月7日
406	关于进一步加强公路工程施工招标评标管理工作的通知	交公路发〔2008〕261号	2008年1月18日
407	关于实施加快船员队伍发展十大措施的通知	交海发〔2008〕141号	2008年3月27日
408	关于规范国内船舶融资租赁管理的通知	交通运输部厅水字〔2008〕1号	2008年3月28日
409	中华人民共和国交通运输部施行《政府信息公开条例》办法	交办发〔2008〕13号	2008年4月8日
410	关于印发《中华人民共和国船舶检验机构资质认可与管理规则(2008年修订)》的通知	交海发〔2008〕50号	2008年4月24日

续上表

序号	规范性文件名称	发布文号	发布日期
411	农村公路养护管理暂行办法	交公路发〔2008〕43号	2008年4月24日
412	公路水运工程质量安全督查办法	交质监发〔2008〕52号	2008年4月28日
413	关于加强航运枢纽建设和运行管理的意见	交水发〔2008〕82号	2008年5月15日
414	公路水路交通结构调整指导意见	交规划发〔2008〕86号	2008年5月22日
415	关于严格落实公路工程质量责任制的若干意见	交公路发〔2008〕116号	2008年6月4日
416	关于贯彻实施《国内水路运输经营资质管理规定》有关工作的通知	交水发〔2008〕141号	2008年6月23日
417	交通财会十百千万人才工程实施方案	交财发〔2008〕175号	2008年7月21日
418	关于暂缓执行增设驾驶员助理和轮机员助理要求的通知	交海发〔2008〕191号	2008年7月23日
419	关于发布《中华人民共和国国内船舶保安规则(试行)》的通知	交海发〔2008〕249号	2008年8月14日
420	关于公布《公路水运工程试验检测机构等级标准》及《公路水运试验检测机构等级评定程序》的通知	交质监发〔2008〕274号	2008年8月21日
421	关于换发水路运输许可证有关事项的通知	厅水字〔2008〕91号	2008年8月25日
422	道路运输驾驶员诚信考核办法(试行)	交公路发〔2008〕280号	2008年8月29日

续上表

序号	规范性文件名称	发布文号	发布日期
423	关于加强涉水工程水上交通安全管理工作的通知	交海发〔2008〕308号	2008年9月5日
424	关于印发船舶检验机构及验船人员工作过错追究办法(2008年修订)的通知	交海发〔2008〕312号	2008年9月12日
425	关于加强收费公路权益转让管理有关问题的通知	交财发〔2008〕315号	2008年9月18日
426	公路水路交通节能中长期规划纲要	交规划发〔2008〕331号	2008年9月23日
427	关于交通运输行业深入开展节能减排工作的意见	交体法发〔2008〕333号	2008年9月28日
428	关于进一步加强长江中上游大型非标准船舶管理的通知	交水发〔2008〕341号	2008年9月28日
429	交通运输公共企事业单位信息公开指导意见	交办发〔2008〕350号	2008年10月8日
430	关于印发收费公路统计报表制度的通知	交公路发〔2008〕358号	2008年
431	关于港口老港区改造工作的意见	交规划发〔2008〕413号	2008年10月24日
432	交通行政复议责任追究管理办法	交体法发〔2008〕423号	2008年11月3日
433	交通行政复议人员资格管理办法	交体法发〔2008〕423号	2008年11月3日
434	道路运输行业行车事故统计报表制度	交公路发〔2008〕444号	2008年11月7日
435	道路运输统计报表制度	交公路发〔2008〕445号	2008年11月7日

续上表

序号	规范性文件名称	发布文号	发布日期
436	关于进一步提高公路基础设施防震抗震能力的若干意见	交公路发〔2008〕446号	2008年11月7日
437	关于印发国内航运统计报表制度的通知	交通运输部厅水字〔2008〕145号	2008年11月21日
438	关于国内水路运输经营资质有关情况动态报备工作的通知	交通运输部厅水字〔2008〕146号	2008年11月28日
439	关于台湾海峡两岸海上直航实施事项的公告	交通运输部公告2008年第38号	2008年12月12日
440	水运工程建设市场信用信息管理办法(试行)	交水发〔2008〕510号	2008年12月13日
441	水运工程建设市场主要责任主体不良行为记录认定标准(试行)	交水发〔2008〕511号	2008年12月13日
442	关于加强收费公路权益转让工作廉政建设的意见	交监察发〔2008〕552号	2008年12月25日
443	公路水运工程监理信用评价方法	交质监发〔2009〕第5号	2009年1月7日
444	关于发布《水路交通突发事件应急预案》的通知	交水发〔2009〕3号	2009年1月5日
445	《外商投资道路运输业管理规定》补充规定三	交通运输部公告2009年第8号	2009年1月9日
446	关于发布港口设施保安评估报告评审和保安计划审查工作办法的通知	交水发〔2009〕29号	2009年1月22日

续上表

序号	规范性文件名称	发布文号	发布日期
447	关于规范和严格控制政府还贷二级公路取消收费后改建为一级公路的通知	交公路发〔2009〕34号	2009年1月24日
448	关于加强高速公路服务设施建设管理工作的指导意见	交公路发〔2009〕31号	2009年2月6日
449	关于印发长江干线航道整治工程动态管理办法(试行)的通知	交水发〔2009〕76号	2009年2月20日
450	关于建立公路水运工程建设安全监管长效机制的若干意见	交质监发〔2009〕78号	2009年2月24日
451	交通运输部关于印发资源节约型环境友好性公路水路交通发展政策的通知	交科教发〔2009〕80号	2009年2月26日
452	关于印发交通运输行业突发公共事件新闻宣传应急预案的通知	交体法发〔2009〕92号	2009年2月27日
453	关于贯彻实施经修正的《国内船舶管理也规定》的通知	交水发〔2009〕102号	2009年3月4日
454	关于对海事院校教学实习船港口费给予优惠的通知	交水发〔2009〕119号	2009年3月12日
455	关于进一步加强公路工程施工招标资格审查工作的通知	交公路发〔2009〕123号	2009年3月23日
456	关于中华人民共和国船舶安全营运和防止污染管理规则对中俄黑龙江界河运部分船舶生效的通知	交海发〔2009〕154号	2009年3月26日

续上表

序号	规范性文件名称	发布文号	发布日期
457	关于农药运输的通知	交水发〔2009〕162号	2009年3月27日
458	关于延续港口设施保安费政策的通知	交水发〔2009〕167号	2009年4月13日
459	关于印发交通基础设施建设领域领导干部八项规定的通知	交监察发〔2009〕212号	2009年5月7日
460	关于印发《关于进一步促进公路水路交通运输业平稳较快发展的指导意见》的通知	交政法发〔2009〕220号	2009年5月11日
461	关于发布公路工程标准施工招标资格预审文件和公路工程标准施工招标文件2009年版的通知	交公路发〔2009〕221号	2009年5月11日
462	水运建设项目文件材料立卷归档管理办法	交办发〔2009〕225号	2009年5月11日
463	关于印发《公路交通突发事件应急预案》的通知	交公路发〔2009〕226号	2009年5月12日
464	关于发布交通运输部水运工程质量评选的通告	交通运输部通告2009年第2号	2009年5月25日
465	印发关于规范部机关工作人员在项目评审等活动中收取有关报酬行为暂行规定的通知	交监察发〔2009〕246号	2009年5月25日
466	关于印发《汽车运价规则》和《道路运输价格管理》的通知	交运发〔2009〕275号	2009年6月8日

续上表

序号	规范性文件名称	发布文号	发布日期
467	关于延长中资国际航运船舶特案免税登记政策的公告	交通运输部公告 2009年第19号	2009年6月10日
468	关于国际集装箱班轮运价备案实施办法的公告	交通运输部公告 2009年第20号	2009年6月10日
469	关于加强非水网地区水上搜救工作的指导意见	交搜救发〔2009〕306号	2009年6月18日
470	关于促进两岸海上直航政策措施的公告	交通运输部公告 2009年第21号	2009年6月19日
471	公路水运工程试验检测信用评价办法(试行)	交质监发〔2009〕318号	2009年6月25日
472	关于加强交通运输职业资格工作的指导意见	交评价发〔2009〕365号	2009年7月13日
473	关于发布推进长江干线船型标准化实施方案的公告	交通运输部公告 2009年第24号	2009年7月20日
474	关于发布交通运输部公路工程施工评标专家库专家名单的通知	交公路发〔2009〕402号	2009年8月3日
475	关于上海世博会船舶配备保安设施的公告	交通运输部公告 2009年第33号	2009年8月12日
476	关于进一步加强和规范治理车辆非法超限运输工作的通知	交公路发〔2009〕527号	2009年9月27日

续上表

序号	规范性文件名称	发布文号	发布日期
477	关于国内航运企业购买弃船投入国内营运管理的公告	交通运输部公告2009年第41号	2009年10月15日
478	关于外国籍邮轮在华特许开展多点挂靠业务的公告	交通运输部公告2009年第44号	2009年10月26日
479	关于发布《中俄国境河流航行规则》的公告	交通运输部公告2009年第47号	2009年11月6日
480	关于印发水运建设项目经济评价方法与参数的通知	交规划发〔2009〕700号	2009年11月19日
481	关于印发港口和航道建设项目预可行性研究报告和工程可行性研究报告编制办法的通知	交规划发〔2009〕712号	2009年11月19日
482	关于发布水路煤炭运输保障应急预案的通知	交水发〔2009〕711号	2009年11月23日
483	关于印发全国公路网管理与应急处置平台建设指导意见的通知	交公路发〔2009〕713号	2009年11月27日
484	公路建设市场信用信息管理办法	交公路发〔2009〕731号	2009年11月27日
485	关于进一步加强潜水打捞行业管理有关事宜的通知	交搜救发〔2009〕735号	2009年11月30日
486	关于发布提前淘汰国内航行单壳油轮实施方案的公告	交通运输部2009年第52号	2009年12月7日

续上表

序号	规范性文件名称	发布文号	发布日期
487	关于印发公路水运工程施工企业安全生产管理人员考核管理办法的通知	交质监发〔2009〕757号	2009年12月9日
488	关于转发财政部中央垂直管理系统行政单位国有资产管理暂行实施办法的通知	交财发〔2009〕758号	2009年
489	关于进一步完善和落实鲜活农产品运输绿色通道政策的通知	交公路发〔2009〕784号	2009年12月22日
490	关于印发修订后的交通基本建设资金监督管理办法的通知	交财发〔2009〕782号	2009年12月24日
491	公路施工企业信用评价规则	交公路发〔2009〕733号	2009年12月27日
492	关于公布进一步促进海峡两岸海上直航政策措施的公告	交通运输部公告2009年第54号	2009年12月29日
493	关于印发长江三峡库区滚装码头安全管理办法(试行)的通知	交水发〔2009〕801号	2009年12月30日
494	专用求助船舶调度指挥管理办法	交救发〔2010〕17号	2010年1月6日
495	专用打捞船舶调度指挥管理办法	交救发〔2010〕18号	2010年1月6日
496	关于印发公路工程竣交工验收办法实施细则的通知	交公路发〔2010〕65号	2010年1月27日

续上表

序号	规范性文件名称	发布文号	发布日期
497	关于做好《港口经营管理规定》实施工作的通知	交水发〔2010〕40号	2010年1月13号
498	关于发布川江及三峡库区运输船舶标准船型主尺度系列(2010年修订版)的公告	交通运输部公告2010年第3号	2010年1月11号
499	全国交通运输行业精神文明建设表彰规定	交政法发〔2010〕97号	2010年2月11日
500	关于印发交通运输部事业单位国有资产管理暂行办法的通知	交通运输部 交财发〔2010〕123号	2010年3月8日
501	财政部、交通运输部关于印发《长江干线船型标准化补贴资金管理办法》的通知	财建〔2010〕46号	2010年3月10日
502	关于加强引航机构管理的通知	交水发〔2010〕145号	2010年3月17日
503	关于加强国内沿海化学品液化气运输市场调控的公告	交通运输部公告2010年第14号	2010年5月18日
504	关于印发水运工程工法管理办法(试行)的通知	交水发〔2010〕245号	2010年5月24日
505	关于印发促进老旧运输船舶和单壳油轮报废更新实施方案的通知	交水发〔2010〕273号	2010年6月5日
506	关于暂停批准新的经营者从事船舶管理业的公告	交通运输部公告2010年第27号	2010年6月12日
507	《关于印发交通运输部科技项目管理办法的通知》	交科技发〔2010〕334号	2010年7月15日

废止的规范性文件目录

序号	规范性文件名称	发布文号	发布日期
1	交通部关于印发《交通部科学技术进步奖励办法》和申报奖励工作的通知	(86)交科技字691号	1986年9月25日
2	交通部关于发布《交通科技发展基金管理办法(试行)》和《交通科技发展重大科研项目招标办法(试行)》的通知	(86)交科技字917号	1986年11月29日
3	关于引航员考试晋级问题的通知	交水监字〔1987〕4号	1987年1月6日
4	交通部关于颁发《兴办集体企业有关财务问题的补充规定》的通知	(87)交财字51号	1987年1月20日
5	交通部关于颁发《交通系统有线通信收费标准(修订)》的通知	(87)交财字71号	1987年2月4日
6	中华人民共和国海船船员考试发证规则	(87)交水监字15号	1987年2月14日
7	交通部关于印发《交通部推行和完善公路养护经济责任制的若干意见》的通知	(87)交公路字679号	1987年9月19日
8	交通部、劳动人事部关于印发《交通行业实行技师聘任制的实施意见》的通知	(88)交劳字152号	1988年3月7日
9	交通部印发《关于加强公路运输企业安全工作的意见》的通知	(88)交公路字289号	1988年4月28日

续上表

序号	规范性文件名	发布文号	发布日期
10	交通部关于印发《交通部关于加强公路绿化工作的若干意见》的通知	(88)交公路字322号	1988年5月11日
11	关于严格遵守无线电话通信规定的通知	交无委、海洋无字〔1988〕220号	1988年8月27日
12	交通部关于颁发《交通工业产品的企业标准水平认定暂行办法》的通知	(88)交科技字592号	1988年10月5日
13	关于加强对老龄船舶监督检验的通知	交船检字〔1989〕11号	1989年1月16日
14	关于《中华人民共和国内河交通安全管理条例》第三十三条中有关问题解释的通知	交函安监字〔1989〕234号	1989年4月26日
15	交通部关于对外资、中外合资、中外合作汽车维修企业和汽车综合性能检测站(中心)实施行业管理的函	(90)交函运字245号	1990年5月1日
16	交通部关于印发《国际船舶代理费费收项目与费率》的通知	(90)交财字324号	1990年6月1日
17	交通部关于加强交通工程质量监督工作的通知	(90)交工字469号	1990年8月28日
18	交通部关于中苏边境口岸出入境运输管理有关问题的通知	(91)交运字27号	1991年1月16日
19	交通部关于印发《交通物资计划与供应业务分工细则》的通知	(91)交计字24号	1991年1月15日

续上表

序号	规范性文件名称	发布文号	发布日期
20	交通部关于提高外籍旅客乘船票价的通知	(91)交运字133号	1991年2月22日
21	交通部关于调整外贸船舶和货物港口费收标准的通知	(91)交运字175号	1991年3月5日
22	交通部关于不得随意改变承托运人商定的运价的通知	(91)交运字285号	1991年4月22日
23	交通部关于调整上海港国际集装箱多式联运费率的通知	(91)交运字334号	1991年5月17日
24	交通部、财政部关于同意外援汽车免征车辆购置附加费的函	(91)交财字418号	1991年6月11日
25	交通部关于改进和调整部分水运工程设计收费标准的通知	(91)交函工字521号	1991年7月17日
26	交通部关于调整水运工程若干定额费用的通知	(91)交工字527号	1991年7月29日
27	关于《内河交通安全管理条例》第三十条、第三十二条的复函	(91)交函政法字〔1991〕647号	1991年9月4日
28	交通部关于长江港口新码头货物装卸费率的通知	(91)交运字628号	1991年9月5日
29	交通部关于确定沿海港口新码头货物装卸费率的通知	(91)交运字634号	1991年9月5日
30	交通部关于改进和调整部分公路工程勘察设计收费标准的通知	(91)交工字654号	1991年9月23日

续上表

序号	规范性文件名称	发布文号	发布日期
31	交通部关于外贸出口水泥装卸车、船收费问题的通知	（91）交运字705号	1991年10月10日
32	关于发布《公路养路费征收管理规定》的联合通知	交通部、国家计委、财政部、国家物价局 交工字〔1991〕714号	1991年10月15日
33	交通部关于调整长江下游货物运价的通知	（91）交运字841号	1991年12月7日
34	交通档案管理办法	交通部、国家档案局 交办发〔1992〕89号	1992年1月9日
35	公路、水运工程监理工程师注册办法	交工发〔1992〕66号	1991年1月25日
36	关于航行国际航线船舶代理费收试行优惠的通知	交财发〔1992〕421号	1992年4月1日
37	交通类专业教材编审、出版管理办法	交函教发〔1992〕272号	1992年5月4日
38	关于调整长江江阴东段水域控制外轮靠泊范围的通知	交安监发〔1992〕502号	1992年6月27日
39	关于国有资产评估工作有关问题的通知	交财发〔1992〕516号	1992年7月3日
40	交通科技情报工作管理规定	交科教发〔1992〕548号	1992年7月7日
41	关于修订外贸进出口货物装卸费率的通知	交运发〔1992〕560号	1992年7月14日

续上表

序号	规范性文件名称	发布文号	发布日期
42	关于客货班轮快件货物运价和港口装卸费计收问题的通知	交运发〔1992〕561号	1992年7月14日
43	关于公布我国港口国际过境集装箱中转包干费的通知	交运发〔1992〕743号	1992年8月19日
44	关于加强滚装船运输安全管理的通知	交安公发〔1992〕894号	1992年10月19日
45	交通部科学技术进步奖励办法补充规定	交科教发〔1992〕901号	1992年10月12日
46	中华人民共和国验船师考试、考核任职规则	交船检发〔1992〕986号	1992年11月2日
47	关于切实做好国有资产评估工作的通知	交财发〔1993〕41号	1993年1月20日
48	关于启用《中华人民共和国道路运输检查证》的通知	交运发〔1993〕71号	1993年2月3日
49	关于认真贯彻执行《全民所有制工业企业转换经营机制条例》的意见	交体法发〔1993〕111号	1993年2月13日
50	关于执行外贸港口非洲规则的补充规定的通知	交运发〔1993〕281号	1993年3月19日
51	关于补充修订《直属水运企业货物运价里程表》的通知	交运发〔1993〕759号	1993年8月4日
52	关于治理公路“三乱”保障运输畅通的通知	交函政法〔1993〕902号	1993年8月31日

续上表

序号	规范性文件名称	发布文号	发布日期
53	关于调整船员、潜水员、航标人员伙食津贴标准的通知	交人劳发〔1993〕1017 号	1993 年 11 月 3 日
54	关于禁止水路、道路客运站点代办旅客保险业务的通知	交运发〔1993〕1162 号	1993 年 11 月 9 日
55	关于部属企业试行社会审计查证有关问题的通知	交财发〔1994〕66 号	1994 年 1 月 15 日
56	关于认真做好产权变动中资产评估管理工作的通知	交财发〔1994〕74 号	1994 年 1 月 19 日
57	关于贯彻《国务院关于职工工作时间的规定》的通知	交人劳发〔1994〕170 号	1994 年 2 月 18 日
58	交通部 800MHz 集群系统频率的申请、核配合使用的规定	交函无委〔1994〕226 号	1994 年 4 月 15 日
59	航行国际航线船舶代理费收项目和标准	交财发〔1994〕396 号	1994 年 4 月 23 日
60	关于加强企业产权交易管理的紧急通知	交财发〔1994〕444 号	1994 年 5 月 12 日
61	关于加强公路设施产权交易管理的紧急通知	交财发〔1994〕539 号	1994 年 6 月 7 日
62	关于转让公路经营权有关问题的通知	交财发〔1994〕710 号	1994 年 7 月 20 日
63	关于加强国际航行船舶进出我国非开放港口、水域管理的通知	交安监发〔1994〕939 号	1994 年 10 月 16 日

续上表

序号	规范性文件名称	发布文号	发布日期
64	关于外派劳务船员培训和《海员证》管理问题的函	交函安监〔1994〕556号	1994年11月15日
65	交通部直属企业职工养老保险费用统筹实施细则(试行)	交人劳发〔1994〕1164号	1994年12月6日
66	国家干线公路文明建设样板路实施标准	交公路发〔1995〕243号	1995年3月27日
67	关于严格执行道路运输监督检查有关规定的通知	交公路发〔1995〕440号	1995年5月16日
68	关于《长江下游分道航行规则》(送审稿)的批复	交安监发〔1995〕516号	1995年7月11日
69	关于确保大中城市蔬菜运输"绿色通道"畅通的通知	交体法发〔1995〕834号	1995年9月12日
70	公路养路审计工作规范	交通部、财政部交审计发〔1995〕975号	1995年10月18日
71	交通部部属企业职工工作时间实施办法	交人劳发〔1995〕1030号	1995年11月3日
72	关于制止向农民乱集资修建公路的通知	交公路发〔1996〕171号	1996年2月13日
73	关于向外商独资船务公司颁发、换领经营许可证及管理工作的通知	交水发〔1996〕225号	1996年3月15日
74	关于加强交通科技信息网络国际联网管理的通知	交科发〔1996〕363号	1996年4月23日

续上表

序号	规范性文件名称	发布文号	发布日期
75	交通部软科学研究计划管理办法	交科发〔1996〕451号	1996年5月20日
76	关于全面清理承运进口废纸和其他废旧物品的紧急通知	交水发〔1996〕452号	1996年5月22日
77	关于进一步做好驾驶员培训行业管理工作的通知	交公路发〔1996〕477号	1996年5月28日
78	关于进一步加强我国水运市场管理的通知	交水发〔1996〕575号	1996年6月12日
79	青岛水上安全监督管理规定	交安监发〔1996〕830号	1996年9月25日
80	关于公路股份有限公司国有股权管理有关规定的通知	交通部、国家国有资产管理局以交财发〔1996〕866号文联合发布	1996年10月7日
81	《交通部部属企业职工工作时间实施办法》的补充规定	交人劳发〔1996〕1015号	1996年11月22日
82	关于在全国交通企业加快推行集体协商和集团合同制度的意见	交通部、中国海员工会全国委员会、中国公路运输工会全国委员会交体法发〔1996〕1018号	1996年11月22日
83	关于深化改革加强管理搞好公有制大型汽车运输企业的若干意见	交公路发〔1997〕22号	1997年1月8日

续上表

序号	规范性文件名称	发布文号	发布日期
84	关于加强内支线集装箱班轮运输和国际班轮和运输管理的通知	交水发〔1997〕80号	1997年2月14日
85	交通工程项目执法监察验收标准	交基发〔1997〕115号	1997年3月6日
86	关于放开搞活交通系统公有制小型企业的若干意见	交体法发〔1997〕248号	1997年5月6日
87	关于调整长江段货物运价率表的通知	交水发〔1997〕292号	1997年5月27日
88	关于加强收费公路设施中国家股权及其收益管路问题的通知	交财发〔1997〕456号	1997年8月5日
89	关于印发并推广使用《公路工程施工监理合同范本》的通知	交公路发〔1997〕567号	1997年9月15日
90	关于外贸船舶及货物港口收费优惠问题的通知	交水发〔1997〕580号	1997年9月18日
91	交通部关于搞好国有大中型企业的若干政策和措施	交体法发〔1997〕626号	1997年10月10日
92	关于认真贯彻实施《公路法》进一步做好治理公路“三乱”工作的通知	交体法发〔1997〕712号	1997年11月10日
93	关于执行国家计委、财政部降低交通行业部分收费标准的通知	交财发〔1997〕885号	1997年12月31日

续上表

序号	规范性文件名称	发布文号	发布日期
94	关于加强出版物道路和水路运输管理的通知	交通部、新闻出版署、全国“扫黄”国内工作小组办公室 交公路发〔1998〕18号	1998年1月12日
95	关于继续加强汽车维修市场行政管理的紧急通知	交公路发〔1998〕62号	1998年2月11日
96	关于加强公路工程项目验收工作的通知	交公路发〔1998〕61号	1998年2月11日
97	关于进一步明确长江干线上游货物运价的通知	交水发〔1998〕67号	1998年2月12日
98	关于明确长江沿线港口装卸危险货物的码头、设施作业审批有关问题的通知	交水发〔1998〕95号	1998年3月3日
99	关于加强长江干线省际旅客(旅游)运输管理的通知	交水发〔1998〕259号	1998年5月4日
100	交通部跨世纪优秀专业人才专项经费资助项目及优秀青年科技人才项目管理暂行办法	交科教发〔1998〕322号	1998年6月2日
101	关于进一步加强长江干线船舶运载危险品监督管理的通知	交安监发〔1998〕330号	1998年6月4日
102	关于加强国内水运市场管理有关问题的通知	交水发〔1998〕689号	1998年11月17日

续上表

序号	规范性文件名称	发布文号	发布日期
103	关于长江干线港口货物港务费征收标准的补充通知	交通部、国家发展计划委员会 交水发〔1998〕756号	1998年12月10日
104	交通部科技成果鉴定、评审实施办法	交科教发〔1998〕773号	1998年12月14日
105	关于加强养路费等交通规费征收工作的紧急通知	交通部、财政部 交公路发〔1999〕4号	1998年12月30日
106	关于加强国内成品油运输市场的通知	交水发〔1999〕260号	1999年6月2日
107	关于进一步加强危险货物运输安全管理的通知	交公路发〔1999〕278号	1999年6月7日
108	三峡工程明渠汛期通航船舶及其辅助船舶检验规定	交海发〔1999〕279号	1999年6月7日
109	关于进一步做好公路建设安全生产工作的通知	交公路发〔1999〕639号	1999年11月29日
110	关于加强客滚船安全管理的通知	交海发〔2000〕93号	2000年2月23日
111	关于开展客滚船运输安全评估的通知	交海发〔2000〕109号	2000年3月3日
112	关于客船和滚装客船船员任职资格有关事宜的通知	交海发〔2000〕115号	2000年3月7日
113	交通基本建设资金监督管理办法	交财发〔2000〕195号	2000年4月13日

续上表

序号	规范性文件名称	发布文号	发布日期
114	交通部贯彻《信访条例》暂行办法	交办发〔2000〕289号	2000年6月7日
115	关于开展客滚船运输安全评估的补充通知	交海发〔2000〕318号	2000年6月27日
116	关于加强对海运国际集装箱中转货运站管理的通知	交通部、国家工商行政管理局、海关总署 交水发〔2000〕480号	2000年9月13日
117	关于委托中国船东协会液化气运输委员会对新增液化气船舶评审的通知	交水发〔2000〕4984号	2000年9月19日
118	关于简化公路建设项目审批程序的通知	交公路发〔2001〕130号	2001年3月23日
119	道路货物运输企业经营资质管理办法(试行)	交公路发〔2001〕154号	2001年4月5日
120	关于下放液货船水上过驳作业审批权限的通知	交海发〔2001〕223号	2001年5月11日
121	关于印发和关于整顿和规范公路建设市场秩序的若干意见的通知	交公路发〔2001〕190号	2001年5月21日
122	关于修改《道路旅客运输企业经营资质管理规定(试行)》及相关文件中个别条款的通知	交公路发〔2001〕641号	2001年11月5日

续上表

序号	规范性文件名称	发布文号	发布日期
123	交通部水运工程建设行业标准管理办法	交水发〔2001〕710号	2001年12月1日
124	关于贯彻新版道路运输经营许可证和道路运输证有关事项的通知	交公路发〔2002〕55号	2002年2月20日
125	关于进一步加强道路运输车辆管理的若干意见	交公路发〔2002〕57号	2002年2月21日
126	关于复核川江汽车滚装船的通知	交海发〔2002〕95号	2002年3月20日
127	关于印发关于治理整顿公路监理市场秩序的意见的通知	交公路发〔2002〕295号	2002年7月11日
128	关于贯彻执行《水运工程试验检测机构资质管理办法》意见的通知	交水发〔2002〕401号	2002年9月2日
129	关于如何适用《国内船舶运输经营资质管理规定》有关规定的通知	交水发〔2002〕454号	2002年9月26日
130	关于明确内贸港口收费有关问题的通知	交水发〔2002〕473号	2002年10月12日
131	关于暂停从国外进口二手油船和化学品船从事水路运输的通知	交水发〔2003〕21号	2003年1月16日
132	关于发布《渤海海域船舶排污设备铅封程序规定》的通知	交海发〔2003〕32号	2003年2月8日
133	关于印尼政府将加强对林木产品运输监督的通知	交水发〔2003〕56号	2003年2月21日

续上表

序号	规范性文件名称	发布文号	发布日期
134	长江江苏段船舶定线制规定	交海发〔2003〕171号	2003年5月6日
135	长江上游庙河至丰都河段通航安全管理办法	交海发〔2003〕190号	2003年5月16日
136	专用救助船舶调度指挥管理办法	交救发〔2003〕265号	2003年7月3日
137	关于简化公路建设项目法人审批程序的通知	交海发〔2003〕291号	2003年7月15日
138	长江三峡库区船舶定线制规定(试行)	交海发〔2003〕399号	2003年9月18日
139	关于加强公路工程评标专家管理工作的通知	交公路发〔2003〕464号	2003年11月7日
140	专业打捞船舶调度指挥管理办法(试行)	交救发〔2003〕475号	2003年11月11日
141	关于做好水路运输许可证换发工作的通知	交水发〔2003〕481号	2003年11月11日
142	关于印发"黄金周"公路交通量调查统计制度(试行)的通知	交规划发〔2004〕149号	2004年3月24日
143	关于统一打击水上运输超载统一执法行动有关违法行为处置标准的通知	交安委便函〔2004〕4号	2004年3月30日
144	关于禁止改建液货危险品船从事国内水路运输的公告	交通部公告2004年第6号	2004年4月5日

续上表

序号	规范性文件名称	发布文号	发布日期
145	关于发布交通部收费公路统计报表制度的通知	交公路发〔2004〕260号	2004年5月18日
146	全国水路煤炭运输保障应急预案	交水发〔2004〕358号	2004年7月1日
147	关于进一步加强道路客运安全生产管理的紧急通知	交公路发〔2004〕376号	2004年7月13日
148	关于进一步加强交通系统禁毒工作的通知	交公安发〔2004〕374号	2004年7月14日
149	道路运输行业行车事故统计制度	交公路发〔2004〕435号	2004年8月6日
150	关于贯彻执行公路竣(交)工验收办法有关事宜的通知	交公路发〔2004〕446号	2004年8月13日
151	交通部科技项目管理办法	交科教发〔2004〕548号	2004年9月29日
152	关于加强工程安全管理工作的紧急通知	交质监发〔2005〕548号	2005年11月21日
153	关于切实落实水上交通安全管理各项措施的紧急通知	交海发〔2005〕587号	2005年12月5日
154	关于落实《国务院办公厅关于扶持家禽业发展的若干意见》精神对禽类产品运输减免部分交通规费的通知	交财发〔2005〕636号	2005年12月16日

续上表

序号	规范性文件名称	发布文号	发布日期
155	关于进一步加强国内船舶运输经营资质管理的通知	交水发〔2006〕91号	2006年3月8日
156	关于印发渡口渡船安全管理专项整治工作要点的通知	交海发〔2006〕109号	2006年3月20日
157	关于进一步加强水上交通安全的通知	交海发〔2006〕125号	2006年3月20日
158	关于暂停审批新增国内沿海跨省运输油船化学品船运力的公告	2006年第13号	2006年5月24日
159	关于加强游艇管理的通知	交海发〔2006〕438号	2006年8月22日
160	关于加强国内水路客运液货危险品运输市场准入管理的通知	交水发〔2006〕646号	2006年11月6日
161	关于印发交通部防船舶碰撞防漏专项整治活动实施意见的通知	交海发〔2007〕339号	2007年7月2日
162	全国交通行业精神文明建设表彰规定	交体法发〔2007〕359号	2007年7月6日
163	关于继续深入做好防船舶碰撞防泄漏专项整治活动的通知	交海发〔2007〕659号	2007年11月15日
164	关于进一步规范公路养路费征收管理工作的通知	交公路发〔2008〕111号	2008年3月8日
165	关于公布经国家统计局批准正式生效的交通统计调查项目的通知	交规划发〔2008〕442号	2008年11月6日

2010年废止的交通规章目录

被废止的规章名称	被废止规章的发布日期	废止依据
中华人民共和国内河船舶船员适任考试发证规则	2005年3月21日以交通部令2005年第1号发布	2011年01月01日被交通运输部以交通运输部令2010年第1号《中华人民共和国内河船舶船员适任考试和发证规则》废止